蔡开科（1936—2014）

蔡开科老师与刘新华老师合影

1987年硕士答辩

后排：李京社、黎学玛（李士琦、马廷温硕士生）
前排：左起李士琦、蔡开科、曲英、蔡志鹏、傅杰、关玉龙、马廷温

1993级研究生毕业论文答辩会后合影　1996年3月于北京

董履仁（右一）、曲英（右二）、蔡开科（左二）、萧忠敏（左三）、王立来（右三）、王灿国（左一）

《炼钢》杂志第五届编委会后合影　1999年4月于福建湄州

左起：蔡开科、李文秀、萧忠敏、朱英雄

中国金属学会连铸学会后合影　2007 年 9 月于西宁特钢

左起：毛斌、倪满森、张桂芳、蔡开科、萧忠敏

2012 年高品质钢培训班合影（蔡开科教授主讲了一个课程）

前排右五为蔡开科教授，右六为张立峰

蔡开科教授纪念文集

洁净钢与连铸技术进展

本书编委会　编

北　京
冶　金　工　业　出　版　社
2015

内 容 提 要

本文集简要介绍了北京科技大学蔡开科教授从事炼钢和连铸工作所取得的成果，收录了国内外同行怀念蔡开科教授的纪念文字，同时为纪念蔡开科教授毕生在该领域所做的开拓性贡献，特以“洁净钢与连铸技术进展”为专题收录和特邀撰写了高水平学术论文41篇。

本书可供钢铁冶金领域相关人员阅读。

图书在版编目(CIP)数据

蔡开科教授纪念文集：洁净钢与连铸技术进展/《蔡开科教授纪念文集：洁净钢与连铸技术进展》编委会编．—北京：冶金工业出版社，2015.5

ISBN 978-7-5024-6906-1

Ⅰ.①蔡…　Ⅱ.①蔡…　Ⅲ.①蔡开科(1936—2014)—纪念文集　Ⅳ.①K825.4-53

中国版本图书馆CIP数据核字(2015)第080187号

出 版 人　谭学余
地　　址　北京市东城区嵩祝院北巷39号　邮编　100009　电话　(010)64027926
网　　址　www.cnmip.com.cn　电子信箱　yjcbs@cnmip.com.cn
责任编辑　刘小峰　杜婷婷　美术编辑　彭子赫　版式设计　孙跃红
责任校对　王永欣　责任印制　李玉山
ISBN 978-7-5024-6906-1
冶金工业出版社出版发行；各地新华书店经销；三河市双峰印刷装订有限公司印刷
2015年5月第1版，2015年5月第1次印刷
787mm×1092mm　1/16；28印张；2彩页；677千字；434页
160.00元

冶金工业出版社　投稿电话　(010)64027932　投稿信箱　tougao@cnmip.com.cn
冶金工业出版社营销中心　电话　(010)64044283　传真　(010)64027893
冶金书店　地址　北京市东四西大街46号(100010)　电话　(010)65289081(兼传真)
冶金工业出版社天猫旗舰店　yjgycbs.tmall.com

(本书如有印装质量问题，本社营销中心负责退换)

本书编委会

序　言

蔡开科教授是北京科技大学（原北京钢铁学院）炼钢教研室的教师，是国内外知名的冶金专家，在连续铸钢和凝固理论领域学术上卓有建树。

蔡开科同志1959年毕业于北京钢铁学院钢铁冶金专业，留校担任助教和实验室主任。工作刻苦认真，为钢铁冶金专业历届学生的专业实验课承担了大量的准备工作和教学工作。1964年中法建交以后，为了派出我国青年学者外出了解发达国家的科学技术研究工作，蔡开科被选派到上海外国语学院脱产学习法语一年有余。“文化大革命”开始，赴法学习的日程被迫中断，直到1973年才去法国钢铁研究院（IRSID）留学。这时期因受“极左”思潮的影响，规定留学“不写论文，不要学位……”。法国钢铁研究院是国际著名的冶金科学技术研究和开发中心之一，在冶金物理化学、流体力学、新的冶金生产方法和相关技术等方面居世界前列，例如转炉喷吹石灰粉炼钢、顶底复合吹炼、液滴和泡沫的生成、连续铸钢法等均有丰硕的研究成果。在这样一个学术氛围很强的环境中，蔡开科又有较好的法语水平，可以和国外学者顺畅交流。虽然由于当时有“不写、不要”等规定，但到1975年归国时，他对于若干学科专题已经有成就。在我和蔡开科同学个别交流中，已经感知到一些新鲜的学术气氛。

“文革”结束后，科学的春天来临。1978年，蔡开科参加了《炼钢学原理》的编著。他撰写的第八章“凝固原理”，改变了传统教材该部分只有钢锭结构和缺陷的描述以及铸锭设备和工艺方面内容，撰写了凝固过程传热、钢液流动和偏析、过饱和析出和气体夹杂等理论课题；第一届炼钢理论讨论会上，他应邀做了演讲。炼钢理论开始由平衡热力学扩展到线性非平衡热力学。之后，他又多次在设计院、工厂和学会等组织的会议中做了演讲，并且前后写成了六本专著。这些学术活动和著作表明，蔡开科已成长为连铸技术领域的中国著名学者。

蔡开科教授治学的特点是善于把实验室研究和工厂生产试验结合。他开创的钢包—中间包—结晶器—铸坯多级取样系统分析的研究方法，可使中间包流场模拟和大型夹杂物测定用于连铸生产工艺研究，对武钢、宝钢板坯连铸的研究取得很好的效果。他在八十年代初就开始用数值求解凝固传热方程，以后逐渐和连铸二冷控制模型相结合。为了检验二冷传热边界条件，还专门研制了二冷喷嘴传热测定仪。而准确测定钢在凝固点温度附近的高温力学性能，要求精密复杂的测量和控制技术，能够测定这些高温性能的 Gleeble 机，是蔡开科提议引进的。九十年代以来，测定了许多钢种的高温性能，对于分析连铸坯裂纹生成原因，起了很好的作用。这类研究工作，对于我国钢铁工业中连铸技术的发展，奠定了良好的技术基础。

蔡开科教授不仅有深厚的学术水平，而且为人朴实，与人为善。他与炼钢教研室的教师、实验员都建立了深厚的友谊。教研室老师们逐渐退休后，包括已调出到其他单位的同志，都很怀念老炼钢教研室。在蔡开科的倡议和张罗下，每年一次“老炼钢聚会”，已经连续举办了十多年。可惜在去年聚会后不久，蔡开科英年早逝，过早地离开了我们，但永远活在我们的心中。谨以这本文集，表达我们对他的深刻怀念。

本文集得到了业界一些前辈、同行的大力支持，纷纷提供了追忆蔡开科教授的文章。蔡开科教授的弟子们给予本书大力资助，包括踊跃捐款和所有的征稿工作。特别需要提及的是，蔡开科教授的弟子、北京科技大学冶金与生态工程学院的张立峰教授付出了大量的心血，从 2014 年 6 月开始就积极向前辈们和目前国内连铸界活跃的中青年学者约稿、联络出版社并修改稿件。研究生李雅翀在联络出版社和相关人员及文字、版面处理等方面也付出了很多时间和精力。冶金工业出版社的刘小峰编辑也一直为本文集的出版奔忙。在此一并表示衷心的感谢。

2015 年 1 月

编者的话

本文集包含了蔡先生的老朋友、老兄弟的纪念文章和诗句，也包括了目前在国内大学和企业活跃的连铸界中青年优秀研究学者的文章。

本文集从筹备开始就得到了前辈们、同行们的大力支持。和蔡先生法国的好友 Birat 联系，他立刻表示要写一篇文章纪念蔡先生。蔡先生的老朋友韩国瑞先生知悉要出蔡先生文集，非常支持，亲自把文稿交到学生手里。武钢的萧忠敏先生，写了关于蔡先生的长篇回忆，回忆了和蔡先生这么多年的点点滴滴，还精心挑选提供了大量的蔡先生的照片。和杨守礼老师联系的时候，杨老师非常激动，含着眼泪回忆和蔡先生相识相知的几十年，第二天就完成了回忆文稿，甚至于深夜 11 点多打电话和我讨论文章内容。杨老师对蔡先生的高风亮节做了崇高的评价。李士琦老师也写了深情的回忆文章，也和我谈起了很多蔡先生当年执教的细节。黄晔老师做了 16 句诗，对蔡老师的学术造诣和坦坦荡荡的做人风格做了凝练总结。韩郁文老师也写了当年蔡先生对炼钢教研室所有人员的辛勤付出。张桂芳老师回忆了蔡先生当年带领她进入连铸领域的点点滴滴。刘小峰编辑全面总结了蔡先生在连铸参考书方面的贡献和对企业的影响。

在和连铸界中青年优秀研究学者约稿的过程中，我深刻感受到了蔡先生在业界的学术影响和业界中青年学者对蔡老师的敬仰之情。例如，上海大学的翟启杰教授知悉蔡先生仙逝那一刻，就和我联系能为蔡老师做些什么，并说“蔡先生仙逝是冶金界的悲痛和重大损失。”当我提出本文集的构想的时候，翟教授立刻表示支持，并提供了他自己的学术论文。东北大学朱苗勇教授说“蔡老师是前辈，也是我的老师，能写论文编入他的纪念文集很有意义。”清华大学沈厚发教授收到我的邀请之后回复说：“出版纪念文集是我们对蔡老师的深切缅怀。蔡老师曾推荐了我的第一项自然基金，在攀钢也曾肯定了我们博士后的工作。要不是蔡老师的帮助，也许我们不会继续在连铸（凝固）这条道路上。在网上查了一下确实没有太多相关蔡老师纪念活动记录。感谢您组织大家有个向前辈寄以无限思念的机会。”大连理工大学的姚曼教授说“我非常敬重蔡先生，我们连铸方面的科研工作得到他的一直肯定和支持。想为蔡先生做些事，这是一个好机会。”东北大学王恩刚教授说“蔡老师是中国连铸领域的先驱者，出版一本高质量的纪念文集很有必要。”上海大学钟云波教授说“听到蔡先生仙逝的消息，我很惊愕和难过，从此冶金界失去一位精炼和连铸领域的泰斗！……我们在研究过程中也多次拜读蔡先生的文章和 PPT，我也曾打电话向蔡先生请教过问题，受益匪浅，自然也很想纪念蔡先生。”武汉科技大学的郑万教授说“蔡先生也教过我们的课，在武钢工作期间，还与蔡先生有合作研究，蔡先生的教诲，终身难忘，终身受益。”石家庄钢铁公司的领导们说“石钢在夹杂物控制、铸坯质量控制方面与蔡教授进行过良好的合作，也多次请蔡教授到石钢讲课，深得蔡教授的指点，我们向蔡教授表示深深的敬意!”石钢的领导巩飞说“突然听说先生去世，很是惋惜；印象中蔡先生坦荡、自然，和蔼可亲，工作严谨认真，务实亲民，是我见过的最纯粹、最让人尊敬的学者。”

蔡老师的弟子们也为文集的出版出谋划策、尽职尽力，从捐款到文集的各种想法多次沟通。特别值得一提的是，在美国工作的荆德君博士多次和我联系从国外损款。

对所有的前辈、同行、师兄弟、师姐妹给予本文集的帮助，在此表示衷心的感谢。

谨以此文集遥望蔡先生的在天之灵，我想对蔡老师说：您所从事的连铸研究、钢中非金属夹杂物的研究目前在国内已经广为开花、硕果甚繁，您的事业后继有人，请您放心！

2015 年 4 月

目　　录

蔡开科生平

缅怀一代宗师蔡开科

洁净钢与连铸技术进展

洁净钢与夹杂物

连铸坯质量与连铸保护渣

结晶器冶金学与凝固基础理论

蔡开科生平

CAIKAIKE SHENGPING

蔡开科教授简介

蔡开科，生于1936年1月27日（阴历），湖南省华容县人。1959年毕业于北京钢铁学院冶金系。同年留校，一直在北京钢铁学院（现北京科技大学）任教，先后任炼钢实验室主任、炼钢教研室主任、教授、博士生导师。1973年以工程师身份在法国钢铁研究院从事为期三年的研究工作。1989年以高级访问学者身份在加拿大麦吉尔大学从事为期一年的研究工作。2014年5月29日逝世于北京。

蔡开科先生从事高等教育工作30余年，在我国开创连铸凝固学科的理论研究。曾讲授"炼钢学""凝固理论"等多门课程，指导硕士、博士研究生多年。主编或参编高校统编教材《炼钢学原理》《浇注与凝固》等，主编《连续铸钢》《连续铸钢原理与工艺》《连铸结晶器》《连铸坯质量控制》等著作。主要从事炼钢、连铸、炉外精炼等方面的理论与应用研究。先后参与了小方坯连铸技术、管坯水平连铸、不锈钢连铸工艺、合金钢连铸、多功能真空精炼等国家科研攻关工作。作为负责人或负责人之一的研究成果获国家科技进步一、二等奖各1项，冶金部特等、二、三、四等奖共4项，国家专利2项。在国内外学术刊物和学术会议发表高水平学术论文200余篇。1992年享受国务院政府特殊津贴待遇。曾任中国金属学会理事、中国金属学会炼钢分会理事兼秘书长、连续铸钢分会副理事长等职务。

几十年来，蔡开科同志兢兢业业、勤勤恳恳，忠实于党的教育事业。无论是教学还是科研工作，一贯认真负责。以他独有的人格魅力，言传身教，既教书又育人，深受学生的好评。在处事方面，他诚信、宽厚、淡泊名利、举重若轻、宽容大度，在人与人关系方面，他推己及人、将心比心、严于律己、宽以待人。在日常生活中，他厚德载物、忠厚讷行、终身简朴。蔡开科先生潜心学术，严谨求实；为人师表，品德高尚，具有崇高的科学精神和人格魅力。蔡开科先生一生献身给党和国家的冶金科学研究事业和高等教育事业，为教育事业和我国冶金学科的发展做出了卓越贡献，是后人学习的楷模。

蔡开科教授主要著作

蔡开科主编，浇注与凝固（高等学校教学用书），冶金工业出版社，1987

蔡开科主编，连续铸钢，科学出版社，1991

蔡开科、程士富主编，连续铸钢原理与工艺，冶金工业出版社，1994

蔡开科等编著，连铸结晶器，冶金工业出版社，2008

蔡开科著，连铸坯质量控制，冶金工业出版社，2010

蔡开科译，金属初级加工过程的数学和物理模型，冶金工业出版社，1992

参与编写《炼钢学原理》(1980)、《现代板坯连铸》(1994)、《连续铸钢500问》(1997)、《中国冶金百科全书·钢铁冶金》(2001)、《现代连续铸钢实用手册》(2010) 等。

蔡开科教授主要中文文章目录

1. 热制无烟煤在化铁炉的应用
蔡开科；薛德炎；姚锡仁　发表于《北京钢铁学院学报》1960 年第 3 期　下载次数：15
2. 连续铸锭结晶器传热
蔡开科　发表于《北京钢铁学院学报》1980 年第 1 期　被引次数：5；下载次数：102
3. 镇静钢铝含量控制
蔡开科　发表于《北京钢铁学院学报》1981 年第 1 期　下载次数：54
4. 喷硅钙粉对镇静钢中 Al_2O_3 夹杂形态的控制
蔡开科；张克强；李绍舜；陈襄武　发表于《特殊钢》1981 年第 1 期　被引次数：1；下载次数：29
5. 连续铸锭板坯凝固传热数学模型
蔡开科；吴元增　发表于《北京钢铁学院学报》1982 年第 3 期　被引次数：14；下载次数：147
6. 连铸坯裂纹
蔡开科　发表于《钢铁》1982 年第 9 期　被引次数：20；下载次数：189
7. 连续铸锭板坯凝固传热数学模型
蔡开科；吴元增　发表于《金属学报》1983 年第 1 期　被引次数：23；下载次数：106
8. 连铸坯凝固冷却过程的控制
蔡开科；刘凤云　发表于《北京钢铁学院学报》1983 年第 3 期　被引次数：4；下载次数：129
9. 钢锭凝固传热
蔡开科　发表于《包钢科技》1984 年第 1 期　被引次数：1；下载次数：89
10. 连铸中间包钢水停留时间分布的模拟研究
蔡开科；李绍舜；黎学玛；林小明　发表于《北京钢铁学院学报》1984 年第 2 期　被引次数：1；下载次数：73
11. 连铸坯凝固冷却过程的控制
蔡开科；刘凤荣　发表于《金属学报》1984 年第 3 期　被引次数：22；下载次数：122
12. 小方坯连铸机铸坯质量研究
蔡开科；侯小安；张克强；王浩；王宗义　发表于《北京钢铁学院学报》1984 年第 4 期　下载次数：51
13. 连铸二冷区喷嘴冷态特性的研究
蔡开科；张克强；袁伟霞；李景元　发表于《炼钢》1985 年第 2 期　下载次数：56
14. 连铸二冷区喷嘴冷态特性的实验研究
蔡开科；张克强；袁伟霞；李景元　发表于《北京钢铁学院学报》1985 年第 3 期　下载次数：82
15. 连铸二次冷却的控制
蔡开科；张克强　发表于《冶金自动化》1985 年第 4 期　被引次数：11；下载次数：138
16. 改善结构钢切削性能的新近发展

蔡开科 发表于《特殊钢》1985 年第 4 期 被引次数：2；下载次数：69

17. 喷雾冷却传热研究

张克强；袁伟霞；蔡开科 发表于《金属学报》1985 年第 6 期 被引次数：7；下载次数：104

18. 水平连铸圆坯凝固特性研究

蔡开科；邢文彬；张克强；李秀文；章仲禹；风兆海；闫守琏；李月林 发表于《钢铁》1986 年第 1 期 下载次数：77

19. 水平连铸圆坯非金属夹杂物的研究

蔡开科；邢文彬；李秀文；刘新华；章仲禹；风兆海；闫守琏；李月林 发表于《北京钢铁学院学报》1986 年第 4 期 被引次数：1；下载次数：52

20. 连铸坯大型夹杂物的研究

蔡开科；刘新华 发表于《金属学报》1987 年第 3 期 被引次数：3；下载次数：65

21. 水平连铸中间包流动特性的模拟研究

蔡开科；王利亚；李绍舜；曲英 发表于《北京钢铁学院学报》1987 年第 3 期 下载次数：50

22. 方坯连铸二冷气水喷嘴的试验总结

蔡开科；张克强 发表于《炼钢》1987 年第 3 期 下载次数：43

23. 薄板坯连铸技术的发展

蔡开科 发表于《炼钢》1987 年第 4 期 被引次数：1；下载次数：40

24. 连铸二冷传热系数测定仪的研制

张克强；蔡开科 发表于《北京钢铁学院学报》1988 年第 2 期 被引次数：6；下载次数：83

25. 连铸二冷喷嘴传热系数测试技术

张克强；蔡开科 发表于《冶金自动化》1988 年第 2 期 被引次数：1；下载次数：86

26. 连铸电磁搅拌理论

蔡开科 发表于《炼钢》1988 年第 3 期 被引次数：10；下载次数：92

27. 不锈钢连铸二冷雾化冷却传热研究

杨吉春；蔡开科 发表于《包头钢铁学院学报》1989 年第 1 期 被引次数：56

28. 钛稳定不锈钢连铸坯中的夹杂物

刘新华；蔡开科；张淑心；明水珍；韩秀英；曾少华 发表于《北京科技大学学报》1989 年第 2 期 被引次数：74

29. 含 Ti 不锈钢中氮化钛夹杂的研究

赵克文；蔡开科 发表于《金属学报》1989 年第 3 期 被引次数：4；下载次数：162

30. 含钛不锈钢保护渣氮化钛行为

赵克文；蔡开科；刘新华 发表于《钢铁研究学报》1989 年第 3 期 被引次数：5；下载次数：75

31. 不锈钢连铸板坯凝固传热数学模型

杨吉春；蔡开科 发表于《化工冶金》1989 年第 4 期 被引次数：1；下载次数：83

32. 连铸二冷区喷雾冷却特性研究

杨吉春；蔡开科 发表于《钢铁》1990 年第 2 期 被引次数：33；下载次数：150

33. 连铸钢包热循环模型研究

刘佩勤；蔡开科；陈福在 发表于《炼钢》1991 年第 4 期 被引次数：9；下载次数：28

34. 超低头连铸板坯非金属夹杂物研究

刘新华；蔡开科；王兰香；韩庆；曾小平；王砚铭；曹广畴；陈增琪 发表于《钢铁》1991 年第 9 期 被引次数：6；下载次数：39

35. 超低头连铸板坯的夹杂物
刘新华；蔡开科；曾小平；王砚铭　发表于《北京科技大学学报》1991 年第 12 期　被引次数：42
36. 中碳钢的高温力学行为
王学杰；蔡开科；党紫九；刘青；王光迪　发表于《北京科技大学学报》1992 年第 1 期　被引次数：24；下载次数：199
37. 连铸板坯二冷配水换型研究
杨吉春；蔡开科；王伟；章忻宝；周元明；马樵　发表于《炼钢》1992 年第 2 期　被引次数：1；下载次数：99
38. 连铸钢包热循环模型研究
刘佩勤；蔡开科；陈福在　发表于《化工冶金》1992 年第 2 期　被引次数：52
39. 水平连铸凝固壳热应力模型研究
蔡开科；邵璐；刘新华　发表于《钢铁研究学报》1993 年第 2 期　被引次数：25；下载次数：183
40. 含钛不锈钢连铸板坯夹杂物的行为
孟志泉；刘新华；蔡开科；王伟；马樵；周元明　发表于《北京科技大学学报》1993 年第 4 期　被引次数：4；下载次数：129
41. 含钛不锈钢连铸板坯夹杂物行为研究
孟志泉；刘新华；蔡开科；王伟；马樵；周元明　发表于《钢铁》1993 年第 12 期　被引次数：72
42. 铸坯质量（第一讲）——连铸坯凝固过程特点
蔡开科　发表于《连铸》1994 年第 1 期　被引次数：2；下载次数：155
43. 铸坯质量（第二讲）——连铸坯凝固过程中裂纹的成因
蔡开科　发表于《连铸》1994 年第 2 期　被引次数：7；下载次数：281
44. 铸坯质量（第三讲）——碳钢凝固的包晶转变与连铸坯裂纹
蔡开科　发表于《连铸》1994 年第 3 期　被引次数：28；下载次数：291
45. 板坯连铸结晶器铜板温度场研究
郭佳；蔡开科　发表于《炼钢》1994 年第 3 期　被引次数：10；下载次数：175
46. 板坯连铸机二次冷却水的控制模型
陈素琼；蔡开科　发表于《炼钢》1994 年第 4 期　被引次数：15；下载次数：148
47. 铸坯质量（第四讲）——连铸坯裂纹与钢的高温性能
蔡开科　发表于《连铸》1994 年第 4 期　被引次数：5；下载次数：221
48. 铸坯质量（第五讲）——连铸坯清洁度的控制
蔡开科　发表于《连铸》1994 年第 5 期　被引次数：8；下载次数：145
49. 铸坯质量（第六讲）——连铸坯偏析控制
蔡开科　发表于《连铸》1994 年第 6 期　被引次数：2；下载次数：228
50. 连铸中间包钢液清洁度的研究
韩郁文；李建新；刘新华；蔡开科；陈大慈；温昌才；崔广林；田定宇　发表于《钢铁》1994 年第 7 期　被引次数：14；下载次数：122
51. 薄板坯连铸技术特点与发展
蔡开科；许中波；曲英　发表于《中国冶金》1995 年第 4 期　被引次数：2；下载次数：104
52. 连铸板坯结晶器温度场数学模型

郭佳；吴钢玮；蔡开科　发表于《钢铁》1995 年第 4 期　被引次数：17；下载次数：229

53. 带直立段弧形连铸机铸坯内弧夹杂物的聚集
吴冬梅；刘新华；蔡开科；安连志　发表于《北京科技大学学报》1995 年第 5 期　被引次数：3；下载次数：122

54. 连铸中间包钢液流动和夹杂的去除
张立峰；蔡开科　发表于《炼钢》1995 年第 6 期　被引次数：29；下载次数：338

55. RH 处理对低碳铝镇静钢洁净度影响的研究
金大中；董金生；陆连芳；裴云毅；蔡开科；张立峰；刘新华；韩郁文　发表于《钢铁》1996 年第 1 期　被引次数：9；下载次数：258

56. 预测半钢冶炼条件下沸腾钢氧含量的数学模型
杨素波；蔡开科；陈渝；韦世通；杜德信　发表于《化工冶金》1996 年第 1 期　被引次数：37

57. 转炉—RH—连铸工艺过程中低碳铝镇静钢的清洁度
董金生；金大中；黄尊贤；裴云毅；蔡开科；姚春利；韩传基；刘新华　发表于《钢铁研究学报》1996 年第 3 期　被引次数：7；下载次数：162

58. 洁净钢中杂质元素的控制
张立峰；吴巍；蔡开科　发表于《炼钢》1996 年第 5 期　被引次数：26；下载次数：491

59. 中间包覆盖剂及内衬材料对钢水清洁度的影响
张立峰；孙利顺；蔡开科；牟济宁；职建军；裴云毅　发表于《炼钢》1997 年第 3 期　被引次数：24；下载次数：382

60. 立弯式连铸机铸坯表层夹杂物的行为
张立峰；朱瑞杰；张懋功；蔡开科；朱立新；费惠春；张立；裴云毅　发表于《化工冶金》1997 年第 3 期　被引次数：12；下载次数：144

61. RH 真空处理过程中钢中氧含量预测模型
张立峰；许中波；靖雪晶；蔡开科；费惠春；朱立新；张立；裴云毅　发表于《化工冶金》1997 年第 4 期　被引次数：9；下载次数：171

62. 中间包冶金技术的发展
张立峰；蔡开科　发表于《炼钢》1997 年第 4 期　被引次数：52；下载次数：508

63. 15MnHP 钢夹杂物行为研究
姜伟明；罗传清；赵扬；黄长城；张立峰；王利来；张淑心；蔡开科　发表于《钢铁研究》1997 年第 4 期　被引次数：3；下载次数：77

64. IF 钢水炉外脱磷的实验研究
杨吉春；王清华；那树人；蔡开科；曲英　发表于《包头钢铁学院学报》1997 年第 4 期　被引次数：11；下载次数：148

65. 中间包冶金技术的发展
张立峰；蔡开科　发表于《华东冶金学院学报》1997 年第 4 期　被引次数：5；下载次数：220

66. 中间包结构对钢水清洁度的影响
张立峰；蔡开科　发表于《炼钢》1997 年第 6 期　被引次数：25；下载次数：190

67. IF 钢中碳、氮含量的控制
张立峰；许中波；靖雪晶；蔡开科　发表于《连铸》1997 年第 6 期　被引次数：3；下载次数：167

68. 板坯连铸机拉速优化控制模型
陈素琼；蔡开科　发表于《钢铁》1997 年第 8 期　被引次数：9；下载次数：70

69. 连铸铝镇静钢时中间包钢水氧含量预测模型
张立峰；许中波；蔡开科；张懋功；朱瑞杰　发表于《钢铁》1997 年第 10 期　被引次数：4；下载次数：165
70. 凝固模型在高碳钢方坯连铸中的应用
陈卫强；韩传基；蔡开科；陈荣奎；林武　发表于《化工冶金》1998 年第 1 期　被引次数：21；下载次数：147
71. 连铸中间包钢水的清洁度
张立峰；许中波；朱立新；蔡开科；费惠春；李亚松；汪锡章；牟济宁　发表于《钢铁研究学报》1998 年第 2 期　被引次数：8；下载次数：219
72. 连铸 65 钢方坯的质量
陈卫强；许中波；蔡开科；林武；葛惠宇　发表于《北京科技大学学报》1998 年第 2 期　被引次数：5；下载次数：107
73. 16MnR 钢夹杂物的行为
张学辉；韩郁文；蔡开科；萧忠敏；孟凡钦　发表于《北京科技大学学报》1998 年第 2 期　被引次数：2；下载次数：113
74. 16MnR 钢中大型夹杂物的来源和形成
张学辉；蔡开科；韩郁文；萧忠敏；孟凡钦；姜伟民　发表于《炼钢》1998 年第 2 期　被引次数：8；下载次数：105
75. 高碳钢方坯连铸凝固模型研究与应用
陈卫强；韩传基；蔡开科；陈荣奎；林武；陈卫金；葛惠宇　发表于《连铸》1998 年第 2 期　被引次数：1；下载次数：66
76. 连铸结晶器液面波动的模拟
李冀英；韩传基；蔡开科；杨素波；严学模　发表于《北京科技大学学报》1998 年第 3 期　被引次数：9；下载次数：116
77. 薄板坯连铸技术特点与发展（一）
蔡开科；许中波；曲英　发表于《冶金丛刊》1998 年第 3 期　被引次数：4；下载次数：137
78. 阻流器流控装置下中间包内的流场
李冀英；韩传基；蔡开科；杨素波；严学模　发表于《北京科技大学学报》1998 年第 4 期　被引次数：4；下载次数：36
79. RH 真空处理生产 IF 钢时脱碳行为的研究
靖雪晶；张立峰；蔡开科；朱立新；费惠春；崔健　发表于《南方钢铁》1998 年第 4 期　被引次数：15；下载次数：306
80. 包晶相变对连铸坯初生坯壳凝固收缩的影响
荆德君；刘中柱；蔡开科　发表于《钢铁研究学报》1999 年第 3 期　被引次数：35；下载次数：376
81. 纯净钢及其生产技术
刘中柱；蔡开科　发表于《中国冶金》1999 年第 5 期　被引次数：11；下载次数：258
82. 薄板坯连铸液芯铸轧铸坯变形特点
逯洲威；蔡开科；张家泉　发表于《北京科技大学学报》1999 年第 5 期　被引次数：9；下载次数：154
83. RH 生产超低碳钢的工艺优化
方东；刘中柱；蔡开科　发表于《北京科技大学学报》1999 年第 5 期　被引次数：4；下载次

数：255

84. 连铸坯内裂纹形成的临界应变
韩志强；袁伟霞；韩传基；蔡开科 发表于《连铸》1999 年第 5 期 被引次数：3；下载次数：173

85. 纯净钢及其生产技术（续）
刘中柱；蔡开科 发表于《中国冶金》1999 年第 6 期 被引次数：4；下载次数：229

86. 板坯连铸二冷区凝固传热过程与控制
韩传基；蔡开科；赵家贵；徐荣军；吴巍 发表于《北京科技大学学报》1999 年第 6 期 被引次数：54；下载次数：515

87. 连铸坯内裂纹的形成与防止
韩志强；袁伟霞；韩传基；蔡开科 发表于《连铸》1999 年第 6 期 被引次数：27；下载次数：258

88. 板坯连铸中间包流动控制及冶金效果研究
吴巍；韩传基；蔡开科 发表于《钢铁》1999 年第 10 期 被引次数：7；下载次数：156

89. 纯净钢生产技术
刘中柱；蔡开科 发表于《钢铁》2000 年第 2 期 被引次数：110；下载次数：707

90. 在线检测非金属夹杂物的方法
韩传基；许荣昌；蔡开科；刘新华；申亚曦 发表于《北京科技大学学报》2000 年第 3 期 被引次数：14；下载次数：269

91. 板坯连铸机二冷水控制模型与应用
赵家贵；屈秀黎；蔡开科；韩传基 发表于《冶金自动化》2000 年第 3 期 被引次数：12；下载次数：164

92. 炼钢—精炼—连铸工艺生产高碳钢的质量控制
魏军；刘中柱；蔡开科；刘会圈 发表于《炼钢》2000 年第 3 期 被引次数：41；下载次数：424

93. 连铸结晶器内热—力耦合状态有限元模拟
荆德君；蔡开科 发表于《金属学报》2000 年第 4 期 被引次数：39；下载次数：349

94. 薄板坯连铸液芯铸轧过程铸坯的应力应变分析
逯洲威；蔡开科 发表于《北京科技大学学报》2000 年第 4 期 被引次数：11；下载次数：189

95. 连铸结晶器内铸坯温度场和应力场耦合过程数值模拟
荆德君；蔡开科 发表于《北京科技大学学报》2000 年第 5 期 被引次数：39；下载次数：542

96. 微观偏析模型在碳钢内裂纹敏感性分析中应用
韩志强；蔡开科 发表于《北京科技大学学报》2000 年第 5 期 被引次数：1；下载次数：217

97. 高拉速小方坯铸坯中夹杂物分析
胡勤东；蔡开科 发表于《山东冶金》2000 年第 5 期 被引次数：2；下载次数：114

98. 薄板坯连铸液芯铸轧过程的三维有限元分析
逯洲威；蔡开科 发表于《金属学报》2000 年第 7 期 被引次数：11；下载次数：154

99. 连铸坯中微观偏析的模型研究
韩志强；蔡开科 发表于《金属学报》2000 年第 8 期 被引次数：9；下载次数：356

100. 高速板坯连铸的钢水净化技术及效果
李扬洲；张大德；赵克文；李茂林；蔡开科；董履仁 发表于《钢铁》2000 年第 8 期 被引次数：7；下载次数：130

101. 连铸板坯结晶器浸入式水口试验研究
万晓光；韩传基；蔡开科；杨素波；严学模；顾武安 发表于《钢铁》2000 年第 9 期 被引次数：66；下载次数：390
102. 连铸坯内裂纹形成条件的评述
韩志强；蔡开科 发表于《钢铁研究学报》2001 年第 1 期 被引次数：25；下载次数：278
103. 连铸技术的进展（一）
蔡开科 发表于《炼钢》2001 年第 1 期 被引次数：50；下载次数：380
104. 连铸技术的进展（二）
蔡开科 发表于《炼钢》2001 年第 2 期 被引次数：39；下载次数：244
105. 用 M-IEMS 改善重轨钢大方坯中心碳偏析和组织
杨吉春；王磊；蔡开科；郭殿锋 发表于《包头钢铁学院学报》2001 年第 2 期 被引次数：12；下载次数：104
106. 连铸板坯凝固过程应变及内裂纹研究
袁伟霞；韩志强；蔡开科；马勤学；盛喜松；刘成信 发表于《炼钢》2001 年第 2 期 被引次数：20；下载次数：318
107. RH 处理过程钢液脱硫
艾立群；蔡开科 发表于《炼钢》2001 年第 3 期 被引次数：25；下载次数：344
108. 连铸技术的进展（续完）
蔡开科 发表于《炼钢》2001 年第 3 期 被引次数：13；下载次数：268
109. 高拉速小方坯铸坯中夹杂物行为
胡勤东；蔡开科 发表于《钢铁》2001 年第 3 期 被引次数：5；下载次数：137
110. LD—RH—CC 工艺生产低碳铝镇静钢清洁度的研究
刘中柱；蔡开科 发表于《钢铁》2001 年第 4 期 被引次数：13；下载次数：187
111. M-IEMS 对重轨钢连铸大方坯质量的改善
杨吉春；郭殿锋；孟志泉；蔡开科 发表于《炼钢》2001 年第 6 期 被引次数：1；下载次数：88
112. 连铸板坯中夹杂物的行为研究
张爱民；李建民；杨宪礼；关凤纯；蔡开科 发表于《钢铁》2001 年第 11 期 被引次数：10；下载次数：238
113. 钢铁工业环境意识的评论
曲英；蔡开科 发表于《中国冶金》2002 年第 4 期 被引次数：4；下载次数：108
114. 关于钢铁工业环境意识的评论（续）
曲英；蔡开科 发表于《中国冶金》2002 年第 5 期 被引次数：47
115. 新型金属材料及其加工技术的研究进展
姚书芳；王自东；吴春京；蔡开科；谢建新；毛磊；韩鹏彪 发表于《材料导报》2002 年第 5 期 被引次数：6；下载次数：458
116. 管线钢的性能要求与炼钢生产特点
张彩军；蔡开科；袁伟霞；余志祥 发表于《炼钢》2002 年第 5 期 被引次数：64；下载次数：814
117. 非稳态浇铸对钢水洁净度的影响
张彩军；王琳；蔡开科；袁伟霞；余志祥；刘振清；邹阳 发表于《特殊钢》2002 年第 6 期 被引次数：18；下载次数：213

118. 72A 钢非金属夹杂物行为
顾克井；魏军；蔡开科；王春怀　发表于《北京科技大学学报》2003 年第 1 期　被引次数：20；下载次数：354
119. 矩形铸坯凝固传热数学模型的研究与应用
韩传基；武小林；蔡开科；王三忠；刘国林；史学玉　发表于《连铸》2003 年第 1 期　被引次数：95
120. 连铸二冷区凝固传热及冷却控制
蔡开科　发表于《河南冶金》2003 年第 1 期　被引次数：45；下载次数：510
121. 纯净钢生产技术及现状
蔡开科；张立峰；刘中柱　发表于《河南冶金》2003 年第 3 期　被引次数：17；下载次数：398
122. BOF—LF—CC 工艺生产 45 号钢钢水洁净度的研究
樊晨；刘中柱；蔡开科；刘石虹；梁玫；巩飞；刘瑞宁　发表于《钢铁》2003 年第 3 期　被引次数：13；下载次数：240
123. 结晶器电磁搅拌对重轨钢大方坯中心碳偏析的影响
杨吉春；蔡开科；郭殿锋；孟志泉　发表于《特殊钢》2003 年第 3 期　被引次数：6；下载次数：220
124. 控轧控冷工艺参数对 Nb 微合金化高碳钢组织的影响
李翔；顾克井；康永林；于浩；王克鲁；蔡开科　发表于《特殊钢》2003 年第 4 期　被引次数：5；下载次数：224
125. 纯净钢生产技术及现状
蔡开科；张立峰；刘中柱　发表于《河南冶金》2003 年第 4 期　被引次数：12；下载次数：398
126. 管线钢连铸坯洁净度研究
张彩军；郭艳永；蔡开科；袁伟霞；余志祥；邹阳；袁凡成；汪小川　发表于《钢铁》2003 年第 5 期　被引次数：23；下载次数：362
127. 超低磷钢生产技术
田志红；艾立群；蔡开科　发表于《炼钢》2003 年第 6 期　被引次数：9；下载次数：508
128. 结晶器电磁搅拌器对重轨钢大方坯中心偏析的改善
杨吉春；蔡开科；郭殿锋；孟志泉　发表于《钢铁》2003 年第 12 期　被引次数：3；下载次数：151
129. 结晶器电磁搅拌对大方坯质量改善效果的评析
杨吉春；郭殿锋；蔡开科；孟志泉　发表于《包头钢铁学院学报》2004 年第 1 期　被引次数：4；下载次数：118
130. 连铸技术发展
蔡开科　发表于《山东冶金》2004 年第 1 期　被引次数：57；下载次数：1123
131. 铌微合金化高碳钢的连续冷却转变
李翔；康永林；顾克井；魏军；陈银莉；蔡开科　发表于《钢铁研究学报》2004 年第 3 期　被引次数：9；下载次数：291
132. 连铸坯表面裂纹的控制
蔡开科　发表于《鞍钢技术》2004 年第 3 期　被引次数：98；下载次数：963
133. 用 CaO-CaF_2-FeO 系渣进行钢水深脱磷

田志红；艾立群；蔡开科；石洪志；王涛；郑建忠；朱立新　发表于《钢铁研究学报》2004 年第 5 期　被引次数：11；下载次数：404

134. 二冷配水模型在矩形坯连铸机上的应用
史学玉；李太全；岳峰；和安东；蔡开科；韩传基　发表于《连铸》2004 年第 5 期　被引次数：113

135. 转炉—精炼—连铸过程钢中氧的控制
蔡开科　发表于《钢铁》2004 年第 8 期　被引次数：46；下载次数：714

136. 连铸钢水过热度对大方坯凝固的影响
李桂军；张桂芳；陈永；赵国燕；蔡开科　发表于《钢铁钒钛》2005 年第 1 期　被引次数：10；下载次数：280

137. BOF—LF—CC 工艺生产冷镦钢纯净度的研究
刘学华；茆勇；宋超；孙维；张建平；杨阿娜；蔡开科　发表于《钢铁》2005 年第 2 期　被引次数：10；下载次数：338

138. 矩形坯连铸机二冷自动配水系统
李希胜；林颖；韩传基；赵家贵；蔡开科　发表于《矿冶》2005 年第 2 期　被引次数：3；下载次数：137

139. 炼钢过程钢中氧的控制
杨阿娜；刘学华；蔡开科　发表于《钢铁研究学报》2005 年第 3 期　被引次数：20；下载次数：559

140. BaO-CaO-CaF_2 系渣用于钢液深脱磷能力
田志红；孔祥涛；蔡开科；王新华；王涛；石洪志；朱立新　发表于《北京科技大学学报》2005 年第 3 期　被引次数：11；下载次数：343

141. BOF—RH—CC 工艺生产无取向硅钢过程中夹杂物行为的研究
郭艳永；柳向春；蔡开科；刘良田；骆忠汉；柳志敏　发表于《钢铁》2005 年第 4 期　被引次数：26；下载次数：644

142. 钙处理对冷轧无取向硅钢磁性的影响
郭艳永；蔡开科；骆忠汉；刘良田；柳志敏　发表于《北京科技大学学报》2005 年第 4 期　被引次数：13；下载次数：407

143. 小方坯连铸低碳低硅铝镇静钢可浇性
刘学华；韩传基；蔡开科；宋超；茆勇；孙维；张建平　发表于《北京科技大学学报》2005 年第 4 期　被引次数：6；下载次数：317

144. CaO-SiO_2-Al_2O_3-MgO-V_2O_5 渣系中钒还原动力学研究
杨勇；宋波；姜钧普；蔡开科；杨素波；文永才　发表于《钢铁钒钛》2005 年第 4 期　被引次数：7；下载次数：150

145. CSP 低碳铝镇静钢水可浇性控制
魏军；严国安；田志红；黄冬华；蔡开科　发表于《北京科技大学学报》2005 年第 6 期　被引次数：20；下载次数：273

146. 邯钢 CSP 低碳铝镇静钢非金属夹杂物行为研究
魏军；赵国燕；蔡开科；周应超；吕建权；高永平　发表于《钢铁》2005 年第 6 期　被引次数：5；下载次数：320

147. 微合金高碳硬线钢的研制
顾克井；魏军；虞海燕；任培东；蔡开科　发表于《钢铁》2005 年第 11 期　被引次数：10；

下载次数：219

148. RH-MFB 二次精炼过程钢水温度控制的模拟
韩传基；艾立群；朱立新；蔡开科；王新华　发表于《特殊钢》2006 年第 1 期　被引次数：6；下载次数：259

149. 管线钢生产中 LF 精炼炉的冶金效果分析
张彩军；蔡开科；袁伟霞　发表于《钢铁钒钛》2006 年第 2 期　被引次数：10；下载次数：311

150. Q235B 薄板坯高温塑性的研究
孙彦辉；赵长亮；成小军；吴光亮；周春泉；蔡开科　发表于《特殊钢》2006 年第 2 期　被引次数：9；下载次数：265

151. RH-MFB 精炼过程中钢水温度预测模型
韩传基；刘青；吴凯；蔡开科　发表于《北京科技大学学报》2006 年第 3 期　被引次数：13；下载次数：330

152. 钒在铁液和转炉渣间分配的热力学研究
杨素波；罗泽中；蔡开科；姜钧普；宋波　发表于《钢铁》2006 年第 3 期　被引次数：6；下载次数：241

153. CSP 工艺生产热轧板卷边裂的分析和控制
孙彦辉；赵长亮；孟征兵；蔡开科；成小军；吴光亮；周春泉　发表于《特殊钢》2006 年第 4 期　被引次数：11；下载次数：277

154. LF 精炼渣脱硫的理论与工业试验研究
张彩军；朱立光；蔡开科；袁伟霞　发表于《河南冶金》2006 年第 4 期　被引次数：8；下载次数：394

155. CSP 板坯（Q235B）高温力学性能试验研究
吴光亮；孙彦辉；周春泉；蔡开科；李正邦　发表于《钢铁》2006 年第 5 期　被引次数：26；下载次数：334

156. CSP 生产 Q235B 钢的热塑性研究
赵长亮；孙彦辉；田志红；蔡开科　发表于《连铸》2006 年第 5 期　被引次数：4；下载次数：156

157. CSP 连铸薄板坯中非金属夹杂物行为研究
李桂军；魏军；蔡开科；周英超；吕建权　发表于《钢铁》2006 年第 7 期　被引次数：17；下载次数：423

158. 管线钢硫化物夹杂及钙处理效果研究
张彩军；蔡开科；袁伟霞　发表于《钢铁》2006 年第 8 期　被引次数：41；下载次数：646

159. 硫含量对中碳结构钢高温塑性的影响
秦哲；严国安；孙彦辉；许中波；蔡开科　发表于《钢铁》2006 年第 12 期　被引次数：3；下载次数：202

160. RH-MFB 精炼过程脱碳数学模型及工艺研究
韩传基；刘柏松；艾立群；朱立新；黄宗泽；蔡开科　发表于《钢铁研究学报》2007 年第 4 期　被引次数：10；下载次数：324

161. CSP 板卷边部裂纹影响因素分析
孙彦辉；孙维；张建平；蔡开科；成小军；周春泉；吴光亮　发表于《钢铁研究学报》2007 年第 4 期　被引次数：8；下载次数：211

162. CSP 热轧板卷边部裂纹成因

赵长亮；孙彦辉；田志红；蔡开科；刘建华；成小军；吴光亮；周春泉　发表于《北京科技大学学报》2007 年第 5 期　被引次数：9；下载次数：323

163. 浇注过程中间包水口堵塞现象
蔡开科；孙彦辉；秦哲　发表于《连铸》2007 年第 6 期　被引次数：14；下载次数：366

164. 中碳钙硫易切削钢夹杂物形态控制
严国安；秦哲；田志红；孙彦辉；蔡开科　发表于《北京科技大学学报》2007 年第 7 期　被引次数：10；下载次数：402

165. CSP 结晶器 EMBr 的冶金效果和流场理论分析
魏军；孙彦辉；蔡开科；周英超；魏祖康　发表于《钢铁》2007 年第 8 期　被引次数：6；下载次数：175

166. 基于最小二乘支持向量机的结晶器液面预测控制
杜鹃；韩传基；蔡开科　发表于《钢铁研究学报》2007 年第 8 期　被引次数：6；下载次数：148

167. 宽板坯连铸结晶器内卷渣现象试验研究
孙彦辉；韦耀环；蔡开科；何矿年；肖寄光　发表于《钢铁》2007 年第 11 期　被引次数：8；下载次数：270

168. 非稳态浇注操作对连铸坯洁净度影响
孙彦辉；蔡开科；赵长亮　发表于《钢铁》2008 年第 1 期　被引次数：24；下载次数：266

169. 连铸板坯网状裂纹成因及影响因素的研究
陈永；赵长亮；孙彦辉；蔡开科　发表于《钢铁钒钛》2008 年第 1 期　被引次数：1；下载次数：181

170. BOF—LF—CC 生产特殊钢连铸坯质量控制
蔡开科；孙彦辉；秦哲　发表于《炼钢》2008 年第 3 期　被引次数：6；下载次数：239

171. 中间包钢水流动控制的冶金效果
蔡开科；孙彦辉；秦哲　发表于《连铸》2008 年第 3 期　被引次数：2；下载次数：137

172. 连铸板坯表层网状裂纹的成因研究
孙彦辉；赵长亮；蔡开科；杨素波；陈永；李桂军；顾武安　发表于《中国冶金》2008 年第 4 期　被引次数：9；下载次数：216

173. BOF—LF—CC 生产特殊钢连铸坯质量控制
蔡开科；孙彦辉；秦哲　发表于《炼钢》2008 年第 4 期　下载次数：176

174. SS400 钢薄板坯高温塑性研究
倪有金；赵晶；孙彦辉；许中波；蔡开科　发表于《连铸》2008 年第 5 期　被引次数：5；下载次数：165

175. 管线钢夹杂物变性的理论与实验研究
张彩军；高爱民；蔡开科　发表于《过程工程学报》2008 年第 6 期　被引次数：8；下载次数：359

176. 钢帘线盘条中夹杂物形态和成分的调查
徐涛；孙彦辉；许中波；蔡开科；王海涛　发表于《炼钢》2009 年第 2 期　被引次数：2；下载次数：288

177. 转炉冶炼低碳钢终点氧含量控制
蔡开科　发表于《钢铁》2009 年第 5 期　被引次数：22；下载次数：450

178. 中碳钢高温力学和冶金行为

孙彦辉；倪有金；许中波；蔡开科　发表于《北京科技大学学报》2009 年第 6 期　被引次数：15；下载次数：343

179. SPHC 钢 LF 精炼过程钢水增硅分析
徐涛；孙彦辉；许中波；蔡开科　发表于《钢铁》2009 年第 6 期　被引次数：3；下载次数：294

180. RH 处理超低碳钢中总氧含量的控制
莫志英；王淼；秦哲；孙彦辉；成国光；蔡开科　发表于《炼钢》2009 年第 6 期　被引次数：2；下载次数：259

181. RH 精炼过程钢液流动数值模拟和应用
张琳；孙彦辉；朱进锋；许中波；蔡开科　发表于《北京科技大学学报》2009 年第 7 期　被引次数：7；下载次数：277

182. RH 处理超低碳铝镇静钢的总氧预测模型及应用
孙彦辉；张琳；倪有金；许中波；蔡开科　发表于《北京科技大学学报》2009 年第 8 期　下载次数：179

183. 改善 45 结构钢切削性能的研究
秦哲；孙彦辉；蔡开科　发表于《钢铁》2009 年第 8 期　下载次数：113

184. RH 处理超低碳钢中总氧含量预报模型
秦哲；孙彦辉；成国光；蔡开科　发表于《钢铁》2009 年第 11 期　被引次数：1；下载次数：217

185. 含钛微合金钢 SAPH440 高温热塑性研究
孙彦辉；赵晓亮；王龙岗；蔡开科　发表于《连铸》2010 年第 2 期　被引次数：2；下载次数：184

186. 包晶钢板坯表面纵裂纹的形成与防止
倪有金；庞炜光；孙彦辉；蔡开科　发表于《连铸》2010 年第 4 期　被引次数：3；下载次数：236

187. 低碳低硅铝镇静钢 LF 顶渣硫分配比预报模型
孙彦辉；钱宇婧；李啸磊；蔡开科　发表于《特殊钢》2011 年第 2 期　下载次数：141

188. 连铸坯质量控制零缺陷战略
蔡开科；孙彦辉；韩传基　发表于《连铸》2011 年第 9 期　被引次数：6；下载次数：207

189. 高铝钢钙处理工艺热力学研究
孙彦辉；王小松；许中波；蔡开科；王春锋；刘良田　发表于《北京科技大学学报》2011 年第 12 期　被引次数：4；下载次数：241

190. 钙处理对无取向硅钢总氧含量的影响
王小松；孙彦辉；李文广；熊辉辉；乔峥；蔡开科　发表于《炼钢》2012 年第 1 期　下载次数：149

191. CSP 浇注无取向硅钢水口堵塞研究
李文广；孙彦辉；王小松；乔峥；熊辉辉；蔡开科　发表于《钢铁钒钛》2012 年第 2 期　下载次数：98

192. 炼钢—精炼—连铸过程钢水超纯净度控制战略
蔡开科；孙彦辉；田志红　发表于《中国冶金》2012 年第 4 期　被引次数：1；下载次数：172

193. 微合金钢凝固前沿脆性区溶质的偏析特性
曾亚南；孙彦辉；蔡开科　发表于《钢铁》2012 年第 12 期　下载次数：108

194. 120t BOF—LF—RH—CC 流程冶炼石油套管钢时 TiN 的析出和控制
方忠强；孙彦辉；汪成义；蔡开科　发表于《特殊钢》2014 年第 5 期　被引次数：12
195. CSP 生产低碳高铝钢钙处理与可浇性的控制
马志飞；孙彦辉；孙赛阳；殷雪；蔡开科　发表于《钢铁研究学报》2014 年第 6 期　下载次数：68
196. RH 精炼工艺对无取向硅钢 MgO · Al_2O_3 夹杂物演变影响及控制
曾亚南；孙彦辉；蔡开科；徐蕊　发表于《钢铁》2014 年第 9 期　下载次数：14
197. 含 Nb-Ti 微合金钢第三脆性区铸坯缺陷
徐蕊；孙彦辉；曾亚南；蔡开科　发表于《钢铁研究学报》2014 年第 11 期　被引次数：8；下载次数：1

（注：下载次数来源于中国知网，截止于 2015 年 3 月）

蔡开科教授主要英文论文目录

1. Mathematical model of decarburization of ultra low carbon steel during RH treatment
Zhang Lifeng; Jing Xuejing; Li Jiying; Xu Zhongbo; Cai Kaike　Source: Journal of University of Science and Technology Beijing: Mineral Metallurgy Materials (Eng. Ed.), v 4, n 4, p 19-23, Dec, 1997
2. Numerical simulation on irregular shrinkage of initial shell in continuous casting of steel
Jing Dejun; Cai Kaike　Source: Journal of University of Science and Technology Beijing: Mineral Metallurgy Materials (Eng Ed), v 6, n 2, p 103-106, 1999
3. Model for diagnosing the formation of internal cracks in continuously cast slabs
Han Zhiqiang; Yuan Weixia; Cai Kaike　Source: Journal of University of Science and Technology Beijing: Mineral Metallurgy Materials (Eng. Ed.), v 6, n 4, p 268-271, 1999
4. Mathematical model for predicting shrinkage defect of ductile iron castings
Han Zhiqiang; Su Junyi; Cai Kaike　Source: Journal of University of Science and Technology Beijing: Mineral Metallurgy Materials (Eng. Ed.), v 7, n 1, p 24-29, 2000
5. Fluid flow and inclusion removal in continuous casting tundish
Zhang Lifeng; Taniguchi Shoji; Cai Kaike　Source: Metallurgical and Materials Transactions B: Process Metallurgy and Materials Processing Science, v 31, n 2, p 253-266, 2000
6. Prediction and analysis on formation of internal cracks in continuously cast slabs by mathematical models.
Han Zhiqiang; Cai Kaike; Liu Baicheng　Source: ISIJ International, v 41, n 12, p 1473-1480, 2001
7. Principles in cast rolling with liquid core of thin slab continuous casting
Lu Z W; Cai K K; Zhang J Q　Source: Metallurgical and Materials Transaction B: Process Metallurgy and Materials Processing Science, v 32B, n 3, p 459-464, 2001
8. Optimum process of RH-MFB refining for ultra-low carbon steel
Ai Liqun; Cai Kaike; Wang Mingdong; Yang Subo　Source: Journal of University of Science and Technology Beijing: Mineral Metallurgy Materials (Eng. Ed.), v 9, n 5, p 329-333, Oct, 2002
9. Influence of flow control devices on metallurgical effects in a large-capacity tundish
Zhang Caijun; Wang Lin; Cai Kaike; Yuan Weixia; Yu Zhixiang; Zou Yang　Source: Journal of University of Science and Technology Beijing: Mineral Metallurgy Materials (Eng. Ed.), v 9, n 6, p 412-416, Dec, 2002
10. Mathematical model of sulfide precipitation on oxides during solidification of Fe-Si alloy
Liu Zhongzhu; Gu Kejing; Cai Kaike　Source: ISIJ International, v 42, n 9, p 950-957, 2002
11. Evaluation and control of steel cleanliness-Review
Zhang Lifeng; Thomas Brian G.; Wang Xinhua; Cai Kaike　Source: Steelmaking Conference Proceedings, v 85, p 431-452, 2002

12. A coupled mathematical model of microsegregation and inclusion precipitation during solidification of silicon steel
Liu Zhongzhu; Wei Jun; Cai Kaike Source: ISIJ International, v 42, n 9, p 958-963, 2002
13. Application of CX-type modifiers in Al-Si alloys
Yao Shufang; Mao Weimin; Zhong Xueyou; Cai Kaike; Wang Zidong; Mao Lei; Yang Juxiang
Source: Journal of University of Science and Technology Beijing: Mineral Metallurgy Materials (Eng. Ed.), v 10, n 2, p 34-38, Apr, 2003
14. Kinetic study on deep dephosphorization treatment of liquid steel by BaO-based fluxes
Tian Zhihong; Guo Yanyong; Cai Kaike; Ai Liqun; Shi Huien Source: Journal of University of Science and Technology Beijing: Mineral Metallurgy Materials (Eng. Ed.), v 11, n 6, p 494-499, Dec, 2004
15. Effects of oxygen potential and flux composition on dephosphorization and rephosphorization of molten steel
Tian Zhihong; Jiang Junpu; Cai Kaike; Wang Xinhua; Zhu Lixin; Yin Xiaodong; Shi Hongzhi
Source: Journal of University of Science and Technology Beijing: Mineral Metallurgy Materials (Eng. Ed.), v 12, n 5, p 394-399, Oct, 2005
16. Inclusions in the low carbon al-killed steel produced by a CSP thin slab casting process at Handan steel
Wei Jun; Tian Zhihong; Zhang Lifeng; Cai Kaike; Zhou Yingchao; Wei Zukang; Lu Jianquan
Source: AISTech - Iron and Steel Technology Conference Proceedings, v 2, p 585-592, AISTech 2005-Iron and Steel Technology Conference Proceedings, 2005
17. Decarburization mechanism of RH-MFB refining process
Han Chuanji; Ai Liqun; Liu Bosong; Zhang Jun; Bao Yanping; Cai Kaike Source: Journal of University of Science and Technology Beijing: Mineral Metallurgy Materials (Eng. Ed.), v 13, n 3, p 218-221, Jun, 2006
18. SMART/ASTC dynamic soft reduction technology and its application on the bloom continuous caster at Pangang
Li Guijun; Zhang Kaijian; Han Chuanji; Chen Yong; Zhao Guoyan; Cai Kaike Source: Journal of University of Science and Technology Beijing: Mineral Metallurgy Materials (Eng. Ed.), v 13, n 2, p 121-124, Apr, 2006
19. Investigation of fluid flow and steel cleanliness in the continuous casting strand
Zhang Lifeng; Yang Subo; Cai Kaike; Li Jiying; Wan Xiaoguang; Thomas Brian G. Source: Metallurgical and Materials Transactions B: Process Metallurgy and Materials Processing Science, v 38, n 1, p 63-83, Feb 2007
20. Hot ductility of NB-V containing microalloyed steel during solidification
Sun Yanhui; Zeng Yanan; Cai Kaike Source: TMS Annual Meeting, p 163-170, 2013, 4th International Symposium on High-Temperature Metallurgical Processing-Held During the TMS 2013 Annual Meeting and Exhibition

邵象华院士对蔡开科教授论文的评价

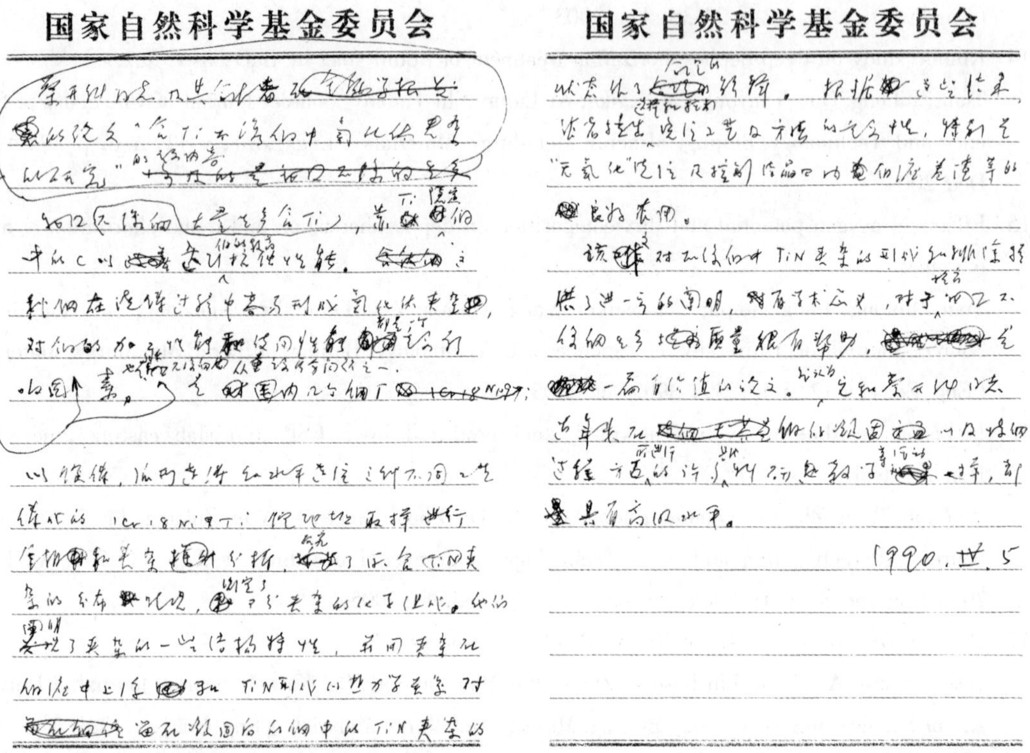
国家自然科学基金委员会

国家自然科学基金委员会

1990. IV. 5

我国大量生产含 Ti 不锈钢，靠 Ti 稳定钢中的 C 以提高钢的抗蚀性能。这种钢在浇铸过程中容易形成氮化钛夹杂，对钢的加工性能和使用性能都是一个重要的影响因素，也作为约束不锈钢主要质量问题之一。蔡开科同志及其合作者的论文《含 Ti 不锈钢中氮化钛夹杂的研究》的主要内容是从国内几个钢厂以锭铸、弧形连铸和水平连铸三种不同工艺铸造的 1Cr18Ni9Ti 铸钢坯取样进行金相和夹杂分析，研究了含 TiN 夹杂的分布情况，测定了部分夹杂的化学组成。他们阐明了夹杂的一些结构特性，并用夹杂在钢液中上浮和 TiN 形成的热力学关系对留在凝固后的钢中的 TiN 夹杂的状态作了合理的解释。根据这些结果，作者提出选择和控制浇注工艺及方法的重要性，特别是“无氧化”浇注及控制结晶器内钢液卷渣等的良好作用。

该文对不锈钢中 TiN 夹杂的形成和排除提供了进一步的阐明，有学术意义，对于提高不锈钢生产质量很有帮助，是一篇有价值的论文。我认为它和蔡开科同志近年来在钢的凝固以及炼钢过程方面所进行的许多其他科研、教学等活动一样，都具有高的水平。

1990 年 4 月 5 日

缅怀一代宗师蔡开科

MIANHUAI YIDAI ZONGSHI CAIKAIKE

回忆蔡老师

刘新华

在蔡开科教授去世一周年之际，特编此书以示纪念。我作为他的亲人，主要讲述一些不为大家所知的琐事，让大家从另外一个角度了解他。

蔡开科生于1936年阴历1月27日。旧时的家庭人员众多，兄弟姐妹6人，家境贫寒。蔡开科1949年初中毕业，在湖南华容胜峰乡金窝村小学任教一年。1951年进入岳阳一中高中。在岳阳一中期间，他为了回家省路费清早从岳阳走路出发，晚上才能到家。走累了就躺在路边草地上休息，终于身体承受不了早晚的冰冷，回校后就得了肺结核。班主任怕传染同学，要他回家休养，他自己坚持不回家。校医在学校里给他找了一个小角落住下养病，过段时间肺结核钙化，终于与同学一起按期毕业。1954年，他考上了北京钢铁学院，家里人非常高兴，在他小叔陪同下卖了点稻子，买了一个小木箱，带了点路费就去了北京。由于没钱，蔡开科是从华容县步行走到岳阳，从岳阳坐船到汉口，又从汉口转车到北京，路上耽搁了很多时间。到学校以后，同学们早已开课了。蔡开科在北京钢铁学院上学的5年当中，每年都是拿全额助学金。他经常讲要感谢国家、感谢中国共产党，使他能完成大学学业。

1959年，蔡开科大学毕业并留校任教。他带了本科生认识实习、生产实习、课程设计和毕业设计等。1964年10月，他被选中去法国留学。1964年10月，去上海外语学院学法语，后因法中关系恶化没有成行又回到学校，至1973年才去法国巴黎的法国钢铁研究院进修。1975年10月，从法国返回学校后，蔡开科自己说能总结出30几个专题报告，但当时“文化大革命”余毒未消，他被派去烧了一学期锅炉，1976年又去北京大寨工作队工作了一年。1977年回校之后，担任冶金工业部、中国金属学会特殊钢分会赴法考察团翻译。1989年12月，又以访问学者身份赴加拿大麦吉尔大学交流一年。

在校工作期间，他抓紧时间进行科研工作和编写教材及发表论文。先后带研究生30多人，仅1987年之后在一级期刊如《金属学报》《钢铁》《钢铁学报》和《北京科技大学学报》上发表了130余篇论文。除完成教学科研任务外，还和实验员一起改造实验室，建立连续铸钢冷热态二冷喷嘴模拟设备，二冷区热态模型传热系数测定仪等。应用Gleeble1500测定了不同钢种高温力学性能数据，并在1993年7月在《北京科技大学学报》上以专辑方式出版。

他善于总结所学知识，前后共编写了《浇注与凝固》《连续铸钢》《连续铸钢原理与工艺》《连铸结晶器》和《连铸坯质量控制》等著作，翻译了《金属初级加工过程的数学和物理模型》。他的著作简明扼要，深得同行和同学好评。有的工厂技术员说：“我是看着蔡老师的连铸和凝固的书参加连铸工作及出席连铸技术会议的”。总之，蔡开科的一生是战斗的一生、努力的一生和小有成绩的一生。

2014年11月6日

Nouvelles scientifiques, techniques et industrielles

DOI: 10.1051/mattech/2014044

In memoriam

Hommage au professeur Cai Kaike 蔡开科 (1936-2014)

Par Jean-Pierre Birat[1], Robert Alberny[2] et Guy Denier[2]

CAI Kaike (1936-2014) était Professeur à l'Université de Sciences et de Technologie de Beijing (anciennement l'Université de la Sidérurgie), où tous les ingénieurs de la sidérurgie chinoise, la première du monde aujourd'hui, ont été formés. Son expertise était l'aciérie et la coulée continue de l'acier, qu'il a contribué à développer en Chine. Un long séjour en France à l'Institut de recherche de la sidérurgie (IRSID) en a fait un francophone précis et un francophile dévoué. Il a noué des relations avec de nombreux collègues devenus ses amis, dont certains ont eu la chance de le revoir régulièrement à Beijing jusqu'à sa disparition.

DR

Professeur Cai Kaike en 1984 lors du premier cours sur la coulée continue.

La France comptait en Chine un très grand ami, le professeur Cai Kaike : il nous a quittés dans son sommeil le 29 mai 2014.

CAI Kaike (1936-2014) était Professeur à l'Université de Sciences et de Technologie de Beijing, connue anciennement comme l'Université de la Sidérurgie, où tous les ingénieurs de la sidérurgie chinoise, la première du monde aujourd'hui, ont été formés pendant des décennies. Son expertise était l'aciérie et la coulée continue de l'acier, qu'il a contribué à développer en Chine. Un long séjour en France à l'Institut de recherche de la sidérurgie (IRSID), entre 1973 et 1975, en a fait, de plus, un francophone précis et un francophile dévoué. Il a noué des relations avec de nombreux collègues devenus ses amis, dont certains ont eu la chance de le revoir régulièrement à Beijing jusqu'à sa disparition.

Le professeur Cai Kaike a passé la plus grande partie de sa vie sur le campus de l'université de Sciences et

Le professeur CAI Kaike 蔡开科 (1936-2014)

Jan. 27, 1936	né à Hua Rong, Hunan, Chine
1959	termine ses études à l'Université de la Sidérurgie, à Beijing
1959-1964	assistant d'enseignement en métallurgie à l'université
1966-1973	enseignant à l'université
1973-1975	séjour sabbatique en France, à l'IRSID
1976-1987	maître de conférence, faculté de métallurgie de l'USTB
1986-1991	professeur assistant, faculté de métallurgie de l'USTB
1991	professeur des universités, USTB
2001	départ en retraite

Il a reçu de très nombreux prix pour ses nombreuses publications en Chine tout au long de sa carrière, décernés par l'état (National Science Technology Award, Ministries of Industry, of Metallurgical industry, etc.), la CSN, l'USTB, la ville de Beijing, les provinces de Hebei, Sichuan, etc.

Il a présidé de nombreuses commissions techniques à la CSN, en aciérie et, coulée continue, mais a aussi été membre du directoire de la CSN? organisé les congrès nationaux de la CSN, etc. de façon conitnue tout au long de sa carrière. Il a aussi été consultant auprès de plusieurs sociétés sidérurgiques chinoises.

Il a publié plusieurs ouvrages, dont *Steel Continuous Casting, Fundamentals and Technology of Continuous Casting, Mold Metallurgy of Continuous Casting*, il a été l'éditeur en chef de plusieurs autres: *album of Mechanical Properties under High Temperature in Continuous Casting, 500 Q & A in the Continuous Casting, the Principle and Technology of the Continuous Casting, Continuous Casting Mold.*

Il a été a été chargé des cours de *Fundamentals of Steelmaking* et *Fundamentals of Solidification.*

Il a aussi été reconnu en tant qu'enseignant par les prix de *outstanding teacher* à l'USTB et à Beijing, qu'il a reçus plusieurs années de suite.

[1]Secretary General, European Steel Technology Platform (ESTEP), Rédacteur en chef de Matériaux et Techniques, Avenue de Cortenbergh 172, 1000 Bruxelles, Belgique

[2]Rédacteur en chef de « Materials Research & Technology », 12 rue de Fontenay, 94130 Nogent sur Marne, France

[3]Membre du Comité Éditorial de « Materials Research & Technology », 17 rue de la Ferrée, 57130 Ars Sur Moselle, France

Nouvelles scientifiques, techniques et industrielles

In memoriam

DOI: 10.1051/mattech/2014044

Technologie de Beijing (USTB), connue autrefois comme l'Université du fer et de l'acier. C'est une petite ville quasi-autonome située dans le quartier des universités, alignées le long de l'avenue Xuejuan, avec chacune sa statue monumentale de Mao Tsedong devant chaque bâtiment - bien que certaines aient maintenant disparu: on y trouve, comme partout ailleurs, des salles de cours, des amphi et des labos, mais aussi des résidences universitaires, des résidences pour les professeurs, des installations sportives utilisées lors des jeux olympiques, des hôtels pour les visiteurs, des boutiques et des restaurants.
Cai Kaike est venu pour la première fois en France, de mars 1973 à octobre 1975, à l'IRSID (Institut de Recherche de la Sidérurgie), où il a travaillé dans l'équipe « coulée » dirigée alors par Robert Alberny. Jean-Pierre Birat a partagé avec lui un bureau pendant toute cette période, ce qui a permis des échanges de longue durée du fait de sa maîtrise scrupuleuse du français et de sa curiosité, en particulier pour la coulée continue et pour la métallurgie secondaire qui était alors émergentes en Europe. Monsieur Tsé, comme il nous avait alors demandé de l'appeler, était venu seul en France, laissant au pays sa femme Liu Xinhua, enseignante comme lui, et ses deux enfants. Nous l'invitions les week-ends dans nos foyers et nos gosses appréciaient ce papa un peu seul et en manque d'affection - d'autant qu'il n'est jamais rentré en Chine pendant tout ce séjour. Il travaillait au laboratoire sur la coulée en lingot et accompagnait les équipes qui partaient expérimenter sur les coulées continues en usine. C'était inhabituel alors de voir un Chinois en Occident et son pays était un mystère pour la plupart d'entre nous.
Rentré en Chine, il a conservé des liens d'amitié avec chacun d'entre nous, depuis son université chinoise. Ils nous a invités à y donner des cours sur la coulée continue (Alberny & Leclerc en 1984 et Birat en 1988), mais aussi à présenter des conférences plénières

DR

Professeur Cai Kaike et Guy Denier entourés des étudiants, lors d'une excursion à la Grande Muraille, 2002.

DR

Professeur Cai Kaike (à droite), Madame Liu Xinhua (à gauche), Jean-Pierre-Birat (au centre), mars 2010, Beijing).

DR

Ouverture du 1er cours sur la coulée continue en 1984 avec Jacques Leclerc, Cai Kaiké, le délégué de l'ambassade de France et Robert Alberny (de droite à gauche).

dans les congrès annuels de la Chinese Society for Metals (CSM), qui s'ouvrait aux étrangers et organisait des évènements d'une taille considérable - comme celle de la Chine moderne. Lui-même est revenu plusieurs fois en France à l'occasion des Journées sidérurgiques internationales (1984, 85 et 86).

Il a aussi passé presque un an à l'université Mc Gill, à Montréal, avant d'être nommé professeur à l'USTB.
Il a, à plusieurs reprises assisté Guy Denier comme interprète - et bien plus -, lors d'expositions en Chine (1984, 1986, 1988) et lors de démarrages de convertisseurs LBE (1988 et 1992).
À Pékin devenu Beijing, l'université de la sidérurgie s'est ouverte à toutes les sciences de l'ingénieur en devenant l'USTB et Cai Kaike a monté tous les échelons des grades d'enseignants du supérieur, d'enseignant (66-73) à assistant (76-85), puis maître de conférence (86-91) et enfin professeur (1991-2001). Il a travaillé à l'expansion de la coulée continue en Chine, son université étant très impliquée dans les développements industriels, et a écrit de nombreux ouvrages sur le sujet en plus de ses nombreuses publications couvrant l'ensemble du domaine de l'aciérie (environ 200) : les sidérurgistes chinois disent volontiers qu'ils ont appris la coulée continue en lisant ou en écoutant Mr Tsé. Il a reçu de nombreux prix (8) en Chine, pour ses travaux, a servi dans le cadre de la CSM dans de nombreux comités techniques, frères d'armes de ceux de l'ATS, et a organisé quelques uns des congrès annuels. Il a aussi participé au comité éditorial de Iron & Steel, le journal de la CSM.
Lors de nos passages à Beijing, nous avions pris l'habitude de le rencontrer et nous dinions ensemble avec Liu Xinhua, Cai Yue, leur fille ou Monsieur Yang, qui avait été lui aussi stagiaire à l'IRSID, évoquant amis communs français et souvenirs de son passage en France, qui remontaient déjà à la nuit des temps : depuis, la Chine était devenue la presque première puissance mondiale et lui-même avait vécu cette éclosion tout en survivant aux à-coups de la politique intérieure de son pays.
Nous garderons tous de lui le souvenir d'un homme attentionné, attentif, curieux et modeste, qui a été séduit par notre pays il y a quarante ans et lui a conservé sa fidélité et sa gentillesse.

译文：

向蔡开科教授致敬

Jean-Pierre Birat，Robert Alberny，Guy Denier
（法国钢铁研究院）

法国有一位伟大的中国朋友，蔡开科教授。他于2014年5月29日与世长辞，离开了我们。

蔡开科（1936～2014）曾为北京科技大学教授（原北京钢铁学院），北京科技大学是培养中国许多冶金工程师的摇篮。蔡开科主要从事炼钢，连铸等方面的研究，并为中国在这方面的发展做出了重大贡献。在法国冶金研究院学习期间，蔡开科准确地使用法语并成为法国人民忠实的朋友。他和许多法国同事建立了友谊成为了朋友，其中一些同事在他去世之前都会定期到北京来看望他。

蔡开科教授在北京科技大学（原北京钢铁学院）的校园里度过了其大半生。学校坐落在大学区，紧靠着学院路，在每一幢建筑前都有一座毛泽东塑像。和别的学校一样，这里有教室、阶梯教室和实验室，也有学生公寓、教师公寓、运动设施、宾馆、小卖部和餐厅。

1973年3月到1975年10月，这是蔡开科第一次赴法。在法国冶金研究院，他在Robert Alberny教授领导的小组里工作。在此期间，Jean-Pierre Birat和他共用一个办公室，由于蔡开科对法语的精确掌握和丰富的好奇心，Jean-Pierre Birat便能与他进行顺畅的交流。Jean-Pierre Birat因在连铸和二次精炼上的独特成就，当时在欧洲已小有名气。蔡先生只身赴法，将和他一样是讲师的妻子刘新华及其子女留在中国。我们会在周末邀请他来我们家，我们的孩子很喜欢这个有点孤独甚至有点“无情”的爸爸，因为他在留法期间从未回过中国。他在实验室研究金属锭的浇铸并与团队在工厂一起研究连铸。当时，在欧洲很少见到中国人，并且中国对于我们大多数人都还是个谜。回到中国后，他一直与我们每一个人保持着联系，他邀请我们去给学生上关于连铸的课（Alberny & Leclerc于1984年，Birat于1988年），并邀请我们参加中国金属学会Chinese Society for Metals（CSM）年会中的全体会议。他向外国人敞开大门并组织了一些大型会议——就像在现代的中国一样。之后他也在国际冶金日的时候回过几次法国（1984年、1985年、1986年）。在蔡开科成为北京科技大学的教授之前，他也在蒙特利尔的麦克吉尔大学度过了接近一年时光。他也多次在中国的展会（1984年、1986年、1988年）和LBE炼钢转炉启动（1988年、1992年）期间担任Guy Denier的口译。

从Peking改称为Beijing之后，北京钢铁学院开启了所有工程学科而成为了北京科技大学。蔡开科也一步步升迁成为最高级别的学者。从教员（1966～1973）到助教（1976～1985），然后是导师（1986～1991），最后是教授（1991～2001）。他继续在中国从事连铸的研究，其所在的北京科技大学在工业发展上有很大成就，撰写了大量有关著作并且涉及冶金领域的多个方面（大约200个）。他的研究在中国获得了许多奖项（8项），服务于中国金属学会与许多科技委员会，并组织了许多年度会议。他还参加了钢铁出版委员会、中国金属学会。当我们在北京的时候，我们经常见面并且和刘新华老师、他的女儿蔡月或者IRSID（法国冶金研究院）的实习生杨先生一起吃饭。我们回忆共同的法国朋友，回忆他在法国的日子，直到晚上。中国几乎已经成为第一钢铁大国，蔡开科生活在这种繁荣发展中。

我们怀念这个亲切的、认真的、好求知和谦虚的男人，他被法国所吸引了四十多年并且保持了他的忠诚与热情。

蔡开科教授（1936～2014）简介

Jan. 27，1936年	生于中国湖南华容县
1959	在北京钢铁学院完成学业
1959～1964	冶金教学助理
1966～1973	大学教员
1973～1975	在法国I’IRSID留学
1976～1987	北京科技大学冶金系讲师
1986～1991	北京科技大学助理教授
1991	北京科技大学教授
2001	退休

在他的学术生涯中，因发表了大量论文，在中国获得了许多奖项（National Science Technology Award，Ministry of Metallurgical Industry，etc.），由国家、中国金属学会、北京市、河北省、四川省等授予。

在他漫长的学术生涯中，他在中国金属学会主持了许多关于冶金、连铸的科技会议，成为中国金属学会理事会会员，主持了中国金属学会的国家级会议等。他也担任了许多中国冶金企业的顾问。

他发表了许多著作，也是多篇论文的第一作者，有《连续铸钢》《连续铸钢原理与工艺》《连铸结晶器》《连铸高温力学性质图谱》等。

他开设“炼钢学原理”和“凝固理论”等课程。

他连续几年获得北京科技大学及北京市优秀教师称号。

To Professor Cai Kaike, my friend

Jean-Pierre Birat, ESTEP

Professor Cai was a pioneer in Continuous Casting (CC), which he helped introduce in China and which he taught and did research about for most of his life.

We learned about CC together, he and I, when Professor Cai stayed in France at The Institute for the French Iron & Steel Industry (IRSID) for a two and a half years. We shared the same office and we became friends. He had achieved a precise and subtle command of our language, was curious of our country and of its culture and our children loved him, a father estranged from his own children remaining in China, for a long period of time. In the early 70s, China was mostly unknown and mysterious to most of us, and he opened a door into another culture for us and into a future that would probably mirror the curiosity that he continuously demonstrated.

He went back to China and we lost track of him during the Cultural Revolution. But he came back to Europe several times and reconnected with us; the magic of his personality worked again. We started to understand what was happening in China, what the country was to become and to visit it ourselves. I was invited by Professor Cai to teach a continuous casting class in 1988 at USTB, still called then the University of Iron & Steel, where he had become a lecturer and eventually was to be a full Professor. Then I went back regularly, more and more often until I became an honorary Professor of USTB. At most of the visits, I would meet with Professor Cai and his wife Liu Xinhua.

I learned about his passing away in Graz during the 8th European Casting Conference from members of the Chinese delegation.

By becoming the first economic power in the world in 2014, China has taken on new responsibilities towards helping to ensure the coherence of technology and societal challenges, in China as well in the rest of the world. This includes steel and more generally materials.

The paper, an introductory lecture given at the 8th European Casting Conference in Graz, is dedicated to Professor Cai Kaike.

译文：

致我的好友蔡开科教授

Jean-Pierre Birat

（Secretary General，European Steel Technology Platform（ESTEP））

蔡开科教授是连铸先驱，是他将连铸技术引进中国，并一生都从事这方面的教学和研究工作。

蔡开科教授在法国钢铁工业协会的两年半时间里，我们共同研究连铸。我们不仅是同事更是朋友。虽然他远离自己的孩子亲人很长时间，但是他法语讲得非常好，对我们的国家和文化充满好奇，我们的孩子都很喜欢他。在20世纪70年代初，中国还不为人知，对于我们大部分人来说还是个谜，是他为我们开启了一扇通往另一种文化和未来之门，使我们产生了足够大的好奇心。

他回国后，在“文化大革命”时期我们失去了联系。但是他几次到欧洲都会联络我们。我们开始了解中国发生了什么，这个国家将走向何方。1988年蔡开科教授邀请我去北京科技大学（当时是北京钢铁学院）教一门连铸课，在这个学校他一开始是讲师最后成为教授。此后我经常来中国，成为北京科技大学的荣誉教授。几乎每次来访都会去会见蔡教授和他的夫人刘新华。

在第八届欧洲连铸会议上我从中国代表团那里得知蔡教授已经去世。

2014年中国已经成为世界第二大经济体，中国已经承担起国内乃至全世界的促进技术进步和迎接社会挑战的历史使命。

文集中收录的我的学术文章是格拉茨举办的第八届欧洲连铸会议的开场报告，特此奉献给蔡开科教授。

Jean-Pierre Birat

纪念蔡教授

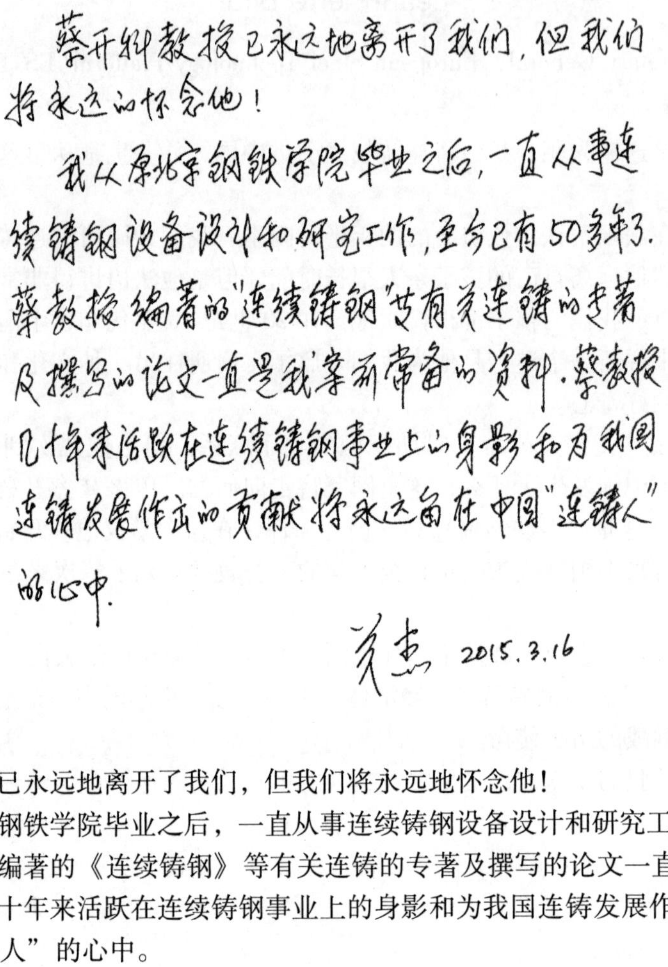
蔡开科教授已永远地离开了我们，但我们将永远的怀念他！
我从原北京钢铁学院毕业之后，一直从事连续铸钢设备设计和研究工作，至今已有50多年了。蔡教授编著的"连续铸钢"等有关连铸的专著及撰写的论文一直是我案前常备的资料。蔡教授几十年来活跃在连续铸钢事业上的身影和为我国连铸发展作出的贡献将永远留在中国"连铸人"的心中。
关杰 2015.3.16

蔡开科教授已永远地离开了我们，但我们将永远地怀念他！

我从原北京钢铁学院毕业之后，一直从事连续铸钢设备设计和研究工作，至今已有50多年了。蔡教授编著的《连续铸钢》等有关连铸的专著及撰写的论文一直是我案前常备的资料。蔡教授几十年来活跃在连续铸钢事业上的身影和为我国连铸发展作出的贡献将永远留在中国“连铸人”的心中。

关杰（中国工程院院士）
2015 年 3 月 16 日

怀念蔡开科同志

倪满森

（钢铁研究总院）

2014 年 5 月底，中科院毛斌同志来电说，蔡开科教授去世了。听到这个消息，很是愕然。我和老蔡是多年的老朋友、连铸战线上的合作伙伴。他身体一直很棒，讲话时声音洪亮，走路时步伐稳健。前不久我们还有电话联系，他告诉我要去外地讲课。得此消息，很难接受。

20 世纪 70 年代中国金属学会成立连续铸钢委员会（以后改为连铸分会）。从此开始，我们经常在一起为我国连铸技术工作，去工厂解决连铸生产中的一些疑问（咨询），为技术成果作评定等等。尤其是在老蔡担任连铸分会副理事长后，他和学会有关同志积极组织各项学术活动，并针对当时连铸生产中出现的比较普遍的问题有针对性地开展活动，并组织有关人员或他自己做专题报告，全面论述问题的起由和有关措施。

其次，这些年来组织大家编写连铸专业方面的书籍，而且总结多年的实践和有关理论，并带领学生（研究生）共同深入现场搞调查研究、收集数据，深入研究一些问题，编写专著。

最早在 1991 年由连铸分会组织、由他负责主编的《连续铸钢》一书，全面系统地从设备、工艺、凝固传热理论及相关技术介绍连续铸钢。这是我国第一本全面系统地介绍连铸技术的书籍。1992 年又再版此书。此外，他为《中国冶金百科全书》钢铁冶金卷连铸篇撰稿及审编，并是该篇的主编之一。

其次，这些年蔡开科同志还撰写出版了一些有分量的有关连铸基础理论、生产工艺技术、铸坯质量等方面的专著。最早出版的《浇注与凝固》一书（1987 年）给大家提供了浇注过程钢凝固的系统知识，以后又和东北大学程士富老师合编了《连续铸钢原理与工艺》一书，给钢铁冶金的学生及相关技术人员提供了一个系统的教材。2010 年又撰写出版了《连铸钢质量控制》一书，较为系统地将生产工艺和铸坯质量结合在一起，书中许多数据是从生产实践中取得的。以往书籍（连铸）中很少有我们自己的数据，而此书中的许多数据是蔡开科教授带领学生在生产现场取得的，充分体现了理论与实践结合。

蔡开科教授对待工作专心致志，其性格耿直，直言不讳。例如，在成果评定中，他总是实事求是，不搞浮夸。在生活中，他很爱他的夫人。他夫人健康状况欠佳，我们在外地旅游时，他经常拿着手机给夫人解释介绍当地风土人情，把绚丽的景色描绘给夫人，天上蓝天白云、地上花草树木郁郁葱葱、景点的自然风光和特色都一一介绍，体现了蔡开科同志热爱事业也热爱家庭。

蔡开科同志突然离我而去，我们不仅丧失了一位为连铸事业奋斗的伙伴，也失去了一位好朋友，工厂搞连铸专业的同志们肯定会很惋惜失去了一位在连铸技术方面可依赖的导师。蔡开科同志安息吧！

2015 年 2 月

回忆和怀念蔡开科学友

萧忠敏

（武钢研究院）

2014年5月29日，我接到武钢科技管理部袁伟霞学友的电话，她告知我蔡开科教授不幸去世的消息，使人感到非常突然。在我们的印象中，开科学友高大健壮的身体是十分棒的，虽然他曾患过重病，但康复情况良好。他的突然病逝，使我们很感悲痛。我拜托袁伟霞学友去京悼念其恩师时(蔡开科教授是她攻读博士生的指导老师),代表我献上一个花圈,以表达我对开科学友的沉痛悼念之情,并请她向开科夫人刘新华教授和其家人转达我的慰问。

我和开科学友都是北京钢铁学院（现在的北京科技大学，以下习惯简称“钢院”）冶金系炼钢专业先后毕业的。我高他一年级，我是1953年入学、学制4年，1957年毕业后参加到钢铁企业从事炼钢技术工作。他是1954年入学、学制改为5年，1959年毕业后（故钢院1958年无毕业生）留校从事教学工作。我们在校时虽随时可碰见，但不太熟悉。我们的交往主要是在以后的工作中、从工作联系到逐步加深友谊、进而成为好友，前后有30多年的时光。

我于1995年年满60岁时办了退休手续后，武钢公司领导一直返聘我又工作了19年，现已迈入八旬，于2015年1月底离开了工作岗位。也许是巧合，2月1日，是我离岗回家休息的第一天，就接到母校冶金学院院长张立峰教授发来的短信，告知学院在组织筹备出版蔡开科教授纪念文集，约我写一篇回忆蔡开科教授的文章，并希望我能提供一些与蔡开科教授合影的照片。经过反复思索，回忆起了我和开科学友工作交往中的一些往事，又用了几天时间从几十本影集中找到了一些与开科学友的合影，写成此文并附上一些我们的合影，以表达我对开科好友的深切怀念。

1957年秋，我从钢院毕业后国家分配（也是本人填写的志愿）到鞍钢。1958年秋，因新中国兴建的第一个大型钢铁企业武汉钢铁公司即将投产急需人才，国家要从鞍钢调配大批技术人员和生产骨干支援武钢，我作为刚参加工作的年轻人，积极响应国家号召而调入武钢。先在钢铁研究所从事炼钢科研工作20余年，后又调往公司机关长期从事炼钢技术管理工作。

蔡开科教授具有深厚的炼钢理论造诣、尤其对连铸技术有更深入的研究，专著颇多，在炼钢界有很高的声望。在我的印象中，好像从1980年代起，鉴于他的工作业绩突出，即被选聘为中国金属学会理事、炼钢学术委员会委员和连铸学术委员会的负责人，具体参与两个学会、特别是主持连铸学会的工作。由于我多次参加全国性的炼钢学术会和生产技术会议，以及由开科学友推荐和公司同意，代表武钢受聘担任中国金属学会炼钢学会铁水预处理、炉外精炼学术委员会委员（1986年10月）和受聘担任中国金属学会炼钢学会转炉学术委员会委员（1991年5月）。后经武钢推荐又受聘担任中国金属学会炼钢学术委员会委员（2000年2月）。参加这些学会活动与开科学友进一步加深了友谊。以后在工作中又多次互相配合、密切合作，使我们在炼钢的生产实践与理论研究的结合上有了更多的合作成果。

1992 年，武钢职工大学干部研修室（负责对职工进行继续工程教育的机构）的同志请我帮助组织一次连铸技术研修班，以进一步提高公司炼钢系统技术骨干的连铸技术理论和生产工艺的水平。我与金属学会炼钢、连铸分会和冶金部科技司有关专家联系后，邀请了蔡开科、倪满森、邓开文、胥昌弟等知名专家于 7 月中旬与会。研修班重点请蔡开科教授较详实、系统地作了国内外连铸生产技术最新发展动态的讲座，其他专家也做了有关发言。武钢同仁在研修班上介绍了连铸生产情况和实践中遇到的一些问题，从理论与实践相结合的角度，向蔡开科等教授进行了请教、交流和探讨。虽然武钢在连铸生产技术上当时已取得很好成绩，武钢二炼钢于 1984 年 3 月即在国内第一家实现了全连铸生产，而当年全国连铸比仅 10.7%，但是参加研修班的同仁一致反映这次研修效果很好，更进一步了解了一些连铸生产技术的最新进展，对今后改进连铸生产工艺和采用新的连铸技术都有很大的帮助和启迪。

在 1990 年代中期，蔡开科教授带领北科大的科研团队为宝钢进行了钢中夹杂物的大样电解分析研究，为宝钢系统了解、分析、研究钢中夹杂物的状况和提高钢的洁净度，提出了相关的建议。据悉宝钢根据北科大的研究报告采取了相应措施，对减少和改善钢中夹杂物、提高钢的洁净度起到了显著效果。开科学友十分关心武钢连铸的生产情况，大约在 1994 年与我联系，建议武钢也应进行与宝钢相类似的基础性的调研工作。我当时在公司技术部承担全公司炼钢系统生产技术进步的技术管理工作，深感开展这项工作的必要性及迫切性，我完全同意这一建议，立即向公司主管领导写了与北科大合作进行此项科研工作的建议，项目很快即获批准。在双方的共同努力下，圆满完成了此项科研任务。这次调查研究确定了 3 个钢种，即二炼钢转炉冶炼——RH 真空精炼——连铸工艺生产的低碳深冲钢 08Al、碳较高的焊瓶钢 15MnHP，考虑到武钢一炼钢当时还存在平炉——模铸生产工艺，故对模铸生产的容器钢 16MnR 也进行了调研。我记忆中的印象是，开科学友带领当时正在攻读博士学位的张立峰等同学进行此项调研，并由张立峰等同学执笔撰写了调研报告稿，经导师蔡开科教授审改后完成 3 个钢种的夹杂物研究报告。每份研究报告都有约百页，十分详细、系统地表述了这些钢种的夹杂物类型、形态、成分、数量和分布等，并配有上百张的彩色照片。这次对钢中夹杂物进行系统的分析研究工作在武钢尚属首次，它对于了解、分析、研究这些钢中夹杂物的来源、形成和洁净度的水平，以及提出应采取相应的对策等都提供了十分有针对性的建议。因原调研报告详实、篇幅较大，1996 年经我选其重要内容，写了一份较简短的《钢中夹杂物的研究课题简况汇总报告》，送给了刘本仁总经理和公司、钢厂有关领导，并提出了有关改进工艺技术的建议，刘本仁总经理作了赞誉的批示并要求钢厂积极采纳这些建议。武钢炼钢科技人员从这几份调研报告中学习了很多有益的知识，并用于提高钢的质量上了。鉴于进行这一工作十分必要和重要，此后 10 多年又先后与蔡开科教授、王新华教授等对超深冲用 IF 钢、硅钢等多个钢种进行了系统调研，它们对于了解和提高武钢生产钢的洁净度及钢材质量均发挥了重要作用。

1990 年代中期和 2010 年代，武钢曾邀请蔡开科等知名教授、专家对几项科技成果进行技术鉴定。开科学友和与会专家对这些科技进步成果给予了充分肯定和高度评价，并从实践和理论相结合的角度进行了分析，使武钢参会的中青年技术人员既受到鼓舞，也知道了今后在生产技术上继续努力的方向。开科学友也邀请我参加他主持的科技成果技术鉴定会。开科学友与我在工作中真诚地做到了相互支持和密切配合。

《炼钢》杂志从1985年创刊开始，蔡开科教授就代表北京钢院被聘请为编委至1999年，此后他推荐了较年轻的王新华教授接替他代表钢院任编委。无论他担任或未再担任编委时，他都十分支持《炼钢》杂志的办刊工作，经常亲自撰写或组织研究生撰写论文寄给本刊，《炼钢》杂志先后刊出了他和他指导的研究生共同撰写的多篇论文。2000年我受聘担任《炼钢》杂志主编后，为让炼钢科技人员和企业领导更系统地了解当时连铸技术的发展，我向开科学友特约了稿件，他在繁忙的工作中，专门安排出时间撰写了《连铸技术的进展》一文。该文以满足用户对连铸机的高生产率和高的产品质量的要求作为出发点，较系统地介绍了现代连铸机在工艺优化、装备改进和自动控制等方面所取得的发展和显著进步，综述了提高连铸机生产率、铸坯洁净度及铸坯表面和内部质量等方面所采用的技术措施。它是一篇高水平的综述型论文。因篇幅较大，我们特意安排在2001年的1～3期上分3次连续刊出。读者对此文反映很好。蔡开科教授对《炼钢》杂志的办刊工作给予了大力支持和热情帮助及指导，发挥了重要作用，受到编辑部同仁的一致称赞。

蔡开科教授自母校毕业后，一直从事钢冶金的教育和科研工作，时间长达50多年(含返聘工作)。他以高深的冶金理论造诣和丰富的教学实践，辛勤教书育人，孜孜不倦，培养出一批又一批的炼钢科技人才，他把毕生精力贡献给了我国冶金教育和炼钢事业。他教导过的学生中，有很多人在工作中做出了显著的成绩。在武钢经他培养授课的学生可能有百人以上，他们都在各自的领导和专业岗位上发挥着积极的重要作用。就我比较熟悉有两位由蔡开科教授带出的女研究生，毕业后工作都十分出色：一位是袁伟霞博士，蔡开科教授是她攻读博士研究生的导师，她先从事连铸生产技术的科研工作，现担任武钢公司科技管理部副部长，教授级高工，负责领导组织全公司的科技进步等方面的工作，做出了优异成绩，并代表武钢连任3届全国政协委员，从事重要的社会工作；另一位是张学辉博士，蔡开科教授是她攻读硕士研究生的导师，毕业后先在钢厂从事技术工作，后调至公司机关从事技术管理工作，以后又继续攻读了博士学位，她现在是武钢股份公司制造部教授级高工，负责组织和参与汽车板生产技术一贯制管理的工作，为武钢汽车板的质量显著提高做出了积极贡献。在开科学友培养研究生的工作中，他曾委托我做了一些协助培养研究生的工作，如1996年我受聘担任了冶金系王利来同志申请钢铁冶金专业硕士学位论文评阅人和硕士学位论文答辩委员会委员；1996年我又受聘担任了研究生院钢铁冶金专业硕士学位研究生张学辉同志的协助指导教师和硕士学位论文答辩委员会委员。在我认识的在钢厂和高校从事炼钢生产技术或教育科研的很多同仁中，有很多都是蔡开科教授的学生，他们都在各自的岗位上做出了优异的业绩。我的印象中，现在母校冶金与生态工程学院以张立峰院长为首的一大批中年教授，都是受到蔡开科教授培养教导过的钢冶金领域的科技精英。开科学友长达50余年的教书育人，人才辈出，可真谓是“桃李满天下”了。

开科学友虽然离开了我们，但他的音容笑貌和与我们的友谊将深深留在我的记忆中，我和很多同仁将永远怀念他！

2015年2月10日于武汉

永远的怀念

——写在蔡开科教授逝世一周年之际

韩国瑞

（中冶集团总工程师，国家勘察设计大师，中国金属学会常务理事、
专家委员会委员，原连铸分会第五、六届主任委员）

尊敬的蔡开科教授离开我们快一年了，我们因在中国金属学会连铸委员会而相识，深深地被蔡教授的学识、为人以及中国知识分子的气质所打动，并为之而敬佩，因工作的原因，未能送蔡老师最后一程，是我挥之不去的憾事。

在蔡老师逝世一周年之际，北科大冶金学院发起了纪念活动，十分感谢张立峰院长之邀，使我有此机会弥补我的遗憾，向蔡老师致以深深的怀念和敬意。

蔡开科教授是我国钢铁行业著名的炼钢连铸技术专家，是中国金属学会连铸分会第二届到第五届的副主任委员以及第六届名誉主任委员，是大家公认的学术带头人。虽然蔡教授的科研、教学任务十分繁重，但却十分热心并积极参与中国金属学会连铸分会的各项活动。积极参加分会组织的学术会议和专题技术会议，撰写论文并做专题技术报告，积极参加分会组织的钢铁企业有关连铸工艺技术和铸坯质量咨询活动，针对钢厂实际问题提出有针对性的改进对策，对改进工艺提高产品质量起到了积极的作用。受到了学会同仁和广大的钢铁企业的欢迎和尊重！连铸分会也因此多次获得先进分会的荣誉。

中国钢铁行业的技术发展已经走向了国际水平，应该说，是我国为数不多的可参与国际竞争的行业之一。特别是炼钢、连铸技术的发展，已经具备国际先进水平。我们目前保持着铸机生产能力、生产规格、品种的多项世界纪录。这些成绩的取得是和蔡老师及他们这一代人的艰辛努力分不开的。从 80 年代开始，蔡教授就积极参与筹备第 1 ~4 届发展中国家连铸国际会议和多届中日炼钢、连铸技术交流双边会议，积极参与并邀请国外专家来华就连铸设备、连铸工艺和连铸技术等方面进行讲学和交流，并组织翻译和出版。在连铸技术的理论研究和基础建设方面做出了突出的贡献，由其主编《连续铸钢》《连续铸钢 500 问》《连续铸钢原理与工艺》《连铸结晶器》《连铸坯质量控制》等专著相继出版发行，对普及连铸知识和提高连铸水平均起到了极大的推动作用。

蔡教授把毕生精力献给了我国的钢铁事业，他知识渊博，教书育人，桃李满天下。他的学生遍布全国，继续为我国钢铁工业的发展而努力工作着，他的事业在继续、在延伸。

他为人正直，心胸开阔，受人尊敬和爱戴，并视为榜样。

蔡开科老师，我们永远怀念您！

2015 年 3 月 3 日于北京

忆学友蔡开科

韩郁文

（北京科技大学）

和蔡开科学友相识六十年了，回想54年考入北京钢铁学院后我们就分在一个小班里。开始是冶一·六班，分专业是钢59.3班。当时男女生之间很少讲话，了解也不多。觉得他人很朴实。毕业时，他被留校任教。

1977年我调回母校工作。在之后同事三十多年中，对他有了进一步的了解。

他在我们班上，学习成绩一般。但他工作后，几十年来一直在教学、科研第一线，勤奋努力，刻苦钻研，兢兢业业工作一生，做出了突出成绩。先后发表论文230篇，著书六本，译著一本。对中国钢铁工业特别是连续铸钢的发展和技术进步做出了重要贡献。

在为人处事方面，诚信宽厚，淡泊名利，举重若轻，宽容大度。特别要提到的是，每年学校进行职务考核时，教研室没有科研经费来源的实验室老师，都划归在他的科研课题之下。甚至有的老师退休后返聘的返聘费也由他的科研经费来支出。

他以身作则，为人师表。在学生眼里，他慈祥智慧。以它独有的魅力，言传身教，为学生的成长倾注了毕生的心血。他严谨治学，注重实践。每次工厂实践，都是亲力亲为。他善于吸收新思想并在实践中发展创新，所以科研成果取得了显著的社会效益和经济效益。他是学校最早一批享受国务院特殊津贴的教师。

和他相处中，最使我感动的和难忘的一件事，就是他让我和刘新华共同翻译英文版《钙洁净钢》一书。当时我翻译的部分他已经译成了中文草稿。可是他却将他的中文译稿交给我作参考，叫我重新翻译这个部分。后来我才知道，他想让我在提职时在外文方面顺利通过。他就是这样无私帮助别人的人。

他严于律己，宽厚待人。从不讨论他人的缺点。对于周围有困难的人总是尽自己所能给予帮助。而对自己却始终俭朴。我们钢59级在京同学每年回校聚会，聚餐费全部都是他主动承担的。

蔡开科学友是平凡的，也是不平凡的。他生前常说："活着干，死了算。"直到他生命最后时刻，都实践着他所说的话。虽然他永远离开了我们，但是他的音容笑貌却永远留在了我们的记忆中。

淡泊以明志，宁静以致远。蔡开科的这种高贵品格和崇高精神将永远影响和激励着大家奋勇前行。

我真诚地祝愿他在天堂里一切都好，我们都很怀念他。

2015年3月13日

纪念蔡老师

李士琦

（北京科技大学）

我与蔡开科老师结缘于二十世纪八十年代初，有一次我向一位老师请教钢的凝固传热的数学模型。这位老师建议我去读一读曲英老师主编的《炼钢学原理》。我查到这本书后，拜读了其中有关的章节，知道这章的主笔是蔡开科老师，后来有机会向蔡老师当面请教，受益良多。因之，我也可以算作蔡老师的私塾弟子吧！

其后，因工作关系得以与蔡开科老师常有交集，知道蔡老师早年曾留学法国，是中国连续铸钢技术的先驱之一。在八十年代初，我国连续铸钢的生产还是零，经过二三十年的努力，中国连铸比已超过95%。连续铸钢的年产量远远高于美国、日本等技术发达国家，对此，蔡开科教授倾注了毕生的汗水和智慧。

在各种学术场合经常可以见到蔡开科教授据理力争、仗义执言、慷慨陈词的场面，蔡老师一生尊重科学，包容不同意见，尊敬先辈，提携后进，爱护学生，深得同行和后辈的尊敬和爱戴。

冬去春来，又是桃李芳菲的四月，蔡老师离我们远去已有一年了，他的亲传弟子们汇集了蔡教授生前的部分遗作和学生们的研究心得，在冶金工业出版社的帮助下，以文集寄托对蔡开科教授的思念，为这位正直的学者留下一瓣馨香。

当我捧读这本文集之际，仿佛眼前浮现出这位高大、刚毅、可敬、可爱的蔡开科教授。

又是芳菲四月天，斯人离去已经年。
而今再读遗文册，忆见慷慨讲台前。

2015 年 4 月于北京

追思蔡开科先生(四首)

黄 晔

(北京科技大学)

其 一

同行同事同故里,
亦师亦友亦兄弟。
知己交谊五十春,
余享余年余长忆。

其 二

快语快事爽快人,
不愧不怍藐不仁。
对上对下同对待,
实心实意尽实诚。

其 三

一生敬业功夫到,
连铸理工造诣高。
业界弟子多优秀,
各显本事在今朝。

其 四

为人师表重先行,
求真务实享盛名。
厚德克己怀大度,
身后永留仁义情。

2015 年 3 月

深切怀念我的良师益友蔡开科教授

杨守礼

（北京科技大学）

蔡开科老师离开我们将近一年了，时时怀念他！

他1959年留校工作，我1964年留校工作，相识相处近50年，很多记忆令人难忘！

“文革”期间，他曾被派往法国进修学习，那个时候，知识分子被贬为“臭老九”，知识越多越反动，他却坚持做学问，研究技术。在那个是非混淆的动荡年代，他不写批判他人的大字报，不写揭发他人的文字材料。不在那些批判他人的会上做那“激情”发言。

多少年来，他无论是在会上会下，人前人后，对人对事，都凛直而言，刚正不阿，显示他“正直”的做人风格。他待人诚恳，宽容，善良，尊敬老师，热爱同事。经他提议，每年都要召集同教研室老师聚会交流；组织同年级老同学相见畅谈。我曾多次参加他主持的炼钢连铸学术年会，每次他都热情组织大家切磋技术，与同事们亲切交谈，会议结束时，都要深情地说些祝福的话，要大家转达他对同事们亲友的亲切的问候。每次他见到乞讨的人，都要给些钱币。他从不在背后议论他人是非，甚至为别人抹黑。

那些年炼钢教研室在学校主楼二楼办公，他除了出差，每天从早到晚都在那里看书，做研究。这使得我可以就近就便向他求教。当时苦于没有研究课题，他帮我拟定科研题目。后来进而为我物色合作伙伴，聘请了兼职教师，使我得以参加对全国多个钢厂全连铸技术、工程的考察和评估工作，让我学到许多连铸知识。

我那几年经常生病，前后十一次住院治疗，他每次都去医院看我，给我以鼓励。那时，为了不给人家添麻烦，都尽量不让别人知道我住院，可是，都没能瞒住蔡老师。我想：“我心目中有他，他心目中有我”，他让我感受到人间的友谊和真情！

我与他见面有说不完的话，去年四月，我与他相见，一起谈学习，谈工作，谈养生。他反复嘱咐：“要坚持锻炼身体，保持愉快心情，睡好觉，要多喝水，不能缺水……。”与他边走边聊，从学校铭德楼，不知不觉说到北校门。为了不影响他休息，我推说有事，让他快些回家吃饭。想不到，不过半个月，他就离我们而去了，我非常悲痛，后来经傅杰等老师开导，才平静下来。

蔡老师离开我们渐行渐远了，我们只有学习他那高尚品质，感人魅力，按他嘱咐的那样去做，养好身体，在有生之年，多做一些有益的事情，以告慰冥冥之中的蔡老师。

2015年2月2日

回忆我的导师蔡开科教授

张桂芳

（昆明理工大学）

2004年至2006年博士后工作期间，我在攀枝花钢铁股份公司从事现场试验研究工作，得到了蔡开科老师的亲切指导，我的博士后研究题目是“攀钢大方坯连铸结晶器电磁搅拌铸坯质量研究”，从大方坯连铸工艺研究到数学建模等方面蔡老师都给我提出了很好的建议，是他把我领入连铸研究新技术领域。曾记得当时他带领秦哲师弟、田志红师妹、赵国燕师妹等去攀钢现场亲自取样、做试验。他对科学研究一丝不苟的态度、为学生以身示范的工作精神深受攀钢公司的赞赏。

博士后出站后，蔡老师鼓励我争取机会出国交流访问，扩展自己的视野。他讲，加拿大多伦多大学McLean教授是世界著名冶金专家，鼓励我到McLean教授那里学习、交流访问。在他的鼓励、推荐下，经过自己的努力，我申请到国家公派资格到加拿大多伦多大学做访问教授2年。在多伦多大学留学这两年期间，蔡老师经常发邮件鼓励我刻苦攻关、创造科研成果。我与多伦多大学McLean教授共同指导的研究生在2011年获得了美国AIST2011国际会议研究生论文比赛一等奖，多伦多大学在校园网进行了报道。如果说我在连铸研究领域取得了一些成绩，那么这些成绩与蔡老师的细心指导密不可分。在此，深深说一声：谢谢您，敬爱的导师，蔡老师！

我也为本文集投稿一篇，谨以此篇论文纪念敬爱的蔡开科老师，缅怀他的丰功伟绩。

蔡开科老师与我和出版

刘小峰

（冶金工业出版社）

1992年本科毕业后，我来到冶金工业出版社当冶金图书编辑。《连续铸钢原理与工艺》是我编辑加工的第二本书稿，是中国金属学会组织蔡开科、程士富等专家和学者编写的。

1993年时的稿件都是手写稿。作者写书就是所谓的“爬格子”，先写出草稿，然后一笔一画地誊在大稿纸上。编辑加工时，如果对技术内容表述有质疑，就把作者请到出版社来讨论。程老师在东北工学院，自然与出版社打交道这件事由蔡老师负责，就这样真正开始了与蔡老师的亲密接触。

当时我刚做编辑，在文字语法方面贡献有限，虽然上学时听过蔡老师讲“浇注与凝固”的课，但对连铸所知甚少。倒是蔡老师，耐心地给我讲解连铸知识，和他在写书过程中的新体会，把厚厚的稿子从头到尾翻看一遍，给我没做到位的编辑工作把关。

这段经历对我的编辑生涯和工作习惯影响很大。它让我意识到，科技编辑如果没有足够的专业知识，愧对自己的老师，也对不住信任出版社和编辑的作者、读者。后来，只要有空我就会翻看技术论文和行业新闻报道，一直尽力保持自己的编辑加工、审稿的重点，放在对技术内容的把关和对书稿质量的提升上。

《连续铸钢原理与工艺》1994年1月出版后在连铸界的影响深远，30来万字的书把连铸过程讲得很清楚，直到二十年后仍在作为钢厂的培训教材。由于90年代初无论是出版社还是作者都没有版权意识，这本书多次重印都没有作者的稿费，蔡老师说不要紧，只要是有人看书就满足了，要求出版社一定要满足读者需要。

电脑排版是在1996年以后才开始普及的。《连续铸钢原理与工艺》自然是用铅字排版，在定版后浇注成纸型，用纸型铸铅版再去制锌版印刷，重印几次后被损耗，印出来的书就墨色不均、字迹残缺。我请示出版社领导同意，对照铅排书采用电脑录入排版。说来简单，制图、排版、校勘的难度甚至超过做一本新书。这样的做法，在冶金工业出版社是第一例，也是仅有的一例。这是因为有行业的需要，蔡老师的要求和出版社的宗旨是一致的。于是，2000年以后在图书市场上看到的这本书都是印刷良好、字迹清楚的书了。蔡老师看到我们主动想办法、做实事，很是高兴。

虽然都是在北京，但平时能见到蔡老师的机会并不多，多数是在参加连铸会的时候。我知道他基本上都要在连铸会上发言，但是我忙得连参会的机会都越来越少。2007年北戴河连铸会的主题是结晶器，我没能参会，到会的张卫副社长邀请蔡老师主持编写《连铸结晶器》一书，蔡老师欣然接受。张卫副社长交由我们编辑室完成编辑出版工作，我委托尚海霞和王楠做责任编辑，我做审稿。

《连铸结晶器》中蔡老师负责的“连铸结晶器钢水凝固与热量传输”一章给我留下的

印象很深。还是蔡老师的风格，文字浅显，但是把结晶器内钢水凝固过程说得很清楚。我审稿后评价一本书的内容质量时，常用的标准是看是否容易让人读懂，是否让人愿意继续读下去。我觉得这段内容做到了。此外还有一个感觉就是，蔡老师意犹未尽——限于篇章结构，有些观点没写完全。

《连铸坯的凝固与传热》不是一个好书名吗？或者是《浇注与凝固》修订版，把以前的教材做成经典教材延续下来。趁热打铁，请小尚编辑把这个想法和蔡老师说了，小尚编辑回来后乐呵呵地对我说，蔡老师不写你那个书，他要写钢厂人最想看的书《连铸坯质量控制》。一回事，这本书我更需要。

读者，是一本书真正的目标。这个观点，也可以说是从蔡老师那里学来的。在我约稿时，最常和作者说的就是，您写的这本书，内容深度和读者定位是否匹配，读者看了这本书后有多少收获，重点内容是否突出地显示给读者了。同样，在做编辑加工、审稿时，以及和其他编辑交流时，也会常常以读者意识为本。编辑修改后读者是否能够更容易地理解内容，不修改读者阅读时是否会产生歧义，改不改、怎么改，用这个标准来衡量，感觉编辑工作都容易了。而且，读者意识的确也适合我们这样的专业出版社，我们的读者太明确了。

在审稿《连铸坯质量控制》时明显感觉到蔡老师在这本书里投入的精力与热情。有的地方内容连贯，一气呵成；有的地方反复分析，十分小心。由于浇注参数的不同，铸坯质量问题产生的原因也不同，有规律性的，也有没找到规律的。再前后比对各种发表过的文章，感觉到了蔡老师对这本书的严谨与负责。再过两三年，有更多的结果出来，书里的内容能更丰富，而且会更准确，蔡老师说到这里略带遗憾。这是2010年初的事了。

当我看到前言里蔡老师写到这将是他最后一部著作的时候，把这句话给改了个说法，出版社希望蔡老师多写书。校样上蔡老师还是给改了回来，说他不会停止写书，他会不断丰富这本书的内容，但是这本书里的内容可以给他的科研工作画个句号了。而且明确地说，他争取不断修订这本书，和连铸界的同行们一起搞好铸坯质量控制问题。

我知道这本书融入了蔡老师太多的东西，在和他聊天时，能感觉到他的脑子里都是连铸机在出坯，心思就在可能出质量问题的地方，一说起连铸机上的什么事，他的情绪就会激动起来。遗憾的是，我没有连铸实践经验，他说的，他书里写的，我只能感觉到，却理解不了。我只是真心希望这本书出版后能让蔡老师满意。一位从事了一辈子连铸工作的专家，把自己全部的成果和心得交给冶金工业出版社，是对出版社的信任，是对自己负责，对读者负责。

《连铸坯质量控制》出版后不久，蔡老师说接到一个钢铁网站的电话，他们看到了这本书，邀请蔡老师做网络视频讲座。书的影响出来了！我详细了解了网站的情况，网站的目的应该是要扩充资源扩大影响。我把我了解的这方面的知识和蔡老师说了，而且听出他早就动心了，他是真心希望有更多的平台把自己对连铸的体会讲出来。再后面的话没容我继续说，蔡老师说只要网站不是恶意的，他才不管什么讲课费的事，接受邀请。老师的本色。我最后赶紧补充一句，您要求网站同意您今后可以授权别人无偿使用这段视频。后来我还去网站看了一会蔡老师讲课的视频。

数字出版已是大势所趋。我理解专业图书适合数字化制作和数字化传播，但运作模式还不成熟，我不想随意提出选题方案而做不出来，只能说还在等待时机。我心里的连铸数字图书，需要整合大量的连铸资料，包括蔡老师的这段讲课视频。我相信，如果我提出连铸数字图书的出版方案，蔡老师一定会全力支持。有像蔡老师这样专家的支持，正是我做好冶金图书出版的强大后盾和动力。

《连铸坯质量控制》出版后一段时间又见到蔡老师，他告诉我他已经在着手修订这本书，希望能把最新的东西融入到这本书里，让连铸同行看到。再后来联系蔡老师时，他说还没有修订好，总有要写的东西。可是出版社的经营状态决定了出版时印书数量不能多，而书店销售却是一旦断档了就很难再次上架销售。库存不多，只好少量重印了几百本备着。书还在，蔡老师却已仙逝。没能看到蔡老师《连铸坯质量控制》的修订稿，这个遗憾时时让我挂在心上。

出版本身就是遗憾的工程。文章千古在，得失寸心知。对自己文字负责的作者，出版前都会反复修改，书刚印出来就会说这里那里没改到。编辑也一样，专业编辑更甚。有遗憾也罢，能与蔡老师这样的连铸专家有这些专业上的往来，幸甚!

谨以此文怀念蔡开科老师。

2015 年 2 月

师恩如海

——纪念我的导师蔡开科教授

张立峰

（北京科技大学冶金与生态工程学院）

敬爱的蔡老师离开我们近一年了，在过去这一年里，我一直想提笔回忆我敬爱的导师的点点滴滴。可是，每每坐在计算机屏幕前要动笔写的时候，总是无法写下去，因为每次想开始写，泪水都先流下来，心也揪起来一样的疼，以至于无法继续。

和蔡老师的缘分转眼已经20多年了。1992年底，我刚刚20岁，在重庆大学，读大四，准备考研。在大学期间就读过蔡老师的《浇注与凝固》（我相信，国内目前40岁以上的钢铁冶金专业的大学毕业生都读过这本书），也听我的任课老师讲述过蔡老师的学术水平和为人。从那时候起，我就懵懵懂懂地梦想能成为蔡老师的学生。我从北科大买来的《炼钢学》的考研试题，我的任课老师告诉我，那是蔡老师的字体，不狂草、柔软又有力的字，让我内心的崇敬油然而生。后来，我决定付诸行动，努力成为蔡老师的学生。我当时的做法是给蔡老师写了一封信，很长的信，信里把我的大学成绩单和一些获奖证书附在里面，表达了希望成为蔡老师学生的愿望。记得我在信里写的一句话："蔡老师，我一直坚信有一位好的老师，就有了一个正确的人生方向，希望能成为您的学生，能做一个将来让您自豪的学生。"那是我的真心话。20天以后，蔡老师回信了，那是1992年12月重庆冬天的一个傍晚。蔡老师告诉我，好好准备考试，希望我成功。当时激动的心情无以言表，但我激励自己更加努力，一定考一个好成绩。最后，1993年我以356分的考研成绩考入北京科技大学，如愿以偿的成为蔡老师的弟子。半年后被选为"五年一贯制"直读博士。和蔡老师的缘分就此开始了，我成为蔡老师带的比较早的博士生之一。

我和蔡老师的几位老朋友、老兄弟约稿，请前辈们写回忆蔡老师的文章，前辈们都很支持。他们笔下的蔡老师和我所认识的蔡老师一模一样。

蔡老师治学严谨、亲力亲为。我们写的文章，他都仔细修改。带我们去企业取样，蔡老师都会亲自在炼钢、精炼、连铸的平台，带着安全帽、挥汗如雨。还记得2006年宝钢的裴云毅工程师对我们评价蔡老师说："蔡老师知识广、闲不住，在现场工作起来没有教授的架子，不讲究吃喝用。"这是对蔡老师最真实的评价。在宝钢，蔡老师和我们住在果园的北京科技大学驻点，和我们一个房间，夏天没有空调，一把扇子就能让我们很开心。

蔡老师为人刚正、不趋炎附势。蔡老师话不多，但说起话来铿锵有力，据理力争。很多人都回忆起来蔡老师在学术会议上慷慨陈词的情景。蔡老师从没有对我们学生说过他人的不好，总是说起他人的好。他经常告诉我说要看人的长处。同时，对于社会上的一些不平之事，蔡老师也会表达深恶痛绝的想法。蔡老师也告诉我们，不管社会上有什么不平的事情，现在社会变得越来越好，不要总想不好的事情。他教给我两句处事之道。一是"抬头拉车、低头看路”，二是“夹着尾巴做人”。这两句话是告诉我们要多做事、少辩论，受点委屈别介意，只要有成果、自己真正知识渊博，到最后成功的是自己。他这么给我们讲，自己也是非常低调。如果大家能看到蔡老师60岁以前和同事们的合影，你会发现，蔡老师总是在最后面、最边上。蔡老师不愿意自己有太大的光环，总是把光环留给同事们。

1996年，我想结婚，但当时学校的政策不允许。蔡老师带着我找辅导员、找研究生院，始终站在学生这边，帮助学生说话。后来经过蔡老师的帮忙，我如愿以偿于1996年春天和我的妻子赵霞结为连理。蔡老师对学生的好，体现在各个方面。1996年在广州开第九届炼钢年会，蔡老师带着我一起坐飞机赴广州，那是我第一次做飞机，现在还记得当时激动的心情。心里也一直记得，是蔡老师给了我机会。

1998年3月我博士毕业。蔡老师一直热心的帮助我办理留校。后来我选择出国去日本留学做博士后。蔡老师一样的为学生高兴，同时一直劝我在合适的时候一定回国，为国家的钢铁冶金事业做些力所能及的事情。

在国外的14年里，我一直和蔡老师保持联络，经常回国见面。每次我回到北京科技大学，我都觉得像回家一样，就是因为蔡老师的家在这里，让我倍感温暖。

2011年底我回到母校工作担任院长，转眼已经3年多了。蔡老师在世的时候一直给我鼓励和指导。每当遇到困难的时候，我都会想到蔡老师的教导，让我能够恢复心情、攻克难关。每当有点成绩的时候，我也会想起蔡老师的话，戒骄戒躁、继续努力。

2014年5月20日，我准备去赞比亚出差，傍晚的时候我从所在的冶金楼下来回家吃晚饭，在十字路口见到锻炼身体的蔡老师。我和敬爱的蔡老师在路口交谈了10分钟，谈话的很多内容都忘记了，只记得蔡老师的一句话：“立峰，你好好努力，工作重要，身体也要注意。”然后师徒挥手而别。真的没想到，这一挥手竟成永别。5月29日在赞比亚接到学院老师的电话说蔡老师病危，接着半日之后又接到电话说蔡老师已经仙逝了。因为无法迅速当天返回，我在赞比亚谦比希公司的院子里焦急如焚。当天还要和谦比希的领导去洽谈，在车上，我禁不住泪如雨下，无法说话，当时谦比希的领导们也很动容，为我对蔡老师的感情而动容。当夜，在非洲的那个房间里，我无法入眠，泪水湿了枕巾。5月31日晚上7点我赶回学校，蔡老师的遗体告别仪式已经结束。我直接去看望刘新华老师。悲伤之余，我向刘老师说起来想出一本蔡老师纪念文集的事情，于是就有了这本文集的诞生。

谨以此文集遥望蔡先生的在天之灵，我想对蔡老师说：您所从事的连铸研究、钢中非金属夹杂物的研究目前在国内已经广为开花、硕果甚繁，您的事业后继有人，请您放心！

想告慰蔡老师的在天之灵，就像20岁时候给您写信时说的那句话：有了您、一位好的老师，学生从20岁起就有了正确的人生方向，学生一定继续努力，成为让您引以为豪的人。

洁净钢与连铸技术进展

JIEJINGGANG YU LIANZHU JISHU JINZHAN

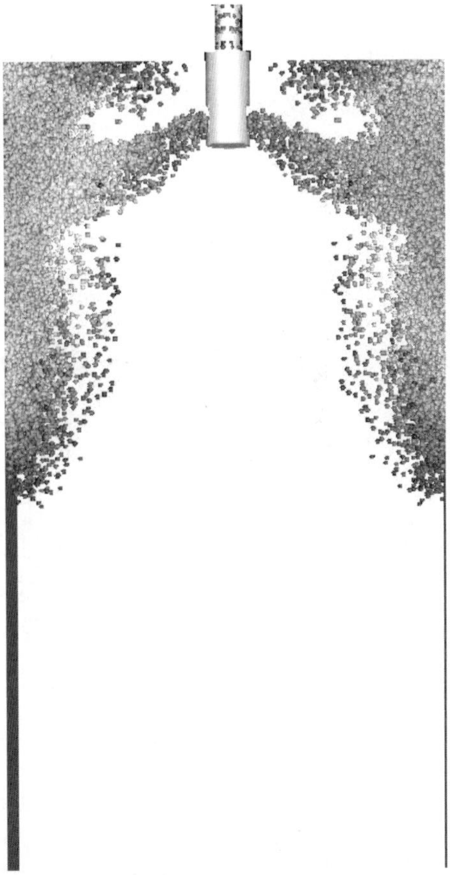

洁净钢与夹杂物

Steel Industry: Culture and Futures

Jean-Pierre Birat, ESTEP, jean-pierre. birat@estep. eu

(Rien ne fait mieuxdésirer la découverte des métaux qu'unarbreabattuetdébité avec unehache de silex. André Leroi-Gourhan, Milieu et technique, 1945)

Abstract: Steel is both old and new, traditional and modern, this has been going on for centuries and it is likely to endure for a long time to come. Steel is an invariant in the language of foresight and also of history, even of prehistory. This is difficult to accommodate with present cultural values where the status of industry and of the material world is in doubt, at least in developed countries, and where change for its own sake seems necessary.

The solution out of this apparent conundrum consists in accepting different visions of steel, depending on who is speaking, on time and on temporality. This is called story telling or the weaving of narratives. All stories are true, even if they are not fully coherent and may seem contradictory: they each express the world vision of one stakeholder.

There are narratives on the technological evolution of steel and steel mills, which advanced briskly in the 20th century to develop the present state-of-the art steel mills that populate the developed and the emerging economies of the world and the "modern" steel grades of which industrial goods are made. This narrative was prevalent, when large conferences like this one were launched. Things have changed since, however, and process technologies reached their present shape and sophistication in the 1980s. Steel as a material keeps changing continuously and significantly, however, driven by the demands of society, the economy and its markets.

There are also narratives of steel being related to growth and well being, told by material economists. A decoupling is likely in the future, however, which ought to allow for more steel production increase, but at a slower pace as compared to population growth than in the past.

Business and the financial world tell the story of a cyclical business and of production over-capacity, recurring regularly. With occasional nationalizations and privatizations, huge annual losses followed by huge gains.

But steel does not simply belong to engineers and business executives, it also belongs to consumers, citizens and society. Umpteen narratives have been developed to tell how steel, being at the core of the successive technological epistemes that emerged since the dawn of history, is central to meeting most of society' s needs and demands, including the challenges for its future evolution. These stories originate from policy makers, sociologists and philosophers.

This paper, an introductory lecture given at the 8th European Casting Conference in Graz, is dedicated to Professor Cai Kaike[1].

1 Introduction

Continuous Casting (CC) is probably the most ambitious and the most successful process technology introduced in the steel sector in the last 60 years. Indeed, it covers 97% of steel production today in technology-sophisticated countries and 95.6% in the world, something that no other process technology has achieved, neither in ironmaking, steelmaking nor rolling.

The development of CC is focusingpresently on fine-tuning process modeling and process control in order to remove the uncertainties that high-temperature operation still exhibits and on including the new steel gradesdemanded by new steel solutions in its scope: CC' s robustness is remarkable, as it has demonstrated its ability to ride the wave of continuous indigenous and exogenous innovations for the last 50 years and embed them in its own technology[2,3].

CC spinoff technologies, like thin slab casting (TSC), strip casting (SC) or near-net-shape casting (NNSC) in general, have been fairly successful from a process innovation standpoint, but, contrary to conventional CC, they have not grabbed an overwhelming piece of market share, nor pushed it aside, probably because standard CC technology had set the standard so high! Thus they are considered as a mitigated success. Similar concepts for long products, although proposed and even developed at large TRLs, have never really registered on the Richter scale of practical process technologies for Steel.

Recent development in CC market share in Fig. 1 & Fig. 2 show that the CC ratio has continued to inch up towards 100% overt the last years, except for the CIS and other countries like India. The ratio had almost no connection with the 2008 crisis, except in Europe, where it decreased then and has not caught up yet with pre-crisis levels. Europe' s peculiar behavior is related to the depth of the crisis from which it has not yet fully recovered. Low-CC ratio countries are dragging "old style" steel mills along (mainly Open Hearth furnaces), which have been closed down in other parts of the world.

A 100% CC ratio is out of reach, because some large-size steel products still need conventional ingot casting technology (very heavy plates and very large sections): if China is the yardstick,

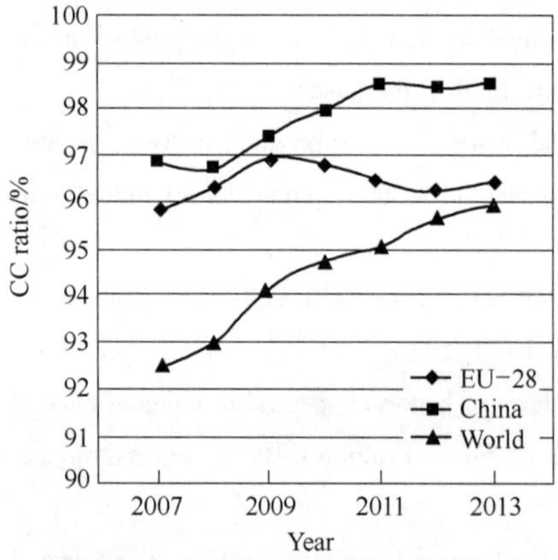

Fig. 1　CC ratio since 2007

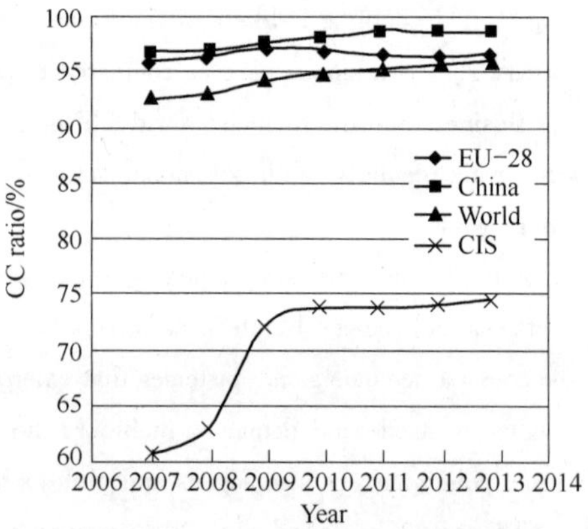

Fig. 2　CC ratio since 2007

then this co-volume lies presently slightly above 1%.

Non-CC technologies, those based on non-conventional solidification (rapid solidification, spray casting, Ohno continuous casting, etc.), or technologies that do not go through a liquid-steel state (powder metallurgy) have never managed to threaten the success of continuous casting. Foundry, which is not usually reported in steel sector' s statistics, continues to be lively and incorporates high technology proccesses, but represents less than 80 Mt of ferrous metals production per year and thus thrives in a separate world[4].

The high level in CC ratio was reached in the early 1990s (cf. Fig. 3), a time since which steel production has more than doubled. This large increase, mainly localized in China, was accomplished on the basis of the CC technologies already developed at that time: in other words, CC technology saturated 25 years ago and has been used as it was then, without any major change, in the continuing growth of world production.

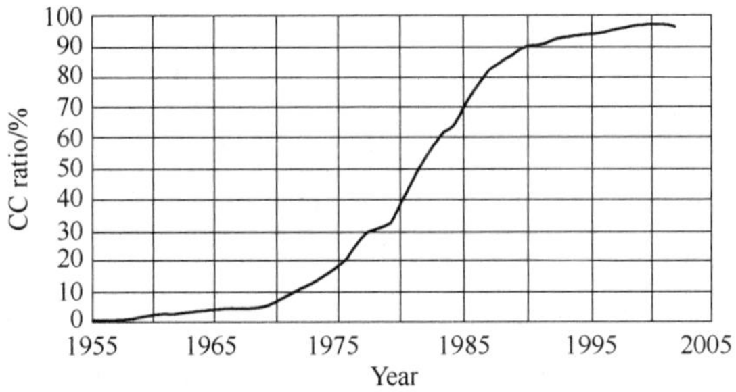

Fig. 3 Growth of CC technology (CC ratio in crude steel production) in the 45 years from 1955 to 2000

CC technology can be considered as emblematic of what has been happening with steel process technology in general over the last decades. The saturation of individual technologies is also obvious in ironmaking (cf. Fig. 4), steelmaking[5] (cf. Fig. 5) and rolling. The indicators used are different form the CC ratio, but pointout to a maturity/saturation in their own way.

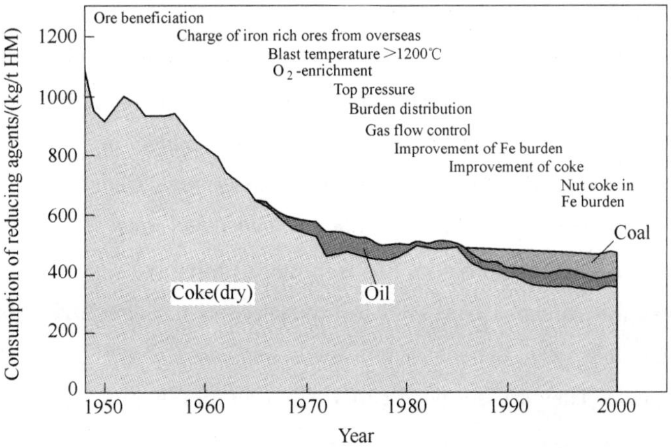

Fig. 4 Evolution of the consumption of reducing agents in ironmaking

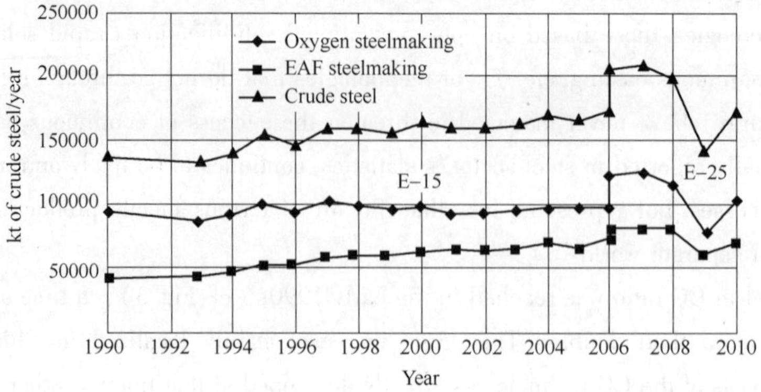

Fig. 5 Evolution of steel production in the EU (EU-15 and then 25) over the last 20 years (EUROFER)

This acknowledgement of the "saturation" of process technology in the steel sector should not be misunderstood: the core features of these technologies have indeed been standardized at the end of the 20th century, but this has left room for research and development of a different nature from the pioneering work that led to their invention, definition and refinement in an earlier period: the number of contributions presented at the present 8th ECCC conference (163) bears witness to this continuing effort: "the conference program is abreast of the latest developments in control and automation, advanced continuous casting technologies and the continuing improvement of product quality"[6].

In other words, continuous casting and steel process technologies in general have reached a mature structure and architecture, process-wise, which are themselves part of a stable steel mill architecture that needs constant refinement in order to integrate state-of-the-art development related to automation, process monitoring and Intelligent Integrated Manufacturing (I2M)[7] on the one hand and of new steel solutions, based on new steel grades, on the other hand. This is incremental progress.

In a simplistic worldview, where transformation and growth are considered as synonymous witheconomic health and modernity, this saturation of process technology would casts a shadow on the steel sector. The general public, from newsrooms to university enrolment, has indeed already classified the sector asa "passé-ed" and old-fashioned activity. Fast moving, new industries have even used the steel sector as a foil, as an example of an old glory that is best now forgotten!

This does not fit, however, with the fact that steel remains a marker of well being, of economic health and often of economic growth. For example, the fact that Europe is still the largest steel consumer per capita among world regions (cf. Fig. 6) comes probably as a surprise to most observers.

One way to resolve this dilemma is to refer to "**narratives**", i. e. to **stories** that different people, different experts and differentstakeholders tell. Each expresses a specific worldview, culture and even philosophical angle. They are not necessarily coherent and might even be contradictory, but all of them are true-as John Edgar Wideman would say[8].

Steel Process Technologists have been used for half a century to telling a narrative of continuing

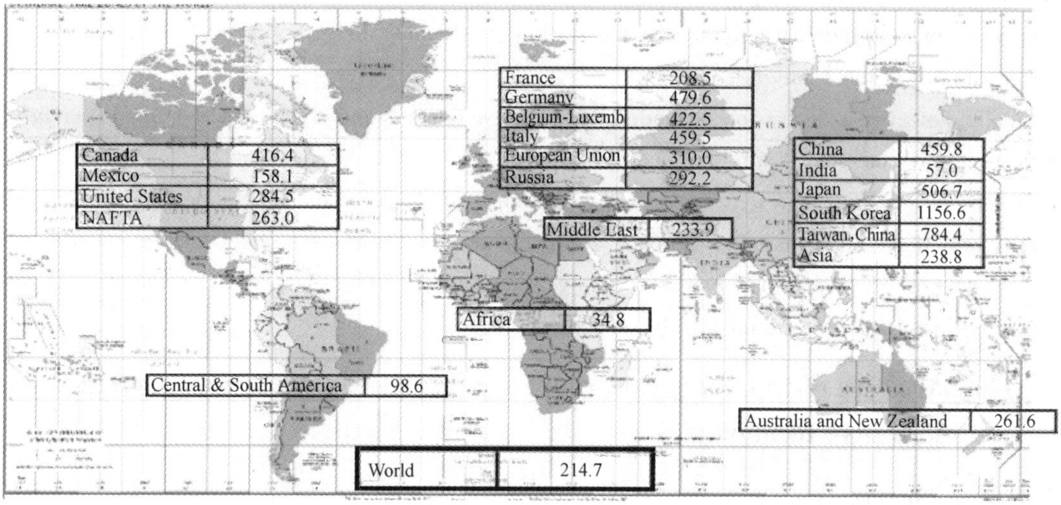

Fig. 6 Consumption of steel per capita (kg/cap/yr) (worldsteel, 2010)

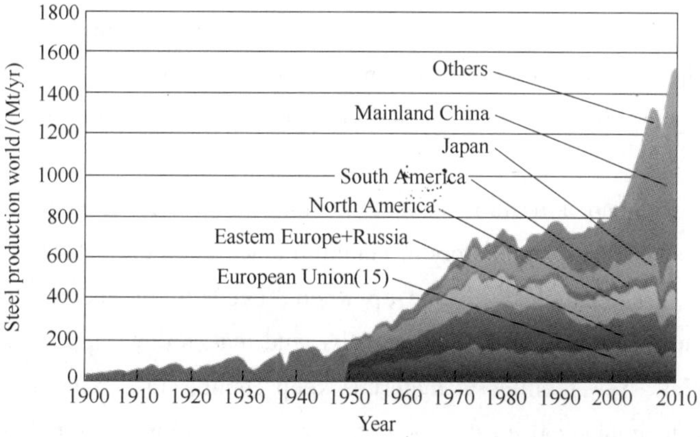

Fig. 7 Evolution of annual steel production since the early 20th century, worldwide (Mt/yr)

progress. They might have to modify their storyline from now on, however, as steel technology has matured and solidified, so that breakthroughs are mostly behind us and progress today has become mainly incremental: It is based as much on the need to maintain expertise and competences as on objective incremental progress (cf. reference 5). The approach exhibited a bent towards scientism.

Economists and business people also have a set of narratives to tell. They are different and might sound conflicting with each other until they are recognized as stories.

There are also a number of narratives centered on the societal issues and challenges that are proposed by stakeholders of all walks of society.

Beyond these approaches related to sustainability and its three pillars, there are new stories being told, which go beyond this view of the world, which was put forward almost 40 years ago, in 1987, by Gro Harlem Brundtland and has now turned into somewhat of a cliché.

The future is also on the agenda of this talk-or rather futures as in *futures studies* or *technological forecasting*, or *prospective*. It may hold in stock *strategic surprises*, like the "invention" of *shale oil* or the maturation of the *circular economy*.

Finally, however, a discussion of modernity, of post-modernity and even of post-human society or of post-natural humanity[9] would probably be in order, but this issomething that extends beyond what can be done in the present conference, although it would help contextualizing concepts on modernity, which are often taken for granted by engineers and "hard" scientists. Similarly, a discussion on temporality, *quick and immediate time* vs. *slow time*, as well as *thepresent* vs. *the past*, particularly the historical past, would also be in order.

2 The narrative of technological progress: breakthrough, disruptive, cumulative and innovative technologies

For a long while during most of the second half of 20th century, the narrativeabout the steel sector was told by technologists who focused on the development of breakthrough technologies: sintering strands, hot strip mills, BOFs, CC, secondary metallurgy, high productivity EAFs, high output blast furnaces, continuous galvanizing and annealing lines, continuous cold mills, etc[10]. It projected the image of an economic sector that was reactive, innovative and often pro-active on the world technology stage and that fit the criteria of progress and modernity that were the philosophical paradigms of the time.

Historians have developed a narrative about the long-term story of materials[11,12], which tells how materialshave accompanied the history of mankind since deep prehistory, the Paleolithic for the earlier ones, andhow new technologies came up when "needed" by society and its evolution[13]. This puts materials in a long temporality perspective and makes them appear like invariants in the fabric of historical time. New families of materials keep coming, in connection with the increasing sophistication of the technological epistemes, but they rarely disappear completely, nor are they replaced systematically by "new materials". The major materials in terms of volume today are wood, concrete and steel, which is more or less the same situation as 2000 years ago!

Steel is particularly robust among structural materials, as it has not been significantly displaced by new materials: what has happened, in terms of market shares, is more like border adjustments than overall takeover of huge territories[14]. Steel is thus a commodity produced by a cumulative technology, a concept that has been development recently into that of key technologies or of key enabling technologies-a denomination adopted by the European Commission to construct its vision/narrative about the future of the region[15].

The historian' s narrative is organized as a storyboard, in which a succession of technologies replace one another to produce the same material, or rather, a material based on a robust concept (e.g. iron or ceramics), but which changes deeply with time, in terms of volume, quality and properties. Thus the production of iron and steel went through a reduction stage in the solid state and then reduction stages in the liquid state, initially for pig iron alone and then for steel (cf. reference 11).

Since the second world war and the middle of the 20th century, change has accelerated-a precursor of the acceleration of perceived time, which is prevalent today[16]: the technologies, which are at the core of a state-of-the-art steel mill today, were developed at the time, continuous casting being probably one the most emblematic of these innovations. The successive emergence of these process technologies is shown in Fig. 8. Note that a technology like the EAF, which was invented in the early 20th century and focused initially on the making of special steels, became a major process technology for mass production of carbon steels in the 1970s and 1980s: thus technologies can have several lives!

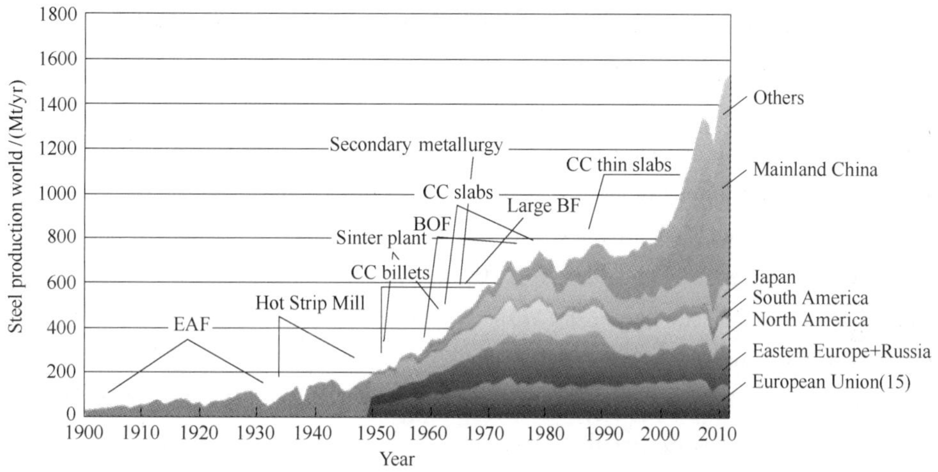

Fig. 8 Steel production and development of new process technologies

More recently, though, since the 1990s, new processes have only changed the technology landscape at the margin, even though the offer of new breakthrough technologies has been bubbling:

- Smelting Reduction has led to new process concepts, many of them were developed to commercial scale, high TRLs as one would put it today, but they either have disappeared or have not made a dent in the overwhelming dominance of the blast furnace. Many are left, half alive, to populate a kind of technology limbo world.
- the same story is true of Direct Reduction, which has grabbed a market share proportional to the amount of natural gas that can be accessed at a competitive price compared to coal. The large technology offer has also dwindled down to two basics processes, Midrex and HyL, which are progressing, particularly in size.
- Continuous Casting, as already discussed, was challenged by Near-Net-Shape Casting, but TSC has only taken a modest market share, strip casting has remained an oddity and wire casting is only remembered in technology textbooks-assuming any are still written!
- the BOF, which split out into many variants until the 1970s, has recouped into a standard technology, mixing top and bottom blowing, with only a few bottom blowing converters still active, here or there.
- the EAF has also explored a large area of possible technological avatars, which have eventually also regrouped in a fairly standard offer.

The narrative seems to have reached closure 10 or 20 years ago, which makes it weak in terms of communication and image for the sector.

Of course, there are still stories to tell, but when they will move into commercial use is unclear and it is of the essence of futures studies to deal with these (see further in this paper).

3 Economic and the business narratives: steel intensity, economic cycles and crises

3.1 The steel intensity narrative-analysis by country

The connection between steel production and demand drivers (population and GDP) has long been considered as intuitively obvious and steel intensity (tons of steel per capita or per unit of GDP and per year) as an indicator of economic strength. They constitute Intensity of Use (IoU) curves, i. e. intensity vs. GDP per capita, two examples of which are given in Fig. 9 and Fig. 10: they show the evolution of steel intensity respectively per unit of GDP and per capita, in one single country or in the world. They illustrate the fact that steel intensity increases during the construction period of a modern economy due to the build-up of heavy infrastructures, then reaches a plateau and falls off when steel is needed only for manufacturing consumer goods or for maintaining existing infrastructures. The second part of this bell curve demonstrates an un-coupling of material consumption and GDP that is a key feature of post-modern economies.

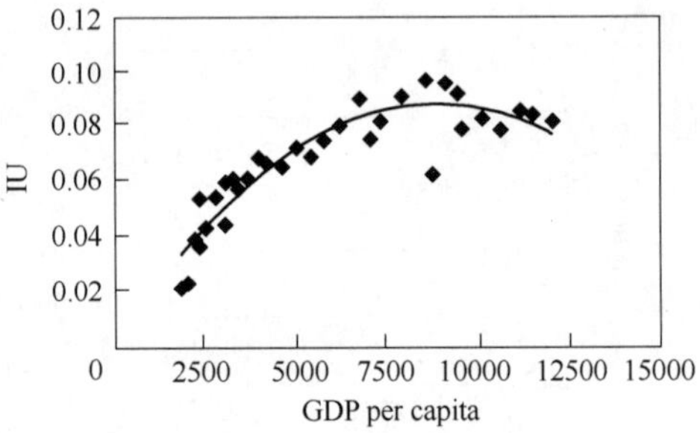

Fig. 9　IoU curve for Steel in South Korea up to 2000

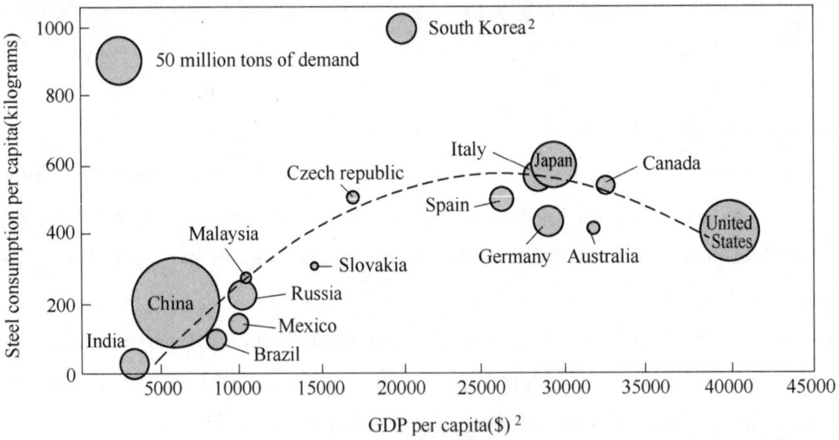

Fig. 10　IoU curves for steel in kg/cap/yr (worldsteel)

This kind of model, based on a steel flux, however still assumes a strong coupling between steel and the economy. More recently, the MFA community has been proposing a different model, which posits a connection between steel stock (capital) rather than steel flux (consumption) and economic activity. This model introduces a stronger decoupling. The data are not precise enough that the flux or the stock model can be proven as the best, the closest to reality and, most likely, what would be observed as the controlling parameter is probably a combination of fluxes and stocks.

If the two models are difficult to distinguish on the basis of historical data, they lead to very different future projections[17], cf. Fig. 12 and Fig. 13 and long-term trends (a plateau is reached by 2020 in the stock model, while the growth continues beyond 2050 in the flow model). It would thus be worthwhile to progress in the understanding of how the global system really behaves based on experimental evidence.

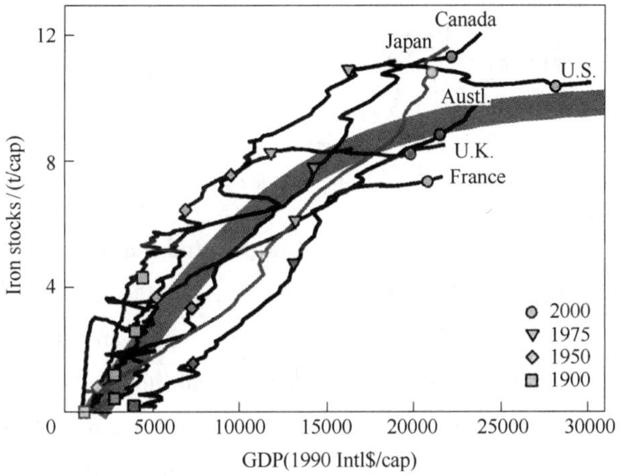

Fig. 11 IoS curves for steel (t/cap) (Müller et al.)

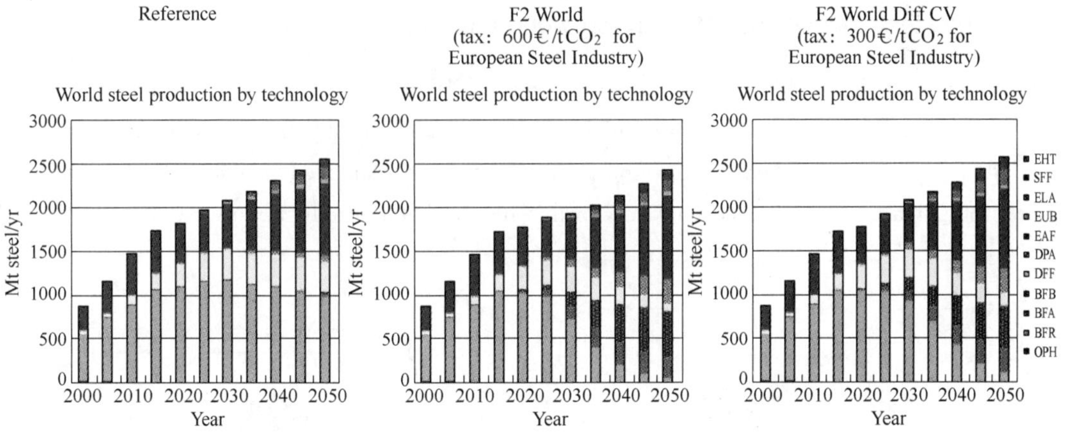

Fig. 12 Foresight projection of steel production (world, in Mt/yr) for three scenarios with various carbon constraints (IoU model[18])

A first attempt at developing such a model is to propose a kind of Ehrlich and Holden equation to explain the connection between demographic, economic and technological issues and a sustainability criterion[19]:

$$\frac{S_i}{population} = \frac{S_i}{material.\ mass} \times \frac{material.\ mass}{functional.\ unit} \times \frac{functional.\ unit}{population}$$

where, S_i is a sustainability indicator and the other parameters are exactly what their name says.

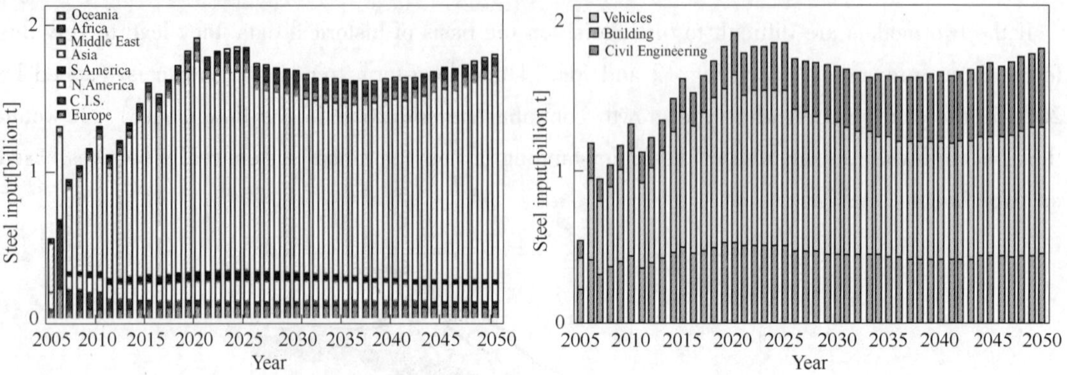

Fig. 13　Foresight projection of steel production (world, in Gt/yr) (IoS model, *ibid*)

There, the first ratio gives the indicator per unit of material mass (steel for example-it is an impact related directly to each material), the second one gives the material intensity per functional unit (thus related to the level and efficiency of the technology) and the third one, the number of functional unit used per capita (thus society' s needs and affluence) .

This shows for example that a technology can reduce its impacts and thus compensate for its wider use due to population increase and that all materials are not equivalent in terms of their impact.

3.2　The steel intensity narrative-global world analysis

The evolution of the world steel intensity per unit of PIB is shown in Fig. 14 and per capita in Fig. 15. The evolution covers the period of 1950 to 2008 and the lull in the curve corresponds to the "40 piteous years", when the growth of steel production plateaued in the mid-1970 until the growth of China turned the trend back to growth. This presentation tells a narrative that is identical

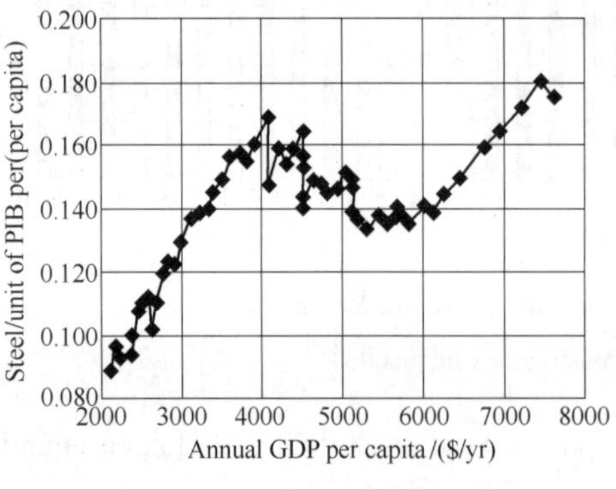

Fig. 14　Annual world steel production per unit of PIB (per capita) vs. GDP per capita

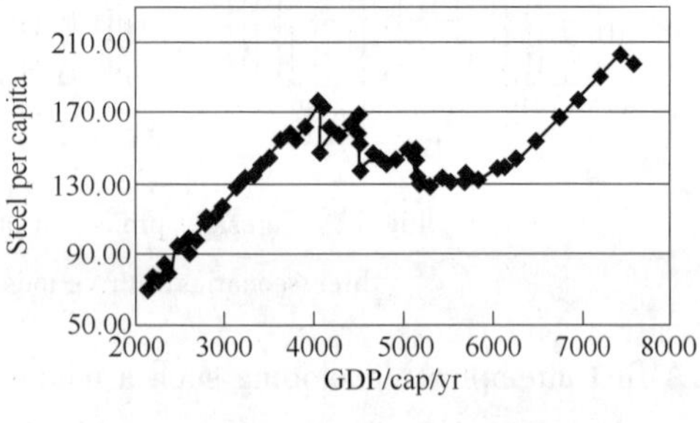

Fig. 15　Annual world steel production per capita vs. GDP per capita

to the country narrative: the first bell shape of the curve is due to the evolution of developed countries from reconstruction, during the 30 glorious years following the 2nd world war, to a post-reconstruction, post-modern society, while the second peak is due to the emerging countries following the path of developed countries with a 50-year lull and an accelerated kinetics.

When interpreting the blimps on the Steel Intensity curves, the current state of the economy comes to the forth. Short-term cycles are blurred in the dispersion of the data, even wars, but longer-term cycles, which are usually referred to as crises or depression, show on the longer-term trends as well: in Fig. 16, the Great Depression of 1929, the so-called oil crises show very clearly in the shape of the curve; the status of the 2008 crisis is still a matter of argument, whether it is a short-term blimp or a major crisis.

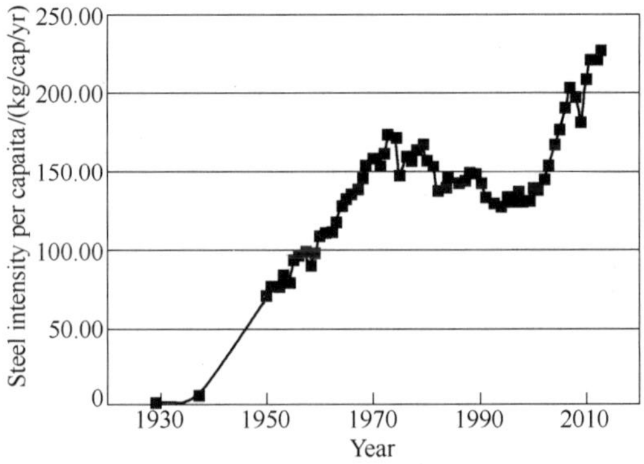

Fig. 16 Time series of steel intensity per capita, since the 1930s

3.3 The steel business narratives-earnings evolution, cyclicality and recurring crises

The steel sector is cyclical, in the world of business analysts, although the distinction between the various crises identified by Schumpeter is left to historians or to crisis economists.

The economic indicators picturing the sector's economic health are its earnings, represented today by the EBITDA, the value of its stock, the level of debts, production volume, steel prices in connection with the prices of raw materials; they are associated to operational indicators like the level of capacity utilization, the productivity of personnel and of equipment, etc.

The narrative over the last ten years is fairly simple, as shown in Fig. 17 to Fig. 20. The surge in demand of early 2008 was met by a high capacity utilization (average 90%, but occasionally more, Fig. 19), extremely high

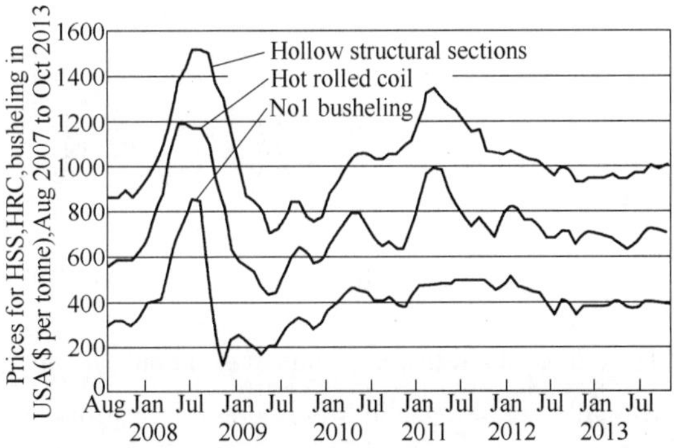

Fig. 17 Steel (hollow structural sections and hot rolled steel) and scrap (bushelling) prices in the USA in US$/t (2007-2013)

raw material prices (e. g. coke spot price went up to 580 US$/t and Fig. 18) and correspondingly high steel prices (cf. Fig. 17): the earnings of the steel sector reached a historical high (cf. Fig. 20) . In 2009, the economy fell into a trough and all the indicators were down, including prices of steel and of raw materials. An apparent recovery started in 2010-2011, in terms of erasing half of the initial drop in steel demand, but this was not enough to restore prices and earnings, as the industry capacities were too high in the face of this modest pick up in demand. The discussion over capacity today follows two different narratives: on the one hand, some analysts point out an overcapacity while other explain this excess capacity as the consequence of the continuation of the crisis, thus a short-term, provisory overcapacity at best. Behind these narratives are strongly different analyses of the economic context and of how it will evolve. Narratives are not simply communication artifices; they carry beliefs about the true nature of economical realities, which mean earnings, growths and jobs.

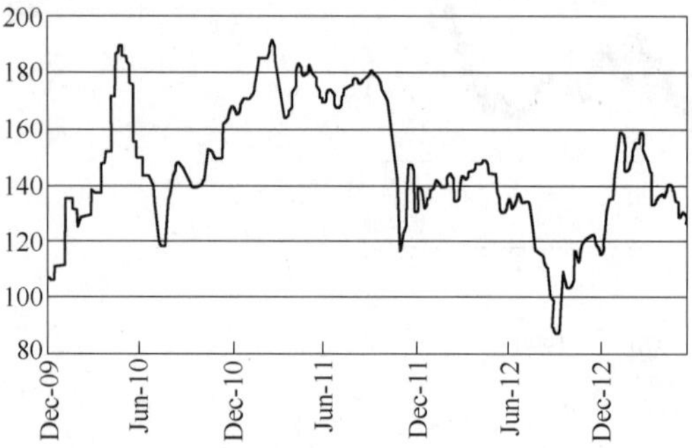

Fig. 18　Spot iron ore prices, CIF China (US$/t)

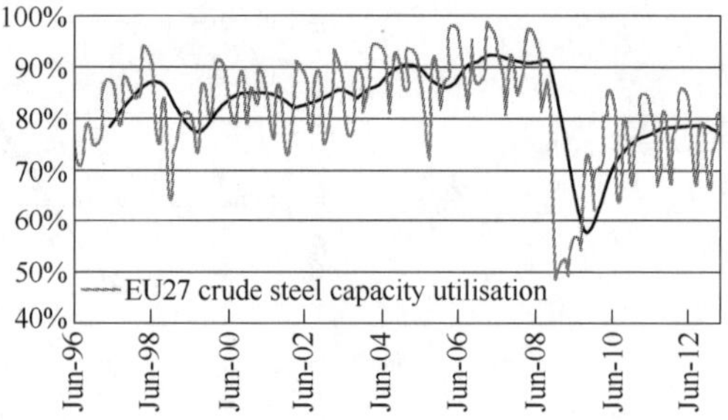

Fig. 19　Steel capacity utilization in the EU (96-12) (sources: HSBC & worldsteel)

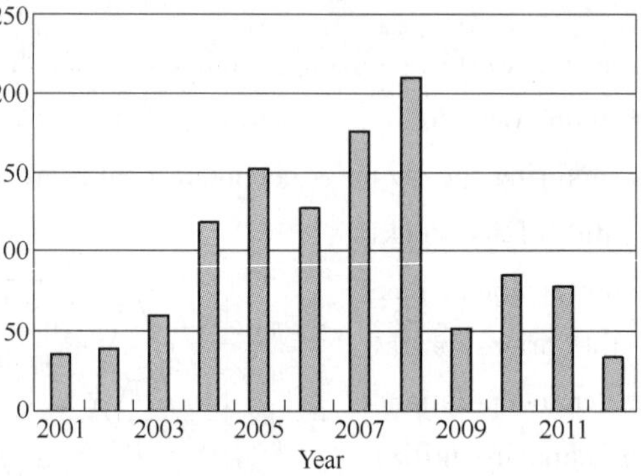

Fig. 20　Steel sector average EBITDA, EU, in US$/t (2001-2012)

This does not tell much, however, about the joys and sorrows of producing steel.

Roughly speaking, the steel sector in Europe was buoyant in the *glorious thirty* (cf. Fig. 21). The first oil crisis of 1974 acted as a marker for the end of this reconstruction period and ushered the economy into the low-growth period of the *piteous forty*, which saw a major drop in steel demand, the emergence of overcapacities and the need to shut down many steel mills, while, at the same time increasing productivity. This was a painful trauma for the social fabric of steel production regions and ended up in many companies going bankrupt and/or being rescued by large-scale state aids including nationalization. When the adaptation of steel mill capacity, technology and productivity reached a new steady state, then many state-controlled companies were privatized again and steel established itself back in the market economy. Some companies remained safely under the direct or indirect control of local or state government, while others took the big leap of joining the international market economy. This is the present status of the sector in Europe, but also in the world. Moreover, due to the global nature of the steel sector and to the existence of global companies like ArcelorMittal or Tata steel, strongly implanted in the EU, it is not fully realistic to analyze the steel sector within the limits of EU boundaries. The High Level Expert Group on Steel is an effort of the EU Commission to regain strategic control on the Steel business[20].

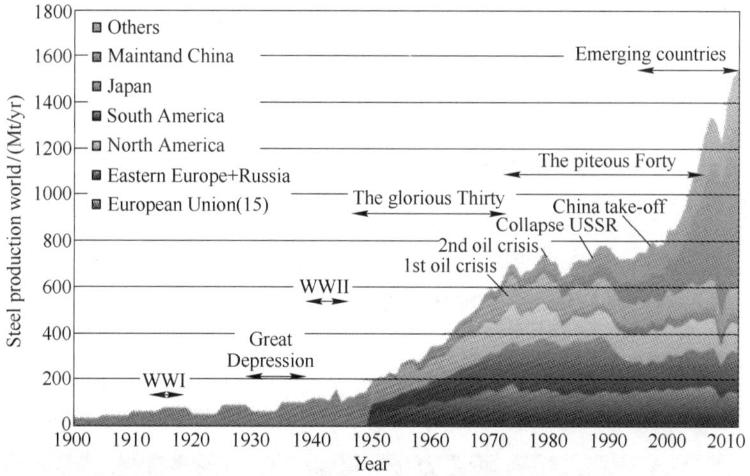

Fig. 21 Steel production and major historical and economic events in the 20th century

4 Social & societal value narratives: advocacy pitches, CSR, innovation drivers

Trade associations tend to propose *advocacy narratives*, an example of which is given in Fig. 22[21]. Their rationale is to pick up communication snippetsin the different narratives presented for example in the present paper and to build an argument about the strengths of the steel sector and the threats under which it operates: it is a *pro domo* narrative. Worldsteel and national associations propose a lot of advocacy material. The recent EUROFER Manifesto is shown in Fig. 22.

Business companies are driven by the need to demonstrate their sustainability to stakeholders and to the financial community and thus publish *CSR* (*Corporate Social Responsibility*) *reports*, which are bound by a much more closely defined methodology. Indicators are followed in a systematic way and some specific modeling is used to analyze the results, cf. Fig. 23.

Another kind of narrative consists in analyzing the *innovation drivers* acting in the background of the transformation of the steel sector in the second half of the 20th century, which are shown in

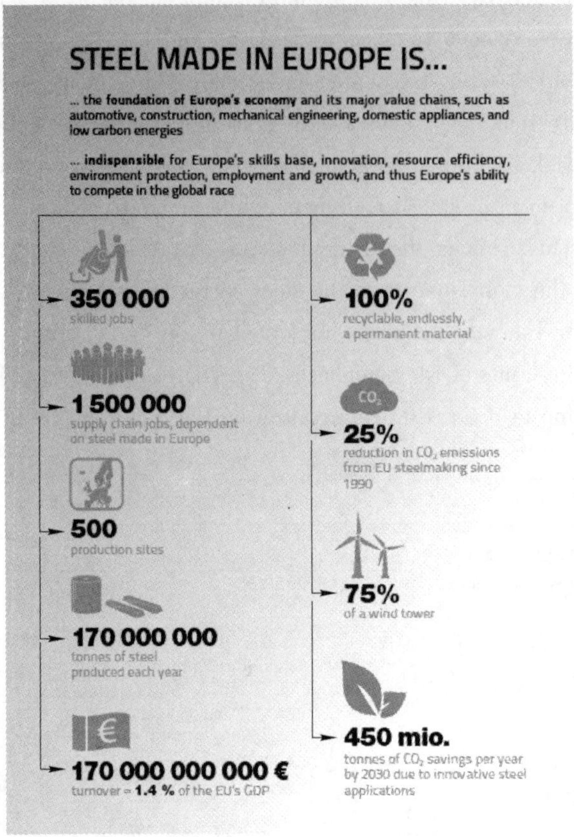

Fig. 22 EUROFER' s Manifesto, an example of Steel' s advocacy pitch

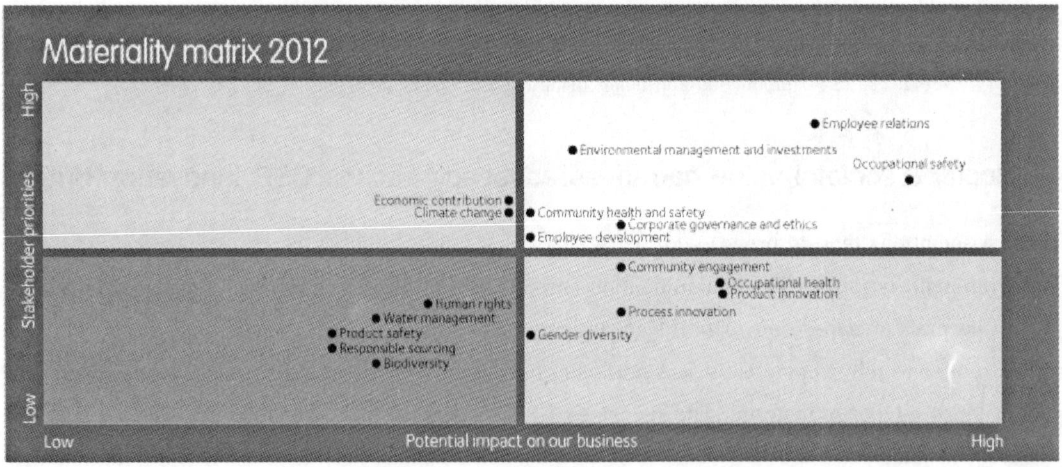

Fig. 23 ArcelorMittal *materiality index* presentation used in its CSR reporting (2012)

Fig. 24. It tells the story of the steel industry integrating the economic and societal drivers of that time and transforming itself to match the evolution of the socio-technological paradigm and of the technological episteme:

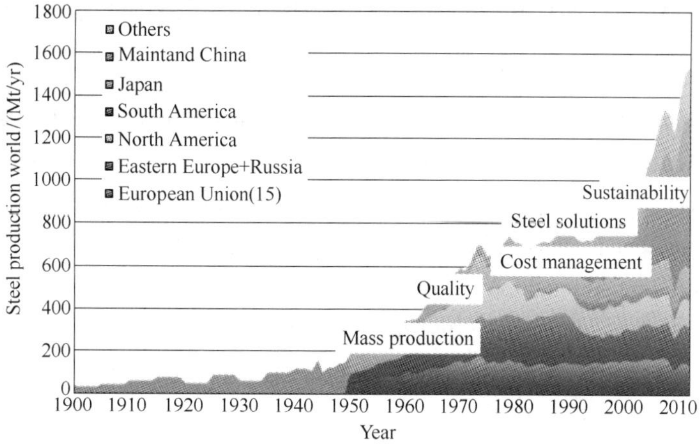

Fig. 24 Steel production and major innovation drivers in the 20th century

- at the end of the second world war, the economy in Europe had been utterly destroyed (GNP at 40% of the pre-war level) and a strongly managed industrial policy was implemented by governments with the target of introducing a general objective of mass production of consumer goods, especially automobiles, which called on basic materials like steel to adapt to that kind of new demand and to redesign its process routes. The modern, *high-output integrated steel mill* was the result of this transformation, with the development and quick adoption of the "new" technologies already reviewed before. The market was hungry for steel and was willing to buy all the steel that the steel sector was able to put on the market. Large steel mills were erected all over Europe, where only ruins remained.
- rather quickly, the need to produce quality steels rather than low-quality commodities became an objective and the sector adapted quickly to his new trend. What was rather remarkable was that the new processes chosen in the previous step were robust enough to adapt to that new deal.
- the next major evolution was induced by the end of the Glorious Thirty and by the crises that followed suite. The reaction of the sector was to cut on production facilities and to increase productivity, in effect decreasing manpower in a dramatic way with the effect of cutting costs. Counter-effects were that the image of the steel sector was durably damaged and painted as a dying sector.
- when the economy picked up rather timidly after the direct impact of the so-called oil crises, the steel sector went into a more integrated relationship with its customers and the downstream part of the value chain and designed new steels to answer focused and specific needs, what have since been called material or steel solutions.
- thenext step has been to integrate environmental and more generally sustainability constraints in the design of steel solutions but also of steel production processes.
- allsteps are cumulative and thus constitute a kind of climbing up a ladder. But that ladder seems to have reached a flat top, like a plateau!

5 The metallurgist' s narrative: metallurgy, materials science and nanotechnology

Metallurgy is the science related to metals, a discipline taught in Universities and formalized in textbooks (and MOOCS)[22-24]. The narrative of metallurgy is that of science and a technology, today taught as a piece of knowledgerelated to physics and its methodologies: It starts from first principles and tries to show that all knowledge in the area today follows logically from there. It is probably a nice story to tell when teaching the discipline, but it does not relate very precisely to the historical path, as the present state of the discipline results from a dialectic interaction between basic laboratory work and industry-based development, with several back and forth steps between these two worlds.

Metallurgy has evolved in scope from the science of metals to materials science, 40 or 50 years ago, and now has grown a new branch known as nanotechnology. The physics has not changed so much over this long period, but rather the ability to create structures at the nanoscale, in a much wider context than the microscopic features of metallurgy, which were sometimes also nanoscopic.

A new approach consistsinspeaking about environmental metallurgy, another kind of narrative, which explores the extensive and complex connection of metals with the environment, from the biosphere, to the geosphere and to the anthroposphere[25]. This is in line with the "sustainability" trend that steel production has adopted in the early 2000s.

Industrial artifacts are sophisticated composites of very many parts and of many materials, assembled in various ways, from mixing at the structural level of bulk matter (alloys), or of surfaces (coatings) and at the interface of parts by the whole spectrum of joining technologies. Steel has thus started to develop a narrative of cooperation with other materials, as is evident in familiar goods like cars or cell phones. This calls on technologies, which are still under further development, like joining different metals, or metals and glass, etc. This is also raising issues for the design of consumer good in order to make their recycling easier (Design for Recycling or DfR) and for organizing the closed-loop economy that Europe is wishing to develop more.

6 New narratives: materials as barriers that withstand steep property gradients; steel providing ecosystem services to the anthroposphere

Steel and more generally structural materials provide a structural boundary between natural and human spaces. Materials are able to sustain large gaps in properties (pressure, atmosphere, chemical conditions, temperature, etc.) between people themselves or their artifacts and the "environment". They also help support the structure of the artifacts that constitute the present technological episteme. For example, steel, in a metaphoric way, stores energy by providing the structure of energy production, distribution and use, be it based on coal, oil, gas, electricity and hydrogen in the future[26]. Another way to express this is to point out the co-evolution of steel with its markets, or rather with the needs or challenges of society[27].

Steel is important at two levels, one which is simply the market economy and trade among economic players, while the other reflects the role of steel as a component of the structure of society, what used to becalled civilization but is more properly termed nowadays as the prevailing technological episteme.

One analogy to the biosphere, where *biodiversity* is fruitfully analyzed by referring to the *ecosystemservice*❶ it provides, may be enlightening. Indeed, biodiversity is somewhat difficult to apprehend, because, beyond being a key feature of how the biosphere operates, the "services" it provides to thebiosphere and people are not obvious to everyone, are often taken for granted and are not part of themarket economy, which sees them as externalities.

Materials, and steel in particular, provide this kind of services, which are not valued by the market, beyond the initial price they command when ordered, but remain hidden and taken for granted: thestiffness of steel structures, their long life (durability), the shelter steel provides to people but also to the artifacts that people use, the barrier that steel provides between anthropological space, where peoplecan live comfortably, and aggressive environments, including natural ones are examples of these[25]. Thus, materials and steel provide ecosystem services to the anthroposphere, i. e. an externalityand a non-merchant service that has not yet been properly analysed.

One way of identifying these ecosystem services brought by steel is to assess, mostly in a qualitative way, the connection between steel and societal challenges, for example as defined in the EU Horizon 2020 program, or, more generally, in Humanity' s Grand Challenges[28]. Once done, the exercise shows that steel is consubstantial to the present technological paradigm, for reasons which have been analyzed in the present paper.

7 Futures

In the vocabulary of Futures Studies, steel is an *invariant*: it has been an invariant for historical times and it is more than likely to retain this quality for a long time to come.

Steel production process technologies have been evolving deeply and jumping through major paradigm shifts, cf. the narrative of the technology historians told earlier. These shifts are usually identified with Kondratiev cycles as redefined by Schumpeter, which are supposed to usher in new technologicalepistemes. One contemporary issue, today, is to wonder if such a major shift is under way, in which case it would be likely to change many things, including the way society looks atmaterials and steel and how it will continue to doit in the future. Some analysts have claimed that the 2008 crisis was actually due to such a major paradigm shift[29], although the nature of the posited shift is still unclear.

Some of the future trends are clear, though: an uncoupling of material production and of population growth is bound to happen, what is sometimes called "dematerialization", although it is presentlyhard to observeit in the time evolution of steel production, except as a weakening of production growth-still a second derivative effect.

❶ One now refers to BES, biodiversity and ecosystem services, globally.

One important story left to tell is that of the relative domain that each process option in its category (ironmaking, steelmaking, etc.) will claim. There are two major issues, under lively discussion nowadays:

- one is the extra room that direct reduction will occupy because of the emergence of cheap and abundant shale oil, something that is happening now in the US and which may also happen elsewhere in the world, like Europe, China, Russia, etc. -or not.
- the second one is the extent that the iron "closed-loop economy" will take. Historically, the size of steel scrap-based production has been directly related to the amount of scrap being released on the market at the end of life of investment or consumer goods: thus it has increased steadily, with a delay equal to the average life of steel-bearing artifacts. The trend is likely to continue and, eventually, EAF-based steel production routes will be prevalent everywhere in the world, as it is in North America today. This will not happen tomorrow, however, because population will take some time to peak, wellbeing and thus steel production as well: these events will indeed need to take place before the economy closes the loop fully as far as iron is concerned, probably towards the end of the century. The issue of what will happen in Europe is more complex and not discussed here.

At a higher level of paradigm shifts, the main issue is probably related to energy and to the direction that the energy transition is going to take. For example, electrolysis, explored as a breakthrough option by R&I to make steel from ore[26], would profoundly change the energy structure on which steel production is based. It would have the potential of reducing its carbon footprint, as long as the electricity used is also low in carbon, and it would introduce steel production in the rationale of the smart grid management system, by allowing *demand-side load management*. This kind of paradigm shift, major as it would be, cannot yet be simply driven by a business rationale and would probably be treading on the grounds of environmental metallurgy, or of climate policy as described in a different narrative[30].

The decentralization of power production, which is very much at the core of the discussions regarding the energy transition, could have an impact on energy-intensive industries, which could be even more decentralized than they are today and built in smaller units, with smaller capacity, to match that of power generation. This would be coherent with a switch to electricity-based steelmaking, i. e. electrolysis. The historical evolution of steel mills has been a scale-up, based today on intensive international trade and high volume ore vessels; tentatives to return to the small units of the middle ages or the renaissance on the basis of charcoal or coal were failures in the 20th century: electrolysis might, possible, change the deal. This is, however, highly speculative, an extreme scenario in a foresight exercise.

An even more radical vision, completely unsupported by technological evidence today, would switch material and steel production to street shops or even to households, by making use of the concept of additive manufacturing. This brings us back to an old joke: the continuous casting of a *deuxchevaux* Citroën car!

The steel mills today are mainly located in deep sea harbors of populated countries, where the large capsize vessels can be accommodated, or along continental seaways that penetrate deep into continental industrial regions-the Saint Lawrence and Great Lakes seaway, the Mississippi River, the Rhine, the Danube or the Yangtzekiang. In the future, this may also change. For example, if CO_2 Capture and Storage (CCS) is adopted in conjunction with blast furnace technology, such as the ULCOS Blast Furnace technology[30], then a rationale for locating the steel mill close to large CO_2 storage sites would probably become an enticing option.

8 Conclusions

Steel, a modern version of Iron in mass production since the 19th century, has been part of the technological epistemes that have followed each other since the Iron Age. This continuity points out to the special role of materials in general in the development of mankind' s history and particularly of steel. Steel has displaced older materials, bio-sources and lithic ones, but also non-ferrous metals[11]. It has itself been replaced in part by more recent materials, like aluminum and other reducing and high temperature metals, plastics, composites and so on, but not displaced entirely, because the overall market for materials has exploded and because steel has changed continuously and in complex ways to become the largest family of alloys available today to engineering science.

Many narratives have been told about Steel:

- the invariance of steel in the historical evolution of mankind and society, thus acknowledging the popular lore that *steel is "old"*-like birth, love, happiness and death are old.
- the modernization, in terms of process technologies and steel mill models, related to the economic explosions of the 20th century, thus acknowledging that *steel is modern.* This also pointed out to the *robustness of these technologies,* i. e. to their ability to change and evolve in terms of production capacity and of continuous improvement of quality.
- the slowdown of process-related breakthrough innovation due to the high sophistication and efficiency reached by "modern" steel mills and to the take-on of these technologies by emerging economies, without any major improvement. This acknowledges the universality of steel as a tool for economic development, while accepting the fact that the connection is not rigid and that some uncoupling is taking place, one of the meanings of the concept of *dematerialization*; *thus, steel is post-modern.*
- the continuous development of steel (steel grades) as answers to the need of markets or to the challenges faced by society, what has been called the *steel solutions era* on the one hand, by steel marketing people, or the co-evolution of materials and society on the other hand, by sociologists. In Brussels, the expressions of *cumulative technologies* and then of *Key Technologies* or *Key Enabling Technologies* were used extensively by the EU Commission. *Thus steel also belongs to the world of product development and marketing.*
- Steel is integrated with other materials in the continuous development of advanced materials, astoryline extending from the empirical development of metallurgy in the 18th and 19th century (and actually much earlier!), its transformation into a science in the 20th, its extension to a varie-

ty of other materials through the disciplines of solid state physics and materials science and, more recently in the development of nanomaterials, including fullerenes and graphene.

- at an epistemological level, materials-and steel in particular-act as boundaries and barriers between human space (living space and anthroposphere) and nature or the aggressive, artificial spaces of technological reactors-like a blast furnace, a cement kiln, a nuclear reactor or a boiler, the engine of rocket, etc. They withstand high property gradients. They also constitute the structure of artifacts, of goods and of systems aggregating them: thus, for example, the energy grid and the power plants that feed the grid have reached the present level of efficiency and sophistication, including in the upcoming implementation of the smart grid, because materials and steel are available to engineer, design and maintain them.
- Steel is thus deeply integrated with society. This has been analyzed in terms of sustainability but also as the ecosystem services that it is providing to the anthroposphere and of coevolution of technology with societal needs.
- Steel is also part of the post-human historical phase that mankind is entering.

This list is not exhaustive, because the set of narratives is infinite! In the future, steel ought to remain at the core of development, in emerging economies and in the rest of world that isnot developing yet, anda guarantor of the quality of life and well-being in the whole world, included developed countries.

Even if one accounts for a decoupling of wealth and material intensity, steel production will continue to grow in the future, probably until the end of this century at least. Afterwards, it should be possible for the steel economy to rely more heavily on a circular economy than it does today (30/70) .

In the shorter term, steel will need to face issues related to the energy transition and to the mitigation of climate change. Shale gas, abundant and cheap in the US, may become abundant elsewhere as well: if it is cheap enough, it can replace coal in steel production, probably at the margin, though.

Low-carbon steel production has been explored with success, in terms of identifying and bringing breakthrough solutions to high TRLs, but the business model is not clear yet, as the world does not have universal rules regarding CO_2 and its value; more progress on the political front of climate will be necessary before they can be brought to market and used in steel mills.

This might usher in a deep paradigm shift in steel production technologies, which have now been stable since the end of the 20th century.

References

[1] J. -P. Birat, R. Alberny, G. Denier. Hommage au professeur Cai Kaike 蔡开科 (1936-2014) [J]. Matériaux & Techniques 102 (5) -2014, N10 p. 1 & p. 2, DOI: 10. 1051/mattech/2014044.

[2] JP. Birat, C. Marchionni. Technological Development of Steel and Continuous Casting in the 21st Century[C]. The 3rd Interna-tional Conference on Continuous Casting of Steel in developing countries, 12-17 Sept. 2004, Beijing, CCC' 04 proceedings. The Chinese Society for Metals, Iron & Steel, 39, 9-2004, pp. 29-35.

[3] J. P. Birat. Continuous casting-history, actual situation and future prospects[C]. ECCC 2005, 5th European Continuous Casting Conference, Nice, 20-23 June 2005.

[4] World Foundry Organization, http://www.thewfo.com/Page.aspx?pageId = 11.

[5] J. -P. Birat. Steelmaking Research in Europe[C]. EOSC 2011, The 6th European Oxygen Steelmaking Conference, 7 - 9 September, 2011, Stockholm · Sweden, organized by Jernkontoret, plenary lecture JS-4.

[6] 8th ECCC Congress Graz, Austria, 23-26 June 2014, introduction p. 6.

[7] M. Brummayer, L. Chefneux, V. Colla, N. Goldenberg, G. Mathis, S. Mouton, H. Peters, C. Pietrosanti. The Integrated Intelligent Manufacturing approach for a sustainable, safe and profitable steel industry in Europe[C]. 31st ID & 1st ESAD, Paris, 7-8 April 2014.

[8] John Edgar Wideman. All Stories Are True[M]. 1993.

[9] A. Declich, Materials. Technology and Society: contributions from a sociological perspective[C]. 8th International Conference on Society & Materials, SAM-8, Liège, 20-21 May 2014.

[10] JP. Birat. Innovation Paradigms for the Steel Industry of the 21st century, Future directions for the Steel Industry and CC[C]. Dr Manfred Wolf Symposium, May 10-11, 2002, Zürich, 102-128, book 131-169, also published in Revue de métallurgie.

[11] JP. Birat. Alternative ways of making steel: retrospective and prospective[J]. Centenaire de la Revue de Métallurgie, Paris, le 9 décembre 2004, La Revue de Métallurgie-CIT, Novembre 2004, 937-955.

[12] J. Le Coze. Sur l' évolution des techniques d' affinage de la fontedepuis le 19è siècle[J]. Matériaux et Techniques 102, (2014), page1-12.

[13] B. Latour, Pasteur. Bataillecontre les microbes, Paris, Nathan, 《Poche-Nathan. Monde en poche》[M]. 1985.

[14] J. -P. Birat, M. Chiappini, C. Ryman, J. Riesbeck. Cooperation and competition among structural materials[J]. Revue de Métal-lurgie, 110, 97-131, 2013.

[15] http://ec.europa.eu/enterprise/sectors/ict/key_technologies/index_en.htm.

[16] H. Rosa. Beschleunigung, die Veranderung der Zeitstrukturen in der Moderne[M]. SuhrkampVerlag, 2005.

[17] J. P. Birat. Steel sectoral report[R]. UNIDO. http://www.unido.org/fileadmin/user_media/Services/Energy_and_Climate_Change/Energy_Efficiency/CCS/Steel_sectoral_%20report.pdf.

[18] E. Bellevrat, P. Menanteau. Introducing carbon constraint in the steel sector: ULCOS scenarios and economic modeling[J]. La Revue de Métallurgie-CIT (2009) 318-324.

[19] J. -S. Thomas and J. -P. Birat. Methodologies to measure the sustainability of materials - focus on recycling aspects[J]. Revue de Métallurgie Volume 110 Issue 01 2013, pp 3-16.

[20] http://ec.europa.eu/enterprise/sectors/metals-minerals/steel/high-level-roundtable/index_en.htm.

[21] EUROFER. Manifesto, 2014. http://www.eurofer.org/News%26Media/PublicationsLinksList/201403-Manifesto.pdf.

[22] A. Pineau et Y. Quéré. La Métallurgie, science et ingénierie[R]. Rapport sur la Science et la Technologie No 31, Académie des Sciences - Académie des Technologies, 2011.

[23] Metallurgy made in and for Europe[Z]. roadmap, edited AchilleasStallios, EU 2014, 64 p., http://ec.europa.eu/research/industrial_technologies/pdf/metallurgy-made-in-and-for-europe_en.pdf.

[24] MatSEEC. www.esf.org/matseec. Metallurgy Europe-a Eureka Cluster Programme Proposal Road Map for 2014-2020[R].

[25] J. -P. Birat. Environmental Metallurgy: Continuity or New Discipline?[J]. to be published in Steel Re-search International, Article first published online : 21 FEB 2014, DOI: 10.1002/srin.201300279.

[26] H. Lavelaine, J. -P. Birat. Ecodesign of Steel Production and Induced Social Services[C]. 8th International Conference on Society & Materials, SAM-8, Liège, 20-21 May 2014.

[27] A. Luciano d' Andrea, A. Declich, F. Feudo. Hidden societal implications of materials. Updating the awareness on what is at stake[C]. 7th International Conference on Society & Materials, SAM-7, Aachen, 25-26 April 2013; published in Matériaux & Techniques, 102 (2014) 504.

[28] J. -P. Birat. Materials & Humanity' s grand challenges, EUMAT workshop: materials as natural bridging elements between technological cultures[J]. Industrial Technologies 2014, Athens, Greece, 10-12 April 2014.

[29] J. -P. Chevalier. CO_2, Energie et développementdurable: quelsmatériaux pour le XXIèmesiècle?[J]. Population & Avenir, 687bis, pp 4-11, 2008.

[30] J. -P. Birat, J. Borlée, H. Lavelaine, D. Sert, P. Négro, K. Meijer, J. van der Stel, P. Sikstrom. ULCOS program: an update in 2012[C]. 4th International Conference on Process Development in Iron and Steelmaking, 10-13 June 2012, Luleå, Sweden.

轴承钢中大型夹杂物来源与控制研究

刘 浏

（钢铁研究总院，北京 100081）

摘 要：本文通过对转炉流程生产轴承钢成品材的夹杂物检验，判定钢中大型夹杂物的来源，一是炉外精炼中由于渣钢反应生成的大量内生氧化物夹杂为核心，凝固中沉积硫化物所形成的可变形 A 类或 B 类夹杂；二是由于各种条件下卷渣所形成的不变形 Ds 类夹杂。为降低钢中大型夹杂物，应尽量抑制精炼过程中的渣钢反应，并避免各种条件下形成的卷渣。

关键词：轴承钢；大型夹杂物；转炉

钢中夹杂物对轴承钢质量特别是疲劳寿命有重大危害。为保证轴承钢质量，要求严格控制钢中夹杂物数量、尺寸与形态。20 世纪前，轴承钢质量控制主要集中于降低 T. O 含量，通过提高钢材纯净度大幅提高轴承钢疲劳寿命[1]。20 世纪以后，许多研究证明 T. O 含量只能表征钢中细小夹杂物数量，很难描述钢中大型夹杂物的危害，并提出严格控制钢中大型夹杂物的各种工艺方法和钢中最大夹杂物检测与预报方法[2]。通过降低钢中大型夹杂物尺寸可将轴承钢疲劳寿命提高到 10^8 以上[3]。本文通过对国内某钢厂生产轴承钢成品材中的夹杂物分析，判断夹杂物来源，提出合理措施进一步降低钢中大型夹杂物。

1 实验方法与实验条件

国内某钢厂生产轴承钢采用转炉流程，主要工序包括：KR 铁水脱硫→120t 转炉顶底复吹冶炼→LF 精炼→RH 精炼→连铸→热送→轧制。

实验方法：选取大方坯连铸（断面 530mm×410mm）一个浇次生产的第一炉（4390）和第二炉（4400）连铸坯，经热轧后 4390 炉轧制为 ϕ150mm 圆棒，4400 炉轧制为 ϕ70mm 圆棒。

现场取样后先进行软化退火（730℃×5h→炉冷），随后机加工制样。在轧材 1/4*D* 部位锯切下料，随机选取 42 个金相试样，试样尺寸为 15mm×20mm（轧向），确保被检面积 ≥200mm^2。试样按 GB/T 18254—2002 的规定进行球化退火（730℃×5h 炉冷→700℃×4h 炉冷→室温）+淬火（830℃×1h 油冷）+低温回火（150℃×2h）。

对检验样品测定每个夹杂物的长度和宽度并计算等积圆直径作为夹杂物代表尺寸。

2 实验结果

2.1 钢材洁净度与成分偏差

试验所用的钢材成分详见表 1。

表 1　检测钢材主要成分　　（wt%）

炉号	C	Si	Mn	P	S	Cr	Al_s	Ti	O
4390	0.961	0.24	0.34	0.015	0.002	1.46	0.029	23	6.3
4400	0.978	0.26	0.36	0.021	0.002	1.50	0.019	23	5.1

从表中可以看出，轴承钢实验材洁净度较高。4390 炉 T. O 为 6.3ppm，4400 炉 T. O 为 5.1ppm；钢中［S］均为 0.002%，［Ti］均为 23ppm。两炉钢材的成分偏差较小，其中［C］、［Si］、［Mn］的成分偏差均≤0.02%，［Cr］的成分偏差略高，为 0.04%。

2.2　夹杂物评级

实验的 2 炉钢每炉随机各取 6 块试样进行夹杂物评级，评级结果详见表 2。

表 2　轴承钢中夹杂物检验评级

检测条件	项　目	A 类		B 类		C 类		D 类		ΣA + B + C + D
		细系	粗系	细系	粗系	细系	粗系	细系	粗系	
检验标准	GB/T18254	≤2.5	≤1.5	≤2.0	≤1.0	≤0.5	≤0.5	≤1.0	≤1.0	
4390	最大	1	0	1	0	0	0	0.5	0.5	3.0
	最小	1	0	1	0	0	0	0.5	0.5	3.0
	平均	1	0	1	0	0	0	0.5	0.5	3.0
4400	最大	1	0.5	0.5	0	0	0	0.5	0.5	3.5
	最小	1	0	0.5	0	0	0	0.5	0.5	2.5
	平均	1	0.083	0.5	0	0	0	0.5	0.5	2.583

从表中看出，轴承钢夹杂物含量较低并有以下特点：

（1）因采用铝脱氧，C 类夹杂全部为 0 级；

（2）B 类夹杂与钢中 T. O 含量有关，T. O 含量较低的 4400 炉 B 类细系夹杂为 0.5 级；4390 炉 T. O 含量偏高，为 1.0 级；B 类粗系夹杂均为 0 级；

（3）D 类夹杂与钢中 T. O 含量无关，两炉钢 D 类粗系和细系夹杂均为 0.5 级；

（4）A 类夹杂与钢水［S］和［Ti］含量控制无关，其中 A 类细系夹杂均为 1.0 级，粗系夹杂 4390 炉为 0 级，4400 炉出现 0.5 级，平均为 0.083 级。

2.3　大型夹杂物类型与尺寸分布

GB/T 18254—2002 标准不能明确地按照夹杂物尺寸进行分级，往往造成粗系夹杂评级较低，细系夹杂物评级偏高，导致分析不准确。为此，随机检验 30 个金相样品中 > 5μm 的大型夹杂按照 GB/T 10561 标准进行夹杂物分类评级并统计夹杂物尺寸，结果示于表 3。

表 3　轴承钢中各类夹杂物的尺寸分布

尺寸/μm	A 细	A 粗	B 细	B 粗	D 细	D 粗	Ds	总计
>5 ~ 10	2(6.9%)	—	7(40%)	1(14.3%)	28(93.3%)	16(53.3%)	—	54
>10 ~ 15	27(93.1%)	7(87.5%)	5(25%)	0	—	14(46.7%)	6(37.5%)	59

续表 3

尺寸/μm	A 细	A 粗	B 细	B 粗	D 细	D 粗	Ds	总计
>15~20	—	1(12.5%)	6(30%)	4(57.1%)	—	—	7(43.8%)	18
>20~25	—	—	1(5%)	1(14.3%)	—	—	1(6.3%)	3
>25~30	—	—	1(5%)		—	—	1(6.3%)	2
>30~35	—	—	—	1(14.3%)	—	—	—	1
>35~40	—	—	—	—	—	—	—	—
>40~45	—	—	—	—	—	—	1(6.3%)	1
最小值	5	5	5	5	5	5	13	
最大值	14.81	15.49	26.7	32.8	7.48	11.18	44.19	
平　均	12.16	13.13	13.5	18.93	7.17	9.83	18.13	

从表 3 中可以看出，钢中 >5μm 夹杂的粒度分布主要集中在 5~15μm 范围内，其中 5~10μm 夹杂共计 54 个，占 39.1%；10~15μm 夹杂共计 59 个，占 42.8%；15μm 以上的特大夹杂 25 个，占 18.1%。

试样观察到的 138 个 >5μm 夹杂物中 D 类夹杂最多，共 58 个，占夹杂物总数的 42%；A 类夹杂其次，为 37 个，占 26.8%；B 类夹杂 27 个，占 19.6%；Ds 类夹杂最少，为 16 个，占 11.6%。从减少钢中夹杂物数量出发，应努力减少钢中 B 类夹杂和 A 类夹杂。

在 >15μm 的特大夹杂物中，B 类夹杂总计 14 个（细系 8 个，粗系 6 个），占特大夹杂总数的 56%，占 B 类夹杂总数的 51.8%。Ds 类夹杂 10 个，占特大夹杂总数的 40%，占 Ds 类夹杂总数的 62.5%。A 类夹杂仅 1 个，占 4%。因此，为减少钢中大型夹杂物尺寸，应首先限制 Ds 类夹杂，其次是减少 B 类夹杂。

2.4 钢中最大夹杂物尺寸预测

根据两炉钢每炉随机检测的 30 个金相样品测定的最大夹杂物尺寸，采用极值分析法进行数据处理，当累积分布函数 $F(x) = 99.9983\%(y = 11.04)$ 时，4390 炉钢中最大夹杂物尺寸预测值为 $d_{max} = 62.78\mu m$，4400 炉为 $d_{max} = 45.38\mu m$。

两炉钢钢材成分与洁净度偏差不大，但最大夹杂物尺寸的预测值相差较大。其原因主要是：4400 炉 T. O 含量略低于 4390 炉，造成 B 类最大夹杂物尺寸从 32.8μm 降低到 21.37μm；同时 4400 炉卷渣控制效果较好，使 Ds 类最大夹杂物尺寸由 44.19μm 降低到 22.45μm。4400 炉最大夹杂物尺寸 23.68μm，为 A 类粗系硫化物，说明超低氧钢硫化物尺寸也会影响到最大夹杂物尺寸。

2.5 钢中大型夹杂物形态与成分

2.5.1 A 类夹杂

A 类夹杂多数为硫化物，可分为单质硫化物和复合硫化物两类，其形貌和成分特征详见表 4。

表 4　轴承钢中硫化物形貌、尺寸与成分特征

类型	单质硫化物		复合硫化物
形貌	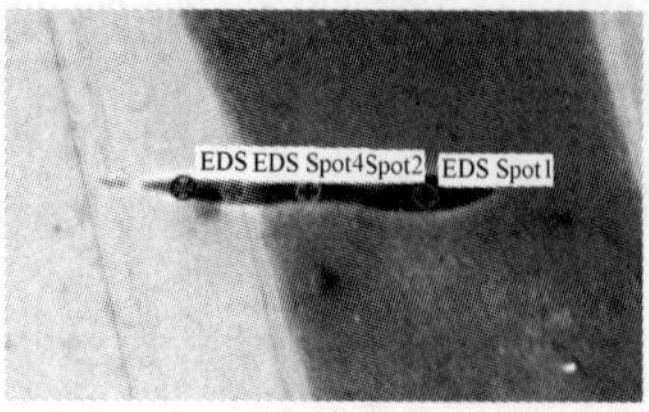	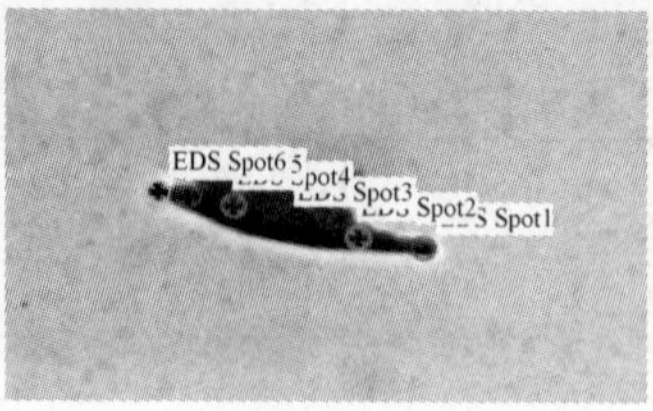	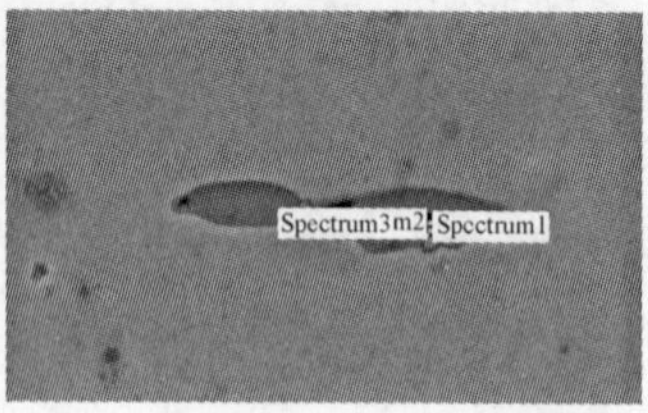
成分/%	SK 23.07 34.07 CrK 1.48 1.35 MnK 44.85 38.65 FeK 30.6 25.94	SK 20.88 31.31 CrK 2.56 2.37 MnK 27.53 24.1 FeK 49.03 42.22	CK 1.01 3.51 NK −0.46 −1.36 OK 7.33 19.02 AlK 7.79 11.98 SiK 0.31 0.46 SK 6.62 8.56 TiK 0.29 0.25 CrK 1.72 1.37 MnK 15.83 11.96 FeK 59.55 44.25
组成	MnS	(Mn,Cr,Fe)S	$1.83SiO_2 + 40.63Al_2O_3 + 1.02Ti(C,N) + 6.94Cr_2O_3 + 49.58MnS$
尺寸/μm	36×3，等效直径 10.4μm	22×3，等效直径 8.1μm	28.10×4.4，等效直径 3.11μm

单质硫化物可分为纯 MnS 和(Mn,Cr,Fe)S 系硫化物两类，其中 MnS 夹杂成分单一，塑性好，轧制过程中随基体延伸，尺寸较大，为细长、条状，长宽比 *L/W* 为 12。(Mn,Cr,Fe)S系硫化物尺寸较小，*L/W* 为 7.3。单质硫化物主要在凝固过程中析出，通过提高凝固速度，减少枝晶间锰、硫偏析的方法控制单质硫化物尺寸，减小其危害。

复合硫化物以钢液中形成的微细氧化物夹杂为核心，在凝固过程中外围包裹大量硫化物所形成。其心部氧化物通常为精炼过程中由于渣钢反应所形成的 Al_2O_3、$MgO \cdot Al_2O_3$ 和 $MgO\text{-}Al_2O_3\text{-}CaO$ 精炼内生夹杂；有时也存在少量 SiO_2 和 CaS 等氧化物。心部氧化物尺寸对复合硫化物的形态影响较大，通常为不规则条棒状，*L/D* 为 6.38。

2.5.2　B 类夹杂

B 类夹杂绝大多数为氧化物与硫化物形成的复合夹杂物，钢液中形成的氧化物夹杂形态与尺寸对 B 类夹杂的形态有很大影响，如表 5 所示，细分为细条状、点链状和条棒状。

细条状 B 类夹杂主要以钢水中形成的细小 Al_2O_3 或 $Al_2O_3\text{-}CaS$ 系氧化物为核心，在凝固中沉淀硫化物形成。该类夹杂塑性好，尺寸较大，*L/W* 为 52.7，多数为 B 类细系。

表 5 轴承钢中 B 类夹杂物形貌、尺寸与成分特征

类 型	细条状	点链状	条棒状
形 貌	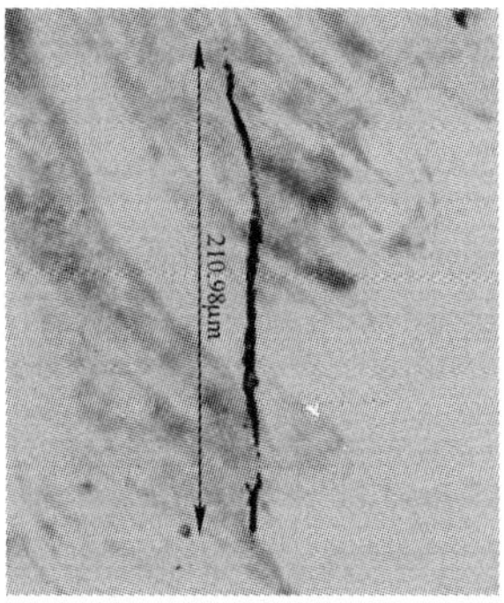	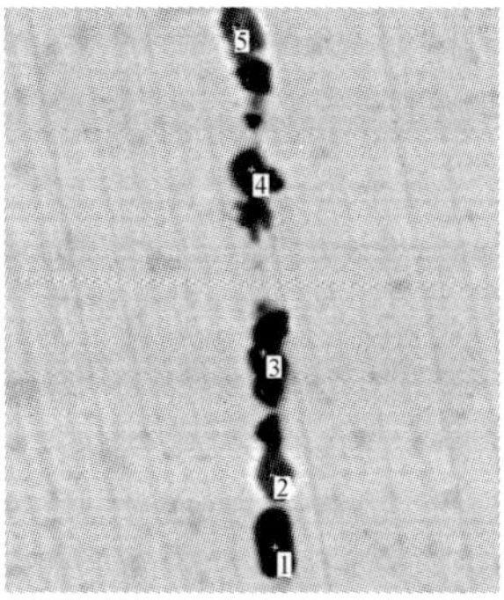	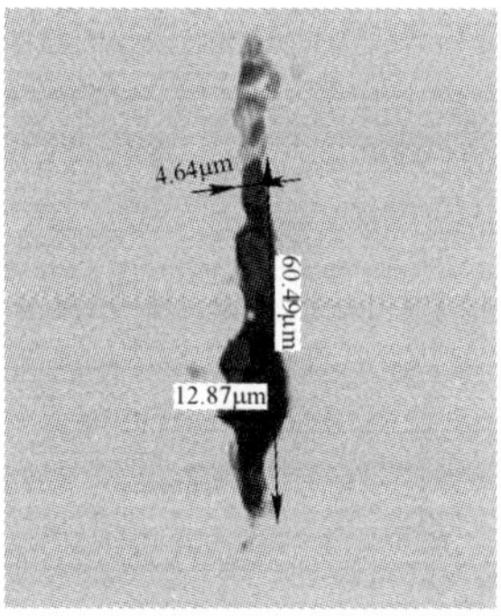
成分/%	AlK 9.12 12.39 SK 36.47 41.70 CaK 39.10 35.77 MnK 8.38 5.59 FeK 6.93 4.55	OK 36.56 54.09 MgK 2.35 2.29 AlK 39.11 34.31 FeK 21.97 9.31	OK 36.48 62.16 AlK 5.73 5.78 SK 10.60 9.01 FeK 47.19 23.04
组成	16.94Al_2O_3 +69.21CaS +13.05MnS +0.80FeS	17.68MA +82.32Al_2O_3	29.14Al_2O_3 +72.86 硫化物
尺寸/μm	210.1 ×4，等效直径 32.8μm	33 ×4.5，等效直径 32.4μm	60.4 ×12.9，等效直径 27.88μm

点链状 B 类夹杂以精炼中渣钢反应生成粗大的 $MgO \cdot Al_2O_3$ 和 Al_2O_3 为核心，凝固中沉积少量硫化物形成。由于 $MgO \cdot Al_2O_3$ 和 Al_2O_3 不易变形，造成夹杂物塑性低，在轧制过程中断裂形成点链状。其尺寸较大，L/W 为 7.3。

条棒状 B 类夹杂以精炼中形成的内生细小 Al_2O_3 簇为核心，凝固过程中大量沉淀硫化物形成。由于硫化物含量较高，使夹杂物塑性提高，在轧制过程中可发生变形，形成条棒状。其尺寸较大，长宽比较小，L/W 为 4.7，多为粗系夹杂。

2.5.3 D 类夹杂

D 类夹杂均为不规则球形，变形能力较低。其中 D 类细系夹杂尺寸较小，多数为精炼中生成的 $MgO + Al_2O_3$ 系内生夹杂，有些在凝固中沉淀少量硫化物或 Ti(C,N)。D 类粗系夹杂特别是 Ds 类夹杂尺寸较大，多数为精炼中渣钢反应生成的 $MgO + Al_2O_3 + CaO$ 系内生夹杂或卷渣形成的 $MgO + Al_2O_3 + CaO + SiO_2$ 系夹杂。该类夹杂往往与钢水发生脱硫反应，使部分 CaO 转变为 CaS，其中部分夹杂在凝固过程中沉淀硫化物或 Ti(C,N)逐渐长大。如表 6 所示。

表 6 轴承钢中大型 D 类氧化物夹杂形貌、尺寸与成分特征

类 型	变性夹杂沉淀硫化物	卷渣沉淀硫化物	卷渣沉淀钛夹杂
形 貌	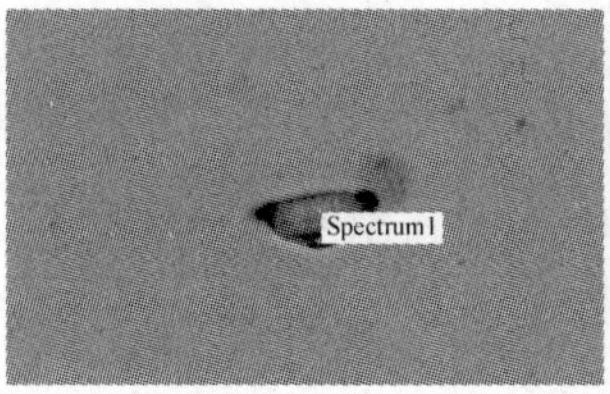		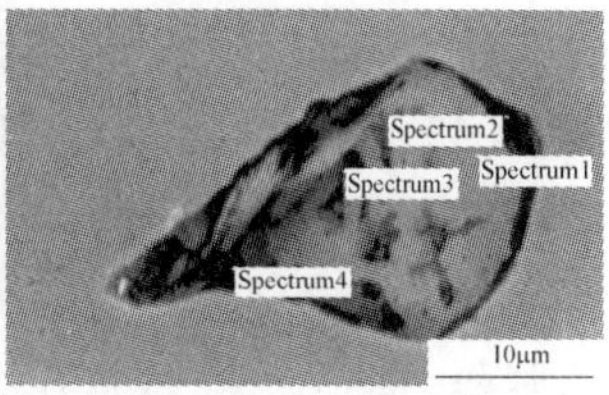

续表 6

类　型	变性夹杂沉淀硫化物			卷渣沉淀硫化物			卷渣沉淀钛夹杂		
成分/%	CK	2.87	4.89	CK	3.76	10.41	CK	2.43	4.34
	OK	49.09	62.70	OK	13.83	28.71	OK	44.58	59.73
	MgK	0.60	0.51	MgK	0.33	0.45	MgK	0.66	0.59
	AlK	32.51	24.62	AlK	9.74	11.98	AlK	32.87	26.11
	SK	3.24	2.06	SiK	2.61	3.08	SiK	0.37	0.28
	KK	0.29	0.15	SK	6.04	6.26	SK	0.38	0.25
	CaK	6.19	3.15	CaK	5.05	4.18	CaK	9.75	5.22
组成	$1.3MgO + 5.36CaO + 82.4Al_2O_3$ $0.47K_2O + 8.05CaS + 2.08MnS$			$1.36MgO + 45.8Al_2O_3 + 13.9SiO_2$ $+ 22.66CaS + 4.62MnS + 9.00FeS$			$1.4MgO + 78.6Al_2O_3 + 16.4CaO$ $+ 1.0SiO_2 + 1.1CaS + 1.1Ti(C,N)$		
尺寸/μm	8.36×3.5，等效直径 5.39μm			10.4×6.3，等效直径 9.14μm			29.4×16.3，等效直径 21.9μm		

3　大型夹杂物来源分析

3.1　夹杂物的来源

钢中夹杂物的来源主要有以下四种方式：

（1）初始脱氧产物。钢水脱氧后最初形成的脱氧夹杂物在钢水中不断碰撞、聚合，逐步长大，多数为球形液态夹杂，具有一定的塑性。该类夹杂主要特点：一是夹杂物成分与脱氧剂成分相关，含有较高的 Al_2O_3 和 SiO_2 以及少量 MnO、Cr_2O_3 等；二是该类夹杂始终在钢水中循环，未能与炉渣接触上浮，因此夹杂物成分中不含有 MgO、CaO 等成分。在成品材中未观察到此类夹杂，说明已全部上浮。

（2）精炼内生夹杂。精炼内生夹杂是由于渣钢反应形成的，分为以下两种反应机制：

1）渣钢界面处的氧化还原反应：钢中铝还原渣中 MgO 和 CaO 生成微量 Ca 和 Mg，Ca、Mg 与钢水中的氧反应重新生成 MgO 和 CaO，最终聚合成为 $MgO \cdot Al_2O_3$、Al_2O_3-CaO 和 MgO-Al_2O_3-CaO 系内生夹杂物。

2）脱硫反应：精炼中形成的 Al_2O_3-CaO、MgO-Al_2O_3-CaO 内生夹杂和卷渣夹杂均会与钢水发生脱硫反应：$3CaO + 2[Al] + 3[S] = 3CaS + Al_2O_3$。将部分或全部 CaO 转变为 CaS 并生成新的 Al_2O_3 夹杂。

精炼中的内生夹杂颗粒细小，为固态或半固态悬浮在钢液中。其中一部分在凝固中沉积硫化物形成 A 类或 B 类夹杂，还有一部分遗留在钢中成为 D 类夹杂。

（3）卷渣夹杂物。钢水卷渣形成的夹杂物尺寸较大，为不规则球形，经常被定为 Ds 类夹杂。如表 7 所示，此类夹杂物来源复杂，可细分为精炼卷渣（特点是含有 CaO、Al_2O_3、SiO_2 等精炼渣主成分）、耐材卷渣（特点是 MgO 含量远高于精炼渣）和结晶器卷渣（特点是含有 Na_2O、K_2O 等成分）。

（4）凝固析出夹杂。钢水凝固过程中由于成分偏析往往会析出硫化物（如 MnS）和 Ti(C,N)，一般分为两大类：一类是以氧化物为核心沉积硫化物形成的夹杂物，通常表现为 A 类和 B 类夹杂；另一类则完全是由于成分偏析生成的单质夹杂物，通常 MnS 划为 A 类夹杂，Ti(C,N)划为 D 类夹杂。本文统计中凝固析出夹杂全部是由于成分偏析形成的单相夹杂。

表 7　卷渣形成的钢中夹杂物的形貌、尺寸和组成特征

<table>
<tr><td colspan="2">卷渣形成的大型夹杂物</td><td>成分/%</td><td>耐材卷渣</td><td>成分/%</td></tr>
<tr><td>形貌</td><td>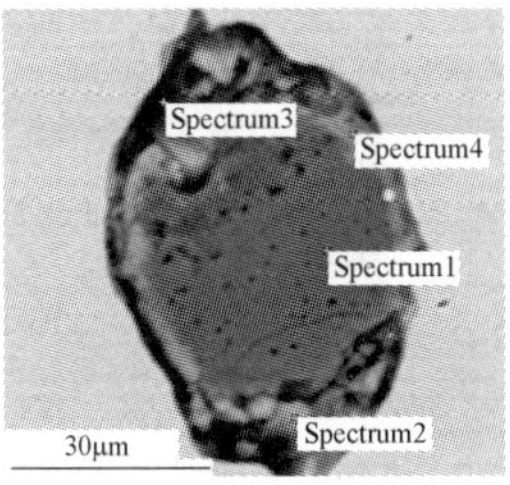

直径44.19μm</td><td><table><tr><td>谱图 3</td><td>重量</td><td>原子</td></tr><tr><td>元素</td><td>百分比</td><td>百分比</td></tr><tr><td>OK</td><td>18.34</td><td>35.60</td></tr><tr><td>AlK</td><td>7.98</td><td>9.19</td></tr><tr><td>SiK</td><td>3.31</td><td>3.66</td></tr><tr><td>SK</td><td>17.99</td><td>17.41</td></tr><tr><td>CaK</td><td>23.01</td><td>17.82</td></tr><tr><td>FeK</td><td>29.37</td><td>16.32</td></tr><tr><td>总量</td><td>100.00</td><td></td></tr></table></td><td>

直径5.088μm</td><td><table><tr><td>谱图 1</td><td>重量</td><td>原子</td></tr><tr><td>元素</td><td>百分比</td><td>百分比</td></tr><tr><td>CK</td><td>1.72</td><td>6.20</td></tr><tr><td>NK</td><td>1.37</td><td>4.24</td></tr><tr><td>OK</td><td>5.89</td><td>15.97</td></tr><tr><td>MgK</td><td>2.35</td><td>4.20</td></tr><tr><td>SiK</td><td>0.33</td><td>0.52</td></tr><tr><td>总量</td><td>100</td><td></td></tr></table></td></tr>
<tr><td>组成/wt%</td><td colspan="2">23.79 Al_2O_3 + 1.16 CaO + 65.87 CaS + 11.7 SiO_2</td><td colspan="2">56.74 MgO + 14.46 CaO + 10.28 SiO_2 + 18.51 Cr_2O_3</td></tr>
<tr><td colspan="2">精炼卷渣后与保护渣复合形成的夹杂物</td><td>成分/%</td><td>凝固卷渣</td><td>成分/%</td></tr>
<tr><td>形貌</td><td>

直径8.9μm</td><td><table><tr><td>谱图 2</td><td>重量</td><td>原子</td></tr><tr><td>元素</td><td>百分比</td><td>百分比</td></tr><tr><td>OK</td><td>42.63</td><td>58.79</td></tr><tr><td>NaK</td><td>0.18</td><td>0.17</td></tr><tr><td>MgK</td><td>0.46</td><td>0.42</td></tr><tr><td>AlK</td><td>34.72</td><td>28.39</td></tr><tr><td>SK</td><td>0.55</td><td>0.38</td></tr><tr><td>KK</td><td>0.24</td><td>0.13</td></tr><tr><td>总量</td><td>100.00</td><td></td></tr></table></td><td>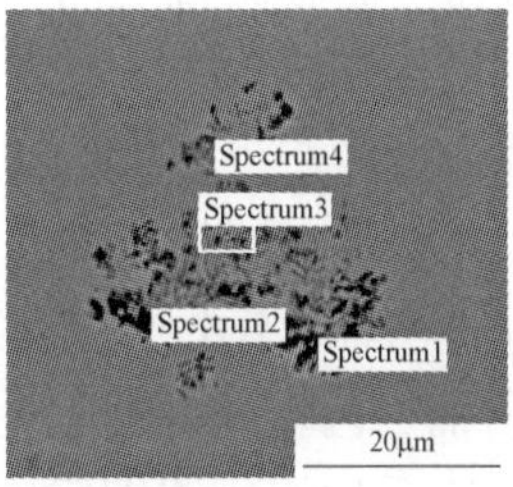
</td><td><table><tr><td>谱图 2</td><td>重量</td><td>原子</td></tr><tr><td>元素</td><td>百分比</td><td>百分比</td></tr><tr><td>OK</td><td>25.82</td><td>52.22</td></tr><tr><td>NaK</td><td>0.49</td><td>0.69</td></tr><tr><td>AlK</td><td>0.23</td><td>0.27</td></tr><tr><td>SiK</td><td>0.88</td><td>1.01</td></tr><tr><td>CaK</td><td>0.32</td><td>0.26</td></tr><tr><td>CrK</td><td>2.99</td><td>1.86</td></tr><tr><td>总量</td><td>100.00</td><td></td></tr></table></td></tr>
<tr><td>组成/wt%</td><td colspan="2">1.05 MgO + 90.17 Al_2O_3 + 5.43 CaO + 0.33 Na_2O + 0.40 K_2O + 1.70 CaS</td><td colspan="2">8.47 Na_2O + 24.15 SiO_2 + 5.74 CaO + 5.57 Al_2O_3 + 56.05 Cr_2O_3</td></tr>
</table>

3.2　夹杂物来源分布

为分析轴承钢中大型夹杂物的来源，根据 4390 炉成品材中夹杂物的类型判定其来源，给出不同来源夹杂物的分布如表 8 所示。根据表 8 的统计结果绘出不同来源夹杂物的生成比例，如图 1 所示。轴承钢中的大型夹杂物主要来源于精炼过程产生的内生夹杂，占 44%。其次是卷渣形成的夹杂物，占全部夹杂物总量的 41%。凝固析出的夹杂物仅占 15%。成品钢材中不存在初期脱氧产物形成的夹杂物。

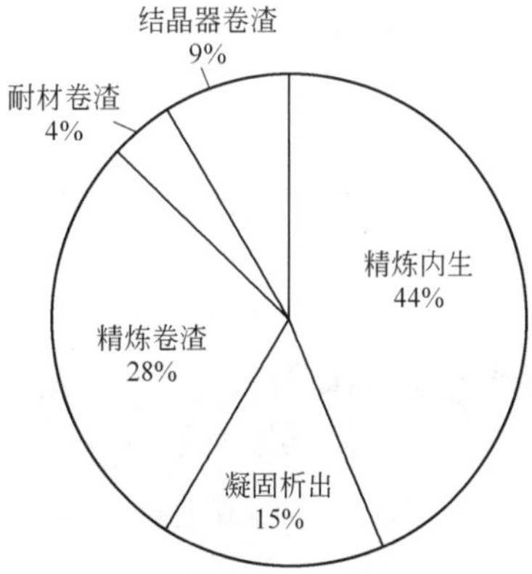

图 1　不同来源夹杂物的比例

表 8　轴承钢中不同夹杂物来源的分布

尺寸分布/μm	数量/个	初始脱氧夹杂/个	精炼内生/个		精炼卷渣/个		耐材卷渣/个	结晶器卷渣/个	凝固析出/个
			氧化物	氧化物+硫化物	氧化物	氧化物+硫化物			
3~5	8	0	2	1	0	2	0	0	1
5~10	24	0	4	8	2	4	2	1	3
10~15	6	0	1	0	0	2	0	0	3
15~20	1	0	0	0	1	0	0	0	0
>20	7	0	4	0	2	0	0	1	0
总计	46	0	11	9	5	8	2	4	7
百分数/%	100	0	23.91	19.57	10.87	17.39	4.35	8.69	15.22

在精炼内生夹杂物中氧化物夹杂占55%，凝固过程中沉淀硫化物生成的氧化物+硫化物夹杂占45%。在卷渣夹杂物中精炼卷渣占68.4%（其中氧化物夹杂占26.3%，氧化物+硫化物夹杂占42.1%），耐材卷渣占10.5%，结晶器卷渣占21.1%。

3.3　降低钢中大型夹杂物的措施

根据轴承钢中大型夹杂物来源分布可以看出，钢中特大夹杂物以Ds夹杂为主，主要来源于卷渣。其中，精炼卷渣占比例较大，因此降低Ds类夹杂应采取措施努力避免精炼卷渣。精炼中由于渣钢反应产生的内生夹杂在大型夹杂物中所占比例最高，为减少钢中夹杂物数量应采取适当措施抑制渣钢反应，避免在精炼过程中不断产生新的内生夹杂。

根据以上研究，提出轴承钢炉外精炼的优化工艺：

（1）采用高碳出钢工艺，降低钢水 a_O，避免因钢水过氧化形成大量初始夹杂物。

（2）精炼中应适当采用缩短渣钢反应时间，降低钢水还原势，减轻脱硫负荷和增大真空反应能力等措施，达到抑制渣钢反应，减少内生夹杂的目的。

（3）严格避免钢水精炼卷渣。通过改进RH弱搅工艺，保证卷渣夹杂物充分上浮，避免形成新的卷渣。

（4）改进开浇工艺，减少耐材卷渣数量。减少结晶器钢水液面波动，优化电磁搅拌工艺，避免凝固卷渣。

4　结论

（1）转炉流程生产的轴承钢钢质较纯净，夹杂物评级总数 $\Sigma A+B+C+D$ 为2.5~3.0级。B类夹杂与T.O含量相关，而A类和D类夹杂成分影响不大。

（2）>5μm的大型夹杂中D类最多，A类次之，B类较少。但在>15μm的特大夹杂中B类最多，Ds类其次，A类和D类夹杂几乎没有。

（3）大型夹杂主要来源于炉外精炼中由渣钢反应产生的内生氧化物夹杂为核心，凝固过程中沉积硫化物形成的可变形A类或B类夹杂。不可变形的大型Ds类夹杂通常由各种条件下的卷渣产生，其中精炼卷渣占较大比例。

（4）根据大型夹杂物的来源，提出降低钢中大型夹杂物的措施主要是抑制精炼中的渣钢反应，避免大量产生内生夹杂；同时应避免精炼、浇注与凝固过程中产生卷渣现象。

参 考 文 献

[1] 川上 潔. 高清净度鋼における介在物の生成起源[J]. Sanyo Technical Report, 2007, 14(1): 22-35.
[2] Yoshiyuki KATO, Tsutomu MASUDA, Kiyoshi KAWAKAMI. Recent Improvements in Cleanliness in High Carbon Chromium Bearing Steel[J]. ISIJ International, 1996, 36(Supplement): S89-S92.
[3] 超高清浄度鋼: SP 鋼の鋼種特性と部品展開[J]. Sanyo Technical Report, 2006, 13(1): 77-78.

钢脱氧过程中非金属夹杂物生成热力学

张立峰　任　英

（北京科技大学冶金与生态工程学院，北京 100083）

1　引言

不断增长的高质量要求促使炼钢生产者不断提高产品洁净度。早在酸性转炉底吹炼钢的年代，冶金工作者就把钢中氧含量作为一个衡量钢材洁净度的重要指标。在氧气转炉吹炼过程中吹氧脱碳后，大量溶解氧进入钢水。把这些多余的氧从钢水中去除也就成为冶金工作者的主要任务之一。在参考文献中第一次出现钢水“脱氧”（Deoxidation）这个名词，是在 1916 年[1]。脱氧剂的选择也从最初的锰、硅，到铝、钙等比铁活泼的金属元素。钢水脱氧就会形成氧化物，这是钢中内生夹杂物最大的来源。钢的力学性能很大程度上取决于能产生应力集中的夹杂物尺寸、分布、化学成分以及形态。大部分的非金属夹杂物都是在脱氧过程中产生的[2,3]。同时脱氧过程也是生产洁净钢的重要技术，对精炼过程中夹杂物的去除，夹杂物类型的控制，组织的细化以及提高钢的性能有重要的作用。

国内外学者已经对钢的脱氧过程热力学做了大量的基础研究。国际上大学里“炼钢学”的主要教科书是在 1950 年代到 1980 年代之间出版的。后续的一些教材都或多或少的以这些教材为基础扩编而成。一些经典的炼钢学基础的书籍是 1948 年出版的“The Physical Chemistry of Process Metallurgy”，1963 年 Bodsworth 出版的“Physical Chemistry of Iron and Steel Manufacture”，1989 年 Oeters 出版的“Metallurgy of Steelmaking”（德文版）和 1996 年 Turkdogan 出版的“Fundamentals of Steelmaking”。现代中文教材中使用的图很多出自前两本比较老的经典教材。

但是，到目前为止，多数“炼钢学”教科书中，金属元素（例如锰、硅、铝等）脱氧的热力学曲线主要是一元脱氧（单个金属元素脱氧）的热力学曲线。在钢水精炼过程中，每炉加入的合金种类很多，多金属元素共同脱氧（复合脱氧）是不争的事实。到目前为止。复合脱氧时钢中脱氧热力学平衡关系的研究还不完善。

本文针对钢中典型的一元脱氧、二元脱氧和三元脱氧过程中非金属夹杂物生成的热力学进行了系统的研究，重点讨论了二元脱氧和三元脱氧的热力学。研究的结果可以用于预测在反应平衡条件下钢中非金属夹杂物的生成和夹杂物的改性的研究。

2　一元脱氧夹杂物的生成

2.1　Al 脱氧钢中夹杂物的生成

铝是目前钢铁生产过程中最常用的脱氧剂之一，由于铝是极强的脱氧元素，所以它常被用为终脱氧剂。使用铝为脱氧剂，当钢液中铝的化学当量超过氧时，会生成 Al_2O_3 和

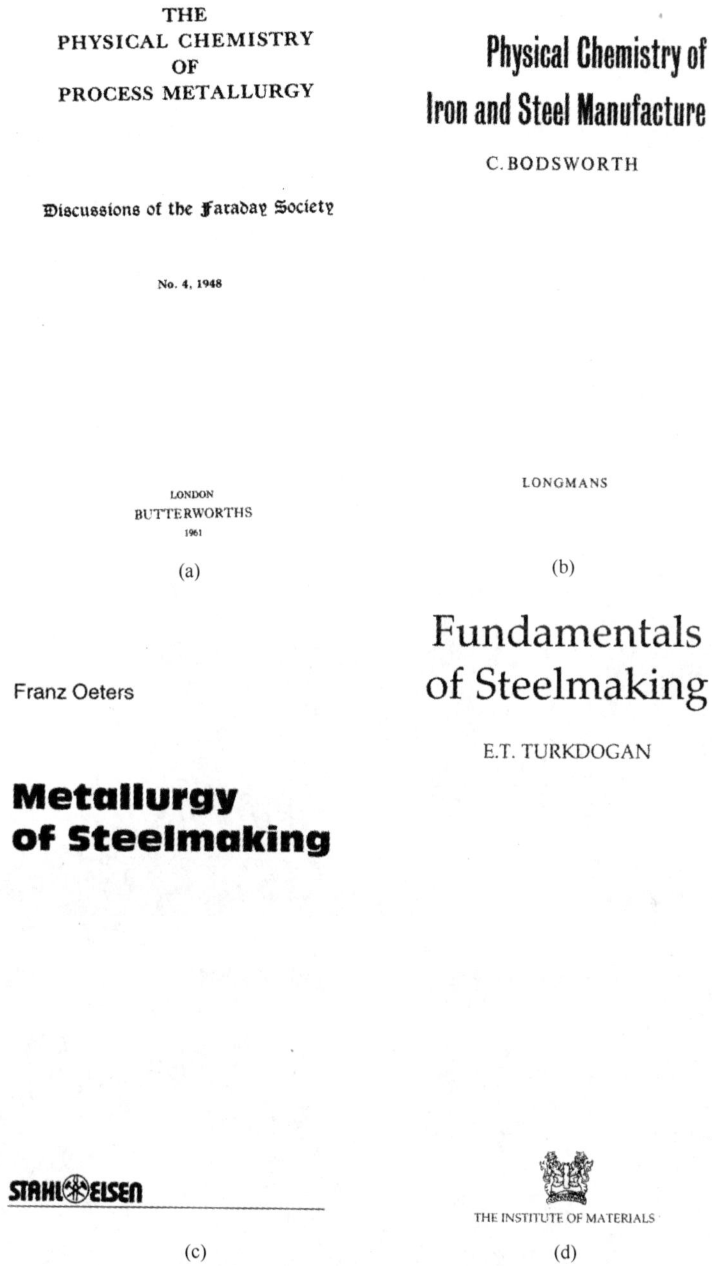

图 1　四本经典“炼钢学”教材的封面

（a）1948 年；（b）1963 年；（c）1989 年；（d）1996 年

AlN。小尺寸的 Al_2O_3 和 AlN 可以起到促进形核和细化组织的作用，然而大尺寸的簇状 Al_2O_3 会导致堵塞水口，影响钢铁的生产。因此，加入适量的脱氧剂既可以节约成本，又可以提高钢的质量。图 2 为 1934 年 Herty 研究观察到的钢中氧化铝夹杂物二维形貌[4]，可见 Al_2O_3 夹杂物主要为许多的点状夹杂物聚集在一起。然而，酸溶后氧化铝夹杂物的三维形貌如图 3 所示[5]，发现这些群落状的夹杂物实际是一个大的珊瑚形的夹杂物，此外

Al_2O_3 夹杂物的形状还包括球形、枝晶状、花瓣状、薄片状、不规则形貌、带有侵蚀坑的形貌，其中前五种占主要部分。

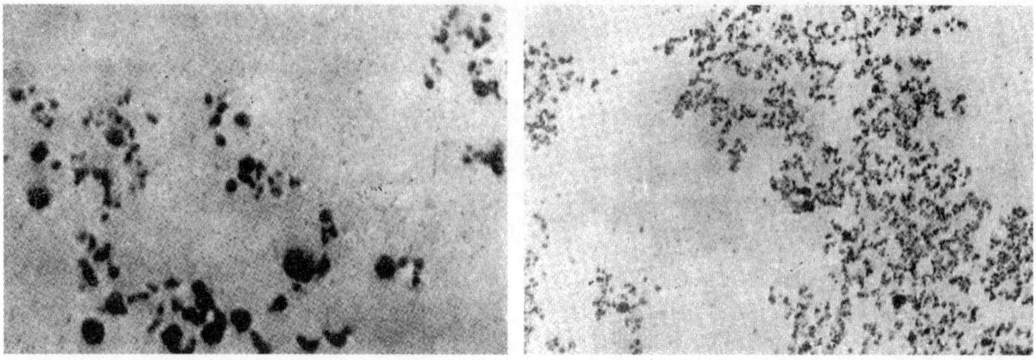

图 2　1934 年 Herty 得到的钢中氧化铝夹杂物二维形貌[4]

图 3　钢中氧化铝夹杂物三维形貌[5]

图 4 为 1600℃下钢液中 Al-O 平衡关系[6]。当钢液中的溶解 Al 含量增加，钢液中的溶解氧先增加后减少，溶解氧最低可达几个 ppm。可知，在实验室冶炼高铝钢时，需要注意 Al 含量过高会使溶解氧含量回升的影响，但在实际生产中，由于钢中同时存在其他脱氧合金元素，这种氧回升现象不明显。

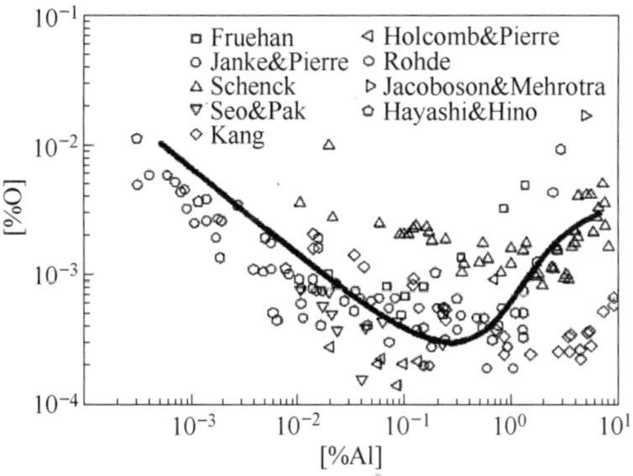

图 4 钢液中 Al-O 平衡曲线[6]

2.2 Mg 脱氧钢中夹杂物的生成

镁处理在铸钢与特殊钢上有着广泛的应用，近年来在超纯净碳钢上的应用也越来越受重视。周德光[7]等研究了镁在轴承钢中的应用，指出：微量镁能改善轴承钢的碳化物，含镁轴承钢的碳化物颗粒细小均匀，几乎未发现碳化物液析；微量镁能改善轴承钢的性能，当镁含量增加到 0.002% ~0.003%，其抗拉强度和屈服强度增加 5%，塑性基本保持不变；王厚昕等[8]研究了焊丝钢中镁的应用，得到：在脱氧合金中加入适量镁可以提高脱氧剂的脱氧能力和夹杂物的变形能力。镁处理对管线钢洁净度的影响结果如图 5 所示[9,10]。镁处理可以提高钢水的洁净度，可以得到较小弥散的夹杂物，改善钢的性能。

图 6 为 1600℃下钢液中 Mg-O 平衡曲线[11]。随着钢中的溶解 Mg 含量增加，钢中氧含量先降低后增加，溶解氧最低可达几个 ppm 左右。可见 Mg 具有较强的脱氧能力，但是由于镁元素的沸点（1170.0℃）很低，在炼钢温度下，镁加入到钢液中迅速变为气态，容易造成上浮排出钢液，造成镁元素的收得率很低，同时钢中加镁容易产生喷溅等危险。因此，现场生产中直接向钢液中加入镁元素的应用还不是很广泛，钢液中的镁大多数来自加入的合金、精炼渣和高镁质耐火材料。

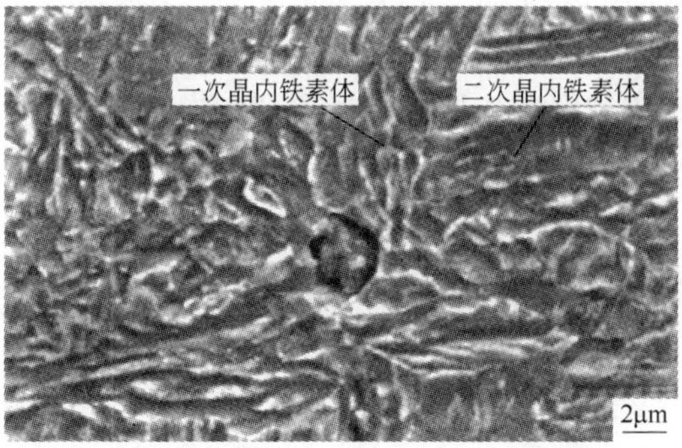

图 5 镁处理钢中针状铁素体的形核[9,10]

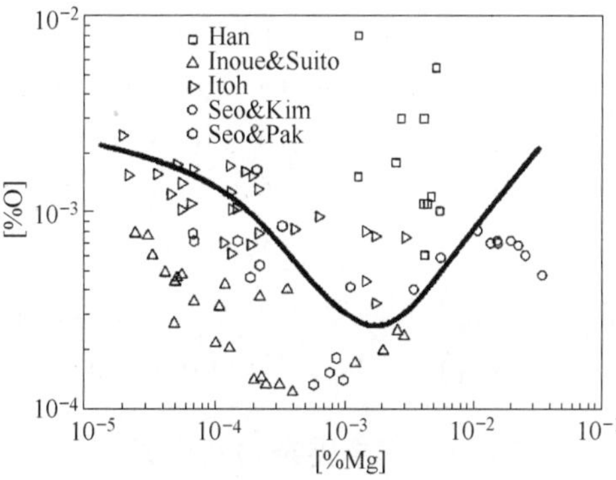

图 6 1600℃下钢液中 Mg-O 平衡曲线[11]

2.3 Si 脱氧钢中夹杂物的生成

硅是一种较强脱氧元素，单独用硅脱氧时，很容易生成固态 SiO_2，不利于脱氧产物的上浮去除。因此，可先用硅脱氧，向钢中加入硅铁、硅锰合金或硅钙钡合金对钢液进行脱氧。由于硅的脱氧能力较弱，脱氧后钢中的溶解氧较高，所以相对于铝脱氧钢，硅脱氧钢中经过上浮长大去除后，钢中仍然存在较多的夹杂物，但是硅脱氧后产生的硅酸盐夹杂物对钢材的性能的危害小于氧化铝夹杂物。即尽管硅脱氧钢中夹杂物数量较多，但是其生成的硅酸盐夹杂物对钢的危害较小，同样可以获得高性能的钢材产品。早在 1930 年就有学者对 Si 在钢中脱氧的夹杂物体系进行了研究，并初步确定了 Fe-Si-O 三元相图中夹杂物的类型[12]。近年分析得到 1600℃下钢液中 Si-O 平衡关系如图 7 所示[6]。根据平衡曲线可以通过钢中 Si 含量预测钢中的 O 含量。在 Si 含量从 0.001% 到 10% 的范围内，氧含量随着 Si 含量的增加而降低。当 Si 含量达到 1% 左右时，氧含量可以降低到几十个 ppm，可见硅的脱氧能力较弱。

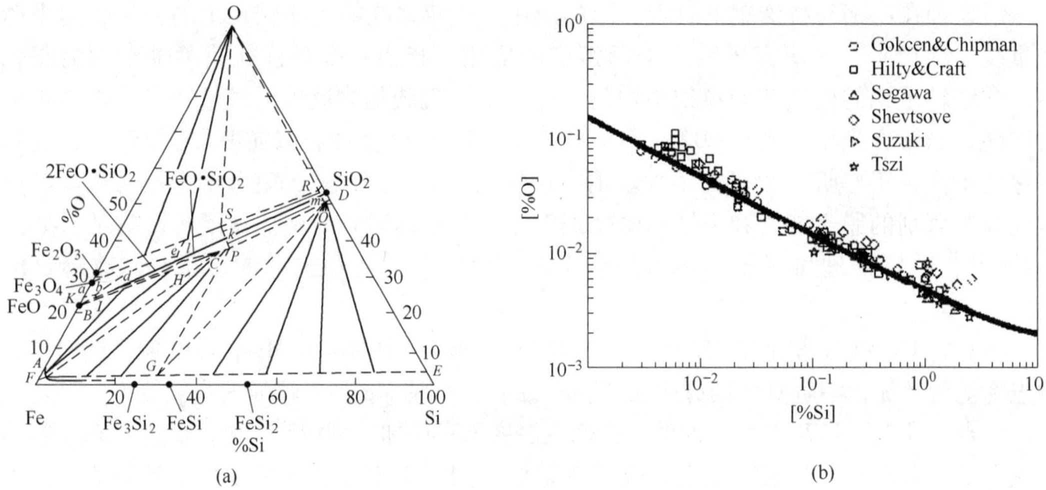

图 7　Si-O 平衡图

（a）1930 年的 Fe-Si-O 相图[12]；（b）近年分析得到的 Si 脱氧平衡曲线[6]

Park 等[13]研究了加入不同硅铁合金对不锈钢中夹杂物的影响，脱氧剂加入量和钢中夹杂物的形貌成分如图 8 所示。用高铝硅铁（Si：76.6%，Al：1.13% 和 Fe：22.0%）对钢液进行脱氧，当钢中硅含量少于 1.3% 时，钢中夹杂物主要为硅锰酸盐；当钢中硅含量达到 2.0% 时，钢中夹杂物主要为硅镁酸盐。用低铝硅铁（Si：76.3%，Al：0.17% 和 Fe：23.5%）对钢液进行脱氧，当钢中硅含量为 0.8%，夹杂物的形貌为均匀的液态夹杂物；随着硅含量增加到 1.3%，液态夹杂物中开始有 SiO_2 相析出，随着硅含量继续增加到 3.0%，最后，生成了不规则的（Mg，Mn）SiO_3 夹杂物。

2.4 Mn 脱氧钢中夹杂物的生成

锰是最早用来钢液脱氧的金属元素之一，其脱氧能力较弱，但其为最常用的脱氧元

钢液成分	夹杂物形貌	夹杂物成分
Si: 0.7% Als: 0.0013% T.O: 0.0052%	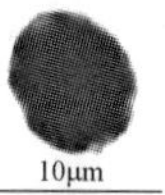 10μm	$48MnO-38SiO_2-9MgO$
Si: 1.2% Als: 0.0013% T.O: 0.0047%	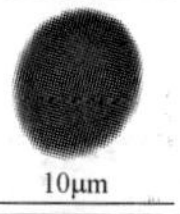 10μm	$27MnO-47SiO_2-18Mg(Ca)O-7Al_2O_3$
Si: 2.1% Als: 0.0013% T.O: 0.0047%	 10μm	$11MnO-46SiO_2-25Mg(Ca)O-16Al_2O_3$
Si: 2.9% Als: 0.0016% T.O: 0.0031%	 10μm	forsterite or olivine $30Mg(Ca)O-42SiO_2-18Al_2O_3-5MnO$

(a)

钢液成分	夹杂物形貌	夹杂物成分
Si: 0.7% Als: 0.0012% T.O: 0.0041%	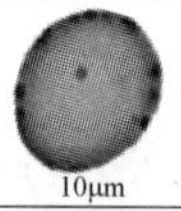 10μm	$45MnO-42SiO_2-8MgO$
Si: 1.3% Als: 0.0011% T.O: 0.0033%	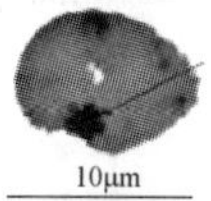 10μm	$48SiO_2-34MnO-14MgO$
Si: 2.1% Als: 0.0009% T.O: 0.0033%	 10μm	$51SiO_2-31MnO-13MgO$
Si: 3.0% Als: 0.0009% T.O: 0.0014%	 10μm	$22MgO-55SiO_2-19MnO$

(b)

图 8　加入不同脱氧剂后钢中夹杂物的形貌与成分[13]

（a）用高铝硅铁（Si：76.6%，Al：1.13%和 Fe：22.0%）对钢液进行脱氧；

（b）用低铝硅铁（Si：76.3%，Al：0.17%和 Fe：23.5%）对钢液进行脱氧

素，几乎所有的钢都用锰来脱氧。因为锰可以增强硅和铝的脱氧能力，经常与硅和铝一起使用进行复合脱氧。关于 Mn 脱氧的研究已经有很长的历史。图 9（a）是 1933 年确定的 Fe-Mn-O 三元相图，从而确定了锰脱氧钢中可能生成夹杂物的类型[12]。图 9(b)～(d)是 1948、1950 和 1955 年发表的使用不同 Mn 含量脱氧时钢中溶解氧的平衡曲线[14-16]。随着钢中 Mn 含量从 0.02% 增加到 1%，钢中氧含量明显降低。同时，也已经发现钢中生成的液态氧化物和固态氧化物对钢中 Mn 与 O 平衡关系影响不同。图 10 为近年来改自 Hino et al 的研究[17]。结果与早年的研究有所不同，最主要的还是对高 Mn（Mn > 1%）条件下的 Mn 和 O 的平衡关系进行了测定。试验点和热力学计算都表明在 Mn 含量小于 1% 时，氧含量随 Mn 含量增加而降低，超过 1% 以后，氧含量开始回升，用锰脱氧最低可使氧含量降到 100ppm 左右。

3　二元脱氧夹杂物的生成

3.1　钢中 $MgO-Al_2O_3$ 夹杂物的生成

铝脱氧钢中夹杂物的主要类型为 Al_2O_3 夹杂，由于现在 MgO-C 和 MgO-CaO-C 耐火材料的广泛应用，以及部分精炼渣中含有一定量的 MgO，因此，随着反应的进行，钢中镁含量逐渐增加，镁铝尖晶石夹杂物的生成很难避免。镁铝尖晶石夹杂物是一个泛称，并不专指 MgO 和 Al_2O_3 按分子比 1∶1 组成的物质，而是指由 MgO 和 Al_2O_3 组成的物质。镁铝尖晶石属立方晶系，有规则的几何形状（菱形、长方形、梯形及其他）。镁铝尖晶石夹杂物具有高熔点，高硬度的特点，轧制过后夹杂物不变形，会导致产品产生缺陷[18-20]。图 11 为钢中镁铝尖晶石夹杂物形貌。

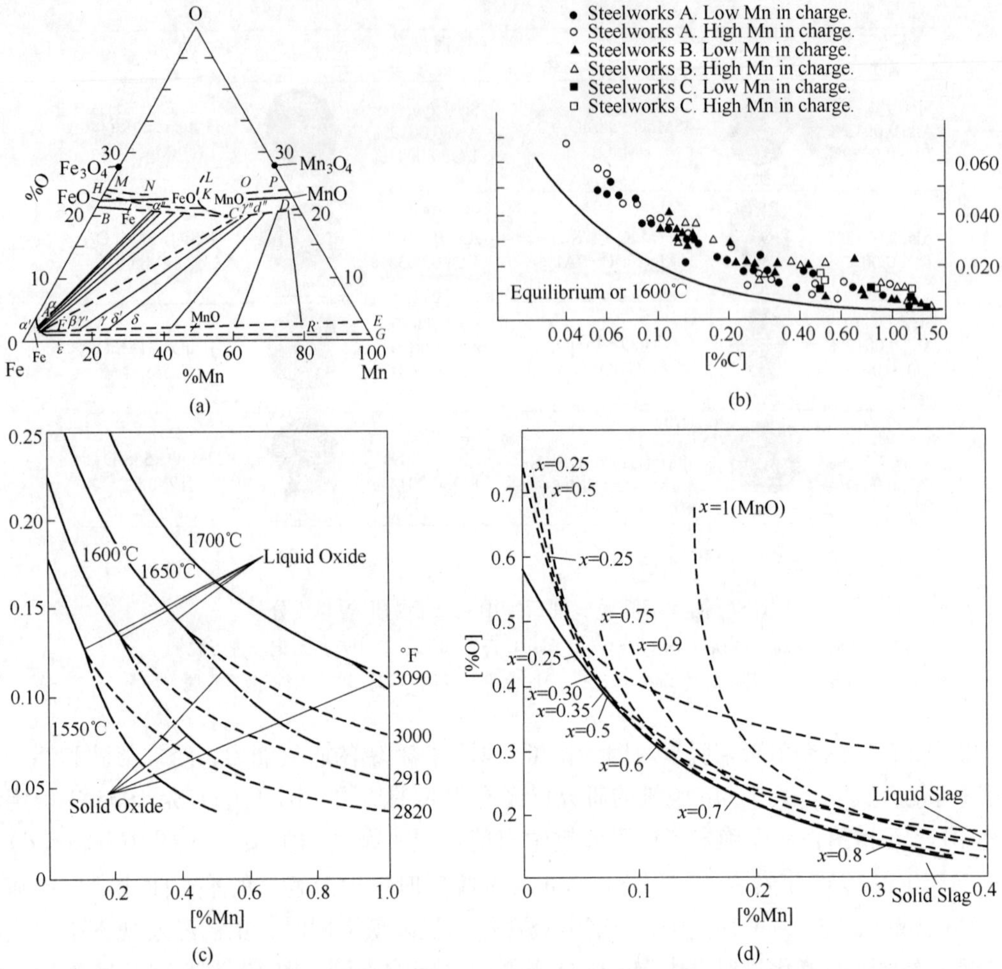

图 9　Mn 脱氧条件下钢中的溶解氧含量的经典热力学和实验结果

（a）1930 年的 Fe-Mn-O 相图[12]；（b）1948 年得到的 Mn 加入量对 C-O 平衡的影响图[14]；

（c）1950 年得到的生成 FeO 和 Mn 时的 Mn-O 平衡曲线[15]；

（d）1955 年得到的 1600℃时生成 xMnO · FeO 条件下不同 Mn-O 平衡曲线[16]

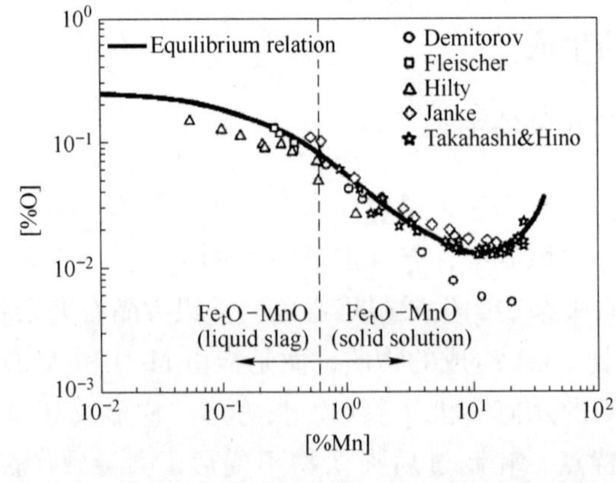

图 10　本文作者计算的 1600℃下钢液中 Mn-O 平衡关系

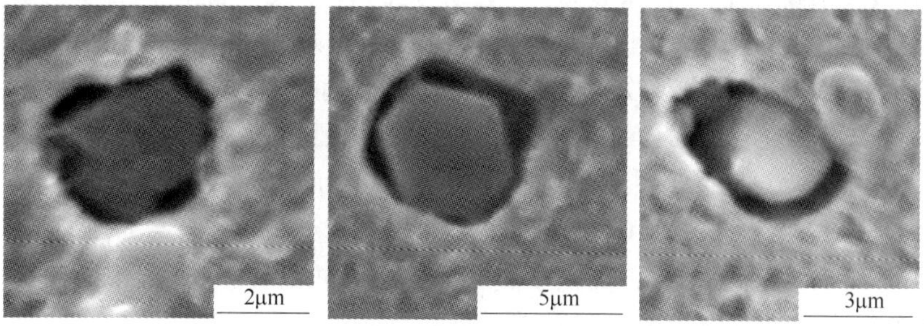

图 11　钢中镁铝尖晶石夹杂物形貌

为了控制钢中 $MgO \cdot Al_2O_3$ 夹杂物的生成，很多研究者对这类夹杂物在钢中产生的机理进行了研究。根据前人的研究成果，钢中 $MgO \cdot Al_2O_3$ 夹杂物的产生机理目前主要有以下四种模型：（1）碳还原模型[21]；（2）铝置换模型[22]；（3）直接反应模型[23-25]；（4）晶体化模型[20]。然而，由于钢种、冶炼工艺以及实际生产条件不同，钢中镁铝尖晶石夹杂物的产生机理也必然有所不同。许多学者[20,23-27]都对钢中 Mg-Al-O 系夹杂物的热力学稳定相图进行了计算。图 12 为用此数据计算的经典的钢中 Mg-Al-O 系夹杂物的热力学稳定相图[11]。用此图可以根据钢液成分对钢中夹杂物的成分类型进行预测。同时可以得出，当钢液中夹杂物的铝含量超过 0.001% 时，只需要几个 ppm 的镁，就能生成镁铝尖晶石夹杂物。

3.2　钢中 Al_2O_3-TiO_x 夹杂物的生成

1600℃下钢中 Al-Ti-O 系夹杂物的热力学稳定相图如图 13 所示[11]。Wang 等人[28-30]对钢中 Al-Ti-O 系夹杂物的瞬态变化做了大量研究。研究不同钛含量、不同钛铝比下钢中夹杂物形貌、成分、尺寸和结构的随时间变化的演变，发现当钢液的 Ti/Al 比为 1/4 时，钢中只是在加入 Ti 后的短时间内出现了 TiO_x 夹杂物，随着反应时间的进行，钢中稳定生成球形的 Al_2O_3；随着钢中 Ti/Al 比逐渐增加为 1/1 时，夹杂物中含有 TiO_x 的成分逐渐增加，夹杂物的形貌变得有些不规则；随着钢中 Ti/Al 的比例增加到 15/1 时，逐渐出现了许多不

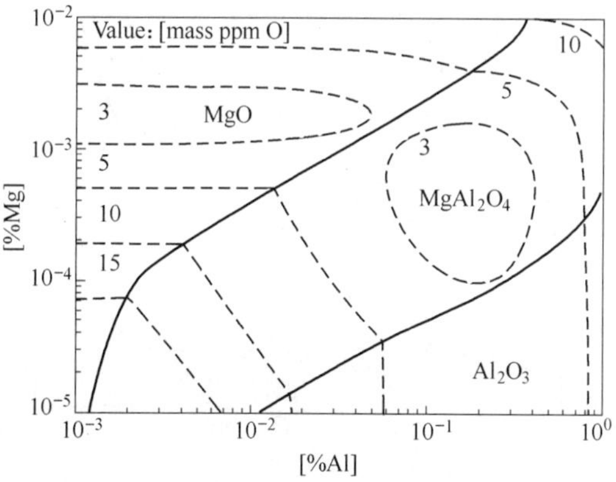

图 12　钢中 Mg-Al-O 系夹杂物的热力学稳定相图[11]

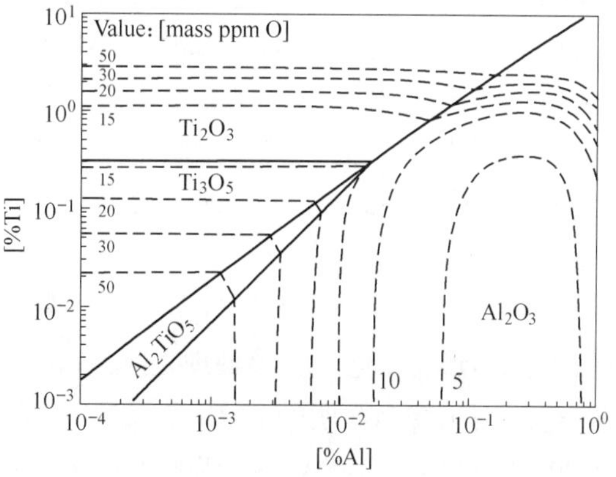

图 13　钢中 Al-Ti-O 系夹杂物的热力学稳定相图[11]

规则的 Al_2TiO_5 夹杂物，主要以球形为主，不规则的占少数；当钢中 Ti/Al 的比例增加到 75/1 时，夹杂物主要为 TiO_x，且形状由近球形变得不规则。并解释了钢中夹杂物先加入铝后加入钛生成 Al-Ti-O 系夹杂物的机理。同时还研究了钢中 Al-Ti-O 系夹杂物受到二次氧化的影响[31]。

图 14 为钢中典型 Al-Ti-O 系夹杂物形貌，图 14（a）中为 Al 和 Ti 元素分布均匀的 Al-Ti-O 系夹杂物。其钢液成分位于 Al-Ti-O 系夹杂物的液相区；图 14（b）中为 Al 和 Ti 元素分布不均匀的 Al-Ti-O 系夹杂物，其化学成分同样位于 Al-Ti-O 系夹杂物的液相区，没有得到均匀球形的液态夹杂物可能是由于反应时间不充足造成的。

图 14　钢中 Al-Ti-O 系夹杂物形貌[32]

3.3　钢中 Al_2O_3-CaO 夹杂物的生成

铝脱氧钢中脱氧后产生大量的 Al_2O_3 夹杂物，此类夹杂物容易引起水口堵塞，同时轧制过后容易形成大尺寸点链状夹杂物，易导致裂纹[3,33]。夹杂物很难被全部去除，因此，需要对这类夹杂物进行钙处理将其改性为低熔点钙铝酸盐夹杂物，减小其对钢材性能的影响[34,35]。

图 15 为本文作者计算的 1600℃下钢液中 Al-Ca-O 系夹杂物的稳定相图[36]，从图中可以看出钢水喂钙处理过程中，喂钙过多或者过少，不但对改善水口结瘤无效，而且会加重水口结瘤的程度。这主要是因为在钙铝酸盐的多种化合物里，只有 $12CaO \cdot 7Al_2O_3$ 和 $3CaO \cdot Al_2O_3$ 在钢水温度下是液态，其他化合物都是固态的。只有合理的控制喂钙线量和精炼时间，才能把钢中的夹杂物控制成为液态夹杂物[37-39]。

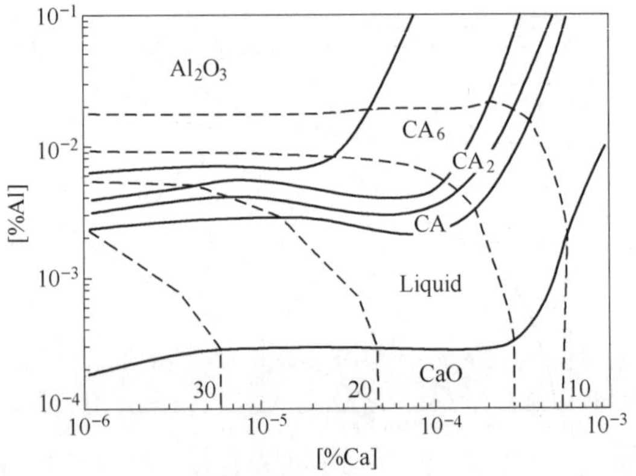

图 15　本文作者计算的 1600℃下钢液中 Al-Ca-O 系夹杂物的稳定相图[36]

图 16 为 1600℃下钢中有 Al_2O_3 系夹杂物钙处理前后形貌变化[40]。该处理之前，钢中夹杂物主要为棱角分明的 Al_2O_3 夹杂物，钙处理后夹杂物为球形的液态钙铝酸盐夹杂物。因此，钙处理可以成功改性 Al_2O_3 夹杂物，通过降低其熔点减小其危害。

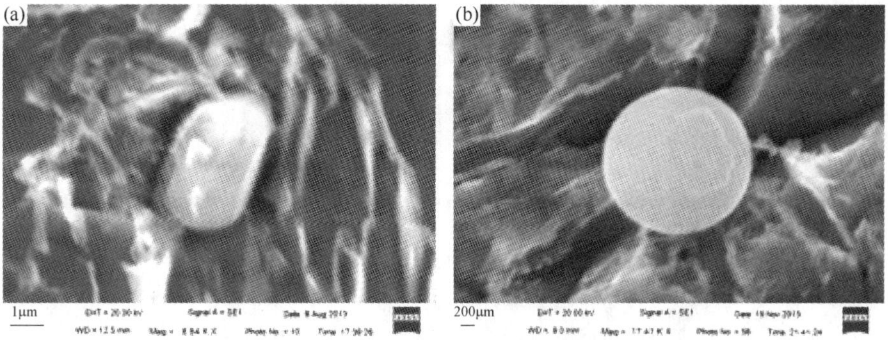

图 16　钢中有 Al_2O_3 系夹杂物钙处理前后形貌变化

（a）钙处理前；（b）钙处理后[40]

作为和上述最新研究结果的对比，1996 年 Turkdogan 的书里给出了图 17 的结果，该图仅仅显示了生成纯的 Al_2O_3 夹杂物和生成 CaO · Al_2O_3 夹杂物时钢中溶解氧和酸溶铝的关系。

图 18[41] 为 1996 年计算的铝脱氧钙处理过程夹杂物的转变相图。该图给出了钢液中不同初始 Al 含量和 O 含量下，把夹杂物变性为液态需要的钙含量。然而，并没有考虑钙处理喂钙线过多造成的影响。

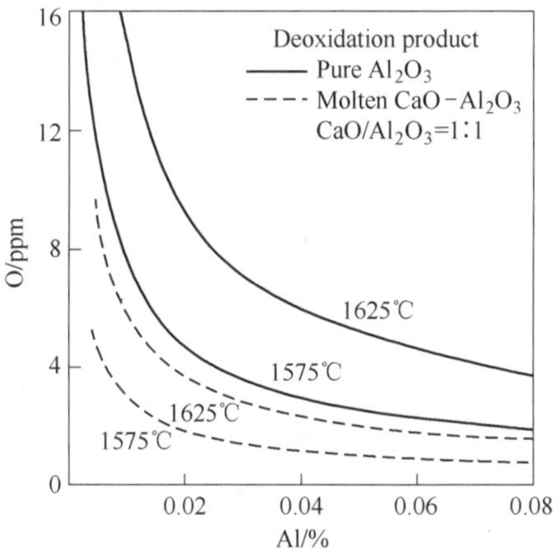

图 17　铝脱氧时生成 Al_2O_3 夹杂物和生成 CaO · Al_2O_3 夹杂物时钢中溶解氧和酸溶铝的平衡曲线[41]

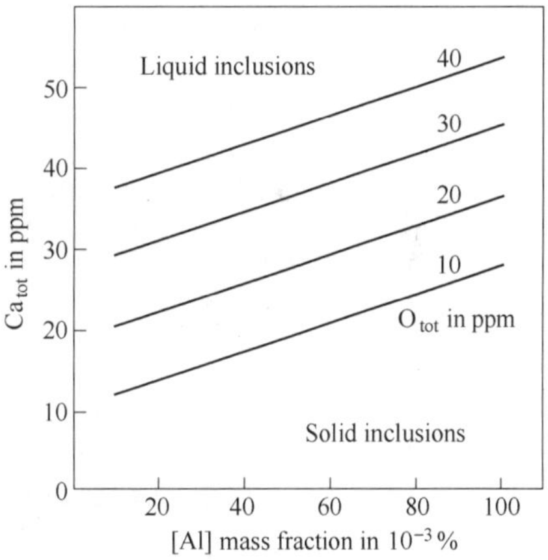

图 18　铝脱氧钙处理过程夹杂物的转变相图[41]

3.4　钢中 SiO_2-MnO 系夹杂物的生成

图 19 和表 1 是某 Si-Mn 脱氧钢中 SiO_2-MnO 夹杂物的形貌及其成分，夹杂物的主要成分是 SiO_2 和 MnO，同时存在少量 CaO、Al_2O_3 及 MgO。小尺寸夹杂物以 MnS 为主。在这些照片中我们发现夹杂物的颜色不同，反映了夹杂物 SiO_2 和 MnO 含量的不同。从图 20 可以知液态的 Si-Mn-O 复合氧化物中 SiO_2 和 MnO 的配比在不同的温度下不尽相同，关于这类复合夹杂物的形成机理还有待于进一步的研究。

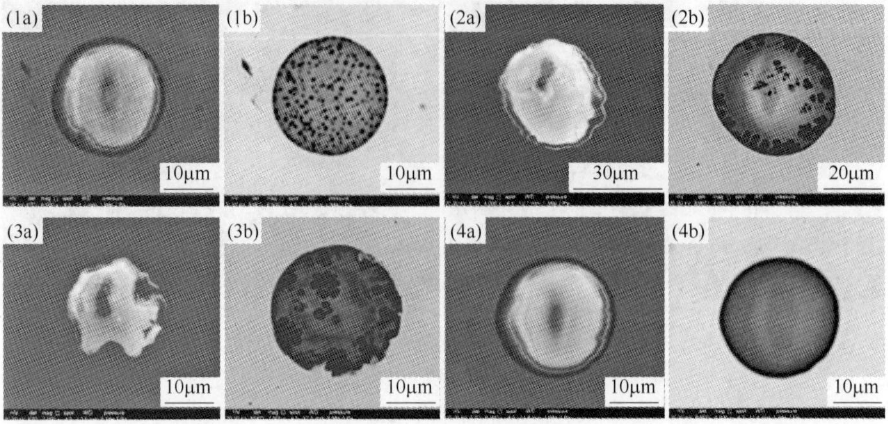

图 19　中间包大尺寸夹杂物照片（a 为二次电子照片，b 为对应的背散射照片）

表 1　中间包大尺寸夹杂物成分　（wt%）

组　成	SiO_2	MnO	MnS	Al_2O_3	CaO	MgO
(1)	66.21	33.79	0	0	0	0
(2)	66.90	33.10	0	0	0	0
(3)	65.61	32.58	0	1.81	0	0
(4)	65.92	24.87	0	4.68	2.69	1.84

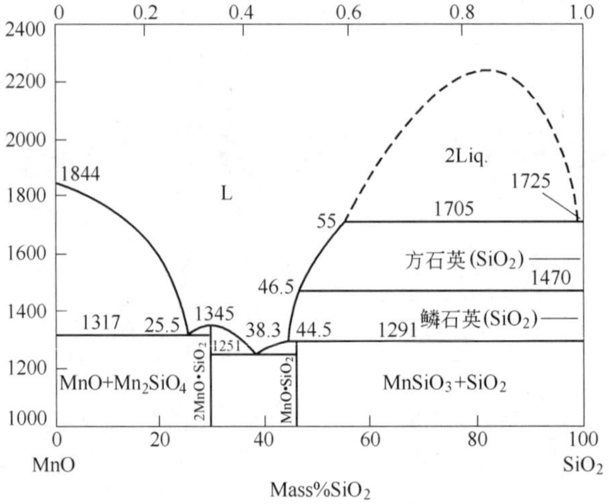

图 20　MnO-SiO_2 二元相图[42]

复合脱氧能够提高元素的脱氧能力。图 21 是 1600℃ 温度下[Si]-[Mn]复合脱氧钢液中的平衡［O］含量[41]。当［Si］为 0.12%，［Mn］为 0.37% 时，钢液中平衡的溶解氧［O］含量约为 130ppm。这说明仅用硅锰脱氧会导致钢水中与硅锰相平衡的溶解氧较高。当钢中[Mn]/[Si]大于 2.5 时，生成液态的 MnO · SiO_2，夹杂物易上浮到渣相，钢水可浇性好，不堵塞水口[43]。

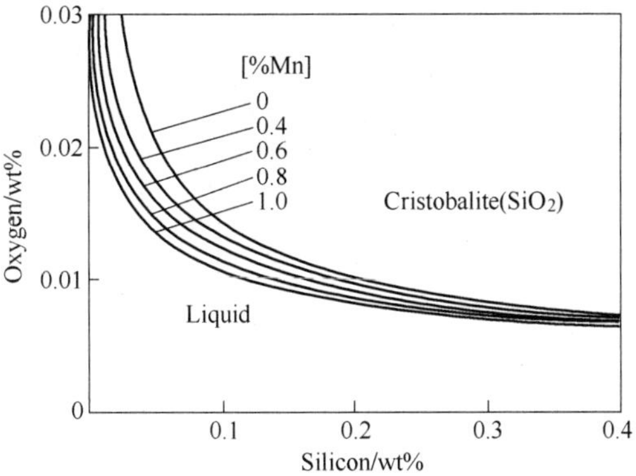

图 21　1600℃下[Si]-[Mn]复合脱氧钢液中的平衡［O］含量[41]

1979 年，Gatellier 和 Olette 计算了 1600°C 下钢中 Si-Mn-O 脱氧平衡曲线，如图 22 所示（图中实线是溶解氧的%浓度）[44]。由图可知钢中纯 SiO_2、含 50% SiO_2 夹杂物、45% SiO_2 夹杂物、40% SiO_2 夹杂物、FeO · MnO 夹杂物生成需要的钢中［Si］、［Mn］和［O］含量。

图 23 为本文作者计算的 1600℃下钢中 Si-Mn-O 夹杂物生成相图。根据钢中［Si］、［Mn］和［O］含量可有效预测钢中固态 MnO 夹杂物、固态 SiO_2 夹杂物和液态夹杂物。

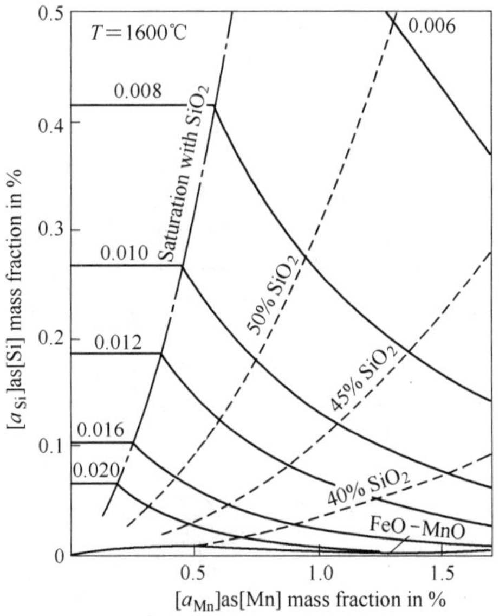

图 22　1979 年的 1600℃下钢中 Si-Mn-O 脱氧平衡曲线（图中实线是溶解氧的%浓度）[44]

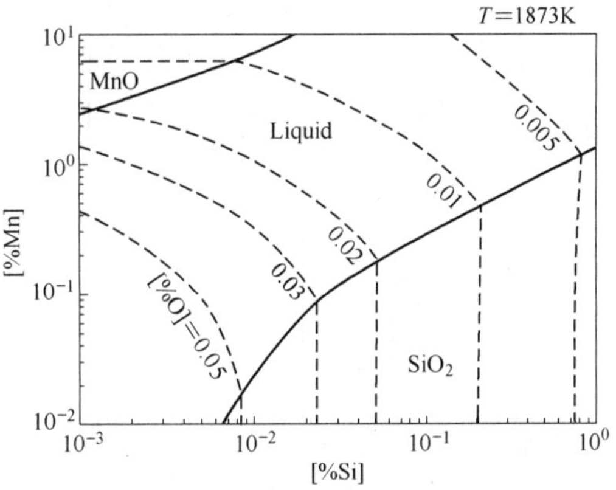

图 23　本文作者计算得到的 1600℃下钢中 Si-Mn-O 脱氧平衡曲线

3.5　其他二元脱氧过程中夹杂物的生成

图 24 为本文作者用 Factsage 计算的 1600℃下钢中 Si-Mn-O 夹杂物生成相图。根据钢中［Si］、［Mn］和［O］含量可有效预测钢中固态 MnO 夹杂物、固态 SiO_2 夹杂物、固态莫来石夹杂物和液态夹杂物的生成。

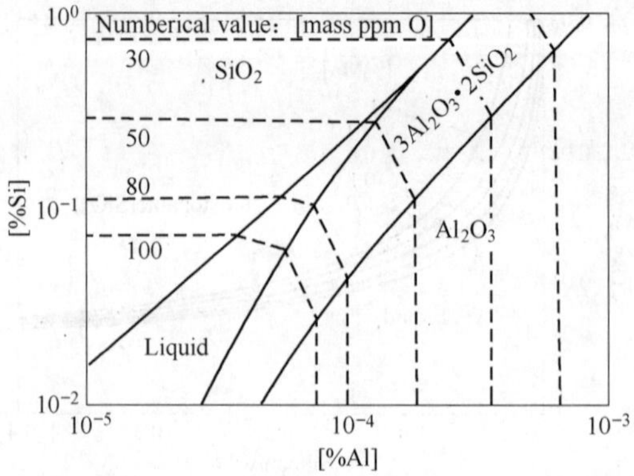

图 24　本文作者用 Factsage 计算的 1600℃下 Al-Si-O 系的脱氧曲线

图 25 为 1982 年 Olette 计算的 1600°C 下钢中 Si-Mn-O 夹杂物生成相图[45]。根据钢液成分也可以对夹杂物的生成进行预测，但计算考虑了钢中 MnO、SiO_2和莫来石三种固态夹杂物的生成，并没有考虑液态夹杂物的生成。

图 26 为 1989 年 Oters 计算的 1600℃下钢中 Al-Mn-O 夹杂物生成相图[46]。计算了钢中 FeO · MnO、Al_2O_3 和锰尖晶石三种固态夹杂物的生成需要的 Al、Mn 和 O 的活度。

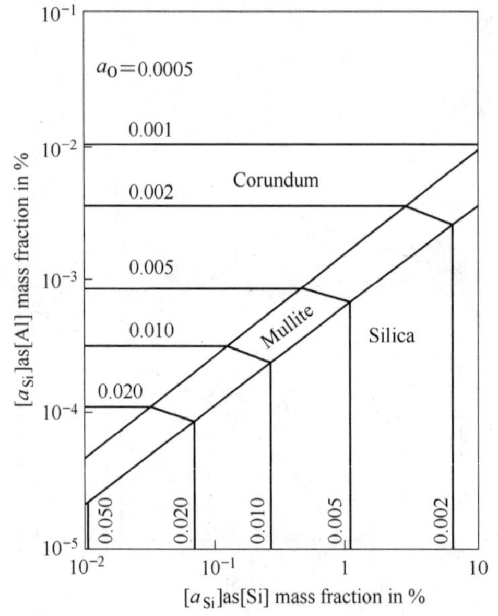

图 25　1982 年的 1600℃条件下 Al-Si-O 系的夹杂物生成相图[45]

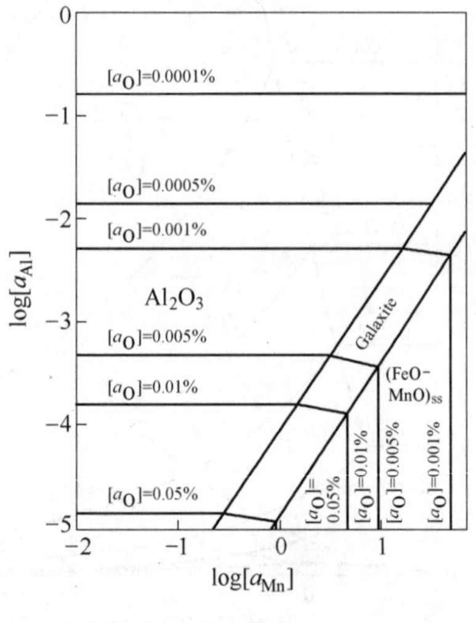

图 26　1989 年的 1600℃条件下 Al-Mn-O 系的夹杂物生成相图[46]

4　三元脱氧夹杂物的生成

4.1　钢中 $MgO-Al_2O_3-CaO$ 夹杂物的生成

目前，大多数对于钢中镁铝尖晶石夹杂物的改性的试验方法主要是应用，渣钢平衡实验、脱氧实验以及工业试验的方法，近日，随着高温共聚焦显微镜的应用，Al_2O_3-MgO-CaO 系夹杂物的结晶化行为也得到了进一步的研究[47]，对不同组成的夹杂物在不同的温度、冷却速率下的结晶化行为进行了研究。图 27 为 1600℃下钢液中 Ca = 1ppm 时，Al-Mg-Ca-O 系夹杂物的稳定相图[23]，从图中可以看出，在热力学角度，钢中的 Ca 含量达到 1ppm 以上时，镁铝尖晶石夹杂物可以被改性成为低熔点的钙铝酸盐夹杂物。目前，国际上很多学者多认同这种观点。

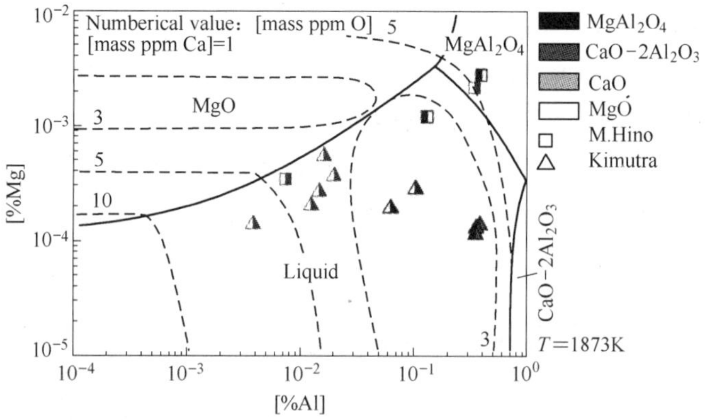

图 27 1600℃下钢液中 Ca = 1ppm 时，Al-Mg-Ca-O 系夹杂物的稳定相图[23]

热力学能计算结果可以证明夹杂物是否会生成，而动力学则可以证明夹杂物要多久才能够稳定地生成。因此，动力学计算同样十分重要。图 28 为在轧板中发现一些我们认为已经被成功改性的较大尺寸的钙铝酸盐夹杂物轧制后仍有不变形的镁铝尖晶石夹杂物的核心。可见，其没有被成功改性[27]。因此，镁铝尖晶石夹杂物的动力学改性的临界尺寸，以及成功改性的时间需要进一步的研究。

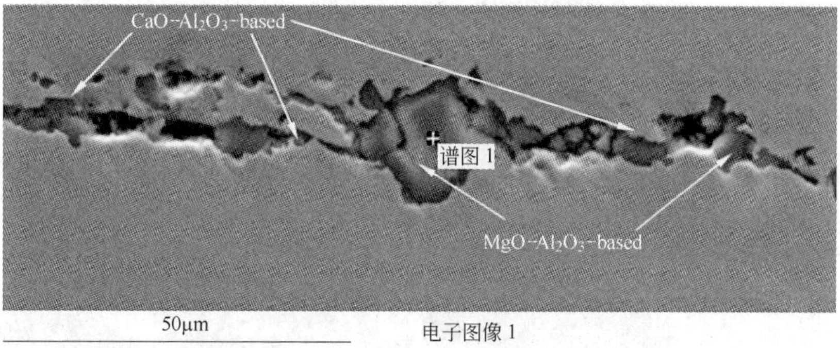

图 28 热轧板中有镁铝尖晶石核心的 Al-Mg-Ca-O 系夹杂物[27]

4.2 钢中 $MgO-Al_2O_3-TiO_x$ 夹杂物的生成

近年来的研究[27]表明，虽然从热力学上来讲，极少量钙的加入就可以成功地将镁铝尖晶石改性为液态低熔点夹杂物，但是因为动力学原因，钙处理钢中的大尺寸 $MgO-Al_2O_3$

尖晶石夹杂物时，只是在该夹杂物的外面包上了一层液态的 $CaO-Al_2O_3$ 层，而夹杂物核心仍然是原始的 $MgO-Al_2O_3$ 尖晶石夹杂物，并没有真正变性为液态夹杂物。很容易想到，是否可以通过钛处理的方法，将镁铝尖晶石夹杂物控制到低熔点区域，同样达到改性的目的。Park 等[48]计算了 $MgO-Al_2O_3-TiO_2$ 三元相图中确实存在一个液相区，证明确实存在一个钛处理将镁铝尖晶改性的可能性。

要把夹杂物控制在目标成分范围内，需要对钢液成分进行控制。图 29 为计算的 1600℃下钢液中 Al-Mg-Ti-O 系夹杂物的平衡稳定相图[49]。Ono 等人[50-52]计算的 Al-Mg-Ti-O 系夹杂物的平衡稳定相图中仅考虑了 Al-Mg-Ti-O 系夹杂物中的 $MgAl_2O_4$、$MgTi_2O_4$ 和 Ti_2O_3 三种夹杂物，Al_2TiO_5 和 Al-Mg-Ti-O 夹杂物等其他类型的夹杂物都没考虑。随着钢中 Ti 含量的不断增加，钢中镁铝尖晶石夹杂物的生成区域逐渐减小，这说明向钢液中加 Ti 有利于夹杂物的液态化控制。同时，由于钛这种金属是近些年才逐渐被人们广泛应用，目前钢中 Al-Mg-Ti-O 之间的基础热力学数据测量[48,50-52]，结果相差较大，正确性还有待进一步研究。

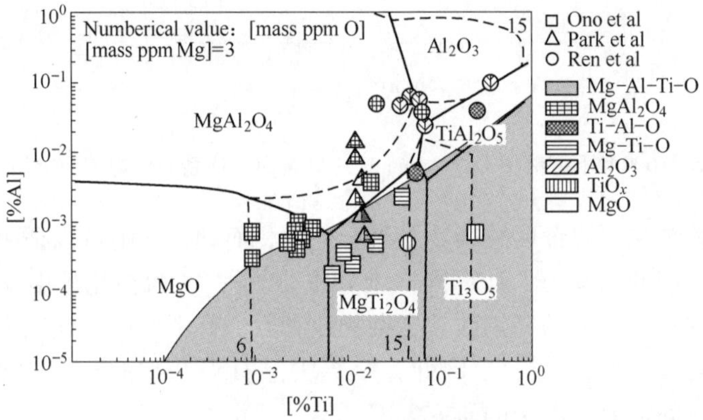

图 29　1600℃下钢液中 Mg = 3ppm 时，Al-Mg-Ti-O 系夹杂物的平衡稳定相图[49]

图 30 为通过 Mg-Al-Ti 复合脱氧实验室实验钢中典型液态球形液态（高 Ti 低 MgAl）夹杂物形貌[49]。说明了钛处理对镁铝尖晶石夹杂物改性的可能性。且随着夹杂物中 TiO_x 含量的增加，夹杂物形貌逐渐从六面体形的镁铝尖晶石夹杂物逐渐演变成液态球形液态（高 Ti 低 MgAl）夹杂物。

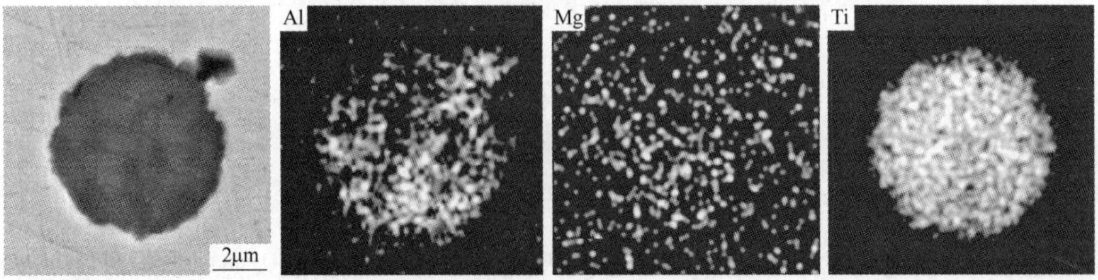

图 30　钢中 Ti-Mg-Al-O 系夹杂物典型形貌[49]

4.3 钢中 Al_2O_3-SiO_2-MnO 夹杂物的生成

图 31（a）为 1930 年代～1940 年代计算的 Al_2O_3-SiO_2-MnO 系相图，三元系来自于 Snow[53]，二元系来自于 Hall 和 Insley[54,55]。开始只是结合二元系相图对三元系相图进行初步的确定。图 31（b）为 1934 年 Herty 得到的 Al_2O_3-SiO_2-MnO 系三元相图[4]。此时，三元系中的不同成分渣系的熔点已经测定。图 32 为本文作者用 Factsage 计算得到的 Al_2O_3-SiO_2-MnO 系三元相图，夹杂物的熔点曲线更加准确。

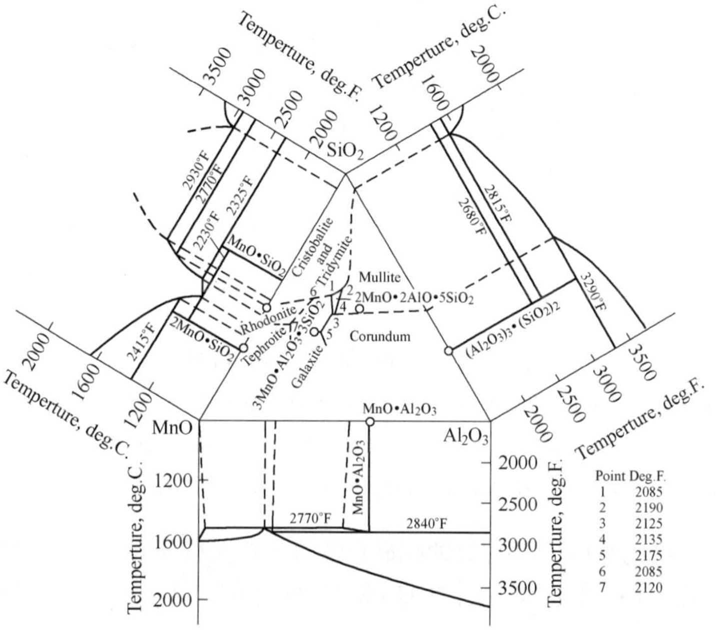

(a)

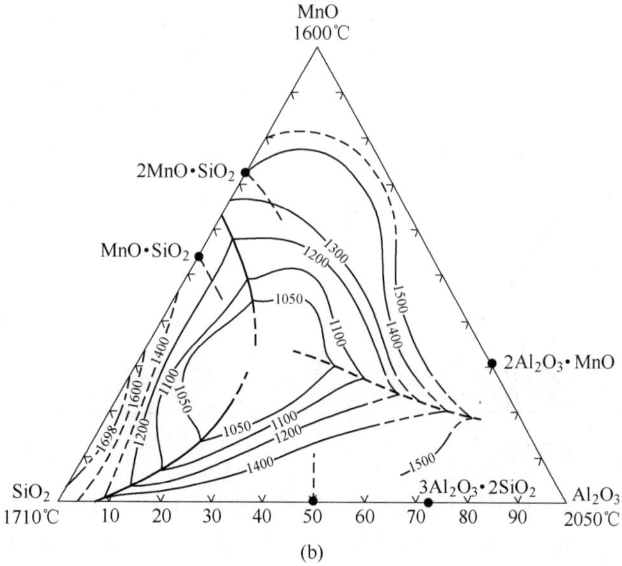

(b)

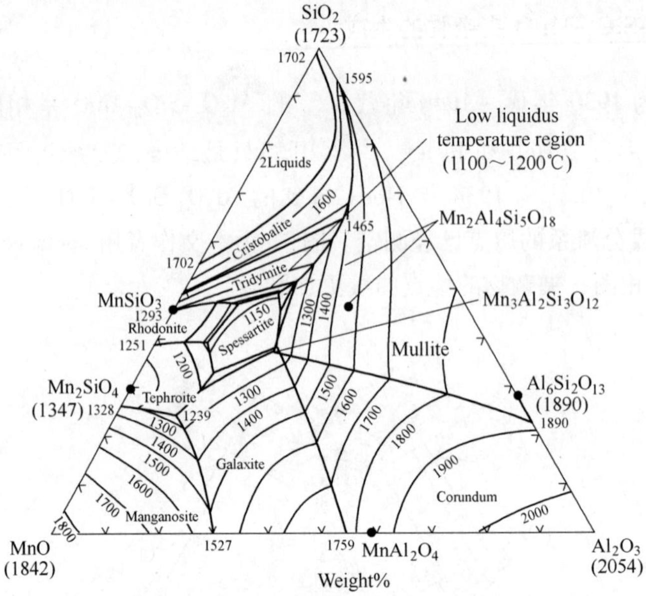

(c)

图 31　Al_2O_3-SiO_2-MnO 系三元相图[56]

（a）1930 年代～1940 年代计算的 Al_2O_3-SiO_2-MnO 系相图（三元系来自于 Snow[5]，二元系来自于 Hall 和 Insley[54,55]）；（b）1934 年计算的 Al_2O_3-SiO_2-MnO 系三元相图[4]；（c）近年使用 Factsage 计算的 Al_2O_3-SiO_2-MnO 系三元相图[56]

图 32 为 Fujisawa 在 1977 年计算的铝硅锰复合脱氧条件下钢中酸溶铝与氧化物相的关系[57,58]，图 33 为 Sakao 在 1983 年计算的 1550℃时钢中[%Mn]/[%Si]对铝氧平衡曲线的

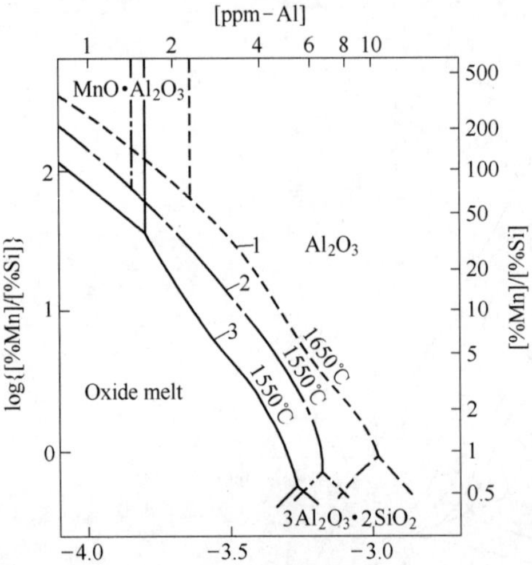

图 32　铝硅锰复合脱氧条件下钢中酸溶铝与氧化物相的关系（[%Mn]+[%Si]=1）[57,58]

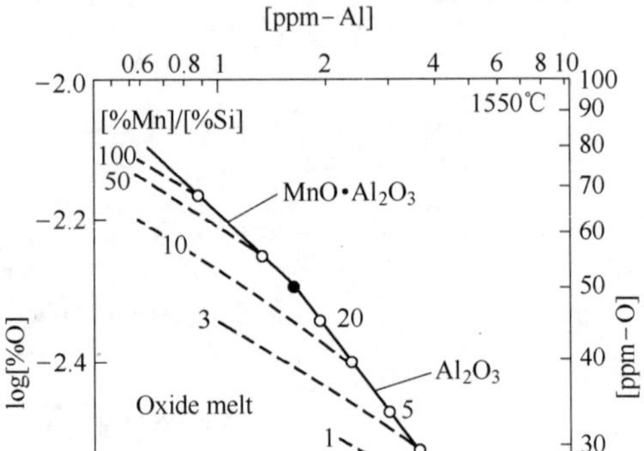

图 33　1550℃时钢中[%Mn]/[%Si]对铝氧平衡曲线的影响（[%Mn]+[%Si]=1）[57]

影响。根据钢中的［O］、［Al］和［Mn］/［Si］可预测不同温度下钢中 Al_2O_3、MnO · Al_2O_3、$2SiO_2 \cdot 3Al_2O_3$ 和液态氧化物的生成。

图 34 为本文作者用 Factsage 计算的［%Al］= 0.0024 时，Al-Si-Mn 系夹杂物稳定性相图。从图中可以看出，当［%Si］= 0.12、［%Mn］= 0.37 时，［Mn］/［Si］= 3.1，夹杂物的稳定区域在液相区，有利于夹杂物的塑性化控制。

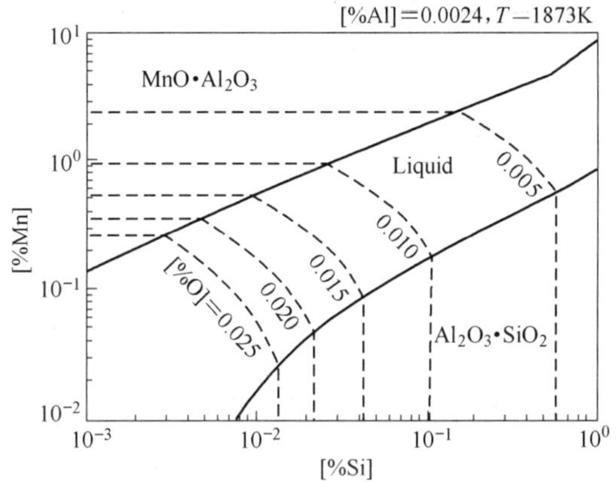

图 34　本文作者计算的 1600℃下 Al-Si-Mn 系夹杂物稳定性相图（［%Al］= 0.0024）

5　结语

本文只是对多元脱氧的热力学做了初步探讨。笔者今后的科研工作重点之一会落在复合脱氧热力学和夹杂物的形成机理上，进而深入到渣精炼和夹杂物成分的热力学计算。把这些热力学的计算与合金化以及渣精炼结合起来，从而依托合金化过程和渣的选择（包括碱度和成分等因素）来改变夹杂物的成分，从而使之塑性化。有时候夹杂物的去除和夹杂物成分的合理性是矛盾的。例如，高碱度渣精炼非常有利于夹杂物的去除，例如轴承钢精炼过程，通过使用高碱度渣，钢中总氧可以降低到几个 ppm。但是，高碱度的渣往往使得夹杂物中的 Al_2O_3 含量偏高，对于一些对 Al_2O_3 要求非常高的钢种（例如帘线钢和高级钟表用不锈钢），对总氧的要求不如对夹杂物中的 Al_2O_3 的要求高。这种情况下，可以使用低碱度的渣来精炼。所以，找到夹杂物的最佳去除率和夹杂物的最佳合理成分点十分重要。复合脱氧热力学和渣精炼的热力学计算将是找到这个最佳点的有力手段，值得广大冶金学者在这方面着力研发。

致谢

本文作者感谢中国自然科学基金（资助号：51274034、51334002 和 51404019）、稀贵金属绿色回收与提取北京市重点实验室（GREM）、北京科技大学绿色冶金与冶金过程模拟仿真实验室（GPM²）和北京科技大学高品质钢研究中心（HQSC）的资助。

参 考 文 献

［1］ H. M. Boylston. Carnegie［J］. Mem.，Iron and Steel Inst.，Vol. 12，1916，102.

[2] L. Zhang, B. G. Thomas. State of the art in the control of inclusions during steel ingot casting[J]. Metallurgical and Materials Transactions B, Vol. 37(5), 2006, 733-761.

[3] L. Zhang, B. G. Thomas. State of the Art in Evaluation and Control of Steel Cleanliness[J]. ISIJ International, Vol. 43(3), 2003, 271-291.

[4] C. H. Herty. The Physical Chemistry of Steel Making[M]. Mining and Metallurgical Advisory Boards, 1934.

[5] W. Yang, X. Wang, L. Zhang, et al. Characteristics of Alumina-Based Inclusions in Low Carbon Al-Killed Steel under No-Stirring Condition[J]. Steel Research International, 2013, 878-891.

[6] 张立峰，李燕龙，任英．钢中非金属夹杂物的相关基础研究(Ⅱ)——夹杂物检测方法及脱氧热力学基础[J]. 钢铁，Vol. 2013(12), 2013, 1-8.

[7] 周德光，傅杰，李晶，等．轴承钢中镁的控制及作用研究[J]. 钢铁，Vol. 37(7), 2002, 23-25.

[8] 王厚昕，李阳，李正邦，等．焊丝钢新型脱氧剂的实验研究[J]. 钢铁，Vol. 40(5), 2005, 25-28.

[9] 李太全，包燕平，刘建华，等．镁对 X120 管线钢夹杂物的作用[J]. 钢铁，Vol. 43(11), 2008, 45-64.

[10] 赵辉，胡水平，武会宾，等. Mg 处理高钢级管线钢焊接热影响区晶内铁素体形核机制研究[J]. 钢铁，Vol. 45(2), 2010, 82-85.

[11] 任英，张立峰，杨树峰．脱氧热力学基础[C]. 第十五届全国钢质量与非金属夹杂物控制学术会议论文集. 2012, 8-12.

[12] C. Benedicks, H. Lofquist. Non-metallic Inclusions in Iron and Steel[C]. Champman & Hall's Centenary Year, 1930.

[13] J. H. Park, Y. B. Kang. Effect of Ferrosilicon Addition on the Composition of Inclusions in 16Cr-14Ni-Si Stainless Steel Melts[J]. Metallurgical and Materials Transactions B, Vol. 5(37), 2006, 791-797.

[14] S. Fornander. The Behavior of Oxygen in Liquid Steel during the Refining Period in the Basic Open-Hearth Furnace[C]. The Physical Chemistry and Process Metallurgy-Discussion of the Faraday Society, Faraday Society, First in 1948, and then in 1961.

[15] J. Chipman, J. B. Gero, T. B. Winkler. The Manganese Equilibirum under Simple Oxide Slags[J]. Transactions of American Institute of Mining and Metallurgical Engineers (Trans. AIME), Vol. 188, 1950, 341.

[16] J. A. Cordier, J. Chipman. Transactions of American Institute of Mining and Metallurgical Engineers (Trans. AIME), Vol. 203, 1955, 905.

[17] M . Hino. Thermodynamics for the Control of Non-metallic Inclusion Composition and Precipitation. Technology for Control of Nonmetallic Inclusions and Production of Clean Steels, Tokyo, Japan, JSPS 2004.

[18] I. -H. Jung, S. A. Decterov, A. D. Pelton. Computer Applications of Thermodynamic Databases to Inclusion Engineering[J]. ISIJ International, Vol. 44(3), 2004, 527-536.

[19] K. Sakata. Technology for Production of Austenite Type Clean Stainless Steel[J]. ISIJ International, Vol. 46(12), 2006, 1795-1799.

[20] J. H. Park, H. Todoroki. Control of MgO · Al_2O_3 Spinel Inclusions in Stainless Steels[J]. ISIJ International, Vol. 50(10), 2010, 1333-1346.

[21] V. Brabie. Mechanism of Reaction between Refractory Materials and Aluminum Deoxidised Molten Steel[J]. ISIJ International, Vol. 36(1), 1996, 109-112.

[22] G. O. K. Y. S. T et al. Effect of slag composition on the kinetics of formation of Al_2O_3-MgO inclusions in aluminum killed ferritic stainless steel[J]. ISIJ International, Vol. 40(1), 2000, 121-128.

[23] H. Itoh, M. Hino, S. Ban-Ya. Thermodynamics on the Formation of Spinel Nonmetallic Inclusion in Liquid

Steel[J]. Metallurgical and Materials Transactions B, Vol. 28(5), 1997, 953-956.

[24] K. Fujii, T. Nagasaka, M. Hino. Activities of the Constituents in Spinel Solid Solution and Free Energies of Formation of MgO, MgO · Al_2O_3[J]. ISIJ International, Vol. 40(11), 2000, 1059-1066.

[25] W. -G. Seo, W. -H. Han, J. -S. Kim, et al. Deoxidation Equilibria among Mg, Al and O in Liquid Iron in the Presence of MgO-Al_2O_3 Spinel[J]. ISIJ International, Vol. 43(2), 2003, 201-208.

[26] H. Ohta, H. Suito. Deoxidation Equilibria of Calcium and Magnesium in Liquid Iron[J]. Metallurgical and Materials Transactions B, Vol. 28(6), 1997, 1131-1139.

[27] S. Yang, Q. Wang, L. Zhang, et al. Peaslee. Formation and Modification of MgO · Al_2O_3-Based Inclusions in Alloy Steels[J]. Metallurgical and Materials Transactions B, Vol. 43(4), 2012, 731-750.

[28] C. Wang, N. T. Nuhfer, S. Ridhar. Transient Behavior of Inclusion Chemistry, Shape, and Structure in Fe-Al-Ti-O Melts: Effect of Titanium Source and Laboratory Deoxidation Simulation[J]. Metallurgical and Materials Transactions B: Process Metallurgy and Materials Processing Science, Vol. 41 (4), 2009, 1006-1021.

[29] C. Wang, N. T. Nuhfer, S. Sridhar. Transient Behavior of Inclusion Chemistry, Shape, and Structure in Fe-Al-Ti-O Melts: Effect of Titanium/Aluminum Ratio[J]. Metallurgical and Materials Transactions B: Process Metallurgy and Materials Processing Science, Vol. 40(6), 2009, 1022-1034.

[30] C. Wang, N. T. Nuhfer, S. Ridhar. Transient Behavior of Inclusion Chemistry, Shape and Structure in Fe-Al-Ti-O Melts: Effect of Gradual Increase in Ti[J]. Metallurgical and Materials Transactions B: Process Metallurgy and Materials Processing Science, Vol. 41(5), 2010, 1084-1093.

[31] C. Wang, N. Verma, Y. Kwon, et al. A Study on the Transient Inclusion Evolution during Reoxidation of a Fe-Al-Ti-O Melt[J]. ISIJ International, Vol. 51(3), 2011, 375-381.

[32] W. Yang, S. Li, Y. Li, et al. Evolution of inclusions in Ti-bearing ultra-low carbon steels during RH refining process[C]. Materials Processing Fundamentals-TMS 2013 Annual Meeting and Exhibition, March 3, 2013-March 7, 2013, (San Antonio, TX, United states), Minerals, Metals and Materials Society, 2013, 3-16.

[33] 张立峰，王新华. 洁净钢与夹杂物[C]. 第十三届全国炼钢学术会议，2004，12-51.

[34] S. Hideaki, I. Hajime, I. Ryo. Aluminium-Oxygen Equilibrium between CaO-Al_2O_3 Melts and Liquid Iron [J]. ISIJ International, Vol. 31(12), 1991, 1381-1388.

[35] J. H. Park, S. B. Lee, D. S. Kim. Inclusion control of ferritic stainless steel by aluminum deoxidation and calcium treatment[J]. Metallurgical and Materials Transactions B, Vol. 36(1), 2005, 67-73.

[36] Y. Ren, Y. Wang, S. Li, et al. Detection of Non-metallic Inclusions in Steel Continuous Casting Billets [J]. Metallurgical and Materials Transactions B, Vol. 45(4), 2014, 1291-1303.

[37] 李强，王新华，李海波，等. 低合金高强钢中非金属夹杂物的改性[J]. 北京科技大学学报，Vol. 34(11)，2012，1262-1267.

[38] 王新华，李秀刚，李强，等. X80 管线钢板中条串状 CaO-Al_2O_3 系非金属夹杂物的控制[J]. 金属学报，Vol. 49(5)，2013，553-561.

[39] 王新华，李强，黄福祥，等. X80/70 管线钢板条串状 CaO-Al_2O_3 系 B 类夹杂物控制研究[C]. 2012 年全国炼钢—连铸生产技术会论文集，2013，12-20.

[40] Y. Ren, L. Zhang, S. Li. Transient Evolution of Inclusions during Calcium Modification in Linepipe Steels [J]. ISIJ International, Vol. 54(12), 2014, 2772-2779.

[41] E. T. Turkdogan. Fundamental of Steelmaking, The Institute of Materials, 1996, 196.

[42] M. Allibert, H. Gaye, J. Geiseler, et al. Slag Atlas[M]. 2nd ed., Verlag Stahleisen GmbH, 1995, 90.

[43] 蔡开科. 连铸坯质量控制[M]. 北京：冶金工业出版社，2010，40-41.

[44] C. Gatellier, M. Olette. Aspects Fondamentaux des Reactions Entre Elements Metalliques et Elements Non-metalliques dans les Aciers Liquides[J]. Revue de Metallurgie, Vol. 76, 1979, 377-386.

[45] M. Olette, C. Gatellier, R. Vasse. Process in Ladle Steel Refining[C]. International Symposium Physical Chemistry of Iron and Steelmaking, VII-1, Toronto, 1982, 29. 8-2. 9.

[46] F. Oeters, Metallurgy of Steelmaking[J]. Stahl and Eisen, 1989, 67.

[47] S. S. Jung, I. Sohn. Crystallization Behavior of the CaO-Al_2O_3-MgO System Studied with a Confocal Laser Scanning Microscope[J]. Metallurgical and Materials Transactions B, 2012.

[48] J. H. Park, S. B. Lee, H. R. Gaye. Thermodynamics of the Formation of MgO-Al_2O_3-TiO_x Inclusions in Ti-stabilized 11Cr Ferritic Stainless Steel[J]. Metallurgical and Materials Transactions B: Process Metallurgy and Materials Processing Science, Vol. 39(6), 2008, 853-861.

[49] Y. Ren, L. Zhang, W. Yang, et al. Formation and Thermodynamics of Mg-Al-Ti-O Complex Inclusions in Mg-Al-Ti-Deoxidized Steel [J]. Metallurgical and Materials Transactions B, Vol. 45 (6), 2014, 2057-2071.

[50] H. Ono, K. Nakajima, R. Maruo, et al. Formation Conditions of Mg_2TiO_4 and $MgAl_2O_4$ in Ti-Mg-Al Complex Deoxidation of Molten Iron[J]. ISIJ International, Vol. 49(7), 2009, 957-964.

[51] H. Ono, K. Nakajima, T. Ibuta, et al. Equilibrium Relationship between the Oxide Compounds in MgO-Al_2O_3-Ti_2O_3 and Molten Iron at 1873K[J]. ISIJ International, Vol. 50(12), 2010, 1955-1958.

[52] H. Ono, T. Ibuta. Equilibrium Relationships between Oxide Compounds in MgO-Ti_2O_3-Al_2O_3 with Iron at 1873K and Variations in Stable Oxides with Temperature[J]. ISIJ International, Vol. 51 (12), 2011, 2012-2018.

[53] R. B. Snow. Equilibrium Relationships on the Liquids Surface in Part of the MnO-Al_2O_3-SiO_2 System[J]. Journal of American Ceramic Society, Vol. 26, 1943, 1-40.

[54] F. P. Hall, H. Insley. A Compliation of Phase-rule Diagrams of Interest to the Ceramist and Silicate Tenologist[J]. Journal of American Ceramic Society, Vol. 16, 1933, 463-567.

[55] F. P. Hall, H. Insley. A Compliation of Phase-rule Diagrams of Interest to the Ceramist and Silicate Tenologist[J]. Journal of American Ceramic Society, Vol. 21, 1938, 113-164.

[56] V. D. Eisenhuttenleute(VDEh). Slag Atlas 2nd Tdition[J]. Verlag Stahleisen Gmbh, 1995.

[57] H. Sakao, Y. Wanibe, T. Fujisawa. Deoxidation and Inclusions in Steelmaking[C]. Proceedings of 2nd Japan-China Symposium on Science and Technology of Iron and Steel, ISIJ, Tokyo, 1983.

[58] T. Fujisawa, H. Sakao. Mn-Si-Al-O Gleichgewicht in Flussigem Eisen [J]. Tetsu-to-Hagane, Vol. 63, 1977, 1494-1503.

首钢京唐高效、低成本、洁净钢生产实践

田志红　赵长亮　朱立新

（首钢京唐钢铁联合有限责任公司，唐山 063200）

摘　要：本文介绍了首钢京唐公司以“全三脱”工艺为代表的高效率、低成本、洁净钢生产技术的实践情况。该工艺成功解决了我国钢铁企业洁净钢生产中普遍存在的生产成本高、质量不稳定和效率低等重大技术难题，具有显著的质量效益和社会效益。

关键词：高效；低成本；洁净钢

High Efficiency, Low Cost Clean Steel Production Technology Integration and Practice of Shougang Jingtang

Tian Zhihong　Zhao Changliang　Zhu Lixin

(Shougang Jingtang Iron and Steel Co., Ltd., Tangshan 063200)

Abstract: The application and practice of high efficiency, low cost clean steel production technology in Jingtang steel plant was introduced in this paper, including equipment condition, technological process and five integrated application techniques. Many technical problems such as high cast, unstable quality and low efficiency which were widely existed in many clean steel production of domestic steel companies were successfully solved. The quality benefit and social benefit were significant.

Keywords: high efficiency; low cost; clean steel

1　引言

高效率、低成本、洁净钢制造平台是现代炼钢技术进步的重要方向，对于提高钢厂市场竞争力和增加高端产品优势具有重要意义。提高钢材洁净度是钢铁材料发展的重要方向，实现洁净钢高效、低成本生产是21世纪炼钢技术的重大革新[1-3]。

首钢京唐钢铁在国内首次建成以全量铁水脱硫、脱硅、脱磷预处理为特点的高效、低成本洁净钢生产新流程和示范基地，经过近5年的生产稳定和技术发展，目前已经达到大批量稳定生产洁净钢，实现生产高效化和低成本的主要技术目标。

2　京唐洁净钢平台工艺流程简介

传统洁净钢生产流程为：高炉铁水→全量铁水脱硫预处理→转炉→LF精炼→RH真空精炼→连铸[4,5]。由于工艺流程过长，常常因一两个环节（原料或设备）的波动造成终端产品质量不稳定，钢水洁净化主要依靠炉外精炼来完成。为实现全流程的稳定控制，往往

造成能耗、成本等偏高。

京唐洁净钢生产流程为[6]：高炉铁水→(一罐到底)铁水脱硫预处理→转炉脱磷→转炉少渣冶炼脱碳→LF 精炼→RH 真空精炼→连铸。针对传统工艺流程的缺点，京唐采用分段冶炼工艺，将钢水提纯任务从炉外精炼转移到铁水预处理，解决了传统流程低碳脱磷、钢渣过氧化和大量生成夹杂物难以去除等技术弊病。生产组织以“层流”方式进行，即“炉机匹配”原则，品种按专业化生产线组织，管线钢采用 BOF(滑板挡渣)→LF→(RH)→CC 工艺路线，IF 钢采用 BOF(滑板挡渣)→RH→CC 工艺路线等。

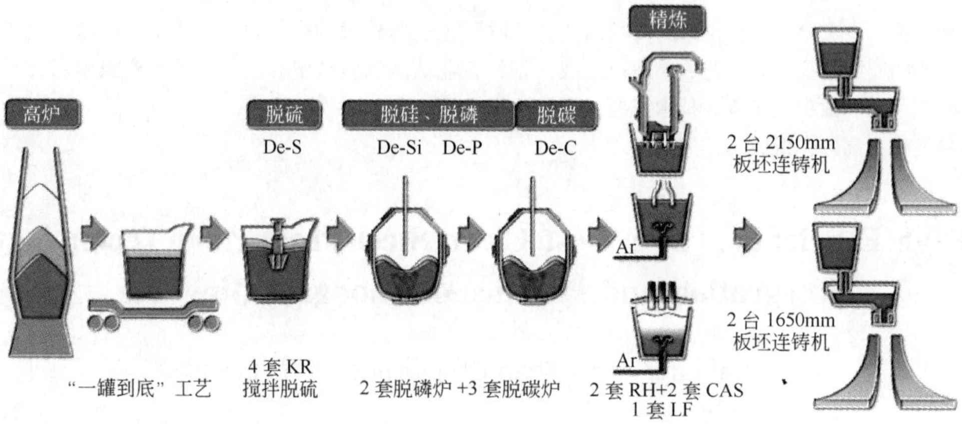

图 1 首钢京唐“全三脱”工艺流程

Fig. 1 The steelmaking process of Shougang Jingtang

3 京唐洁净钢平台设备简介

3.1 KR 脱硫设备

首钢京唐公司配有 4 套 KR 脱硫系统，年处理铁水能力为 900 万吨/年，以石灰窑自产石灰粉为主要脱硫剂，通过气动输灰管线由石灰窑运输至 KR 脱硫料仓。KR 脱硫设备具有脱硫率高、处理周期短、生产成本低和设备运行稳定等优势。

3.2 炼钢设备

转炉系统配备 5 座 300t 转炉，其中脱磷转炉 2 座，主要用于脱磷半钢冶炼，3 座脱碳炉用于常规或半钢冶炼，设计钢产量为 927.5 万吨/年。五座转炉均采用先进、环保的干法除尘系统、自动化炼钢系统、声呐化渣系统等，三座脱碳炉安装出钢滑板挡渣设备，出钢下渣量控制在 5kg/t 左右，下渣量减少约 2kg/t。

3.3 精炼设备

300t LF 炉 1 座（双工位），钢水升温速度不小于 4.5℃/min，最大电弧电流强度为 56kA；300t 多功能 RH 炉 2 座（双工位），配有多功能氧枪，既可升温又可烘烤真空槽，采取在线废气分析等先进技术。RH 采用五级真空泵系统，最大抽真空能力为 1250kg/h，极限真空度为 20Pa，抽真空时间不大于 4min。

3.4 连铸设备

4 台直弧形高速连铸机，设计工作浇注速度为 0.8 ~ 2.3m/min，单机年产板坯 280 ~ 352 万吨/年，集成了结晶器液位自动控制、结晶器电磁流场控制、漏钢预报、动态二冷控制技术和动态轻压下等 26 项国内外高新技术。

4 京唐洁净钢平台关键技术

4.1 铁水一罐到底与 KR 高效脱硫技术

首钢京唐公司产品主要为汽车板、管线钢、家电板等品种为主，对钢种的硫含量要求越来越严格，部分钢种要求 S≤0.010%，同时考虑到铁水脱硫预处理比 LF 脱硫的经济成本更低，因此京唐采用 KR 机械搅拌脱硫技术。

高炉铁水采用铁水罐“一罐到底”技术，转炉转准率达到 80% 以上，KR 脱硫进站铁水温度达到 1380℃以上，大幅度提高了铁水温度，为 KR 脱硫创造了高温的良好热力学条件。KR 采用更加经济、安全的（$CaO + CaF_2$）作为脱硫剂，通过优化加料和搅拌工艺操作，铁水脱硫率达到 99%，铁水脱硫后 S≤0.002% 的比例达到 98% 以上（见图 2），脱硫周期缩短至 30min。

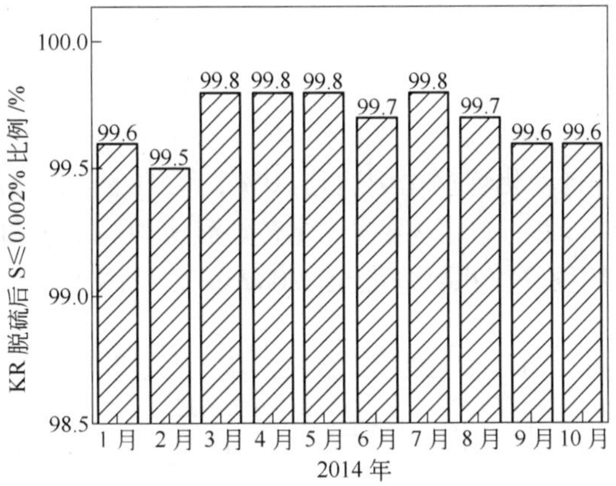

图 2 KR 脱硫后铁水中 S≤0.002% 的比例

Fig. 2 The ratio of S≤0.002% after KR process

4.2 脱磷炉脱硅脱磷预处理

两座脱磷转炉用于脱硫铁水的脱硅与脱磷预处理，同鱼雷罐车以及铁包相比，转炉脱硅和脱磷具有空间大、不易喷溅、顶吹和复吹强搅拌的优点，并且采用自主研发的脱磷半钢自动吹炼模型，实现了低 FeO 含量条件下的脱磷技术。半钢平均 P 含量达到 0.027%，平均 C 含量达到 3.4%，为脱碳转炉的稳定生产提供了良好条件，见图 3。同时脱磷转炉处理周期平均为 27min，最高炉龄达到 14341，能够实现一座脱磷炉对一座脱碳炉对一台高拉速连铸机的专业生产线。

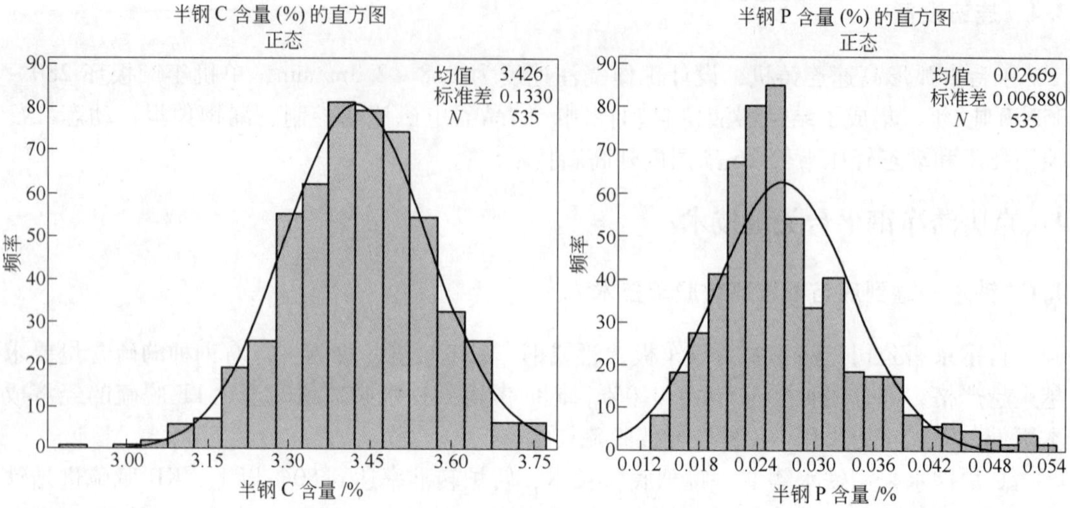

图 3　脱磷炉半钢终点成分

Fig. 3　The chemical positions of De-P semisteel

4.3　脱碳炉自动化炼钢技术

300 吨脱碳顶底复吹转炉采用副枪自动化炼钢技术实现了少渣冶炼工艺，解决了脱碳炉热量不足、化渣不良、少渣溅渣护炉等技术难题。脱碳炉石灰消耗降低至 14kg/t，脱碳炉冶炼周期降至 32min，自动化炼钢比例达到 70%，转炉终点碳氧双命中比例达到 90% 以上，最高炉龄达到 7826。同时脱碳炉通过优化转炉溅渣护炉工艺和炉型维护技术，实现了脱碳转炉复吹同步，整炉役碳氧积可降低至 0.0023%，见图 4。

图 4　脱碳转炉碳氧积变化

Fig. 4　Change of [C][O] of BOF

首次在 300t 脱碳炉“全三脱”铁水冶炼采用干法除尘工艺，解决了半钢冶炼干法除尘容易发生泄爆的技术问题，系统泄爆率≤0.03%，烟气含尘量≤15mg/Nm^3。

4.4 大型 RH 精炼工艺技术

随着钢铁产品以及市场需求的发展，对钢水的洁净度要求越来越高。目前，国内外先进钢厂生产的纯净钢中有害元素（C、S、P、N、H、T. O）之和可控制在 100ppm 以下，一些冶金学家还提出了超纯净钢的概念，并将超纯净钢界定为夹杂物（C、S、P、N、H、T. O）之和在 40ppm 以下[7-9]。

精炼设备以及工艺的进步中，RH 在生产洁净钢水方面发挥了重要的作用。目前，京唐具备两台 300t 双工位 RH 精炼设备，主要用于生产汽车用超低碳 IF 钢（成品 C≤13ppm）、易拉罐用马口铁钢以及高级别管线钢，RH 使用比例达到 55% 以上，自动化精炼率达到 90%。

RH 主要参数如表 1 所示，SDC06 钢种的典型指标见表 2。

表 1 京唐 RH 设备主要技术指标

Table 1 Main technical index of RH equipment in Jingtang Steel

工作真空度	极限真空度	抽气能力	顶枪吹氧能力	升温速度	年处理能力	真空泵类型
67Pa	20Pa	1250kg/h	2800Nm³/h	最大 50℃/h	395 万吨	5 级泵

以 IF 钢（SDC06）为例，RH 精炼过程主要工艺参数如表 2 所示。

表 2 京唐冶炼 IF 钢 RH 精炼主要工艺参数

Table 2 Main parameters of RH process of IF steel in Jingtang Steel

处理周期	脱 C 时间	结束 C	结束 N	T. O
30min	15min	8 ~ 12ppm	<20ppm	<25ppm

4.5 铸机高拉速技术

为了实现转炉—精炼—连铸的快节奏匹配，生产组织采用甘特图方式、铸机生产专线化模式（1 号铸机以汽车板为准，2 号铸机以精炼双联或裂纹敏感性钢种为准，3 号铸机以家电板/专用板为主），通过铸机准点开机率、恒拉速率等指标控制生产节奏和保证铸坯质量。

为了达到铸机浇注周期≤35min，通过优化结晶器冷却水流量，保证了出结晶器坯壳有足够的厚度；改进浸入式水口结构、二冷配水，提高铸机的精度，解决了铸坯窄面鼓肚和结晶器液位波动；优化保护渣性能，保证了铸坯质量和生产的稳定顺行。经过相应的技术改进，铸机的最高拉速达到了 2.5m/min。

连铸拉速提高后，浇注周期缩短，解决了新一代钢铁生产工艺流程中的瓶颈问题。因钢包周转的加快，低碳钢的转炉出钢温度由 1680℃ 降到 1665℃。表 3 为某浇次的主要工艺参数（钢种 SPHC，断面 $237 \times 1100mm^2$）。

表 3 高拉速浇次主要工艺参数

Table 3 Main parameters of high speed casting

炉次号	冶炼周期/min	CAS 周期/min	浇注周期/min	出钢温度/℃	炉后温度/℃
131A07431	27	34	36	1680	1627

续表 3

炉次号	冶炼周期/min	CAS 周期/min	浇注周期/min	出钢温度/℃	炉后温度/℃
131A07432	31	33	34	1675	1645
131A07433	27	28	32	1671	1643
131A07434	24	34	30	1672	1631
131A07435	25	35	32	1671	1623
131A07436	27	22	35	1662	1634
131A07437	29	39	36	1662	1630
131A07438	26	33	32	1665	1629
131A07439	29	45	31	1664	1635
132A07440	28	28	36	1674	1620
132A07441	29	30	33	1656	1619

5　京唐洁净钢平台效果

5.1　洁净钢低成本生产

随着炼钢工序的稳定生产，工序成本进一步降低，目前已控制在 430 元/吨（不含合金）。

5.2　高效化生产

“全三脱”铁水预处理、转炉少渣冶炼和铸机高拉速实现了转炉冶炼快节奏，转炉出钢温度的进一步降低，具体如下：

（1）脱磷炉平均供氧时间为 7min，冶炼周期平均 27min，最短为 21min。

（2）脱碳炉平均供氧时间为 12min，冶炼周期 32min，最短为 30min。

（3）连铸机平均拉速≥1.6m/min，恒拉速率达到 96%。

5.3　洁净钢的冶炼

（1）高纯净度管线钢 X65MS 批量生产，钢中 S + P + N + H + O 最低 95ppm，平均 117ppm，成品［S］平均为 6ppm，炼成率达到 95.7%，高于传统流程水平；超低碳 IF 钢实现批量生产，钢中 S + P + N + H + O 最低为 133ppm，平均为 158ppm。

（2）转炉终点［P］月平均为 98ppm。

（3）管线钢钢材成品 T[O]可控制在 7 ~ 12ppm，汽车板钢材成品 T[O]可控制在 15 ~ 22ppm。

（4）冶炼极低磷钢，控制半钢[P]≤0.025% 的比例 65.3%，转炉终点[P]≤0.005% 的比例 57.6%。

（5）冶炼 HS1 等极低氮钢，转炉终点[N]≤12ppm，精炼增[N]≤5ppm，连铸增[N]≤3ppm，成品［N］平均为 23ppm。

（6）转炉冶炼超低碳 IF 钢能够稳定控制转炉终点氧，其中终点氧≤800ppm 比例达到

95%，平均值为697ppm。

6 结论

新流程比传统流程可提高生产效率1倍，可大批量稳定生产高洁净钢水，成功解决了我国钢铁企业洁净钢生产中普遍存在的生产成本高、质量不稳定和效率低等重大技术难题，具有显著的质量效益和社会效益。

炼钢工序成本累计完成430元/吨（不含合金），3号铸机浇注低碳钢断面237×1100mm^{2}的最高拉速可达2.5m/min，高纯净度管线钢X65MS批量生产，钢中S+P+N+H+O最低95ppm，炼成率达到95.7%，高于传统流程水平；超低碳IF钢实现批量生产，钢中S+P+N+H+O最低为133ppm，平均为158ppm。

致谢

谨以此文表达对蔡开科先生的尊敬、思念之情，蔡先生渊博的学识、严谨治学的态度、诲人不倦的精神值得我深深的学习。作为研究生指导导师，蔡先生从日常生活、学术研究、校内实验、校外实习、论文写作等方方面面给了我莫大的支持，为我以后的人生指明了方向，终生难忘。

参考文献

[1] 徐匡迪，肖丽俊，干勇，等．新一代洁净钢生产流程的理论解析[J]．金属学报，2012，48(1)：1-10.

[2] 殷瑞钰．高效率、低成本洁净钢“制造平台”继承技术及其动态运行[J]．钢铁，2012，47(1)：1-8.

[3] 殷瑞钰．关于高效率低成本洁净钢平台的讨论—21世纪钢铁工业关键技术之一[J]．炼钢，2011，27(2)：1-10.

[4] 崔健，黄宗泽，郑贻裕，等．宝钢技术，2009(增刊)：12-18.

[5] 崔峥．洁净钢生产技术的国内外概况[J]．云南冶金，2001，30(5)：24-26.

[6] 刘浏．洁净钢生产新流程发展与进步[N]．世界金属导报，2012，B03：1-4.

[7] 徐匡迪．关于洁净钢的若干基本问题[J]．金属学报，2009，45(3)：257-269.

[8] 李正邦．超洁净钢和零非金属夹杂钢[J]．特殊钢，2004，25(4)：24-27.

[9] Kiedssling R. Non-metallic inclusions in steel[M]. London：Met. Soc.，1978.

对复吹转炉低成本、高效化生产洁净钢水理论与实践的再认识

曾加庆[1]　潘贻芳[2]　王立平[3]　梁　玫[3]　李树庆[2]

（1. 钢铁研究总院，北京 100081；2. 天津钢铁集团有限公司，天津 300301；
3. 石家庄钢铁有限责任公司，石家庄 050031）

摘　要：在回顾总结国内外开展洁净钢水生产技术发展过程的基础上，对复吹转炉低成本、高效化生产洁净钢水工艺的技术原理及相关必要性进行了分析，包括复吹转炉低温脱磷、顶吹与底吹的协同作用、新工艺的连续化实施、脱碳期高效供氧、脱磷炉渣资源化技术途径等。认为要获得好的工艺实施效果，不仅要全面客观地掌握新工艺实施的技术要点，更要具备一定的技术与精细化管理基础。结合新工艺在生产实践中出现的具体问题，提出了改进建议。

关键词：洁净钢生产；复吹转炉；低温脱磷；强底吹

Further Understanding of Theories and Practice for Low-Cost and High-Efficient Clean Steel Production by Combined Blowing Converter

ZengJiaqing[1]　Pan Yifang[2]　Wang Liping[3]　Liang Mei[3]　Li Shuqing[2]

(1. Central Iron and Steel Research Institute, Beijing 100081;
2. Tianjin Iron and Steel Group Co., Ltd., Tianjin 300301;
3. Shijiazhuang Iron and Steel Co., Ltd., Shijiazhuang 050031)

Abstract: Based on review of development about the processes of clean steel production at home and abroad, the technical principles and their necessities of low-cost and high-efficient clean steel production by combined blowing converter were analyzed, including low-temperature dephosphorization by combined blowing converter, the coordination of top and bottom blowing, the continuous implementation of the new process, the high-efficient oxygen blowing in decarburization period, and the reutilization method of slag been rich in P_2O_5, and so on. In order to obtain good implementation effect of the new process, the comprehensive and objective technical key points of the new process must be known well, and also the solid foundation of technical and management would be needed. According to related problems occurred in practice, the improved proposals were put forward.

Keywords: clean steel production; combined blowing converter; low-temperature dephosphorization; strong bottom blowing

1 引言

为适应市场需求变化和用户对钢材质量要求的不断提升，作为钢铁生产流程很关键的中间环节——转炉炼钢工序在近20年间科技创新成绩显著。特别是“十一五”期间，在国家科技支撑计划重大项目“新一代可循环钢铁流程工艺技术”的开发过程中，国内提出了在钢铁企业建立低成本、高效化洁净钢生产体系的技术观点，将复吹转炉低成本、高效化、稳定性生产洁净钢水的生产技术推向了新的发展阶段。

2 国内外发展趋势

Masanori Kumakura 总结了日本近20年转炉功能的转变[1]，认为：铁水预处理方式的演变，对复吹转炉功能定位和技术理念的提升产生了重要影响。其中，将脱磷与脱碳在时间和反应器上进行分割，利用转炉内部空间大、有利于强化钢水与炉渣间的反应动力学条件，在转炉冶炼前期较低温度下，以相对较小的处理成本（较少的石灰加入量和炉渣产生量），将铁水磷尽可能多地转移至脱磷炉渣中，并进行前期排渣，将脱磷炉渣与钢水后续脱碳升温过程相隔离（或部分隔离），摆脱传统转炉操作中的高温“回磷”，既可确保转炉冶炼过程有稳定且较高的脱磷效率，又可大幅降低处理成本，同时还可获得较高的钢水洁净度，使复吹转炉具备低成本、高效化、稳定生产洁净钢水的能力。目前，国际上最具代表性的工艺是 LD-ORP 工艺和 MURC 工艺[2-4]。经近20年的发展，LD-ORP 工艺和 MURC 工艺已经成为当今日本的主导炼钢工艺方法，Masanori Kumakura 预计到2013年，新日铁采用这2类工艺的比例将接近100%（见图1）。

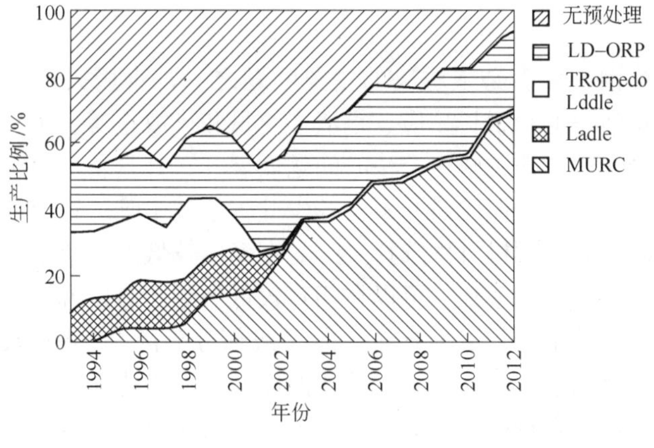

图1 不同脱磷工艺方法的比例变化

Fig. 1 Shares of different methods of hot-metal dephosphorization

国内炼钢界对复吹转炉炼钢工艺的改进也在不断跟进和自我发展着。随着“九五”、“十五”期间国内复吹转炉底吹元件一次性寿命与溅渣护炉的转炉炉龄同步技术开发的成功，国内钢铁企业、科研单位和高等院校也在积极研发适合中国特点的洁净钢水生产工艺技术。如宝钢进行了 BRP 技术开发；钢铁研究总院与包钢、武钢、东北大学等单位先后进行了“专用脱磷炉+脱碳炉”工艺与单一转炉“预-直炼”工艺的试验和探索。但由于当时国内各种原因的限制，新技术的开发没有继续执行下去。

"十一五"期间，以首钢京唐公司为依托，国内花较大精力对转炉低成本、高效化洁净钢水冶炼工艺技术进行了深入研究与开发，并取得很好的工程化业绩。此外，国内一些研究单位和企业积极合作，在现有生产线上进行以单炉"双渣 + 留渣"为特征的复吹转炉少渣炼钢工艺的开发，从已报道的开发结果看[5-6]，均取得不同程度的降低生产成本的效果。

在当前钢铁行业效益普遍下滑的形势下，国内钢铁企业和科研单位应尽快通过科研与生产实践活动，完善其工艺理论，准确掌握其关键控制要点，形成系统的生产技术，加快推广应用步伐，使企业从中获益。

3 对低成本、高效化、少渣炼钢新工艺技术原理的认知

由于"专用脱磷炉 + 脱碳炉"的工艺在国内外应用相对较少，以下主要对单炉"双渣 + 留渣"为操作特征的工艺认知进行分析与评述。

这种新工艺摈弃了传统转炉炼钢主要依靠吹炼后期钢水过氧化、炉渣高碱度和大渣量来确保钢水磷含量进限达标的操作模式，因而体现了低成本操作的技术内涵。但其工艺实施效果需要在高炉冶炼稳定顺行、铁水成分与温度及时掌握、炼钢原辅料分类管理与精准配料、监测数据及时反馈、转炉顶吹与底吹协同吹炼、过程温度和成渣路线有效控制、中间排渣时机和排渣量精准掌握、终渣成分与留渣量经验判断、生产周期合理衔接、脱磷炉渣资源化利用等多方面精细化操作的保障措施来支撑。它很大程度上取决于钢铁企业对相关技术的集成效果和长期技术与管理经验的积淀。

3.1 关于铁水脱磷问题

脱磷是在转炉炼钢过程中必须解决的主要问题之一，直接关系到炼钢过程原辅料消耗、生产成本、钢水洁净度、钢材品质、钢渣产生量和排放量等。或许可以这样认为，新工艺技术开发是围绕转炉高效脱磷这个核心问题而展开，其具备冶炼低磷甚至超低磷钢水的能力是其本征的表象之一，但脱磷并不是开发此工艺技术唯一追求的目标。

炼钢过程中有两个脱磷时机可供选择：一是在温度较低的冶炼前期，热力学上很容易获得较高的渣—钢间磷的分配系数，可以在相对较低的炉渣碱度和渣量条件下，借助充分的熔池搅拌条件和脱磷铁水与炉渣的有效分离（或部分分离），获得较高的脱磷效率；另一个是在传统转炉炼钢的冶炼后期，由于熔池温度升高，为克服此时渣—钢间磷分配系数较低的不利因素，须借助高碱度、高氧化性、大渣量操作模式，以保证一定的脱磷效率。

现在看来，上述两个脱磷时机都能达到炼钢脱磷目的，但对应不同的冶炼效果：选择温度较低的冶炼前期，原辅料消耗少，生产成本低，钢水洁净度高，炉渣产生量少，但对冶炼操作的精准控制要求较高；选择传统高温的冶炼后期，虽然能保证一定的脱磷率，且终点钢水磷含量进限达标的命中率相对较高，其代价是钢水过氧化严重、各种物耗高、炉渣产生量大等导致的高生产成本。此外，对磷含量极低的特殊钢种的生产，低温脱磷方法也有传统高温脱磷法不可替代的优势。在当今钢铁产能过剩、全行业效益低下及追求可持续发展的背景下，采用低成本、高效化生产洁净钢水的新工艺，应是钢铁企业未来降本增效的重要手段和主动追求的目标。

3.2 关于顶吹和底吹复合吹炼

在复吹转炉冶炼前期，相对稳定脱磷效果的获得，须借助优良的熔池动力学条件。从文献报道看，冶炼前期日本钢铁企业普遍采用顶吹弱供氧和底吹强搅拌复合吹炼方式。

在转炉冶炼前期，采用顶吹弱供氧“软吹模式”，意在对熔池温度的准确掌控，抑制快速升温，确保低温条件下获得相对较高的渣—钢间磷的分配系数。顶枪“硬吹”条件下，氧气流股与熔池的超高温“火点”作用区，对熔池升温很敏感，过分依赖顶吹强化熔池动力学条件，易造成熔池升温过快，既容易损失较多的碳元素，增加后续脱碳期温度控制难度，也由于碳-氧反应提前过度发生，引发泡沫渣的快速生成，影响中间倒渣操作。特别是随着高炉—转炉间铁水运输、缓冲方式的改变，国内钢铁企业高炉铁水温度有升高的趋势。入转炉铁水温度与冶炼前期高效脱磷所希望控制的温度区间很接近，以顶枪强化熔池搅拌，势必增加冶炼前期熔池温度精准控制的难度，造成冶炼前期脱磷率较低或不稳定，使该工艺丧失其最基本的技术特征。

据相关公开报道，转炉冶炼前期采用较高的底吹强度是该工艺最基本的控制要点之一。目前，国内复吹转炉底吹强度上限一般都小于 $0.1Nm^3/(min \cdot t)$，而日本实施这类技术的底吹强度上限一般在 $0.4Nm^3/(min \cdot t)$ 左右，还有为强化脱磷效果使底吹强度上限超过 $0.6Nm^3/(min \cdot t)$ 的专利报道[4,7,8]，这可能是造成国内部分钢厂采用这项工艺技术时操作规律不稳定的原因之一。需要及早通过技术改造和更换强底吹供气元件来实现。底吹系统改造目标是增大底吹强度上限值，底吹强度在整个冶炼周期内能依据工艺需求自动可调。具体来说：在脱硅、脱磷期能确保最大的底吹强度；进入脱碳期，底吹强度能自动切换至下限值，且不会发生钢水堵塞供气元件的事故。

与传统弱底吹操作相比，强底吹操作过程的熔池温升、成渣规律及炉渣中氧化铁的聚集行为等会发生明显变化，操作者担心引发“喷溅”“粘枪”和“炉底下陷”等事故性操作。面对这种改变，需要不断磨合与适应，但这又是必须要跨越的操作门槛，需要掌握新的操作技巧，建立新的操作习惯和考核标准。不能为取巧而回避此操作难点，仍保留旧的操作习惯而使新技术实施的操作要点走样。

3.3 关于各冶炼炉次参数控制的连续性问题

新工艺技术另一个特征是脱碳期炉渣留渣操作。上一冶炼炉次留下的脱碳期炉渣既对下一冶炼炉次前期快速成渣和脱磷有益，又可显著降低炼钢的石灰消耗量。但上一冶炼炉次的参数控制效果同时会通过留渣操作不同程度地遗传到下一冶炼炉次。在连续生产过程中，某一冶炼炉次控制效果出现的偏差（如上一冶炼炉次冶炼前期脱磷率不达标、中间倒渣量不充分、脱碳期炉渣碱度偏低或脱碳期终渣中 P_2O_5 含量偏高等）所引起的负面影响会不同程度地遗传给下一冶炼炉次、甚至后面若干冶炼炉次。这就要求对每个冶炼炉次都要做到精准化操作，而且对上、下冶炼炉次操作参数的变化幅度及可能产生的影响要有敏锐的预判，并提前制定出有效的应对策略，进一步建立若干可供选择的操作模式。

3.4 关于生产节奏问题

新工艺技术前期排渣过程耗时 3 ~6min 不等，对生产节奏较快的转炉操作这是额外的负担。日本出钢量近400t的转炉采用这类技术后，通过相关环节的精细化操作，可把出钢至出钢时间基本控制在35min左右，其经验值得国内钢厂借鉴[9]。

国内一些钢厂在生产实践中发现，脱磷炉渣炉渣泡沫化严重致使倒炉困难及用高压氮气反复压渣，是冶炼前期排渣过程耗时较长的原因。冶炼前期炉渣泡沫化与原料条件、顶枪操作制度、底吹条件、顶吹与底吹的协同配合、熔池温度的有效控制等方面有直接关联性。其中，熔池温度的有效控制可能是核心问题。

前面提及，新工艺的核心思想是低温脱磷。借助强有力的熔池搅拌效果，冷却剂种类的合理选择与其加入量的精准确定是抑制熔池快速升温最有效的手段。轻薄废钢因比表面积大、与熔池接触后吸热效果会迅速整体释放，对新工艺是比较适合的冷却剂。但国内废钢分类工作有欠缺，钢厂在废钢种类选择上受限，不得已使用自产的重废钢作冷却剂。一些钢厂用自产重废钢作冷却剂时，废钢尺寸、单重的确定一般以能从转炉炉口顺利加料为原则，未充分考虑其在转炉内的熔化行为。虽然按热平衡计算的废钢比例合适，但重废钢在温度较低、时间较短的冶炼前期熔化时，其熔清时间并不固定，如果不能和预期的脱磷进程及中间倒渣时间同步，很可能造成冶炼前期废钢未化透，熔池温度压不住，碳焰上来很快，过多损失了本不希望在此阶段消耗的碳元素；进入脱碳期后，因碳源前期过多损失，未熔废钢继续吸热，又使脱碳期冶炼热量不足；也有的钢厂在冶炼前期配加大量烧结返矿或铁皮作冷却剂，使冶炼前期渣量增大，炉渣中又额外增加了全铁含量，不仅温度控制不精准，也会成为低温泡沫渣形成的诱发因素。此外，国内复吹转炉底吹强度很小，冶炼前期渣—钢间动力学条件不充分，重废钢沉降在炉底，熔池中可能出现温度或成分的上下分层，炉渣中全铁含量一旦聚集到一定程度，如果再叠加上温度控制不到位，会诱发喷溅或炉渣过度泡沫化现象。

进入脱碳期，如何发挥顶枪作用，提高供氧强度，促进转炉快速脱碳升温，是缩短冶炼周期的挖潜措施之一。目前，国内对于能兼顾冶炼前期弱供氧软吹与脱碳期较大供氧强度供氧的顶枪喷头结构优化研究还不够深入。在不同的冶炼时期，顶枪须适用不同的供氧制度，提高吹炼速度，减少“喷溅”和“粘枪”事故，这方面还有很多文章可做，既要缩短转炉吹氧时间，又要缩短转炉操作的辅助时间，以弥补新工艺因中间倒渣操作所增加的时间。

3.5　关于脱硅、脱磷期炉渣的资源化问题

新工艺的炉渣产生有两个出口：脱硅脱磷期结束的中间排渣和脱碳期终点排渣，由于转炉出钢后采用溅渣护炉和脱碳炉渣留渣操作，整个炼钢过程的炉渣产生以中前期排渣为主（约占转炉炉渣总量的3/4）。

新工艺稳定低温、高效脱磷效果的获得，会提高脱硅、脱磷期炉渣中 P_2O_5 含量，特别当铁水磷含量较高时，炉渣中 P_2O_5 含量会提高到5%以上[10]。对这类炉渣，如直接返回烧结和高炉炼铁，势必造成其所含磷元素重新进入铁水。因此，脱磷炉渣的资源化技术应该是与新工艺实施相匹配的技术之一。

从冶炼前期炉渣的组成看（表1），除 P_2O_5 外，其他组分都是转炉炼钢所需要的组元，只要能把其中的 P_2O_5 脱除，其剩余的预熔组元在转炉冶炼过程中再次使用时能恢复一定的脱磷能力，可作很好的化渣剂或脱磷剂。当然，国内外也有将高磷含量炉渣供磷化工作深加工原料生

产磷肥的报道，但目前低磷负荷的脱磷炉渣还达不到磷化工行业高效生产所希望的门槛值[10]。

表 1　冶炼前期炉渣主要成分

Table 1　Main composition of dephosphorizationslags (%)

CaO	SiO_2	TFe	MnO	MgO	P_2O_5
30 ~ 40	17 ~ 22	15 ~ 20	4 ~ 8	6 ~ 9	4 ~ 10

关于脱磷炉渣的资源化利用，一些研究者做过相关研究。Hironari KUBO 等[11]发现在实际铁水预处理废渣（脱磷炉渣）中，磷具有极强的偏析性，通常以 $3CaO \cdot P_2O_5$-$2CaO \cdot SiO_2$ 固溶体形式存在于 FeO-CaO-SiO_2 基体中。依据磷与其他组分磁性能的差异，借助超导强磁场作用可将它们分离。在其试验中，当磁场强度为 0.5T 时，能够回收大约 65% 的富磷相，FetO 基体相不足 10%，炉渣颗粒尺寸小于 35μm。菊池直树[12]等提供了一种从炼钢炉渣中回收铁和磷的方法，首先用碳、硅、铝等还原剂对脱磷炉渣进行还原处理，将炉渣中铁氧化物和磷氧化物以含磷熔融铁的形式还原并回收；再将除去铁氧化物和磷氧化物后剩余的炉渣作为烧结工序中的 CaO 源使用；再通过对含磷熔融铁进行脱磷处理，直至含磷熔融铁中磷浓度达到 0.1 质量% 以下，使磷浓缩在 CaO 类熔剂中；最后，将磷含量在 0.1% 以下的含磷铁混合至高炉铁水中。吕岩等[13,14]利用微波加热方式对转炉钢渣的碳热还原行为进行研究，结果表明，钢渣和无烟煤粉是吸收微波的良好载体，钢渣在微波场中经碳还原可得到直径为 10 ~ 20mm 的 Fe-C 合金，增加渣中 SiO_2 含量也能有效改进还原效果。在低温条件下实现了钢渣的还原脱磷，脱磷率平均可达 85%。

上述研究结果基本还处于应用基础研究阶段，国内应从提高技术可行性、降低处理成本着手开展相关工程化工作，为实现钢铁工业固废“近零”排放目标提供技术支持。

4　结论与建议

综上所述，复吹转炉低成本、高效化生产洁净钢水工艺技术是有其特定技术内涵和门槛值的相关技术的集成。结合国内外相关企业的生产实践结果看，若要获得相对稳定的实施效果，既需要对其关键技术要点有全面、正确、客观的把握，又需要一定的技术积累和精细化的管理基础，不能简单认为采用了“双渣 + 留渣”操作方法，即可稳定实现其预期目标。为此，提出以下建议：

（1）新工艺核心技术原理是：复吹转炉低温脱磷。复吹转炉冶炼前期稳定获得较高脱磷率是其基本技术特征，不应迷失技术方向，只满足于吨钢石灰消耗量的降低。

（2）强底吹供气强度是复吹转炉冶炼前期稳定获得较高脱磷率的关键控制要点之一，对新工艺实施来说，不能以底吹元件是否通气作为实施的门槛条件，应将其是否具备新工艺所需的底吹强度纳入操作控制要点，国内钢厂要通过不断实践逐步适应这种新的操作模式，掌握相应的操作技巧。

（3）顶枪喷头结构优化是实施新工艺重要的匹配技术之一，不仅要满足冶炼前期脱硅、脱磷弱供氧操作时的安全性要求，更要满足脱碳期高效供氧、缩短吹炼时间的要求，还要能规避脱碳期“少渣炼钢”时可能出现的金属喷溅和粘枪事故。

（4）对脱磷炉渣的资源化利用（包括炉渣中 P_2O_5 的富集和脱除等），要尽早开展工程化研究，将该技术及时推向市场。

参 考 文 献

[1] Masanori Kumakura. Advances in steel refining technology and future prospects[R]. Nippon Steel Technical Report No. 104. August 2013：5.

[2] Yujiogawa. Development of the continuous dephosphorization and decarburization process using BOF[J]. Tetsu-to-Hagane. 2001, 87(1)：21.

[3] Yoshiyuki Ueshima, Koji Saito. Recent advances and topics of iron and steelmaking technology in Japan[C]. 第八届中国钢铁年会论文集. 北京：中国金属学会，2011：15.

[4] Katsuma Yoshida. Development of effective refining process consisting of both hot metal pretreatment and decarburization in two top and bottom blown converters[J]. Tetsu-to-Hagane. 1990(11)：1817.

[5] Wang Xinhua, Zhu Guosen. Development of "Slag - Remaining + Double-Slag" BOFsteelmaking technology [C]. The 13th China-Japan Symposium on Science and Technology of Iron and Steel. 北京：中国金属学会，2013：96.

[6] 赖兆奕，谢植. 转炉多功能精炼法的脱磷过程控制[J]. 钢铁，2007，42(11)：34.

[7] 住友金属，宮田政樹，田村鉄平，等. 溶銑の脱燐方法[P]. 日本，2011-246773，2011-12-08.

[8] 住友金属，遠藤隆智，宮田政樹，等. 溶銑の脱燐処理方法[P]. 日本，2012-122099，2012-06-28.

[9] 橋本肇. 大分制鐵所における一貫能力向上對策[N]. 新日铁技報第394号，2012：84.

[10] DiaiJiang. Recovery of phosphorus from dephosphorizationslag produced by duplex high phosphorus hot metal refining[J]. ISIJ International, 2012, 52(6)：955.

[11] Hironari Kubo, Kazuyo Matsubae-Yokoyama, Tetsuya Nagasaka. Magnetic separation of phosphorus enriched phase from multiphase dephosphorizationslag[J]. ISIJ International, 2010, 50(1)：59.

[12] 菊池直树，松井章敏，杰富意钢铁株式会社. 从炼钢炉渣中回收铁和磷的方法[P]. 日本，200980153142.9，2011-11-30.

[13] 吕岩，张猛，陈津，等. 钢渣在微波场中还原脱磷的工艺[J]. 河北理工大学学报（自然科学版），2010，32(3)：38.

[14] 吕岩，张猛，艾立群，等. 微波处理碳热还原转炉钢渣的脱磷实验研究[J]. 炼钢，2010，26(4)：70.

中高铬超纯铁素体不锈钢夹杂物行为研究

江来珠[1,2] 陈兆平[1] 徐迎铁[1] 李 实[2]

(1. 宝山钢铁股份有限公司研究院，上海 201900；
2. 宝钢不锈钢有限公司，上海 200431)

摘 要：本文论述了超纯铁素体不锈钢夹杂物形成的热力学，通过光学显微镜和扫描电镜研究了 B439 不锈钢中夹杂物在冶炼到浇注过程的演变规律，并对 B443、B445R 钢中夹杂物铸坯进行非水电解，观测了夹杂物的三维形貌。在此基础上，开发了超纯不锈钢冶炼纯净度控制技术以及钙处理技术，在生产中高铬系超纯铁素体不锈钢中实现了 2 炉以上连续浇注，确保了产品质量的稳定，实现了中高铬超纯铁素体不锈钢的规模化生产。

关键词：超纯铁素体不锈钢；夹杂物；热力学

Study on Inclusion Behaviour of Ultra Purity Ferritic Stainless Steel with Medium-High Chromium

Jiang Laizhu[1,2] Chen Zhaoping[1] Xu Yingtie[1] Li Shi[2]

(1. Baoshan Iron & Steel Co., Ltd., Shanghai 201900;
2. Baosteel Stainless Steel Co., Ltd., Shanghai 200431)

Abstract: This paper reviews the thermodynamics of inclusion formation in the ultra purity ferritic stainless steel. The inclusion evolution in B439 ferritic stainless steel produced by the route of EAF-AOD-VOD-CC were investigated by optical microscope, scanning electron microscope. The inclusions of B443, B445R stainless steel were full viewed by electrolysis of non-aqueous solution. On the basis of the above fundamental research, the purity control technology for ultra clean ferritic stainless steel to reduce the inclusions amount and calcium treatment technology were developed in Baosteel stainless steel Co., Ltd. Above two or two heats of the hard refining stainless steel can be cast continuously and the quality of the products are very stable without defects. So the medium-high chromium content ultra clean ferritic stainless steel production on large scale has been realized in Baosteel.

Keywords: ultra purity ferritic stainless steel; inclusion; thermodynamics

1 引言

超纯铁素体不锈钢为碳、氮含量极低（一般要求碳氮总含量小于 180ppm）的铁素体不锈钢，经济环保且性能优异，在很多领域完全可以替代传统 304 甚至 316L 等奥氏体钢种，近十年来得到了大力发展，广泛应用于厨具、汽车排气管、电梯面板、装饰材料等。

对于超纯铁素体不锈钢的脱氧及夹杂物控制，最初欧洲普遍采用硅脱氧体系，目的是防止坚硬的氧化铝或镁铝尖晶石产生，以免这些夹杂物划伤不锈钢表面，影响美观效果。然而，随着超纯铁素体不锈钢产品的拓展，大多数这样的产品需要加入 Ti、Nb 等合金元素，以固定钢中的 C、N 等间隙元素，提高钢的耐蚀性能，如果仅用硅脱氧，会使得加入的 Ti 大量生成 TiO_x，此类氧化物容易在连铸浇注过程发生中包水口堵塞，为此，相关的企业引入铝脱氧方式，宝钢超纯铁素体不锈钢生产也采用这种脱氧模式，通过铝脱氧，大大降低了氧含量，保证了钛合金化过程不生成大量 TiO_x，从而确保了生产的顺行，同时，采用高效的夹杂物去除技术，基本确保了钛系氧化物夹杂在小于 20μm 以内，从而降低了脱氧后夹杂物对表面质量的影响。宝钢不锈炼钢厂不仅在低铬体系取得了长足的进步，而且在高难冶炼的中高铬体系也实现了 2 炉以上连浇，确保了产品质量的稳定，在国内实现了中高铬超纯铁素体不锈钢的规模化生产。本文将主要介绍中高铬铁素体不锈钢冶炼过程夹杂物形成的理论、演变观测、电解分析以及生产过程夹杂物控制等研究内容。

2　钢中夹杂物形成理论分析

本文所研究的超纯铁素体不锈钢主要是 B439、B445 和 B443 等品种，一般含钛，主要成分要求：[Cr] = 16% ~ 23%，[C] + [N] < 0.0180%，[Ti] = 0.1% ~ 0.3%，VOD 真空条件下吹氧脱碳处理后，所吹氧相当一部分以氧化铬或溶解氧的形式留在钢中，所以要添加脱氧合金深脱氧，正如前面分析，超纯铁素体不锈钢一般采用铝脱氧，热力学分析得出：夹杂物与钢液反应达到平衡条件下，钢液氧含量脱到 50ppm 以下，脱氧的夹杂物则以 Al_2O_3 为主，当然根据脱氧程度的不同，还可能有 Al_2O_3 与 MgO、SiO_2、CaO、Cr_2O_3 等形成的复合夹杂[1]。

钢水铝脱氧后，对钢液进行喂钛线处理实现钛的合金化，钛进入钢液后会与钢中 Al_2O_3 夹杂或渣中的活性氧化物反应生成氧化钛，根据热力学计算结果，建立了 1873 K 时铝钛氧化物夹杂存在的稳定区图，如图 1 所示。可看出，当钢液进行 Ti 合金化后，如果考虑钢液平衡时 Ti 的目标值为 0.1% ~ 0.3%，为了避免钛氧化物的生成，应控制 [Ti] / [Al] 的临界值在 16.7 ~ 20 之间，即如果 Ti 的目标值为 0.2%，与之平衡的 Al 含量应大于 0.01%。尽管提高钢液铝含量可很好抑制钛的氧化，但在大生产中，钛的氧化还是不可避免，主要原因是部分钛进入熔池熔化后会聚集到钢渣界面处，此处钛的活度偏高，形成了与渣中活性氧化物的反应。所以，喂钛丝后，钢中多多少少会形成一定量的 TiO_x 夹杂。

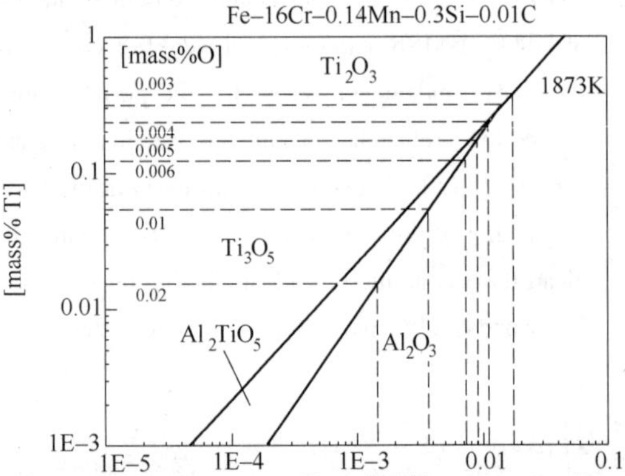

图 1　1873 K 下钛合金化后不锈钢液中氧化物存在的稳定区图

Fig. 1　Stability regions of Al-Ti oxide in liquid steel at 1873K after Titanium addition

喂钛处理后，随着钢水温度的降低，TiN 可能析出，TiN 析出的热力学平衡图如图 2 所示[2]，计算时考虑钢液铬含量为 17%，通过图 2 可以初步判断 TiN 的析出温度和时机。喂钛处理后，随着钢水温度的降低，氧化物 Al_2O_3 和 Ti_2O_3 可能进一步析出，同时，由于钢渣反应以及耐火材料参与反应的进行，钢中铝可能会与渣中或耐火材料中的MgO反应，形成Al_2O_3为原始氧化物的复合夹杂物，其中镁铝尖晶石非常坚硬，对不锈钢性能有不利影响，值得关注，超纯铁素体不锈钢中镁铝尖晶石形成的热力学条件如图3所示[2]。从图3可以看出，提高Al含量可以抑制镁铝尖晶石形成，而事实情况是，Al含量提高后，Al还原渣内或耐火材料内MgO的能力加强了，所以，完全防止镁铝尖晶石形成很难实现，但可从降低渣内MgO含量入手来抑制镁铝尖晶石的生成。

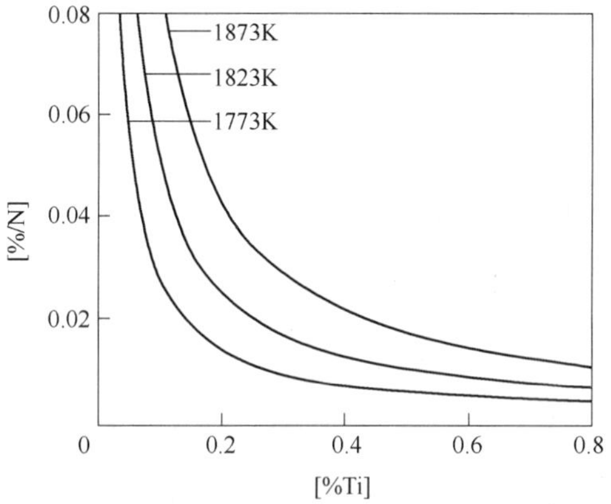

图2 TiN在钢液中稳定存在的热力学曲线

Fig. 2 Stability diagrams of TiN in liquid steel at different temperatures

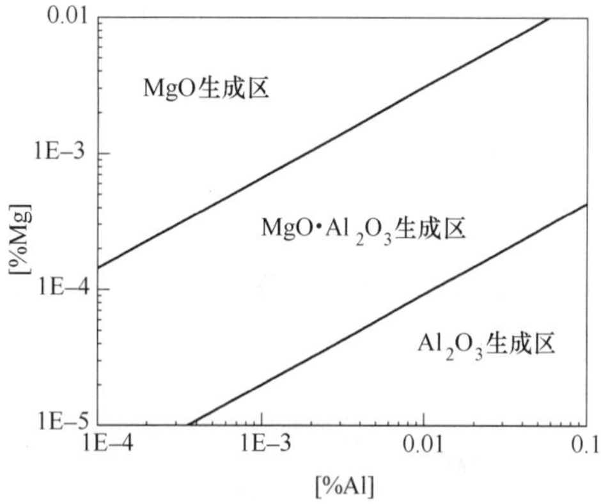

图3 1773K时［Mg］、［Al］与生成的脱氧产物之间的关系

Fig. 3 Stability regions of Al-Mg oxide in liquid steel at 1773K

生成的夹杂物可通过在钢包、中间包及在结晶器内上浮得到去除，Al_2O_3非常容易聚集长大，去除效果最佳，而Ti_2O_3很难聚集长大，去除效果一般，TiN很可能在固、液相区域析出，去除相对很难。

3 冶炼过程夹杂物演变

B439是典型的中铬系铁素体不锈钢，且含钛量要求偏高，这里以此钢种为例介绍冶炼超纯铁素体不锈钢过程夹杂物的演变。

VOD-CC工艺路线生产439超纯铁素体不锈钢，钢中全氧含量通常用来表示氧化物夹杂量的多少，VOD破真空后到浇注结束钢中全氧含量的变化如图4所示。统计得出的铸坯中全氧含量如图5所示。可看出宝钢冶炼439不锈钢已经达到很高的超纯净化水平。

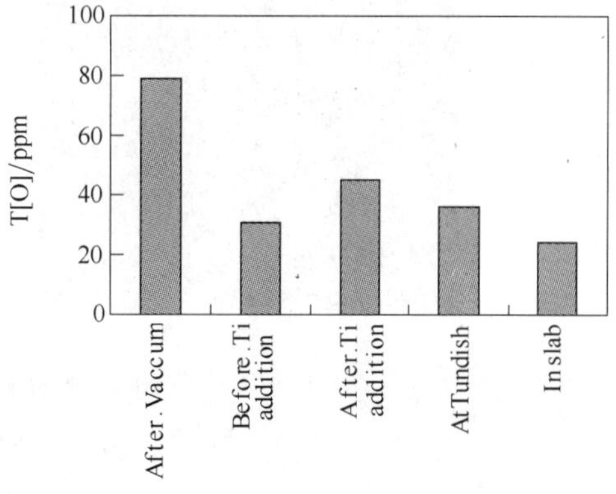

图4 冶炼到浇注过程全氧变化情况

Fig. 4 The T[O] change during the treatment

通过在冶炼过程不同工位取样一直到铸坯取样，制备成金相样后用SEM观测并打能谱，从而得出冶炼过程夹杂物的演变情况。喂钛前主要是Al_2O_3和SiO_2复合夹杂，大量存在的为球状或小块状，部分夹杂含有一定量的MnO、

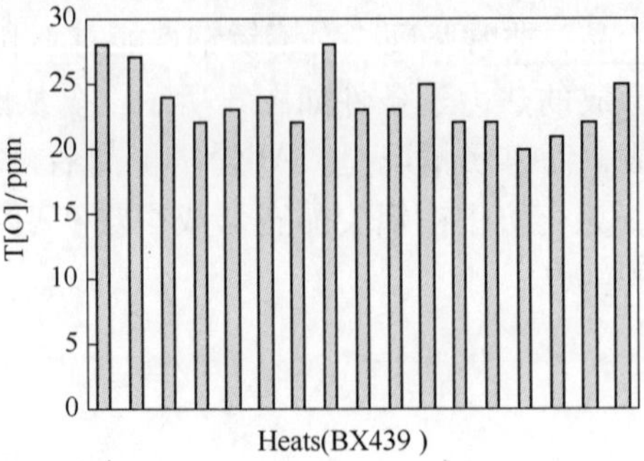

图 5　不同炉次铸坯的全氧情况

Fig. 5　The statistic T[O] contents of slabs

MgO 以及 CaO，也有部分已经长大的 Al_2O_3 夹杂，如图 6 所示。

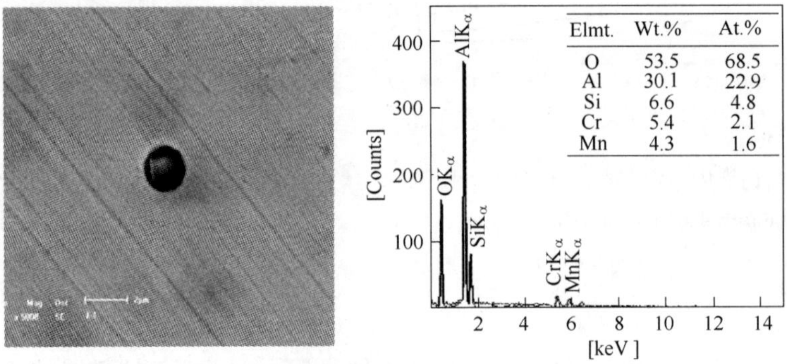

图 6　喂钛前的夹杂物及其能谱

Fig. 6　Typical inclusion before titanium addition

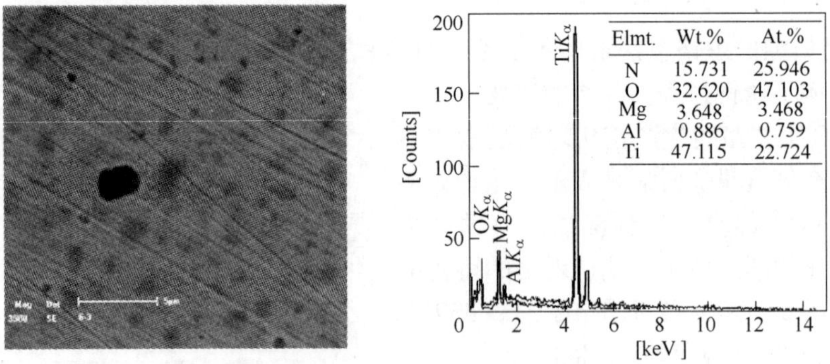

图 7　喂钛后的夹杂物及其能谱

Fig. 7　Typical inclusion after titanium additio

钢液到了中间包后，氮碳化钛的析出数量进一步增大，TiO_x-Al_2O_3-MgO 夹杂继续存在，同时 Al_2O_3 夹杂物仍然可轻易找到，存在的 Al_2O_3 夹杂物可能是导致水口堵塞的原因。

对于铸坯中夹杂物，在显微镜下观测并分析了夹杂物沿铸坯厚度方向数量和尺寸的分布，如图8所示，可看出在夹杂物平均尺寸2.3μm，10μm以上的夹杂物占夹杂物总数的0.4%以下。

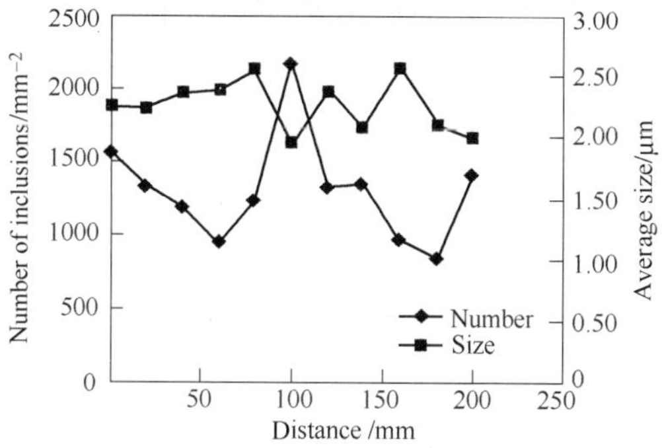

图8 铸坯沿厚度方向夹杂物数量和平均尺寸分布

Fig. 8 Number and size of the inclusions distribution in thickness direction

进一步在扫描电镜下对铸坯中的夹杂物进行观测，大量存在的是尺寸在1～6μm的氮碳化钛夹杂，部分氮化钛夹杂中心有氧化物核心，氧化物核心一般为$MgO\text{-}Al_2O_3\text{-}TiO_x$复合氧化物，如图9所示。还发现少量大颗粒氧化铝夹杂，氧化铝夹杂的形状极其不规则。另外还偶然发现特大颗粒的夹杂，如图10所示，可能会对不锈钢表面质量有危害。

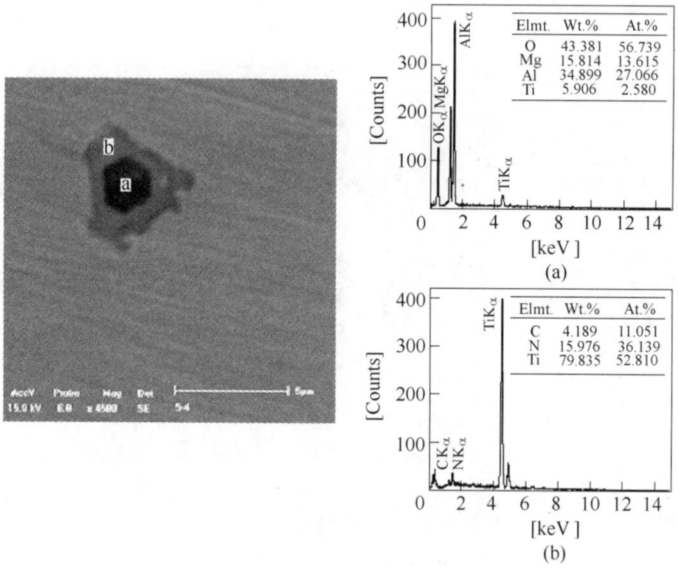

图9 铸坯中的夹杂物及能谱

Fig. 9 Morphology and EDS analysis of inclusion in slab

4 不锈钢中夹杂物电解观测

不锈钢中夹杂物通过电解提取可呈现其原貌，B443、B445R钢中夹杂物电解后在电镜

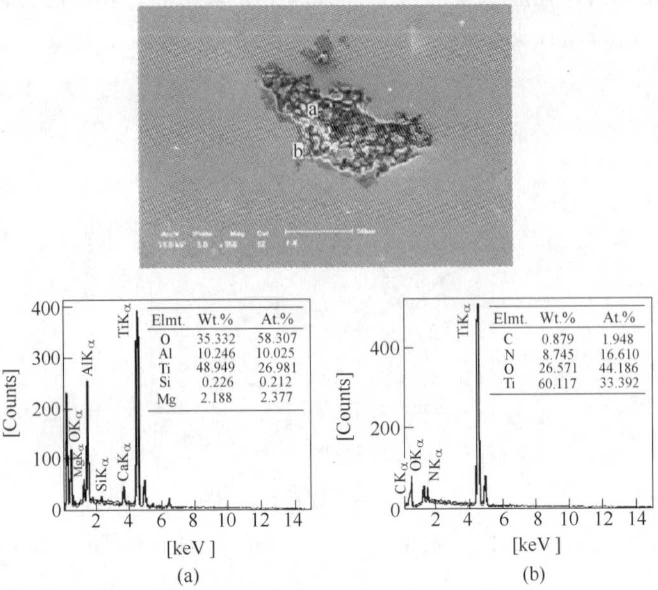

图 10　特大型夹杂物及能谱

Fig. 10　Morphology and EDS analysis of biggish inclusion in slab

下的观测结果如图 11 和图 12 所示。从图 11 可以看出，TiN 和 NbC 有可能发生聚集，变为大颗粒夹杂，会对不锈钢质量产生影响，控制 TiN 和 NbC 聚集主要要防止其在钢液凝固

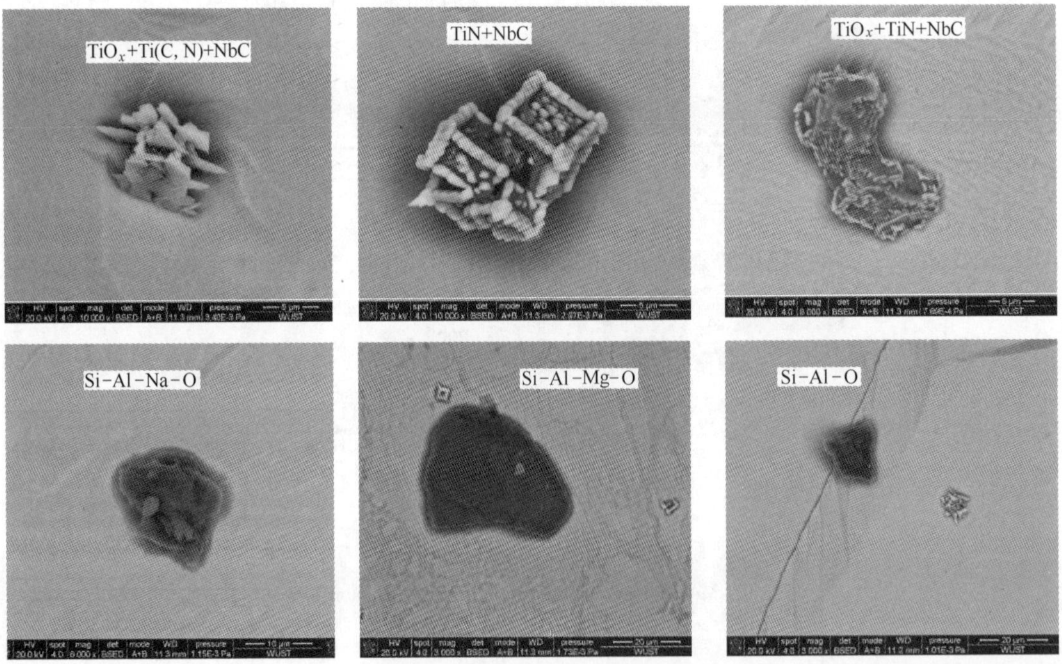

图 11　B443 不锈钢的夹杂物电解结果形貌

Fig. 11　Morphology of the inclusions of B443 viewed by electrolysis of non-aqueous solution

的液相中析出。从图12可看出，NbC在基体内呈现树枝状，这说明NbC会沿着树枝方向生长，这样的类似鱼刺夹杂可能会影响到不锈钢的表面光洁度，不锈钢冶炼凝固过程NbC的析出值得进一步深入研究。

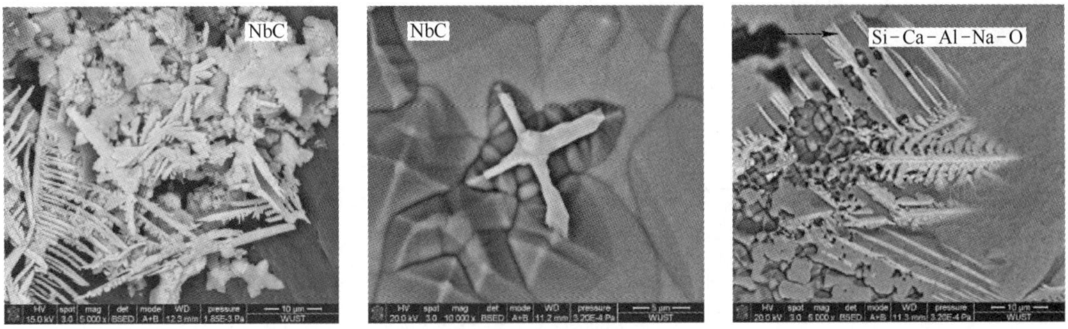

图12　B445R不锈钢的夹杂物电解结果形貌

Fig. 12　Morphology of the inclusions of B445R viewed by electrolysis of non-aqueous solution

5　不锈钢夹杂物控制技术

5.1　不锈钢冶炼过程纯净度控制

宝钢超纯铁素体不锈钢冶炼夹杂物控制首先要控制钢的全氧，以控制钢液的纯净度，确保浇铸和铸坯质量。实验室研究表明提高钢液铝含量可大大降低钢液的全氧含量，如图13所示。根据理论分析，提高钢液铝含量降低的是钢中的自由氧和部分夹杂物包含的氧含量，因为生成的Al_2O_3夹杂物更容易碰撞长大而得以去除。

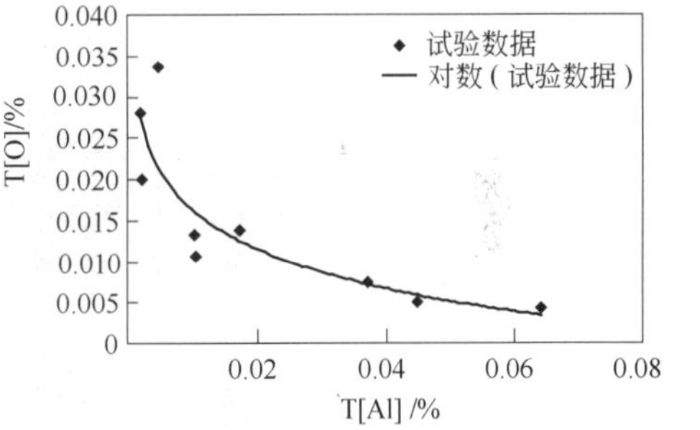

图13　不锈钢钢液全氧与全铝的关系

Fig. 13　T[O] vs T[Al] of stainless steel liquid steel

为了有效控制全氧，宝钢不锈钢自主开发了VOD脱氧在线控制模型，实现了真空条件下高效脱氧和去除夹杂。通过上述技术的实施，钢中全氧含量得到了很好的控制，中铬系列成品平均T[O]为26ppm，而高铬系成品平均T[O]为35ppm。

5.2　不锈钢冶炼钙处理技术

在对钢液纯净度控制的基础上，宝钢不锈钢为了提升此类不锈钢的连续浇铸的炉次，针对钢铝含量要求高的钢种，采用了钙处理技术，以解决中间包水口堵塞的问题。对于前面所介绍的B439不锈钢的冶炼，由于其含钛量高，所以也要求其具有很高的铝含量，以抑制钛的氧化，如果不进行钙处理，最终产品的夹杂物一般分为两层，外层是氮化物，内层是氧化物，考虑到外层氮化物可能是凝固过程析出物，也就是说，在钢水温度下，钢中夹杂物主要还是氧化物，此类氧化物夹杂物成分在TiO_x-Al_2O_3-MgO相图的位置如图14所示，可看出有相当一部分夹杂物在炼钢温度下可能是以液态状况存在，这些氧化物可能不会导致水口堵塞，但钢中残留的以 Al_2O_3 为主的氧化物仍然会造成水口堵塞。

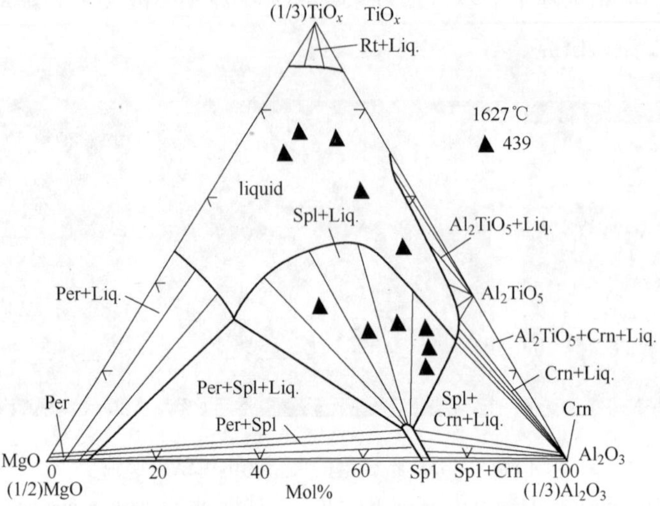

图 14　氧化物夹杂在 TiO_x-Al_2O_3-MgO 相图中位置

Fig. 14　The oxide composition in TiO_x-Al_2O_3-MgO phase diagram

钙处理可以将 Al_2O_3、部分镁铝尖晶石改性为低熔点的 TiO_x-Al_2O_3-MgO-CaO 复合夹杂物，如图 15 所示，当然也发现了 CaO · TiO_x夹杂，此类夹杂仍然会堵塞水口，如果适当提

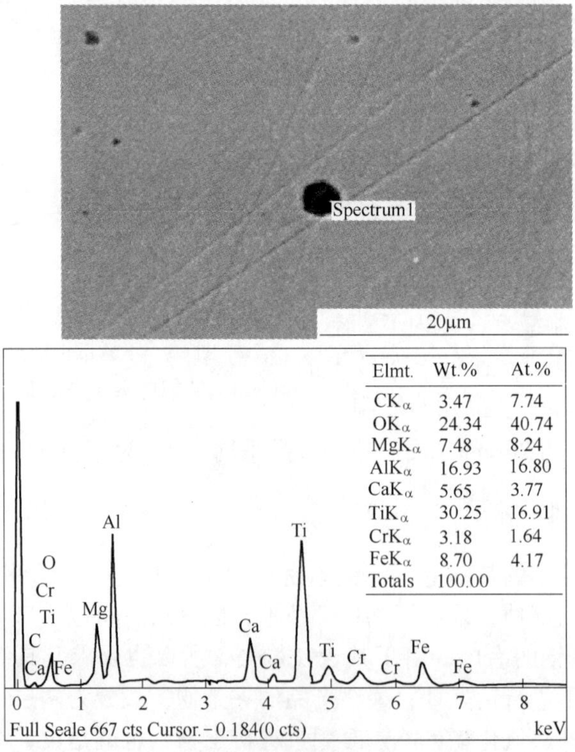

图 15　钙处理后的铸坯中夹杂物

Fig. 15　The modified TiO_x-Al_2O_3-MgO-CaO inclusion by calcium treatment

高钢中铝含量可大大降低复合夹杂物中 TiO_x 的含量，也就降低了 CaO · TiO_x 夹杂生成概率。总之，通过钙处理可大大扩大 TiO_x-Al_2O_3-MgO 相图中的液相区，为降低水口堵塞风险提供有力的保障，从而提高轧材的表面质量。

6 结论

本文对中高铬铁素体不锈钢中夹杂物进行了深入研究，得出如下结论：

（1）热力学研究表明，对于含钛超纯铁素体不锈钢，为了避免钛氧化物的生成，应控制[Ti]/[Al]的临界值在 16.7 ~20 之间，同时镁铝尖晶石生成不可避免，但可以通过提高铝含量，优先生成容易聚集除去的 Al_2O_3 夹杂。

（2）439 铁素体不锈钢冶炼过程中夹杂物从 Al_2O_3 向复合的 MgO-Al_2O_3-TiO_x 夹杂转变，铸坯主要夹杂物为 Al_2O_3、Ti(CN)以及包裹着以 MgO-Al_2O_3 和 TiO_x 为主要氧化物的 Ti(CN)复合夹杂物。

（3）电解后观察到树枝状的 NbC 夹杂，也观测到 TiN 夹杂的聚集。

（4）开发了超纯铁素体不锈钢冶炼纯净度控制技术以及高钛含量系钢种的钙处理技术，在高难冶炼的中高铬体系也实现了 2 炉以上连浇，确保了产品质量的稳定。

参 考 文 献

[1] 徐迎铁，陈兆平，王聪．超纯铁素体不锈钢硅铝复合脱氧研究[J]．中国稀土学报，2010，28：388-391.

[2] 顾磊明，陈兆平，徐迎铁．超纯铁素体不锈钢中夹杂物形成的热力学分析[J]．中国稀土学报，2010，28：16-19.

[3] Ozturk Bahri，Fruehan R J. Thermodynamics of Inclusion Formation in Fe-Ti-C-N Alloys[J]. Metallurgical and Materials Transactions B，1995，21(5)：879-884.

Ti 脱氧 Ca 处理 X80 管线钢焊接热影响区组织和性能的研究

郑 万[1,2] 姜玉龙[2] 李光强[1,2] 吴振华[2]

（1. 武汉科技大学省部共建耐火材料与冶金国家重点实验室，武汉 430081；
2. 武汉科技大学钢铁冶金及资源利用省部共建教育部重点实验室，武汉 430081）

摘 要：为了探讨不同脱氧工艺钢中夹杂物特征及其在钢的焊接过程中的作用机制，采用 Gleeble 2000、高温共聚焦显微镜等方法模拟研究了 Al、Ti 脱氧及 Ca 处理 X80 管线钢焊接热影响区的组织和性能，在线观察了夹杂物的钉扎作用及诱导针状铁素体（AF）行为。研究发现：Ca 能增加钢中夹杂物的数量、细化夹杂物的粒径，Ti 脱氧钢中 $<1\mu m$ 的夹杂物数量是 Al 脱氧钢的 2 倍多；焊接热输入较低时，Ti、Al 脱氧钢均具有较好的低温冲击韧性，当 $E \geqslant 30kJ/cm$ 时，Ti、Al 脱氧钢焊接热影响区微观组织及冲击韧性差异大，Ti 脱氧 Ca 处理钢在 50kJ/cm 焊接能量下，数量多、粒径小的含 Ti 复合氧化物发挥了钉扎奥氏体晶界及诱导针状铁素体细化组织的作用，热影响区冲击韧性仍大于 120J。

关键词：Ti 脱氧；Ca 处理；氧化物冶金；管线钢；焊接热影响区；冲击韧性

Effect of Ti Deoxidation on Microstructures and Properties of Welding HAZ in X80 Pipeline Steel with Calcium Treatment

Zheng Wan[1,2] Jiang Yulong[2] Li Guangqiang[1,2] Wu Zhenhua[2]

（1. State Key Laboratory of Refractories & Metallurgy, Wuhan 430081；
2. Key Laboratory for Ferrous Metallurgy and Resources Utilization of Ministry of Education, Wuhan University of Science and Technology, Wuhan 430081）

Abstract: The microstructures and properties of welding HAZ in X80 pipeline steel deoxidized by Al and Ti respectively with Calcium treatment were studied through Gleeble 2000 and CSLM (confocal scanning laser microscope) in order to investigate the effects of deoxidation process on inclusion characteristics and its role in welding process. The pinning effect of inclusions and nucleation of acicular ferrite (AF) on inclusions was observed dynamically by CSLM. The results indicated that Calcium treatment could refine the size of inclusions and increase the number of inclusions in X80 pipeline steel ; the number of fine inclusions ($<1\mu m$) in Ti deoxidized steel was almost twice the number in the Al deoxidized steel; both of Ti and Al deoxidized steel had good impact toughness under lower heat input; however, when the welding heat input was up to 30-50kJ/cm, Ti and Al deoxidized steel showed different microstructures and properties, the impact toughness of Ti deoxidized steel with Calcium treatment kept at more than 120J at a heat input of 50 kJ/cm owing to pinning the austenite grain boundaries and inducing the nucleation of AF by a large number of fine inclusions containing Ti element.

Keywords: Ti deoxidation; Calcium treatment; Oxides metallurgy; X80 pipeline; HAZ; impact toughness

1 引言

采用超纯净钢冶炼、微合金化和控轧控冷等工艺技术生产的X80管线钢具有良好的强韧性，但经过焊接工艺后，焊接热影响区（HAZ）的微观组织粗化、局部脆化，使其与母材性能不匹配，成为焊接接头中最薄弱的环节[1,2]。目前，常利用Ti、V、Nb的碳氮化合物钉扎奥氏体晶界，细化晶粒，提高焊接接头的韧性[3]。然而，为了提高焊接效率、降低施工成本，大线能量焊接工艺受到了钢铁企业的高度关注与积极采用[4,5]，大线能量焊接工艺提高了HAZ的峰值温度（T_m），延长了高温停留时间（$t_{8/5}$），TiN等粒子的溶解和粗化难以避免，其钉扎奥氏体晶界的能力大大减弱[6]。陈俊华等[7]研究表明，当$T_m>1250$℃时，HAZ中奥氏体晶粒尺寸随$t_{8/5}$及T_m的增大而显著增大。

杨健等[8]认为氧化物冶金技术是提高厚板HAZ韧性最有效的方法之一，以氧化物夹杂为核心诱导生成的针状铁素体（AF）会分割原奥氏体晶粒，阻碍低温组织生长，细化最终组织，改善HAZ韧性。许多研究证实了Ti氧化物是AF的有效形核核心，柴锋等[9]研究了Al、Ti处理对低合金钢焊接粗晶区组织的影响，发现Ti处理钢中形成了大量的含Ti复合夹杂物，焊接粗晶区由大量AF组成；郑超超等[10]研究发现，氧化物冶金型Ti脱氧钢中主要夹杂物为TiO_x/MnS复合型夹杂和MnS夹杂，尺寸为1～3μm的TiO_x/MnS夹杂能有效诱导AF形核。但氧化物冶金的机制与应用研究[11,12]表明：在钢中形成成分合适、尺寸细小、弥散和数量足够的氧化物粒子是氧化物冶金技术的关键，而Ti的氧化物有一定的长大趋势，控制Ti脱氧后的停留时间及快速冷却凝固工艺，可以减少Ti氧化物的长大，则规模化的工艺生产难以实现，这就阻碍了氧化物冶金技术的推广应用。

Ca是一种强脱氧剂，与O、S具有很强的亲和力，常用于氧化铝、硫化物改性[13]。陈立权[14]研究发现：Ti脱氧钢中添加Ca元素后，夹杂物尺寸变小，体积密度增加，且分布均匀。Lee Jye-Long等[15]研究表明钢中Ca的加入增加了夹杂物的数量，改变了夹杂物的组成，形成了Ti-Ca(O,S)系夹杂物，比Ti系夹杂具有更好的促进AF形核效果。此外，宝钢开展了利用强脱氧剂（如Ca、Mg等）的氧化物冶金工艺开发[8]，通过微细、弥散分布夹杂物的钉扎作用，经过400kJ/cm的大线能量焊接后，钢材HAZ奥氏体晶粒的平均尺寸仅为61μm，－20℃夏比冲击功的平均值为142J。张莉芹等[16]研究了Ca处理对含Ti非调质钢的组织与性能的影响，发现Ca处理钢组织得到细化，HAZ的强韧性均得到有效提高。

综上所述，结合Ti、Ca元素的特殊化学性能，对X80级管线钢进行Ti脱氧微Ca处理，可望进一步改善管线钢中夹杂物的特征，改善HAZ的组织与韧性，提高管线钢大焊接能量工艺的适应性，未见相关报道。本研究在实验室进行了Ti、Al脱氧结合微Ca处理X80管线钢的冶炼、轧制，采用Gleeble 2000、高温共聚焦显微镜及SEM等方法模拟研究了Al、Ti脱氧及Ca处理工艺钢在不同焊接能量下焊接热影响区的组织和性能，在线观察了夹杂物钉扎作用及诱导针状铁素体（AF）行为，探讨了钢中夹杂物的作用机制。

2 试验材料及方法

试验用钢采用25kg真空冶炼炉冶炼，1号钢采用Ti合金脱氧，不加Al，2号钢采用

Al 脱氧、Ti 合金化，在真空室内浇注成圆锥形钢锭，将铸锭在 1000～1200℃ 温度下锻造成 60mm×60mm×100mm 的钢坯，取适量试样进行化学成分分析，结果如表 1 所示（1 号钢中的 Al 由合金和工业纯铁带入）。

表 1　试验钢化学成分

Table 1　Chemical composition of experimental steel　（%）

Sample	C	Si	Mn	S	O	N	Als	Ti	Ca	备注
1	0.03	0.21	1.89	0.0048	0.0072	0.002	0.0055	0.018	0.0010	Ti 脱氧
2	0.03	0.25	1.87	0.0032	0.0034	0.002	0.0260	0.022	0.0011	Al 脱氧

将锻造后的钢坯进行控轧控冷轧制，从热轧板上取横向样加工成以下用途试样进行实验：金相样—观察钢中夹杂物，用 4% 硝酸酒精溶液侵蚀后观察母材组织；标准夏比 V 形冲击试样—检测母材冲击韧性，实验温度为 -25℃；板式拉伸试样—检测母材强度；11mm×11mm×90mm 规格的热模拟试样和高温金相样。焊接热模拟实验在 Gleeble 2000 热模拟试验机上进行，模拟线能量分别为 20kJ/cm、30kJ/cm、50kJ/cm，峰值温度为 1320℃，800℃ 到 500℃ 的冷却速度分别为 35℃/s、17℃/s、6℃/s，热模拟后，以热电偶焊点处为中心，加工成标准夏比 V 形冲击试样进行 -25℃ 冲击试验，在 SEM 下对冲击断口进行观察；另取热模拟试样采用线切割从热电偶焊点处切开，制备金相试样，观察微观组织。高温金相试样经过磨抛处理后在高温共聚焦激光显微镜（CLSM）下进行在线观察，加热升温速率 200℃/min，试样在 1250℃、1400℃ 分别保温 5min、2min，然后以 300℃/min 从 1400℃ 降到室温，在线观察钢中夹杂物及析出物对微观组织演变的影响。

3　实验结果及分析

3.1　脱氧方式及 Ca 处理对钢中夹杂物特征的影响

图 1 为 1 号钢和 2 号钢铸态样中典型夹杂物的二维、三维形貌及主要成分，图中夹杂物旁边的字母和数字代表该夹杂物中所含的元素以及各元素所占的原子百分比。

图 1（a）、（b）中夹杂物核心为 TiO_x-Al_2O_3-CaO 复合氧化物，其中 TiO_x 含量较高，MnS 在夹杂物表面呈包裹状析出，夹杂物呈近圆形。图 1（c）、（d）中夹杂物核心以

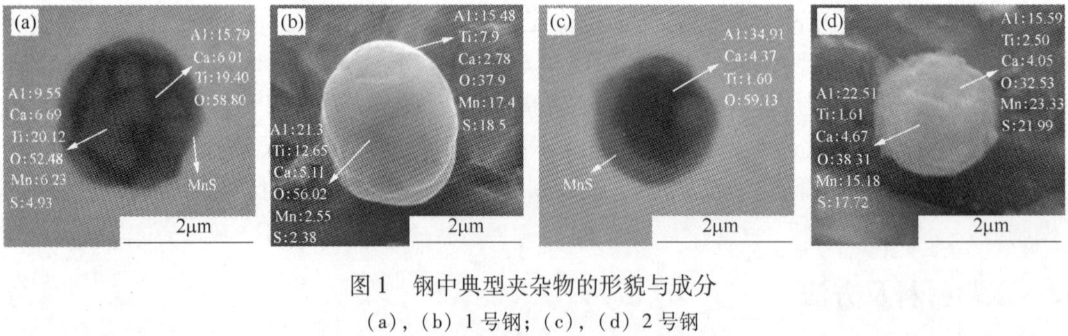

图 1　钢中典型夹杂物的形貌与成分

（a），（b）1 号钢；（c），（d）2 号钢

Fig. 1　Morphology and composition of typical inclusions in as-cast samples

Al_2O_3-CaO-TiO_x复合氧化物为主，其中 Al_2O_3 含量较高，TiO_x 含量较少，MnS 在夹杂物表面呈包裹状析出，夹杂物为近圆形，与图 1（a）、（b）相比，MnS 层更厚。可见 Al、Ti 脱氧及 Ca 处理形成的核心夹杂物均为 Al、Ti、Ca 的复合氧化物，但均以主脱氧元素的氧化物为主。

图 2 为钢中夹杂物数量、尺寸分布的统计结果。1 号、2 号钢中夹杂物密度分别为 1156 个/mm^2、467 个/mm^2，夹杂物尺寸大多在 1μm 以下，其平均粒径分别为 1.00μm、1.15μm，两炉钢中 <2μm 夹杂物比例分别大于 91.36%、91.42%，没有发现大于 8μm 的夹杂物。齐江华[17]仅采用 Ti 脱氧，当钢中 Ti 含量为 0.015% 时，夹杂物的平均粒径为 1.8μm，可见 Ca 可以细化 Ti 脱氧钢中的夹杂物；杨成威等[18]研究表明，Al 脱氧钢中夹杂物以 Al_2O_3 为主，夹杂上有少量 MnS，整个夹杂物形状不规则，粒径 2～4μm，可见 Ca 处理既可以对 Al 脱氧钢中的夹杂物改性，还可以细化夹杂物。

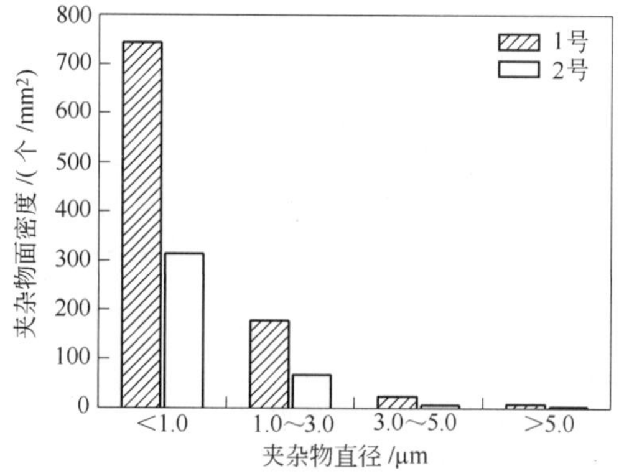

图 2　不同脱氧方式下钢中夹杂物的数量及尺寸分布

Fig. 2　Size distribution of inclusions in as-cast steels

由于钙氧化物与钢液的界面张力较低，溶质元素的过饱和度较大，导致 Ca 氧化物夹杂的临界形核半径较小，形核率较大，Ca 元素加入后，钢中能形成大量的细小含 Ca 氧化物，同时 Ca 迅速降低钢中氧含量，减小了钙氧化物及其他氧化物粒子长大的驱动力，有效抑制了钢中氧化物粒子的长大，而且因其熔点高、粒径小，上浮困难，夹杂物粒子容易在钢中弥散分布，因此，Ca 处理能增加钢中夹杂物数量、减小夹杂物尺寸。Ti 脱氧产物临界形核半径小，细小的 Ti 氧化物数量多，Ti 脱氧能力比 Al 小，平衡的自由氧含量较高，加入 Ca 元素后，生成的含 Ca 夹杂物数量多，二者共同作用导致 1 号钢中 <1μm 的夹杂物数量是 2 号钢的 2 倍多。另外，Ca 的蒸气压大，加入钢液中生成了大量的气泡，部分大型夹杂物被气泡捕获上浮去除，同时 Ca 对 Al_2O_3 的改性也有利于夹杂物的上浮去除，因此两种脱氧方式的钢中均未见大型夹杂物。

可见，微 Ca 处理有利于钢中夹杂物的细化，而 Ti 脱氧结合微 Ca 处理能得到大量的细小夹杂物，同时微 Ca 处理也改变 Al_2O_3 的夹杂物的形貌、组成。

3.2　不同脱氧方式下试验钢母材的组织及性能

图 3 为不同脱氧方式下试验钢母材的金相组织。如图所示，1 号钢由多边形铁素体和

针状铁素体组成，含有一定量的粒状贝氏体；2 号钢由大量粒状贝氏体和少量针状铁素体组成，还有少量多边形铁素体，与 1 号钢相比，2 号钢组织较粗大。

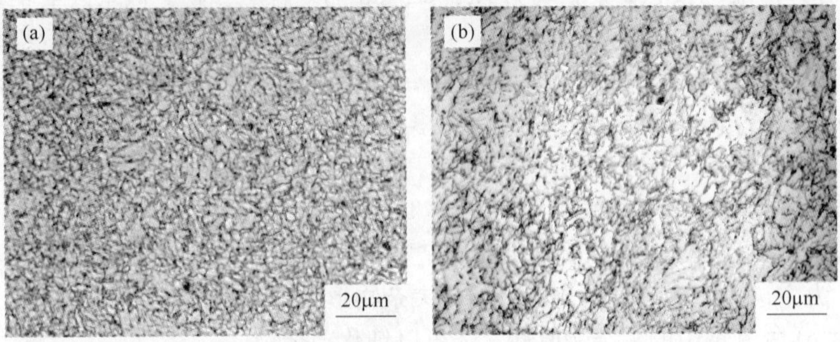

图 3　X80 管线钢母材的显微组织（×1000）
（a）1 号钢；（b）2 号钢
Fig. 3　Microstructure of X80 base steel

表 2 为不同脱氧方式下试验钢母材的力学性能。由表 2 可见，两炉钢母材均具有足够高的低温冲击韧性且二者差异不大，其 -25℃ 冲击吸收功均大于 210J，高于 API SPEC 5L[19] 对 X80 级钢管平均最低冲击吸收功 68 J 的要求。但 2 号钢（Al 脱氧）的抗拉强度、屈服强度和硬度略高于 1 号钢（Ti 脱氧），分析认为，1 号钢中含有大量多边形铁素体，这种软相组织塑性好但是强度低[20]，而 2 号钢主要由大量粒状贝氏体组成，其中存在弥散分布的细小 M/A 岛硬质相，产生了明显的第二相强化作用[21]，提高了钢的强度和硬度，而细小的 M/A 岛对粒状贝氏体钢的韧性降低并不明显[22]。

表 2　X80 管线钢母材的力学性能
Table 2　Mechanical properties of X80 pipeline steel plate

试样号	抗拉强度 R_m/MPa	屈服强度 R_t/MPa	屈强比	冲击功（-25℃）/J	硬度（HV）
1 号	640	527	0.82	211	228
2 号	675	557	0.83	212	243

3.3　不同脱氧方式及焊接线能量对焊接粗晶区（CGHAZ）显微组织的影响

图 4 为不同焊接热循环下 CGHAZ 的组织形貌。从图 4 中可以发现，经 4% 硝酸酒精腐蚀后，部分奥氏体晶界清晰可见，且随着焊接线能量的增加，奥氏体晶粒不断长大，但是在同一热输入条件下，2 号钢的晶粒尺寸始终大于 1 号钢，表明 Ti 脱氧钢奥氏体晶粒随着焊接线能量的增加，长大趋势较小。

加热奥氏体化的低碳微合金钢以不同速度冷却会出现多边形（等轴）铁素体（PF）、准多边形铁素体（QF）、针状铁素体（AF）、粒状贝氏体（GB）和板条状贝氏体（LB）等不同种类组织[23]，各组织的转变量与冷却速度和原奥氏体晶粒尺寸有关。由图 4 可知，20kJ/cm 焊接线能量下，冷却速度快（35℃/s），1 号钢和 2 号钢的组织均以 GB 和 LB 为主，M/A 组元均匀密集地分布于铁素体基体上；30kJ/cm 焊接线能量下，冷却速度较慢（17℃/s），高温停留时间较长，1 号和 2 号钢的组织均以 GB 为主，含有少量的 LB，M/A 粗化，1 号钢中出现了大量的细小 AF 和少量的 PF，2 号钢中只有少量的 AF；50kJ/cm 焊接线能量下，冷却速度慢（6℃/s），高温停留时间长，1 号和 2 号钢的组织均以 GB 为主，M/A 进一步粗化，1 号钢依然存在大量 AF，同时 PF 增多，部分区域出现了 PF 的聚集（图 4（c）椭圆区域）。

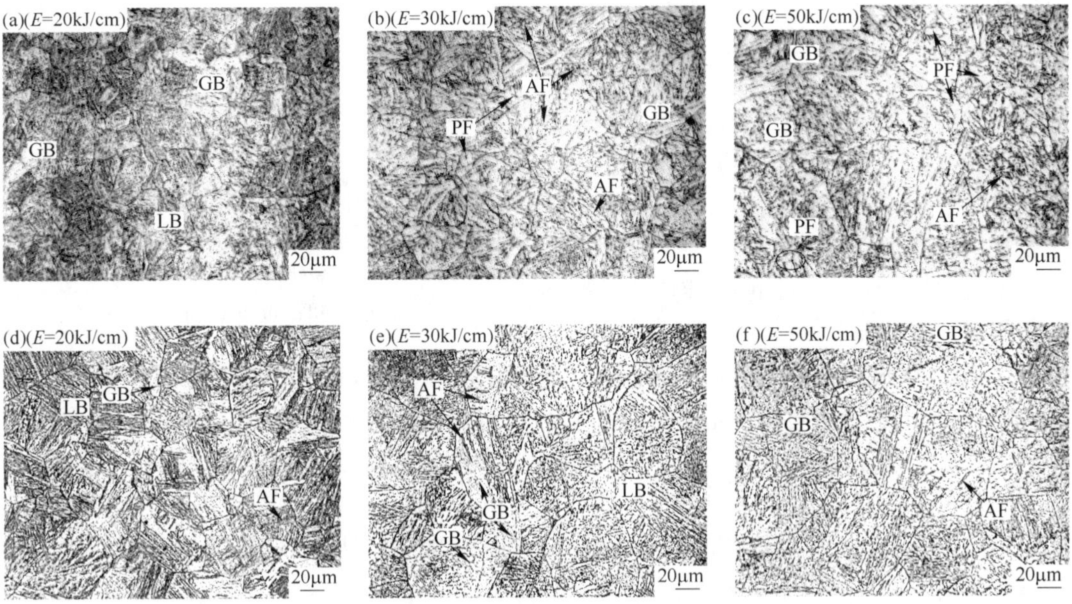

图 4　不同热输入条件下 CGHAZ 微观组织（×500）

（a）~（c）1 号钢；（d）~（f）2 号钢

Fig. 4　Simulated CGHAZ microstructure of X80 pipeline steel under heat inputs of 20kJ/cm（a, d），30kJ/cm（b, e），50kJ/cm（c, f）

3.4　脱氧方式及焊接线能量（*E*）对 CGHAZ 低温冲击韧性的影响

图 5 示出了 1 号钢和 2 号钢 CGHAZ 冲击断裂吸收功与焊接线能量之间的关系。从图 5 可以看出，两试验钢 CGHAZ 的冲击断裂吸收功随焊接线能量升高而降低的总体趋势基本一致，但在较高焊接线能量下，二者下降幅度明显不一样。当 $E=20$kJ/cm 时，与母材相比，两试验钢的冲击功都只有轻微的下降且二者相差不大，因为 1 号钢和 2 号钢的组织均以粒状贝氏体（GB）和板条贝氏体（LB）为主，LB 的形成对焊接粗晶区的韧性有益[24]，不同位相的板条束将原始的奥氏体晶粒分割成为细小的板条亚晶粒结构。另外，组织中少量 GB 的形成起到了分割 LB 的作用，使具有相同取向的贝氏体板条变细变短[25]。因此，20kJ/cm 焊接线能量下，两炉钢具有较好的冲击韧性。

但是当 $E=30$kJ/cm 时，1 号钢的冲击功有轻微的增加，2 号钢的冲击功急剧下降，降低了 100J。30kJ/cm 焊接线能量下，两试验钢的组织均以 GB 为主，M/A 粗化。王建泽等[26]认为 GB 的韧性不如 LB，粗大块状 M/A 组元易成为裂纹源和裂纹扩展的通道，M/A

组元越粗大，数量越多，对韧性的损害程度越大。1 号钢中因为出现了大量的细小针状铁素体（AF）和少量的多边形铁素体(PF)，AF 优先于贝氏体组织形核，其长大后能够有效阻止原奥氏体晶粒内部其他组织的生长。AF 这种分割晶内组织的作用使原奥氏体晶粒被进一步细化，裂纹在晶内传播时不易沿着同一取向的贝氏体贯穿整个晶粒，从而提高了组织韧性[27]。于庆波等[20]研究发现适量 PF 的存在可以通过塑性变形有效地缓解裂纹尖端的三向应力，可以提高 GB 组织之间的协调变形能力，进而提高整个复相组织的韧性。2 号钢中虽然也发现了 AF，但是 AF 数量少，对粗大 GB 和 LB 的分割作用弱，因此冲击韧性下降严重。当 E = 50kJ/cm 时，两试验钢的组织进一步粗化，恶化了韧性，1 号钢中 AF 的分割作用提高了韧性，但部分 PF 的聚集对韧性是不利的[20]，因此二者韧性均下降。但两试验钢的冲击功差别较大，1 号钢仍达到 120J 以上，2 号钢的冲击功为 50J，后面将进一步分析。

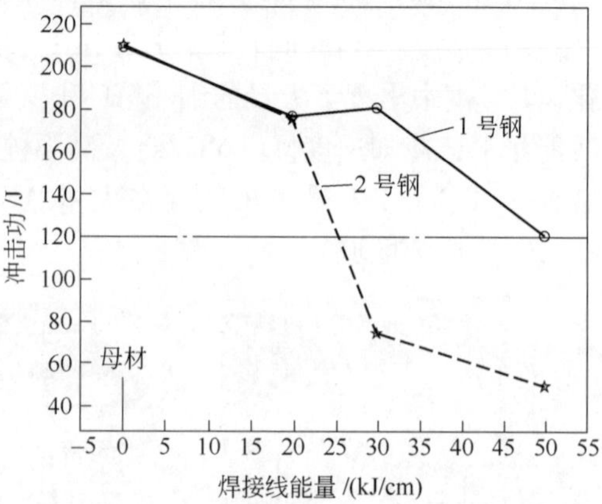

图 5　CGHAZ 冲击功随焊接线能量的变化

Fig. 5　Average Charpy impact energies at −25℃ of the welding simulated samples under different heat inputs

由此可见，微 Ca 处理 X80 管线钢，在低热输入条件下，Al 脱氧钢和 Ti 脱氧钢的焊接热影响区均具有较好的低温冲击韧性，但是当焊接线能量达到 30kJ/cm 及以上时，Ti 脱氧钢具有更好的低温冲击韧性。

3.5　不同脱氧方式下试验钢母材及 CGHAZ 冲击断口分析

图 6、图 7 分别为 1 号钢和 2 号钢母材及不同焊接热循环下 CGHAZ 冲击断口放射区的扫描电镜（SEM）图像。

由图 6 可见，1 号钢母材为韧性断裂，裂纹扩展区为拉长的韧窝，韧性好。20kJ/cm、30kJ/cm、50kJ/cm 焊接能量下，裂纹扩展区的断口均呈解理 + 准解理断裂形貌，没有大的解理平面，在某些区域，韧窝带或断裂后形成的撕裂棱将河流区域分割，断口处还能看到夹杂物（图中标记 A）及其脱落后形成的显微孔洞（标记 C）。

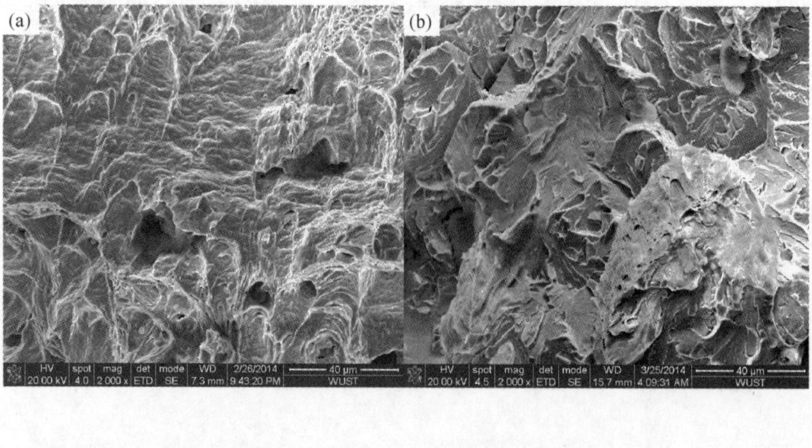

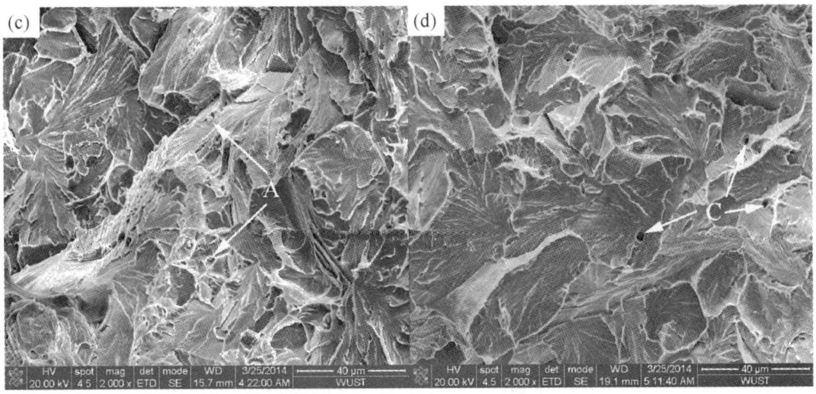

图6　1号钢母材及热影响区断口微观组织

(a) 母材；(b) 20kJ/cm；(c) 30kJ/cm；(d) 50kJ/cm

A—夹杂物；C—孔洞

Fig. 6　Fracture surfaces of sample 1

由图7可见，2号钢母材为韧性断裂，裂纹扩展区为拉长的韧窝，韧性好。在20kJ/cm、30kJ/cm、50kJ/cm焊接能量下，裂纹扩展区的断口均呈解理断裂形貌，解理单元面

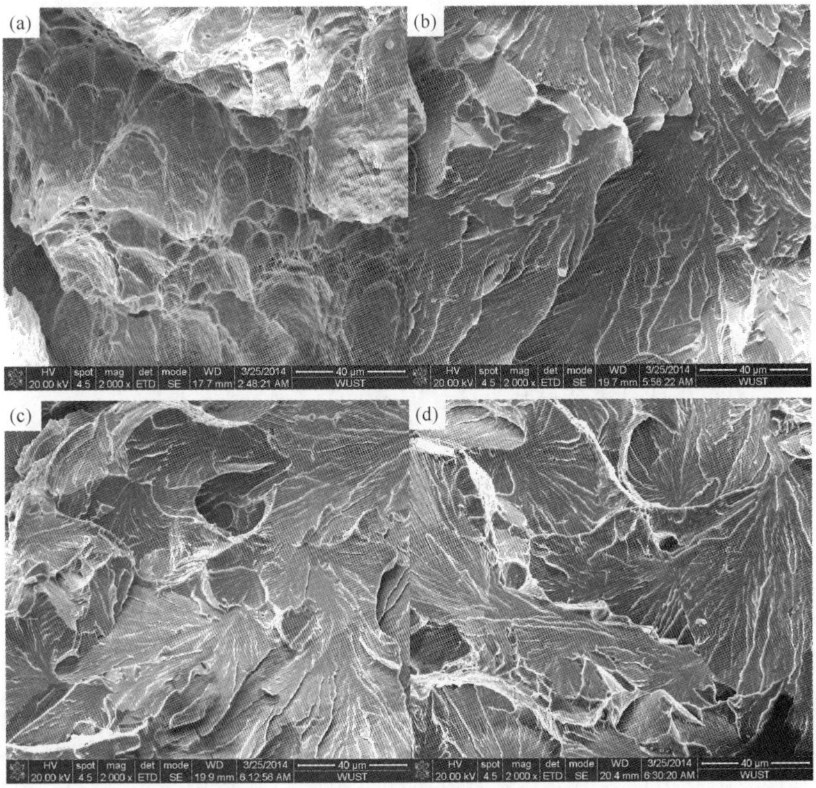

图7　2号钢基体及热影响区微观组织

(a) 母材；(b) 20kJ/cm；(c) 30kJ/cm；(d) 50kJ/cm

Fig. 7　Fracture surfaces of sample 2

尺寸较大，突出撕裂棱减少，阻碍裂纹扩展的作用弱。

比较图6、图7可以发现，微Ca处理条件下，Ti脱氧钢形成的最终微观组织小，晶粒之间为大角度晶界，韧性较好，但同时也发现部分大型夹杂物成为裂纹源降低了钢的韧性。Al脱氧钢由于形成的最终组织粗大，解理单元面尺寸较大，突出撕裂棱减少，阻碍裂纹扩展的作用弱，韧性相对较差。

4 讨论

4.1 不同脱氧方式下钢中夹杂物对高温奥氏体晶界的钉扎作用

图8为两试验钢1250℃高温下保温5min后的高温共聚焦照片。如图所示，2号钢的奥氏体晶粒尺寸明显大于1号钢，测得两试验钢奥氏体晶粒平均尺寸分别为33.8μm和41.5μm。

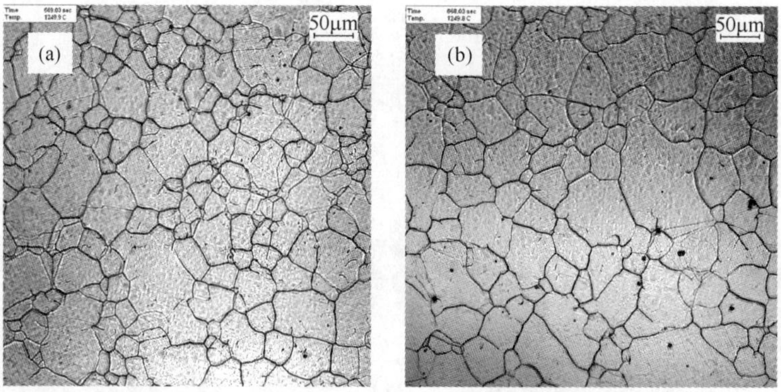

图8 试验钢1250℃下保温5min后奥氏体晶粒

(a) 1号钢；(b) 2号钢

Fig. 8 Austenite grain size of experiment steels after holding at 1250℃ for 5min

第二相粒子对奥氏体晶界的钉扎力公式[28]：

$$R = 4/3 \cdot (r/f) \tag{1}$$

式中，R为奥氏体晶粒半径，m；r为第二相粒子的半径，m；f为第二相粒子的体积分数,%。

在钢中起钉扎作用的第二相粒子包括细小氧化物和凝固时析出的碳氮化物，随着峰值温度的升高和高温停留时间的延长，部分碳氮化物溶解和粗化，f值减小，r值增大，大大降低了钉扎奥氏体晶界的能力，而钢中弥散分布的大量细小氧化物夹杂，在高温下能稳定存在，发挥着重要的钉扎作用。如图2所示，1号钢中细小夹杂物是2号钢的2倍多，具有更小的r/f比，因此1号钢中夹杂物对奥氏体晶界的钉扎作用强，晶粒尺寸R小。值得注意的是，与宝钢等[8,28]研究相比，奥氏体晶粒偏大，Ca处理效果还有待提高，需要进一步细化钢中的夹杂物、增加微细夹杂物的数量。

4.2　钢中夹杂物诱导针状铁素体的原位观察

图9为1号钢在高温激光共聚焦显微镜下某一处组织转变的原位观察图。从图9可以看出当温度达到632.7℃时（图9（b）），针状铁素体（AF）在图示夹杂物A处形核，冒出短小的针状铁素体条，随着温度降低，AF沿着长度方向不断生长。经测量，夹杂物A尺寸约为4μm，由此可以论证该尺寸大小的夹杂物也是诱发AF形核的有效夹杂物，这与卓晓军[29]等的研究一致。

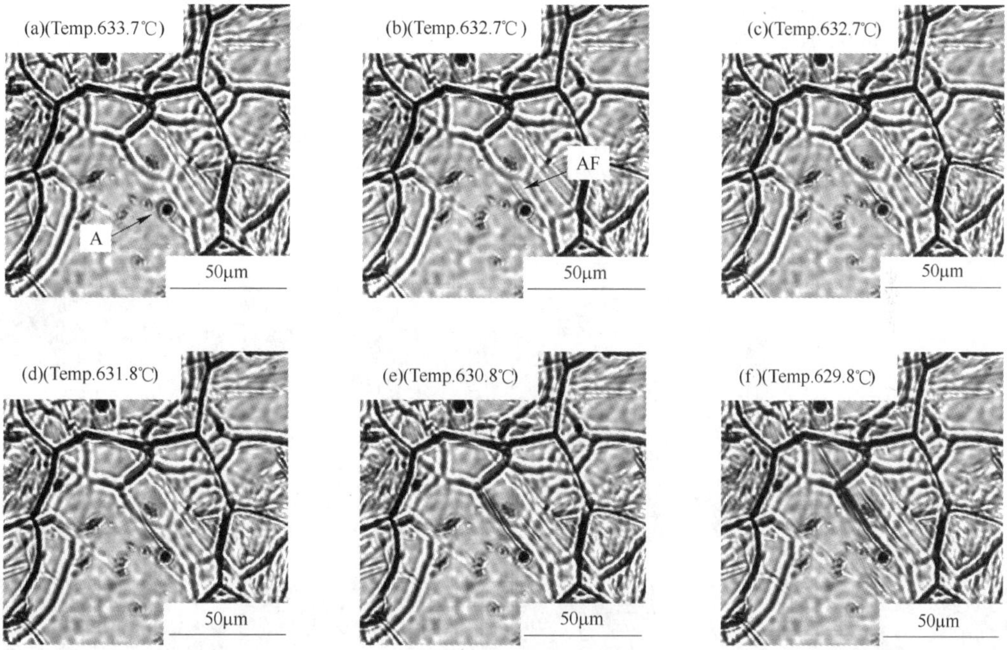

图9　夹杂物诱导针状铁素体形核长大原位观察

Fig. 9　The nucleation of acicular ferrite（AF）on inclusion observed dynamically by confocal scanning laser micro-scope（CSLM）

从图中还可以看出，在300℃/min冷却速度下，1号钢中AF形核温度在633℃左右，生成的针状铁素体尺寸大于50μm，由此可见，在较高温度下由有效夹杂物诱导形核的AF能够以很快的速度生长，其长大后能够分割原奥氏体晶粒、阻碍奥氏体晶粒内部其他组织的生长。2号钢中能促进AF形核的复合氧化物夹杂物数量少，针状铁素体的分割作用弱，裂纹扩展的阻碍作用小，韧性差。

4.3　钢中夹杂物诱导针状铁素体形核机理探讨

图10为扫描电镜下夹杂物诱导生成AF的形貌图。如图所示，AF以夹杂物为核心诱导生成，且非金属夹杂物质点与其诱发形核的AF并不是一一对应的关系，一个非金属夹杂物质点可以诱发一个（图10（a））或多个（图10（b））AF。

为了探讨夹杂物的组成结构及其诱导针状铁素体机制，采用扫描电镜和能谱仪对图10（a）中夹杂物粒子进行元素面扫描，结果如图11所示。

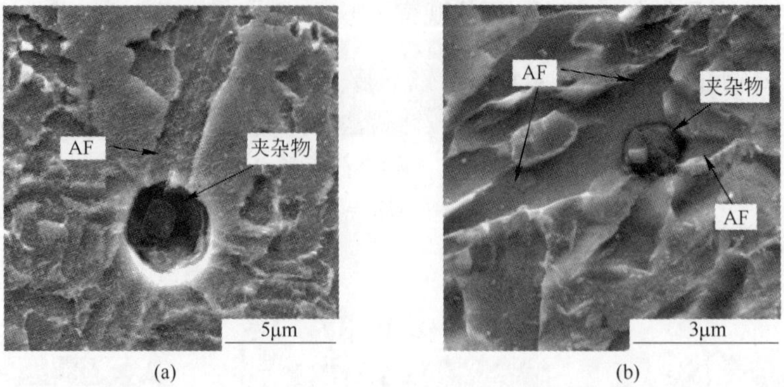

图 10　扫描电镜下夹杂物诱导生成 AF 形貌图

（a）1 号钢；（b）2 号钢

Fig. 10　The nucleation of acicular ferrite（AF）on inclusions observed by SEM

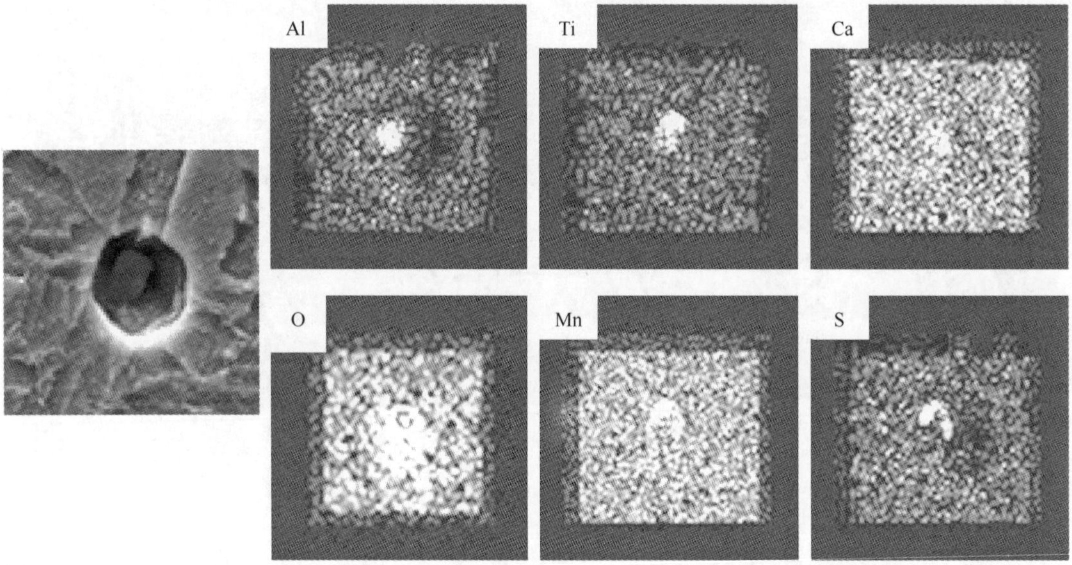

图 11　1 号钢 AF 核心夹杂物粒子扫描电镜下面扫描各元素分布图

Fig. 11　Morphology and EDS mapping of the inclusion induced AF in sample 1

从图 11 可以看出，AF 核心夹杂物粒子主要是 TiO_x-Al_2O_3-CaO 和 MnS 的复合夹杂物。其中 Al_2O_3-CaO 复合氧化物位于夹杂物的核心，TiO_x位于夹杂物外侧，MnS 在 TiO_x上包裹状析出，且 MnS 析出的位置刚好与针状铁素体的诱发点对应。

非金属夹杂物促进晶内铁素体形核的机制[30]主要有四种："贫 Mn 区机制"、"阳离子空位机制"、"低界面能机制"、"应变诱导机制"，其中"贫 Mn 区机制"认为，Mn 为强的奥氏体稳定化元素，夹杂物周围存在一个 Mn 元素缺乏的区域，使夹杂物周围的奥氏体稳定性下降，增大了铁素体形核的驱动能，有利于 AF 形核。Wakoh M. 等[31]认为在钛氧化物夹杂周围有 MnS 相的析出，随后基体中的 Mn 元素将向夹杂物中转移而形成贫锰区。

而重里元一（Shigesato G.）等[32]通过实验测定了 MnS 夹杂周围存在 Mn 的贫乏区。结合图 10、图 11 观察的现象，推测贫 Mn 区机制在本研究中起主导作用，具体结论还有待实验进一步验证。

5 结论

（1）Ca 能增加钢中夹杂物的数量、细化夹杂物的粒径，Ti 脱氧钢中 $<1\mu m$ 的夹杂物数量是 Al 脱氧钢的 2 倍多；两种脱氧工艺下形成的夹杂物均具有钉扎高温奥氏体晶界及诱导针状铁素体形核的作用，Ti 脱氧钢具有更大的针状铁素体体积比及更小的晶粒尺寸。

（2）低焊接热输入（$E=20$kJ/cm）下，Ca 处理 Ti、Al 脱氧钢焊接热影响区均具有较好的低温冲击韧性，当 E 在 30～50kJ/cm 时，Ti、Al 脱氧钢焊接热影响区微观组织及冲击韧性差异大，Ca 处理 Ti 脱氧钢在 50kJ/cm 下，热影响区冲击韧性依然大于 120J。

（3）当焊接线能量达到 30kJ/cm 及以上时，Ti 脱氧钢由于大量细小针状铁素体和少量多边形铁素体的形成，针状铁素体可以分割晶内组织，使原奥氏体晶粒被进一步细化，裂纹在晶内传播时不易沿着同一取向的贝氏体贯穿整个晶粒；多边形铁素体的存在可以通过塑性变形有效地缓解裂纹尖端的三向应力，因此表现出更好的低温冲击韧性。

（4）在本研究条件下，贫 Mn 区机制对针状铁素体的诱导起主导作用，同时发现了 $4\mu m$ 左右的夹杂物也可以诱导针状铁素体形核。

参 考 文 献

[1] 李为卫，刘亚旭，高惠临，等．X80 管线钢焊接热影响区的韧性分析[J]．焊接学报，2006，27(2)：43.

[2] 缪成亮，尚成喜，王学敏，等．高 Nb X80 管线钢焊接热影响显微组织与韧性[J]．金属学报，2010，46(5)：541-546.

[3] 耿相军，陈茂爱．微合金管线钢焊接粗晶热影响区及焊缝的第二相粒子分析[J]．热加工工艺，2009，38(3)：5-9.

[4] 李敏，郑香增．大线能量焊接用钢的研究概况[J]．山东冶金，2008，30(3)：8.

[5] 张莉芹．碱土金属微合金化大线能量焊接低合金高强钢的研究[D]．武汉：武汉科技大学，2009.

[6] Terada Y，Kojima A，Kiyose A，et al. High-strength Linepipes with Excellent HAZ Toughness[J]. NIPPON STEEL TECHNICAL REPORT，2004(90)：88-93.

[7] 陈俊华，亓效刚，李华宾，等．Ti-V-Nb 微合金钢中的第二相粒子及其对焊接热影响区奥氏体晶粒长大的影响[J]．热加工工艺，2004(6)：13-15.

[8] 杨健，祝凯，王睿之，等．宝钢利用强脱氧剂的氧化物冶金工艺开发[C]．中国金属学会．第七届(2009) 中国钢铁年会论文集(上)．北京：冶金工业出版社，2009：361-366.

[9] 柴锋，杨才福，张永权，等．Al、Ti 处理对低合金钢焊接粗晶区组织的影响[J]．钢铁，2007，42(9)：76-80.

[10] 郑超超，王学敏，李书瑞，等．夹杂物对低碳钢焊接热影响区组织性能的影响[J]．中国科学：技术科学，2012，42(6)：662-671.

[11] Koseki T. Inclusion assisted microstructure control in C-Mn and low alloy steel welds[J]. Mat. Sci. Tech，2005，21(8)：867.

[12] Enomoto M. Control of transformation and microstructure of steels by inclusions[J]. Tokyo：ISIJ，1998：5.

[13] 孙彦辉，熊辉辉，王小松，等．高级别管线钢钙处理冶金效果研究[J]．北京科技大学学报，2011，

33(增刊 1)：116-119.

[14] 陈立权．钙镁元素添加对低合金高强度钢组织性能的影响[D]．沈阳：沈阳大学，2013.

[15] Lee Jye-Long，Pan Yeong-Tsuen. The Formation of Intragranular Heat-affected Zone[J]. ISIJ，1995，35(8)：1027-1033.

[16] 张莉芹，袁泽喜．Ca 处理对 Ti 大线能量焊接非调质低合金高强钢组织与性能的影响[J]．材料导报，2008(22)，专辑Ⅻ：166-168.

[17] 齐江华．高级别管线钢钛脱氧产物解析及针状铁素体形核机理研究[D]．武汉：武汉科技大学，2009.

[18] 杨成威，吕迺冰，卓晓军，等．Ti-Al 复合脱氧夹杂物诱导生成 IGF 的研究[J]．炼钢，2010，26(5)：30-33.

[19] API SPEC 5L，管线管规范[S].

[20] 于庆波，孙莹，Yu Hailiang，等．多边形铁素体的体积分数和大小对管线钢落锤撕裂性能的影响[J]．机械工程学报，2011，47(24)：44-49.

[21] 朱丽霞，何小东，仝珂，等．一种抗大变形管线钢的微观组织与拉伸性能的相关性研究[J]．材料导报，2010，24(z2)：558.

[22] 于庆波．M/A 岛对粒状贝氏体钢冲击韧性的影响[J]．热加工工艺，2012，41(24)：41-42.

[23] 尚成嘉，胡良均，杨善武，等．低碳微合金钢中针状铁素体的形成与控制[J]．金属学报，2005，41(5)：471-476.

[24] 胡美娟，王鹏，韩新利，等．X80 级抗大变形管线钢焊接粗晶区的组织和性能[J]．焊接学报，2012，33(9)：93-96.

[25] 陈翠欣，李午申，王庆鹏，等．X80 管线钢焊接粗晶区韧化因素的研究[J]．材料工程，2005(5)：22-26.

[26] 王建泽，康永林，杨善武．ULCB 钢相变产物粒状与板条状贝氏体组织性能研究[J]．材料工程，2006，增刊 1：252-258.

[27] 舒玮，王学敏，李书瑞，等．焊接热影响区针状铁素体的形核长大及其对组织的细化作用[J]．金属学报，2011，47(4)：435-441.

[28] Kojima A，Kiyose A. Super high HAZ toughness technology with fine microstructure imparted by fine particles [J] . Nippon Steel Techanical Report，2004(6)：2-6.

[29] 卓晓军，Kim H S，Kang Y B，et al. 硅锰钛脱氧钢中以锰钛氧化物和硫化锰夹杂物为形核核心的晶内铁素体形成研究[C]. 2005 中国钢铁年会论文集．北京：中国金属学会，2005：687-694.

[30] 郑庆，朱立新．氧化物冶金技术的理论与工艺[J]．世界钢铁，2005(2)：1-6.

[31] Wakoh M，Sawai T，Mizoguchi S. Effect of oxide particles on MnS precipitation in low S steel[J]. Tetsu-to-Hagane'，1992，78(11)：1697-1704.

[32] Shigesato G，Sugiyama M，Aihara S，et al. Effect of Mn depletion on intra-granular ferrite transformation in heat.

[33] affected zone of welding in low alloy steel[J]. Telsu-to-Hagane，2001，87(2)：23.

不锈钢中典型夹杂物的控制研究

姜周华 李 阳 韩纪鹏 方 勇 何 盼

（东北大学，沈阳 110819）

摘 要： 本文介绍了近年来作者在不锈钢夹杂物控制方面的工作，分析了不锈钢中尖晶石夹杂物和硅酸盐类夹杂物的控制方法，同时对不同脱氧条件下尖晶石类夹杂物的变性机理进行了阐述，并对 GA-BP 夹杂物预测软件进行了介绍。希望通过对夹杂物的合理控制及成分预测，尽量减少夹杂物对钢材性能的影响。

关键词： 不锈钢；夹杂物；预测模型；脱氧；碱土金属

Study on Typical Inclusions Control in Stainless Steel

Jiang Zhouhua Li Yang Han Jipeng Fang Yong He Pan

(Northeastern University, Shenyang 110819)

Abstract: The research works on the inclusion control of stainless steels made in recent years are summarized, especially the works for control of spinel inclusions and silicate inclusions. The modification mechanism of the spinel inclusions under different deoxidation conditions is explained. The prediction software, GA-BPNN, was introduced. It is hopeful that it will reduce the adverse effect of inclusions on steel performance by reasonable control of inclusions and precise prediction of inclusion compositions.

Keywords: stainless steel; inclusion; prediction software; deoxidation; alkaline earth metal

1 引言

夹杂物的存在不但严重影响了不锈钢的内部和表面质量，而且使不锈钢产品的耐腐蚀能力降低，目前国内不锈钢厂由于夹杂物导致的产品报废率很高，因此，不锈钢冶炼过程中以夹杂物控制为中心的高洁净化越来越引起人们的重视。

不锈钢采用 Al 脱氧时，钢中会生成一定量的含 Al_2O_3 的尖晶石夹杂物，$MgO \cdot Al_2O_3$ 夹杂物不仅对钢的最后性能产生影响，而且对生产过程中的水口结瘤问题影响严重。镁铝尖晶石夹杂不仅存在于铝脱氧不锈钢液中，采用硅脱氧时，钢水中也会发现有少量的尖晶石夹杂。镁铝尖晶石夹杂物熔点高、硬度大，该类夹杂物不仅影响钢的最后性能，而且对生产过程中的水口结瘤问题影响严重。镁铝尖晶石夹杂物变形率小，在轧制成超薄板坯材料时引起产品的条状表面缺陷。本文对不锈钢中夹杂物的产生和控制方面的研究工作进行了综合论述，为洁净不锈钢的生产提供参考。

2 GA-BPNN 夹杂物预测动力学软件的开发

GA-BPNN 渣系活度预测软件采用近年来应用比较广泛的遗传算法（GA）优化 BPNN

和已有不同温度下的渣系活度，对渣系组元活度进行仿真，建立了不同温度、不同渣系的活度数据库。在 GA-BPNN 渣系活度预测软件的基础上进一步开发了钢中夹杂物预测的动力学软件，该软件可通过输入钢液的成分预测钢液中可能生成的夹杂物种类，同时界面上显示出各种可能生成的夹杂物的平衡相图，为钢液成分控制提供一定依据[1-5]。BP 模型结构图如图 1 所示。

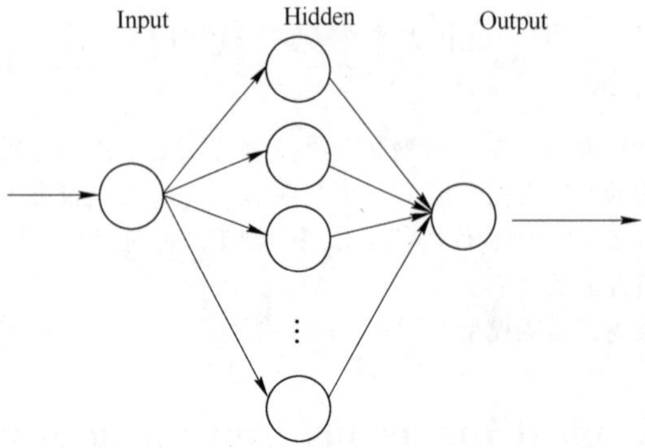

图 1　BPNN 结构图

夹杂物中 CaO 的形成由两个过程组成，一个是渣—金反应，即炉渣中的 CaO 被钢液中的［Si］还原；另一个是钢液—夹杂物间的反应，即 Si 脱氧产物 SiO_2 与钢液中的［Ca］反应；夹杂物中 Al_2O_3 的形成机制也是如此，如图 2 所示。

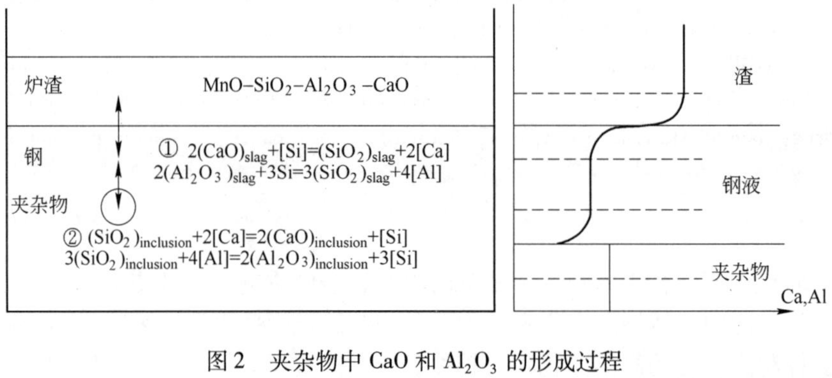

图 2　夹杂物中 CaO 和 Al_2O_3 的形成过程

利用该软件，可以在输入钢液成分和冶炼温度后，得到钢中可能得到的夹杂物的类型和生成范围，如图 3 所示。在硅脱氧条件下，模型计算得到 430 铁素体不锈钢钢水中 CaO-Al_2O_3-SiO_2复夹杂物成分随搅拌强度的变化。在模型计算选取的钢水温度和成分条件下，当吹气流量范围在 0 ~ 65mL/min 时（小坩埚热模拟实验条件），从图 4 中可以看出，随吹气流量（搅拌强度）的变大，夹杂物中(SiO_2)逐渐减少，终点时刻(SiO_2)在 57.5% ~ 47.8% 范围内。

对于夹杂物中 CaO 来说，当吹气流量范围在 0 ~ 65mL/min 时，随着吹气流量的变大，夹杂物中（CaO）逐渐增加，在终点时刻（CaO）在 15.37% ~ 21.89% 范围内，夹杂物中的（CaO）趋于平衡。通过实验室小坩埚取样数据对比发现，不同搅拌强度下夹杂物的成

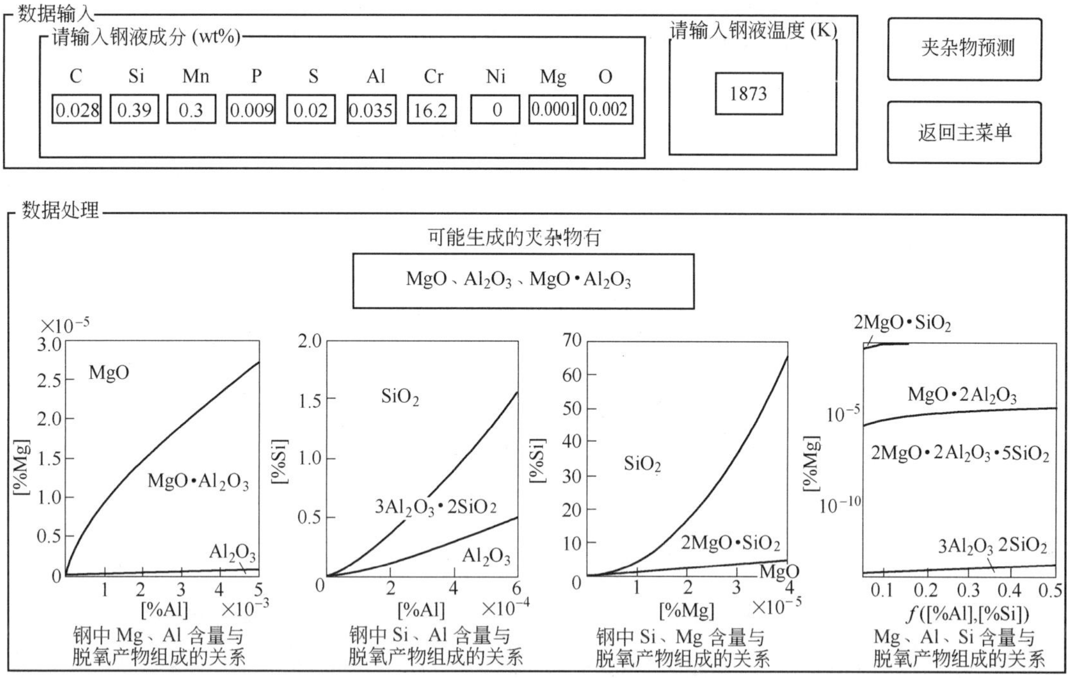

图 3 钢中可能得到的夹杂物的类型和生成范围预测

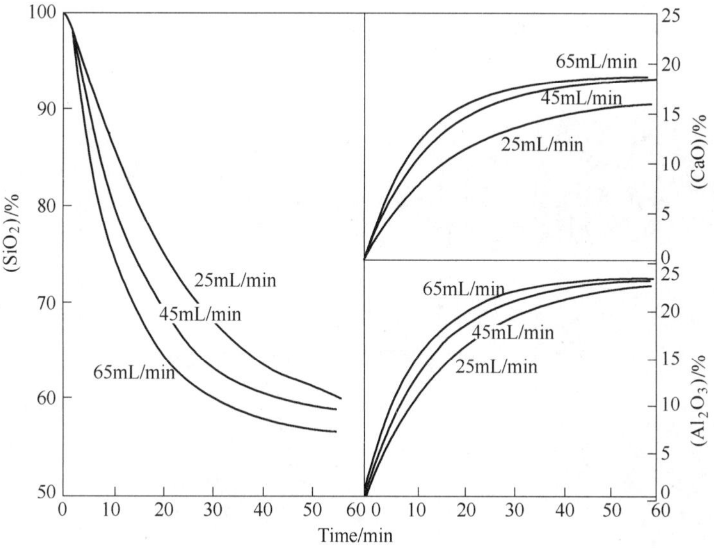

图 4 不同搅拌强度下夹杂物成分预报

分与动力学模型计算值大体趋于一致，证明研究建立的动力学软件具有一定的可靠性。

3 硅铝复合脱氧对不锈钢夹杂物的影响

在实验室小坩埚条件下进行了不同组分的硅铝复合脱氧剂对 439 和 443NT 的脱氧实验，其中 443NT 还进行了后续的喂 Ti 线和钙处理。将 439 不锈钢在硅铝复合脱氧精炼后夹杂物尺寸分布情况列于图5中。随着还原期的进行，每炉次实验在精炼过程中夹杂物的平均尺寸、总个数、总面积除个别数据有波动外基本是初始计时到脱氧10min时是增加的，之后随着时间的延长其平均直径呈减小的趋势。

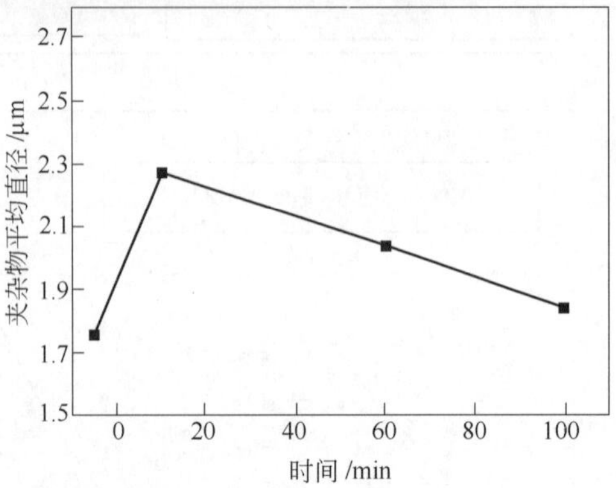

图5　439不锈钢的夹杂物尺寸随精炼时间的变化情况

用（Si/Al = 2.59）脱氧剂脱氧439不锈钢时，在喂Ti线前，钢中夹杂物大部分为SiO_2和硅铝复合夹杂，其中的SiO_2夹杂占了多数，形貌主要以球形为主。夹杂物尺寸一般在2μm左右，并未发现大颗粒的夹杂。在终点试样中出现碳氮化钛、氧化硅、氧化镁和氧化铝的复杂夹杂物，而且出现以镁铝尖晶石为核心，外面包裹碳氮化钛，最外层为CaO的复合夹杂，尺寸在1～3μm左右，形貌多为球状夹杂（图6）。说明对夹杂物进行Ca处理取得了一定的效果[6-8]。

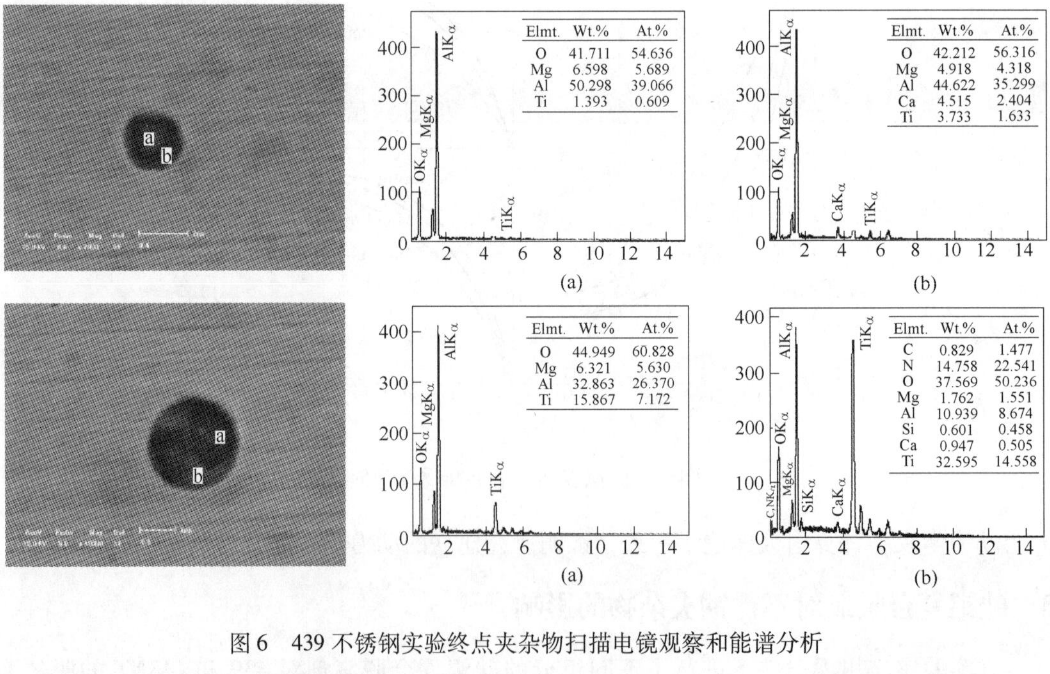

图6　439不锈钢实验终点夹杂物扫描电镜观察和能谱分析

443NT不锈钢实验在精炼过程中夹杂物的平均尺寸、总个数、总面积基本是从初始计时到脱氧 10min 时是增加的，之后随着时间的延长其平均直径又有所减少。终点试样中的夹杂物尺寸大部分是集中在 0 ~ 5μm 之间，平均直径均小于 2μm。

在使用（Si/Al = 0.71）脱氧剂脱氧时其终点试样夹杂物的平均尺寸最小为 1.57μm。夹杂物直径小于 2μm 的比例在（Si/Al = 0.71）和（Si/Al = 1.78）脱氧剂脱氧时相差不大，而较（Si/Al = 2.59）和（FeSi75）脱氧剂脱氧时要大一些。

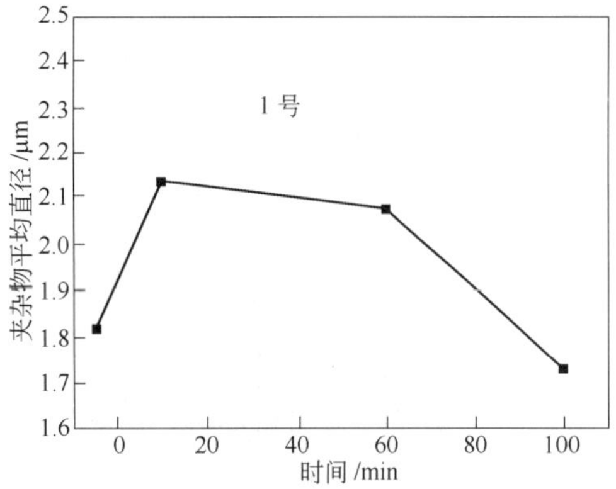

图 7 443NT 不锈钢的夹杂物尺寸随精炼时间的变化情况

从（Si/Al = 2.59）脱氧剂脱氧时 443NT 不锈钢中夹杂物的形貌和成分分析可以看出，用（Si/Al = 2.59）脱氧剂脱氧时，在喂 Ti、Nb 线前，钢中夹杂物大部分为氧化铝和镁铝尖晶石夹杂，形貌主要以球状为主，夹杂物尺寸一般在 3 ~ 5μm 左右。

从图 8 中可以看出，443NT 不锈钢终点试样在经钙处理后夹杂物形貌基本上接近球状，终点试样中夹杂物均处于炼钢温度以下。其夹杂物基本上都处于 Al_2O_3-CaO-SiO_2 相图中的 1400 ~ 1500℃ 的熔点区。而在 Al_2O_3-CaO-SiO_2-TiO_2 相图中夹杂物也均处于低于 1600℃的熔点区，即在炼钢温度下夹杂物基本上处于液态，这样有利于夹杂物的聚合长大以及上浮去除。说明对钢液进行钙处理取得了一定的效果，对夹杂物产生了积极的变性作用。

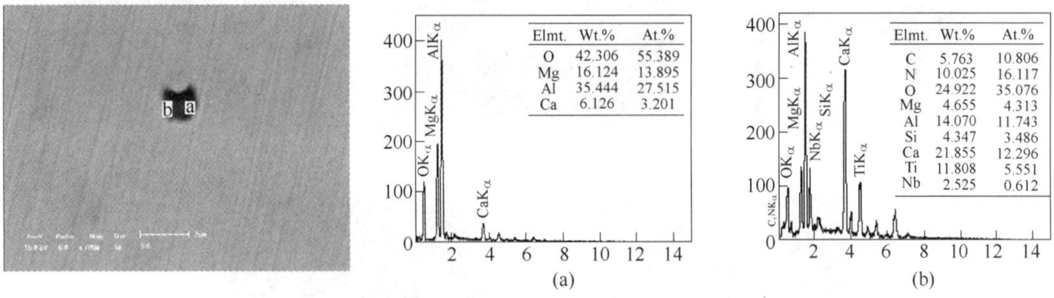

图 8 443NT 不锈钢实验终点夹杂物扫描电镜观察和能谱分析

4 碱土金属对夹杂物变性及微观组织的影响

4.1 钙处理对 430 不锈钢中尖晶石夹杂物的影响

430 铁素体不锈钢采用 Al 脱氧后，除形成大量的 Al_2O_3 夹杂外，钢水中还存在一定量的镁铝尖晶石夹杂物。430 不锈钢采用 Al 脱氧时，钢水中将形成镁铝尖晶石夹杂物，尖晶石夹杂物大体呈棱状分布，尺寸在 3μm 左右，尖晶石数量较多，分布较广[8,9]。实验条件下 Al 脱氧 430 铁素体不锈钢钢水采用喂钙处理 20min 后，钢水中形成的钙镁铝复合夹杂物的扫面电镜分析如图 9 所示。钙处理后钢水中形成中的镁铝尖晶石夹杂物将逐渐转变成钙镁铝三元复合夹杂物。夹杂物一般呈内外层次分明的包裹结构，内层为典型的镁铝尖晶石相，外层为钙镁铝三元复合夹杂物。复合夹杂物呈球形分布，尺寸较大，在 3 ~5 μm 左右。钙处理后该类复合夹杂物的数量较多，分布较广。

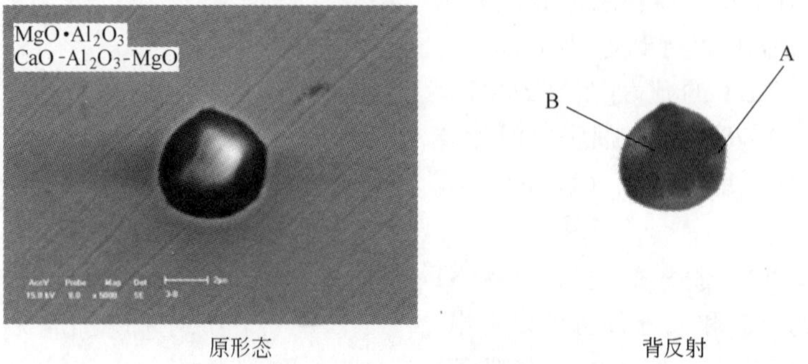

图 9　钙处理后钢水中的钙镁铝复合夹杂物扫描电镜

对图 9 中的钙镁铝复合夹杂物进行面扫描分析，研究钙处理钢水中镁铝尖晶石夹杂物的物理化学特征。钙镁铝三元复合夹杂物的面分布如图 10 所示（从左上到右下顺次为：夹杂物、Mg 元素、Ca 元素、Al 元素和 O 元素）。

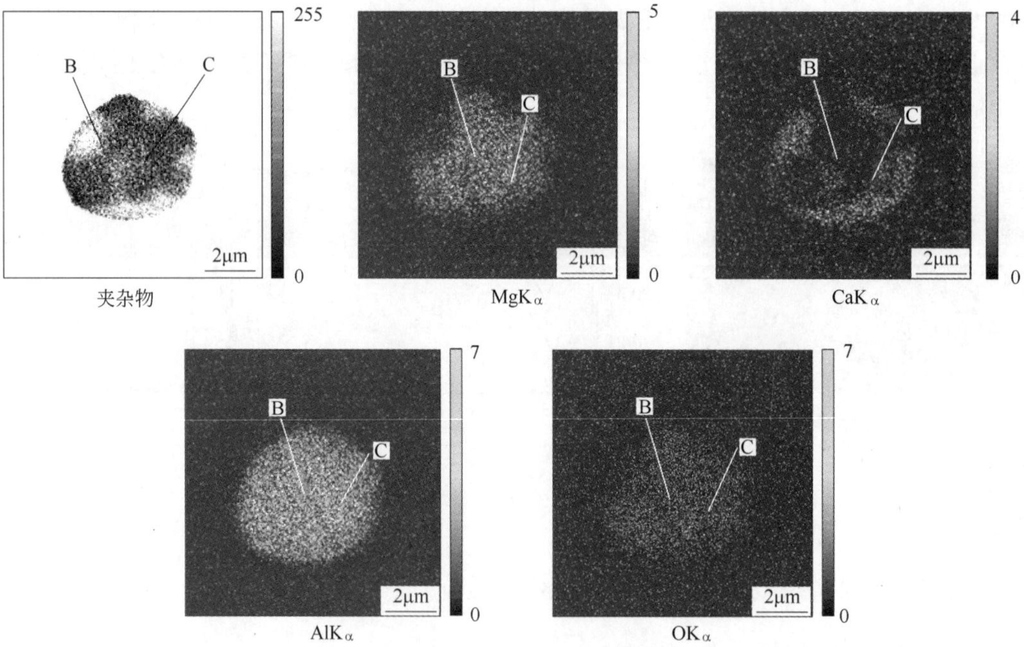

图 10　钙镁铝复合夹杂物的面分布

Al 在整个夹杂物内基本呈均相分布，但复合夹杂物的外层，O 含量略有降低；Mg 基本上是在复合夹杂物内层区域的含量大于在外层区域的含量，Mg 在图中 C 区域的含量与在内层尖晶石相机体内的含量基本相同；而 Ca 含量在外层含量明显高于内层，但在 C 区域内明显存在 Ca 的富集。钢水中喂入金属钙后，钢水中的溶解钙会优先还原镁铝尖晶石夹杂物中的 Al_2O_3，形成钙镁铝三元复合夹杂物，同时析出少量的 MgO 和溶解态的 Al。

4.2 镁铝合金对 430 不锈钢中夹杂物的变性

实验室条件下应用 $MoSi_2$ 炉模拟 430 不锈钢的 AOD 工位，采用常规的铝做脱氧剂，还原期采用镁铝合金对钢液进行处理，考察不同成分的镁铝合金对夹杂物的变性效果[10]。加入镁铝合金并不影响脱氧剂脱氧效果。钢中原始夹杂物成分是以 Cr_2O_3、Al_2O_3、SiO_2、MnO 为主，这是因为配制的钢铁料中元素 Cr、Al、Si、Mn 被氧化的结果。含有少量的 MgO 是可能是因为耐火材料的影响。大小都在 5μm 左右。夹杂物大多数是四边形、主要成分为 Cr_2O_3 的夹杂物，主要原因是钢中元素被强烈氧化的结果，尺寸较大，在 10μm，还有个别由 SiO_2、Cr_2O_3、MnO 复合成的圆形夹杂物。

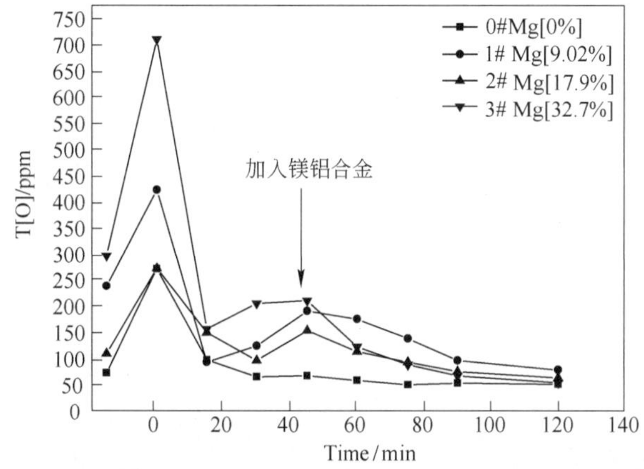

图 11 随精炼时间和镁铝合金镁含量变化的全氧含量变化

整个精炼过程中夹杂物都主要以 Al_2O_3 为主，夹杂物上浮过程中出现较大簇状、链状 Al_2O_3 夹杂物。含有 SiO_2 的硅铝酸盐复合型夹杂形状为圆形，且尺寸较小，在 3 ~ 7μm 左右。以 Al_2O_3 为基的 MgO · Al_2O_3 尖晶石复合夹杂较多，尺寸稍大。纯 MgO · Al_2O_3 尖晶石较少。随着精炼过程的进行，夹杂物的尺寸是逐渐减小的，由簇状的 Al_2O_3 夹杂渐渐变成

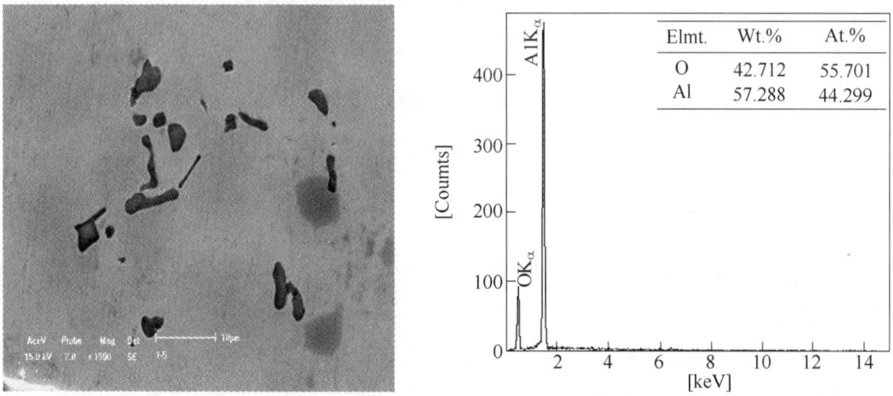

图 12 精炼过程中夹杂物形貌变化

细小的、弥散的复合夹杂，尺寸在 2 ~ 3μm 左右。大多数夹杂物的成分是 $MgO \cdot Al_2O_3$ 尖晶石为基的复合夹杂，出现较小尺寸硅酸盐夹杂。

4.3　钡对不锈钢的微观组织影响

以 304L 不锈钢为实验钢种，分别在实验室和现场试验条件下采用 SiCa 和 SiCaBa 处理，查明了钡在钢中的存在形式以及钡对钢晶粒大小和显微组织的影响。经 SiCa 和 SiCaBa 合金处理的 304L 不锈钢铸态组织的光学显微镜照片看出，试样中在奥氏体晶界处均有少量残余铁素体存在，在相同冷却条件下，经 SiCaBa 合金处理的 304L 不锈钢铸态组织明显细化。

光学显微镜下观察到的奥氏体边界处存在少量的铁素体相，残存在钢中的钡含量很小，含钡析出相多处于晶界和相界位置，在个别区域有富集现象。在富集区域，铁素体与奥氏体边界处有较高的含钡析出相，而在奥氏体和铁素体内则没有发现。

经含钡合金处理后，钢的各项力学性能有不同程度的改善，结合含钡合金脱氧行为研究和钢材显微组织观察与成分分布测定，分析含钡合金处理对钢的力学性能主要有以下几方面影响[8-10]：（1）钡对钢液中的氧、硫、磷等有害杂质元素有很强的亲和能力，在冶炼过程中生成产物的上浮速度较快，残留在钢中的夹杂物细小、弥散且呈球状分布，降低了夹杂物对钢材性能的危害；（2）含钡合金处理后，合金中的钡部分残留于钢液中，在冷却过程中，由于钡在钢液中是一种强的表面活性元素，可以改变晶粒表面能，起到细晶强化的作用；（3）含钡析出相在冷却过程中存在于晶界或相界面处，改善晶界组织，提高晶格错配程度，起到强化晶界的微合金化作用；（4）含钡析出相富集在晶界处，在晶粒长大和塑性变形过程中，使晶界和位错运动受阻，起到钉扎作用，从而获得较好的强化效果。

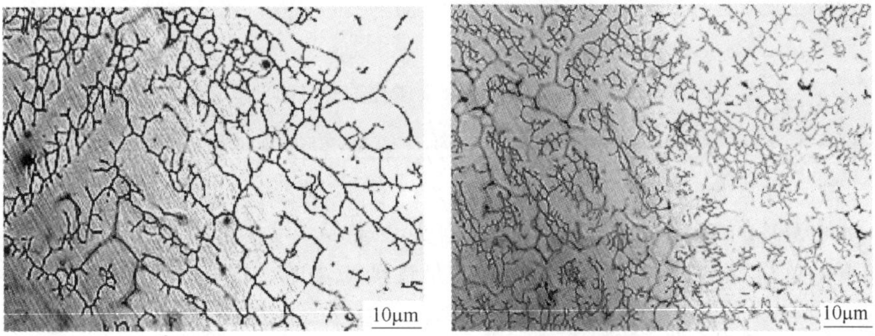

(a)　(b)

图 13　304L 不锈钢铸态组织的光学显微镜观察
（a）SiCa 合金处理；（b）SiCaBa 合金处理

5　含锡不锈钢中夹杂物研究

含锡铁素体不锈钢具有优异的耐腐蚀性能和成型性能，其贵重金属含量却很低，可大幅节约铬、镍等资源。在实验室条件下，研究者采用热力学分析方法，研究了 Sn 对不锈钢微观结构，对含锡夹杂物进行了分析比较，总结了锡在不锈钢中的赋存规律。硅含量在 0.15% ~0.73%，全氧含量在 150 ~250ppm 的范围内，锡的收得率在 80% ~97%，如图 15 所示，在不锈钢冶炼过程中，锡的氧化程度并不严重，收得率较高[11,12]。

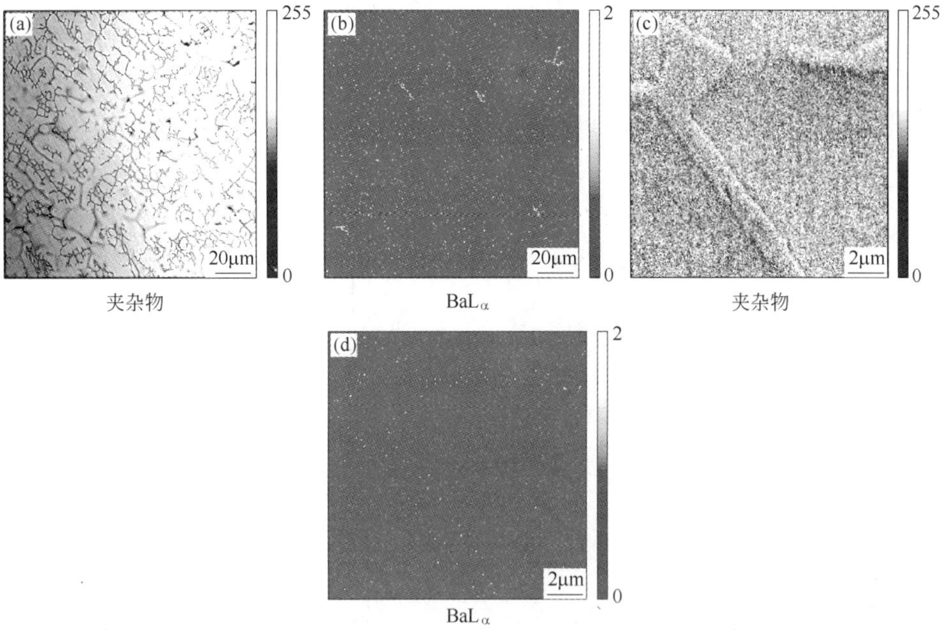

图 14　SiCaBa 合金处理的 304L 不锈钢铸态组织形貌及钡的分布

(a)，(c) 铸态组织；(b)，(d) 钡的分布

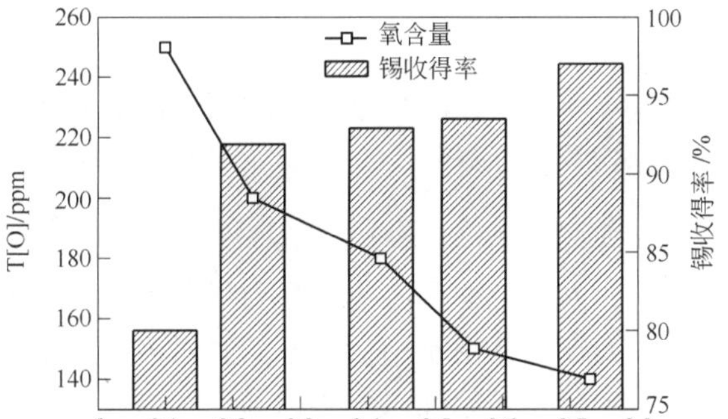

图 15　锡的收得率与硅含量、全氧含量的关系

扫描电镜分析发现，钢水中典型夹杂物为球状硅酸盐夹杂物和长条状硫化物夹杂，主要成分分别为 CaO-Al_2O_3-MnO 和 MnS。硫化物夹杂多为不规则形状，如四边形，长条状等，尺寸在 1μm 左右，并还有少量 FeS，CrS。硫化物周围有锡的富集，含量在 1.1% ~ 4.6%，远高于基体的 0.3%，说明低熔点元素锡具有在夹杂物周围富集的趋势，且锡在硫化物如硫化锰、硫化亚铁周围富集现象比较明显，在氧化物夹杂周围没有明显的偏析现象。

球状的氧化物夹杂物中无锡的存在，锡没有与氧、硫形成氧化物或硫化物。分析认为，锡具有低熔点的特性，在凝固过程中，未固溶于钢内的锡附着在夹杂物周围，随着凝固的进行，形成了被锡包裹着的硫化锰类夹杂物。钢中夹杂为硫化锰类夹杂物，同时铬含量比较高，推测存在少量硫化铬。夹杂物中无锡的存在，说明锡没有与氧、硫形成氧化物或硫化物。锡在夹杂物周围以单质形式富集。

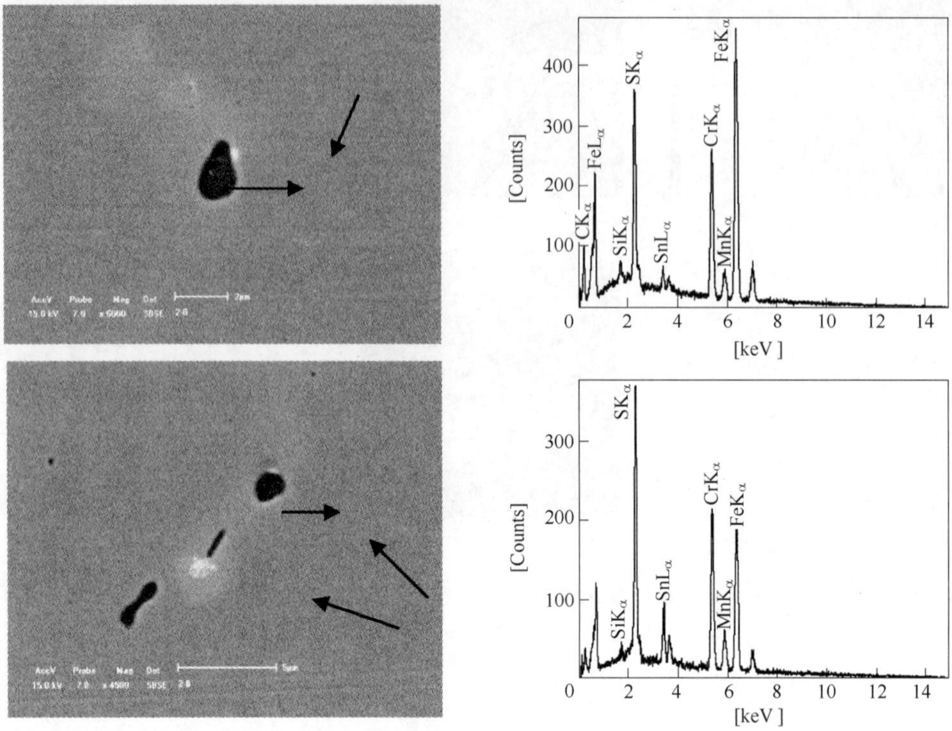

图 16　Si 脱氧钢水中含锡夹杂物的扫描电镜分析

6　结束语

关于不锈钢的高洁净化，人们考虑最多的就是要尽量降低氧含量，降低夹杂物的尺寸和数量。但是，即使是相同的钢种，由于用途的不同，对夹杂物的要求也不同，因此，对不锈钢中夹杂物成分、性质和分布必须加以严格控制。

为获得高洁净度的不锈钢，首先应从入炉原料抓起，其次选择最佳脱氧剂和脱氧制度，并在精炼和连铸过程中建立最佳的操作工艺和制度，以利于脱氧产物的上浮排除，减少外来夹杂物的引入和二次氧化。另外，为强化成本的竞争力，对大规模生产洁净不锈钢的电炉、AOD、VOD 等精炼设备和连铸机也提出了更高的要求。随着“氧化物冶金”的兴起，如何积极利用不锈钢中的非金属夹杂物将成为未来洁净不锈钢生产的发展方向。

参 考 文 献

[1] Jiang Zhouhua, Han Jipeng, Li Yang. Effect of tin on corrosion resistance and formability of tin-bearing ferritic stainless steel[J]. Materials Research Innovations, 2013, 18(s5): 9-11.

[2] 姜周华，李阳，梁连科，等. 钡系合金脱氧行为的实验研究[A]. 中国金属学会. 第十届全国钢质量与非金属夹杂物控制学术会议论文集[C]. 北京：冶金工业出版社，2001：46-53.

[3] 姜周华，董艳伍，李花兵. 特殊钢特种冶金技术的新发展[A]. 中国金属学会. 2011 年全国高品质特

殊钢生产技术研讨会[C]. 北京：冶金工业出版社，2011：55-60.
[4] 姜周华，李阳，易卫东，等. 精炼渣成分对钢中夹杂物影响的实验研究[A]. 中国金属学会. 2003 中国钢铁年会. 北京：冶金工业出版社，2003：50-60.
[5] 庄迎，姜周华，李阳. 精炼渣碱度对 304 不锈钢中夹杂物的影响[J]. 东北大学学报（自然科学版），2010，31(10)：1445-1448.
[6] 李阳，姜周华，姜茂发，等. 含钡合金对冷镦钢脱氧的实验研究[J]. 材料冶金学报，2002，1(3)：184-188.
[7] 李阳，姜周华，姜茂发，等. 精炼渣对钢水脱氧效果影响的实验研究[A]. 中国金属学会. 第十二届全国炼钢学术会议. 北京：冶金工业出版社，2002：268-271.
[8] 李双江，姜周华，李阳，等. 430 不锈钢尖晶石夹杂物控制的热力学分析[J]. 钢铁研究学报，2010，10(38)：9-12.
[9] 李双江，李阳，姜周华，等. 409L 不锈钢中镁铝尖晶石夹杂物的生成研究[J]. 东北大学学报（自然科学版），2010，6(31)：848-852.
[10] 韩纪鹏，李阳，姜周华. 含锡铁素体不锈钢夹杂物的冶金行为研究[J]. 东北大学学报（自然科学版），2014，35(5)：700-704.
[11] 韩纪鹏，李阳，姜周华. 含锡不锈钢的开发及其性能研究[J]. 东北大学学报（自然科学版），2014，35(9)：1275-1278.
[12] 任英，张立峰，杨文. 不锈钢中夹杂物控制综述[J]. 炼钢，2014，31(1)：72-79.

钢中 Ds 类夹杂之我见

薛正良　金武涛　李　阳

（武汉科技大学省部共建耐火材料与冶金国家重点实验室，武汉 430081）

摘　要：用电解萃取法研究了钙处理钢中大型球状夹杂物的性质。通过对大型球状夹杂物形貌的扫描电镜观察和元素成分能谱分析，指出钢中的大型球状夹杂起源于成簇的铝脱氧产物。大量小颗粒 Al_2O_3 夹杂组成直径较大的夹杂簇团，在钢包内复杂流场作用下形成球状或棒状。钢液在钙处理过程中，变性程度高的夹杂形成了液态的 $12CaO \cdot 7Al_2O_3$，在钢液凝固后形成致密的大型球状夹杂物；变性不充分的夹杂外形仍然保留 Al_2O_3 夹杂颗粒形貌。无论钙处理变性是否充分，液态或固态的铝酸钙都对钢液中的 S 有一定的吸收溶解能力。在钢液浇注过程中，随着钢液温度下降，铝酸钙吸收的 S 以 CaS 形式饱和析出。

关键词：Ds 类夹杂；簇状 Al_2O_3；夹杂物电解萃取

My Opinion for Type Ds Inclusion in Steel

Xue Zhengliang　Jin Wutao　Li Yang

（State Key Laboratory of Refractories and Metallurgy，Wuhan University of Science and Technology，Wuhan 430081）

Abstract：The properties of the large spherical inclusions electrolyticly extracted from a calcium treated steel has been researched. Scanning electron microscope observation and energy spectrum analysis for large spherical inclusions，which is pointed that the large spherical inclusions in steel is originated the cluster of aluminum deoxidation products. The larger clusters consisted of a large number of small particles of alumina roll into a large spherical or rod-shaped inclusion under the complex flow of molten steel in ladle. During the calcium treatment of molten steel，the inclusion of alumina clusters be fully modified formats a liquid inclusion as $12CaO \cdot 7Al_2O_3$ which will format a large globular dense inclusion after solidification of the molten steel. But the inclusions which haven't been sufficiently modified by calcium will still remain the same morphology of alumina. Whether or not the sufficient modification of alumina cluster by calcium treatment，the liquid or solid calcium aluminate have an ability of absorbing sulphur dissolved in molten steel. The sulphur absorbed in the calcium aluminate will saturate to precipitate as CaS with the temperature drop during the casting of molten steel.

Keywords：type Ds inclusion；alumina cluster；electrolytic extraction of inclusions

1　引言

按 GB/T 10561—2005《钢中非金属夹杂物含量的测定 标准评级图显微检验法》定义，

Ds 类夹杂是在光学显微镜下放大 100 倍后观察到的尺寸≥13μm 的圆形或近似圆形单颗粒夹杂物，并根据夹杂物直径大小按 0.5 级差分成 0.5～3 级 6 个级别。根据钢水脱氧和精炼工艺的不同，这类夹杂物可能是钙铝酸盐、钙或稀土的硫化物或铝镁尖晶石等。早期的研究认为，对经过钙处理的钢液或经过高碱度渣精炼的钢液，钢中的钙与铝脱氧产物反应生成低熔点的钙铝酸盐是形成 D 类或 Ds 夹杂的主要原因[1-4]。用铝深度脱氧钢经高碱度渣精炼后，出现镁铝尖晶石、钙铝酸盐、钙镁铝酸盐及其与硫化钙的复相夹杂，或以镁铝尖晶石为核心的钙铝酸盐[5-8]。本文基于作者在电解萃取的大型氧化物夹杂微观形貌，分析钢中大型 Ds 类夹杂的可能成因。

2 钢样中夹杂物电解萃取及夹杂物尺寸分布检测

钢样为某钢厂生产船板钢 Q345C 过程中，用钢水取样器（ϕ36/34mm × 60mm）取的经钙处理后的钢水桶样。桶样先锻造成 ϕ15mm 圆棒，然后再机加工成 ϕ10mm × 100mm 电解试样。用图 1 所示的四甲基氯化铵—无水甲醇溶液对钢样进行电解。电解后的阳极泥通过超声分散后用无水乙醇分批淘洗及磁性分离，得到的夹杂物在扫描电镜下观察到的形貌见图 2。由图 2 可见，电解萃取的非金属夹杂物中存在大量球状夹杂，部分球状夹杂的直径还非常大。这种大型球状夹杂在用光学显微镜对金相试样进行夹杂物检测时通常很难看到。

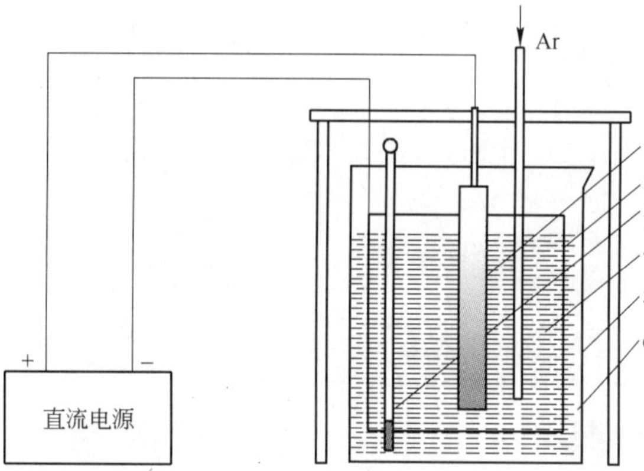

图 1 夹杂物电解装置示意图

1—试样；2—阴极；3—温度计；4—电解液；5—电解槽；6—试样支架

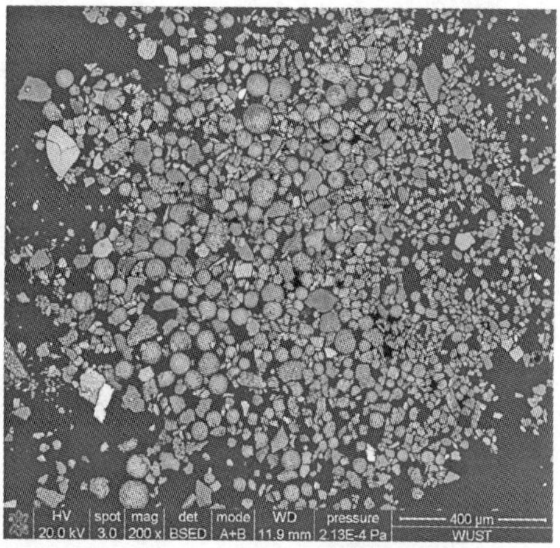

图 2 电解萃取的非金属夹杂物形貌

用图像分析仪对电解萃取的非金属夹杂物做颗粒尺寸分布统计，结果见图 3。由图 3 可见，尽管尺寸小于 50μm 的非金属夹杂物占 95.52%，但仍然存在不少 50μm 以上的大型非金属夹杂物。

3 钢中大型夹杂物组成及成因分析

在扫描电镜下对电解萃取的非金属夹杂物形貌进行观察，同时用能谱仪分析夹杂物的元素组成，以推测夹杂物的性质。图4为扫描电镜下观察到的大型球状夹杂物的几种典型形貌。图4（a）和图4（b）中颜色相对较深的呈三角或梯形的颗粒为铝镁尖晶石，其他部分的能谱成分显示为铝酸钙。从图4(a)~图4(d)显示的夹杂物形貌变化，可以推测这些大型球状夹杂最初来源于铝脱氧产生的Al_2O_3夹杂，大量小颗粒的Al_2O_3夹杂集聚成簇，在钢包吹氩过程中Al_2O_3夹杂簇不断滚动成球，在滚动成球过程中与钢液中的铝镁尖晶石颗粒碰撞结合在一起。钢液钙处理后，成球的簇状夹杂与钢液中的钙反应生成铝酸钙。由于钢液中钙含量分布是不均匀的，在钙线喂入区域附近的簇状夹杂物球与钢液中的钙反应比较充分，生成低熔点的铝酸钙（见图4(d)），而远离钙线喂入区域的簇状夹杂物球变形补充分，反应后形成的铝酸盐中CaO含量比较低，夹杂物熔点高于钢水温度，因此，仍

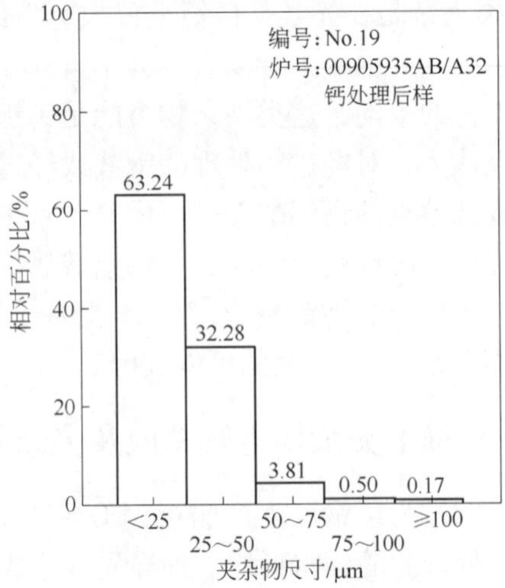

图3　电解萃取的非金属夹杂物尺寸分布

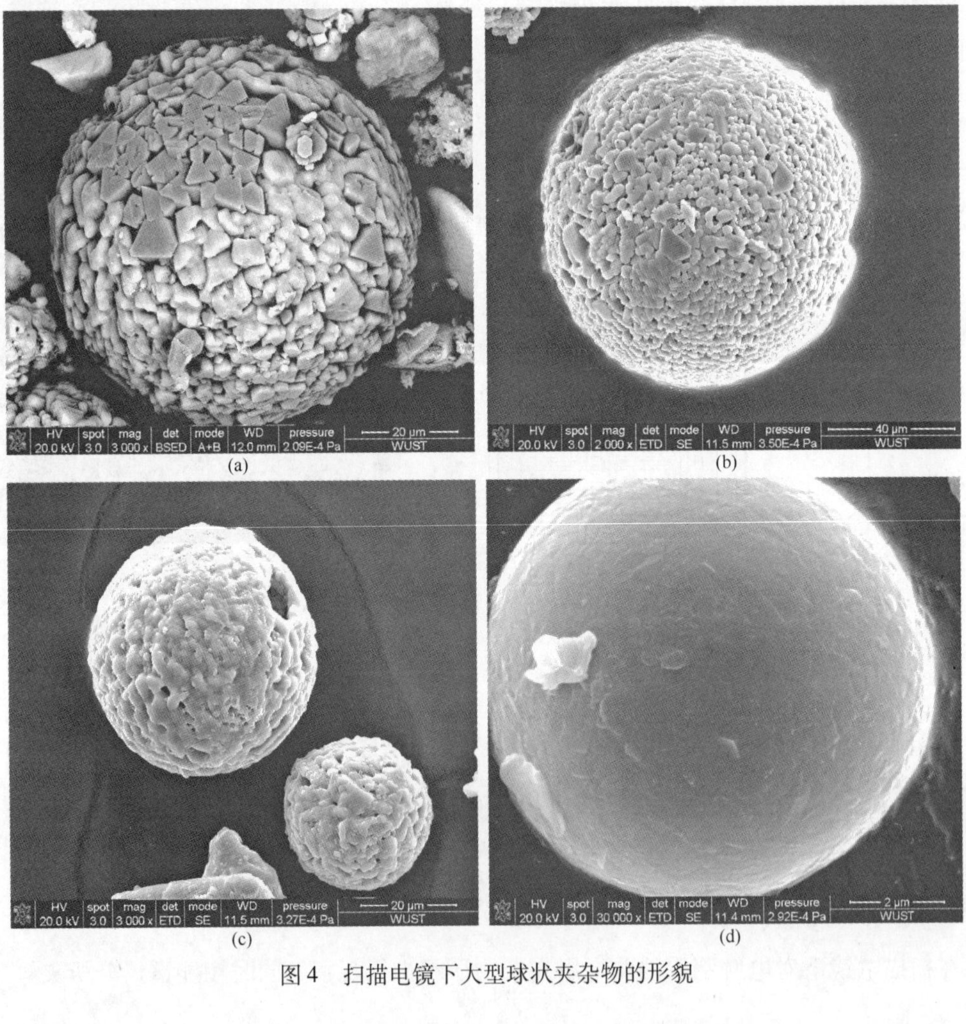

(a)　(b)　(c)　(d)

图4　扫描电镜下大型球状夹杂物的形貌

然保持着原来簇中 Al_2O_3 夹杂的形貌。

出钢过程和LF强搅拌精炼过程中，钢包内钢水搅拌强度很大，流场十分复杂，铝脱氧析出的 Al_2O_3 夹杂颗粒在相互靠近成簇的过程中，受钢包内钢水流动状态的影响很大，有的形成图4所示的球状，有的形成图5所示的长条状或棒状。从能谱成分看，图5中长条形夹杂物均为铝酸钙夹杂，但熔点比较高。图5（b）中部长条形铝酸盐表面白色的点状物，经能谱分析是CaS，表明钢液中呈固态的铝酸钙夹杂有一定的吸收S的能力，在钢液降温凝固过程中，铝酸钙吸收的S以CaS形式饱和析出。

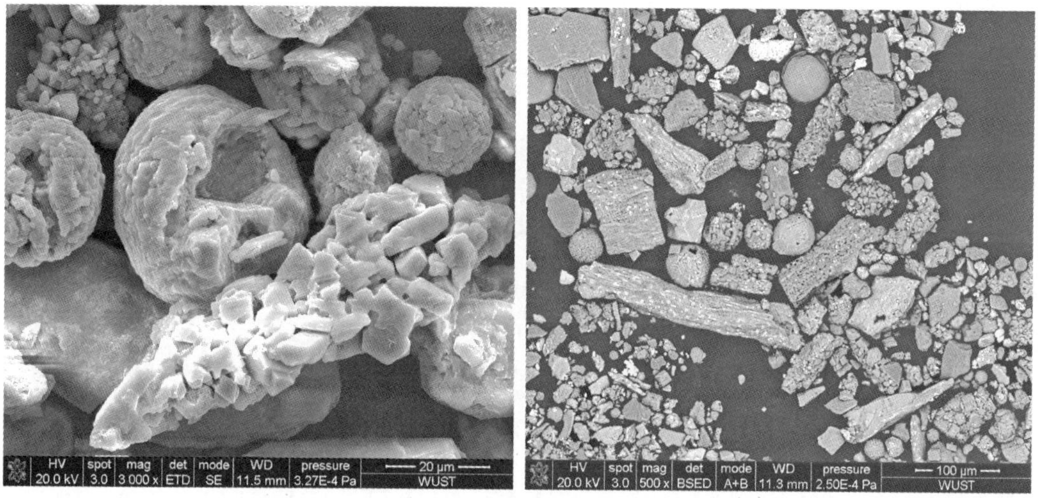

(a) (b)

图5 长条形铝酸盐夹杂形貌

4 结语

通过对钙处理后钢液取样，用四甲基氯化铵—无水甲醇溶液电解萃取钢中的非金属夹杂物，在扫描电镜下观察大型球状夹杂物形貌，认为钢中的大型球状夹杂起源于成簇的铝脱氧产物。这种由大量小颗粒 Al_2O_3 组成的夹杂簇，在钢包内复杂流场的冲击下形成球状或长条形的棒状。钢液在钙处理过程中，钙线喂入区域附件钢水中的钙含量较高，Al_2O_3 夹杂簇向低熔点的 $12CaO \cdot 7Al_2O_3$ 变性比较充分，液态的铝酸钙液滴在表面张力作用下收缩成球，钢液凝固后形成致密的大型球状夹杂物；而远离钙线喂入区域的钢水中的 Al_2O_3 夹杂簇被钙变性的程度比较低，夹杂物熔点仍然很高，外形仍然保留 Al_2O_3 夹杂颗粒形貌。无论钙处理变性是否充分，液态或固态的铝酸钙都对钢液中的S有一定的吸收能力，在钢液浇注过程中，随着钢液温度下降，铝酸钙吸收的S以CaS形式饱和析出。

参 考 文 献

[1] 杨念祖，朱良．轴承钢钙处理时点状夹杂物生成及转变的热力学分析[J]．钢铁，1988，23(3)：43-46.

[2] 周德光，王昌生．精炼渣系对钢中夹杂物的影响[J]．特殊钢，1991，12(5)：30-34.

[3] 王昌生．控制轴承钢点状夹杂物的生成条件[J]．冶钢科技，1994(1)：22-27.

[4] 刘宇雁，李传薪，王昌生．炉渣碱度对轴承钢夹杂物的影响[J]．华东冶金学院学报，1997，14(4)：370-375.
[5] 于平，陈伟庆，冯军，等．高碱度渣精炼的轴承钢中夹杂物研究[J]．钢铁，2004，39(7)：20-23.
[6] 缪新德，徐国庆，陈情华，等．GCr15 钢中大颗粒夹杂（Ds 类）的生成原因分析[J]．炼钢，2007，23(2)：21-24.
[7] 杜佳美，王日红，许加陆，等．硅钡处理对轴承钢大型球状夹杂（Ds）的影响[J]．河南冶金，2012，20(5)：17-18.
[8] 马文俊，包燕平，王敏，等．轴承钢 GCr15 铸坯夹杂物的分析研究[J]．钢铁钒钛，2014(4)：98-102.

电渣冶金过程物理化学

——夹杂物去除、脱硫、脱氧及脱氢的热力学研究

郭汉杰

（北京科技大学冶金与生态工程学院，高纯金属特种熔炼与制备北京市重点实验室，北京 100083）

摘　要：用物理化学原理对电渣过程夹杂物的去除和分散机理、脱硫、脱氧及脱氢的热力学进行了研究。通过分析电渣冶金过程夹杂物在钢的熔化—液膜—熔滴—金属熔池形成过程的行为及伴随着钢渣间界面积的大小变化的关系，进一步支持了夹杂物的去除主要发生在母电极端头液滴形成低落前的理论；从夹杂物—渣—钢液间的界面张力的分析，提出了夹杂物去除过程自由能变化的关系式。将电渣冶金脱硫过程分为“钢液的硫进入熔渣”和“熔渣中的硫进入气相”两个阶段，用热力学原理分别分析了这两个阶段影响脱硫的因素；推断多数硫的脱除是在自耗电极初始熔化形成液膜—聚合成为液滴滴落前的阶段，由于高温和非常大的单位质量的表面积的原因；利用分子理论提出了熔渣脱硫所需的自由 CaO 的计算公式。通过研究氧在电渣过程的行为，推断钢液中的溶解氧的脱除发生在金属熔池与熔渣间，提出有利于脱氧的条件是渣中低的 FeO 的活度和相对浅薄的金属熔池。用热力学方法研究了电渣过程水蒸气进入钢液形成氢的机理和不同温度、压强下水蒸气、气相中氢气与钢液平衡溶解氢的浓度间的关系。

关键词：电渣冶金；夹杂物去除、脱硫、脱氧、脱氢；热力学

Physical Chemistry in Electroslag Remelting Process

——Thermodynamic Study of Inclusion Removal, Desulfurization, Deoxidation, Dehydrogenation

Guo Hanjie

(School of Metallurgical and Ecological Engineering, University of Science and Technology Beijing, Beijing 100083)

Abstract: With the application of the principle of physical chemistry, the thermodynamic of inclusion removal and dispersion, deoxidation, desulfurization and dehydrogenation is illustrated. During the electrode remelting process, the relationship of the inclusion behaviorduring the melting-liquid film-droplet-metal bath and the size of the interface between steel and slag is analyzed, so that the theory that inclusion removal mainly achieved during the time when droplet is formed at the tip of the comsumable electrode is confirmed. By analyzing the interfacial tension between the inclusion, the slag, and the liquid steel, the equation that describes the change of the free energy during inclusion removal is proposed. The desulfurization process during electroslag remelting is divided into two stage, including sulphur diffusing from liquid steel to slag and from slag to gaseous phase. And the key factor of the desulfurization is analyzed with the help of thermodynamic principle. It is the high temperature and the high specific surface area that make the time when droplet is formed at the tip of the comsumable electrode be best to desulfur. Molecular theory is employed to obtain the amount of the free calcium oxide that is needed for desulfurization of the slag. By analyzing behavior of oxide during electroslag remelting, the deoxidation is confirmed between metal liquid bath and slag. Low activity of ferrous oxide in slag and relatively shallow metal liquid bath is considered to favor the deoxidation process. The mechanism of hydrogen absorbed via vapour during electroslag remelting and the relationship between the concentration of the equilibrium hydrogen in metal and that in gaseous phase is achieved, with thermodynamic analysis, when the temperature and the pressure are changed.

Keywords: electroslag remelting; inclusion removal, desulfurization, deoxidation, dehydrogenation; thermodynamic

1 引言

电渣冶金是生产特殊钢和高温合金的重要方法。电渣冶金凭借其诸多的优点，如所冶炼的金属性能的优异性（包括纯净度高、组织致密、成分均匀、表面光洁）、经济的合理性（设备简单、操作方便、生产费用低于真空电弧重熔、金属成材率高）以及工艺的稳定性、灵活性和可控性，所以世界各国都致力于开发、研究和发展该技术。虽然经过一段衰减期，但随着各个国家国防及高新技术领域对特殊要求的高性能钢材的需求，近几年来这项技术又开始受到热捧，并开始迅速发展起来。特别是中国的高速发展和国防现代化的需求，对特殊需求的高质量钢材更加强烈，如航母、潜水艇、大型航空发动机等元部件不能从国外发达国家获得的情况下，急需自主研发。目前的电站冶金已经从最初的一个专利研发开始，发展成为一门跨行业、跨专业的新学科，并开拓出了不少新分支，如电渣重熔、电渣熔铸、电渣转注、电渣浇注、电渣离心浇铸、电渣热封顶、电渣焊接、电渣复合等，但电渣重熔技术仍是电渣冶金的主要分支和核心技术。因此有人说，电渣冶金的发展也许是中国人由钢铁大国走向钢铁强国的桥梁。

虽然电渣冶金的发展以及非常成熟，但与其相关的一些物理化学问题还有待研究。必须指出，虽然已经有无数的学者对这一工作进行过辛勤劳动，但本文还是想从另一个角度审视这个话题！从其冶炼的功能追溯和总结其各个功能的冶炼原理，是自然界“理论—实践—理论—…”循环的发展规律，从这一规律出发，目前电渣冶金学科的技术理论，发展到第几个循环已经不重要了，重要的是需要有理论工作者的不断总结，以利于循环的延续和再循环！电渣冶金的精炼过程夹杂物是如何去除的，硫、氧、氢是如何脱除的？还有待从冶金物理化学原理的角度进行更加系统的研究。

2 电渣冶金夹杂物去除与分散原理

根据电渣冶金的机理，母电极中夹杂物在电渣冶金过程中有四种取向：

（1）当电极端头在受到电流的焦耳热的炉渣中熔化时，首先形成一薄层金属液膜，此时母电极中夹杂物从金属液中浮出或直接暴露而被熔渣吸附。

（2）金属液膜形成液滴滴落过程，夹杂物和金属熔体的密度差的原因，滴落过程高密度的金属与低密度的夹杂物受到不同重力和浮力的双重作用，促进夹杂物暴露在金属液滴的表面，然后被熔渣吸附。

（3）进入金属熔池后，由于电渣过程的金属熔池相对较浅，有利于夹杂物上浮到熔渣中被渣吸收。

（4）没有机会上浮的和由于温度降低新生成的夹杂物永远留在钢液中直至凝固。

对于被凝固在钢锭中的夹杂物的特点：

（1）由于粒度较大的夹杂物基本上都在一、二、三部分被熔渣吸附，所以留在凝固的钢锭中的多为粒度较小的；况且在第一阶段被吸附的夹杂物占有相对较大的比例。

（2）落入金属熔池中的金属液滴以较快的速率凝固，其中剩余的细小夹杂物来不及聚集就已经被捕捉，基本上保留了其在液态金属中的状态，所以在钢中相对均匀的分散、分布。研究也发现，这些夹杂物对钢的性能的影响已经相对减弱。

这就是电渣冶金过程夹杂物的去除和凝固后的分散理论。由于多数大型夹杂物的消失和剩余小型夹杂物均匀分散在固态金属中，因而在钢锭成材后，其力学性能与其他精炼得到的同样的夹杂物大小和总量相比大幅度提高。

必须指出，虽然大部分大颗粒夹杂物都在第一阶段被熔渣吸附，但在其他三个过程中依然可以影响夹杂物在钢中的分配，其大小体现了操作者技术水平的高低。

夹杂物的去除和分散理论是电渣冶金最重要的理论，是历经数十年的研究和生产实践形成的，其历史渊源需要说明。

夹杂物主要是在自耗电极端头被去除的理论的主要部分实际上由中国冶金学家傅杰[1]和李正邦[2]在20世纪60年代初同时发现的，在此之前，世界上普遍认为电渣冶金的大部分夹杂物是由于金属熔池比其他的冶金过程的浅薄、并容易上浮而去除的，为了证实这一说法，研究者还进行了Stocks的理论模型的计算。后来国际电渣冶金大师B. I. Medovar在1970年出版的《电渣重熔》一书里[3]，在“非金属夹杂物去除机理”一节中，删掉了他们在1963年出版的《电渣重熔》一书中关于浮升去夹杂物的内容[3]，改用了1964年傅杰在《金属学报》上发表的一篇文章《电渣重熔过程中氧化物夹杂》的数据与观点[4]。

之后世界上陆续有人通过各种实验和理论模型证实中国学者的理论，这些实验结果归纳起来有如下：

（1）自耗电极沿表面逐层熔化，沿锥面形成薄膜，厚度远比熔滴半径及金属熔池深度小，其钢渣接触面积又较熔滴为大，如图1所示，而且在逐渐熔化的过程中，任何部分夹杂物都可能和熔渣接触并进行反应。

（2）电极熔化末端熔滴形成过程的钢渣接触面积最大，达3218mm^2/g，它是熔滴过程的67倍，是金属熔池的21000倍，因此是夹杂物被熔渣吸附的主要位置。

（3）电极熔化末端熔滴形成的时间较熔滴滴落时间为长，约为1.41倍。尽管不如金属熔池存在时间长，但从动力学观点出发，将接触面积和作用时间综合考虑，电极熔化端头熔滴形成过程依然是夹杂物去除最有利过程。

（4）自耗电极因为熔化端头呈锥形，其尖端在熔滴形成的末端，由于电磁引缩效应，在端头形成缩颈，如图 1 所示，所以端头电流密度最大，有尖端放电的特征，这个区域温度最高，从而降低了熔渣的黏度。高温、接触面积的双重作用，促使电极熔化末端熔滴形成、滴落之前，和熔渣接触并发生反应，钢中大部分的原始夹杂物被大量去除。

李正邦提出电渣重熔去除非金属夹杂物主要发生在电极熔化末端熔滴形成阶段[2]，研究设计了氩气保护电渣重熔过程中，中断电流将电极快速提升出渣面，用金相法统计电极端头熔化区、未熔化区以及铸锭中夹杂物面积和单位面积内夹杂物个数，见表 1。发现电渣重熔去除非金属夹杂物主要发生在电极熔化末端。

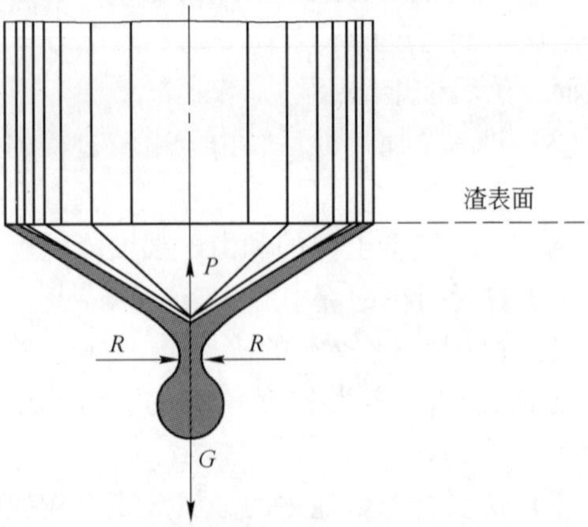

图 1　作用在电极末端熔滴形成过程及作用力分布

G—重力；R—电动力；P—表面张力的合力

Fig. 1　Force distribution during formation of droplet at tip of electrode

表 1　电渣重熔不同区域钢中夹杂物变化

Table 1　Inclusion varation in different area during electroslag remelting

重熔阶段	分析区域	视场数	$1mm^2$ 中夹杂物个数/个	$1mm^2$ 中夹杂物面积/μm^2	夹杂物去除率/%
电　极	电极未熔化区①	300	3. 767	0. 618	—
	电极熔化区②	300	2. 104	0. 2214	—
	电极端头夹杂物去除率(①－②)/①	—	—	—	64. 4
铸　锭	提纯后铸锭③	300	—	0. 32	
	铸锭对电极熔化区夹杂去除率(②－③)/②	—	—	—	－46. 2
	电渣重熔总去除率(①－③)/①	—	—	—	48. 2

朱觉、傅杰等人通过实验对电极端头熔化区及未熔化的硫含量进行了对比[1]，见图 2。并指出，电渣重熔去硫主要发生在电极熔化末端[5]。

还有一个问题需要解决，夹杂物是否一接触到渣就被捕获并吸收？可以从热力学角度，对高温下熔渣对非金属夹杂物的湿润、吸附及溶解能力进行计算[6]。以球状夹杂物为例，炉渣吸附夹杂物的条件是自由能变化 $\Delta G<0$，如式（1）所示：

$$\Delta G = \sigma_{S\text{-}I} - \sigma_{M\text{-}I} - \sigma_{M\text{-}S}\cos\alpha < 0 \quad (1)$$

从吸附要求出发，夹杂物和炉渣界面张力 $\sigma_{S\text{-}I}$ 越小越好。而从渣和钢液的夹杂物开始接触（$\alpha = 0°, \cos\alpha = 1$）到夹杂物一半进入渣相（$\alpha = 90°, \cos\alpha = 0$）时，钢液和渣界面张力

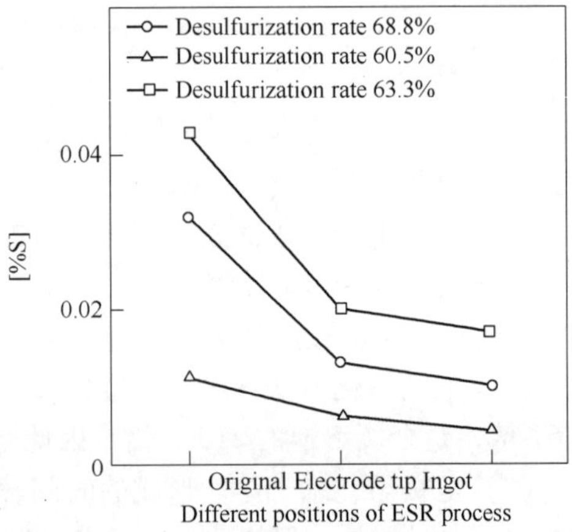

图 2　电渣重熔不同区域钢中［S］变化

Fig. 2　Sulphur varation in different area during electroslag remelting

$\sigma_{M\text{-}S}$ 越大越好，但随着夹杂物继续进入渣相，$\alpha = 90° \sim 180°$，$\cos\alpha$ 变为负值，带入式（1），则要求 $\sigma_{M\text{-}S}$ 越小越好。有人认为后一阶段夹杂物是通过溶解完全进入渣相，所以选择渣系仍然以 $\sigma_{M\text{-}S}$ 值较大为原则，并导出夹杂物由半径 R_1 溶解到 R_2 所需时间 t，如式（2）所示：

$$t = \frac{2\rho_I(R_1 - R_2)\sigma_{M\text{-}I}}{(\sigma_{M\text{-}S} + \sigma_M + W_{S\text{-}I} - \sigma_S W_{M\text{-}I})^{1/2}} \tag{2}$$

式中，ρ_I 为夹杂物密度；$\sigma_{M\text{-}S}$，$\sigma_{M\text{-}I}$ 分别为钢与渣，钢与夹杂物的界面张力；σ_M，σ_S 分别为钢、渣的表面张力；$W_{S\text{-}I}$，$W_{M\text{-}I}$ 分别为渣与夹杂、钢与夹杂物的吸附功。

虽然中国学者已经通过实验确定了电渣冶金过程夹杂物的去除主要发生的液膜的形成到液滴滴落之间的时间段，但在夹杂物去除和分散的物理化学原理方面，目前还有如下内容需要研究：

（1）各种夹杂物与渣、钢的界面张力还缺少数据，需要研究者在实验室进一步确定，以便在对不同夹杂物的去除过程中选择合适的渣系。

（2）中、小型夹杂物的形成和去除机理有待进一步研究。这里面主要的物理化学问题是，不同类型的中、小夹杂物的形成与钢液成分、渣的组成及温度的关系如何？如果这些都弄明白了，就可以在电渣过程中控制和消除。

（3）电渣过程中，渣成分是随冶炼不同钢种而逐渐变化的，这些变化对夹杂物的去除效果的影响如何，其反应机理如何，还有待研究。

3 电渣冶金脱硫物理化学研究初探

电渣冶金过程脱硫并没有超越一般的冶金物理化学原理，但是其工艺和装备的特征却赋予脱硫条件的特殊性。

从电渣冶金的特殊性分析，脱硫反应的动力学及反应机理可分为两部分：

（1）钢液中的硫进入熔渣中；

（2）渣中的硫在大气氧化条件下进入大气。

下面分别从这两方面进行研究，由于缺少很多实验数据的支持，所以该部分的研究只能是初探。

3.1 脱硫反应的热力学

在研究脱硫反应动力学之前，必须要对渣钢界面脱硫反应的热力学进行研究，反应

$$[S] + (CaO) = [O] + (CaS) \tag{3}$$

$$\Delta G^{\ominus} = 124455 - 50.26T \tag{4}$$

$$\lg K_S = -\frac{6500}{T} + 2.025 \tag{5}$$

由此可以总结出脱硫的条件：

（1）界面反应处需要高温。升高温度可使脱硫的平衡常数 K_S 增大，可提高硫的分配比，所以高温有利于脱硫，如表 2 所示，当温度从 1500℃ 增加到 1800℃ 时，平衡常数增加了 3.4 倍。在自耗电极熔化末端—熔滴形成阶段，由于端头达到最大的电流密度使形成

熔滴的过程中温度急剧增高，造成了非常好的热力学条件。

表 2 不同温度下脱硫反应平衡常数

Table 2 Equilibrium constant of desulfuration under different temperature

T/K	K_S	T/K	K_S
1773	0.0909	1973	0.2140
1823	0.1146	2023	0.2581
1873	0.1427	2073	0.3086
1923	0.1757		

（2）熔渣中尽量高的自由 CaO 含量。这从反应（3）看得很清楚，目前的教科书都以提高碱度为增加脱硫能力的条件，实际上是不严格的，因为脱硫反应中是自由 CaO，而高碱度只是表征自由 CaO 可能会增加，但不一定必然会增加。如渣中只有 CaO 和 SiO_2，碱度的定义对脱硫是有指导意义的，但如果渣中还有 Al_2O_3 等化合物，就必须要用自由 CaO 的多少表征渣的脱硫能力的大小。由于电渣冶金使用的完全没有 SiO_2 的渣，事实上自由的 CaO 的量是很高的。根据熔渣的分子理论，熔渣中自由的 CaO 的计算公式为：

$$n_{CaO} = n_{CaO}^0 - 2n_{SiO_2} - 4n_{P_2O_5} - 1.7n_{Al_2O_3} \tag{6}$$

这些都是以摩尔数表示的，计算起来不方便，如果用质量分数表示，可以表示为式（7）：

$$(\%CaO)_{自由} = (\%CaO)^0 - 1.87(\%SiO_2) - 1.58(\%P_2O_5) - 0.93(\%Al_2O_3) \tag{7}$$

其中，$(\%CaO)^0$ 表示配料中初始 CaO 的质量分数。由此计算后，如果熔渣的 $(\%CaO)_{自由}$ 为正值，说明该渣还具有脱硫能力，且数值越大，脱硫能力越大；如果 $(\%CaO)_{自由}$ 已经为负值，说明该渣已经失去脱硫能力。

（3）钢（铁）液中低的溶解氧 [O]。从反应（3）可以看出，降低钢液中溶解氧 [O] 的含量，有利于脱硫反应的进行。钢液中的溶解氧由渣的氧化性决定：

$$(FeO) = [O] + [Fe] \tag{8}$$

如果渣在冶炼过程中产生大量的 FeO，就会向钢液中传递氧，从而影响甚至抑制脱硫，所以要脱硫，首先把渣中的 FeO 脱除干净，这就是脱氧。冶金过程脱氧，从热力学的角度，脱除钢液和渣中的氧都是脱氧，将在后面讨论。

（4）造就单位重量尽可能大的钢液—熔渣的界面积。脱硫反应是渣—钢界面反应，在自耗电极熔化末端—熔滴形成阶段，钢渣充分接触，接触的面积高达 3.218m^2/kg，为钢渣间的反应提供了非常好的动力学条件。很遗憾的是，没有人能对这么好的动力学条件进行评估！

（5）良好的搅拌。在自耗电极熔化末端—熔滴形成阶段，后续的钢液形成实际上对已经存在的钢液有一个搅拌作用，钢液滴的滴落过程对熔渣也有一个搅拌作用，这两方面的双重作用也加强了对界面上的脱硫反应的动力学条件。

3.2 熔渣—钢液间的脱硫

硫由钢液进入渣中，其反应动力学机理为五部分：

（1）钢液中的硫通过扩散由内部到钢渣界面

$$[S] \longrightarrow [S]^{M\text{-}S} \tag{9}$$

（2）渣中的自由的 CaO 从渣内部扩散到渣钢界面

$$(CaO) \longrightarrow (CaO)^{M\text{-}S} \tag{10}$$

（3）渣钢界面的脱硫反应

$$[S]^{M\text{-}S} + (CaO)^{M\text{-}S} \longrightarrow [O]^{M\text{-}S} + (CaS)^{M\text{-}S} \tag{11}$$

（4）渣钢界面的氧向钢液内部扩散

$$[O]^{M\text{-}S} \longrightarrow [O] \tag{12}$$

（5）渣钢界面的 CaS 向熔渣内部扩散

$$(CaS)^{M\text{-}S} \longrightarrow (CaS) \tag{13}$$

式中，$[S]$，$[S]^{M\text{-}S}$分别为钢液内部和钢渣界面的硫；$[O]$，$[O]^{M\text{-}S}$分别为钢液内部和钢渣界面的氧；(CaO)，$(CaO)^{M\text{-}S}$分别为渣内部和渣钢界面的 CaO；(CaS)，$(CaS)^{M\text{-}S}$分别为渣内部和渣钢界面的 CaS。

类似夹杂物去除的三个过程，以上的脱硫也发生在这三个过程中，即电极端头的钢液膜形成到形成的液滴滴落之前阶段、液滴滴落过程和金属熔池。这三个过程的脱硫反应机理都是一样的，但每一个过程的限制环节肯定会有差别，先尝试性分析。

（1）在电极端头的钢液膜形成到形成的液滴滴落之前阶段的脱硫反应，可以看出：

1）由于电极端头形成的钢液液膜很薄，所以硫由钢液内部向钢渣界面扩散、溶解氧有钢渣界面向钢液内部扩散都不是限制环节

$$[S] = [S]^{M\text{-}S} \tag{14}$$

$$[O]^{M\text{-}S} = [O] \tag{15}$$

2）由于电磁场的搅拌作用，电渣冶金过程对熔渣的搅拌很强烈，所以 CaO 从渣内部向渣钢界面的扩散和 CaS 从渣钢界面向渣内部的扩散也都不会是限制环节

$$(CaO) = (CaO)^{M\text{-}S} \tag{16}$$

$$(CaS)^{M\text{-}S} = (CaS) \tag{17}$$

3）最后只有一种可能，就是这个过程脱硫反应的限制环节是渣钢界面化学反应。所以，脱硫反应在电极端头具有界面反应特征，反应（18）的反应速率需要进行研究

$$[S] + (CaO) \longrightarrow [O] + (CaS) \tag{18}$$

（2）对于在钢液液滴的滴落过程的脱硫反应：

1）由于钢液液滴处于滴落过程，所以 CaO 从渣内部向渣钢界面的扩散和 CaS 从渣钢界面向渣内部的扩散也都不会是限制环节；

2）在电极的端头刚形成液滴时，温度较高，界面反应很快会达到平衡；

3）从液膜到液滴，钢液的厚度增加了很多倍，加之液滴滴落过程的时间很短，所以硫由钢液内部向钢渣界面扩散和溶解氧有钢渣界面向钢液内部扩散都有可能是限制环节。但是它们联合限制还是其中一个为主，有待进一步研究。

（3）钢液达到金属熔池后，情况会变得更加复杂：

1）由于电磁搅拌和液滴的不断滴落，对熔渣的搅拌依然活跃，所以渣中的 CaO 和

CaS 两个组元的扩散依然不会是这个过程的限制环节；

2）渣钢界面处温度相对较低，对脱硫的界面反应不利；金属熔池的深度相对于电极端头的液膜和滴落的液滴来说，都应该比较深，所以钢液中［S］和［O］的扩散依然是可能的限制环节。

综合以上三个过程，可以看出，与夹杂物的去除的机理类似，电极端头液膜形成到液滴滴落之前的这段时间，脱硫限制环节最少，只有界面化学反应一个基元，而这个基元恰恰是系统温度最高、对界面反应最有利的时候。所以，这个过程对脱硫几乎没有阻碍，况且此时钢液的界面积比液滴大 67 倍、比金属熔池大 21000 倍，造就了这个过程得天独厚的动力学条件。可以得出结论，电渣过程的大多数的脱硫应该在这个过程完成，这与朱觉、傅杰早期的研究非常吻合[1]。

但到目前为止，还没有发现文献对这三个过程动力学进行详细研究的报道。其原因很可能是两方面，一方面是研究的难度大；另一方面可能是在现有电渣冶金条件下，通过改善热力学条件，对硫脱除似乎都能达到，所以研究者也就失去了进一步探索的兴趣。可以预测，随着未来对超低硫钢的要求越来越强烈，探索研究脱硫反应三个阶段的限制环节是必然的趋势。

3.3 渣中硫由渣中进入大气的反应

渣中硫由渣中进入大气的反应动力学，其脱除机理如下：

$$\begin{cases} (\mathrm{CaS}) \longrightarrow (\mathrm{CaS})^{\mathrm{S\text{-}G}} \\ \mathrm{O_2} \longrightarrow \mathrm{O_2^{S\text{-}G}} \\ (\mathrm{CaS})^{\mathrm{S\text{-}G}} + \mathrm{O_2^{S\text{-}G}} \longrightarrow (\mathrm{CaO})^{\mathrm{S\text{-}G}} + \mathrm{SO_2^{S\text{-}G}} \\ (\mathrm{CaO})^{\mathrm{S\text{-}G}} \longrightarrow (\mathrm{CaO}) \\ \mathrm{SO_2^{S\text{-}G}} \longrightarrow \mathrm{SO_2} \end{cases} \tag{19}$$

式中，O_2，$O_2^{S\text{-}G}$ 分别为气相中和渣气界面的氧；SO_2，$SO_2^{S\text{-}G}$ 分别为气相中和渣气界面的氧化硫；（CaO），$(CaO)^{S\text{-}G}$分别为渣内部和渣气界面的 CaO；（CaS），$(CaS)^{S\text{-}G}$分别为渣内部和渣气界面的 CaS。

硫由渣中通过与大气中的氧反应而进入大气的动力学研究与反应（3）一样，目前也还没有发现文献报道，但通过以下的反应热力学，可以看出，这一方面的动力学研究似乎没有必要。

对渣气界面 CaS 的氧化反应

$$(\mathrm{CaS}) + \frac{3}{2}\mathrm{O_2} = (\mathrm{CaO}) + \mathrm{SO_2} \tag{20}$$

$$\Delta G^{\ominus} = -609947 + 167.17T \tag{21}$$

由

$$K_{\mathrm{S\text{-}O}} = \frac{P_{\mathrm{SO_2}}}{P_{\mathrm{O_2}}} \frac{a_{\mathrm{CaO}}}{a_{\mathrm{CaS}}}$$

得

$$P_{\mathrm{SO_2}} = P_{\mathrm{O_2}} K_{\mathrm{S\text{-}O}} \frac{a_{\mathrm{CaS}}}{a_{\mathrm{CaO}}} \tag{22}$$

可以计算出不同温度下反应（20）的平衡常数，如表 3 所示。若在大气条件下，$P_{O_2}=0.21$，假设$\frac{a_{CaS}}{a_{CaO}}=10^{-5}$，即熔渣中的 CaO 含量是 CaS 含量的 100000 倍，可以计算平衡的 SO_2分压也是非常大的，如表 3 所示。

表 3 气相脱硫的平衡常数及相关硫分压计算

Table 3 Equilibrium constant of desulfurization and related pressure in gas

T	$K_{S\text{-}O}$	$P_{SO_2}\Big/\left(\frac{a_{CaS}}{a_{CaO}}\right)=10^{-5}$	T	$K_{S\text{-}O}$	$P_{SO_2}\Big/\left(\frac{a_{CaS}}{a_{CaO}}\right)=10^{-5}$
1723	5747802607.32	12070.39	1923	68591324.41	144.04
1773	1729880771.45	3632.75	1973	26084619.87	54.78
1823	556078884.02	1167.77	2023	10405318.56	21.85
1873	189920404.60	398.83	2073	4338903.05	9.11

可以看出，若熔渣暴露在大气条件下，即使在渣中 CaO 的浓度超级大的情况下，大气中的氧对熔渣的脱硫能力依然是非常强的。所以如果硫能由钢液进入渣中，对于没有气氛保护的电渣冶金来说，在大气环境下，脱硫是非常强烈的。这也带来一个环境问题，在钢中硫含量高是需要考虑的。但是，如果在惰性气氛保护的情况下，熔渣中的硫失去了空气的氧化作用，CaS 的挥发如何，也是值得研究的一个方面。

有人曾经研究交流电渣重熔时，气氛的氧分压与渣中硫的关系。无保护气体下熔炼，采用高碱度渣，熔渣去硫效果特别显著。在低氧分压的气氛下，无论何种碱度的渣系，均能抑制硫的去除。表 4 是精炼萤石时，在坩埚上加盖和不加盖的条件下硫含量的变化，数据表明不加盖坩埚的精炼，具有明显的去硫效果。这是因为气相中的氧将渣相的硫氧化，形成二氧化硫气体逸出的结果。除了 C. K. Cooper 等人研究结果表明在氩气气氛下熔炼时能够抑制硫的转移外，采用惰性气体作为气氛也能改善脱硫率。气氛不同其去硫效果不同，在大气下熔炼时，脱硫率可达 50 %，而在氩气气氛下熔炼时，脱硫率约为 25%[5]。

表 4 不同气氛条件下精炼萤石的硫含量

Table 4 Sulphur content in fluorite under different atomosphere

实 验 条 件	化学成分/%		
	S	SiO_2	CaO
萤石原矿	3.7	1.22	3.22
带盖石墨坩埚精炼	1.4	痕量	4.36
无盖石墨坩埚中精炼	0.2	0.04	4.09

4 电渣冶金脱氧热力学

钢液中的氧以两种形式存在，一种是高熔点的氧化物夹杂，由于尺寸较小，其黏滞阻力和浮力相等，没有上浮的条件或有条件而没有时间上浮，最后留在钢液中，另一部分为溶解氧，溶解氧在钢液凝固时会有两种取向，一部分会附着在满足析出热力学条件的一些氧化物夹杂表面，继续会长大，或在小区域内新生一些微小的同类夹杂；另一部分溶解氧则在凝固的最后以 FeO 的形式保留在晶界。而钢锭熔化时氧的走向和凝固互为逆过程。弄清楚了氧的存在形式，以及在钢熔化和凝固时的变化机理，然后研究如何脱氧。

氧化物夹杂物的脱除如前所述，这里不再赘述。

这里研究哪些在钢液凝固的最后以 FeO 的形式保留在晶界的氧和由于温度升高，部分氧化物夹杂分解产生的氧，当形成钢液时，又以溶解氧形式返回到钢液中，这些氧如何脱除？

溶解氧从钢液中进入渣中的主要途径是反应（23）的逆反应

$$(FeO) = [O] + [Fe] \tag{23}$$

$$\lg K_O = \lg\frac{[\%O]}{a_{FeO}} = -\frac{6320}{T} + 2.734 \tag{24}$$

反应（23）被称之为氧在钢液和渣中的分配反应，其平衡常数用式（24）计算，也被称为氧在钢液和渣中的分配常数，随温度的变化如表 5 所示。

表 5　脱氧的平衡常数与温度的关系

Table 5　Relationship between deoxidation constant and temperature

T/K	K_O	$[\%O]_{饱和}$	T/K	K_O	$[\%O]_{饱和}$
1723	0.1164	0.1164	1923	0.2802	0.2802
1773	0.1477	0.1477	1973	0.3394	0.3394
1823	0.1850	0.1850	2023	0.4073	0.4073
1873	0.2289	0.2289	2073	0.4845	0.4845

从表 5 可以看出，当温度升高时，氧在由渣向钢液中传递的平衡常数增加非常明显。温度从 1500℃增加到 1800℃时，平衡常数增加了 3 倍。由于

$$K_O = \frac{[\%O]}{a_{FeO}} \tag{25}$$

假设 $a_{FeO}=1$，即氧在钢液中溶解达到饱和，氧在不同温度下的饱和溶解度也就和平衡常数相同；而要把钢液中的溶解氧脱除，唯一的办法是降低熔渣中的 a_{FeO}，由于

$$[\%O] = K_O a_{FeO} \tag{26}$$

假如渣中的 $a_{FeO}=10^{-3}$一定，在渣钢间的反应达到平衡时，1500℃时钢液中平衡的溶解氧为 $[\%O]=1.477\times10^{-4}$；而温度升高到 1800℃时，钢液中平衡的溶解氧为 $[\%O]=4.845\times10^{-4}$，增加了 2 倍。

现在讨论电渣过程钢液如何脱氧。

（1）可以肯定，自耗电极熔化末端 - 熔滴形成阶段，虽然钢渣充分接触，接触面积也异常大，但由于电渣冶金的特点，此处的温度很高，钢液液膜的温度一定高于母电极在冶炼时凝固前的温度，所以此处脱氧的热力学条件并不好，如果渣中 FeO 较高，极容易由渣向钢液液膜传氧；但是如果熔渣中 a_{FeO}非常低，或者几乎达到为零的程度，这时依然可以脱除液膜中的溶解氧。

（2）在液滴的滴落过程的情况与上述基本相同。

（3）当钢液到达金属熔池后，由于金属熔池的下部传热条件好，在渣与金属熔池的界

面附近的温度大大降低，给钢液脱氧造成了非常好的热力学条件。如果此时金属熔池较浅，应该非常有利于脱氧。

总结起来，根据脱氧的热力学原理可以推断，如果能造就 FeO 活度异常低的熔渣，脱氧可以在全部三个过程都进行，但那个过程为主，需要进一步研究；一般情况下，电渣冶金过程脱氧主要在金属熔池进行的，此处有利于脱氧的条件主要有两个：一是相对较低的温度，造成有利于脱氧的热力学条件；二是相对较浅的金属熔池，有利于溶解氧向钢渣界面传递，形成了较好的动力学条件。

5 电渣冶金过程氢的行为及脱氢

电渣冶金过程脱氢似乎对许多研究者和生产组织者来说是一件很头疼的事。这主要还是没有把此过程中脱氢的机理搞明白，所以冶炼时控制不住钢液中的氢，特别是在南方地区天气比较潮湿时。

氢进入钢液的反应与水有关，目前都把研究方向引入离子理论，实际上是把反应复杂化了。其实氢进入钢液的过程可以分为两步来描述

（1）
$$H_2O_{(g)} = H_2 + \frac{1}{2}O_2$$

$$\Delta_r G^\ominus = 251880 - 58.33T \tag{27}$$

$$\ln K = -\frac{30296}{T} + 7.02 \tag{28}$$

（2）
$$\frac{1}{2}H_2 = [H]$$

$$\Delta_{sol} G^\ominus = 36480 + 30.46T \tag{29}$$

（1）与（2）相加，得

$$H_2O_{(g)} = 2[H] + \frac{1}{2}O_2 \tag{30}$$

反应（30）就是水蒸气中的氢如何进入钢液中，形成溶解氢的反应过程。下面分别研究电渣冶金的条件下，从热力学角度单独对水蒸气在高温下分解、氢在钢液中的溶解平衡和水蒸气直接进入钢液形成溶解氢等三个方面进行系统研究。

5.1 水的分解反应

先研究第一步，即反应（27），不同温度下水的分解反应的平衡常数计算值如表 6 所示。可以看出，随着温度的升高，水蒸气的分解反应的平衡常数逐渐增大。

表 6 不同温度下水的分解反应的平衡常数

Table 6 Equilibrium constant of water decomposition under different temperature

T	K_{H_2O}	P_{H_2} ($P_{H_2O}=0.01$)	0.1	0.5	1	1.5	2
1723	2.58E-05	5.64E-07	5.64E-06	2.82E-05	5.64E-05	8.46E-05	1.13E-04
1773	4.24E-05	9.26E-07	9.26E-06	4.63E-05	9.26E-05	1.39E-04	1.85E-04

续表 6

T	K_{H_2O}	P_{H_2} ($P_{H_2O}=0.01$)	0.1	0.5	1	1.5	2
1823	6.78E-05	1.48E-06	1.48E-05	7.40E-05	1.48E-04	2.22E-04	2.96E-04
1873	1.06E-04	2.31E-06	2.31E-05	1.15E-04	2.31E-04	3.46E-04	4.61E-04
1923	1.61E-04	3.51E-06	3.51E-05	1.76E-04	3.51E-04	5.27E-04	7.02E-04
1973	2.40E-04	5.24E-06	5.24E-05	2.62E-04	5.24E-04	7.85E-04	1.05E-03
2023	3.51E-04	7.65E-06	7.65E-05	3.83E-04	7.65E-04	1.15E-03	1.53E-03
2073	5.03E-04	1.10E-05	1.10E-04	5.49E-04	1.10E-03	1.65E-03	2.20E-03

而平衡常数为

$$K^{\ominus} = \frac{P_{O_2}^{0.5} P_{H_2}}{P_{H_2O}} \tag{31}$$

所以

$$P_{H_2} = \frac{K^{\ominus} P_{H_2O}}{P_{O_2}^{0.5}} \tag{32}$$

在大气环境下，$P_{O_2}=0.21$，分别计算水蒸气的压强 $P_{H_2O}=0.01$，0.1，1，2 变化时，氢气在不同温度下的平衡分压，如表 6 所示。

可以看出，当温度从 1500℃ 到 1800℃ 变化时，在大气下（$P_{O_2}=0.21$），对于水蒸气压力一定时，得到的氢气压强逐渐增高；而温度一定时，水蒸气压强从 0.01 增加到 2 时，氢气的压强也逐渐增加。所以，随着温度的增加，水蒸气分解得到氢气的压强是以正比例的指数关系增加的，但随着水蒸气的压强的增加，这种增加趋势变小，但绝对值变大。由此高温和水蒸气压强高均有利于水蒸气的分解。

5.2　气相中的氢气在钢液中溶解

如反应（33），对于氢气进入钢液的反应热力学是遵守西华特定律的，即

$$\frac{1}{2}H_2 === [H] \tag{33}$$

$$\Delta_{sol}G^{\ominus} = 36480 + 30.46T \tag{34}$$

$$\ln K^{\ominus}_{[H]} = -\frac{4388}{T} - 3.46 \tag{35}$$

而

$$K^{\ominus}_{[H]} = \frac{[\%H]}{P_{H_2}^{0.5}} \tag{36}$$

所以

$$[\%H] = K^{\ominus}_{[H]} P_{H_2}^{0.5} \tag{37}$$

当 $P_{H_2}=1$，0.1，0.01，0.001，0.0001，0.00001 时，已经完全覆盖了 H_2O 的压强从

1 到 0.01 所分解得到氢气压强的范围，计算了这些压强与钢液中的氢的溶解度平衡，如表 7 所示。

表 7 不同氢气分压下钢液中的氢的溶解量

Table 7 Nitrogen content in metal under different partial pressure

T	$K^{\ominus}_{[H]}$	$P_{H_2=1}$	$P_{H_2=0.1}$	$P_{H_2=0.01}$	$P_{H_2=0.001}$	$P_{H_2=0.0001}$	$P_{H_2=0.00001}$
1723	2.46E-03	2.46E-03	7.79E-04	2.46E-04	7.79E-05	2.46E-05	7.79E-06
1773	2.65E-03	2.65E-03	8.37E-04	2.65E-04	8.37E-05	2.65E-05	8.37E-06
1823	2.83E-03	2.83E-03	8.95E-04	2.83E-04	8.95E-05	2.83E-05	8.95E-06
1873	3.02E-03	3.02E-03	9.55E-04	3.02E-04	9.55E-05	3.02E-05	9.55E-06
1923	3.21E-03	3.21E-03	1.01E-03	3.21E-04	1.01E-04	3.21E-05	1.01E-05
1973	3.40E-03	3.40E-03	1.08E-03	3.40E-04	1.08E-04	3.40E-05	1.08E-05
2023	3.59E-03	3.59E-03	1.14E-03	3.59E-04	1.14E-04	3.59E-05	1.14E-05
2073	3.78E-03	3.78E-03	1.20E-03	3.78E-04	1.20E-04	3.78E-05	1.20E-05

由表 7 可以看出，在氢气压强一定时，随着温度的增加，溶解在钢液中氢增加；而温度一定时，溶解在钢液中氢是随着气相中氢的压强的增加而增加的。况且可以发现，在气相中氢分压为 0.1 时，即使在 1500℃，溶解在钢液中的氢也可以达到 8.37ppm，而温度增加到 1800℃时，氢的溶解甚至可以达到 12ppm。

所以，在电渣冶金过程中，母电极端头的高温、大表面积具备最可能增氢热力学和动力学条件。

5.3 水蒸气直接溶解进入钢液中的氢

而实际上可以把水蒸气的分解反应和氢气在钢液中的溶解反应合二为一，得到

$$H_2O = 2[H] + \frac{1}{2}O_2 \tag{38}$$

$$\Delta_r G^{\ominus} = 324840 + 2.59T \tag{39}$$

$$\ln K^{\ominus} = -\frac{39071}{T} - 0.31 \tag{40}$$

反应的平衡常数与温度的关系如表 8 所示。

表 8 水蒸气直接溶解进入钢液的氢的计算

Table 8 Thermodynamic analysis of dissolved nitrogen directly from vapour

T	K	0.001	0.01	0.1	1	2
1723	1.04E-10	4.76E-07	1.51E-06	4.76E-06	1.51E-05	2.13E-05
1773	1.97E-10	6.56E-07	2.07E-06	6.56E-06	2.07E-05	2.93E-05
1823	3.61E-10	8.87E-07	2.81E-06	8.87E-06	2.81E-05	3.97E-05
1873	6.40E-10	1.18E-06	3.73E-06	1.18E-05	3.73E-05	5.28E-05
1923	1.10E-09	1.55E-06	4.90E-06	1.55E-05	4.90E-05	6.93E-05
1973	1.84E-09	2.00E-06	6.34E-06	2.00E-05	6.34E-05	8.96E-05
2023	3.00E-09	2.56E-06	8.09E-06	2.56E-05	8.09E-05	1.14E-04
2073	4.79E-09	3.23E-06	1.02E-05	3.23E-05	1.02E-04	1.44E-04

由反应的平衡常数

$$K^{\ominus} = \frac{P_{O_2}^{0.5}[\%H]^2}{P_{H_2O}} \tag{41}$$

得

$$[\%H] = \left(\frac{P_{H_2O}}{P_{O_2}^{0.5}}K^{\ominus}\right)^{\frac{1}{2}} \tag{42}$$

而在大气中，氧气的压强恒定为0.21时，可得

$$[\%H] = (2.18P_{H_2O}K^{\ominus})^{\frac{1}{2}} \tag{43}$$

在表8中，计算了不同温度，水蒸气压强从0.001增加到2时，溶解在钢液中氢的浓度的情况，其规律和前面讨论的基本相同，不再赘述。

6　结论

通过用物理化学原理对电渣过程夹杂物的去除和分散机理，脱硫、脱氧及脱氢的研究得到如下结论：

（1）分析了电渣冶金过程夹杂物在钢的溶化—液膜—熔滴—金属熔池三个阶段中的去除，支持夹杂物的去除主要发生在母电极端头从钢液液膜形成到液滴滴落前的阶段的观点；从夹杂物—渣—钢液间的界面张力的分析，提出了夹杂物去除过程自由能变化的关系式。

（2）将脱硫过程分为钢液的硫进入渣和渣中的硫进入气相两个阶段。由于自耗电极初始溶化形成液膜—聚合成为液滴时的高温和非常大的单位质量的表面积，用反应动力学原理分析了电渣过程的多数硫的脱除发生在此阶段；提出了熔渣脱硫的自由CaO的计算公式。

（3）通过研究氧在电渣过程的行为，推断钢液中的溶解氧的脱除发生在金属熔池与熔渣间，此处较低的温度和相对浅薄的金属熔池是脱除钢液溶解氧（凝固后全氧的主要部分）的有效方法，这有待实验验证。

（4）用热力学原理研究了电渣过程水蒸气进入钢液形成氢的反应机理，分析了不同温度、压强下水蒸气、气相中氢气与钢液溶解氢的平衡浓度间的关系，发现电渣冶金过程中，母电极端头的高温、大表面积具备最可能增氢热力学和动力学条件。

参 考 文 献

[1] 傅杰，朱觉．电渣重熔过程中氧化物夹杂的变化[J]．金属学报，1964，7(3)：250-261.

[2] 李正邦．电渣重熔工艺参数对去除夹杂物的影响[J]．钢铁．1966，1：20-24.

[3] Ю. В. Латаш，Б. И. Максимович. Б. И. Медовар и др. Автомати. сварка，1960(9)：17.

[4] Б. И. Медовар，Ю. В. Латаш，Б. И. Максимович и др. Электрошлаковый переплав. Металлургиздат，1963.

[5] 傅杰．特种熔炼与冶金质量控制[M]．北京：冶金工业出版社，1999.

[6] 王飞．氩气氛保护电渣重熔H13钢纯净度控制研究：[博士学位论文]．北京科技大学，2013.

电磁搅拌对 IF 钢连铸坯纯净度的影响

职建军[1] 阮晓明[1] 张炯明[2] 胡招凡[2]

（1. 宝山钢铁股份有限公司，上海 201900；2. 北京科技大学，北京 100083）

摘　要：通过现场取 IF 钢铸坯试样，研究了电磁搅拌对 IF 钢连铸坯表层纯净度的改善效果。结果表明：电磁搅拌可有效改善铸坯表面质量，铸坯表层皮下气泡和显微夹杂物显著减少；铸坯表层皮下气孔在铸坯宽度和厚度方向上均呈非均匀分布；电磁搅拌使钢中夹杂物趋于小型化，大部分夹杂物小于 10μm。

关键词：IF 钢；连铸坯；电磁搅拌；皮下气泡；非金属夹杂物

Improvement of Surface Cleanliness of IF Steel Slab with Electromagnetic Stirrer

Zhi Jianjun[1] Ruan Xiaoming[1] Zhang Jiongming[2] Hu Zhaofan[2]

(1. Baoshan Iron & Steel Co., Ltd., Shanghai 201900;
2. University of Science and Technology, Beijing 100083)

Abstract: For analysis of the influence of electromagnetic brake on the slab surface cleanliness, the continuous casting slab surface inclusions and blow hole defects have been investigated. The results indicate that M-EMS is useful for improvement of IF steel of slab surface cleanliness, the continuous casting slab surface inclusions and blow hole defects have been significantly reduced; The distribution of bubbles in slabs is non-homogeneous in respect of width and depth; the continuous casting slab surface inclusions tends to miniaturization through M-EMS, most of the inclusions is less than 10μm.

Keywords: IF steel; continuous casting slab; EMS; blow hole defects; non-metallic inclusions

1 引言

超低碳 IF 钢冷轧薄板主要用于汽车、家电等制品，除要求均匀的成型性之外，对表面质量要求也非常高[1,2]，这就要求连铸工序能为下工序提供表面无缺陷、更纯净的铸坯。由炼钢原因带来的非金属夹杂物，是造成产品质量缺陷的主要原因之一，这些夹杂会残留在钢中，成为成品缺陷的直接原因。

另外在连铸过程中，有些氩气泡在上浮的过程中会被铸坯凝固前沿捕获，而且在多数情况下气泡都捕捉了聚集的 Al_2O_3 夹杂物，并与之共存形成质量缺陷。冷轧 IF 钢时，由氩气泡或氩气泡与卷入的结晶器保护渣引起的表面缺陷称为气泡或笔管状气孔[3]；由氧化铝簇状夹杂或结晶器保护渣与包裹它们的氩气泡引起的缺陷称为分层[4,5]。

通过电磁搅拌技术使结晶器内的钢液流动特别是弯月面附近的流动控制在一个最佳的范围内，从而使铸坯表面和皮下夹杂物含量大大减少，改善操作工艺和提高铸坯质量[6]。本文通过现场取IF钢铸坯试样，考察了电磁搅拌对IF钢连铸坯表层纯净度的影响效果，研究了铸坯表层夹杂物、气泡的形态、大小及分布规律。

2 研究方法

2.1 结晶器电磁搅拌装置

据国外研究表明，采用结晶器电磁搅拌装置（M—EMS）可以有效控制钢液流动，大幅度提高了表面质量及合格率。其原理是：在结晶器内板坯后方设置直线运动式传感器(Linear inductor)，产生能罩住整个铸坯宽度的平行、稳定移动磁场，以驱动结晶器内弯月面附近的钢水沿着水平方向旋转流动，如图1所示。该类型结晶器电磁搅拌技术由新日铁于1981年开发，广泛用于新日铁连铸机上。钢液的转动靠安装在结晶器宽边铜板顶部的2个水平的搅拌器产生的搅拌实现，目的在于降低钢液温度梯度，有利于铸坯凝固壳体的均匀生成，并可减少针孔、气孔和夹杂类的皮下缺陷。

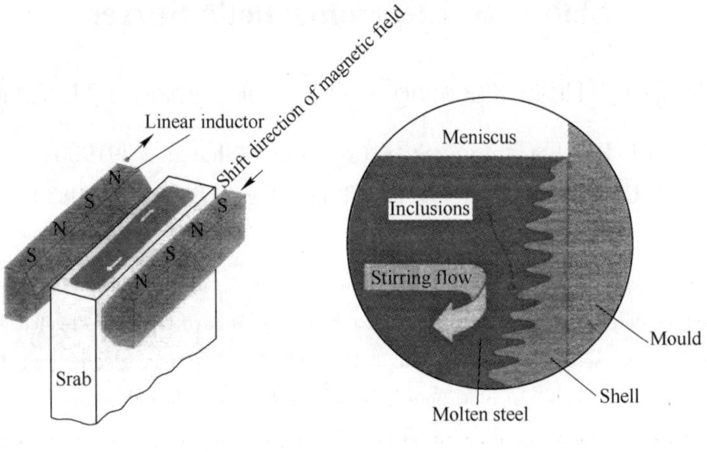

图1　结晶器电磁搅拌原理

Fig. 1　The principle of mold electromagnetic stirrer

2.2 浇注条件

表1是主要的浇注条件。

表1　浇注条件

Table 1　Casting conditions

钢　种	IF钢；[C]<0.003%	电磁搅拌类型	结晶器电磁搅拌
机　型	垂直弯曲型	拉速/(m/min)	<1.6
钢包容量/t	300	铸坯断面/mm	250×(900~1900)
结晶器长/mm	900	机长/m	39.3

2.3 铸坯表层气孔研究

采用电磁搅拌和未采用电磁搅拌的每块铸坯的具体取样位置见图2。为了研究铸坯表层气泡的分布情况，在铸坯宽度1/2、1/4及窄边部位各取60mm×60mm小试样，其中铸坯宽度1/2、1/4沿厚度方向进行分层车削，铸坯窄边部位沿窄面向里进行分层车削，试样研磨抛光后，在光学显微镜50X下进行观察，利用Leica DM6000图像分析软件进行统计分析，得到表层气泡的分布规律。其中，皮下气泡是根据形状来辨别的[7]。

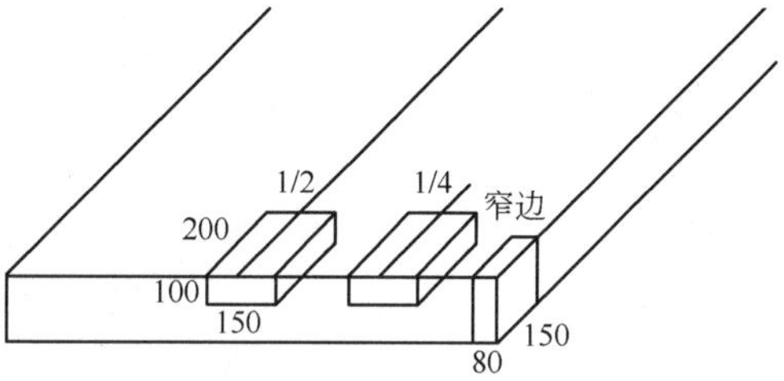

图2 铸坯取样示意图

Fig. 2 Schematic illustration of slab sampling

2.4 铸坯非金属夹杂物研究

对铸坯宽度1/2、1/4处铸坯，沿厚度方向每隔10mm取一个20mm×20mm试样，在铸坯的厚度方向取6个试样，对每个试样的典型夹杂物进行分析，同时每个试样观察450个视场，进行夹杂物指数的测定分析。对铸坯窄边的试样沿窄面向里方向每隔10mm取一个20mm×20mm试样，沿窄面向里方向取3个试样，对每个试样的典型夹杂物进行分析，同时每个试样观察450个视场，进行夹杂物指数的测定分析。

3 实验结果及分析

3.1 电磁搅拌对连铸坯表层气孔的影响

连铸坯皮下气孔缺陷如图3所示，气孔呈圆形。表层皮下气泡在铸坯宽度方向上的分布状况如图4所示。从气泡数量来看，气泡在铸坯宽度方向上分布不均匀，在铸坯中心位置相对较多，电磁搅拌有效减少了铸坯皮下气泡。

图5为采用E-EMS和未采用M-EMS工况，表层皮下气泡在铸坯厚度方向分布比例。无论电磁搅拌与否，铸坯在厚度方向呈非均匀分布，随着板坯表面下深度的增加，皮下气泡逐渐增多，电磁搅拌工艺下气泡在表面下深度30~40mm气泡比较集中，无电磁搅拌工艺下气泡在表面下深度35~50mm气泡比较集中，随距板坯表面深度继续增加，又呈减少趋势。

通过对连铸坯皮下气泡缺陷取样，用扫描电镜观察气孔形貌特征和气孔内部及尾部结构，结果如图6所示。

通过对连铸坯皮下气泡的分析，具体成分如表2所示，发现气泡内发生较明显的氧化，同时气泡内部有一定量的Al-Ti-O系复合夹杂物存在，在气孔尾部也发现有纯Al_2O_3

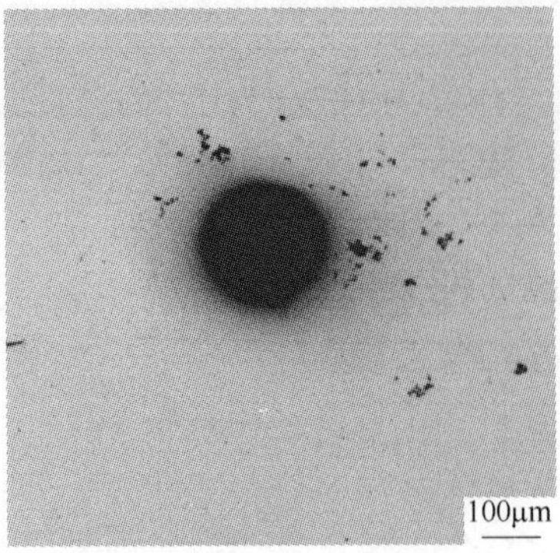

图 3　连铸坯皮下气孔缺陷形貌

Fig. 3　Morphology of continuous casting slab surface blow hole defects

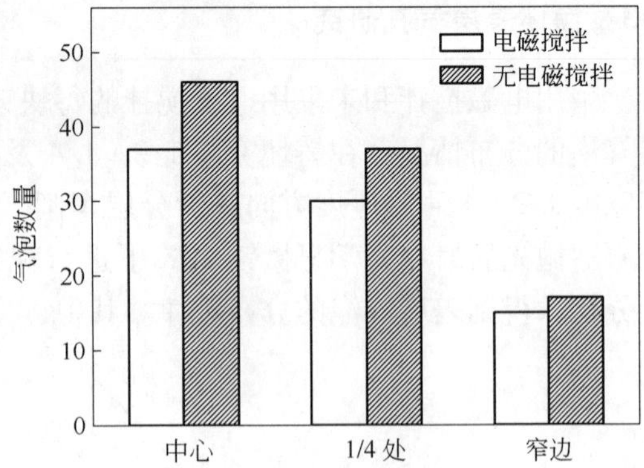

图 4　电磁搅拌对皮下气泡在铸坯宽度方向上分布的影响

Fig. 4　Influence of M-EMS on bubble distribution over slab width

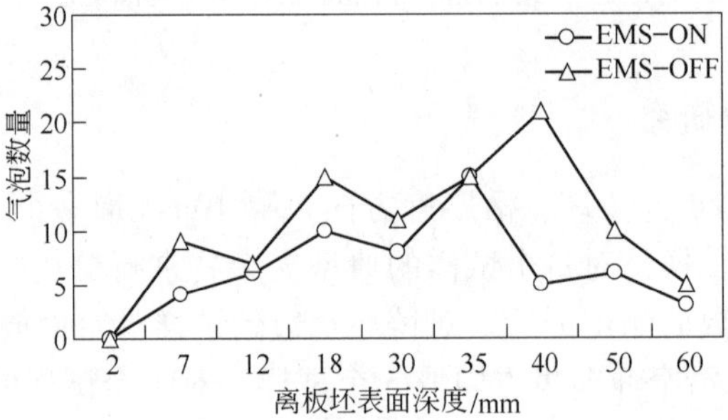

图 5　电磁搅拌对皮下气泡在铸坯厚度方向上分布的影响

Fig. 5　Influence of M-EMS on bubble distribution across slab depth

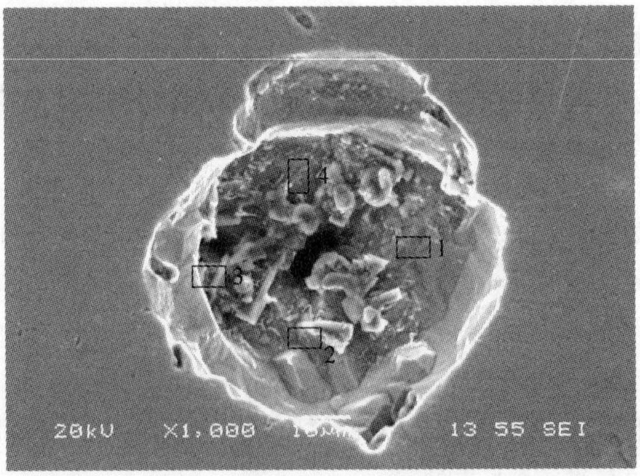

图 6　连铸坯皮下气孔形貌

Fig. 6　Morphology of continuous casting slab surface blow hole defects

的大型簇状夹杂物存在。

表 2 试样能谱分析化学成分

Table 2 Chemical composition of EDX micro analysis of sample (%)

Position	C	O	Mg	Al	Si	S	Ca	Ti	Fe	Mo
1	24.58	35.91							32.15	7.36
2	32.67	39.48	0.28	5.25	0.11		0.17	6.74	14.88	0.42
3	34.29	36.44		9.42		0.20		4.61	15.04	
4	35.10			3.29				0.42	61.18	

3.2 结晶器电磁搅拌对铸坯非金属夹杂的影响

采用电子探针技术分析了 IF 钢铸坯中夹杂物的形态和组成，观察发现结晶器电磁搅拌对铸坯中夹杂物形态和组成无明显影响，铸坯中典型夹杂物如图 7 所示。

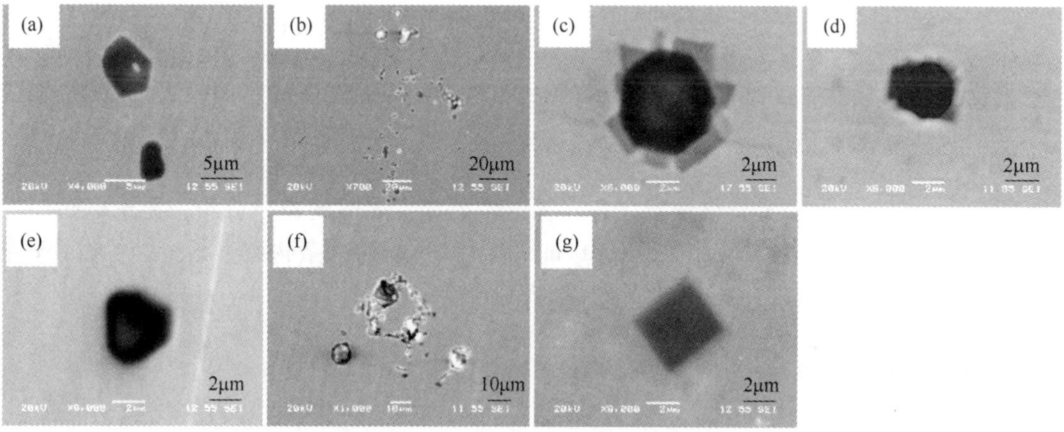

图 7 铸坯中典型非金属夹杂物形貌

Fig. 7 SEM photographs of non-metallic inclusion in the slab

铸坯中夹杂物呈颗粒状弥散分布，大部分为 Al_2O_3-TiN 和 Al_2O_3-Ti_2O_3-TiN 的复合型夹杂物，几何尺寸在 2 ~ 5μm 之间，其典型形貌分别如图 7（c）、图 7（d）所示。铸坯中存在块状的纯 Al_2O_3，其典型形貌如图 7（a）所示，其大小约在 2 ~ 5μm。同时发现极少数纯 Al_2O_3 簇群状夹杂物，其典型形貌如图 7（b）所示，几何尺寸在 20 ~ 50μm 之间。在钢中还发现少量 Al_2O_3-Ti_2O_3 的复合夹杂及其群落状夹杂物，典型形貌分别如图 7（e）、图 7（f）所示。铸坯中同时还存在方形棱角状的纯 TiN，几何尺寸在 2 ~ 5μm 之间，其典型形貌如图 7（g）所示。

电磁搅拌对非金属夹杂物在铸坯宽度方向上分布的影响如图 8 所示，可以看到无论电磁搅拌与否，沿铸坯宽度方向，夹杂物分布都比较均匀，电磁搅拌时铸坯宽度方向各位置夹杂物均有所降低，达到 50% 左右。

图 9 所示为采用和未采用电磁搅拌时，夹杂物在板坯厚度方向上的分布。电磁搅拌工艺夹杂物指数明显低于无电磁搅拌工艺夹杂物指数，指数水平最大相差 10 个左右，电磁

搅拌对夹杂物去除效果明显。从整体来看，无论电磁搅拌与否，随着距铸坯表层距离的增加，夹杂物指数水平呈明显上升趋势。

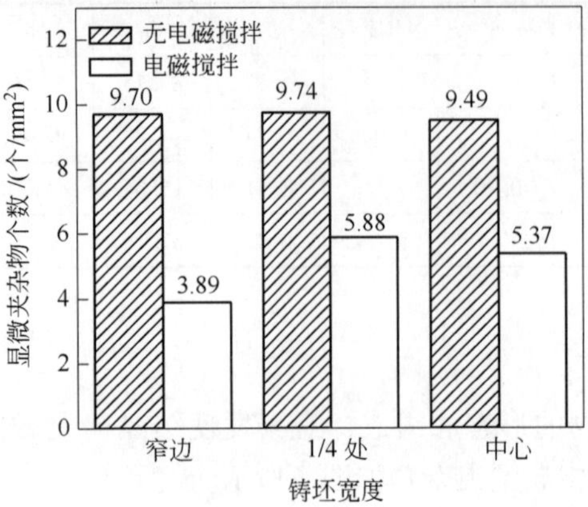

图8 电磁搅拌对非金属夹杂物在铸坯宽度方向分布的影响

Fig. 8 Effect of M-EMS on the inclusions distribution over slab width

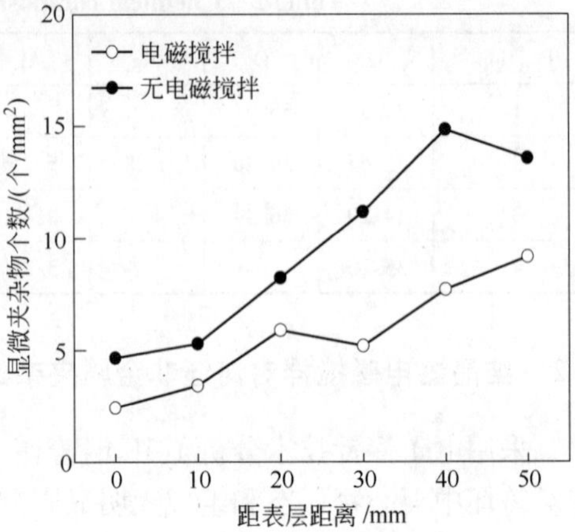

图9 电磁搅拌对非金属夹杂物在铸坯厚度方向分布的影响

Fig. 9 Effect of M-EMS old on the inclusions distribution over slab depth

图10显示为非金属夹杂物颗粒在有、无电磁搅拌工况时的粒径分布，无论电磁搅拌与否，夹杂物几何尺寸主要集中在0～10μm，大于10μm的夹杂物数量很少，仅占3%左右。由图可知在电磁搅拌存在的情况下夹杂物趋于小型化。

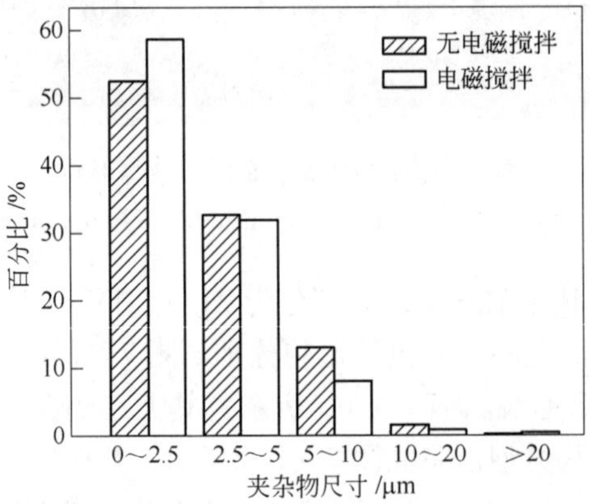

图10 电磁搅拌对铸坯夹杂物几何尺寸分布的影响

Fig. 10 Effect of M-EMS on the inclusions size distribution over slab

4 结论

（1）气泡在铸坯宽度方向上分布不均匀，在铸坯中心位置相对较多；气泡在厚度方面分布不均匀，主要分布在距板坯表面30～40mm之间，通过电磁搅拌可减少铸坯皮下气泡数量。

（2）电磁搅拌可以降低铸坯表面及皮下非金属夹杂物数量 50% 左右。

（3）通过电磁搅拌使钢中夹杂物趋于小型化，大部分夹杂物小于 10μm。

参 考 文 献

[1] Ma Y W, Wang X J. Advances in interstitial free (IF) steels [J]. Univ Technol Beijing, 1998, 33 (4): 65.

[2] Hiroshi Takechi. The development of interstitial-free steel in Japan[J]. ISIJ Int, 1994, 34(1): 1.

[3] W. H. Emling, T. A. Waugaman: Steelmaking[C]. Conf. Proc., ISS-AIME, Warrendale, (1994), 371.

[4] H. Kimura. Nippon Steel Tech[R]. Rep., (1994), No. 61, 65.

[5] T. Inoue, R. Yamanaka, H. Yasunaka, et al. Second Canada-Japan Symp. on. Modern Steelmaking and Casting Techniques[J]. Canad. Inst. Min., Metallurgy and Petroleum. Montreal, (1994), 325.

[6] Mao B, Tao J M, Li J. Mould electromagnetic braking in slab casting[J]. Continuous Casting, 2006, (6): 32-37.

[7] J. Dijk, D. Manneveld, J. M. Rabenberg. Ironmaking and Steelmaking. 20(1993), 75.

炼钢生产技术进步几个问题的探讨

何宇明
（重庆钢铁股份有限公司，重庆 401258）

摘　要：结合流程工程学的理念针对钢铁，这样一个产能严重过剩的“夕阳”产业，炼钢，这一钢铁生产中间环节，探讨了可能有益于今后发展的措施和办法。对炼钢厂来说，高效低成本仍然是今后一段时间发展的首要课题；上与炼铁，下与轧钢的区域一体化和本区域各专业间的专业化协作是炼钢技术的发展方向；借助大数据平台实现管理优化和信息共享，以此为手段提升炼钢区域各项技术经济指标；培养一支综合素质和能力均强的技术员工队伍，将人力资源上升为人力资本进行运作，为炼钢技术进步打下坚实基础，实现炼钢环节乃至钢铁工业综合效益最优且可持续发展。
关键词：高效低成本；区域一体化；专业化协作；大数据；全能工程师

Several Issues of the Steelmaking Production Technology Progress

He Yuming
（Chongqing Iron and Steel Co.，Ltd.，Chongqing 401258）

Abstract：Based on process engineering，some countermeasures possibly benefit to the future development of steel，such a sunset industry of severe ouercapacity，and steelmaking，in the middle of the iron and steel production link，are put forward. For steel mills，high efficiency low cost is still the primary problem of the development for a period of time；With iron，and steel rolling of regional integration and the region between the various specialized cooperation is the development direction of steelmaking technology；With big data platform to realize optimization management and information sharing，as a means to promote the various technical and economic indexes of steelmaking；Develop a comprehensive quality and ability are strong technical staff，the human resources into human capital，to lay a solid foundation for steelmaking technology progress to achieve optimum link of steelmaking and steel industry comprehensive benefits and sustainable development.
Keywords：high efficiency low cost；regional integration；specialization and coordination；big data；universal engineers

1　引言

中国已经成为全世界钢铁生产量最大的国家，过剩成为了限制钢铁行业健康发展的大问题。目前国内钢材市场的主要矛盾已不再是品种不足或数量不足的矛盾，而是现有钢铁工业生产发展方式与用户转型升级的矛盾。未来，企业间竞争将向全方位、多层次方向发展，企业生存竞争的焦点转向了技术经济人才的综合素质高低的比拼。工艺流程的集约化，生产经营方式的精细化和信息化，人才素质的实用化和全能化成为了下一个阶段的发展方向。随着下游用户技术的不断进步，其对钢铁产品的需求也逐渐向多样化、个性化转变，目前一部分钢铁产品生产技术和标准水平已经不能完全适应下游产业发展需要，下游用户小批量个性化品种的定制化需求越来越强，并逐渐倾向于低成本、高效化、高强度、减量化、耐腐蚀、环保型的产品为主要特征的钢材产品，同时，下游用户对钢铁产品的需求已不再是简单的材料供给，而是从组织生产、质量保证、技术服务到材料加工、零部件制造、物流配送，甚至资金供应等方面全方位的服务，现在宝钢和武钢等部分企业早已通过钢材加工配送中心，按照用户所需对船板、汽车板等进行二次加工并做到及时送货上门，不但为客户提供钢材增值服务，也较好地占领了市场。宝钢认为：为顺应以智能互联为特征的新型制造业发展趋势，将是宝钢的契机。这要求钢铁业实现从制造到服务的转型，提供更多差异化的服务，让企业的技术能力得到更充分的发挥，提升下游企业的依赖度和信任度[1]。为此，产品差异化发展战略的实施已成为钢铁各企业面对的急迫问题。

2 以高效低成本为目标的炼钢工艺优化

炼钢厂的各项主要技术指标均需要反映出其与经济效益的关系，如钢坯的化学成分、生产工艺路线、质量需求设计等都与其制造成本直接相关，炼钢工序成本即“炼钢工序加工制造成本”的概念引入有利于钢铁企业对炼钢环节生产成本的掌控。

2.1 用低品位或低价矿石生产出高质量的钢

2009年以来，国际三大矿石公司高度垄断，国际金融机构疯狂炒作铁矿石，以及中国进口铁矿石秩序混乱，使全球铁矿石海运贸易市场发生了剧烈变化，铁矿石资源竞争加剧，对外依存度过高，资源竞争加剧，价格受制于人。2010年以来，国际矿业寡头甚至强行改变已经执行多年的长协定价机制，以季度定价模式或月定价模式大幅推高矿石价格，加剧了中国进口矿石市场的动荡，致使国内钢铁企业在铁矿石价格方面受制于人，对钢铁行业健康发展造成不利影响。据了解，韩国浦项制钢在用低品位矿石生产高档产品这一方面做得较好，国内武钢集团的鄂钢用低价矿石生产中厚板方面也取得了较好效果。如钢中磷、硫、铬、砷等元素相对较高的矿石，往往在价格方面具有一定的优势，企业通过合理配矿比例，优化生产工艺路线进行处理，在不影响钢材性能需求的情况下，做到了高效低成本。

2.1.1 高磷铁水的处理

采用双联、双渣、留渣、顶底复吹、转炉内温度控制、挡渣工艺，铁水磷含量在0.13%～0.20%可以达到生产低磷钢的水平。

2.1.2 高硫铁水的处理

采用铁水供应一罐制的方法，高炉出铁后在其温度较高的区段进行脱硫处理，再利用LF等精炼手段进行钢水深脱硫，应对高硫铁水在重钢等厂取得较好效果。

2.2 铁素流的循环和降耗

生产钢坯时成本最大项仍然是钢铁料的损失。炼钢吹损降低，炼钢、精炼对除尘灰、各种渣铁、连铸钢包余渣的回收利用，连铸工序对钢水收得率的控制等钢铁料降损工作都是必须进行的。

2.2.1 炼钢工艺的优化

长期保持和发挥转炉顶底复吹的功能和效果，做好自动炼钢模型的运用，防止钢水吹炼时的过氧化和喷溅，控制转炉总渣量特别要减少下渣量，回收除尘灰、钢包渣和转炉喷溅物、低价含氧化铁的矿石或原料加以利用，加强钢铁包、中间包的运行和保温管理，避免过高温度出钢。转炉顶底复吹功能完好性、总辅料消耗、碳氧浓度积、钢包下渣量、出钢温度合格率是重点监控指标。

2.2.2 钢包精炼功能的充分发挥

钢包出钢过程底吹氩和钢包精炼过程底吹氩良好是精炼功能充分发挥的前提，确保钢包底吹氩不泄漏，既可节约氩气的消耗，又能够避免其影响吹氩效果，对钢包过程既监控吹氩流量又监控吹氩压力是必须的。在线和离线钢包数量的合理调度、烘烤是确保钢水温度合格率高的基础，必须用专有制度进行约束。连铸钢包余渣的回收利用，在炼钢、精炼工序达到缩短造渣时间，节约渣料消耗，又回收了余钢水的目的，形成常态化。

2.2.3 连铸钢水收得率的稳定

钢包下渣检测技术的良好应用，减少钢包余钢水；利用中间包称重与中间包钢水测钎结合，做好中间包末期余水高度控制，做好异钢种同中间包浇注和异钢种同浇次的连浇，减少铸坯头尾和中间包余钢水损失；结晶器尺寸与铸机开口度及轻压下与钢种收缩特性结合，控制铸坯断面尺寸大小，切割定尺系统与铸坯温度结合控制好定尺精度，采用新技术将切割缝大小从7~12mm减至小3~4mm。做到连铸中间包余钢、废坯等的厂内循环。

2.3 钢坯成分设计和生产优化

成分设计与钢材的性能直接相关，生产工艺流程的设计决定了生产周期长短和物料消耗高低，产品品质定位也决定了质量成本的高低。

2.3.1 钢坯成分设计

在综合考虑轧钢能力后，以满足用户基本需求为目标进行产品成分优化设计，在合金加量加入和微量元素控制方面进行不作过多的预留。

2.3.2 钢坯质量设计

对钢坯质量缺陷的控制，以钢坯质量缺陷不遗留在钢材上成为缺陷且不影响钢材性能为目标。进行各类钢合理夹杂物含量、内部质量及其他表面缺陷级别要求的研究，以便实现经济生产。

2.3.3 生产工艺路线优化

以达到钢坯质量设计目标为限，考虑炼钢用铁水和原材料质量水平，采用工序成本最优或工序周期最短综合成本最低之工艺路线即可。对冶炼各工序的物理化学反应和变化进行研究，按功能解析的结果并充分考虑经济价值进行功能分配。

3 区域一体化和专业化协作是炼钢生产的发展方向之一

3.1 炼铁与炼钢一体化

炼钢厂的主要技术经济指标的完成与上工序的炼铁所供铁水直接相关，随着铁水供应一罐制的推行，炼铁与炼钢之间变得更加紧密，高炉生产稳定与炼钢的生产顺行直接相关，高炉出铁直接影响炼钢生产炉机节奏匹配，大炉机节奏必须包括高炉炉况的好坏及稳定出铁能力，站在冶炼区域一体化的视角思考相关问题，而非单个区域最优。

3.2 炼钢与轧钢一体化

钢材的性能与钢的化学成分和轧制压下、冷却强度都密切相关，钢材的缺陷与铸坯的表面和内部质量、轧钢的加热、轧制工艺过程都直接相关，轧制钢材消耗的能源与钢坯热送、热装，断面大小直接相关，两个重要工序之间的工艺设计、信息传递对钢材的成本影响较大。传统的炼钢与轧钢分厂而治理已经不适应集约化和扁平化的管理。

3.3 区域协作和专业化

（1）炼钢转炉生产需要设备和耐火材料的支撑，转炉及相关设备的维护，转炉内衬和复吹用的底吹砖的提供和维护、下渣检测和控制，钢液和炉渣的成分检测都需要专业化的协作。

（2）精炼的 CAS、LF、RH 等底吹功能和控制，钢包功能寿命和温度的保持也需要专业化的协调。

（3）连铸机更是与连铸设备、保护渣、耐火材料专业化协作关系密切，专业化的维护和开发，连铸设备较多的机电一体品的应用更需要专业技术的支撑。结晶器的多功能，如漏钢预报系统及专家系统，非正弦振动、液位控制，冷热态下的宽度调整和在线倒锥度保持都是专业性特强的工作。根据生产钢种、断面、拉速不同而对理化性能要求不同的结晶器保护渣专业性更强，稳定性要求更高。中间包功能的正常发挥更需要连铸“三大件”和快换机构的质量稳定可靠。

类似的专业协作问题都需要打破技术研发、原料采购、市场营销、生产制造、工艺设计等环节之间存在着的界面障碍。

4 大数据时代以信息化助力炼钢技术经济指标的上台阶

炼钢厂通常由铁水预处理、转炉炼钢、钢水精炼、钢水连铸及切割、铸坯精整五大工序组成且需要连续生产。各工序、各班组由于原材料、设备功能精度、操作水平、责任心的不同，其各项指标均处于不断的变化之中并存在一定的差异。如何在原材料质量一定的条件下，把炼钢厂的各项技术经济指标做到极致，单靠某一个人或某一部门的努力是不可行的。

4.1 通过大数据分析找出炼钢工序的短板

利用现代信息技术，建立炼钢生产大数据平台，从高炉至轧钢间的大炉机节奏，品种生产优化排程，产品质量指标、生产物料消耗及成本按炉、机、班组核算，各项数据实时收集，通过差异化的分析，从中发现工序和班组的不足，找出对策进行及时整改，发现指标较好的工艺模式和操作方式及时进行标准化研究，以形成先进的管理和技术模式进行推广。

4.2　利用大数据平台推进炼钢工艺优化

研究转炉炼钢生产工艺链的优化组合，实现炼钢生产低耗、高效、优质的目标，对不同铁水比和铁水成分冶炼技术、高强度供氧技术、低耐火材料消耗技术、高效灵活的炉机匹配技术、连铸高连浇炉数技术、高质量钢材生产技术、钢坯热送热装技术进行系统优化分析，推出符合生产经营最优目标的信息数据进行分级共享，以促进厂内竞争。

5　人力资本运作是炼钢生产技术进步的基础

当前科学发展呈现高度分化又趋于一体化的态势，多学科交叉成为一种普遍的趋势，学科之间的相互渗透已经成为现代科学发展的重要特点。随着经济全球化的不断发展，现代社会对工程师和参与生产的员工素质也提出了更高要求，除了在技术领域有严格要求外，还要求具备良好的市场意识、表达能力、国际视野、组织和团队建设能力以及持续不断的学习能力。因此，一些国内的企业开始将视野越来越多地扩展到国内外的人力资本运作上，培养员工时刻关注国内外知名的同类企业对员工素质有什么要求，自身要求与对标企业有什么不同。通过实地考察学习、高研班的研修、各类论坛研讨，帮助员工更好地与先进企业接轨。将人才作为资本进行运作，进行资金、科技、感情投入，达到集成全优团队的目标。

5.1　提升从业人员素质是炼钢厂生存的需要

竞争激烈的钢铁行业需要培养更多卓越的管理、工程和作业人员，如今，综合素质强的人才的缺失已逐渐影响到了企业发展的可持续性。尤其是近几年各大企业都面临着解决各类人才在数量和质量上的一系列问题。全能工程师、全流程工程师的培养战略，一项创新人才培养机制的“战略行动”将在未来几年，使“一业特专、全面视野”型人才由理想变成现实。虽然全能工程师、全流程工程师培养计划在世界先进大型企业已成功实施，但目前在国内大型企业中，启动该创新人才培养机制的企业仍较鲜见，各单位工程师由于受岗位职责、管理机制等局限，在品种、质量、成本等领域出现问题时，常有只知其一、不知其二的困惑。

5.2　全能人才是解决综合问题的关键

炼钢厂内涉及铁水脱硫、炼钢、精炼和浇注、钢坯精整五大环节，每一工序又涉及工艺、设备、材料、操作的综合技术，如结晶器液位出现异常波动后涉及钢水流动性、连铸控流装置可靠性、液位检测的稳定性、结晶器冷却强度、保护渣性能适应性、引锭杆完好否、扇形段夹持及拉辊运动平稳性、二次冷却强度的均匀性等因素；钢坯出现表面裂纹又和钢水成分、温度、节奏、拉速、扇形段夹持、二次冷却强度及喷雾状态等有关；冷轧镀锌板表面出现在条带状缺陷与钢卷表面划痕、氧化铁皮、气泡、夹杂物有关。产生的环节分布在多个专业和单位，分析其产生的真正原因需要问题导向而非责任导向，主导分析的人员的综合素质高低至关重要，跨专业的全能人才，更能够做出正确的判断，利于问题的迅速解决。

5.3 全流程工程师是品种开发新思路的必须

2009年9月开始，宝钢股份开始全流程工程师的培养，入选人员分别在热轧厂、冷轧厂、炼钢厂等工序以及研发、营销等领域，与相关技术后备进行双向进修，最终成长为一名全面贯通产品研发、一贯技术和各工序工艺技术，擅长攻克系统性难题的全流程工程师[2]。2010年首批12名全流程工程师培养对象经过第一阶段的培养，在攻克现场系统性难题、完善知识结构、提升协同作战能力等方面取得显著进步。

2009年，武钢股份新组建成立的一贯管理处开始将“一贯制、全流程”工程师培养工作作为重点工作进行推进。2010年5月，武钢股份启动全流程工程师培养战略，最终形成具备“技术强、视野宽、素质高、懂管理”的一贯管理核心人才队伍。在此基础上，还全面实施局域复合型工程师培养工作，逐步建立“以职业发展必备要素”为核心，以“固化流程规定动作”为保障的技术后备人才培养机制[3]。

6 结束语

这是一个变革的时代，是一个什么都有可能发生的时代，炼钢这一个钢铁生产的中间环节，通过走新型工业化道路，开展与信息化相结合的工艺优化，在此过程中形成一支优势人才队伍，夕阳工业也能够再次放出巨大的新的能量。

参 考 文 献

[1] 中国新闻网 .2014 年 08 月 15 日 11：12. 中国钢铁巨头宝钢搭互联网快车谋转型 . http：//finance. chinanews. com/cj/2014/08-15/6497142. shtml.

[2] 宝钢新闻中心 . 2009-9-9 9：00：18 宝钢股份全流程工程师培养计划启动 . http：//www. baosteel. com/baosteelpc/topnews/ShowArticle. asp？ ArticleID = 39748.

[3] 国务院国有资产监督管理委员会 . 武汉钢铁（集团）公司 . 武钢股份启动全流程工程师培养战略. 2010-05-27. http：//www. sasac. gov. cn/n1180/n1226/n2410/n314394/11797820. html.

LF 精炼过程中氧化物夹杂形成的热力学研究

唐海燕[1,2]　刘成松[2]　梁永昌[2]　王建磊[2]　李京社[2]

（1. 北京科技大学钢铁冶金新技术国家重点实验室，北京 100083；
2. 北京科技大学冶金与生态工程学院，北京 100083）

摘　要：为降低非金属夹杂物对石油套管性能的危害，运用经典热力学理论计算了 39Mn2V 钢在 LF 精炼过程中生成的氧化物夹杂类型以及钢水中钙、铝、氧等成分对夹杂物类型的影响。结果表明在现有冶炼条件下 LF 精炼过程主要生成 Al_2O_3 脆性夹杂而不会形成钙斜长石和钙铝黄长石塑性夹杂物。计算结果和实验结果一致。

关键词：石油套管；氧化物夹杂；热力学；钙斜长石

Thermodynamic Study on the Formation of Oxide Inclusions in LF Refining Process

Tang Haiyan[1,2]　Liu Chengsong[2]　Liang Yongchang[2]　Wang Jianlei[2]　Li Jingshe[2]

(1. State Key Laboratory of Advanced Metallurgy, University of Science and Technology Beijing, Beijing 100083;
2. School of Metallurgical and Ecological Engineering, University of Science and Technology Beijing, Beijing 100083)

Abstract: To reduce the harm of non-metallic inclusions on the performance of oil casing, the type of oxide inclusions and the effect of calcium, aluminum, and oxygen contents in molten steel were calculated using classical thermodynamic theory for 39Mn2V steel in LF refining process. The results show that Al_2O_3 brittle inclusions are mainly generated rather than anorthite and gehlenite plastic inclusions under the conditions of the existing LF refining process. The calculated results are in agreement with the experimental.

Keywords: oil casing; oxide inclusions; thermodynamics; anorthite

1　引言

国内某钢厂生产的钢管常出现因脆性夹杂物超标引起质量争议，由此造成的经济损失非常巨大。对其 LF 精炼后钢水中夹杂物成分的实验研究表明，夹杂物主要有球形复合氧化物夹杂 Al_2O_3-SiO_2-CaO-(MnO) 和 Al_2O_3 夹杂，还有少量的钢包包衬侵蚀产物以及 MnS，如表 1 和图 1 所示。其中硫化物夹杂是在钢液凝固过程中析出，而氧化物夹杂主要是由于脱氧以及钢水与顶渣的相互作用造成，这些氧化物夹杂的成分大都不在塑性区。一些文献报道通过调整精炼渣成分可以将某些钢种 LF 精炼过程中的夹杂物控制在塑性区[1,2]，本文通过热力学计算研究 39Mn2V 钢在 LF 精炼过程中生成的夹杂物类型以及将夹杂物控制在塑性区的可能性。

表 1 LF 精炼后钢水中夹杂物形貌和类型

Table 1 Inclusion morphology and type of molten steel after LF refining

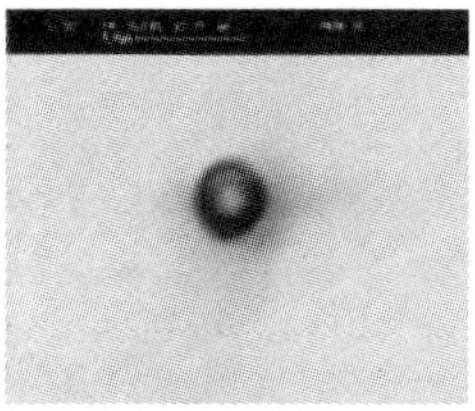	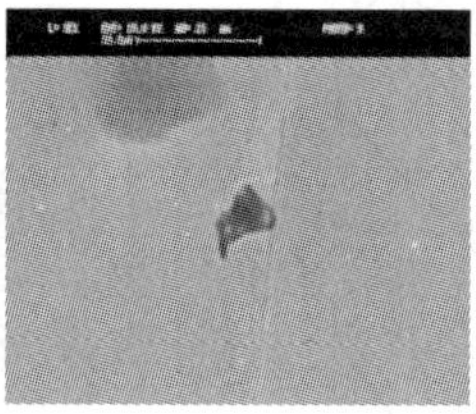	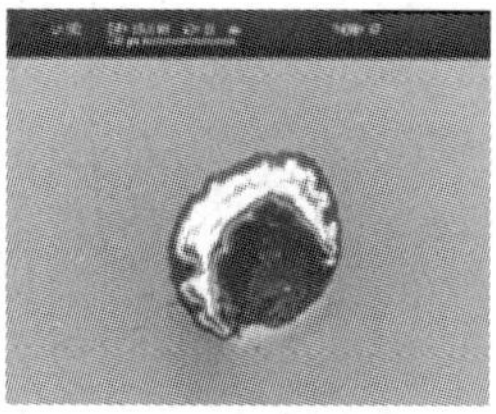	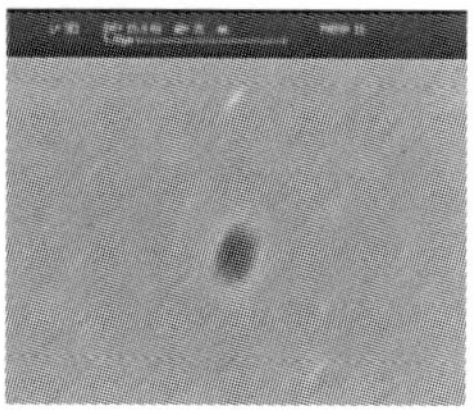
CaO 64.91%-SiO_2 18.55%-Al_2O_3 9.4%	Al_2O_3 100%	CaO 23.49%-SiO_2 49.57%-Al_2O_3 7.49%-MnO 17.25%	MnS 100%

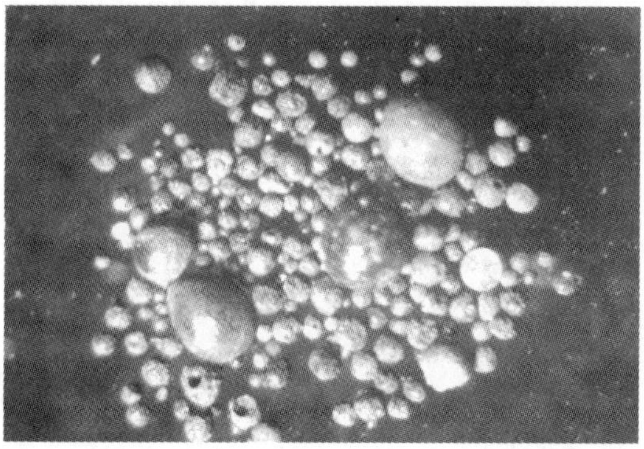

图 1 LF 精炼后钢中大型夹杂物（×400）

Fig. 1 Large inclusions in steel after LF refining（×400）

2 氧化物夹杂目标成分控制范围

图 2 是用 Factsage6.0 做出的 1350～1500℃下 CaO-Al_2O_3-SiO_2三元系的相图。氧化物夹杂的目标成分范围应该是具有低熔点的非结晶相组成，即图中阴影部分示出的钙斜长石（CaO·Al_2O_3·$2SiO_2$）、磷石英与假硅灰石（CaO·SiO_2）的共晶区[3-5]，该区域的熔点低于 1400℃，成分范围为 CaO 10%～50%，SiO_2 30%～70%，Al_2O_3 5%～35%。

3 钢液与夹杂物反应的相关热力学数据

热力学计算选择的钢种为 39Mn2V，化学成分见表 2，按公式（1）[5,6]计算得到其液相线温度为 1500℃。

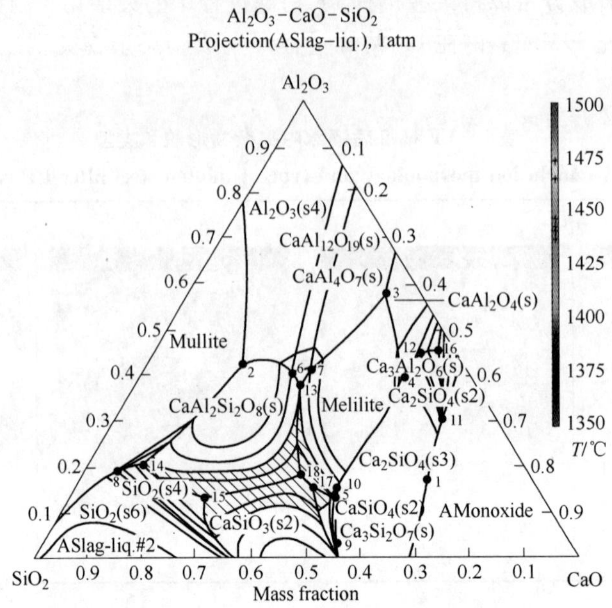

图2　1300~1500℃ $CaO-Al_2O_3-SiO_2$三元系相图

Fig. 2　$CaO-Al_2O_3-SiO_2$ ternary phase diagrams at 1300-1500℃

表2　钢种化学成分

Table 2　Composition of steel　　（wt%）

钢种＼成分	C	Si	Mn	P	S	Al_{sol}	Ca_T	V	Cr
39Mn2V	0.39	0.22	1.52	0.015	0.007	0.02	0.0016	0.12	0.04

$$T_{液相线} = 1535 - 65[C] - 30[P] - 25[S] - 20[Ti] - 8[Si] - 5[Mn] - 7[Cu] - 2.5[Ni] - 2.7[Al] - 2[V] - 1.7[Mo] - 1.5[Cr] - 1.7[Co] - [W] - 1300[H] - 90[N] - 80[B] - 80[O] - 5[Ce] - 6.5[Nb] \quad (1)$$

该钢种的冶炼流程为EAF—LF—VD—CC，电炉出钢温度为1600~1630℃，精炼温度1550~1570℃，吊包温度1550℃，中间包钢水温度1500~1530℃。本文的热力学计算温度取1823K和1773K。

与热力学计算有关的元素相互作用系数见表3，相关元素的亨利活度系数按式（2）计算，活度按式（3）计算：

$$\lg f_i = \sum_j e_i^j [j] \quad (2)$$

$$a_{[i]} = f_i \cdot [\%i] \quad (3)$$

1823K和1773K时缺乏的热力学数据近似用表3中1873K时的数据代替。计算所得亨利活度系数见表4。

表3 1873K 时元素相互作用系数[7-9]

Table 3 Interaction coefficient between elements at 1873K[7-9]

e_i^j	Al	C	O	Mn	P	S	Si	Ca
Al	0.011 + 63/T	0.091	11.95 − 34740/T	—	0.033	0.03	0.0056	−0.047
C	0.043	0.0581 + 158/T	−0.34	−0.012	0.051	0.046	−0.008 + 162/T	−0.097
O	7.15 − 20600/T	−0.436	0.734 − 1750/T	−0.021	0.07	−0.133	−0.131	②
Mn	—	−0.07	−0.083	0	0.0035	−0.048	0	—
S	0.035	0.11	−0.27	−0.026	0.29	0.153 + 233/T	0.063	−269
Si	0.058	−0.023 + 380/T	−0.23	0.002	0.11	0.056	0.089 + 34.5/T	−0.067
Ca	−0.072	−0.34	②	−0.0056	—	−336	−0.097	−0.002
Mg①	−0.27	−0.31					−0.096	

① $e_{Mg}^{Cr} = 0.022$；

② [Ca] + 2.51[O] < 0.005%，$e_{Ca}^{O} = -9000$，$e_{O}^{Ca} = -3600$；[Ca] + 2.51[O] = 0.005% ~ 0.016%，$e_{Ca}^{O} = -2500$，$e_{O}^{Ca} = -990$。

表4 亨利活度系数

Table 4 Henry activity coefficient

T	f_C	f_{Si}	f_{Mn}	f_{Al}	f_S	f_O	f_{Mg}
1823K	1.143	1.266	0.938	1.064	0.953	0.480	0.760
1773K	1.147	1.273	0.938	1.067	0.953	0.479	

4 不同温度下钢中钙、铝含量对精炼过程中析出夹杂物相组成的影响

根据图2，在 $CaO\text{-}Al_2O_3\text{-}SiO_2$ 三元系中，可能析出的脱氧产物为刚玉（Al_2O_3）、鳞石英（SiO_2）、莫来石（$3Al_2O_3 \cdot 2SiO_2$）、钙斜长石（$CaO \cdot Al_2O_3 \cdot 2SiO_2$）、钙铝黄长石（$2CaO \cdot Al_2O_3 \cdot SiO_2$）和假硅灰石（$CaO \cdot SiO_2$）等。根据文献［5］的有关化学反应，可得到表5所示的脱氧反应。

根据方程 $\Delta G^0 = -RT\ln K_p$，可得以上各式的反应平衡常数见表5。

表5 钢液中的脱氧反应及相关的 ΔG^0 和平衡常数表达式

Table 5 Deoxygenation in liquid steel with related ΔG^0 and expression of equilibrium constant

$[Si] + 2[O] = SiO_2(s)$	$\Delta G^0 = -581900 + 221.8T$ J/mol	$K_{SiO_2} = \dfrac{a_{SiO_2}}{a_{[Si]} \cdot a_{[O]}^2}$
$2[Al] + 3[O] = Al_2O_3(s)$	$\Delta G^0 = -1202000 + 386.3T$ J/mol	$K_{Al_2O_3} = \dfrac{a_{Al_2O_3}}{a_{[Al]}^2 \cdot a_{[O]}^3}$
$6[Al] + 2[Si] + 13[O] = 3Al_2O_3(s) \cdot 2SiO_2$	$\Delta G^0 = -47741543 + 1592T$ J/mol	$K_{A_3S_2} = \dfrac{a_{3Al_2O_3 \cdot 2SiO_2}}{a_{[Al]}^6 \cdot a_{[Si]}^2 \cdot a_{[O]}^{13}}$
$[Ca] + [Si] + 3[O] = CaO \cdot SiO_2$	$\Delta G^0 = -1301477 + 359.73T$ J/mol	$K_{CS} = \dfrac{a_{CaO \cdot SiO_2}}{a_{[Ca]} \cdot a_{[Si]} \cdot a_{[O]}^3}$
$[Ca] + 2[Si] + 2[Al] + 8[O] = CaO \cdot Al_2O_3 \cdot 2SiO_2$	$\Delta G^0 = -3088133 + 942.88T$ J/mol	$K_{CAS_2} = \dfrac{a_{CaO \cdot Al_2O_3 \cdot 2SiO_2}}{a_{[Ca]} \cdot a_{[Al]}^2 \cdot a_{[Si]}^2 \cdot a_{[O]}^8}$
$2[Ca] + 2[Al] + [Si] + 7[O] = 2CaO \cdot Al_2O_3 \cdot SiO_2$	$\Delta G^0 = -3190946 + 861.23T$ J/mol	$K_{C_2AS} = \dfrac{a_{2CaO \cdot Al_2O_3 \cdot SiO_2}}{a_{[Ca]}^2 \cdot a_{[Al]}^2 \cdot a_{[Si]} \cdot a_{[O]}^7}$

设析出相的活度均为1，将表4的活度系数代入上式得到不同温度下生成不同物质时氧活度与钙活度、铝浓度的关系如表6，不同温度下各种夹杂物等氧活度时的关系式如表7所示。

表6　1823K和1773K时的氧活度与钙活度、铝浓度的关系

Table 6　Oxygen activity relationship with calcium activity and aluminum concentration at 1823K and 1773K

物　质	1823K	1773K
SiO_2	$a_{[O]}=5.417\times10^{-3}$	$a_{[O]}=3.144\times10^{-3}$
Al_2O_3	$a_{[O]}=1.710\times10^{-5}[Al]^{-\frac{2}{3}}$	$a_{[O]}=8.118\times10^{-6}[Al]^{-\frac{2}{3}}$
A_3S_2	$a_{[O]}=8.857\times10^{-5}[Al]^{-\frac{6}{13}}$	$a_{[O]}=4.468\times10^{-5}[Al]^{-\frac{6}{13}}$
CS	$a_{[O]}=1.042\times10^{-6}a_{[Ca]}^{-1/3}$	$a_{[O]}=4.640\times10^{-7}a_{[Ca]}^{-1/3}$
CAS_2	$a_{[O]}=1.690\times10^{-5}a_{[Ca]}^{-1/8}\cdot[Al]^{-\frac{1}{4}}$	$a_{[O]}=8.229\times10^{-6}a_{[Ca]}^{-1/8}\cdot[Al]^{-\frac{1}{4}}$
C_2AS	$a_{[O]}=2.733\times10^{-7}a_{[Ca]}^{-2/7}\cdot[Al]^{-\frac{2}{7}}$	$a_{[O]}=1.169\times10^{-7}a_{[Ca]}^{-2/7}\cdot[Al]^{-\frac{2}{7}}$

表7　不同温度下各种夹杂物等氧活度时的关系式

Table 7　Relationship of various inclusions with same oxygen activity at different temperature

组分＼温度	1823K	1773K	备　注
SiO_2与A_3S_2	$[Al]=1.347\times10^{-4}$	$[Al]=9.944\times10^{-5}$	(4)
Al_2O_3与A_3S_2	$[Al]=3.290\times10^{-4}$	$[Al]=2.449\times10^{-4}$	(5)
Al_2O_3与CS	$a_{[Ca]}[Al]^{-2}=2.264\times10^{-4}$	$a_{[Ca]}[Al]^{-2}=1.867\times10^{-4}$	(6)
Al_2O_3与CAS_2	$a_{[Ca]}^{-1/8}[Al]^{\frac{5}{12}}=1.011$	$a_{[Ca]}^{-1/8}[Al]^{\frac{5}{12}}=0.986$	(7)
A_3S_2与CS	$a_{[Ca]}^{1/3}[Al]^{-\frac{6}{13}}=0.0118$	$a_{[Ca]}^{1/3}[Al]^{-\frac{6}{13}}=0.0104$	(8)
A_3S_2与CAS_2	$a_{[Ca]}^{-1/8}[Al]^{\frac{11}{52}}=5.241$	$a_{[Ca]}^{-1/8}[Al]^{\frac{11}{52}}=5.430$	(9)
CS与CAS_2	$a_{[Ca]}^{5/24}[Al]^{-\frac{1}{4}}=0.0617$	$a_{[Ca]}^{5/24}[Al]^{-\frac{1}{4}}=0.0564$	(10)
C_2AS与CAS_2	$a_{[Ca]}^{-9/56}[Al]^{-\frac{1}{28}}=61.832$	$a_{[Ca]}^{-9/56}[Al]^{-\frac{1}{28}}=70.370$	(11)
CS与C_2AS	$a_{[Ca]}^{1/21}[Al]^{-\frac{2}{7}}=3.812$	$a_{[Ca]}^{1/21}[Al]^{-\frac{2}{7}}=3.968$	(12)

根据式(4)~式(12)可绘出如图3~图6所示结果。

图3是1823K精炼时生成鳞石英（SiO_2）、莫来石（$3Al_2O_3\cdot2SiO_2$）和刚玉（Al_2O_3）时钢中$[Al]_s$和$a_{[O]}$的条件。由图可见，当只有铝参与脱氧时，钢液中的$[Al]_s<1.3\times10^{-6}$，$a_{[O]}>55.47\times10^{-4}$时脱氧产物为鳞石英，当$1.3\times10^{-6}<[Al]_s<3.29\times10^{-6}$时会析

出莫来石，当$[Al]_s > 3.29\times10^{-6}$时会析出刚玉。

图 4 是 1773K 生成鳞石英（SiO_2）、莫来石（$3Al_2O_3\cdot2SiO_2$）和刚玉（Al_2O_3）时钢中 $[Al]_s$ 和 $a_{[O]}$ 的条件。由图可见，当钢液中的 $[Al]_s < 0.99\times10^{-6}$，$a_{[O]} > 31.44\times10^{-4}$ 时脱氧产物为鳞石英，当$[Al]_s < 2.50\times10^{-6}$时会析出莫来石，当 $[Al]_s > 2.50\times10^{-6}$时会析出刚玉。

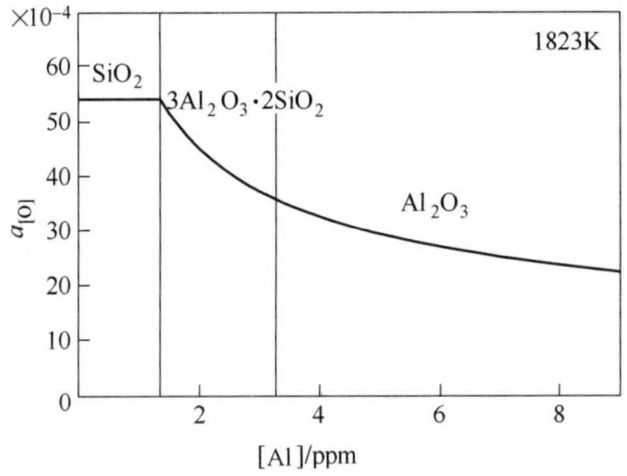

图 3　1823K 时 $[Al]_s$ 对脱氧产物组成的影响

Fig. 3　$[Al]_s$'s impact on deoxy product composition at 1823K

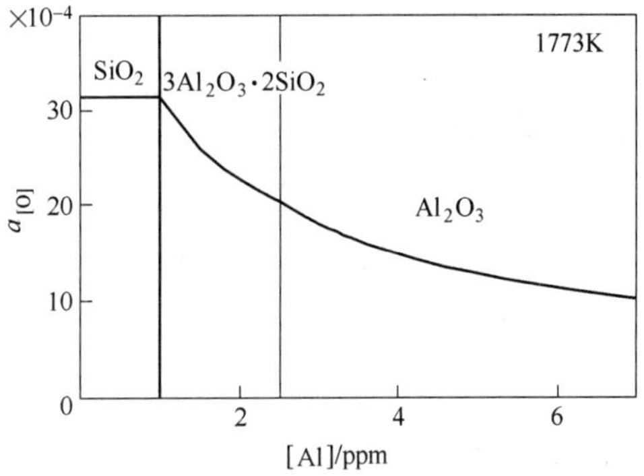

图 4　1773K 时 $[Al]_s$ 对脱氧产物组成的影响

Fig. 4　$[Al]_s$'s impact on deoxy product composition at 1773K

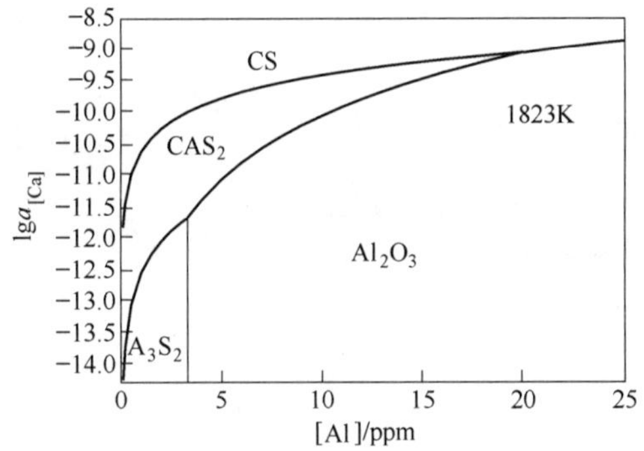

图 5　1823K 下铝钙含量对套管钢脱氧产物组成的影响

Fig. 5　Aluminum and calcium content's impact on the deoxy product composition of pipe at 1823K

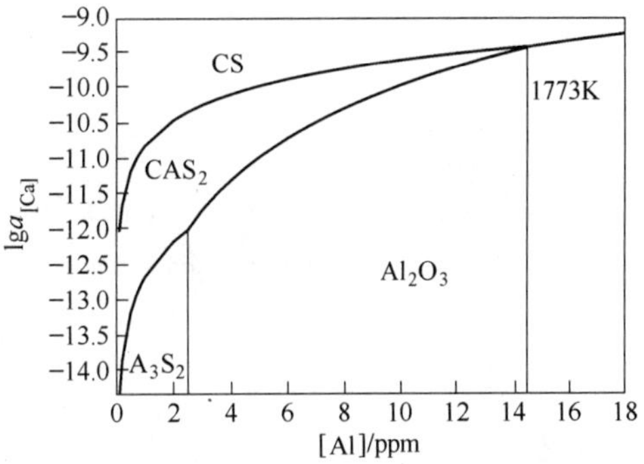

图 6　1773K 下铝钙含量对套管钢脱氧产物组成的影响

Fig. 6　Aluminum and calcium content's impact on the deoxy product composition of pipe at 1773K

对比图 3 和图 4 可知，随着温度的降低，析出以上三种物质所需的酸溶铝和活度氧含量降低。这是由于随着温度的降低，三种物质的溶解度降低。

当钢中有钙存在时，所生成夹杂物的成分将发生变化。图 5 示出了 1823K 时钢液中有钙存在的情况下所生成夹杂物组成与钢液中 $[Al]_s$ 和 $a_{[Ca]}$ 的关系。由图 5 可以看出，1823K 下钢中有钙时，$[Al]_s > 20\times10^{-6}$钢中只析出 Al_2O_3；当 $[Al]_s < 20\times10^{-6}$，如钙活度太低也会析出 Al_2O_3。为将夹杂物组成控制在假硅灰石 CS 与钙斜长石 CAS_2 围成的区

域，需将铝含量控制在 $1 \times 10^{-7} \sim 20 \times 10^{-6}$，$a_{[Ca]} < 9.2 \times 10^{-10}$ 范围。实际生产中为增加钢的力学性能常将终产品的酸溶铝控制在 0.02% ~0.03%，LF 精炼过程酸溶铝控制在 0.008% ~0.010%，因此在实际生产中 LF 精炼过程主要生成 Al_2O_3 而不会形成钙斜长石，这与实验结果一致，因此对于 39Mn2V 钢而言，在现有 LF 工艺条件下不可能生成塑性夹杂物，只能通过后期喂钙线对 Al_2O_3 夹杂进行变性。

图 6 是 1773K 下铝钙含量对 39Mn2V 钢脱氧产物组成的影响。与图 5 相似，只是生成 CAS_2 的成分区域变小，夹杂物更容易生成假硅灰石或刚玉。

图 7 为析出钙铝黄长石（$2CaO \cdot Al_2O_3 \cdot SiO_2$，简写为 C_2AS）的钙铝含量范围。对比图 7 和图 5 可知生成钙铝黄长石 C_2AS 的浓度范围也是生成假硅灰石 CA 和刚玉 Al_2O_3 的浓度范围，因此会首先析出 CA 和 Al_2O_3。也就是说实际上 39Mn2V 钢中不可能析出 C_2AS。由此可见，在 LF 精炼过程中既不能生成钙斜长石也不能生成钙铝黄长石塑性夹杂物。

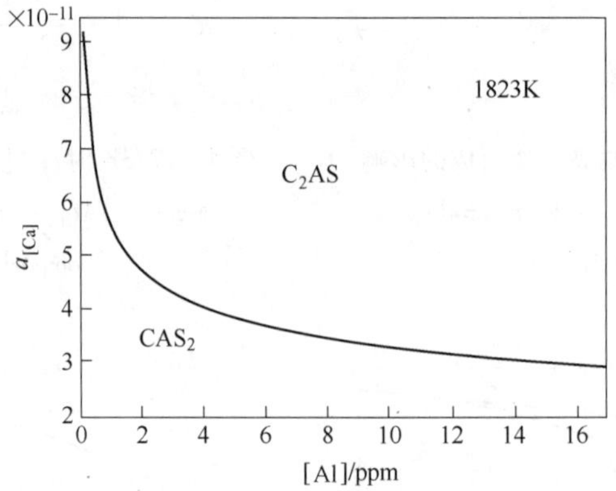

图 7　1823K 下析出 $2CaO \cdot Al_2O_3 \cdot SiO_2$ 的铝钙浓度范围

Fig. 7　Concentration range of aluminum and calcium of $2CaO \cdot Al_2O_3 \cdot SiO_2$ precipitation at 1823K

5　结论

钢液脱氧过程中析出的平衡脱氧产物组成和性质决定于钢液中强脱氧元素的相对含量。通过 LF 精炼过程中钢液与夹杂物的热力学平衡计算得出：

（1）1823K 时，当只有铝参与脱氧时，钢液中的 $[Al]_s < 1.3 \times 10^{-6}$，$a_{[O]} > 55.47 \times 10^{-4}$ 时脱氧产物为鳞石英，当 $1.3 \times 10^{-6} < [Al]_s < 3.29 \times 10^{-6}$ 时会析出莫来石，当 $[Al]_s > 3.29 \times 10^{-6}$ 时会析出刚玉。随着温度的降低，析出以上三种物质所需的酸溶铝和活度氧含量降低。

（2）当钢中有钙存在时，所生成夹杂物的成分将发生变化。1823K 下钢中有钙时，$[Al]_s > 20 \times 10^{-6}$ 钢中只析出 Al_2O_3；当铝含量在 $1 \times 10^{-7} \sim 20 \times 10^{-6}$ 范围，$a_{[Ca]} < 9.2 \times 10^{-10}$ 时会生成钙斜长石；不可能析出钙铝黄长石。

（3）实际生产中 LF 精炼过程主要生成 Al_2O_3 而不会形成钙斜长石和钙铝黄长石。

参 考 文 献

[1] 陈斌. 钢液—炉渣间的反应平衡及合结钢中非金属夹杂物的研究：[博士学位论文]. 北京科技大学，2007：1-2.

[2] 姜敏. 高强度合金钢液—炉渣反应平衡及对非金属夹杂物的影响研究：[博士学位论文]. 北京科技大学，2008：55-98.

[3] N. A. McPherson，A. McLean. Continuous Casting Vo1. 7，Non-Metallic Inclusion in Continuously Cast Steel. 1995：1-61.

[4] S. Maeda，T. Soejima，et al. Shape control of inclusions in wire rods for high tensile tire cord by refining with synthetic slag[C]. 1989 Steelmaking Conference Proceedings：379-385.

[5] 薛正良. 弹簧钢氧化物夹杂成分和形态控制技术研究：[博士学位论文]. 钢铁研究总院，2001：22.

[6] 陈恩普. 铁基、镍基、钴基合金熔点计算方法和经验公式[J]. 特殊钢，13(2)：25-30.

[7] G. K. Sigworth，J. F. Elliot. The thermodynamics of liquid dilute iron alloys[J]. Metal Science，1974，18：298-310.

[8] 日本学术振兴会制钢第 19 委员会. 制钢反应推奖平衡值（改订增补），昭和 59 年 10 月：255.

[9] S-W. Cho，H. Suito. Assessment of calcium-oxygen equilibrium in liquid iron[J]. ISIJ Int.，1994，34(3)：265-269.

基于钢液中钛脱氧平衡的热力学分析

刘 达[1] 王天龙[1] 张红伟[1] 庞洪亮[2] 王兴华[2] 雷 洪[1]

（1. 东北大学材料电磁过程研究教育部重点实验室，沈阳 110819；
2. 北满特殊钢有限责任公司，齐齐哈尔 161000）

摘　要：基于以往的热力学数据，对钢液中钛脱氧后产生的脱氧产物 Ti_2O_3 与 Ti_3O_5 分界点的浓度，采用 Wagner 形式和 Darken 的二次形式结合 Redlich-Kister 多项式进行求解。得到的结果是：利用 Wagner 形式求解出来的 Ti_2O_3 与 Ti_3O_5 的分界点［% Ti］为 0. 358；利用 Darken 的二次形式求解出来的 Ti_2O_3 与 Ti_3O_5 的分界点［% Ti］为 0. 526。另外指出两种不同形式的表达形式中参数可以相互转换，计算得到；Darken 的二次形式在数量上达到更高的精度。

关键词：热力学；钛脱氧平衡；相互作用系数；二次形式；Redlich-Kister 多项式

Thermodynamic Analysis of Deoxidation Equilibrium with Ti in Liquid Steel

Liu Da[1] Wang Tianlong[1] Zhang Hongwei[1]
Pang Hongliang[2] Wang Xinghua[2] Lei Hong[1]

（1. Key Laboratory of Electromagnetic Processing of Materials，Ministry of Education，Northeastern University，Shenyang 110819；
2. Beiman Special Steel Limited Liability Company，Qiqihar 161000）

Abstract：Based on the existing thermodynamic data，the thermodynamic calculation was applied to analyze the critical Ti concentration where Ti_3O_5 coexisted with Ti_2O_3 in the Fe-Ti-O ternary system by Wagner's formalism and Quadratic formalism with Redlich-Kister type polynomial. Numerical results showed that，The critical Ti concentration corresponding to coexistence of Ti_3O_5 and Ti_2O_3 was 0. 358 mass% by Wagner's formalism，meanwhile，0. 526 mass% by Quadratic formalism with Redlich-Kister type polynomial. The interaction parameters in Redlich-Kister type polynomial are converted into Wagner's interaction parameters. The Ti deoxidation equlilibrium of molten iron could be quantitatively expressed with high accuracy using the quadratic formalisms.

Keywords：titanium deoxidation equlibrium；thermodynamics；interaction parameters；quadratic formalism；Redlich-Kister polynomial

1 引言

1952 年由 Wagner[1] 提出的等式广泛运用于表示多组分溶液中溶质的活度系数，当溶质浓度较高时，活度系数的计算应该考虑二阶或者高阶的相互作用系数。然而，由于在实验测量精度上受到限制，二阶相互作用系数很难准确测定。Darken[2,3]提出了用二次形式来表示较高溶质含量时的活度系数。钢液中氧含量不仅直接影响钢中 S、P 等杂质元素的去除，而且也影响钢中合金元素的收得率。Ti 作为钢中重要的合金元素，其与氧结合的能力与铝相当。在氧化物冶金技术中细小弥散的钛氧化物和钛氮化物可以作为钢中第二相析出物的形核核心，从而促进晶内铁素体形核并起到细化晶粒的作用[4,5]，钢液中生成的钛氧化物分界点钛含量没有达成一致。本文将用两种活度系数的表达形式来热力学计算 Ti_2O_3 与 Ti_3O_5 分界点的浓度，从而对比两种活度系数表示方法。

2 Wagner 形式求解分界点

对于钛脱氧反应，采用 Wagner 的计算方法存在两个活度系数，f_{Ti}、f_O的计算式如下：

$$\lg f_{Ti} = e_{Ti}^{Ti}[\%Ti] + e_{Ti}^{O}[\%O] + r_{Ti}^{Ti}[\%Ti]^2 + r_{Ti}^{O}[\%O]^2 + r_{Ti}^{(O,Ti)}[\%O][\%Ti] \quad (1)$$

$$\lg f_{O} = e_{O}^{Ti}[\%Ti] + e_{O}^{O}[\%O] + r_{O}^{Ti}[\%Ti]^2 + r_{O}^{O}[\%O]^2 + r_{O}^{(Ti,O)}[\%O][\%Ti] \quad (2)$$

式中，e_i^j，r_i^j，$r_i^{j,i}$分别表示 i 和 j 之间浓度用质量分数表示的一阶，二阶相互作用系数和交叉乘积项。

假设忽略二阶相互作用系数和交叉乘积项，同时由于钛氧化物熔点较高，可以看成纯物质，故 $a_{Ti_xO_y(s)}$ 为 1。选择 JSPS[6]的推荐值 $e_{Ti}^{Ti}=0.048$，$e_O^O=-1750/T+0.76$，另外根据 Lupis[7]的计算式得到

$$e_{Ti}^{O} = \frac{M_{Ti}}{M_O}e_O^{Ti} + \frac{1}{230}\frac{M_{Ti}-M_O}{M_O} = 2.994e_O^{Ti} - 0.00867 \quad (3)$$

基于表 1 中的化学反应方程式 1 和 2 然后整理式（1）、式（2）可以得到

$$2e_{Ti}^{Ti}[\%Ti] + 3e_O^O[\%O] + 2\log[\%Ti] + 3[\%O] - 0.0173[\%O]$$
$$= e_O^{Ti}(-3[\%Ti] - 5.985[\%O]) + \log K_{Ti_2O_3} \quad (4)$$

$$3e_{Ti}^{Ti}[\%Ti] + 5e_O^O[\%O] + 3\log[\%Ti] + 5[\%O] - 0.026[\%O]$$
$$= e_O^{Ti}(-5[\%Ti] - 8.978[\%O]) + \log K_{Ti_3O_5} \quad (5)$$

表 1 Fe-Ti-O 体系中反应方程式及标准吉布斯自由能

Table 1 The reaction equation and the standard Gibbs free energy in Fe-Ti-O system

No.	Reaction Equation	Standard Gibbs Free Energy $\Delta G^0/(J/mol)$	Reference
1	$2[Ti]+3[O]=Ti_2O_3(s)$	$-845928+248.6T$	[8]
2	$3[Ti]+5[O]=Ti_3O_5(s)$	$-1392344+407.7T$	[8]
3	$2Ti(s)+3/2O_2(g)=Ti_2O_3(s)$	$-1502126+258.08T$	[8]
4	$3Ti(s)+5/2O_2(g)=Ti_3O_5(s)$	$-2435202+420.5T$	[8]
5	$2Ti(l)+3/2O_2(g)=Ti_2O_3(s)$	$-1520750+267.2T$	[8]
6	$3Ti(l)+5/2O_2(g)=Ti_3O_5(s)$	$-2464580+434.9T$	[8]
7	$1/2O_2(g)=[O]$	$-117122-2.88T$	[9]
8	$Ti(s)=[Ti]$	$-152416+9.07T$	[9]

将等式（4）、（5）的左边当成 Y，等式右边（$-3[\%Ti]-5.985[\%O]$）和（$-5[\%Ti]-8.978[\%O]$）当成 X，即可以根据实验点拟合回归出两条直线，从而截距表示 $\log K$ 和直线的斜率表示 e_O^{Ti}。

通过已知的平衡常数反推吉布斯自由能，表1中罗列部分标准吉布斯自由能。

由表1中等式1、2可以得到

$$\log K_1 = \log(a_{Ti_2O_3}/a_{Ti}^2 \cdot a_O^3) = -2\log a_{Ti} - 3\log a_O = -2(\log f_{Ti} + \log[\%Ti]) - 3(\log f_O + \log[\%O]) \quad (6)$$

$$\log K_2 = \log(a_{Ti_3O_5}/a_{Ti}^3 \cdot a_O^5) = -3\log a_{Ti} - 5\log a_O = -3(\log f_{Ti} + \log[\%Ti]) - 5(\log f_O + \log[\%O]) \quad (7)$$

式中，Ti_2O_3与Ti_3O_5的活度可认为是1，联立式（6）、（7）可计算出Ti_2O_3与Ti_3O_5的分界点的钛含量为$[\%Ti]=0.358$。

3 Darken的二次形式求解分界点

3.1 Darken的二次形式

虽然Wagner的等式被广泛用于表示在多组分溶液中溶质的活度系数，但是当溶质元素的含量较高时，二阶或更高阶的相互作用系数对活度系数的贡献就不可以忽略。Darken在结合Redlich-Kister多项式[10,11]的基础上采用二次形式。即在三元系溶液中有：

$$\ln\gamma_1 = \alpha_{12}X_2^2 + \alpha_{13}X_3^2 + (\alpha_{12}+\alpha_{13}-\alpha_{23})X_2X_3 \quad (8)$$

$$\ln\gamma_2 = \ln\gamma_2^o - 2\alpha_{12}X_2 + (\alpha_{23}-\alpha_{12}-\alpha_{13})X_3 + \alpha_{12}X_2^2 + \alpha_{13}X_3^2 + (\alpha_{12}+\alpha_{13}-\alpha_{23})X_2X_3 \quad (9)$$

$$\ln\gamma_3 = \ln\gamma_3^o - 2\alpha_{13}X_3 + (\alpha_{23}-\alpha_{12}-\alpha_{13})X_2 + \alpha_{12}X_2^2 + \alpha_{13}X_3^2 + (\alpha_{12}+\alpha_{13}-\alpha_{23})X_2X_3 \quad (10)$$

式中，1为溶剂；2、3分别为两种不同的溶质；X_i为组分i的摩尔浓度；γ_i为组分i的活度系数；γ_i^o为组分i以纯物质为标准态的活度系数，又称为亨利常数；α_{ij}为在常温常压下i-j二元溶液中i、j的α函数[12]。

对比Wagner形式有：

$$\varepsilon_2^2 = -2\alpha_{12} \quad (11)$$

$$\varepsilon_2^3 = \alpha_{23} - \alpha_{12} - \alpha_{13} \quad (12)$$

$$\rho_2^2 = \alpha_{12} \quad (13)$$

$$\rho_2^3 = \alpha_{13} \quad (14)$$

$$\rho_2^{(2,3)} = \alpha_{12} + \alpha_{13} - \alpha_{23} \quad (15)$$

式中，ε_j^i、ρ_j^i 分别为 i-j 之间浓度用摩尔分数表示的一阶，二阶相互作用系数。

3.2 Darken 的二次形式与 Redlich-Kister 多项式之间的关系

将 Darken 的二次形式转换为 Redlich-Kister 多项式来表示溶液混合过程的超额吉布斯自由能的变化，对于系统中存在多组分合金的溶液，由 Redlich-Kister 多项式导入之后可以拓宽 Darken 的二次形式，在 1-2 二元系中，超额吉布斯自由能用 Redlich-Kister 多项式可以表示为

$$\Delta G^{ex} = X_1X_2[{}^0\Omega_{1-2} + {}^1\Omega_{1-2}(X_1 - X_2)] \tag{16}$$

式中，${}^0\Omega_{i-j}$、${}^1\Omega_{i-j}$ 分别为二阶相互作用参数；上标 0 为正规溶液；上标 1 为亚正规溶液。

在 1-2 二元系中，组分 2 的偏摩尔超额吉布斯自由能可表示为

$$\Delta\overline{G}_2^{ex} = RT\ln\gamma_2 = \Delta G^{ex} + (1 - X_2)\frac{\partial\Delta G^{ex}}{\partial X_2} = X_1^2({}^0\Omega_{1-2} - 3{}^1\Omega_{1-2}) + X_1^3(4{}^1\Omega_{1-2}) \tag{17}$$

当 $X_2\to 1$ 时，对于组分 2 有 $\gamma_2\to\gamma_2^o$，因此，在无限稀溶液中，组分 2 的偏摩尔超额吉布斯自由能可以表示为：

$$\Delta\overline{G}_2^{ex} = RT\ln\gamma_2^o = {}^0\Omega_{1-2} + {}^1\Omega_{1-2} \tag{18}$$

在 1-2 二元系中，利用 Darken 的二次形式，组分 2 的活度系数可以表示为[12]：

$$\ln\gamma_2 = \alpha_{12}X_1^2 + I \tag{19}$$

式中，I 在常温常压下为常数。

等式两边同时乘以热力学常数和绝对温度，再分别对等式两边求 X_1^2 的偏导，可以得到

$$\frac{\partial(RT\ln\gamma_2)}{\partial(X_1^2)} = RT\alpha_{12} \tag{20}$$

另外对式（17）等式两边对 X_1^2 求偏导，可以得到

$$\frac{\partial(RT\ln\gamma_2)}{\partial(X_1^2)} = ({}^0\Omega_{1-2} - 3{}^1\Omega_{1-2}) + 6{}^1\Omega_{1-2}X_1 \tag{21}$$

当 $X_1\to 1$ 时，联立式（20）和式（21）可以得到

$$RT\alpha_{12} = {}^0\Omega_{1-2} + 3{}^1\Omega_{1-2} \tag{22}$$

联立式（18）和式（22）可以得到

$${}^0\Omega_{1-2} = RT\left(\frac{3}{2}\ln\gamma_2^o - \frac{1}{2}\alpha_{12}\right) \tag{23}$$

$${}^1\Omega_{1-2} = RT\left(-\frac{1}{2}\ln\gamma_2^o + \frac{1}{2}\alpha_{12}\right) \tag{24}$$

由式（23）和式（24）可知，对于稀溶液而言，借助 ${}^0\Omega_{1-2}$，${}^1\Omega_{1-2}$ 可以将 Darken 的二次形式参数导入 Redlich-Kister 多项式，从而拓宽 Darken 的二次形式。

3.3 Darken 的二次形式和 Redlich-Kister 多项式求解分界点

那么对于 Fe-Ti-O 三元系来说，由于炼钢过程中 O 的含量至多也只有数百个 ppm，含

量较低，三元系可以当做 Fe-Ti 二元系来处理，基于 Redlich-Kister 多项式可以表示出 $a_{Ti(l)}$，在 Fe-Ti 二元系中超额吉布斯自由能的变化可以表示为

$$\Delta G^{ex} = X_{Fe}X_{Ti}({}^0\Omega_{Fe\text{-}Ti} + {}^1\Omega_{Fe\text{-}Ti}(X_{Fe} - X_{Ti})) \tag{25}$$

式中，对于 Fe-Ti 系，Redlich-Kister 多项式常数 ${}^0\Omega_{Fe\text{-}Ti}$ 可以由亨利系数计算得到、${}^1\Omega_{Fe\text{-}Ti}$ 的数字很小可以忽略。${}^0\Omega_{Fe\text{-}Ti}$ 的值[13]

$${}^0\Omega_{Fe\text{-}Ti} = RT\ln\gamma_{Ti}^{o} = -73360/\mathrm{J} \tag{26}$$

在 Fe-Ti 二元系中钛的偏摩尔超额吉布斯自由能可表示为

$$\begin{aligned}\Delta\overline{G}_{Ti(l)}^{ex} &= RT\ln\gamma_{Ti} = \Delta G^{ex} + (1 - X_{Ti})\frac{\partial\Delta G^{ex}}{\partial X_{Ti}} \\ &= {}^0\Omega_{Fe\text{-}Ti} - 2{}^0\Omega_{Fe\text{-}Ti}X_{Ti} + {}^0\Omega_{Fe\text{-}Ti}X_{Ti}^2 \\ &= -73360 + 146720X_{Ti} - 73360X_{Ti}^2\end{aligned} \tag{27}$$

整理后有

$$\ln\gamma_{Ti(l)} = -4.1705 + 9.421X_{Ti} - 4.7105X_{Ti}^2 \tag{28}$$

由表 1 中等式 5、6 可以得出

$$5Ti_2O_3(s) = 3Ti_3O_5(s) + Ti(l)$$
$$\Delta G_2 = 210010 - 31.3T/\mathrm{J} \tag{29}$$

由式（29）可以推出

$$K_2 = (a_{Ti_3O_5}^3 \cdot a_{Ti(l)})/a_{Ti_2O_3}^5 \tag{30}$$

由在 Fe-Ti 二元系中，Ti_2O_3 与 Ti_3O_5 反应达到平衡时，两种化合物的活度可以认为是 1。故反应的平衡常数可以表示为

$$\log K_2 = -\Delta G_2^{o}/(2.303RT) = \log a_{Ti(l)} = \gamma_{Ti(l)}X_{Ti} \tag{31}$$

联立式（28）、(31）可以得到 Ti_2O_3 与 Ti_3O_5 的分界点 Ti 的含量为[%Ti] =0.526。

4 Wagner 形式和 Darken 的二次形式的区别与联系

由于 Darken 的二次形式包含了二阶和高阶项，相比较而言，Darken 的二次形式的计算精度会比 Wagner 形式计算出来的精度要好。另外式（23）、式（24）可以得到 Redlich-Kister 多项式的相互作用系数与 Wagner 形式中的相互作用系数很容易相互转化。根据 Lupis 的计算式可以实现 Redlich-Kister 多项式中的相互作用系数转化成 Wagner 形式中的相互作用系数。

$$\varepsilon_i^j = 230\frac{M_j}{M_i}e_i^j + \frac{M_1 - M_j}{M_i} \tag{32}$$

$$\rho_i^j = \frac{230}{M_1^2}[100M_j^2r_i^j + M_j(M_1 - M_j)e_i^j] + \frac{1}{2}\left(\frac{M_1 - M_j}{M_1}\right)^2 \tag{33}$$

$$\rho_i^{(j,k)} = \frac{230}{M_1^2}[100M_jM_kr_i^{(j,k)} + M_j(M_1 - M_k)e_i^j + M_k(M_1 - M_j)e_i^k] + \frac{(M_1 - M_j)(M_1 - M_k)}{M_1^2} \tag{34}$$

式中，M_1 表示溶液 1 所对应的摩尔质量，M_i表示溶质 i 所对应的摩尔质量。

图 1 表示亨利系数，两种形式所对应的热力学参数之间的关系[13]，几种参数可以相互转化。由于缺乏实验精度，Wagner 形式中所涉及的二阶相互作用系数不能从已有的实验数据中得到。此外，Darken 的二次形式可以利用 Wagner 形式中的一阶相互作用系数来推导二阶或者二阶相互作用系数，因此 Darken 的二次形式所能适用的溶质范围比 Wagner 形式的适用范围要宽，同时 Redlich-Kister 多项式能够广泛用于多种合金系统。

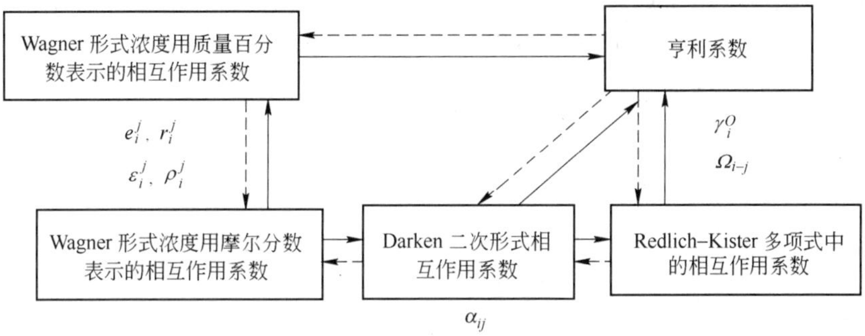

图 1　不同热力学参数之间的关系

Fig. 1　Relationship between the different thermodynamic parameters

5　结论

（1）利用 Wagner 形式求解出来的 Ti_2O_3 与 Ti_3O_5 的分界点［%Ti］为 0.358。

（2）利用 Darken 的二次形式求解出来的 Ti_2O_3 与 Ti_3O_5 的分界点［%Ti］为 0.526。

（3）由于 Darken 的二次形式包含了二阶和高阶项，相比较而言，Darken 的二次形式的计算精度会比 Wagner 形式计算出来的精度要好。

（4）Wagner 形式表达式的参数可以与 Darken 的二次形式、Redlich-Kister 多项式中的参数互相转换。

参 考 文 献

[1] Wagner C. Thermodynamics of alloys[M]. Addison-Wesley, 1952.

[2] Darken L S. Thermodynamics of binary metallic solutions[J]. AIME MET SOC TRANS, 1967, 239(1): 80-89.

[3] Darken L S. Thermodynamics of ternary metallic solutions[J]. AIME MET SOC TRANS, 1967, 239(1): 90-96.

[4] Takamura J I, Mizoguchi S. Metallurgy of Oxides in Steels. I. Roles of Oxides in Steels Performance[C]. The Sixth International Iron and Steel Congress. Nagoya: ISIJ, 1990, 1: 591-597.

[5] Mizoguchi S, Takamura J I. Metallurgy of Oxides in Steels. II. Control of Oxides as Inoculants[C]. The Sixth International Iron and Steel Congress. Nagoya: ISIJ, 1990, 1: 598-604.

[6] Steelmaking Data Sourcebook, The Japan Society for the Promotion of Science, The 19th Committee on Steelmaking[C]. New York: Gordon and Breach Science Publishers, 1988: 280-293.

[7] Lupis C H P. Chemical Thermodynamics of Materials[M]. Prentice Hall, London, 1993: 255.

[8] NIST-JANAF. Thermochemical tables[M]. American Chemical Society, Westerbille, Ohio, 1998.

[9] Turkdogan E T. Physical chemistry of high temperature technology[M]. Academic Press, London, 1980: 81-86.

[10] Hillert M, Staffansson L I. Regular-solution model for stoichiometric phases and ionic melts[J]. Acta Chem. Scand., 1970, 24(10): 3618-3626.

[11] Saunders, Miodownik A P. Calphad (Calculation of Phase Diagrams.), A Comprehensive Guide, Pergamon, Oxford, (1988), 91.

[12] 陈襄武. 钢铁冶金物理化学[M]. 北京：冶金工业出版社，1990：11-12.

[13] Cha W Y, Nagasaka T, Miki T, et al. Equilibrium between titanium and oxygen in liquid Fe-Ti alloy coexisted with titanium oxides at 1873 K[J]. ISIJ international, 2006, 46(7): 996-1005.

连铸坯质量与连铸保护渣

凝固组织对管线钢板坯半宏观偏析的影响研究

许志刚 王新华

（北京科技大学冶金与生态工程学院，北京 100083）

摘 要：研究发现连铸板坯的中心偏析是由大量的相互独立的、大小不一的半宏观偏析点组成的。半宏观偏析点或存在于若干个等轴晶粒相互粘接形成的空间中、或存在于内外弧一次柱状晶尖端在中心线位置相互粘接形成的空间中。试验研究发现半宏观偏析面积比（*C. S. A.* %）与采用化学成分分析方法获得的中心最大偏析比呈正相关关系，表明控制中心偏析的关键在于控制 *C. S. A.* % 的大小。不同凝固组织下的 *C. S. A.* % 统计结果表明：在轻压下作用下，采用高过热度浇注形成发达的柱状晶更有利于减少连铸板坯的 *C. S. A.* %，进而改善中心偏析。本文阐述了轻压下技术对不同凝固组织下半宏观偏析的改善机理，同时提出了采用轻压下结合高过热度浇注的技术对连铸板坯的半宏观偏析进行控制，并将该技术应用于 X65MS 抗酸管线钢的试生产，结果表明采用该技术生产的抗酸管线钢板具有比传统连铸生产的钢板更为优异的抗 HIC 性能。

关键词：半宏观偏析；面积比；轻压下；柱状晶；等轴晶

Influence of Solidification Structure on Semi-macro Segregation of Continuous Cast Slabs of Linepipe Steel

Xu Zhigang Wang Xinhua

（School of Metallurgical and Ecological Engineering, University of Science and Technology Beijing, Beijing 100083）

Abstract: It was found out that the center segregation was composed of massive semi-macro segregates, which were relatively independent and separated spot-like segregates with different size. The semi-macro segregates existed in the space formed by attachment of several equiaxed grains, or by attachment of primary columnar dendrites tip around the centerline. The results showed that center semi-macro segregation area ratio（*C. S. A.* %）was proportional to the center segregation index obtained by the chemical analysis, which indicated that the key of center segregation control was to reduce the *C. S. A.* %. The results of *C. S. A.* % with different solidification structure demonstrated that slabs with well-developed columnar dendrites by high temperature casting were more favorable to the improvement of semi-macro segregation, which were conducted with soft reduction. The effects of soft reduction on the improvement of semi-macro segregation with different solidification structure were elaborated in the paper. The measure of high temperature casting with soft reduction was proposed to improve the semi-macro segregation according to the experimental results, and was applied to the pilot production of X65MS HIC-resistant pipeline steels in the steel company. It showed that HIC properties of the plates produced by the present measure were more excellent compared to conventional plates.

Keywords: semi-macro segregation; center semi-macro segregation area ratio (*C. S. A.* %); soft reduction; columnar grains; equiaxed grains

抗氢致裂纹（HIC）是抗酸管线钢最为重要的性能指标之一。HIC 一般起源于粗大夹杂物，然后沿着中心偏析形成的硬化组织扩展[1]。因此，抗酸管线钢对连铸板坯中心偏析的控制提出了极高的要求。

经典理论指出[2,3]，中心偏析的形成是由于凝固末端“搭桥”形成“小钢锭结构”而导致的。发达的柱状晶更容易在凝固末端优先生长而形成严重的“搭桥”现象，因此传统观念认为应该尽可能的扩大铸坯的等轴晶区，从而改善中心偏析[4,5]。低过热度浇注便是增加等轴晶的最重要的途径之一[6]。大量的生产实践结果表明，随着过热度的增加，连铸坯的等轴晶率降低，中心偏析也随之加重[7-9]。20 世纪 70 年代末，为了开发高级别的优质抗酸管线钢，日本 NKK[10,11] 对板坯的中心偏析进行了深入研究，并提出了采用轻压下技术改善中心偏析的措施，该技术得到了迅速的推广。研究发现连铸板坯的中心线偏析并非连续的，而是由许多“半宏观偏析点”所组成，因而中心偏析的控制应该转向更为精细地对半宏观偏析点进行控制。同时，NKK 公司通过大量的生产实践，提出了与传统观念截然相反观点，即：在使用合理轻压下的前提下，采用高过热度浇注促使铸坯中心形成柱状晶更有利于改善连铸板坯的半宏观偏析，进而改善中心偏析；因此 NKK 公司在生产抗酸管线钢时，采用高过热度浇注（≥30℃）和轻压下技术对其中心偏析进行控制。然而，该技术目前只有 NKK 进行了相关报道，其相关的机理研究也未见报道。

国内对于半宏观偏析的研究只有极少的报道[12,13]，各个钢厂在控制中心偏析时普遍采用低过热度浇注配合轻压下的技术。然而生产实践表明，采用该技术生产的抗酸管线钢板在抗 HIC 试验中，经常发生抗 HIC 指标不合的现象，如裂纹敏感率（*CSR*）> 2%、裂纹长度率（*CLR*）> 15% 等。为了对抗酸管线钢的中心偏析进行更好的控制，本文与国内某钢厂合作，以 X70 管线钢为载体，在钢厂进行了大量的过热度试验，获得了不同凝固组织的半宏观偏析特征，并对轻压下条件下不同凝固组织对半宏观偏析的影响进行了研究。

1 试验条件及方法

1.1 试验条件

为了获得不同的凝固组织，本文在某钢厂的弧形板坯连铸机上对 X70 管线钢进行了大量的过热度试验，所生产的断面为 150mm 厚、2800mm 宽，在凝固末端采用合理的轻压下技术，主要的试验参数如表 1 所示。在试验过程中，除过热度外，其他参数保持不变。

表 1 试验的主要参数

主要化学成分含量/%				断面规格 /mm	拉速 /(m/min)	比水量 /(L/kg)	过热度 /℃	轻压下 /(mm/m)
C	Mn	P	S					
0.04 ~ 0.08	1.2 ~ 1.8	0.0070 ~ 0.0100	<0.0050	150 × 2800	0.90 ~ 1.3	0.8 ~ 1.05	5 ~ 38	0.80 ~ 1.2

1.2 试验方法

本文首先对不同过热度实验的管线钢连铸板坯试样采用热酸腐蚀的方法对其凝固组织和中心偏析情况进行显示，并对其低倍组织结果进行拍照观察和扫描。腐蚀位置为板坯宽度 1/4 处的横断面，宽度为 200mm。

为了对中心偏析情况进行更为全面的了解，本文采用逐层刨屑取样的方法，沿着铸坯的厚度方向对化学元素 C、Mn 进行成分分析，取屑位置位于铸坯宽度 1/4 处（如图 1（a）中的灰色部分所示），具体方法为：沿着铸坯的厚度方向，每隔 2.5mm 取一层屑样，如图 1（b）所示，图中的灰色部分为取样层，将所取得的屑样进行 C、Mn 化学成分分析，并对成分分析结果进行数据处理，处理方法如式（1）所示。

$$R_i = W_i / W_0 \tag{1}$$

式中，R_i 为某元素偏析度；W_i 为 i 位置的某元素的质量分数,%；W_0 为某元素成分的平均质量分数,%，$W_0 = \Sigma W_i / n$（其中 n 为每块铸坯试样分析所得数据个数）。

虽然上述的刨样取屑的方法可以定量的表示板坯的中心偏析比情况，但是该方法显然只能局限于对板坯宽度某一局部位置的偏析情况进行分析，而无法全面反映板坯整个宽度方向的偏析情况，因此为了对不同凝固组织下管线钢连铸板坯的半宏观偏析进行更为全面的分析，本文采用半宏观偏析面积比（$C.S.A\%$）方法对半宏观偏析的大小进行评价，如图 1（a）及式（2）所示。

$$C.S.A\% = \sum_i S_i / (W \times T) \times 100\% \tag{2}$$

式中，S_i 为第 i 个半宏观偏析点的面积，在统计半宏观偏析点面积时，采用对比度一致的扫描照片；W 为板坯宽度（除去三角区）；T 为板坯厚度。

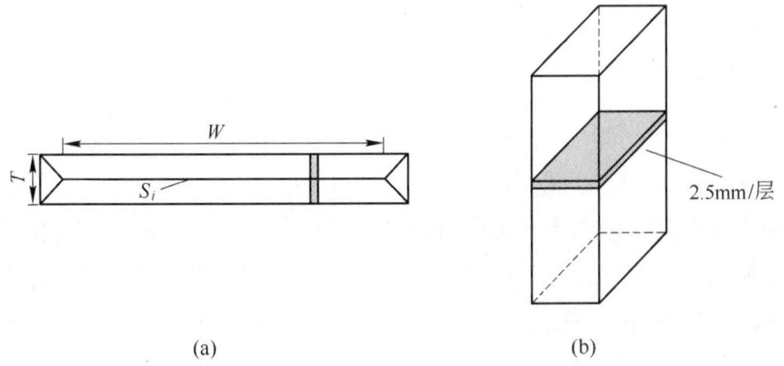

图 1 半宏观偏析面积比统计方法（a）和刨样分析（b）示意图

2　试验结果

2.1　低倍组织结果

将不同过热度下板坯横断面的低倍组织进行腐蚀，结果如图 2 所示。由图可知，随着过热度的增加，中心等轴晶逐渐减少、同时柱状晶越来越发达；当过热度 $\Delta T=25℃$ 时，中心等轴晶几乎完全消失，只有少部分等轴晶存在于铸坯的中心；当过热度进一步增加，内弧基本全为柱状晶，而外弧为柱状的等轴晶，其方向较差；当过热度 $\Delta T\geqslant 28℃$ 时，铸坯的中心全部为发达的柱状晶。另外，由图可以看出，当铸坯中心为柱状晶时，铸坯的中心偏析线较为明显，且随着过热度的增加，中心偏析线越来越细窄、范围越集中。

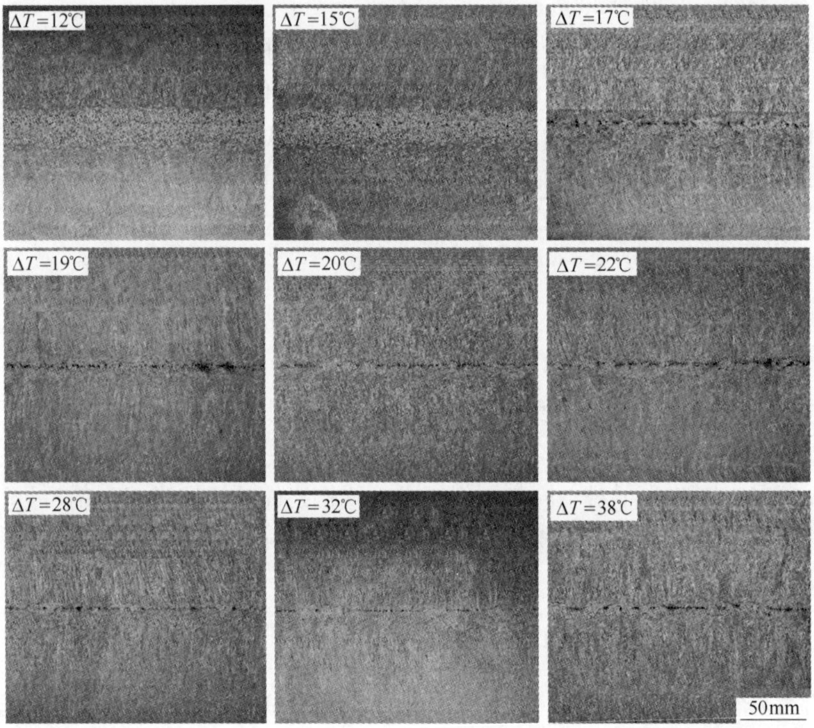

图 2　低倍组织结果

2.2　半宏观偏析特征

如图 3 所示，若将不同凝固组织下的连铸板坯的中心部位进行放大，可以发现连铸板坯的中心线偏析并非连续的，而是由许多相对独立的、大小不一的“点状偏析”所组成，这些“点状偏析”被定义为“半宏观”偏析，其尺寸介于微观与宏观偏析之间。显然，凝固组织对半宏观偏析的特征具有重要的影响。当板坯中心为等轴晶组织时，半宏观偏析点分散于整个等轴晶区域中，中心线位置附近的半宏观偏析点的面积和尺寸比等轴晶区域中其他位置的半宏观偏析点更大；当板坯中心形成全柱状晶结构时，半宏观偏析点基本聚集在板坯的中心线位置附近，从而形成较为明显的线性的中心偏析线。

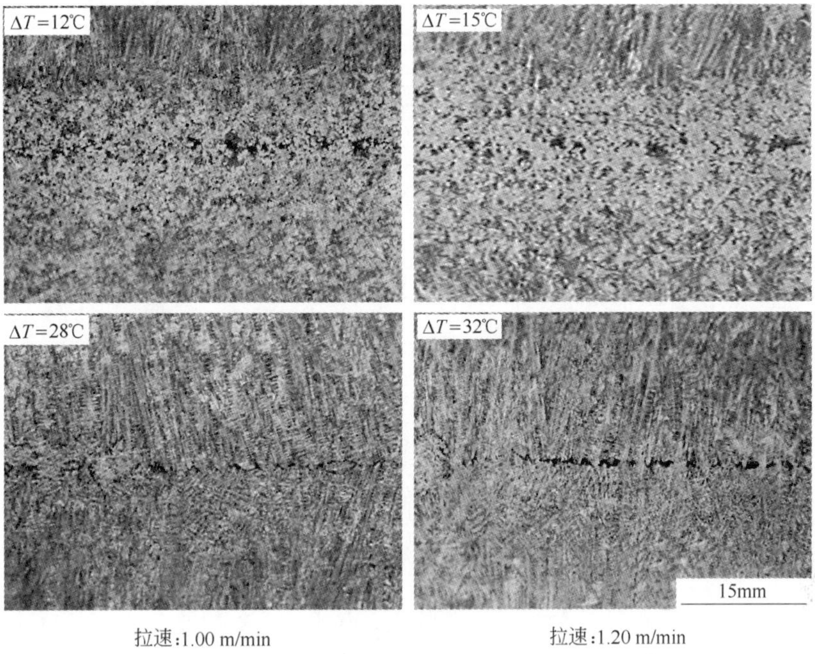

图 3　板坯低倍组织中心局部放大图

为了更形象的表明不同凝固组织下的半宏观偏析特征，本文分别将板坯中心为等轴晶和柱状晶情况下的半宏观偏析特征进行简单的绘制，如图 4 所示。对照低倍组织结果可知，等轴晶间的半宏观偏析点存在于若干等轴晶粒之间相互粘接形成的封闭的点状空间中（本文称之为半宏观偏析空间），由于等轴晶的无方向性，因此等轴晶区域中各个等轴晶粒间都有可能相互粘接形成半宏观偏析空间，导致半宏观偏析点分散于整个等轴晶区域中；并且由于等轴晶的无序排列，等轴晶区中半宏观偏析空间的大小和位置随机分布，导致半宏观偏析点的大小和位置的分布也比较随机，在板坯厚度中心的随机性尤为明显。当中心为柱状晶时，半宏观偏析点形成于内外弧的一次枝晶尖端在中心线位置附近相互粘接形成的一定空间中（本文称之为半宏观偏析空间），其形态较为相似；由于这些半宏观偏析点

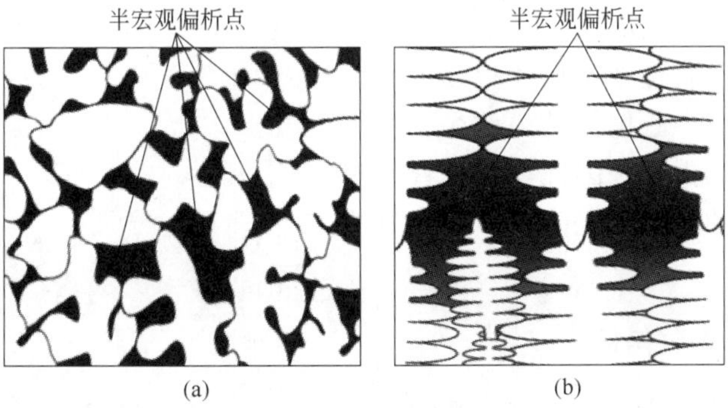

图 4　不同凝固组织的半宏观偏析特征示意图
（a）中心为等轴晶；（b）中心为柱状晶

大多聚集于中心线位置附近且相互独立，因此形成的中心偏析线较为明显。

由低倍组织结果可知，过热度越高，中心偏析线的范围越细窄越集中，这意味着半宏观偏析点的尺寸和面积越小，即当铸坯中心为柱状晶时，提高过热度有利于减少半宏观偏析。

2.3 半宏观偏析与中心偏析比

为了验证半宏观偏析面积比的有效性，本文将采用传统的刨样取屑方法获得的中心最大偏析比与相应位置的半宏观偏析面积比进行统计对比，如图5所示。

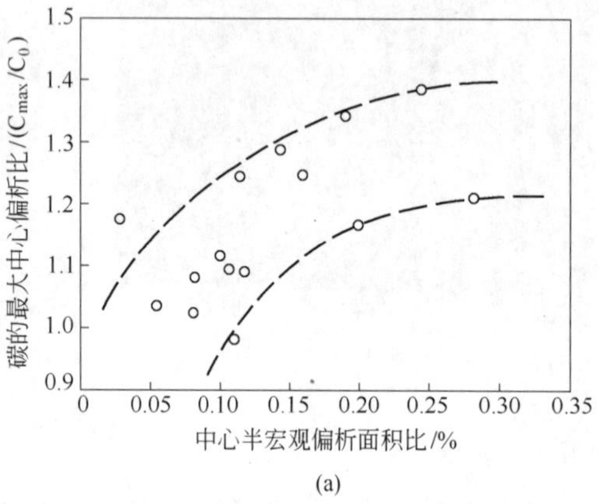

图5 半宏观偏析面积比与中心最大偏析比的统计结果

（a）C_{max}/C_0与半宏观偏析；（b）Mn_{max}/Mn_0与半宏观偏析

由图的结果可知，在相应的位置，半宏观偏析面积比与C和Mn的最大中心偏析比呈正相关的关系，即随着C和Mn的最大中心偏析比增加，半宏观偏析面积比呈增加趋势。由此可见，采用半宏观偏析面积比的方法同样可以基本反映连铸板坯的偏析情况，同时如1.2节所述，半宏观偏析面积比还可以从整体上反映板坯整个宽度方向上的偏析情况，因此采用该方法在某种程度上来说具有更为重要的意义。

另外，由图5的结果可知，若要控制中心偏析，可以通过控制半宏观偏析面积比的大小；而半宏观偏析面积比的大小又可以通过控制半宏观偏析点的独立性及其尺寸和数量的大小。由此可见，控制中心偏析的关键在于控制半宏观偏析面积比的大小，因此一切改善半宏观偏析面积比大小的措施都是改善中心偏析的措施。

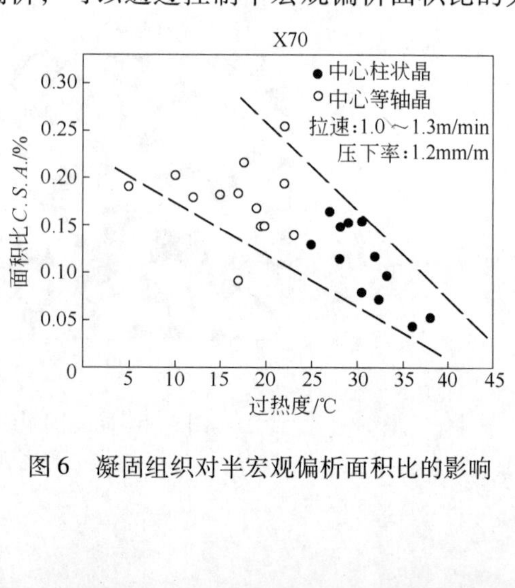

图6 凝固组织对半宏观偏析面积比的影响

2.4 凝固组织与半宏观偏析

按照1.2节所述的方法进行半宏观偏析面积比的统计，结果如图6所示。显然，随着过热度的提高，铸坯的半宏观偏析得到改善。结合板坯的低倍组织结果可知，当板坯中心为柱状晶组织时，随着过热度的提高，连铸板坯的中心偏析线变得越来越细窄越集中，半宏观偏析点更多地被集中在中心线附近，同时半宏观偏析点的尺寸和面积也相应地变得越来越小，因此造成了半宏观偏析面积比总体上降低。

另外，由图可知，在轻压下的作用下，当铸坯的中心为等轴晶时，中心偏析的改善是十分有限的，结合低倍组织的结果，可以发现，等轴晶只是将半宏观偏析分散在整个等轴晶区，且等轴晶区越宽，半宏观偏析点分散的也越宽，从而形成较不明显的中心偏析线，但是总体上的半宏观偏析面积比并没有得到太多的改善，即等轴晶主要起到了分散中心偏析的作用。而当铸坯的中心为柱状晶时，尽管从低倍组织上可以观察到较为明显的中心偏析线，但随着过热度的提高，柱状晶愈发发达，在轻压下作用下，表现为半宏观偏析点的尺寸和面积迅速减小，使得板坯中心半宏观偏析的改善越明显。由此可见，在合理轻压下的作用下，板坯中心为全柱状晶结构时，更有利于板坯半宏观偏析的改善，进而改善中心偏析。

2.5 轻压下的影响机理研究

传统观念认为，柱状晶发达容易造成“搭桥”，导致上游钢液无法对下游的凝固收缩进行补充，从而形成“小钢锭”结构，最终形成严重的中心偏析；然而，如图7所示，本文的研究结果发现，在轻压下作用下，无论柱状晶多发达都没有形成严重的“小钢锭”结构，反而随着过热度的增加，中心偏析有所减轻。由此可见，在采用合理轻压下技术的前提下，凝固组织对中心偏析的影响有所转变，本文的研究结果表明，发达的柱状晶更有利于轻压下对凝固末端的补缩，从而更好地改善连铸坯的半宏观偏析，本文认为其机理如下所述。

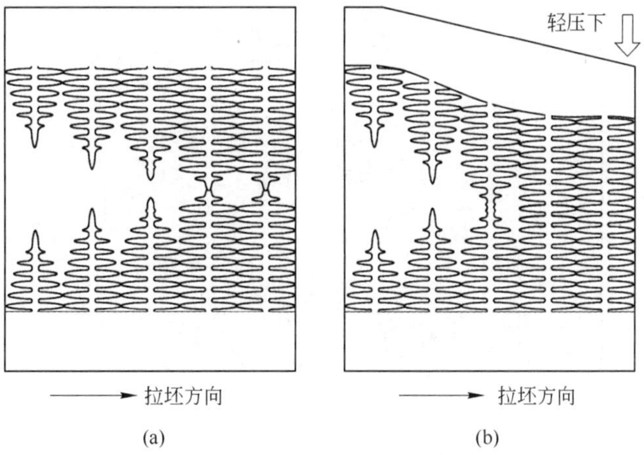

图7 轻压下对柱状晶间半宏观偏析的影响机理示意图
（a）轻压下前；（b）轻压下后

2.5.1 柱状晶

当板坯中心为柱状晶时，由于柱状晶具有很强的方向性，因此在轻压下的作用下，可以将轻压下更有效的传递到板坯的中心位置，从而对凝固末端的凝固收缩进行更有效补充，并且能有效的破坏搭桥，迫使柱状晶在中心相接而不会形成大的“小钢锭”结构[12]，而后在柱状晶间尖端相互粘接而形成的半宏观偏析空间中产生半宏观偏析。并且轻压下的作用可以显著压缩减小半宏观偏析空间的大小，甚至有可能将半宏观偏析空间压合，因此轻压下可以有效的改善连铸板坯柱状晶间的半宏观偏析。

随着过热度的提高，柱状晶越发达、方向性越强，其传递轻压下作用的能力越强，因此可以更好的发挥轻压下的作用，从而可以更好地压缩半宏观偏析空间、减小半宏观偏析点的大小，其结果表现为随着过热度的增加半宏观偏析面积比减小（如图 6 所示），另外也使得低倍组织的中心偏析线变得更为不明显（如图 2 所示），即板坯的中心偏析得到更好的改善。

2.5.2　等轴晶

如图 8 所示，阐述了轻压下对等轴晶间半宏观偏析改善效果的影响。轻压下同样可以减小等轴晶间的半宏观偏析空间，从而改善半宏观偏析。然而，与柱状晶相比，轻压下对等轴晶间的半宏观偏析的改善效果更差，本文认为其原因为：

（1）由于等轴晶是各向异性的，因此会分散轻压下的作用，无法有效的使轻压下作用到板坯的中心位置，即：虽然轻压下也会压缩等轴晶间的半宏观偏析空间，但是由于压下效率比柱状晶的差，因此半宏观偏析空间的改善效果比柱状晶的差[12]。

（2）对于部分已经粘接在一起形成了相对独立的封闭空间的等轴晶（如图 8 中圆圈内），由于在压下时凝固末端处于两相区，仍然存在部分液相，具有一定的流动性，因此这些粘接在一起的等轴晶由于受轻压下的挤压，有可能向上游方向（即拉坯方向的相反方向）移动，进入液相更多的区域，然后在上游区域继续凝固并形成半宏观偏析。这样一来，即使这些粘接的等轴晶在后续过程中受到轻压下的作用，也无法改善半宏观偏析，因此轻压下对这些粘接在一起的并且可以向上游移动的等轴晶所形成的半宏观偏析是无效的。

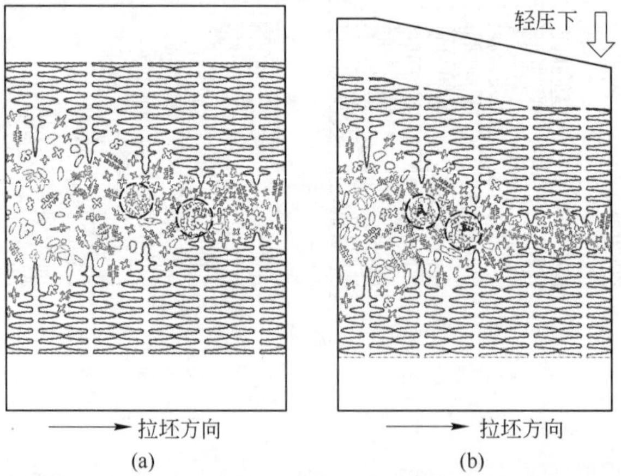

图 8　轻压下对等轴晶间半宏观偏析的影响机理示意图

（a）轻压下前；（b）轻压下后

由此可见，轻压下对等轴晶半宏观偏析的改善是有限的；相比之下，轻压下对柱状晶间的半宏观偏析的改善更有效。即板坯中心为柱状晶时比等轴晶的压下效率更高，因此最终使得柱状晶的半宏观偏析面积比整体上比等轴晶间的小，如图 6 所示。

3 抗酸管线钢试生产结果

根据上述的试验结果及机理，本文试图采用高过热度浇注配合合理轻压下技术对抗酸管线钢的中心偏析进行控制，并在 X65MS 抗酸管线钢上进行了 3 炉的试生产试验，其主要中间包成分及工艺参数如表 2 所示。

表 2 X65MS 主要工艺参数及中间包成分

炉 次	断面 /mm	轧板厚度 /mm	C/%	Mn/%	P/%	S/%	过热度/℃	轻压下
1	2580 × 150	16	0.030	1.23	0.0090	0.0010	35	采用
2		16	0.030	1.22	0.0090	0.0010	49	
3		16	0.030	1.24	0.0090	0.0010	36	

将上述试生产的 3 炉 X65MS 抗酸管线钢轧板浸泡于 NACE A 溶液（pH≈3）96 小时后，其 HIC 检测结果如表 3 所示。其中，常规生产是指该钢厂采用传统连铸工艺，即低过热度（ <15℃ ）配合轻压下进行 X65MS 抗酸管线钢的生产。

表 3 试生产与常规生产的 X65MS 的 HIC 性能对比

批 次	值	Ⅰ			Ⅱ			Ⅲ			平 均		
		CLR%	CTR%	CSR%	CLR%	CTR%	CSR%	CLR%	CTR%	CSR%	CLR%	CTR%	CSR%
常规生产样 32 组/96 块	平均值	0.15	0.14	0.00	0.19	0.00	0.00	0.17	0.00	0.00	0.11	0.00	0.00
	最大值	8.15	0.52	0.05	15.45	0.00	0.00	8.85	0.05	0.00	2.95	0.21	0.02
试生产样 9 组/27 块	平均值	0.00	0.00	0.00	0.00	0.00	0.00	0.00	0.00	0.00	0.00	0.00	0.00
	最大值	0.00	0.00	0.00	0.00	0.00	0.00	0.00	0.00	0.00	0.00	0.00	0.00

由表 3 的结果可知，相比的常规生产样的 HIC 结果，试生产试样的 HIC 各项指标均为零，即试生产试样具有十分优异的抗 HIC 性能，达到了世界一流水平。这表明采用本文提出的高过热度配合轻压下的技术对板坯的半宏观偏析进行控制，可以很好地改善中心偏析，从而大大地提高产品的抗 HIC 性能。

4 结论

（1）通过大量现场试验研究表明，连铸板坯的中心偏析是由大量的相互独立的、大小不一的半宏观偏析点组成的。半宏观偏析点或存在于若干个等轴晶形成的点状空间中，或存在于一次柱状晶尖端在板坯中心线位置相互粘接而形成的点状空间中。

（2）通过局部相应位置的中心偏析比与半宏观偏析面积比的统计对比发现，半宏观偏析面积比（*C. S. A.* %）与中心最大偏析比呈正相关关系，即采用 *C. S. A.* % 的方法对中心偏析进行评价是有效的，因此连铸板坯中心偏析的控制实际上是对 *C. S. A.* % 进行控制，包括半宏观偏析点的尺寸、数量等；而且采用该方法可以更为全面地对板坯整个宽度方向上的偏析进行评价，因此从某种程度上来说，采用 *C. S. A%* 的方法更有意义。

（3）通过大量的 *C. S. A. %* 统计表明，在轻压下的作用下，随着过热度的提高，柱状晶越来越发达，连铸板坯的 *C. S. A. %* 越小，即柱状晶更有利于改善连铸板坯的半宏观偏析，进而改善其中心偏析。

（4）阐述了轻压下对不同凝固组织下半宏观偏析的改善机理。由于柱状晶的方向性更强，能够更好地将轻压下传递到板坯的中心，从而更好的补充凝固收缩，进而改善半宏观偏析，因此在轻压下作用下，柱状晶的 *C. S. A. %* 更小。

（5）本文采用高过热度浇注结合轻压下的技术，对 X65MS 抗酸管线钢的中心偏析进行控制，并进行了 3 炉试生产试验，结果表明采用该技术生产的抗酸管线钢产品比传统连铸方法生产的产品具有更为优异的抗 HIC 性能。

参考文献

[1] Y. Nakai, H. Kurahashi, T. Emi, O. Haida. Development of Steels Resisant to Hydrogen Induced Cracking in Wet Hydrogen Sulfide Environment[J]. Kawasaki Steel Technical Report, 1980, 1: 47-59.

[2] A. Ghosh. Segregation in Cast Products[J]. Sādhanā, 2001, 26(1,2): 5-24.

[3] A. Scholes. Segregation in Continuous Casting[J]. Ironmaking and Steelmaking, 2005, 32(2): 101-108.

[4] K. Kumai, K. Asano, T. Ohashi, et al. Study on Solidification Behavour, Solute Segregation and Fluid Flow in Continuousl Cast Slab[J]. Tetsu-to-Hagane, 1974, 60(7): 894-914.

[5] T. Saeki, H. Imura, Y. Oonishi, et al. Effect of Bulging and Solidification Structure on Segregation in Continuously Cast Slab[J]. Trans. ISIJ, 1984, 24: 907-916.

[6] S. K. Choudhary, S. Ganguly. Morphology and Segregation in Continuously Cast High Carbon Steel Billets[J]. ISIJ International, 2007, 47(12): 1759-1766.

[7] M. Nakatani, T. Adachi, Y. Sugitani, et al. Quality Improvement by the Application of a Stirrer (Direct Current and Satic Magnetic Field Method) to Continuous Casting Bloom[J]. Tetsu-to-Hagane, 1981, 67(8): 1287-1296.

[8] Y. Ujiie, H. Maede, Y. Itoh, et al. Improving Solidification Structure of Continuously Cast Steel by Electromagnetic Stirring[J]. Tetsu-to-Hagane, 1981, 67(8): 1297-1306.

[9] F. Satou, H. Esaka, K. Shinozuka. Effect of Size and Morphology of Equiaxed Grains on Macroscopic Segregation[J]. Tetsu-to-Hagane, 2013, 99(2): 108-116.

[10] Y. Tsuchida, I. Sugawara, S. Miyahare, et al. Semi-macro Segregation in Continuously Cast Slab [J]. Trans. ISIJ, 1982, 22: B265.

[11] Y. Tsuchida, M. Nakada, I. Sugawara, et al. Behavior of Semi-macroscopic Segregation in Continuously Cast Slabs and Technique for Reducing the Segregation[J]. Transactions ISIJ, 1984, 24: 899-906.

[12] 许志刚，王新华，黄福祥，等．管线钢连铸板坯的半宏观偏析和凝固组织[J]．北京科技大学学报，2014，36(6)：751-756.

[13] 许志刚，王新华，周力，等．轻压下参数对连铸板坯半宏观偏析的影响．钢铁，2014，49(3)：36-41.

包晶钢板坯表面纵裂纹的形成与防止

倪有金[1] 庞炜光[1] 孙彦辉[2] 蔡开科[2]

（1. 首钢迁安钢铁有限责任公司炼钢作业部，迁安 064400；
2. 北京科技大学冶金与生态工程学院，北京 100083）

摘 要：表面纵裂纹是连铸坯的主要缺陷，尤其是包晶钢对裂纹最为敏感，包晶钢的纵裂纹问题长期以来一直困扰着冶金工作者。随着热装热送技术和薄板坯连铸连轧技术的发展，无缺陷铸坯的生产变得十分重要。本文结合前人和作者的研究工作，综述了包晶钢纵裂纹的形成及防止对策，希望对解决包晶钢纵裂纹问题有所裨益。

关键词：包晶钢；δ/γ 转变；结晶器热流

Formation and Prevention of Longitudinal Surface Cracks in Peritectic Steel Slab

Ni Youjin[1] Pang Weiguang[1] Sun Yanhui[2] Cai Kaike[2]

(1. Shougang Qian'an Iron & Steel Co., Ltd., Steelmaking Plant, Qian'an 064400;
2. Metallurgical and Ecological Engineering School, University of Science and Technology Beijing, Beijing 100083)

Abstract: Longitudinal crack is the most common surface defects arising in as-cast slabs. It is well-known that peritectic steel are particularly vulnerable to longitudinal cracking, this problem has long plagued the metallurgical workers. With the development of hot delivery and hot charging and thin slab continuous casting-continuous rolling technology, no defects casting billet production become even more important. Combined with previous studies and the author' s work, this paper discussed the formation of longitudinal cracks of peritectic steel and reviewed the countermeasures to prevent it. We hope this has some benefit for solve the problem of longitudinal crack on peritectic steel slab.

Keywords: peritectic steel; δ/γ transformation; mold heat flux

1 引言

表面纵裂纹是连铸坯的主要缺陷，尤其是包晶钢对裂纹最为敏感，包晶钢的纵裂纹问题长期以来一直困扰着冶金工作者。随着热装热送技术和薄板坯连铸连轧技术的发展，无缺陷铸坯的生产变得十分重要。本文结合前人和作者的研究工作，综述了包晶钢纵裂纹的形成及防止对策，希望对解决包晶钢纵裂纹问题有所裨益。

2　包晶钢概念

Fe-C 平衡相图中（图 1），在 1495℃时，［C］=0.09%～0.53% 的 Fe-C 合金在凝固过

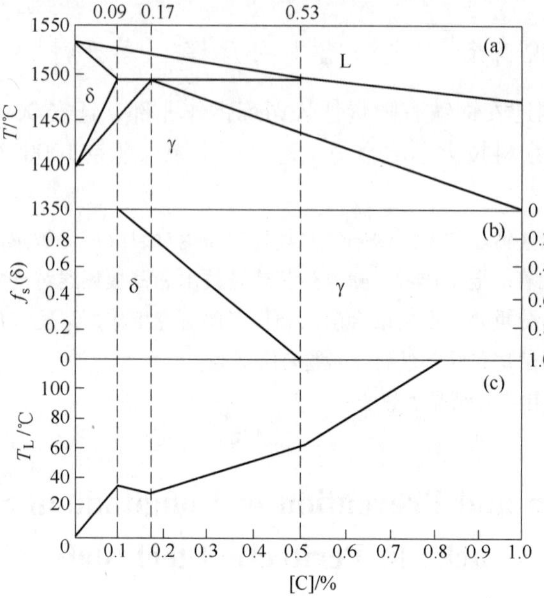

图 1　铁碳平衡图

（a）局部 Fe-C 平衡图；（b）δFe/γFe 固相比；（c）液固相温度区间

Fig. 1　Fe-C equilibrium diagram

（a）local equilibrium of Fe-C；（b）solid phase ratio of δFe/γFe；（c）temperature zone between solid and liquid phase

程中会出现包晶反应：δFe(g) + L(l)→γFe(g)。在此反应中，δFe(C = 0.09%)、γFe(C = 0.17%)和 L(C = 0.53%)三相共存。凝固生成的 δFe 量随［C］含量增加而减少，γFe 逐渐增加（由杠杆定律决定）。［C］= 0.17% 为包晶平衡点，［C］= 0.09%～0.16% 的钢称为亚包晶钢，［C］= 0.18%～0.51% 称为过包晶钢[1]。只是当碳含量大于 0.18% 后，包晶反应造成的收缩较小，通常碳钢包晶区碳含量为 0.09%～0.17%。

发生包晶反应的凝固过程是：钢水浇入结晶器后，弯月面水冷结晶器铜壁提供很大的过冷度，首先从液体中结晶出固体 δFe，并以枝晶形式长大；当液体温度低于 1495℃时，发生包晶反应 δFe + L→γFe，围绕 δFe 枝晶形成 γFe 包层，构成 δFe + L + γFe 的 3 相界面；温度继续降低，γFe 相通过碳原子在相界面上扩散长大，不断消耗 δFe 相和液相，直到全部变成 γFe 相为止[2]。如图 2 所示。

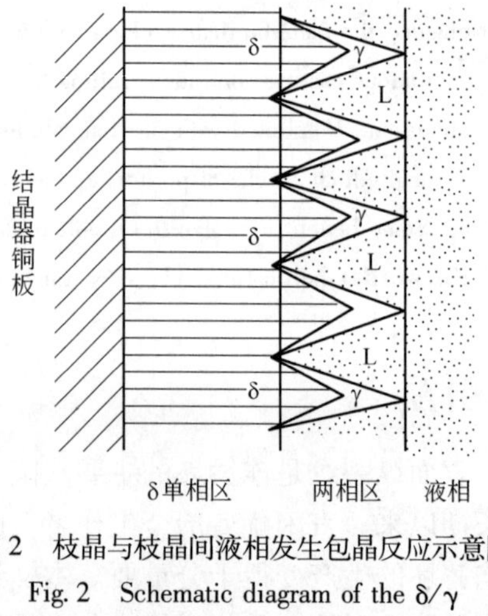

图 2　枝晶与枝晶间液相发生包晶反应示意图

Fig. 2　Schematic diagram of the δ/γ transformation between dendrite and liquid steel

通常使用的 Fe-C 相图是理想平衡状态下得到的。但实际情况下的凝固是在不平衡的条件下进行的，所以相变并不按照相图上所示的临界温度进行，都会出现不同程度的滞后现象，即相图向左下方移动，而且随着冷却速率的提高，这种左移现象也更加明显。图 3 表示在液相线温度时，不同过冷度（10℃、20℃、50℃、100℃）下，铸坯热收缩量与碳含量的关系。可以看出，当过冷度从 10℃ 增加到 100℃时，收缩量最大时的碳含量从 0.17% 降低到 0.09%。在薄板坯连铸中，由于冷却速率快，Fe-C 相图向左下方移动，钢液中的碳含量在 0.07% ~0.08% 范围内就开始发生包晶反应。合金元素对 Fe-C 相图和碳钢的包晶反应也有影响，如硅是缩小奥氏体区域的合金元素，随着硅含量的加大，碳钢包晶点的碳含量也在增加，锰是扩大奥氏体区域的合金元素，随着锰含量的增加，包晶点的碳含量下降，包晶点向左移动[3]。

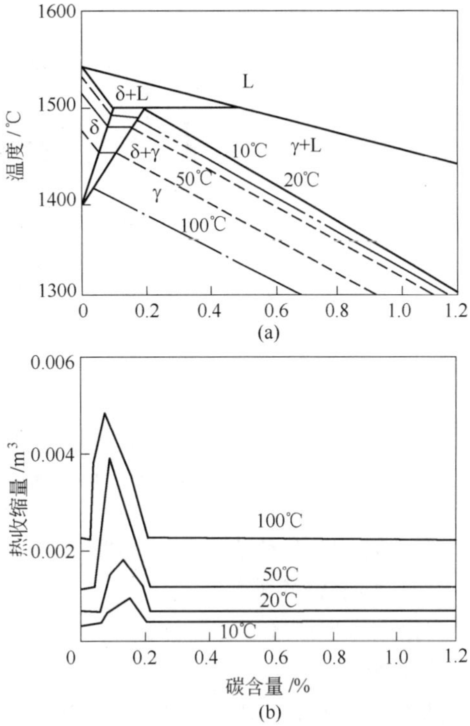

图 3 碳钢在不同过冷度下的热收缩量[3]

Fig. 3 Thermal contraction of iron-carbon alloys at different temperature below solidus[3]

3 板坯表面纵裂纹的形成

板坯大量生产统计表明，C = 0.10% ~0.14% 所谓亚包晶钢反应区的钢，表面纵裂纹发生频率高，如图 4 所示。表面纵裂纹可位于板坯表面任一位置（中心、1/4、角部），裂纹深浅不一，浅的 1 ~2mm，深的 20 ~30mm，有长有短，短的十几毫米，长的可贯穿整块板坯，如图 5 所示。

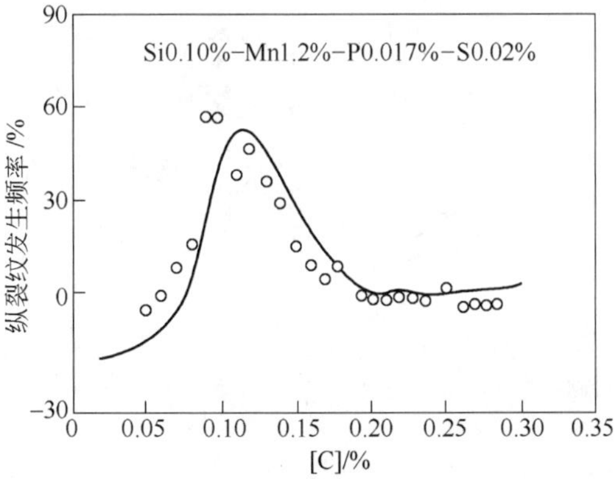

图 4 纵裂纹发生频率与碳含量关系

Fig. 4 Relation between carbon content and longitudinal crack frequancy

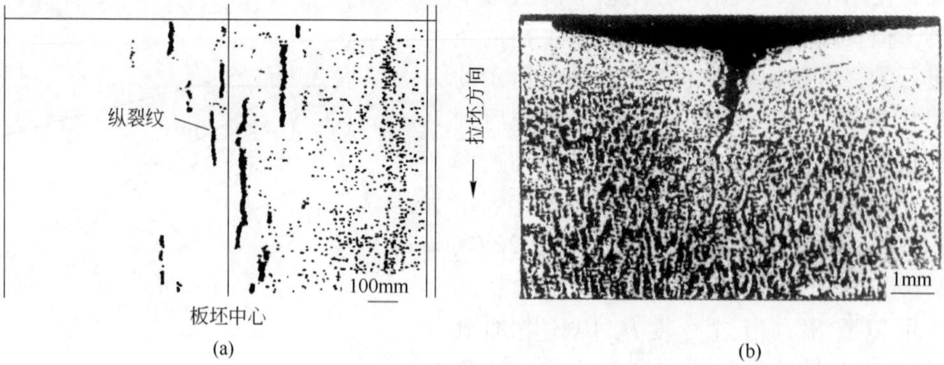

图 5　板坯表面纵裂纹形貌

Fig. 5　Photograph of longitudinal crack on slab

那么为什么会产生纵裂纹呢？

（1）包晶钢收缩特性

钢液凝固发生包晶反应的一个重要特点就是凝固收缩。钢的凝固收缩包括：液相凝固的体积收缩（3.5%～4%）和高温下发生 δFe→γFe 转变的线收缩。含 0.09%～0.17% C 的钢发生 δFe + L→γFe 转变时，由于发生包晶反应时线收缩量大，坯壳与结晶器壁过早形成气隙，导致热流不均匀和坯壳生长不均匀，因而结晶器四周坯壳收缩不均匀，在薄弱处形成应力集中容易形成裂纹。

包晶钢浇注时，结晶器热流低于其他碳含量的钢种（图 6），这是由于包晶钢发生 δFe + L→γFe 转变早，收缩大，结果使坯壳变形脱离结晶器铜板，在钢水静压力、收缩应力等的综合作用下，生成局部气隙，从而导致热流降低，坯壳生长不均匀[4]。如图 7 为不同碳含量的钢结晶器内坯壳横截面照片及碳含量与坯壳生长不均匀性的关系图[5]。包晶钢初生凝固坯壳不均匀性大，坯壳薄弱处是产生裂纹的“热点”位置。

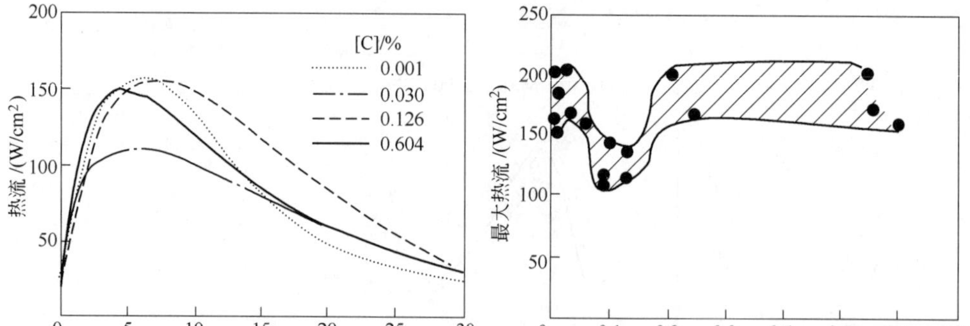

图 6　碳含量与结晶器热流的关系[4]

Fig. 6　Heat flux as a function of carbon content

（a）heat flux on the mold surface vs. time from the start of casting；（b）effect of carbon content on the peak heat flux

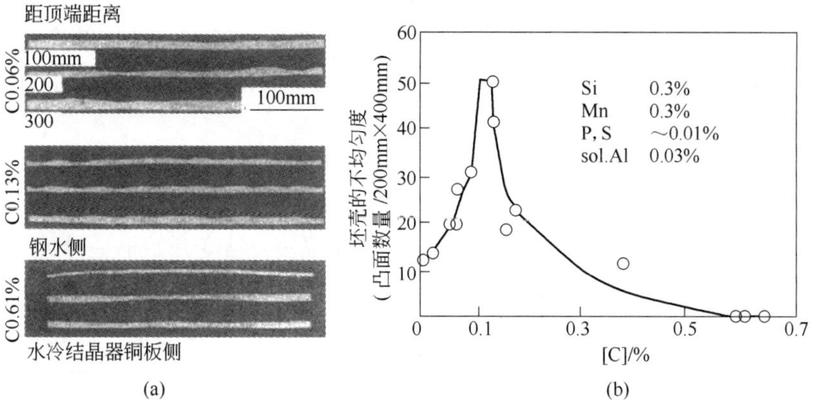

图 7 碳含量与凝固坯壳厚度均匀性的关系[5]

Fig. 7 The relation between carbon content and unevenness of shell[5]

(a) profile of transverse sections of shell; (b) effect of carbon content on degree of unevenness of shell

(2) 应力作用

在钢的凝固温度附近，初生坯壳的断裂强度为 1 ~ 3.5MPa[6]，而断裂应变只有0.2% ~ 0.3%。坯壳受到的应力和产生的应变超过钢在高温下的临界应力和临界应变就会产生裂纹。图 8 为钢中碳含量与应变的关系[7]。包晶钢应变较大，已经接近了钢的断裂应变 0.2% ~ 0.3%，加上外部操作因素（如保护渣、锥度、结晶器变形）带来的应变就有可能超过临界应变而于树枝晶间形成裂纹源。热点的存在加重了裂纹形成的几率，J. Konishi 等[8]对包晶钢连铸过程中表面纵裂纹形成的数学模拟表明，在均匀冷却时，即使在热流较高时，坯壳表面的最大拉伸应力也小于极限抗拉应力（UTS），不会产生纵裂纹。但是在弯月面区域局部热流减小产生“热点”时，由于极限抗拉应力（UTS）的降低，坯壳表面的最大拉伸应力大于极限抗拉应力（UTS），从而可能产生纵裂纹，如图 9 所示。

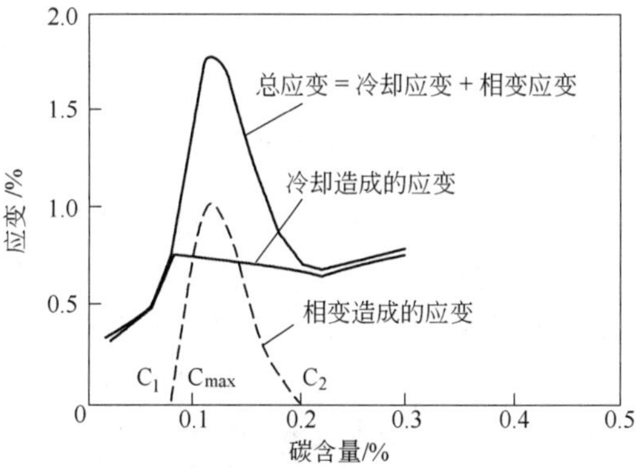

图 8 碳含量与应变的关系[7]

Fig. 8 Strain as a function of carbon content[7]

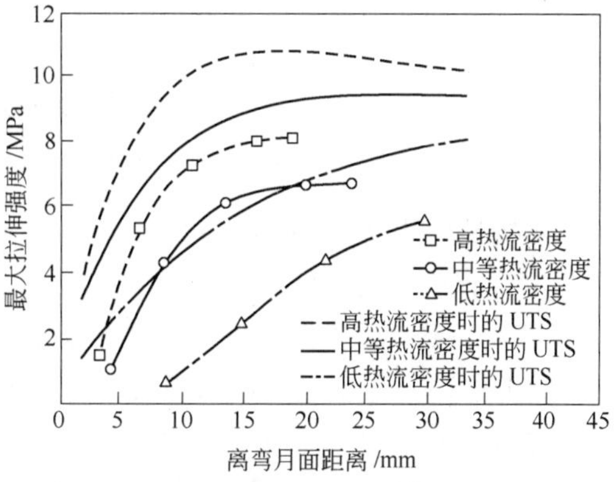

图 9 不同热流下 UTS 与坯壳表面最大拉伸应力的比较[8]

Fig. 9 Comparision of UTS and computed maximum tensile stresses at shell surface under different heat-flux conditions[8]

总之，包晶钢之所以对纵裂纹敏感，是由于以下几种情况的综合作用造成的：

（1）δ/γ 转变开始温度接近零强度温度，枝晶收缩不能被剩余液体补充；

（2）δ/γ 转变处于裂纹敏感温区，收缩产生的应变大，而此时坯壳高温性能不良，断裂应变低；

（3）δ/γ 转变收缩量大，转变速率快，转变开始早，导致坯壳变形产生局部气隙，坯壳不均匀性大。

由上述可知，包晶钢 δ/γ 转变收缩量大，转变速率快，转变开始早是导致纵裂纹敏感的根本原因，所以采取措施推迟和减缓 δ/γ 转变是防止包晶钢纵裂纹的根本对策。降低结晶器弯月面热流可以推迟和减缓 δ/γ 转变，如图 10 所示，含碳 0.1% 的钢，拉速 1.2m/min，热流密度为参考值时，坯壳表面的 δ/γ 转变在离弯月面约 20mm 处开始，45mm 处结束；热流减小 20%，δ/γ 转变在离弯月面约 30mm 处开始，70mm 处结束，δ/γ 转变向结晶器下部移动，δ/γ 转变的完成时间延长了约 60%。另外，热流降低使收缩减小，如图 11 所示[9]。杉谷泰夫等研究发现，含碳 0.12% 的钢坯壳生长不均匀，而在低的热流密度下，坯壳均匀生长，热流的临界值是 0.8Gcal/(m^2·h)[10]。降低结晶器弯月面热流不仅可以推迟和减缓 δ/γ 转变，减小收缩，使坯壳生长均匀，而且还能降低坯壳表面所受到的最大拉伸应力。

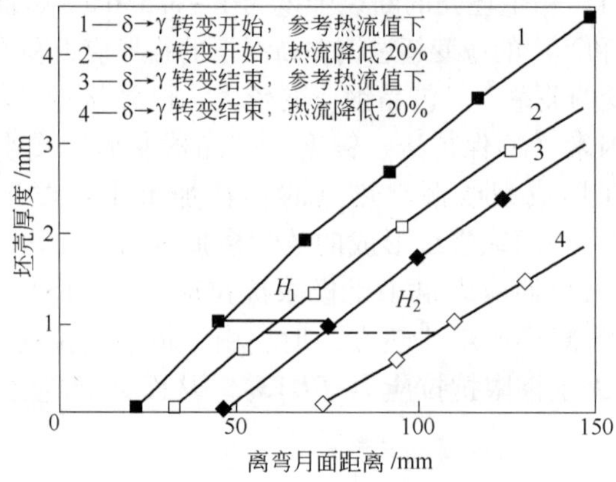

图 10　δ→γ 转变区域与热流的关系[9]

Fig. 10　δ→γ transformation domains in the slab thickness vs. extracted heat flux[9]

结晶器弯月面坯壳横向温度和弯月面热流直接反映了坯壳生长的均匀性和“热点”的位置，实现结晶器弯月面区域横向温度和热流的均匀，即可消除纵裂纹。除降低结晶器弯月面热流外，我们还希望保护渣液渣能够进入坯壳与结晶器铜板间的气隙，以减小坯壳的不均匀性。

综上所述，防止包晶钢纵裂纹的对策就是降低结晶器弯月面热流，保持结晶器弯月面热流的均匀和稳定以及控制影响坯壳生长均匀性的工艺因素（钢水成分和设备状况不在本文的讨论范围内）。下一节分别对包晶钢纵裂纹的防止措施作简要阐述。

4　包晶钢纵裂纹的防止措施

4.1　降低结晶器弯月面热流

结晶器的传热是连铸冷却凝固过程中最重要的环节。结晶器的冷却对铸坯表面纵裂纹

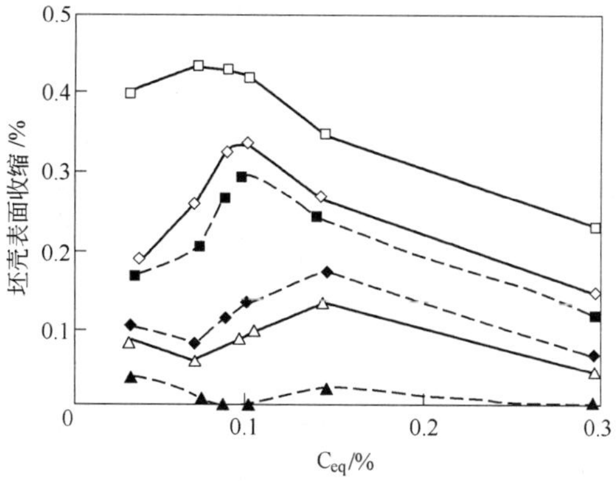

（F：局部热流参考值；d：离弯月面距离）

图 11 板坯表面收缩与碳含量、热流和离弯月面距离的关系[9]

Fig. 11 Contraction of slab surface vs. C content, extracted heat flux and distance from menicus (calculations)[9]

的发生率有着至关重要的影响。如果结晶器内钢水冷却过强，即会在初生坯壳表面生成微细纵裂纹。如图 12 所示，表面纵裂纹的数量与结晶器最大局部热流有关（热流测量位置在弯月面 45mm 处），当结晶器的热流密度超过某一临界值后，表面纵裂明显增加。低碳钢在结晶器的热流密度低于 2.8MW/m^2 时不会产生裂纹；而包晶钢则需低于 1.7MW/m^2 时才不会出现裂纹[11]。

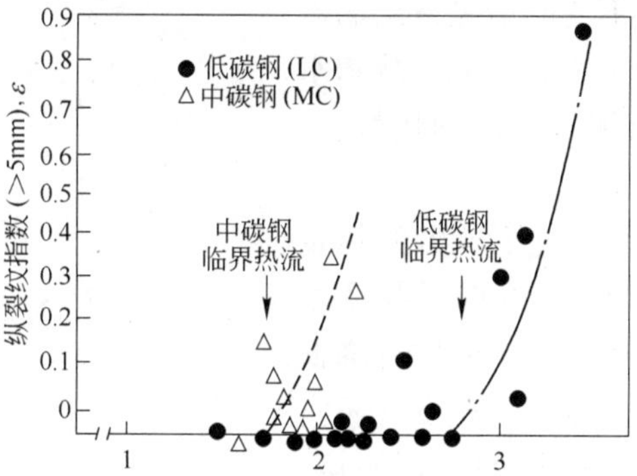

图 12 包晶钢和低碳铝镇静钢表面纵裂纹形成的临界局部热流[11]

Fig. 12 Critical local heat flux for formation of a longitudinal facial crack for low carbon Al killed steel and peritectic medium carbon steel[11]

拉速对热流有重要影响。随着拉速的增加，结晶器热流密度增大，弯月面附近横向温度分布不均性增加，板坯表面纵裂趋势加剧[12]；如图 13 所示，拉速增大，纵裂纹指数增大[13]。一般来说，浇注裂纹敏感性较高的钢种如包晶钢拉速应该比普通钢种慢 20% 左右[14]。拉速对热流的影响主要是通过影响渣膜的厚度实现的，拉速增大，渣膜厚度减小。

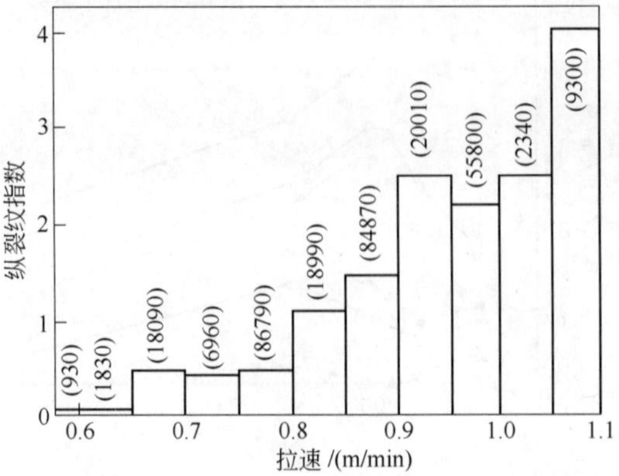

图 13　拉速对 0.11% ~0.13% C 钢纵裂指数的影响[12]
（圆括号中数字表示板坯重量 t，纵裂指数指纵裂板坯与总板坯重量之比）
Fig. 13　Effect of casting speed on longitudinal crack index for 0.11% ~0.13% C steels[12]
（numbers in parentheses are slab tonnages，the defect index is proportional to the tonnage of slab or plate so affected）

除拉速显著影响热流外，结晶器水量、结晶器进水温度、铜板厚度等都对热流有影响。结晶器内的传热过程及各部分热阻如图 14 所示[15]。结晶器水量增大即结晶器水流速增加，R_6 降低，同等条件下热流升高；结晶器冷却水进水温度的高低在一定程度上决定了结晶器壁和冷却水之间的温度梯度。它代表了在结晶器冷却水流量和冷却面积不变的情况下结晶器铜板的冷却能力。结晶器进水温度低，冷却水与铜板的温度梯度大，由铜板导出的热量多，结晶器平均热流大。结晶器进水温度高，冷却水与铜板的温度梯度小，由铜板导出的热量少，结晶器平均热流小；结晶器铜板厚度增加，热阻 R_5 增大，热流降低；文献均有降低结晶器水量或适当增加结晶器进水温度（不宜过高，避免核沸腾状态），较厚的铜板厚度，铸坯纵裂纹改善的报道。从图 14 结晶器的传热过程可以看出，R_3（渣膜热阻）、R_4（气隙热阻）和 R_2（坯壳热阻）占了总热阻的绝大部分，而 R_1、R_5 和 R_6 对总热阻的影响较小即坯壳与结晶器铜板之间保护渣的传热占了主要部分，结晶器水量、进水温度、铜板厚度等对热流或纵裂纹的作用是有限的，不如调节保护渣和拉速的效果显著。所以，正确地选择保护

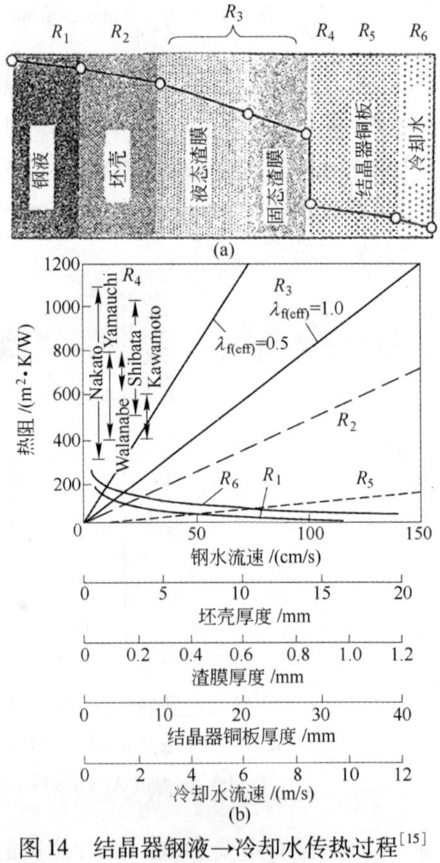

图 14　结晶器钢液→冷却水传热过程[15]
（a）钢液→冷却水温度分布及传热过程热阻示意图；
（b）各部分热阻大小及其影响因素
Fig. 14　Heat transfer process from molten steel to cooling channel in continuous casting mold[15]

渣对控制纵裂纹非常重要，因为从生产上来说，降低拉速不是我们所希望的选择。另一种减小结晶器弯月面热流的方法是人为地将结晶器铜板热面加工出凹槽或者铜板表面镀层，插入“热顶”（hot top）装置等[9,16]。尽管这些技术确实显示出了一定的效果，但是也因为存在着一些缺点而影响了它们的应用。最近，川崎公司报道使用具有低热导率和高温下高强度特性的镍基超耐热合金 alloy 718 替代传统的结晶器材料，结晶器弯月面传热降低了40%，弯月面热流波动减小 75%，表面纵裂纹指数降低了 50%[17]。

4.2 保持结晶器热流的均匀和稳定

结晶器传热的均匀和稳定对纵裂纹的产生有重要影响。如图 15（a）为厚板坯（铸坯尺寸：200mm ×（1500 ~ 1900mm））浇铸过程中铜板温度分布与纵裂纹的关系。由图可知，热流或结晶器铜板温度分布不均匀，变化频率快，纵裂纹容易产生，而单位时间内铜板温度变化幅度越大，纵裂纹情况越严重（图 15（b））。H. Nakato 等研究了纵裂纹形成位置与结晶器铜板温度分布的关系，结果表明结晶器铜板横向温度分布极小值处为纵裂纹形成的“热点”位置，如图 16 所示[12]。图 17[18]为作者得出的国内某 CSP 厂浇注中碳钢时热流的变化与纵裂纹发生率的关系，图中 8/29 为纵裂板坯数量与总板坯数量之比。由图可知，热流不稳定，波动大的时间段纵裂纹发生率高，而热流平稳时没有出现纵裂纹。热流的波动与工艺因素的不稳定有关，在实践中常发现浇注第一炉的热流波动往往高于后面的炉次，导致浇注前期的纵裂纹发生率较高（图 17）。开浇时使用发热型开浇渣可以显著减小热流的波动，从而减少纵裂纹，因为熔速较快的开浇渣可以较快地渗漏进坯壳/铜板间

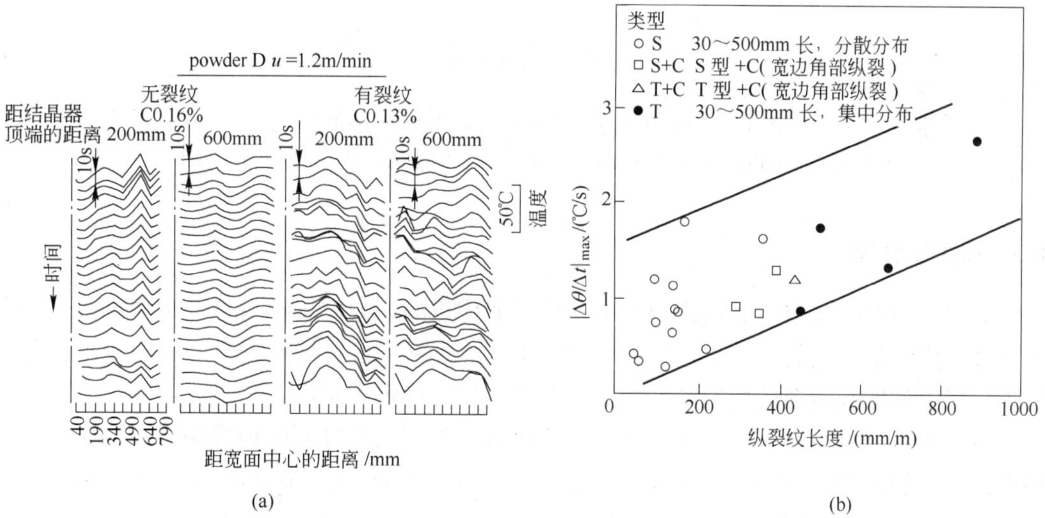

图 15 浇注过程中铜板温度的变化和板坯纵裂纹的关系[12]

（a）有裂纹和无裂纹时铜板温度的分布；（b）纵裂纹长度与温度变化的关系

Fig. 15 Relation between temperature variations in Cu mold during casting of slabs and longitudinal facial cracks[12]

（a）temperature variations in Cu mold during casting of slabs with and without cracks;

（b）relation between longitudinal facial crack length on slabs and maximum value of time derivative of temperature difference in Cu mold

形成稳定的渣膜，从而更快地达到稳定状态[19,20]。其他导致热流波动的因素如拉速波动、结晶器液面波动、SEN 插入深度的变化、保护渣性能的改变等都应该小心控制。

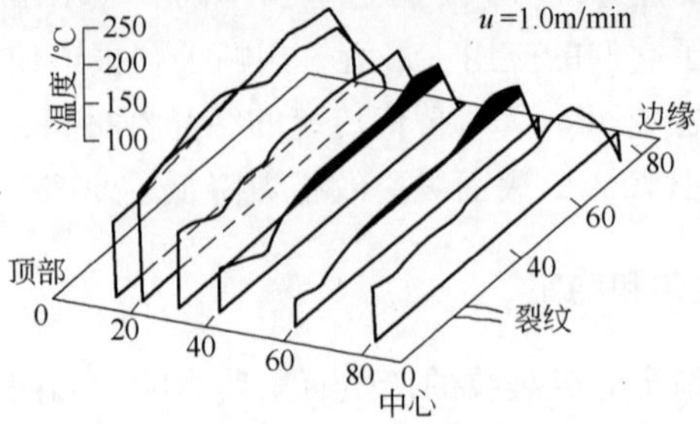

图 16 纵裂纹形成位置与结晶器铜板温度分布的关系[12]

Fig. 16 Widthwise location of longitudinal facial cracks formed as a consequence of irregular heat extraction from the shell as represented by uneven temperature distribution in Cu mold[12]

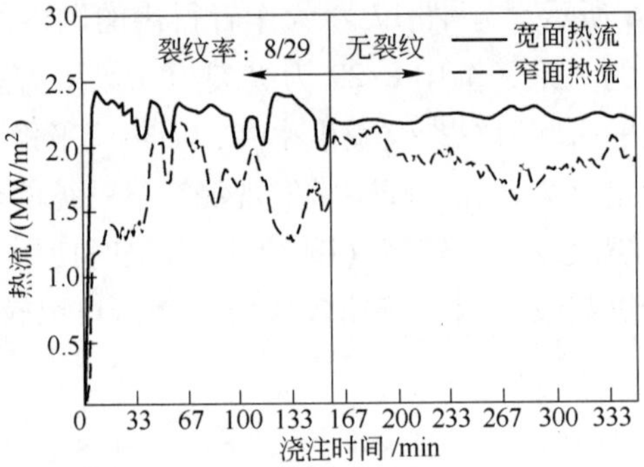

图 17 薄板坯纵裂纹形成与结晶器热流波动的关系

Fig. 17 Influence of heat flux variations on longitudinal crack of thin slab

4.3 保护渣性能

保护渣的性能对结晶器热流的大小和结晶器传热的均匀稳定都有重要作用。降低结晶器弯月面热流最有效的办法是在坯壳/铜板间形成厚的高结晶率的渣膜，保护渣均匀稳定地流入坯壳和铜板间形成均匀厚度的渣膜是热流均匀稳定的保证。

足够的熔渣层厚度和保护渣单耗是确保熔渣正常流入弯月面的前提条件。对于常规板坯连铸，一般认为液渣层厚度大于 10mm，保护渣单耗 Q_s 大于 0.3kg/m²，可有效防止纵裂纹的产生。但常规板坯连铸要求的保护渣最小消耗量、最小熔渣层厚度是否适用于薄板坯还需要研究，J. A. Kromhout 等对不同保护渣在 Corus IJmuiden 的 DSP 生产线的使用情况进行研究认为液渣层厚度大于 5mm 就足够了[21]。保护渣耗量与拉速、保护渣性能（黏度、熔点、结晶温度等）、结晶器振动条件、结晶器尺寸等因素相关。许多学者根据保护渣的渗漏现象或工厂数据回归，得出了估算保护渣耗量 Q_s（kg/m²）的经验公式，部分公式如表 1 所示。K. C. Mills 等收集了 30 多个工厂的数据（包括方坯、圆坯、板坯和薄板坯）对表 1 中的公式进行了验证，结果表明，在相同浇注条件下，误差为 ±10% ~15%，相对而言 Tsutsumi，Maeda 和 Kwon 的关系式计算的 Q_s 与实际的比较接近，其次为修正的 Wolf 和 Jenkins 方程[22]。作者结合国内某 CSP 厂的工艺数据，验证了上述公式（除 Itoh，Tsutsumi，Itoyama 公式），发现修正的 Jenkins 方程与实际渣耗比较接近，其次是修正的 Wolf 公式。

表 1　部分作者得到的估算保护渣单耗的经验公式[22]

Table 1　Various regressed equations for estimating the consumption of mold powder pulished previously[22]

Reference	Type of investigation	Results（R^2 value.）
Wolf	Analysis of plant data	$Q_s = 0.7/\eta^{0.5}v_c$: modified $Q_s = 0.55/\eta^{0.5}v_c$: ($R^2 = 0.74$)
Ogibayashi	Analysis of plant data	$Q_s = 0.6/\eta v_c$: ($R^2 = 0.48$)
Jenkins		$Q_s = \left(\frac{0.433}{v_c^{0.5}}\right)\left[1+\left(\frac{0.00283}{\eta v_c^2}\right)\right]$: mod, $Q_s = \frac{0.3690}{\sqrt{v_c}}\left(1+\frac{0.1564}{\eta v_c^2}\right) - 1234$
Itoh	Direct obscrvation of OM formation	$Q_s = \frac{\rho_1 d_{os} d_x f}{2v_c} + \rho_1 d_1$　($R^2 = 0.55$)
Tsutsumi	Laboratory experiments	$Q_s = \frac{k\beta}{T_{cs}^{1.6}\eta^{0.5}}\frac{A^{0.4}}{v_c}\cos^{-1}\left(-\frac{1000v_c}{2\pi fA}\right)$　($R^2 = 0.81$)
Itoyama	Model and analysis of plant data	$Q_s = Q_m + Q_g + Q_f + Q_{am}$
Maeda	Analysis of plant data	$Q_s = 0.015ft_P(\eta^{0.5}v_c)^{-1}$　($R^2 = 0.85$)
Kwon	Analysis of plant data	$Q_s = 0.40\left(\frac{1}{A^{0.3}}\right)\left(\frac{60}{f}\right)(\eta v_c^2)^{-0.5} + 0.22$　($R^2 = 0.80$)

部分学者采用拉速与保护渣黏度的乘积（ηv_c 或 ηv_c^2）来代表铸坯润滑和传热的状态。T. Nakata 等以浇注过程中铜板温度变化的平均值 ΔT 代表结晶器传热的均匀性，$\Delta T \leqslant 10$℃ 时传热均匀，不出现纵裂纹，研究认为 $\eta v_c = 0.1 \sim 0.35$Pa · s · m/min 时可以保证结晶器均匀的传热，如图 18（a）所示[23]；Wolf 选用 ηv_c^2 为考察对象，认为 $\eta v_c^2 \approx 5$ 时热流和摩擦力达到最小值，Mills 则认为当 $\eta v_c = 3 \sim 5$ 和 $\eta v_c^2 = 3 \sim 7$ 时浇注条件稳定，纵裂纹最

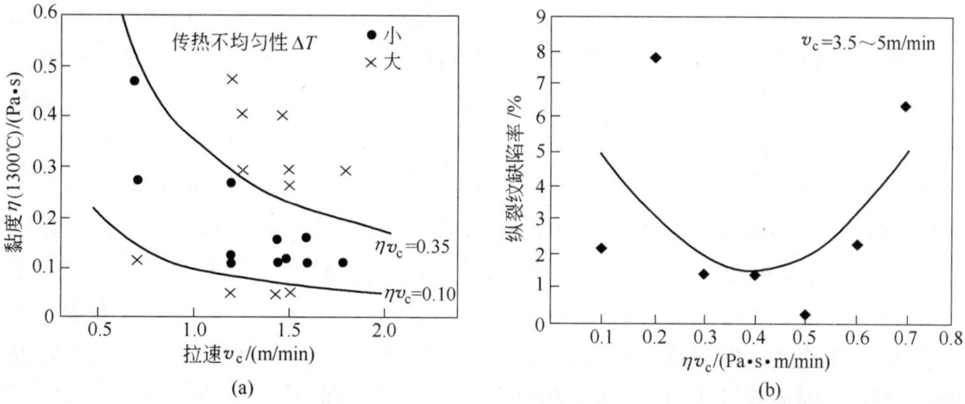

图 18　ηv_c 与纵裂纹的关系

（a）厚板坯；（b）薄板坯

Fig. 18　Relationship between longitudinal crack and the parameter ηv_c

（a）thick slab；（b）thin slab

少[16]。图 18（b）为作者在国内某 CSP 钢厂统计得到的薄板坯纵裂纹缺陷率（指裂纹板坯占总板坯数的百分数，统计炉次总计 7630）与 ηv_c 的关系，由图可知，$\eta v = 3 \sim 5$ 时对应的纵裂纹缺陷率 K 值最小，与 Mills 的研究结果是一致的。以上研究结果，黏度单位均为泊（poise）。从以上讨论可以看出，不同作者的研究结果都不相同，甚至有很大差别，造成这种差别的原因可能是拉速及结晶器振动等其他条件不同所致。

熔化温度和熔化速度直接影响结晶器弯月面上方的液渣层的形成，从而影响保护渣的流入对铸坯质量产生影响。图 19 为作者得出的保护渣熔点和熔速与薄板坯纵裂缺陷率的关系。由图可知，薄板坯连铸时熔化温度有一个最佳范围，而熔速快纵裂纹缺陷率低。

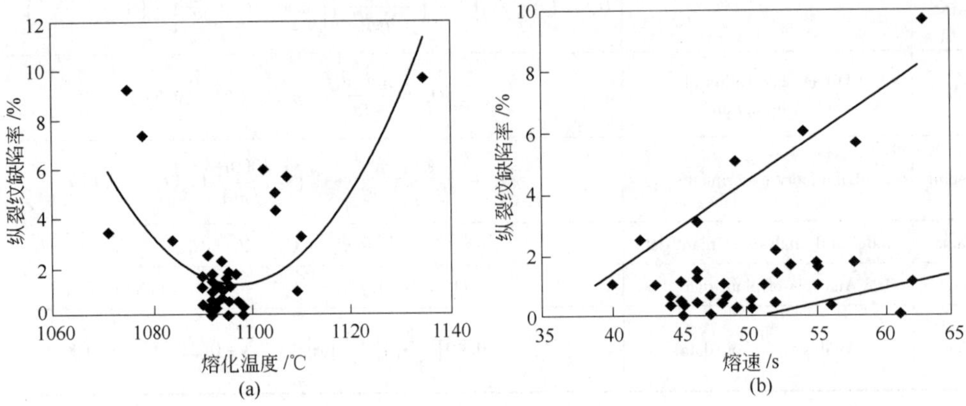

图 19　保护渣熔化温度、熔速与薄板坯纵裂缺陷率的关系

Fig. 19　The defect rate of longitudinal cracks of thin slab as a function of mold powder melting point and melting rate

在保护渣耗量一定即渣膜厚度一定时，靠高结晶率的渣膜降低结晶器传热。结晶性能强（结晶温度高、结晶率高）的保护渣，能够增大渣膜热阻，有利于弱化铸坯向结晶器的传热。尽管在渣膜结晶使渣膜热阻增大的原因方面存在一些分歧，但采用结晶性能强的高碱度保护渣，可以达到结晶器缓冷的目的，使铸坯裂纹明显减少已是一个不争的事实。如图 20 所示，热流随着拉速增加而增大。对于中碳钢，使用 B、C 保护渣热流低于 A 型保护渣；对于低碳钢，E、F 保护渣热流低于 D 型保护渣。这说明增加保护渣碱度和添加 ZrO_2 可以促使结晶器弱冷[11]。图 21 为作者在国内某 CSP 钢厂统计得到的保护渣碱度与纵裂纹缺陷率的关系，碱度小于 1.1 时纵裂纹缺陷率较高，碱度大于 1.1 纵裂纹缺陷率显著下降且随碱度的升高有降低的趋势，保护渣的碱度控制在 1.2 左右，纵裂纹发生率大大降低。但是结晶性能强的保护渣减小坯壳/铜板间液渣厚度，导致润滑变差，同样容易产生铸坯质量缺陷，因此也不宜采用碱度和结晶温度过高的保护渣。为了防止包晶钢纵裂，CaO/SiO_2 应控制在 1.1 ~ 1.3[24]。

综上所述，保护渣的三大性能：熔化性能（熔点、熔速）和流动性能（黏度）和结晶性能（结晶温度）控制着保护渣在结晶器中的行为，对铸坯润滑和传热都至关重要。图 18（b）、图 19 和图 21 为同一 CSP 生产线得到的结果，对比几个图我们发现，保护渣熔

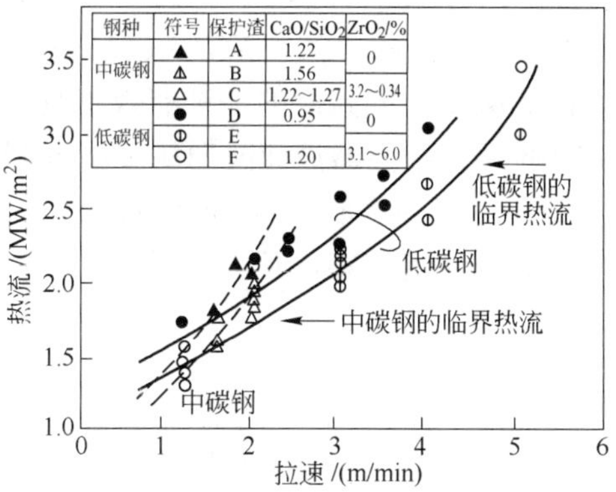

图 20 拉速和保护渣成分对最大局部热流（弯月面下 45mm）的影响[11]

Fig. 20 Effect of mold powder components, basicity (CaO/SiO_2) and ZrO_2 on maximum local heat flux with casting speed[11]

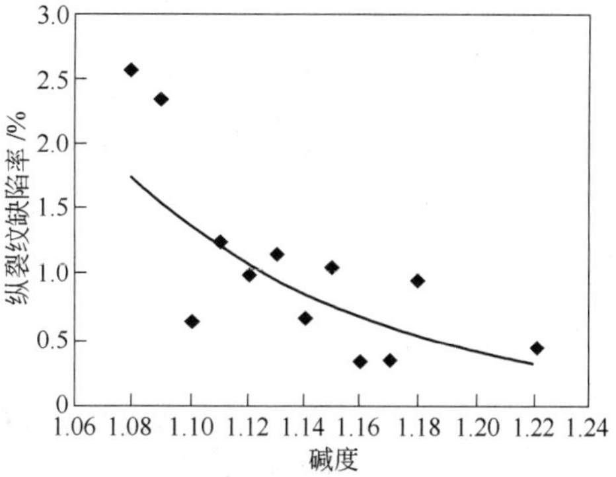

图 21 保护渣碱度与纵裂缺陷率的关系

Fig. 21 Effect of mold powder basicity (CaO/SiO_2) on longitudinal crack

点、熔速和黏度对纵裂纹影响强烈，合适的取值范围里纵裂纹缺陷率小于 2%，取值不合适时纵裂纹缺陷率达 8% ~10%，而碱度从 1.08 增加到 1.22，纵裂纹缺陷率从 2.5% 减小到 0.5% 左右。由此可知，碱度对薄板坯纵裂纹的影响不如熔点、熔速和黏度的影响强烈，这说明高拉速条件下铸坯润滑和传热条件恶化，保护渣单耗不足，优化保护渣的熔化性能和流动性能使之在坯壳/铜板间形成均匀的一定厚度的渣膜才是首要的。

4.4 结晶器液面波动

结晶器液面波动影响保护渣的熔化和均匀流入，造成弯月面热流的波动和横向热流分布的不均匀，从而对纵裂纹有重要影响。液面波动 < ±5mm，可有效控制纵裂纹的产生。结晶器液面波动与 SEN 设计（出口倾角）、SEN 插入深度、SEN 对中以及拉速等有关。高速连铸时，液面波动大，且会在靠近结晶器窄面形成驻波。驻波会造成弯月面坯壳凝固开始位置的不一致，加大坯壳厚度的不均匀性。图 22（a）为作者在国内某厂 CSP 下线结晶器铜板上所测定的渣线痕迹示意图。图 22（b）为 CSP 结晶器宽度方向上漏钢坯壳的测定厚度。由图可知，在距窄边约 230mm 的范围内存在驻波，而相应的该范围内坯壳较厚（角部除外），说明驻波的存在使坯壳凝固位置上升了。

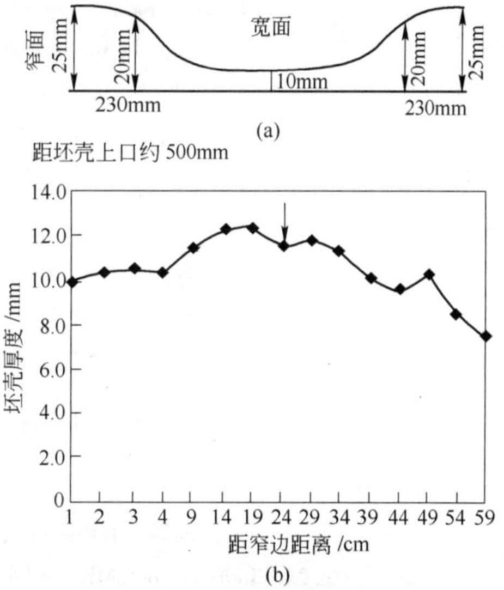

图 22 结晶器液面波动与坯壳横向厚度均匀性的关系

Fig. 22 Relationship between mold level fluctuation and unevenness of shell

控制结晶器钢液面的波动，除了优化 SEN

设计和 SEN 插入深度外，采用有效的液面控制系统也是必要的，图 23（a）为不同结晶器液面控制方法效果的对比，图 23（b）为不同结晶器液面控制方法对应的纵裂指数[25]。高速连铸时，电磁制动器被看作是稳定结晶器钢液面和减小驻波高度的一种有效工具，文献指出[26,27]在其他工艺条件相近的条件下，使用 EMBr 后，结晶器液面波动从 ±7mm 降到了 ±4mm，同时可以减少钢水注流的冲击深度和对凝固坯壳的冲刷。Nucor Steel 报道，以 5m/min 的拉速浇注，无 EMBr 时液面波动达 15mm，使用 EMBr 后最大的波高只有 4mm[28]。如图 24 为 EMBr 对纵裂纹的控制效果。

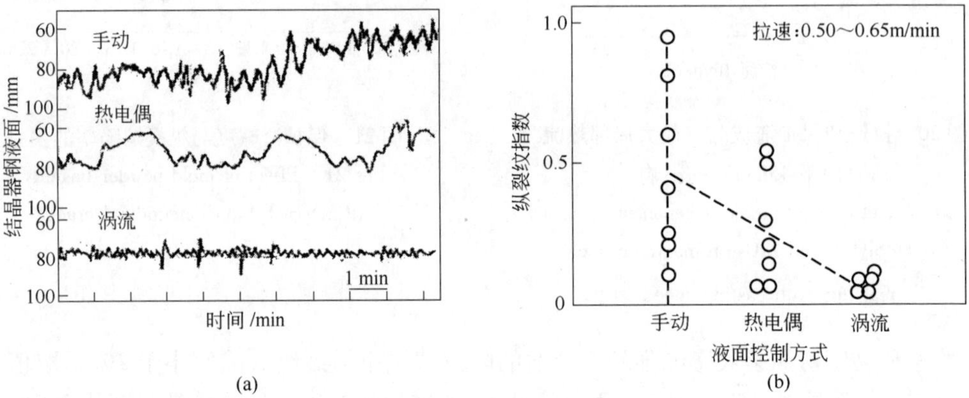

图 23　不同结晶器液面控制系统的效果及对纵裂纹的影响（v =0.6m/min）[25]

Fig. 23　Comparison of the performance of molten steel level control systems and its influence on longitudinal crack[25]

（a）comparison of the performance of molten steel level control systems;

（b）comparison of longitudinal facial crack frequency of the slabs cast by various molten steel level control systems

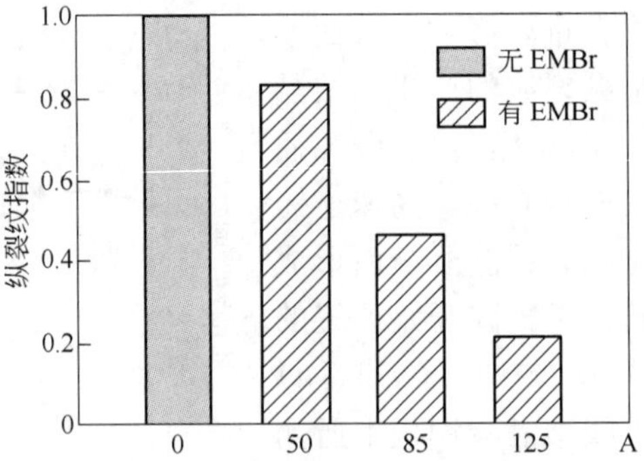

图 24　EMBr 对纵裂纹的影响（v =5m/min）[28]

Fig. 24　Influence of EMBr on longitudinal cracks with casting speed 5m/min[28]

4.5　结晶器锥度

锥度影响凝固坯壳与结晶器铜板的接触状态，当丧失锥度和锥度偏小时，坯壳/铜板间形成气隙，导致热流的不均匀。窄边锥度偏小还会增大宽边坯壳表面的拉应力，促使裂纹产生。结合结晶器热像图对锥度进行在线调节可以有效地控制薄板坯纵裂纹[29]，但锥度不宜往低的方向调节过大，微调即可。图 25 为结晶器锥度对常规板坯和薄板坯纵裂纹的影响。图 25（a）为锥度对常规板坯角部纵裂的影响，图 25（b）为锥度对薄板坯纵裂的影响。由图 25（a）可以看出大锥度时，角部纵裂指数低，由图 25（b）可以看出锥度变化率大于 30%，薄板坯裂纹缺陷率急剧增大。有文献指出，宽面锥度对纵裂纹也有影响，弧形结晶器宽边设定锥度为 0.9mm/m 时，纵向角裂的频率由 13.3% 降到了 5.2%[12]。

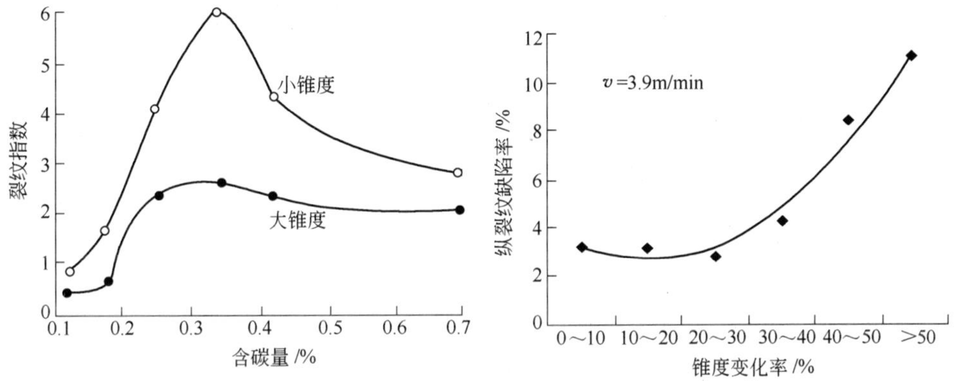

(a) (b)

图 25 锥度对纵裂纹的影响

（a）断面尺寸为 240mm × 240mm，拉速为 0.7m/min；

（b）断面尺寸 66mm × 1500mm，拉速 3.9m/min，设定锥度 6.9mm

Fig. 25 Influence of mold taper on longitudinal cracks

防止纵裂的相关措施小结如下，见表 2。

表 2 包晶钢纵裂纹的防止对策和相关措施

Table 2 Countermeasures to prevent longitudinal cracks of peritectic steel

防止对策	措施
降低结晶器弯月面热流	（1）厚的、结晶率高的渣膜 ◇ 拉速降低（20%），较高保护渣耗量 ◇ 提高碱度 CaO/SiO_2（1.1～1.3），添加 ZrO_2，优化保护渣组成，增加 CaF_2 等增加结晶倾向的组元含量 （2）降低结晶器水量，适当提高结晶器进水温度 （3）结晶器上部带凹槽（grooves）结晶器，插入“热顶”（hot top）装置等
保持热流均匀和稳定	保证保护渣均匀稳定地流入坯壳/铜板之间： （1）优化保护渣熔化性能（熔点、熔速）和流动性能（黏度） （2）结晶器液面控制 ◇ SEN 设计（形状、出口倾角），SEN 对中和插入深度 ◇ 应用 EMBr、MFC 等 （3）浇注工艺因素保持稳定（如拉速波动 <0.2m/min）使用发热型开浇渣

5 结论

含碳0.09%～0.17%的包晶钢易产生表面纵裂纹，这是由于包晶钢 δ/γ 转变收缩量大，转变速率快，转变开始早，从而导致坯壳生长的不均匀性大，形成“热点”所致。防止包晶钢纵裂纹的措施主要是降低结晶器弯月面热流，保持结晶器弯月面热流的均匀和稳定以及控制影响坯壳生长均匀性的工艺因素如保护渣性能、结晶器液面波动、结晶器锥度等。

符号：

Q_s——保护渣耗，kg/m^2；

T_{CS}——保护渣结晶温度，℃；

η——保护渣1300℃时的黏度，P；

v_c——拉速，m/min；

f——结晶器振动频率，1/min；

A——结晶器振幅，mm；

t_p——正滑动时间，s；

k，β——常数；

ρ——密度，kg/m^3；

d——厚度，m。

参考文献

[1] 宋维锡. 金属学[M]. 北京：冶金工业出版社，1980.

[2] 蔡开科. 连铸结晶器[M]. 北京：冶金工业出版社，2008.

[3] 胡志刚，马春林，刘浏，等. CSP薄板坯连铸包晶反应区域的研究[J]. 钢铁研究学报，2006，18(7)：10-13.

[4] Mikio SUZUKI，Chong Hee YU，et al. Origin of heat transfer anomaly and solidifying shell deformation of peritectic steels in continuous casting[J]. ISIJ international，1996，36：171-174.

[5] 杉谷泰夫，中村正宣. 連鋳鋳型内不均一凝固に及ぼす合金成分の影響[J]. 1979，65(12)：1702-1711.

[6] Mikio SUZUKl，Makoto SUZUKl，Chonghee YU，et al. In-Situ measurement of fracture strength of solidifying steel shells to predict upper limit of casting speed in continuous caster with oscillating mold[J]. ISIJ International，1997，37(4)：375-382.

[7] Kyung-hyun KIM，Tae-jung YEO，et al. Effect of carbon and sulfur in continuously cast strand on longitudinal surface cracks[J]. ISIJ international，1996，36：284-289.

[8] J. Konishi，M. Militzer，J. K. Brimacombe，et al. Modeling the formation of longitudinal facial cracks during congtinous casting of hypoperitectic steel[J]. Metallurgical and materials transactions B，2002，33B：413-422.

[9] Vincent GUYOT，Jean-Francois MARTIN，Alain RUELLE，et al. Control of surface quality of 0.08%＜C＜0.12% steel slabs in continuous casting[J]. ISIJ International，1996，36：S227-S230.

[10] 杉谷泰夫，中村正宣，渡部忠男. 連鋳鋳型内不均一凝固に及ぼす抜熱速度の影響[J]. 鉄と鋼，1981，67(9)：1508-1514.

[11] S. Hiraki, K. Nakajima, T. Murakami, et al. Influence of mold heat fluxes on longitudenal surface cracks during high speed continuous casting of steel slab [J]. Steelmaking conference proceedings, 1994, 397-403.

[12] Hakaru NAKATO, Michiharu OZAWA, Kastuo KINOSHITA, et al. Factors affecting the formation of shell and longitudinal cracks in mold during high speed continuous casting of slab[J]. Transaction ISIJ, 1984, 24: 957-965.

[13] W. R. Irving, A. Perkins, R. Gray. Effect of steel chemistry and parameters on surface defects in continuously cast slabs[J]. Ironmaking and steelmaking, 1984, 11(3): 146-151.

[14] Toshihiko Emi, Hasse Fredriksson. High-speed continuous casting of peritectic carbon steels[J]. Materials Science and Engineering A, 2005, 413-414: 2-9.

[15] Mikio SUZUKI, Makoto SUZUKI, Masayuki NAKADA. Perspectives of research on high-speed conventional slab continuous casting of carbon steels[J]. ISIJ international, 2001, 41(7): 670-682.

[16] C. A. Pinheiro, I. V. Samarasekera, J. K. Brimacombe. Mold flux for continuous casting of steel [J]. Iron&Steelmaker, 1996, 51-52.

[17] A. Yamauchi, S. Itoyama, Y. Kishimoto, et al. Cooling behavior and slab surface quality in continuous casting with Alloy 718 mold[J]. ISIJ International, 2002, 42(10): 1094-1102.

[18] 倪有金．酒钢 CSP 热轧板卷表面纵裂纹研究：[硕士学位论文]．北京：北京科技大学，2009.

[19] S. G. Thornton, N. Hunter, B. Patrick, et al. Powder performance assessment in continuous casting by mould instrumentation[C]. 3rd International conference on melten slags and fluxes, the institute of Metals, London, England, 1989, 32-36.

[20] T. J. H. Billany, A. S. Normanton, K. C. Mills, et al. Surface cracking in continuously cast products[J]. Ironmaking and Steelmaking, 1991, 18(6): 403-410.

[21] J. A. Kromhout, A. A. Kamperman, M. Kick, et al. Mould powder selection for thin slab casting. VII International conference on molten slags fluxes and salts[C]. The south African institute of Mining and metallurgy, 2004.

[22] K. C. Mills, A. B. Fox. The role of mould fluxes in continuous casting-so simple yet so complex[J]. ISIJ International, 2003, 43(10): 1479-1486.

[23] Taketo NAKANO, Tadao KISHI, Kunio KOYAMA, et al. Mold powder technology for continuous casting of Aluminum-killed steel[J]. Transactions ISIJ, 1984, 24: 950-956.

[24] Masayuki KAWAMOTO, Yuichi TSUKAGUCHI, Norihiro NISHIDA, et al. Improvement of the initial stage of solidification by using mild cooling mold powder[J]. ISIJ International, 1997, 37(2): 134-139.

[25] 川上公成，北川融，水上秀昭，等．鋳片表面欠陥に関する基礎的検討と応用[J]．鉄と鋼，1981，67(8)：1190-1199.

[26] 沈丙辰，叶世鸿，徐荣军，等．薄板坯连铸 CSP 结晶器液位波动影响因素的水力模拟研究[C]．2006 薄板坯连铸连轧国际研讨会会议论文集，2006，305-308.

[27] 魏军，孙彦辉，蔡开科，等．CSP 结晶器 EMBr 的冶金效果和流场理论分析[J]．钢铁，2007，42(8)：32-35.

[28] Olof Sjoden, Maurizio Venini. Use of electromagnetic for slab and thin slab steel continuous caster. AMES, Review paper, 11-20.

[29] 马新光，张云飞，李军明．结晶器热像图在预测和控制薄板坯纵裂纹中的应用[J]．钢铁，2007，42(6)：34-37.

基于全曲面锥度结晶器控制微合金钢连铸坯角横裂纹研究

朱苗勇　蔡兆镇

（东北大学材料与冶金学院，沈阳 110819）

摘　要：利用金相显微镜与透射电镜检测分析微合金钢连铸坯角横裂纹的组织形貌与晶界二相粒子析出特点，探明了微合金钢连铸坯角横裂纹产生机理。在此基础上，模拟分析传统板坯连铸结晶器内气隙、保护渣以及坯壳角部表面温度分布特点，探讨了基于设计新型结晶器锥度结构实现初凝坯壳角部快速冷却以达到控制微合金钢铸坯角部横裂纹的可行性，并进行了工业化试验。模拟研究结果表明：结晶器采用新型锥度可有效降低坯壳角部气隙与保护渣厚度，实现铸坯角部快速冷却。工业试验表明：应用结晶器的新型锥度，连铸生产微合金钢板坯，可细化铸坯角部组织晶粒并抑制晶界析出物析出与先共析铁素体膜生成，实现铸坯角部组织强化，杜绝微合金钢铸坯角横裂纹发生。

关键词：微合金钢；连铸；角横裂纹；结晶器锥度

Research for Micro-alloyed Steel Slab Transverse Corner Cracks Control Based on Curved Surface Mold Taper

Zhu Miaoyong　Cai Zhaozhen

（School of Materials and Metallurgy，Northeastern University，Shenyang 110819）

Abstract：By testing the metallographic structure and the precipitating characteristic of second-phase participle precipitates in grain boundary of micro-alloyed steel slab transverse corner cracks with metallography microscope and transmission electron microscope，the generation mechanism of the cracks was clarified. Based on these，the characteristics of air gap，mold flux film，and shell corner surface temperature distribution in a slab continuous casting mold with the traditionally linear taper and a new type of mold taper was presented by numerical simulation. The feasibility of applying the new mold taper to improve the solidifying shell corner heat transfer to control the cracks was discussed. The results of numerical simulation show that the air gap and the mold flux film around shell corner in the mold with this new type of taper can be reduced greatly and the shell corner can be cooled quickly. The industrial experiment also shows that the grain size of the slab corner could be refined and the precipitates and proeutectoid ferrite films at the grain boundaries could be eliminated，thus the possibility of the occurrence of slab transverse corner cracks can be decreased significantly.

Keywords：micro-alloyed steel；continuous casting；transverse corner crack；mold taper

1 引言

钢中添加微合金元素具有细化晶粒和析出强化等效果，全面提升钢的韧性、强度等力学性能。目前超过98%的钢是通过连铸生产，微合金钢的生产也主要通过连铸生产实现，推动了微合金钢的规模化发展。微合金钢已成为生产的主力产品之一，占钢总产量近15%。然而，在实际微合金钢生产过程却时常面临铸坯角部裂纹频发的窘境（如图1（a）所示），致使后续轧材产生严重的表面质量缺陷（如图1（b）所示），已成为制约微合金钢高质和高效化生产亟待解决的关键技术难题。

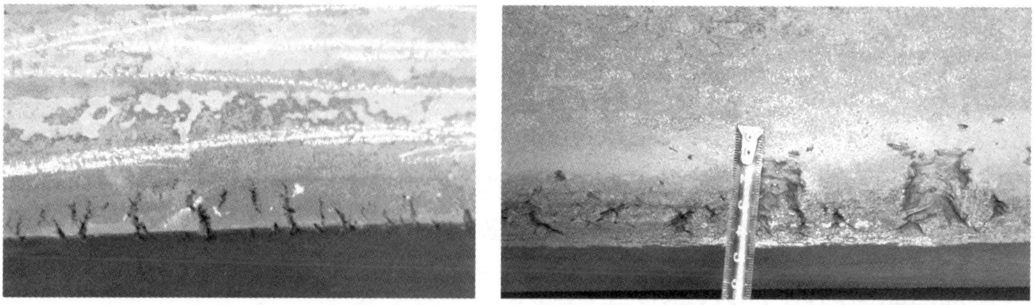

(a) (b)

图1 微合金连铸坯角横裂纹（a）及其轧材裂纹缺陷（b）形貌

国内外对此已开展了大量研究与试验工作，并基于微合金钢凝固特点，开发出了基于成分控制[1]、多锥度结晶器[2,3]、大倒角结晶器[4-6]、铸坯足辊及垂直段控温[7,8]、铸坯矫直区缓冷/强冷[9-11]等多种微合金钢角横裂纹控制技术，一定程度上降低了微合金钢连铸坯角横裂纹的发生率，但并未能从根本上消除该类型裂纹产生，迫切需要研究开发微合金钢连铸坯裂纹控制新技术。

2 微合金钢铸坯角横裂纹产生机理

微合金钢连铸坯产生角横裂纹是一个耦合化学反应、凝固组织演变以及宏观热/力学行为变化的复杂过程，且影响因素众多。利用金相显微镜与透射电镜分析其产生原因主要为：铸坯凝固过程，钢中微合金元素极易与C、N等元素结合，形成碳化物、氮化物或碳氮化物，并在奥氏体晶界以链状形式大量析出（如图2（a）所示）；与此同时，受连铸过程铸流冷却模式的共同作用，促成铸坯角部奥氏体晶界加剧形成膜状或网状先共析铁素体膜，从而打破奥氏体组织分布的连续性（如图2（b）所示），连铸坯表层组织的塑性与强度被大大弱化。当连铸坯进入弯曲与矫直段区时，在弯曲或矫直应力作用下极易在铸坯角部晶界因应力集中而引发铁素体膜断裂，形成晶间裂纹，并沿奥氏体晶界扩展成铸坯角横裂纹。此外，由于铸坯角部在初凝过程传热效果不佳，其表层组织晶粒均较为粗大，不利于抑制裂纹在铸坯后续凝固过程进一步产生与扩展。

为此，要从根本上控制微合金钢连铸坯角部横裂纹产生的关键是弥散化铸坯角部表层组织的微合金碳氮化物析出，并抑制晶界先共析铁素体膜生成。在此基础上，尽可能细化铸坯角部表层组织的晶粒，实现铸坯角部组织自身强化。针对该控制目标，最有效的措施

(a) (b)

图2　含铌钛钢铸坯角横裂纹晶界析出分布（a）与金相组织（b）

是在铸坯初凝过程，采用较快的冷却速度，使铸坯一次形成较细小的奥氏体晶粒组织，并使铸坯角部快速通过微合金碳氮化物析出温度区。

3　传统结晶器内铸坯的传热特性

抑制结晶器内坯壳高效传热的关键环节是气隙与渣膜的分布。减小并均匀化其在结晶器角部的分布，实现微合金钢连铸坯角部在初凝过程快速冷却，需首先明确传统结晶器生产工艺条件下角部的传热特点。

3.1　气隙分布规律

气隙是限制结晶器内坯壳高效传热最为关键的因素，其在结晶器呈现动态生长特征，而且在初生坯壳的宽面与窄面呈现不同分布特点，如图3所示。在传统1.0%线性锥度条件下，连铸微合金钢（包晶钢）板坯过程，气隙最早产生于弯月面下160mm高度，并集中分布于距坯壳宽、窄面角部的0～20mm与0～10mm区域。对坯壳宽面角部而言，因其

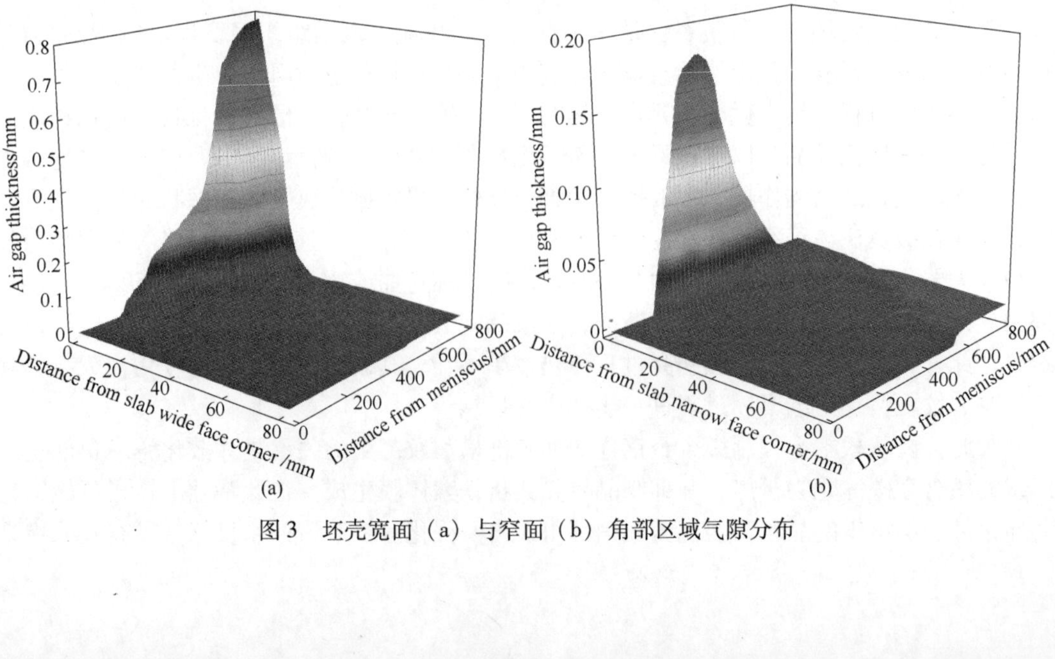

(a) (b)

图3　坯壳宽面（a）与窄面（b）角部区域气隙分布

缺乏铜板锥度补偿，该区域的气隙持续生长，在结晶器出口处达到最大值0.8mm，如图3（a）所示。而窄面角部，气隙在弯月面下160～300mm高度区域生长较快，而后又随坯壳收缩减缓以及窄面铜板锥度持续补偿而快速下降。气隙这样生长与分布特点，将显著降低结晶器中下部角部区域的传热效率。

3.2 保护渣分布规律

图4为结晶器内不同高度下宽、窄面角部附近区域保护渣的分布。保护渣在渣道内沿铸坯宽、窄面中心向角部方向整体呈逐渐增厚状分布，且集中分布于铸坯角部0～40mm范围；随着铸坯逐渐远离弯月面，角部附近的保护渣膜厚度也逐渐增加。保护渣膜在宽、窄面角部的集中分布，将进一步恶化坯壳角部附近区域的传热条件。

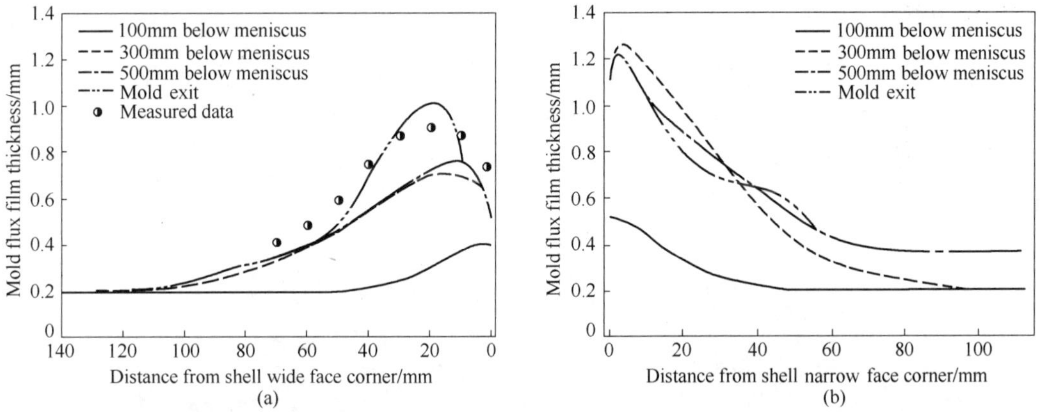

图4 坯壳宽面（a）与窄面（b）角部区域保护渣分布[12]

3.3 坯壳温度分布规律

图5为结晶器内坯壳角部沿拉坯方向的表面温度分布。在结晶器上部，由于坯壳角部的气隙和保护渣厚度均较小，并受二维传热作用，温度快速下降。而当铸坯下行至离弯月面200mm及以下高度时，受气隙与保护渣膜在坯壳角部集中分布影响，角部传热开始放缓，并在离弯月面200～300mm高度区域出现一定程度的回温。结晶器弯月面下200mm高

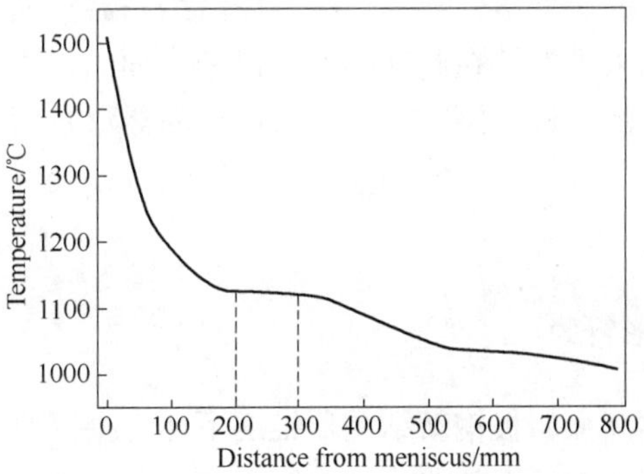

图5 坯壳角部沿拉坯方向表面温度分布

度的坯壳表面温度约为1120℃，结晶器出口处的坯壳角部表面温度约为1004℃，该温度区间恰为Nb和B等合金碳氮化物的晶界析出温度[13]，这将极大地引发坯壳角部奥氏体晶界析出碳氮化物，弱化组织晶界强度。

4 全曲面锥度结晶器设计及其冶金特点

由上述分析可以看出，传统板坯结晶器内气隙和保护渣膜在角部附近区域的集中分布大幅限制了坯壳角部组织的快速冷却，因而无法有效细化铸坯角部表层奥氏体晶粒并抑制其晶界微合金碳氮化物析出。为此，本文根据微合金钢连铸过程的凝固特点，研究开发了一种新型的结晶器锥度，以实现对结晶器内坯壳角部气隙和厚保护渣膜分布有效抑制，达到铸坯角部快速冷却的目的。

4.1 结晶器锥度设计

根据传统板坯结晶器内坯壳凝固收缩和气隙与保护渣分布特点，设计以距离结晶器宽面角部120 mm处为基线，沿角部方向线性增加铜板厚度，并同时以结晶器弯月面为基线，线性增加该区域内铜板沿结晶器高度方向1.0 mm厚度的铜板宽面角部结构，使之呈“楔形”状，如图6（a）所示。

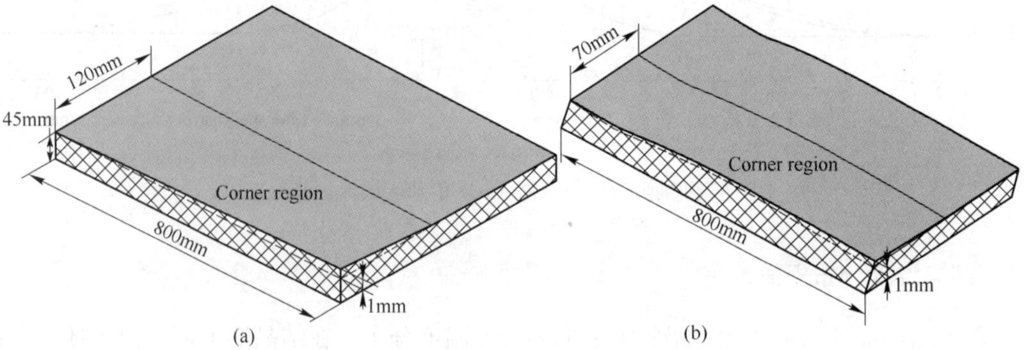

图6 新型结晶器锥度设计
（a）宽面；（b）窄面

同时，根据图7所示的典型微合金钢初凝坯壳沿结晶器宽面中心方向的收缩分布，将其设计为结晶器窄面的铜板锥度。在此基础上，以距窄面结晶器角部70mm处为基线，向窄面铜板角部方向线性增加铜板的厚度，并同时以结晶器弯月面为基线，线性增加该区域铜板热面沿结晶器高度方向1.0mm厚度的窄面铜板结构，使之角部区域呈“楔形”状，如图6（b）所示。

4.2 新型锥度下坯壳变形行为

图8为模拟计算上述高强船板钢新结晶器锥度下坯壳凝固收缩行为。由于结晶器窄面铜板采用了适应坯壳凝固收缩特性的曲线型锥度，并在其角部引入楔形状锥度补偿，窄面坯壳角部与铜板的间隙最大值由传统线性锥度的1.13mm降至0.11mm。同时，受结晶器

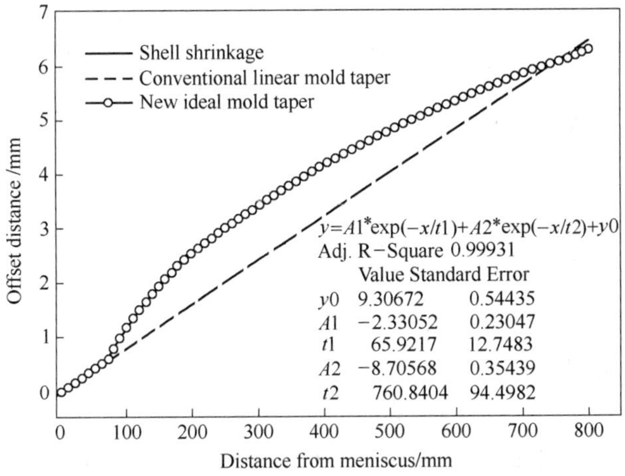

图 7 坯壳热收缩曲线拟合[14]

宽面铜板角部楔形状锥度补偿作用，坯壳宽面角部与铜板的间隙宽度最大值也由 1. 11mm 降至 0. 37mm，初凝坯壳与结晶器铜板间接触良好，改善了铸坯角部传热条件，实现铸坯角部快速冷却，抑制坯壳角部奥氏体晶界微合金元素碳氮化物的析出。

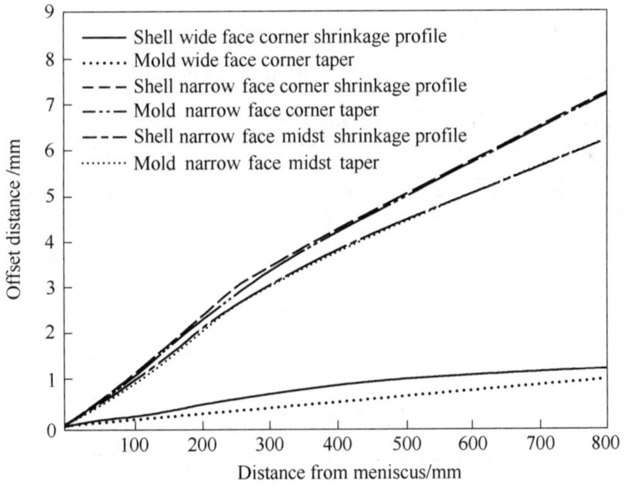

图 8 新型结晶器锥度下坯壳收缩特性

4. 3 新型锥度下气隙分布特点

图 9 为新锥度下微合金钢板坯生产过程结晶器内宽、窄面角部气隙分布。坯壳宽面角部气隙显著减小，厚度最大值由传统线性锥度下的 0. 80mm 降至 0. 28mm，且气隙的分布趋势也发生改变：沿结晶器弯月面至其出口方向的气隙呈先增加后减小趋势分布，最大值出现在弯月面下 450mm。同时可以看出，坯壳窄面角部的气隙基本消除，坯壳角部的传热效率将大幅提高。

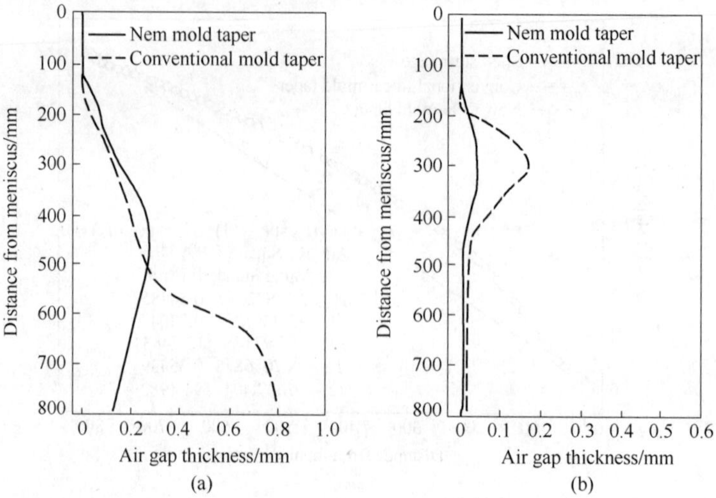

图 9　新型结晶器锥度下坯壳角部气隙分布

（a）宽面；（b）窄面

4.4　新型锥度下保护渣分布特点

图 10 为新锥度下结晶器不同高度处的保护渣分布。坯壳宽面与窄面角部的保护渣厚度大幅度减小，最大值分别由传统线性锥度下的 1.01mm 和 1.27mm 减至 0.47mm 和 0.31mm。此外，保护渣膜沿结晶器周向的分布也较为均匀，角部附近集中分布的区域也大幅缩小，进一步改善了坯壳角部的传热条件。

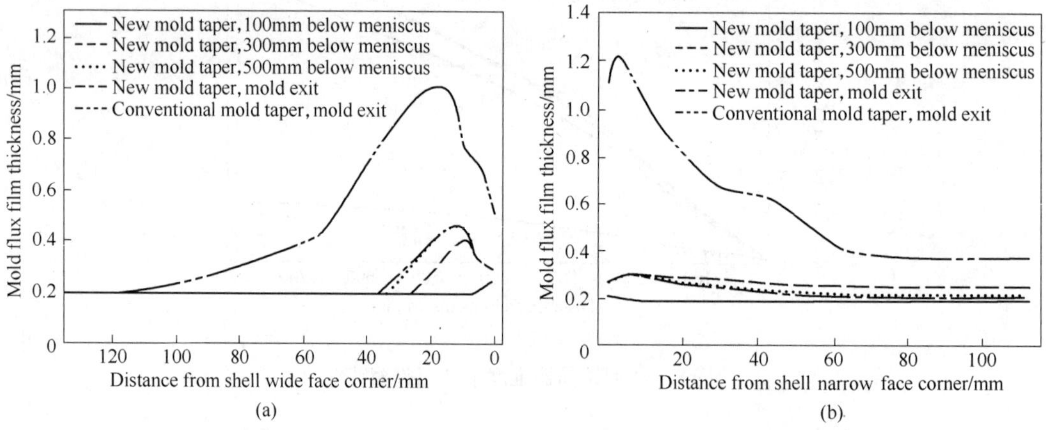

图 10　新型结晶器锥度下坯壳（a）宽面与窄面（b）角部区域保护渣分布

4.5　新型锥度下温度分布

图 11 为新锥度下连铸微合金钢板坯过程中坯壳表面温度变化情况。从图中可以看出，受坯壳角部附近区域气隙与保护渣膜显著减小的影响，坯壳角部温度大幅降低，铸坯出结晶器时的角部表面温度降至约 800℃，实现了铸坯角部的快速冷却。受此作用，微合金碳

氮化物多在晶内弥散化析出，从而大幅降低其在晶界析出，如图 12（a）所示。同时，由于铸坯出结晶器的角部温度降至 800℃，已低于钢的 A_{r3} 转变温度。在该特征温度下，受铸坯角部在后续足辊及立弯段强冷却水进一步快速冷却作用下，其奥氏体晶界将不再生成明显的先共析铁素体膜，并在一定程度上细化了铸坯组织晶粒（如图 12（b）所示），从而提高铸坯角部组织抗裂纹能力，可有效抑制连铸坯角横裂纹产生。

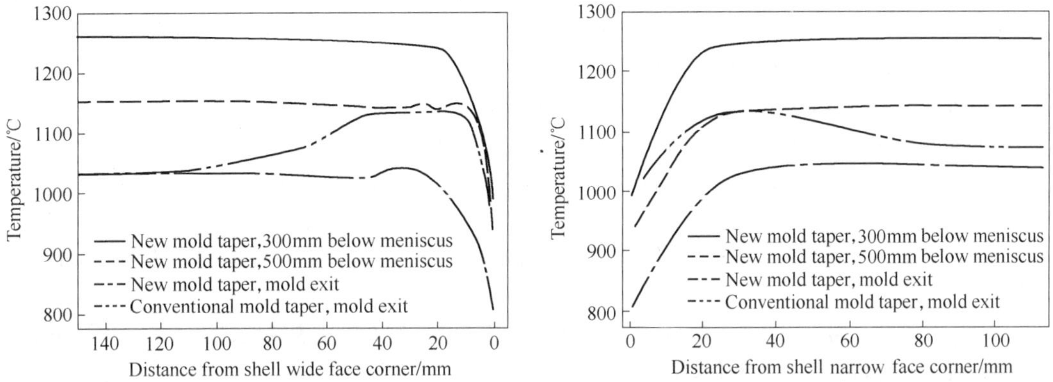

(a) (b)

图 11 新型结晶器锥度下坯壳宽面（a）与窄面（b）表面温度分布

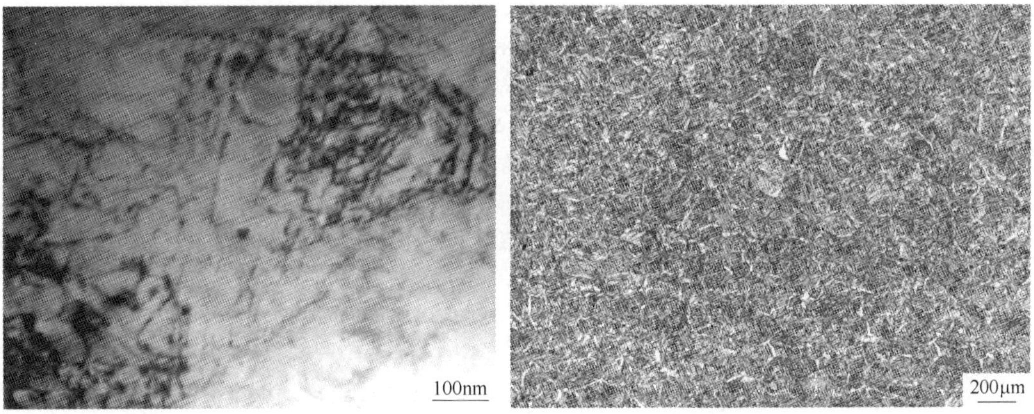

(a) (b)

图 12 新型结晶器锥度下含 Nb 钢铸坯角部组织析出物形貌及分布（a）与金相组织（b）

5 工业应用

根据上述结晶器锥度设计方案，加工了新铜板结构，并在国内某钢厂投入实际应用。通过试生产 22. 78 万吨含 Al 钢、13. 24 万吨含 Nb 钢和 10. 62 万吨含 B 微合金钢板坯，其铸坯角横裂纹发生率分别由使用传统线性锥度结晶器的 10. 26%、29. 77% 与 33. 47% 下降至 0. 49%、0. 98% 和 1. 13%，大幅度降低了连铸坯角横裂纹发生率。

6 结论

采用传统线性锥度结晶器及其相关技术无法根除微合金钢连铸坯的角横裂纹，本文研究开发的新型“窄面全弧—宽面垫楔”全曲面锥度结晶器可有效控制铸坯角部气隙生成并大幅度减小保护渣膜厚度，实现铸坯角部快速冷却，有效抑制微合金钢连铸坯角横裂纹的产生。

参 考 文 献

[1] 屈天鹏，韩志伟，冯科．连铸板坯角部横裂纹产生机理与预防[J]．连铸，2011，增刊：385-388.

[2] Berdnikov S N，Pozin A E，Podosyan A A，et al. Improving narrow mold walls in continuous slab-casting machines[J]. Steel in Translation，2011，41(5)：410-412.

[3] Berdnikov S N，Pozin A E，Podosyan A A，et al. New narrow-wall design for the mold of continuous slab-casting machines[J]. Steel in Translation，2012，42(2)：180-182.

[4] 王文军，李本海，朱志远．板坯连铸倒角结晶器的开发与应用[J]．钢铁研究学报，2012，24(9)：21-26.

[5] 刘洋，王文军，朱志远，等．利用倒角结晶器消除连铸板坯的角横裂纹缺陷[J]．钢铁，2012，47(4)：47-50.

[6] 张慧，杨春政，周明伟，等．包晶、亚包晶类微合金化钢板坯角部横裂纹控制技术开发[C]. 2012 年全国炼钢—连铸生产技术会论文集（上），2012：43-50.

[7] Kato T，Ito Y，Kavamoto M，et al. Prevention of slab surface transverse cracking by microstructure control [J]. ISIJ International，2003，43(11)：1742-1750.

[8] Baba N，Ohta K，Ito Y，et al. Prevention of slab surface transverse cracking at Kashima n° 2 caster with Surface Structure Control (SSC) cooling[C]. 5th European Continuous Casting Conference，2006：174-179.

[9] Lu Y J，Wang Q，Li Y G，et al. Prevention of transverse corner cracks in continuously cast steel slabs using asymmetric secondary cooling nozzle[J]. Ironmaking & Steelmaking，2011，38(8)：561-565.

[10] 祭程，蔡兆镇，罗森，等．微合金钢宽厚板连铸坯角部横裂纹控制技术研究[C]. 2012 年微合金钢连铸裂纹控制技术研讨会论文集，2012：1-10.

[11] 王明林，杨春政，陶红标，等．微合金化钢连铸坯角部横裂纹形成机制[J]．钢铁，2012，47(10)：27-33.

[12] Cai Z Z，Zhu M Y. Simulation of air gap formation in slab continuous casting mould[J]. Ironmaking & Steelmaking，2014，41(6)：435-446.

[13] 马范军，文光华，唐萍，等．冷却速度对含铌、钛微合金钢铸坯表层组织结构的影响[J]．北京科技大学学报，2009，31(9)：1116-1121.

[14] Cai Z Z，Zhu M Y. Thermo-mechanical behavior of peritectic steel solidifying in slab continuous casting mold and a new mold taper design[J]. ISIJ International，2013，53(10)：1818-1827.

低合金钢大方坯表面缺陷改善研究及实践

王恭亮　王立平　梁　玫　刘　泳

（石家庄钢铁有限责任公司，石家庄 050031）

摘　要：对石钢 300mm × 360mm 断面低合金钢 Q345 系列和 S355J 系列钢连铸坯的表面缺陷进行分析，通过研究钢的高温力学性能、保护渣性能，采取了优化连铸工艺、改进保护渣性能，提高铸坯矫直温度，改善了铸坯润滑、抑制结晶器传热，使铸坯表面缺陷大幅改善，铸坯修磨率由 100% 降低到 20% 以下，棒材修磨率由研究前几乎全修磨，降低到 18.5%，钢材修磨损失率由 1.28% 降低到 0.69%。轧制的大规格钢材修磨后废品率由研究前 11.3% 降低到 0.35%。

关键词：低合金钢；大方坯；表面缺陷；研究；改善

Research and Practice on Surface Defect Improvement of Low-alloy Bloom

Wang Gongliang　Wang Liping　Liang Mei　Liu Yong

(Shijiazhuang Iron & Steel Co., Ltd., Shijiazhuang 050031)

Abstract: The analysis on surface defect of CCM bloom (section 300mm × 360mm) of low-alloy steel Q345 series and S355J series is made. Through the analysis on physical property of steel under high temperature and property of casting powder, the measures like optimization of continuous casting process, improvement of casting powder property and increase of straightening temperature of bloom are taken, consequently the lubrication of bloom is improved, heat transfer of mould is restrained, surface defect of bloom is improved substantially, grinding ratio of bloom is decreased from 100% to under 20%, grinding ratio of bar is decreased from nearly 100% to 18.5%, loss caused by grinding is decreased from 1.28% to 0.69%, and reject rate of big-sized bar after grinding is decreased from 11.3% to 0.35%.

Keywords: low-alloy steel; bloom; surface defect; research; improvement

1　引言

低合金钢连铸坯表面裂纹缺陷控制是困扰炼钢连铸的一大难题。石钢在利用转炉→LF→VD→大方坯连铸的工艺流程生产的大规格 Q345 系列、S355J 系列等低碳高锰系列低合金钢大方坯时，铸坯表面裂纹频繁发生，严重影响了合同的交付和用户的开发。

2　缺陷原因分析及讨论

2.1　缺陷调查

2.1.1　典型钢种成分

表 1　钢种典型化学成分　（wt%）

C	Si	Mn	P	S	Cr	V	Al	Ti
0.11	0.43	1.53	0.013	0.007	0.11	0.06	0.028	0.013
0.14	0.44	1.45	0.014	0.005	0.09	0.04	0.025	0.014

2.1.2　表面缺陷形貌

通过对多块铸坯表面试样酸洗检查，铸坯表面的主要缺陷形式有靠近角部的振痕谷底横向裂纹、纵裂纹和网状裂纹（图 1 ~ 图 3），抛丸检查铸坯横向凹陷比较明显（凹陷部位高倍分析激冷层 0.25mm 很薄，内侧柱状晶晶粒粗大）。

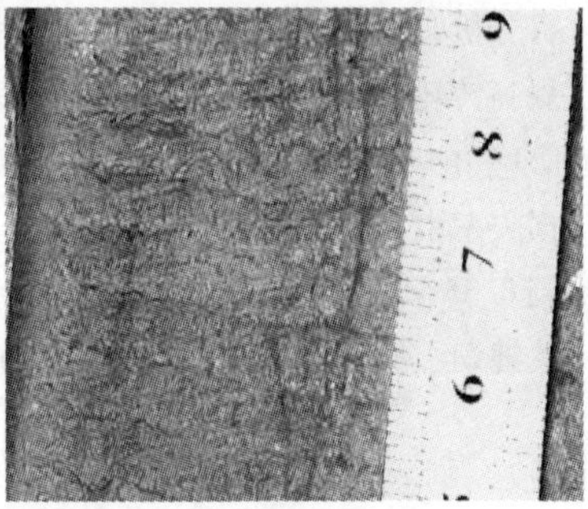

图 1　角部横裂纹

2.1.3　典型缺陷能谱分析

（1）网状裂纹

图 4 反映，裂纹处含有 Cu 元素，Cu 的熔点较低在高温下熔化并沿着奥氏体晶界渗透，使奥氏体晶界被破坏而失去塑性产生热脆现象。

图 2　纵裂纹

图 3　网状裂纹

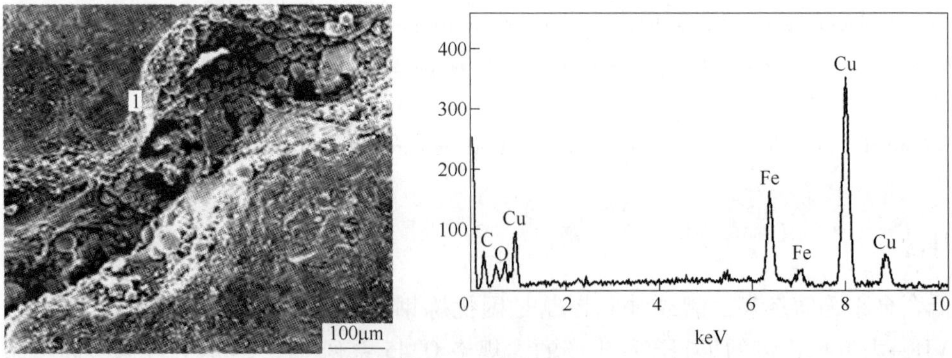

图 4　裂纹中 Cu 元素

（2）纵裂纹

图5裂纹处含有Na、K等元素，说明裂纹产生于结晶器内弯月面处，有保护渣渗入。

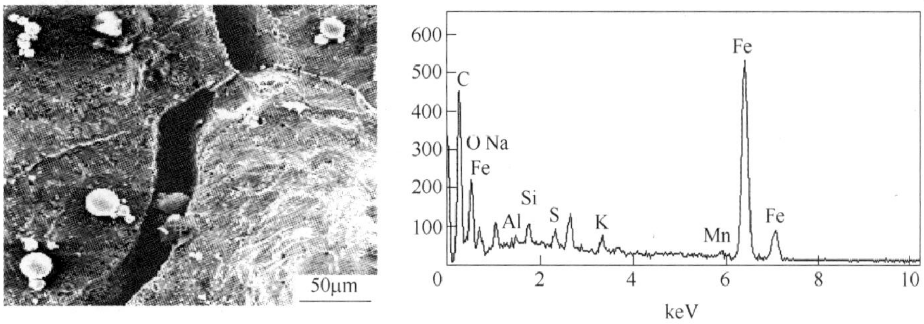

图5　裂纹中发现保护渣元素

（3）横裂纹

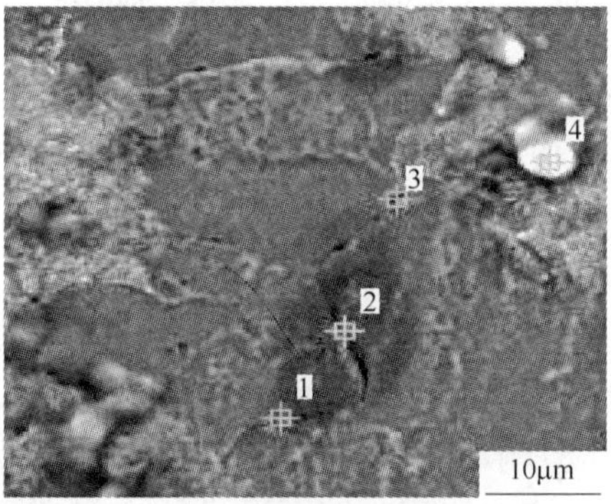

图6　应力裂纹

表2　图6中各点的化学成分

位　置	C/%	Si/%	Mn/%	Fe/%
1	9.04	0.57		90.39
2	9.7			90.23
3	7.17	0.47		92.31
4			1.7	98.3

晶界处产生的裂纹非常细微，并且裂纹内部非常干净，未发现夹杂物以及析出物。该处裂纹很可能是由于应力产生的。由于晶界一般为基体中最薄弱的环节，在矫直过程中受张力的作用，此处会优先导致应力集中而产生裂纹，在裂纹附近发现氧化铁夹杂。

2.2　表面裂纹产生原因分析及讨论

（1）钢种特性影响。从表2看出，石钢此类钢属于Al、V、Ti等微合金化提高强度的低合金高强度钢，其碳含量在0.10%～0.17%之间，锰含量在1.0%以上。钢中碳含量处于0.10%～0.17%范围内的亚包晶钢，大约在1493℃下形成初生坯壳，这初生坯壳的位置应该在弯月面边缘，δ-Fe 转化为 γ-Fe 产生相变收缩，碳含量为 0.12% 左右钢收缩量最大[1,2]，气隙最大，如图 7 所示。气隙增大使结晶器热流减小，图 8 给出了钢的碳含量与凝固点附近结晶器热流量的关系。

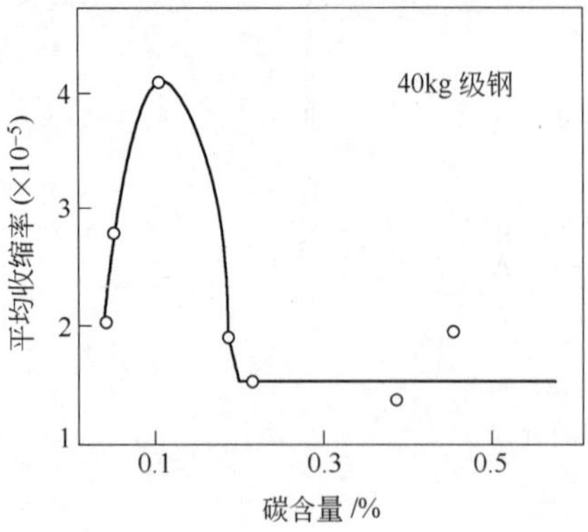

图 7　碳含量对凝固点附近钢的收缩率的影响

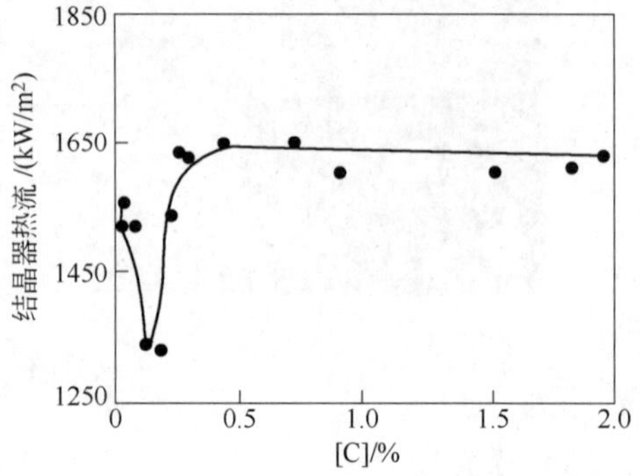

图 8　钢的碳含量与凝固点附近结晶器热流量

亚包晶钢在凝固过程中会发生 L + δ→γ 的包晶反应。由于 δ 铁素体为体心立方，致密度为 0.68，γ 铁素体为面心立方，致密度为 0.74。因此，包晶转变发生时会产生 3.8% 的体积收缩。由于体积收缩，连铸坯坯壳过早地脱离结晶器铜壁，产生气隙，使该处的热流密度减小，坯壳变薄，容易产生凹陷。凹陷部位的冷却慢坯壳薄，故对裂纹的敏感性强。另外在钢水凝固过程中，凝固进入 γ 单相区后，原钉扎在初生 γ 晶界面阻碍 γ 晶粒长大的第二相（δ 或液相）突然消失，γ 因此急剧长大，粗大的 γ 晶粒导致钢的力学性能降低，在坯壳与结晶器壁间复杂的应力作用下，坯壳的薄弱处易产生裂纹。钢中含锰等扩大 γ 单相区元素的存在，以及相变造成的体积收缩而形成的冷却延缓都有助长 γ 晶粒长大的倾向，更加重了这类钢的脆性。

（2）保护渣性能影响。裂纹部位摩擦渗铜诱发网状裂纹及裂纹中存在保护渣成分，说明保护渣传热、润滑性能不好，不能很好地减轻坯壳不均匀的程度及润滑坯壳。

连铸过程中，保护渣的冶金功能[3]：1）隔绝空气防止对钢液的二次氧化；2）吸收非金属夹杂物净化钢渣界面；3）在坯壳与结晶器壁之间形成润滑膜；4）改善结晶器与坯壳之间的热流；5）绝热保温减少钢液热损失。其中 3）、4）两功能对于铸坯的表面质量至关重要。

与结晶态试样相比，玻璃相薄膜具有较强的传送能力，刘庆岗研究[4]得出当保护渣完全为析晶态时，与保护渣完全为玻璃薄膜态情况相比，可减少大约 20% 的传热速率。

何庆文等[5]人通过研究亚包晶钢 Q235D 连铸大方坯的质量控制得出保护渣的碱度高，则其熔化温度与析晶温度高，且具有低的黏度。结晶器保护渣的析晶温度高，固态结晶渣膜晶粒细小，晶粒界面增多，减缓和均匀弯月面区域的热流密度。

J. Sardemann 等[6]研究指出，碱度（CaO/SiO_2）> 1.1 时铸坯裂纹发生率明显减小。提高保护渣碱度可以使保护渣结晶温度和渣膜中结晶相比例提高，这有利于降低结晶器热流，从而控制裂纹的产生和扩展。

借鉴上述研究结论，结合钢种特性、铸坯典型缺陷分析，拟对保护渣成分、碱度、黏度指标进行优化调整。提高碱度，增加液渣凝固时的析晶比例，抑制传热。同时降低保护渣黏度，改善流动性。

改进前后保护渣指标对比见表3。

表3 改进前后保护渣指标对比

指标	C/%	SiO_2/%	CaO/%	Al_2O_3/%	R_2O/%	F^-/%	R	黏度1300℃/Pa·s	熔点/℃
改进渣	10.52	26.13	29.31	7.84	4.91	2.94	1.12	0.47	1162
原渣	13.04	23.23	23.23	9.91	6.82	3.00	1.00	0.52	1158

（3）铸坯横裂纹主要是角部横裂纹，在振痕波谷处产生，该处的奥氏体晶粒粗大，在矫直过程中产生应力集中诱发表面横裂纹，矫直温度若在钢的低温脆性区内，也会加剧表面横裂纹的产生。

对S355J2及Q345B钢种进行了10^{-3}/s变速率及100℃/min冷却速度下600～1350℃温度范围内的Gleeble力学试验测试见图9、图10，以断面收缩率R. A低于60%作为脆性判断依据，分析了钢的脆性区温度。通过测试：S355J2第Ⅲ脆性区的温度区间为900～750℃；Q345B第Ⅲ脆性区的温度区间为900～600℃。铸坯在矫直时应避开第Ⅲ脆性温度区，避免或减少裂纹的发生率，整体温度在矫直时应高于950℃，尤其避免铸坯边部温度低于脆性温度。而实际铸坯角部在矫直区域内温度（见表4）分布在887～896℃区域，部分落入了低温脆性敏感区，易产生矫直横向裂纹。且铸坯角部测量温度与内弧中部相差温度100℃。

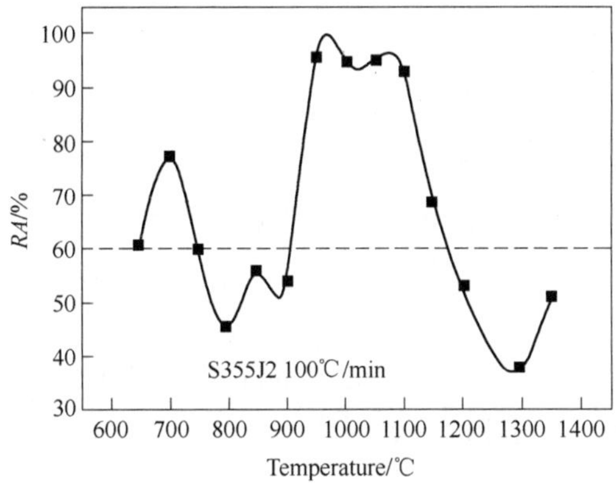

图9 S355J2钢热塑性曲线图

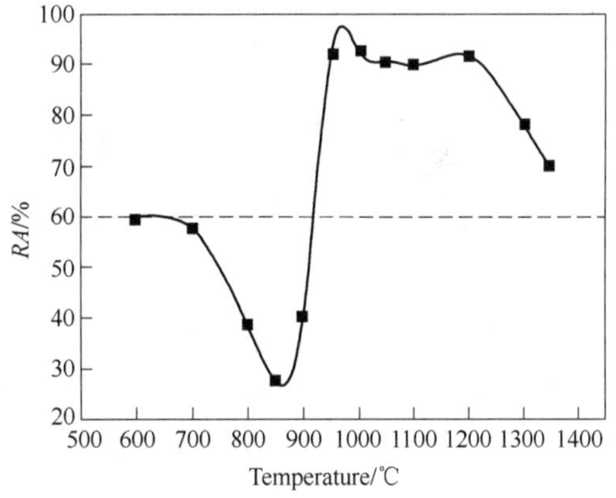

图10 Q345B钢热塑性曲线图

表4 铸坯矫直温度

炉 次	测温位置	内弧中部/℃	角部/℃	侧弧中部/℃
1	进矫直辊前	988	887	967
2	进矫直辊前	993	890	964
3	进矫直辊前	1002	896	981

通过采用ANSYS软件模拟连铸坯的温度场和坯壳厚度随连铸机高度的变化关系得到，当拉速为0.58m/min，进矫直辊时，铸坯宽面中心温度为1027℃，窄面中心温度为976℃，

角部温度为 883℃，矫直段铸坯角部落入脆性区间。当拉速为 0. 63m/min 时，进矫直辊时，铸坯宽面中心温度为 1074℃，窄面中心温度为 1019℃，角部温度为 920℃；当拉速由 0. 58m/min 提高到 0. 63m/min 时，进矫直前铸坯表面温度上升，避开了第三脆性区。

3　改善措施及应用效果

3.1　改善措施

采用改进的保护渣，碱度由原来的 1. 00 提高至 1. 12，黏度略降 0. 05Pa · s，熔点基本保持不变，为 1160℃左右；连铸拉速由 0. 58m/min 提高到 0. 63m/min。

3.2　工艺效果

（1）保护渣液渣层厚度增加，如图 11 所示。优化渣的液渣层厚度在 7 ~ 10mm 范围内，而原渣的液渣层厚度为 6 ~ 7. 5mm，优化后保护渣的液渣层厚度较原渣有所提高。

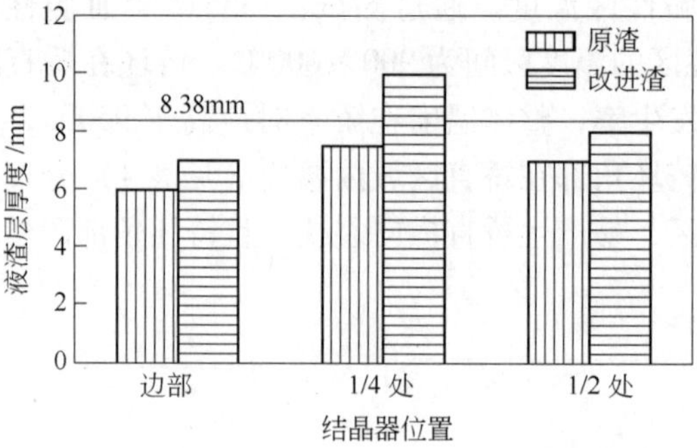

图 11　结晶器液渣层厚度对比

（2）使用改进渣的结晶器平均热流密度较原渣低 0. 16 MW/m^2，降幅达 9. 64%。这说明改进后的保护渣更能有效控制结晶器传热；吨钢保护渣消耗量比使用原渣时提高了 0. 3kg/t 钢，改善了结晶器内坯壳的润滑。

（3）铸坯矫直温度提高。保持 30 ~ 40℃过热度，拉速 0. 58 m/min 提高到 0. 65 m/min，铸坯在矫直区域表面温度平均提高了约 35℃，角部提升更明显。

3.3　铸坯表面质量改善效果

表 5　铸坯试样酸洗表面质量对比

样　品	拉速/(m/min)	铸坯表面质量
1	0. 58	内弧以及南、北侧铸坯表面均发现表面裂纹
2	0. 58	内弧以及南、北侧铸坯表面均发现表面裂纹
3	0. 63	未发现表面裂纹存在
4	0. 63	未发现表面裂纹存在
5	0. 63	南、北侧铸坯表面发现轻微表面裂纹
6	0. 63	未发现表面裂纹存在

试验结果显示，铸坯表面质量得到根本改善，裂纹发生率及裂纹程度明显改观。在300mm × 360mm 铸坯轧制的大规格钢材 2800 余吨，钢材修磨后废品率由研究改进前11.3%降低到0.35%，铸坯修磨率由100%，降低到20%以下；钢材修磨率由研究改进前100%，降低到只有18.5%，钢材修磨损失率由改进前的1.28%降低到0.69%。

4 结论

（1）进行连铸坯钢的高温力学性能测试，指导连铸工艺调整，提高铸坯矫直温度有效避开钢的第Ⅲ脆性区。

（2）提高保护渣碱度到1.1，增加液渣凝固时的析晶比例，控制大方坯低合金钢Q345系列和S355J系列亚包晶钢传热，有利于坯壳生长均匀，减少裂纹，改善铸坯表面质量。

（3）适当提高拉速可提高铸坯矫直温度，活跃结晶器保护渣，提高液渣层厚度，增加保护渣消耗，改善铸坯润滑，提高亚包晶钢铸坯表面质量。

（4）综合采用优化保护渣和适当提高拉速措施使低合金钢大方坯表面质量显著改善，修磨率降低，轧制的大规格棒材修磨率、废品率显著降低。

参考文献

[1] D. E. Humpveys. 第一届欧洲连铸会议论文集. 1991：335-345.
[2] 蔡开科，党紫九，等. 北京科技大学学报[J]. 1990，15(2)(增刊)：1-15.
[3] 蔡开科，程士富. 连续铸钢原理与工艺[M]. 北京：冶金工业出版社，1999：359.
[4] 刘庆岗. FTSC 薄板坯裂纹成因的研究[D]：[硕士学位论文]. 唐山：河北理工大学，2010.
[5] 何庆文，李阳，王福明，等. 亚包晶钢 Q235D 连铸大方坯的质量控制[J]. 特殊钢，2010(4)：34-36.
[6] J. Sardemann，H. Schrewe. Steelmaking Conference Proceedings[C]. 1991，74：719-728.

TS21 不锈钢板坯纵向凹陷裂纹研究与实践

陈培敦[1,2]　王俊海[1,2]　庞宗旭[2]　赵　刚[1]　艾　建[1]

（1. 山东泰山钢铁集团有限公司，莱芜 271100；
2. 北京科技大学冶金与生态工程学院，北京 100083）

摘　要：采用国产不锈钢板坯连铸机生产 TS21 不锈钢，板坯存在纵向凹陷以及微裂纹缺陷，在分析其产生原因的基础上，提出增大保护渣的黏度、熔点和二元碱度，优化浸入式水口尺寸和水口插入深度等改进措施，通过试验并在生产中应用，效果十分明显。

关键词：奥氏体不锈钢；不锈钢板坯；纵向凹陷；裂纹

Researching and Practice for Longitudinal Concave Crack in TS21 Stainless Steel Slab

Chen Peidun[1,2]　Wang Junhai[1,2]　Pang Zongxu[2]　Zhao Gang[1]　Ai Jian[1]

(1. Shandong Taishan Iron and Steel Group Co., Ltd., Laiwu 271100;
2. School of Metallurgical and Ecological Engineering, University of Science and Technology Beijing, Beijing 100083)

Abstract: There were Longitudinal sinking and microcrack in TS21 Stainless steel slab in the processing of continues casting by using domestic machine. Based on the analysis of the productive process, we took some measures, such as increase in viscosity of covering slag, melting point and binary basicity as well as size and inserted depth optimization in submerged nozzle, and abtained good results through experimentation and application in industrial manufacture.

Keywords: austenitic stainless steel; stainless steel slab; longitudinal depression; crackle

1　引言

不锈钢中含有大量的 Cr、Ni、Ti 等合金元素，不同品种具有不同的凝固特性；易氧化元素多，夹杂物含量高，在连铸过程中铸坯表面多出现凹陷、裂纹、深振痕及夹渣等缺陷。TS21 奥氏体不锈钢属于 200 系列不锈钢。与常规的 Ni-Cr 系奥氏体不锈钢相比，这类钢有更高的强度，良好的耐磨损性能及耐点蚀性能。这些不锈钢具有较高的 Mn 含量，并加入氮进行强化。由于化学成分体系的差异，这类钢的凝固及冶金特性与 Ni-Cr 系不锈钢有所不同[1]。其凝固热裂纹倾向要比常规 300 系列奥氏体不锈钢要大一些，更容易产生凹陷、裂纹等缺陷。

2　铸机参数及钢种凝固特点

2.1　连铸机主要参数

山东泰山钢铁集团有限公司不锈钢连铸机是首批国产板坯不锈钢连铸机，由中冶连铸设计制造，连铸机主要参数见表1。

表1 不锈钢板坯连铸机主要技术参数

Table 1 The main parameters of slab caster

机　型	一机一流直弧形板坯连铸机
垂直区高度	2425mm
铸机主半径	9000mm
铸坯规格	160/200/220×(800～1600)×5/12(厚×宽×长)
机械速度	0.3～2.5m/min
正常拉速	0.8～1.8m/min
送引锭速度	0～50m/min
机　长	27530mm(液面至末弧弧线长度)
铸机高度	12165.12mm(液面至出坯辊面高度)
准备时间	50min(上一浇次停机到下一浇次开浇的时间)
铸机作业率	85%
金属收得率	不锈钢95%　碳钢98%

2.2 TS21不锈钢钢种成分及凝固特点

TS21不锈钢钢种成分及凝固特点，见表2和图1所示。

表2 TS21不锈钢钢种化学成分

Table 2 Chemical composition of TS21 (%)

C	Si	Mn	P	S	Cr	Ni	N	Cu
0.05～0.09	≤1.0	8.00～10.00	≤0.035	≤0.006	14.0～15.2	1.0～2.0	≤0.20	1.0～2.0

根据不锈钢凝固相图[1]，TS21不锈钢在凝固时，发生包晶反应。钢水连铸时，随着温度降低，除了大约1%的液体收缩、3%～4%的凝固收缩、7%～8%的固态收缩外，还有3.8%的包晶反应收缩，因此，TS21钢属于强收缩钢种。当这些力作用在高温铸坯表面或凝固前沿产生的应力或应变量超过钢的$\sigma_{临}$或$\varepsilon_{临}$时就产生裂纹，然后在二冷区裂纹进一步扩展[2]。TS21不锈钢固相线1375℃、液相线温度1448℃，固相线与液相线温度相差73℃，不锈钢液—固相线温度范围宽，晶粒粗大，使得低熔点夹杂物在晶界区聚集，加之该钢种本身导热性能较差，应力大，容易出现裂纹。

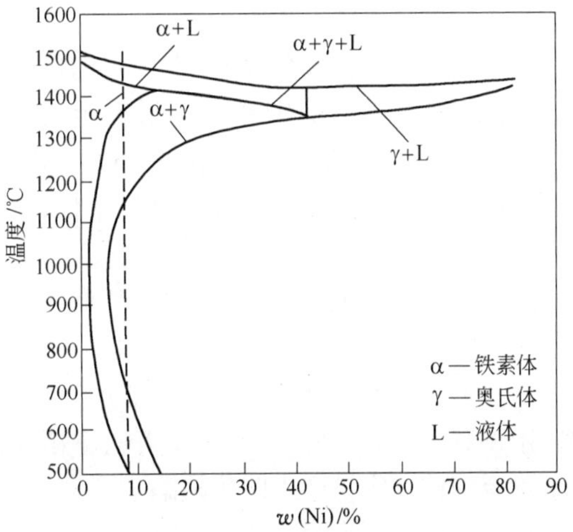

图1 不锈钢凝固相图

Fig. 1 Solidification phase diagram of stainless steel

3　凹陷缺陷影响因素分析及工艺改进

3.1　纵向凹陷的特征

沿拉坯方向产生于板坯表面的凹陷称之为“纵向凹陷”，主要集中在板坯宽面内弧侧，如图2所示。其尺寸长约50～1000mm，宽1～30mm，深1～3mm，在凹陷部位谷底伴有裂纹。需对有凹陷及凹陷裂纹的板坯进行修磨，否则残留在板坯表面的凹陷将会在热轧卷表面产生线状缺陷。

图2　凹陷缺陷

Fig. 2　Longitudinal depression

3.2　成分影响

TS21不锈钢凝固时，首先从液相析出δ铁素体，而周围成为富Ni、贫Cr的区域。温度降低到一定程度，发生L+δ→γ包晶反应，δ铁素体周围形成γ奥氏体，然后δ铁素体和γ奥氏体同时向液相生长。当温度下降到1400℃左右，液相逐渐消失。到1300℃以下，δ铁素体全部转变为γ奥氏体。属于强凝固收缩的钢种，极易产生铸坯表面凹陷缺陷。Ni/Cr当量在0.55左右的不锈钢，其热膨胀系数较大，热导率低，因而在冷却凝固过程中坯壳收缩量较大，铸坯表面易产生横向及纵向凹陷，严重时发展为凹陷裂纹。钢中Ni_{eq}/Cr_{eq}对凹陷的影响如图3所示。通过式（1）、式（2）[3]计算得出TS21钢Ni_{eq}/Cr_{eq}为0.56，可以看出TS21不锈钢铸坯容易产生凹陷缺陷。

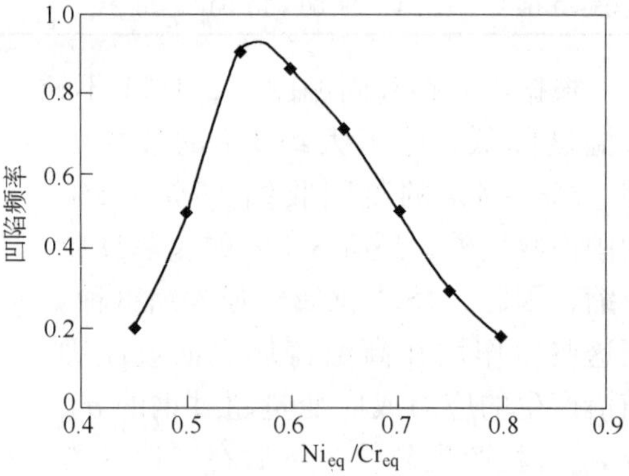

图3　凹陷出现指数与钢液Ni_{eq}/Cr_{eq}关系

Fig. 3　Relation between depression of occurrence and Ni_{eq}/Cr_{eq}

$$Ni_{eq} = \%Ni + 0.31[\%Mn] + 22[\%C] + 14.2[\%N] + 0.3[\%Cu] \tag{1}$$

$$Cr_{eq} = \%Cr + 1.5[\%Si] \tag{2}$$

3.3 保护渣的影响

在刚开始生产 TS21 不锈钢时拉速控制相对较低，一般控制在 0.8 ~0.85m/min；使用的保护渣主要理化指标：碱度 1.13，密度 0.96g/cm^3，熔点 1117℃，黏度：1.75Pa · S，铸坯表面存在纵向凹陷的几率仅为 5%，主要缺陷是因为拉速太慢导致铸坯表面的振痕较深。为了减轻铸坯振痕深度，降低修磨率，实现免修磨，在与厂家商定确认 ST-E 型保护渣完全满足高拉速 1.0 ~1.3m/min 后，生产过程中逐步把拉速提高至 1.0m/min，其他工艺参数未变，铸坯出现纵向凹陷的几率急剧上升，达到 80% ~90%，并伴有裂纹缺陷。通过现场实际跟踪测量保护渣渣耗在拉速 1.0m/min 时只有 0.28kg/t，明显偏低，熔渣层不足，润滑不良出现大批量凹陷裂纹。由于 TS21 这类不锈钢钢种本身具有很高的凹陷发生率，合适的保护渣性能是保证铸坯质量的关键，根据上述缺陷现状，提出通过提高保护渣在结晶器壁的固态渣膜厚度，以降低结晶器内的水平传热（结晶器内的综合热流密度）来控制凹陷产生。

根据对拉速提高缺陷出现的原因分析，优化保护渣理化性能设计，增加保护渣固态渣膜厚度，提高了保护渣的二元碱度（以提高结晶性能）、黏度、熔点[4]。

使用优化后保护渣时连铸工艺参数如表 3 所示。生产实践表明使用改进后的保护渣连铸坯表面质量良好，表面纵向凹陷得到控制。

表 3 连铸浇注参数

Table 3 Pouring parameters of continuous casting

保护渣类型	Ni_{eq}/Cr_{eq}	铸坯断面/(mm × mm)	拉速/(m/min)	中包温度/℃	液相线温度/℃
TX-2 新	0.56	200 × 1250	0.90	1467	1448

3.4 浸入式水口影响

实践证明，对易产生表面凹陷的钢种而言，控制结晶器内较低的水平传热有利于改善连铸坯表面质量，因为低的水平传热量保证了形成薄且凝固收缩均匀的坯壳，这是解决凹陷发生率高钢种的关键。

3.4.1 浸入式水口插入深度的影响

水口浸入深度不当将直接影响结晶器内流场的分布，影响结晶器内液渣层的稳定和液渣层流入结晶器和铸坯之间的连续性和均匀性；结晶器和铸坯间渣膜分布不均会严重影响铸坯传热的均匀性，使得局部凝固壳成长滞后，局部坯壳较薄。坯壳薄的部位温度比其他部位温度高、凝固慢、凝固收缩也比别处晚，相邻地区的凝固收缩对其产生作用力，就会形成厚度不均匀的初始坯壳，容易产生凹陷，严重时会恶化为裂纹。浸入水口浸入得过浅时，造成结晶器内上流股偏强，结晶器内液渣，尤其是靠近窄边的液渣被过多带回到水口周围，而结晶器窄边部位液渣层偏薄，造成结晶器内液渣层不均匀；偏深时，必然造成下降流的涡心位置下移，高温钢水进入结晶器下部，影响了凝固壳的生长，上升流偏小会造成结晶器液面温度偏低，影响化渣速度，导致液渣层不稳定或偏低，水口插入深度不合适铸坯的裂纹率升高。

3.4.2　浸入式水口几何形状尺寸的影响

浸入式水口外径偏粗，导致水口前后液渣流入面偏小，随着渣条的增厚，导致水口与渣条距离太小甚至搭桥，液渣流入层流入受阻，液渣流入不均，同时结晶器内弧侧保护渣熔化情况不易观察，渣条不易捞出，影响了保护渣的润滑和结晶器的传热效果，加剧了内弧侧初生坯壳厚度不均，凹陷几率上升。

3.5　结晶器冷却的影响

从根本上讲，铸坯表面凹陷、纵裂纹是由于坯壳在结晶器内冷却不均导致应力集中而发生的。采用弱冷却方式，减少冷却水量，可以缓解凹陷裂纹。结晶器冷却较强时弯月面区域冷却过强，使得坯壳不均匀生长明显加重铸坯凹陷。控制结晶器内较低的水平传热有利于改善连铸坯表面质量，因为低的水平传热量保证了形成薄且凝固收缩均匀的坯壳，这是解决凹陷发生率高钢种由于凝固行为不理想产生质量问题的关键所在。连铸过程中，分别记录使用保护渣改进前后结晶器内冷却水进出水温差（表4），利用进出水温差反映结晶器内的水平传热情况，使用不同保护渣浇注时连铸机拉速均为0.90m/min。

表4　结晶器内冷却水进出水温差

Table 4　Thermosiphon of cooling water in crystallizer

保护渣类型	拉速/(m/min)	宽面内弧温差/℃	宽面外弧温差/℃	窄面左侧温差/℃	窄面右侧温差/℃
TX-2	0.90	8.557	7.868	9.179	8.928
TX-2(改进)	0.90	8.155	7.625	6.45	6.37

表4可以看出，使用优化后保护渣时结晶器内冷却水温差下降，且宽面内弧和外弧冷却水温差差值减小，这使得铸坯内外弧的收缩量差别减小，内外弧凝固收缩更加均衡，内弧侧坯壳生长更加均匀，因而有效防止了铸坯内弧表面横向凹陷的发生。另外，使用改进后的保护渣结晶器窄面和宽面的冷却水水温差的比值约为0.80。资料表明[5]，这在浇注不锈钢板坯时对避免横向凹陷的产生是非常有利的。

4　工艺对策

对TS21不锈钢纵向凹陷的原因分析，可得出以下几点可减轻纵向凹陷的主要措施：

（1）增大保护渣的黏度、熔点和二元碱度，使得保护渣的固渣膜厚度增加，传热能力减弱，铸坯质量得到改善，表面横向及纵向凹陷得到控制。

（2）对TS21钢种易产生表面凹陷的钢种而言，结晶器采用弱冷，结合保护渣优化控制结晶器内较低水平的传热，改善连铸坯表面质量。

（3）优化浸入式水口尺寸及水口插入深度，保证合理的结晶器流畅和液渣层的厚度及流入均匀。

5　结论

通过实践增大保护渣的黏度、熔点和二元碱度，优化浸入式水口尺寸及水口插入深度等改进措施对减轻铸坯纵向凹陷部位微裂纹缺陷的效果明显，TS21不锈钢铸坯凹陷及裂纹几率明显降低，铸坯免修磨率达到87%。

参 考 文 献

[1] D. Peekner, M. Bernstein. 顾守仁，周有德，译. 不锈钢手册[M]. 北京：机械工业出版社，1987.
[2] 蔡开科. 连铸坯裂纹控制[C]. 板坯连铸技术研讨会论文汇编. 2003.
[3] M. Wolf. Elements of satidification Control in the Continuous Castings and Billets and Blooms. MPT6, 1983.
[4] 刘彭. J4 不锈钢连铸保护渣的研究：[硕士学位论文]. 重庆：重庆大学，2009.
[5] 蔡开科. 连铸结晶器[M]. 北京：冶金工业出版社，2008.

中碳包晶钢板坯连铸用低氟含钛保护渣的研究与应用

文光华[1] 高金星[1] 陈力源[1] 杨昌霖[1] 唐 萍[1] 梅 峰[2] 施春月[2]

（1. 重庆大学，重庆 400044；2. 上海宝山钢铁股份有限公司，上海 201900）

摘 要：本文用 TiO_2 替代保护渣中部分氟，得到了一个含氟小于 4% 的低氟含钛保护渣（$R_{1.35}$），在与工厂应用的中碳钢板坯连铸用高氟保护渣（3D）物理性能对比研究的基础上，进行了工业试验。结果表明：1）低氟含钛保护渣水中 F^- 浓度不足 3D 渣的 20%，水从 3D 渣的酸性变为中性；2）含钛低氟保护渣黏度、转折温度、结晶孕育时间以及渣膜传热能力与 3D 保护渣相近；3）低氟含钛保护渣在结晶器内行为正常，保护渣消耗量合理，无黏结报警现象发生，铸坯表面质量达到现有高氟 3D 渣的水平。

关键词：中碳钢；低氟含钛保护渣；环保性能；物理性能；板坯裂纹

Development of Low-Fluoride and Titanium-Bearing Mould Fluxes for Medium Carbon Peritectic Steel Slab Casting

Wen Guanghua[1] Gao Jinxing[1] Chen Liyuan[1] Yang Changlin[1]
Tang Ping[1] Mei Feng[2] Shi Chunyue[2]

（1. College of Materials Science and Engineering，Chongqing University，Chongqing 400044；
2. Baoshan Iron and Steel Company Limited，Shanghai 201900）

Abstract：In this paper，a low-fluoride（less than 4%）and titanium-bearing mould fluxes（$R_{1.35}$）which replaced a part of fluorine with titanium oxide was prepared，and industrial tests were done to compare the physical properties with a high-fluoride-bearing mould fluxes（3D）for medium carbon steel slab casting. The results show that：1）The F^- concentration in water samples of $R_{1.35}$ mould fluxes was less than 20% of 3D mould fluxes，the water samples of 3D was acidic，while that of $R_{1.35}$ slag was neutral. 2）The physical properties of viscosity，breaking temperature，incubation time of crystallization and heat transfer were both similar in $R_{1.35}$ and 3D mould fluxes. 3）$R_{1.35}$ mould fluxes have a normal behavior，appropriate consumption and no sticker alarm in the mould. The slab surface quality cast by $R_{1.35}$ reaches the level cast by 3D mould fluxes.

Keywords：medium carbon steel；low-fluoride and titanium-bearing mould fluxes；environmental performance；physical properties；slab crack

1 引言

由于氟化物具有调节保护渣高温物理性能的作用，尤其是协调传热和润滑两大功能[1]，因此，传统保护渣中通常会加入含氟为 6% ~10% 的氟化物。但是，在浇铸过程中，氟的化合物会释放到空气或水中，不仅污染环境，还会危害人的身体健康；同时，渣中的氟进入二冷水中，加剧了连铸设备侵蚀，也使得二冷水循环使用的化学处理费用增高[2,3]。

针对以上问题，国内外研究者常用 Li_2O[4,5]、B_2O_3[6,7]、Na_2O[8]、BaO[9]等组分取代传统保护渣中的氟，得到了与高氟保护渣相当的熔化和黏度特性，并在少数方坯连铸机上浇注普通钢种取得了成功。但是在板坯连铸机上，尤其是浇注裂纹敏感性的包晶钢时，由于在凝固过程中发生包晶反应，体积收缩率达4%，保护渣无氟或低氟化后无法形成枪晶石（$3CaO \cdot 2SiO_2 \cdot CaF_2$），难以实现控热的效果，铸坯容易产生表面纵裂纹。因此，无氟或低氟保护渣无法满足包晶钢的连铸要求。Nakada[10]、Wen[11,12]以及 Han[13]等人提出可用 TiO_2 取代保护渣中的 F 生成钙钛矿（$CaTiO_3$）以达到控热目的。随后，漆鑫等[14]开发了无氟含钛保护渣，并在板坯铸机上进行了中碳包晶钢工业性试验。虽然铸坯表面质量达到了高氟保护渣的水平，但无氟化后的保护渣因吸收钢液上浮的 Al_2O_3 后润滑性降低，黏结报警次数增多。那么，在考虑环保要求的条件下，是否可以保留一定量的氟，以调节保护渣的润滑作用，同时加入一定量 TiO_2，调节其析晶控热能力，然而，这方面的研究目前鲜有报道。

本文借助 pH/离子浓度测量仪、渣膜热流模拟仪、熔化结晶温度测试仪、SEM 和 XRD 等设备研究低氟含钛保护渣的环保性能、润滑和结晶传热特性。选取与工厂应用的高氟中碳包晶钢保护渣物理性能相近的试验渣样进行工业试验，验证实验室研究结果。

2 实验

2.1 保护渣成分设计

根据文献[14,15]确定低氟含钛保护渣中的 TiO_2 和 F 含量。实验保护渣基本成分以 CaO-SiO_2 为基础，设计了综合碱度 $R((CaO+56/78CaF_2)/SiO_2)$ 为 1.35 的低氟渣样 $R_{1.35}$。渣样由分析纯化学试剂配制而成，化学成分（计算值）及物理性能如表 1 所示。在表 1 中，T_m 为保护渣熔化温度，$\eta_{1300℃}$ 为保护渣在 1300℃条件下的黏度，T_{br} 为保护渣的转折温度；3D 为某钢厂中碳包晶钢用的传统高氟保护渣。

表 1 连铸保护渣化学成分及物理性能

Table 1 Chemical composition and physical properties of mold fluxes

渣 样	化学成分/mass%									T_m/℃	$\eta_{1300℃}$/Pa·s	T_{br}/℃
	CaO	SiO_2	Al_2O_3	Na_2O	MgO	Li_2O	F^-	TiO_2	R			
$R_{1.35}$	43.26	32.04	2.00	10.00	2.50	1.20	3.00	6.00	1.35	1112	0.068	1160
3D	36.57	28.48	4.02	9.55	3.58	1.41	7.50	0	1.28	1060	0.071	1180

2.2 实验方法

将 50g 保护渣在硅钼炉中熔化，并在 1400℃条件下保温 30min 后，倒入 3L 去离子水中进行水浸实验。取不同时间的水样（每次取 50mL），使用 MP523 型 pH/离子浓度测量仪测试水样中的 F^- 质量浓度和 pH 值。

利用热丝法（Single Hot Thermocouple Technique）构建等温转变曲线（Temperature Time Transformation，TTT）来研究高氟和低氟保护渣结晶行为。将熔化后水淬渣研磨至 200 目（75μm）以上，加到热电偶丝上，用图 1 所示控温制度测试其在不同温度下晶体析出时间[16]。

保护渣的传热研究借助 HF-200 型结晶器渣膜热流模拟仪，如图 2(a)所示。图 2(b)所示的渣膜为该设备经 45s 的实验过程中获取的渣膜。先将渣样（350g）在 $MoSi_2$ 加热炉中熔化，温度控制在 1400℃，并保温 10min。将铜探头插入 1400℃的液渣中，液渣受到铜探头的冷却在其周围沉积。热量通过渣膜传递给冷却水，计算机自动采集铜探头中进出水温度，进而得到铜探头浸入不同时刻下通过保护渣渣膜的热流密度，其随时间变化如图 3 所示，并定义了如下 4 个特征参数[17]：1）最大热流密度 q_{t1}；2）特征时间 t；3）特征时间内平均热流密度；4）总平均热流密度。

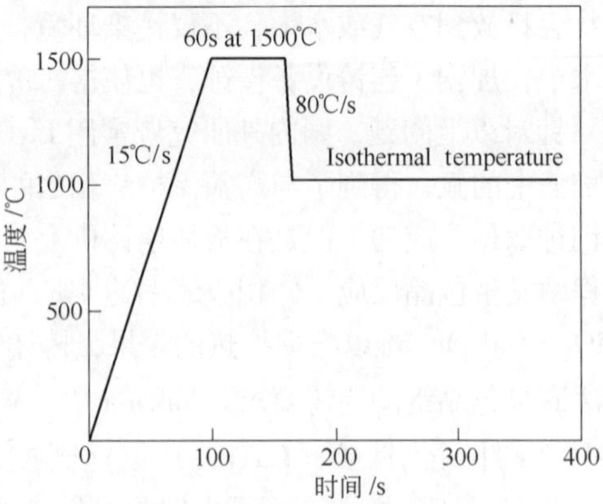

图 1　等温结晶实验控温制度

Fig. 1　Schematic of temperature control during the isothermal crystallization tests

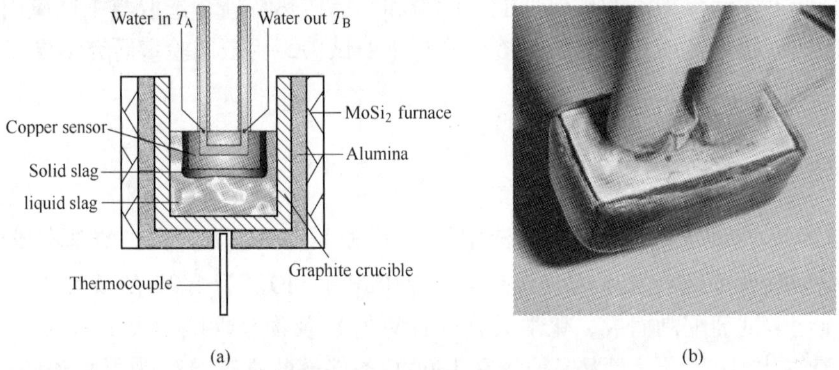

图 2　结晶器渣膜热流模拟仪示意图（a）及渣膜实物图（b）

Fig. 2　Schematic diagram of heat flux simulator (a) and appearance of slag film (b)

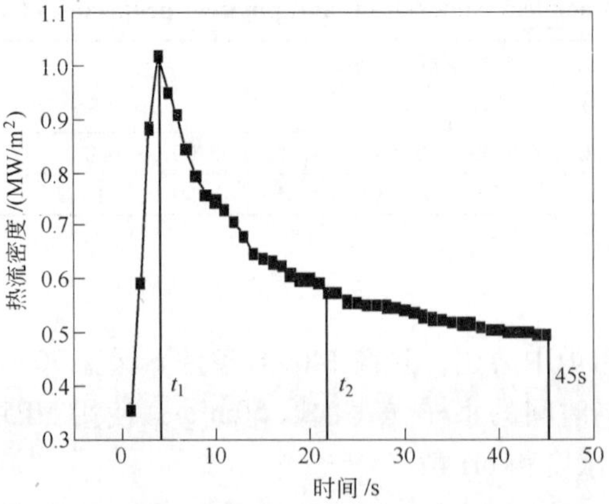

图 3　热流密度随时间变化曲线

Fig. 3　Heat flux varies with time by experiment

将图2(b)所示的渣膜及工业试验中从结晶器壁获取的渣膜制样后，借助扫描电镜（SEM）观察其微观组织结构，包括晶体的形貌、大小和分布，并用EDS和X射线衍射（XRD）确定渣膜中的晶体类型。

3 结果与分析

3.1 环保性能

图4为两种保护渣水浸过程水中F^-质量浓度随时间变化的关系。从图中不难发现，3D水浸进行30min时，水中F^-浓度达到了22.80mg/L；随着时间增加，水中F^-浓度也增大，480min时F^-浓度高达35.41mg/L。而$R_{1.35}$水浸进行30min时，水中F^-浓度仅为5.98mg/L；随时间增加，水中F^-浓度增加不明显，480min时仅为6.59mg/L，不足3D保护渣的20%。对水浸30min时的水样进行pH分析，3D水样的pH为4.04，显酸性；而$R_{1.35}$的水样pH为6.99，呈中性。

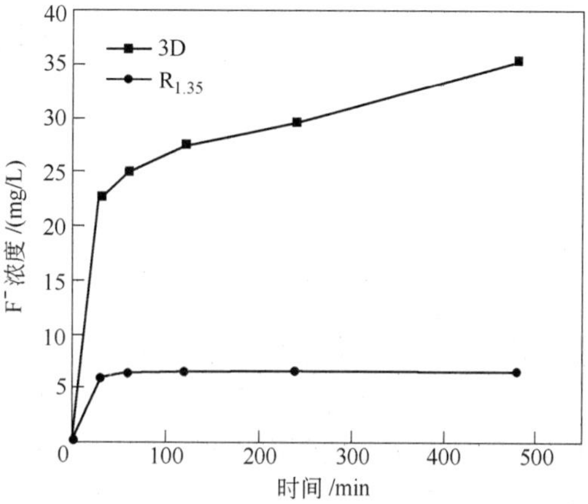

图4 F^-浓度随水浸试验时间变化曲线

Fig. 4 Concentration of F^- varies with time during leach test process

3.2 润滑性能

保护渣的润滑性能通常用保护渣的黏度和转折温度来表征。钢液中上浮的Al_2O_3被保护渣吸收后，会使保护渣的上述性能发生改变，影响润滑效果。因此，在原始成分的基础上，通过向保护渣中加不同含量的Al_2O_3（2%、4%、6%），模拟保护渣在结晶器中吸收钢液中上浮Al_2O_3后的黏度变化。

保护渣在1300℃恒温条件下的黏度变化结果见表2。$R_{1.35}$的初始黏度为0.068Pa · s，与3D保护渣的初始黏度0.071Pa · s接近。当分别加入2%、4%和6% Al_2O_3后，两种保护渣的黏度均逐渐升高，但增加幅度一致。

表2 Al_2O_3含量对连铸保护渣$\eta_{1300℃}$的影响

Table 2 The influence of Al_2O_3 on $\eta_{1300℃}$ for mold fluxes (Pa · s)

渣 样	0% Al_2O_3	2% Al_2O_3	4% Al_2O_3	6% Al_2O_3
$R_{1.35}$	0.068	0.087	0.102	0.124
3D	0.071	0.081	0.098	0.119

图5为两个保护渣中外加Al_2O_3前后黏度随温度的变化曲线（η-T曲线）。从图中可以看出，低氟渣样$R_{1.35}$与3D外加Al_2O_3前后η-T曲线的变化趋势相近，且转折温度前的黏度增幅也较小。

3.3 传热特性

图6显示了3D和低氟渣样在实验室条件下得到的热流密度随浸入时间的变化关系。

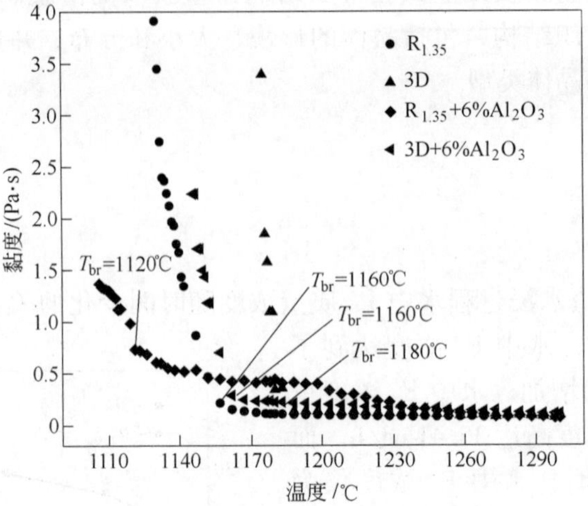

图5　Al_2O_3 对连铸保护渣 η-T 曲线的影响

Fig. 5　The influence of Al_2O_3 on η-T curve for mold fluxes

通过图6可计算出保护渣传热的特征参数，见表3。图7为实验室渣膜的SEM图，其中（a）和（b）分别为 $R_{1.35}$ 和3D渣膜的SEM图，代表点能谱分析结果见表4所示。图8为这两种保护渣渣膜的XRD分析结果。通过图7和图8，得到了两种保护渣渣膜结构的相关参数，见表5所示，其中渣膜结晶率是通过SEM图中析晶区域所占面积与整个渣膜面积的比值计算而得。

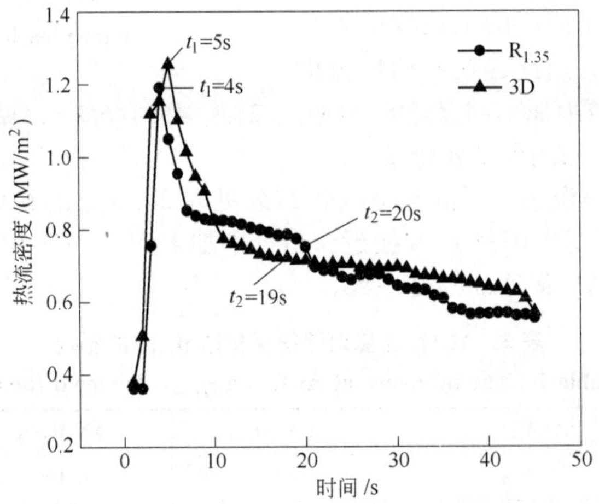

图6　连铸保护渣热流密度随时间的变化曲线

Fig. 6　Heat flux varies with time for mould flux

（1）最大热流密度 q_{t1}。从表3可知，$R_{1.35}$ 渣样的最大热流密度（1191kW/m²）低于3D（1255kW/m²）。这是因为此时固态渣膜还未形成，液渣的热阻占主导，而液渣的导热系数主要取决于声子平均自由程；而硅酸盐熔体的声子平均自由程则与熔体中桥氧数目有关。通过表 1 可发现，$R_{1.35}$保护渣的碱性氧化物明显高于 3D 保护渣，其熔体的解聚程度高，对声子的散射强，导致了声子的平均自由程低，从而导热系数降低。

表 3　连铸保护渣的特征参数

Table 3　Characteristic parameters of mold fluxes

渣　样	最大热流 q_{t1}/(kW/m^2)	特征时间 t/s	弯月面处热流 q_d/(kW/m^2)	平均热流 q/(kW/m^2)
$R_{1.35}$	1191	17	853	715
3D	1255	15	847	735

（2）特征时间 t。从表 3 可以发现，3D 渣的特征时间较 $R_{1.35}$渣短 2s。3D 保护渣的特征时间较短是由于如下原因导致：3D 保护渣的实验室渣膜厚度较厚，说明 3D 保护渣的凝固能力强，能够快速凝固收缩，使铜探头与固态渣膜之间较快的形成气隙。

（3）弯月面附近热流密度 q_d。为了防止包晶钢产生纵裂纹，不仅需要快速稳定弯月面区域传热，还需要在弯月面附近获得低的热流密度。从表 3 中不难发现，$R_{1.35}$和 3D 在弯月面附近的热流密度相当。

（4）总平均热流密度 q。从表 3 中总平均热流密度的大小来看，$R_{1.35}$(715kW/m^2)略小于 3D(735kW/m^2)。一般认为，影响保护渣传热大小有三方面的因素：1）渣膜厚度；2）渣膜结晶率；3）固渣膜与结晶器壁间的气隙。根据表 3 数据结果，可以推测 $R_{1.35}$渣膜总热流小于 3D 渣的原因应归结于固渣膜与铜探头间的气隙热阻。

图 7 给出了二种保护渣渣膜结构。从表 4 和表 5 结果来看，低氟含钛保护渣 $R_{1.35}$渣膜的析晶类型主要为钙钛矿（$CaTiO_3$）和硅酸二钙($Ca_2(SiO_4)$)，而高氟保护渣 3D 渣膜中主要析出枪晶石（$Ca_4Si_2O_7F_2$）。XRD 对渣膜晶型的分析结果（见图 8）与 EDS 的分析结果是一致的。

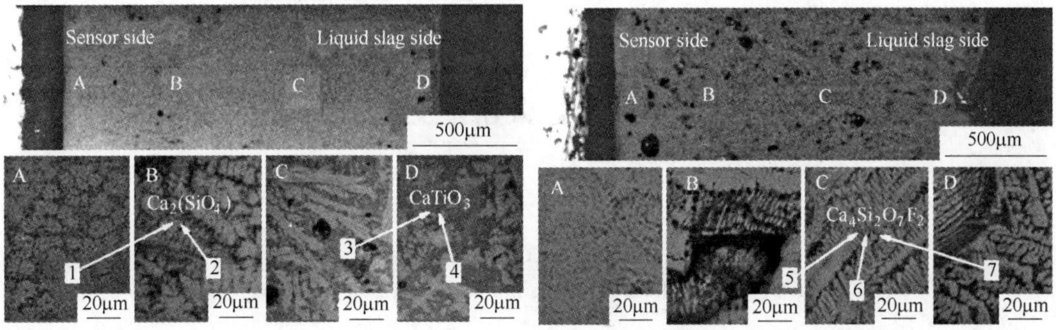

(a) $R_{1.35}$　　(b) 3D

图 7　实验室模拟渣膜微观结构图

Fig. 7　Microstructure of slag film for experiment mold fluxes

表 4 实验用渣渣膜能谱分析结果

Table 4 Energy dispersive spectroscopy point analyses of slag film for experiment mold fluxes

编 号	矿 相	质量分数/mass%						
		Na_2O	MgO	F	CaO	SiO_2	TiO_2	Al_2O_3
1	Dicalcium silicate	5.09	3.11	0.00	56.22	28.78	2.25	4.16
2	Dicalcium silicate	3.89	2.82	0.00	57.16	26.91	4.32	4.28
3	Perovskite	4.32	3.51	0.00	39.17	7.79	39.56	3.77
4	Perovskite	4.26	3.46	0.00	40.49	6.94	37.24	6.54
5	Cuspidine	4.53	3.46	10.18	49.74	27.32	0.00	4.04
6	Cuspidine	3.74	2.59	16.94	44.68	26.97	0.00	3.53
7	Cuspidine	2.58	3.28	11.57	51.36	27.71	0.00	2.98

表 5 实验用渣渣膜的结构

Table 5 The structure of slag film for experiment mold fluxes

渣 样	渣膜厚度/mm	结晶矿相	结晶率/%
$R_{1.35}$	2.35	$CaTiO_3$, $Ca_2(SiO_4)$	100
3D	2.55	$Ca_4Si_2O_7F_2$	100

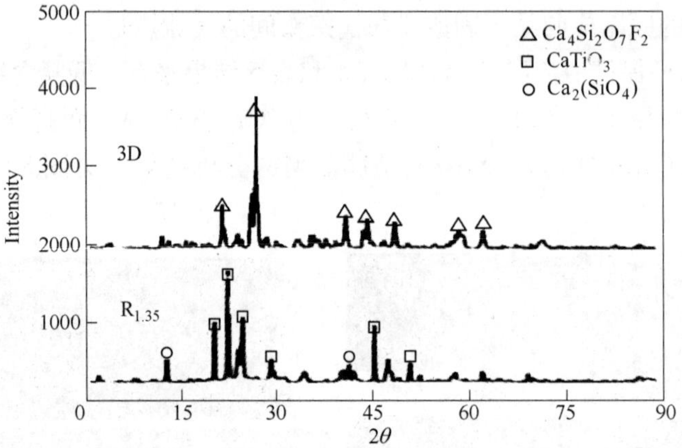

图 8 实验用渣渣膜 X 射线衍射图

Fig. 8 X-ray diffraction of slag film for experiment mold fluxes

通过热丝法技术测得保护渣的 TTT 曲线如图 9 所示。从图中可知，3D 渣样结晶温度范围为 875 ~ 1350℃，孕育时间为 5s。而 $R_{1.35}$渣样与 3D 保护渣的 TTT 曲线变化趋势相近，其晶体析出温度范围 900 ~ 1375℃，孕育时间 5s。

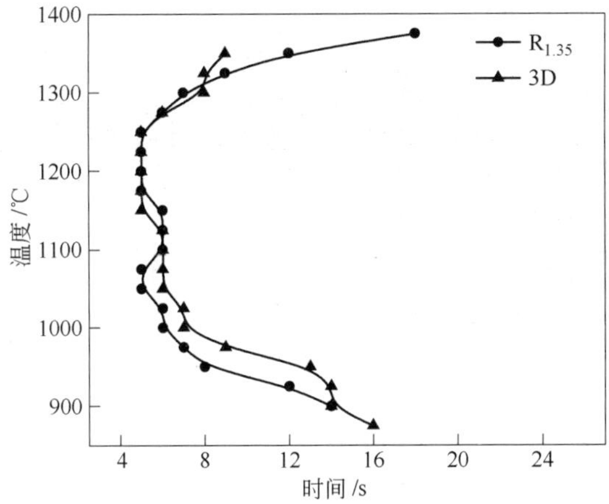

图9 连铸保护渣的TTT曲线

Fig. 9 The TTT diagrams of mold fluxes

4 工业试验

工业试验选取的试验渣样与3D保护渣的生产商家相同。保护渣厂家对 $R_{1.35}$成品样的成分和性能分析结果如表6所示。

表6 工业试验用渣的化学成分及物理性能

Table 6 Chemical composition and physical properties for trials mold fluxes

渣 样	化学成分/mass%							T_m/℃	$\eta_{1300℃}$/Pa·s
	Al_2O_3	Na_2O	MgO	Li_2O	F^-	TiO_2	$R(-)$		
$R_{1.35}$	1.96	9.55	2.57	1.28	3.40	6.03	1.39	1110	0.070

在某厂1930双流板坯铸机上进行了对比试验。传统高氟渣3D是现用保护渣，在1流上使用；试验渣 $R_{1.35}$在2流上使用。浇注断面尺寸：250mm × 1200 ~ 1400mm，拉速：1.1 ~ 1.3m/min，钢种为中碳钢（其中包括含碳为0.10% ~ 0.13%的亚包晶钢），试验炉数30炉，每炉300吨。试验渣在结晶器内使用正常：1）液渣层厚度：8 ~ 9mm；2）消耗量：0.4 ~ 0.5kg/t；3）无粗大渣条；4）无红牌报警；5）拔热量：0.8 ~ 1.1MW/m^2。在铸坯质量方面，含钛低氟 $R_{1.35}$渣较现用高氟3D保护渣更好地适应中碳包晶钢板坯连铸要求，未出现铸坯表面纵裂纹。

在试验过程中，从结晶器宽面壁上获取渣膜，与实验室模拟渣膜进行了对比。图10和图11为生产获取渣膜的SEM图和XRD结果。从图10可以看出，实际结晶器中的渣膜靠近结晶器壁一侧由于冷却速度大、趋于玻璃态；而靠近铸坯一侧，由于温度高，冷却速度慢，趋于结晶态。从图10（a）可知，含钛低氟 $R_{1.35}$渣结晶矿相除了硅酸二钙外，还有较多的钙钛矿。而传统高氟保护渣3D主要析出物为枪晶石，如图10（b）所示。这与前述实验室模拟渣膜结果一致。

在浇注过程中，取了连铸二冷水用于分析水样中 F^-浓度和pH值，来评估含钛低氟 $R_{1.35}$渣的环保性能。检测结果如表7所示。使用3D渣样的连铸二冷水中 F^-增幅为

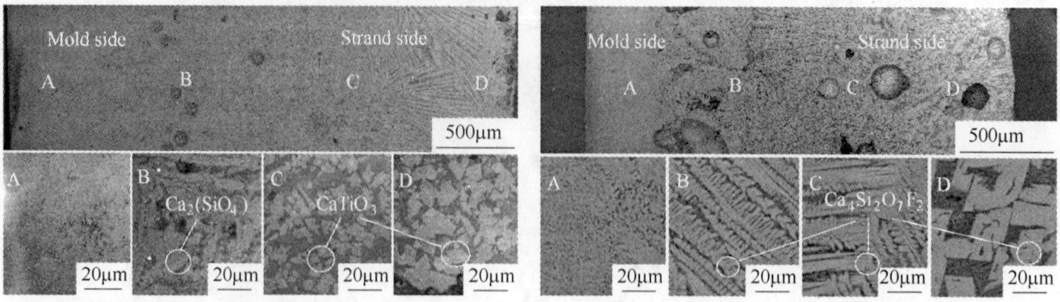

(a) $R_{1.35}$　　　　(b) 3D

图 10　结晶器内渣圈的微观结构

Fig. 10　Microstructure of slag rim for trial mold fluxes from inside mold

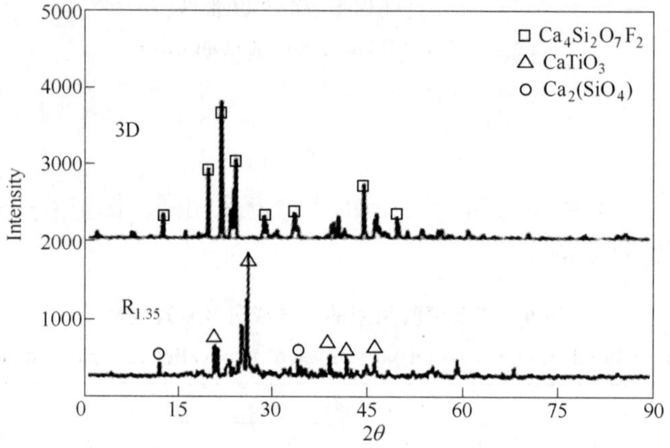

图 11　结晶器内渣圈的 X 射线衍射图

Fig. 11　X-ray diffraction of slag film for trial mold fluxes from inside mold

34. 31mg/L，而使用含钛低氟 $R_{1.35}$ 渣样的连铸二冷水中 F^- 增幅仅为 3. 94mg/L。因此，新开发的含钛低氟 $R_{1.35}$ 渣在环保方面具有优势。

表 7　连铸二冷水中水样分析结果

Table 7　The analytical results of sampled secondary cooling water

指　标	原始二冷水	3D		$R_{1.35}$	
		浇注 30min	增　幅	浇注 30min	浇注 60min
pH	7. 51	9. 47	1. 96	8. 67	1. 16
F^-/(mg/L)	165. 51	199. 82	34. 31	169. 45	3. 94

5　结论

通过实验室对低氟含钛保护渣和工厂用传统高氟保护渣的对比研究，并结合工业试验结果，得到如下结论：

（1）水浸实验中，含氟不超过 4% 的低氟含钛保护渣水中 F^- 浓度不足 3D 渣的 20%，水也从 3D 渣的酸性变为中性。因此，低氟含钛保护渣较传统高氟保护渣具有环保优势。

（2）含钛低氟保护渣 $R_{1.35}$ 的黏度、转折温度、结晶孕育时间以及弯月面附近渣膜传热能力与 3D 保护渣相近。

（3）工业试验中，低氟含钛保护渣在结晶器内行为正常，消耗量合理，无黏结现象发生，铸坯表面质量达到现有高氟 3D 渣的水平。

致谢

感谢国家自然科学基金项目（项目编号为 51274260）和宝钢项目对本研究的资助。

参考文献

[1] 迟景灏，甘永年．连铸保护渣[M]．沈阳：东北大学出版社，1993：1.

[2] Zaiter A I, Leites A V, Litvina A D, et al. Investigation of the mould power volatiles during continuous casting [J]. Steel Res., 1994, 65(9):368-374.

[3] Mokrzynska M. Fluorine in toxicology, medicine, and environment protection [J]. Fluorine, 1999(4):248-250.

[4] Kharlashin P S. Investigtion of viscosity and fusibility properties in order to optimize compositions of slag at OAOMK[J]. Azovetal. 1999(4):34.

[5] H. Heimbach. Release of fluorine compounds from casting slags[J]. Stahl und Eisen. 1997(12):105.

[6] Abratis H, Höfer F, Jünemann M, et al. Use of different mould powders for the continuous casting of blooms and billets [J]. Stahl und Eisen, 1996(4):178.

[7] Choi S Y, Lee D H, Shin D W, et al. Properties of F-free glass system as a mold flux: viscosity, thermal conductivity and crystallization behavior[J]. J. Non-Cryst. Solids, 2002, 345 ~ 346(3):157-160.

[8] Fox A B, Mills K C, Lever D, et al. Development of fluoride-free fluxes for billet casting[J]. ISIJ Int., 2005, 45(7):1051-1058.

[9] 魏庆成，丁运乔，彭可雕．含 BaO 连铸保护渣熔点及黏度的研究[J]．重庆大学学报，1995(4):110-114.

[10] Nakada H, Nagata K. Crystallization of $CaO-SiO_2-TiO_2$ slag as a candidate for fluorine-free mold flux[J]. ISIJ Int., 2006, 46(3):441-449.

[11] Wen G H, Sridhar S, Tang P, et al. Development of fluoride-free mold powders for peritectic steel slab casting[J]. ISIJ Int., 2007, 47(8):1117-1125.

[12] 文光华，唐萍，李书成，等．无氟板坯连铸结晶器保护渣的研究[J]．钢铁，2005(7):29-32.

[13] 韩文殿，仇圣桃，干勇，等．含 TiO_2 无氟保护渣的传热研究及生产实践[J]．钢铁研究学报，2006(1):9-10.

[14] 漆鑫．含钛无氟结晶器保护渣的基础研究[D]．重庆：重庆大学，2009.

[15] 王谦，何生平，王平．连铸结晶器保护渣中氟逸出的调查[C]．连铸会议，2007.

[16] Liu H, Wen G H, Tang P. Crystallization behaviors of mold fluxes containing Li_2O using single hot thermocouple technique[J]. ISIJ Int., 2009, 49(6):843-850.

[17] Wen G H, Tang P, Yang B. Simulation and characterization on heat transfer through mould slag film[J]. ISIJ Int., 2012, 52(7):1179-1185.

高频电磁场下结晶器保护渣冶金特性研究

朱立光　王杏娟　张燕平　李志豪

（河北联合大学冶金与能源学院，唐山 063009）

摘　要：运用自主开发的保护渣黏度电磁特性测量装置和传统旋转黏度测试仪研究了20kHz高频磁场作用下工业用保护渣黏度特性的变化规律，采用渣膜热流模拟仪分别提取了无磁场和20kHz高频磁场作用下的保护渣渣膜，结合XRD衍射和矿相显微镜分析了高频磁场作用下保护渣的结晶特性变化规律。结果表明：高频电磁场作用下保护渣黏度显著升高。二元碱度在0.66～0.91范围内，1300℃黏度升高幅度随碱度增加而增加，凝固温度升高幅度随碱度增加而降低。在高频磁场作用下，保护渣渣膜内没有新的物相生成，但气孔率降低，晶粒尺寸显著减小。

关键词：高频；电磁场；保护渣；黏度；结晶

Metallurgical Properties of Mold Flux under High Frequency Electromagnetic Field

Zhu Liguang　Wang Xingjuan　Zhang Yanping　Li Zhihao

（College of Metallurgy & Energy，Hebei United University，Tangshan 063009）

Abstract：Using a measurement device for electromagnetic characteristics of flux viscosity under high temperature conditions and a rotational viscosity tester，the viscosity of flux under 20KHz high frequency electromagnetic field were tested. The flux film were made under tradional and high-frequency electromagnetic field conditions with mold slag film simulator，and in combination with XRD diffraction and microscopic observation，the effect of high-frequency electromagnetic field on flux crystallization were analysised. The results show that high frequency electromagnetic field make the flux viscosity rising significantly. With basicity rising（$R=0.66$-0.91），the viscosity increasing rate at 1300℃ grows larger，but the freezing temperature incressing rate decreasing gradually. No new phases generate under high-frequency electromagnetic field，but the high-frequency electromagnetic field can reduce porosity and grain size significantly.

Keywords：high-frequency；electromagnetic field；flux；viscosity；crystallization

1　引言

软接触电磁连铸是连铸工艺的一项新技术，可有效消除铸坯表面振痕，改善铸坯表面质量[1,2]。该技术的基本原理是在具有切缝分瓣结构的结晶器上部布置感应线圈并通以交变电流，并与交变磁场相互作用产生电磁侧压力，减轻钢液对结晶器内壁的接触压力，减小结晶器振动对铸坯表面质量的影响，从而实现钢液的“软接触”[3-5]。

结晶器保护渣是连铸过程中非常重要的功能材料[6]。保护渣具有合适的黏度，是保证保护渣熔渣顺利填入结晶器与铸坯气隙通道，形成具有一定厚度和结构特征固态渣膜的关键，从而实现润滑铸坯，控制传热，对连铸过程的顺利进行和改善铸坯表面质量起着重要作用。

保护渣属于硅酸盐结构体系，在高温下会呈一定程度的离子结构特征并具有导电性[7]。日本冈泽健介研究了通电下保护渣黏度的变化[8]，其结果表明，当熔渣通直流电时黏度会下降，而通交流电时熔渣黏度又会上升。中国那贤昭等人研究指出[9]，结晶器施加高频电磁场后，由于电磁压力的作用，会使渣缝宽度增加，铸坯温度和铜管温度随之升高，促使渣膜黏度降低。王海泉等人[10]的研究指出直流电场作用下，保护渣的导电率增加，导电能力增强，介质温度升高。王雨等人[11]研究认为直流和交流电场均能有效促进保护渣结晶，并提高保护渣的结晶率。可以预测，软接触条件下结晶器中电磁场的热效应和力效应势必会影响保护渣的冶金特性，但保护渣冶金特性如何改变，规律如何，需要进行进一步的实验研究。

本文运用自主开发的保护渣黏度电磁特性测量装置和旋转黏度测试仪研究了20KHz高频磁场作用下保护渣的黏度特性，采用渣膜热流模拟仪分别提取了无磁场和高频磁场作用下的保护渣渣膜，结合XRD衍射和矿相研究了高频磁场作用下保护渣结晶特性的变化规律。

2 实验材料

选取四种不同碱度工业用保护渣作为实验原料，研究高频电磁场对保护渣黏度特性和结晶特性的影响规律，保护渣化学成分如表1所示。

表1 保护渣化学成分

Table 1 Chemical composition of flux (%)

编号	SiO_2	Al_2O_3	MgO	MnO	CaO	FeO	Na_2O	K_2O	C	R
1号	33.41	4.22	1.87	0.11	22.1	1.3	8.68	0.54	14.71	0.66
2号	29.26	8.45	3.49	0.24	24.6	0.8	7.43	0.67	13.74	0.84
3号	29.06	7.42	1.74	0.057	26.5	0.13	9.89	0.98	17.48	0.91
4号	32.54	2.42	0.80	0.11	38.02	0.15	7.50	0.11	2.42	1.17

3 实验方法

采用自行设计的保护渣黏度电磁特性测量装置与传统旋转黏度仪对比研究保护渣黏度特性。同时，利用渣膜热流模拟仪制取无磁场与高频磁场条件下的保护渣膜，并结合X衍射和矿相等手段，研究保护渣结晶特性。

保护渣黏度电磁特性测量装置如图1所示。该装置由高频加热炉和黏度测试仪两部分组成，高频加热炉的炉体外环绕设置4匝水冷铜感应线圈，炉膛高100mm，直径80mm，起到加热炉和提供高频磁场的双重作用，加热方式为感应加热，电源振荡频率为20kHz。

经脱碳处理后的待测保护渣装入石墨坩埚，放置于炉膛中央，采用内柱体旋转法进行高温状态下保护渣黏度电磁特性的测量。实验分定点测定和变温测定两种方式，其中定点测定温度选择与现场吻合的1300℃。为了得到准确可靠的实验数据，每组实验测试三次，取其平均值作为实验结果。

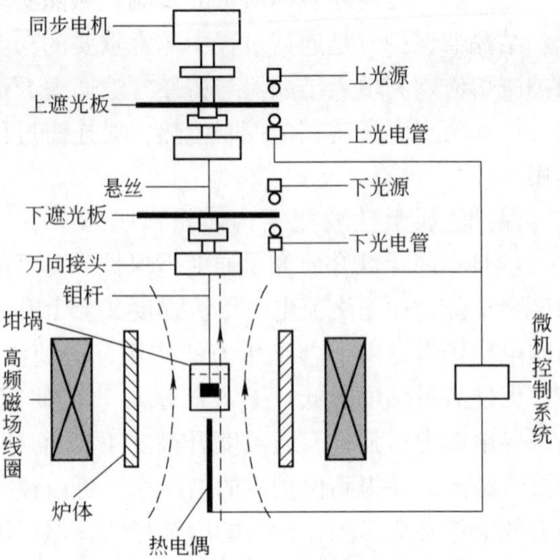

图 1　高频电磁感应炉示意图

Fig. 1　Schematic diagram of high frequency induction furnace

渣膜热流模拟仪如图 2 所示。铜探头（模拟结晶器）尺寸为 35mm × 20mm × 20mm，铜探头内置热电偶，冷却水流量保持在 0.2m^3/h，为了获得与工业渣膜相似的晶体形态。待保护渣温度升高至1400℃并稳定 10min 后，将铜探头浸入液态保护渣，探头下表面接触液渣面时开始计时，45s 后将探头取出，获得黏附在探头上的固态渣膜，冷却后的渣膜从探头剥离。无磁场条件下的渣膜在传统旋转黏度仪的 $MoSi_2$ 炉内制取，高频磁场条件下的渣膜在高频加热炉内制取。

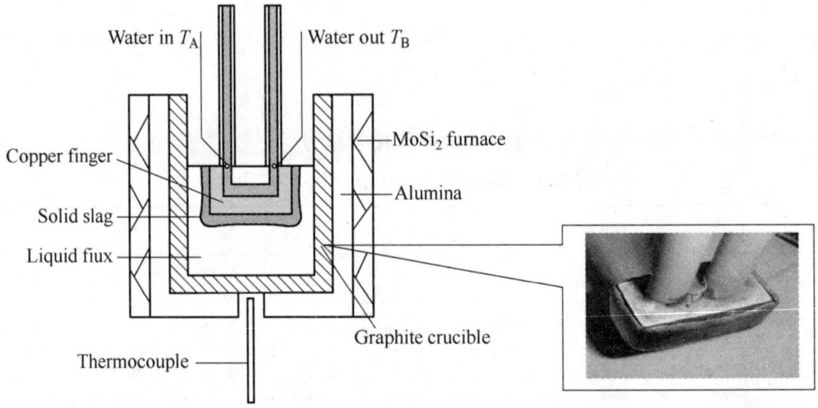

图 2　渣膜模拟仪

Fig. 2　Mold slag film simulator

4　实验结果及讨论

4.1　黏度特性

定点黏度测试结果如表 2 所示。从表 2 可以看出：实验条件下，保护渣碱度在 0.66 ~ 0.91 的范围，无磁场时保护渣黏度随碱度增加逐渐降低；高频电磁场作用下，保护渣黏度普遍增大，1 号保护渣增大了 17%，2 号保护渣增大了 43%，3 号保护渣增大了 52%；实验的碱度范围内，保护渣的黏度上升幅度随碱度的增加而升高。

1300℃黏度主要影响保护渣在熔池内的流动，熔渣黏度大，则流动性差，形成的渣膜就会变薄，从而可能形成间断的渣膜，使铸坯与结晶器铜板直接接触，这种固相接触摩擦力大，可能引起铸坯质量缺陷，严重时可能会造成黏结漏钢。对于高频磁场使保护渣黏度大幅增加的特点，建议在软接触电磁连铸过程中选择黏度相对较低的保护渣。

表2　不同条件下保护渣的黏度（1300℃）

Table 2　Flux viscosity under different conditions（1300℃）

实验条件	黏度/Pa·s(1300℃)		
	1号	2号	3号
无磁场	0.816	0.801	0.762
20kHz 高频磁场	0.953	1.148	1.161

4.2　凝固特性

保护渣的凝固温度指熔渣从液态向固态转变的温度，理论上对应于熔渣完全熔化温度，即保护渣可以自由流动的最低温度。鉴于此理论基础，本研究利用保护渣的熔化性温度来衡量其凝固温度，通过对比传统无磁场条件和高频电磁场条件下的熔化性温度来判断施加高频电磁场后保护渣凝固特性的变化规律。图3为三种保护渣在不同条件下的 η-t 曲

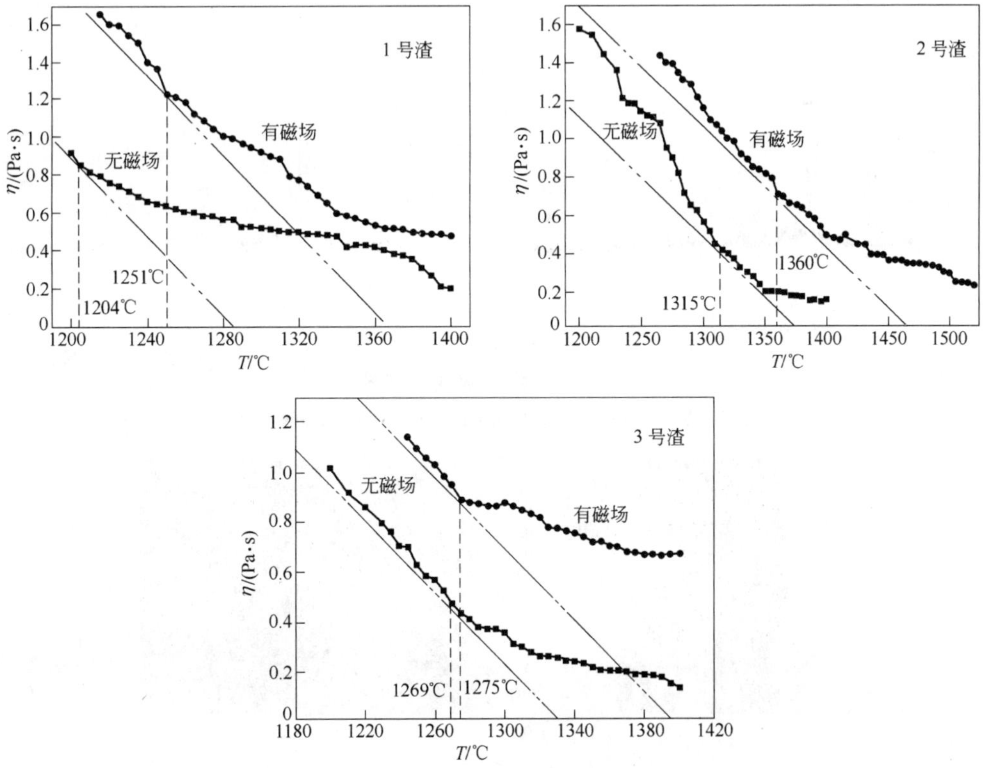

图3　保护渣 η-t 曲线

Fig. 3　Viscosity-temperature curve of flux

线。引入45°切线与黏度曲线的切点，切点所对应温度即保护渣凝固温度。

由图3可以看出：施加高频磁场后保护渣的 η-t 曲线在无磁场的曲线上方，即高频磁场的作用使保护渣黏度大幅提高。碱度在0.66～0.91的范围，三种保护渣的凝固温度均有一定的提高。1号渣凝固温度由1190℃提高到了1235℃，提高了3.8%，2号渣凝固温度由1315℃提高到了1360℃，提高了3.4%，3号渣凝固温度由1269℃提高到了1275℃，提高了0.5%。实验的碱度范围内，保护渣的凝固温度上升幅度随碱度的增加而降低。

连铸生产中通常将保护渣凝固温度控制在1200℃以下，保护渣的凝固温度对渣的润滑能力有较大影响，通常情况下，渣膜厚度随保护渣凝固温度的提高而降低，不利于铸坯在结晶器内的润滑。因此，高频磁场作用下，结晶器内保护渣的顺利流入要求该保护渣具有比传统结晶器内保护渣更低的凝固温度。

4.3　结晶特性

以4号保护渣作为研究对象，首先利用渣膜热流模拟仪制取不同条件下的保护渣渣膜，将其研磨至200目的粒度，进行X射线衍射实验。同时，将所得渣膜制成厚度为0.03mm光薄片在偏光显微镜下进行矿相研究。X射线衍射实验结果如图4所示，渣膜矿相形貌如图5所示。

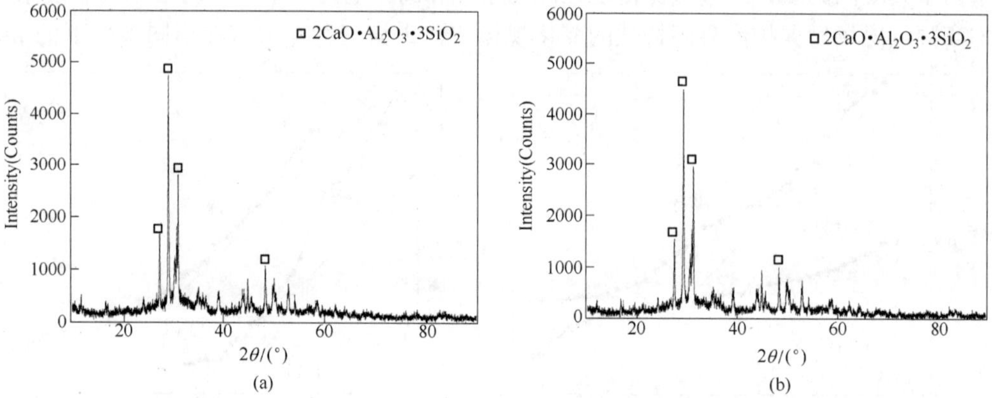

图4　渣膜X射线衍射图

Fig. 4　X-ray diffraction diagram of slag film narrow surface

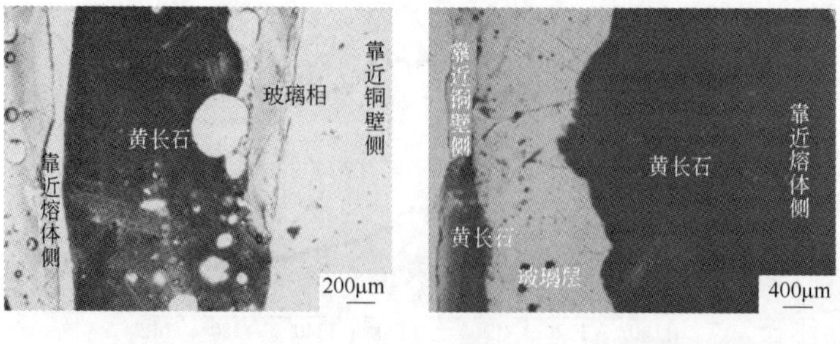

图5　渣膜矿相结构

Fig. 5　Phase structure slag film ore

其中图4（a）为无磁场条件，图4（b）为20kHz高频电磁场条件。由图4可以看出：施加高频电磁场前后保护渣的物相基本不变，主要物相均为黄长石（$2CaO \cdot Al_2O_3 \cdot 3SiO_2$）。相对于无磁场条件下，施加高频电磁场后析出物相在图谱上的衍射强度有所降低，说明高频电磁场作用下保护渣的物相析出量或晶体发育情况发生了变化。

图5（a）为无磁场情况下渣膜的矿相形貌，渣膜在厚度上分为结晶层-玻璃层两层结构，靠近铜壁一侧为玻璃层，靠近熔体一侧为结晶层，结晶层由黄长石和假硅灰石组成。整体厚度不均匀，约1.2～3.28mm，结晶层厚度为1.2～2.88mm，玻璃层厚度为1.2～1.8mm。气孔形态不规则，分布不均匀，大小不一，玻璃层中粒度较小，一般为0.02～0.18mm，结晶层中粒度较大，直径约为0.12～0.85mm。气孔率较高，约为10%～12%。

图5（b）为20kHz高频电磁场情况下渣膜偏光显微镜下渣膜矿相形貌，渣膜在厚度上分为结晶层—玻璃层—结晶层三层结构，靠近铜壁一侧结晶层由黄长石雏晶组成，靠近熔体一侧由编织状黄长石组成。整体厚度不均匀，总厚为2.8～5.4mm，靠近铜壁一侧结晶层厚度较薄，为0～0.8mm，中间玻璃层厚度为1.02～2.5mm，靠近熔体一侧结晶层厚度较厚且不连续，为2.9～4.4mm。气孔多分布于玻璃层中，形态较规则，粒度较细小，一般为0.02～0.2mm。气孔率为2%～3%。

对比无磁场和20kHz高频电磁场情况下渣膜的矿相形貌可以看出，施加高频电磁场后，渣膜在厚度上由原来的结晶层—玻璃层两层结构形式变为结晶层—玻璃层—结晶层三层结构形式，渣膜平均厚度增加80%，平均气孔率降低77%，高频电磁场对渣膜的整体形貌影响显著。

高频电磁场具有搅拌作用，熔池温度场和流场变得更加均匀，从而使得保护渣渣膜气孔率大大较低。同时，这种漩涡流形式的搅拌作用较大时，将使得熔渣中的树枝晶断裂为小碎块，抑制了枝晶的生长，使得晶粒尺寸减小。

5 结论

（1）高频电磁场作用下保护渣黏度显著升高，二元碱度在0.66～0.91的范围内，1300℃黏度升高幅度随碱度增加而增加，范围在17%～52%。

（2）高频电磁场作用下保护渣凝固温度均有所上升，二元碱度在0.66～0.91的范围内，凝固温度升高幅度随碱度增加而降低，范围在3.8%～0.5%。

（3）施加高频电磁场后保护渣渣膜物相基本不变，断面由原来的两层结构变为三层结构，气孔率降低，晶粒尺寸显著减小。

参考文献

[1] 任忠鸣，邓康，蒋匿昌．软接触结晶电磁连铸技术的发展[J]．钢铁研究学报，2002，14(1)：58-64.

[2] 王玮，王强，邓安元，等．钢的软接触电磁连铸结晶器的研究进展[J]．铸造，2003，52(6)：379-382.

[3] Vives C. Electromagnetic refining of aluminum alloys by the CREM process：Part Ⅰ. Working principle and metallurgical results[J]. Metall. Trans. B，1989，20B(10)：623-629.

[4] Vives C. Electromagnetic refining of aluminum alloys by the CREM process：Part Ⅱ. Specific practical problems and their solutions[J]. Metall. Trans. B，1989，20B(10)：631-643.

[5] Kim H，Park J，Sim D J，et al. Effect of electromagnetic field on continuously cast steel billet[A]. Proceeding of the 3rd International Symposium on Electromagnetic Processing of Materials [C], Japan：Nagoya, ISIJ, 2000：236-240.
[6] 迟景灏，甘永年．连铸保护渣[M]．沈阳：东北大学出版社，1992.
[7] 沈文珍，王振林，胡军宏，等．连铸保护渣导电性能的研究[J]．材料与冶金学报，2004，3(4)：258-260.
[8] 冈泽健介，福田由佳，等．通电对保护渣黏性的影响[J]．新日本制铁先端技术研究所，2003.
[9] NA Xian-zhao，XUE Mid，ZHANG Xing-zhong. Numerical Simulation of Heat Transfer and Deformation of Initial Shell in Soft Contact Continuous Casting Mold Under High Frequency Electromagnetic Field[J]. Journal of Iron and Steel Research International，2007，14(6)：14-21.
[10] 王海泉，陈国华．电场诱导粒子取向排列的研究进展[J]．华侨大学学报，2008，29(4)：490.
[11] 王雨，王焱辉，曾晓兰，等．电场作用下保护渣的结晶性能[J]．2012，24(5)：10-17.

Investigation of Heat Transfer Behavior of Mold Flux by Using Infrared Emitter Technique

Zhou Lejun Wang Wanlin

(School of Metallurgy and Environment, Central South University, Changsha 410083)

Abstract: Proper controlling the heat transfer in the mold is significant to continuous casting of steel as it determines the quality of final slab. In this paper, the heat transfer behaviors of mold flux were studied by using infrared Emitter Technique (IET), results show that the steady state heat transfer rate changed from 413kW/m^2 to 317kW/m^2 during the radiative heat transfer test when the basicity increased from 0.8 to 1.2, as the basicity enhanced the mold flux crystallization which resulted in a larger radiation reduction. And, the measured steady state heat fluxes are around 819kW/m^2 for Flux1, 777kW/m^2 for Flux4 and 676kW/m^2 for Flux5 during the general heat transfer test, and mold flux with lower solidification temperature would result in a thicker liquid layer and higher heat transfer rate. Besides, the interfacial thermal resistance became larger when the basicity increased, as the further crystallization of mold flux with higher basicity would lead to a more mold flux contraction and resulted in a rougher bottom surface, and the ratio of interfacial thermal resistance to the total thermal resistance showed that the interfacial thermal resistance played dominant role in the heat transfer in the mold.

Keywords: mold flux; radiative heat transfer; general heat transfer; interfacial thermal resistance

1 Introduction

Heat transfer in the mold is one of the most important phenomena during the continuous casting of steel, as it strongly influences the surface quality of final slab. If the rate of heat flux is excessively large locally, it will thermally induce stresses, which may lead to cracks. On the other hand, locally insufficient heat removal trends to form thin strand shell that is more prone to bulging and breakouts. The heat transfer sequence from the liquid pool to the mold occurs in the following steps[1]:

(1) Convection from the liquid steel pool to the growing steel shell;

(2) Conduction through the strand shell;

(3) Heat transfer across the mold flux layer infiltrating mold/shell gap which includes convection, radiation and conduction;

(4) Heat transfer across any gap that occurs between the flux film and the mold, i. e. the contact resistance between the flux and mold;

(5) Conduction through the mold walls;

(6) Convection from the mold surface to the cooling water flowing through the mold.

As the surface quality of final slabs is strongly influenced by the heat transfer rate during the initial solidification of the molten steel, many studies have been carried out to investigate the heat transfer phenomenon between the strand and mold[2-6]. The traditional casting parameters, such as casting speed, oscillation frequency, steel compositions, and properties of casting powder have been studied and recognized as the major factors in regulating the heat transfer rate[7-11]. Among all these factors, mold powders are considered to be one of the most efficient tool to control the heat flux across to the mold.

The mold fluxes are fluxing agents adopted as raw materials in continuous casting of steel, and normally consisted of CaO, SiO_2, Al_2O_3, Na_2O and CaF_2 along with minor additions of other mineral oxides. During the continuous casting process, the mold flux powders are added into the mold to cover the molten steel pool, and then they will melt gradually due to the high temperature and infiltrate into the gap between the mold and strand. Usually, the mold flux between the stand and mold is composed of three layers depending on the cooling rate, i. e. , a solid glassy layer against the mold wall resulting from the large cooling rates during the initial contact of the molten slag with the water-cooled cooper mold, a precipitated crystalline layer in the center, and a molten film in contact with the steel strand[12,13]. Each layers will introduces thermal resistances to the overall heat transfer in the mold, as shown in Fig. 1.

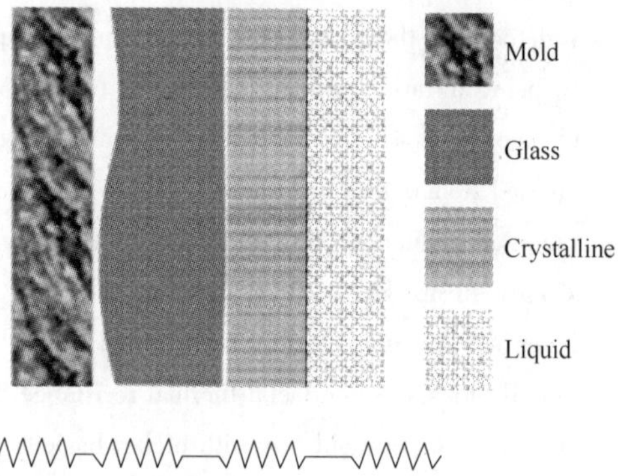

$R = R_{Cu/sl} + R_{gl} + R_{cr} + R_l$

Fig. 1 Schematic diagram showing the thermal resistances between shell and mold

The liquid slag film provides lubrication to the shell[14], while the partially crystallized slag film can reduce the heat transfer rate by scattering radiation and forming the air gaps at the interface between the solid mold flux and copper mold[15,16]. Therefore, understanding of the melting and crystallization behaviors of mold flux and its effect on heat transfer rate is essential during continuous casting.

Regarding the heat transfer behavior of mold flux, a number of techniques have been developed, and some researches have been conducted. Shibata et al[17]. studied the overall thermal resistance by pouring the molten slag onto the copper mold and measuring transient heat transfer to the mold; however, it cannot be used to investigate the steady state heat flux. Yamauchi et al[15]. and Cho et al[18]. developed a mold simulator with a parallel-sided plate filled with mold flux to study the heat transfer phenomenon by measuring the steady state one dimensional heat flux; however, it lacks the information about transient heat transfer and is difficult to control one dimensional heat transfer. Wen et al[19]. developed a copper finger dipping method to study the heat transfer across mold flux by measuring the temperature difference of inlet and outlet water flow in copper mold, but cannot control the thickness of slag film readily and is unable to detect the transient heat transfer changes in the mold.

In this study, an infrared emitter[20,21] was used to investigate the heat transfer phenomena across mold flux disks. By using this technique, the mold slag films with different chemical compositions will be exposed to the heat flux that is similar to the real caster, and their thermal properties are studied under the controlled conditions. The research in this paper will be carried out in the following ways: first, the infrared emitter irradiates the surface of a copper mold that is covered with a solid glassy mold flux disk; then the responding in-mold heat flux will be analyzed by the response of the subsurface mold temperatures. Meanwhile, the experiments were recorded by a digital camcorder to investigate the crystallization and the melting behaviors of the mold fluxes. Finally, the interfacial thermal resistance will be investigated through a numerical calculation.

2 Experiment

2.1 Heat transfer simulator

A schematic of the experimental apparatus was shown in Fig. 2, the details of which have been described elsewhere[1]. The experimental apparatus mainly included: a power controller, an infrared radiant heater capable of emitting 2.0MW/m^2 heat flux at the rate of 380 voltages, a data acquisition system and a command-and-control unit.

The copper mold was simulated by a one-end water cooled copper cylinder, which acted as the radiation target, and its schematic figure was shown in Fig. 3. As the heat flux was applied to the top surface of the copper mold, which was covered with mold flux disk, the response temperatures could be measured by the sub-surface thermocouples.

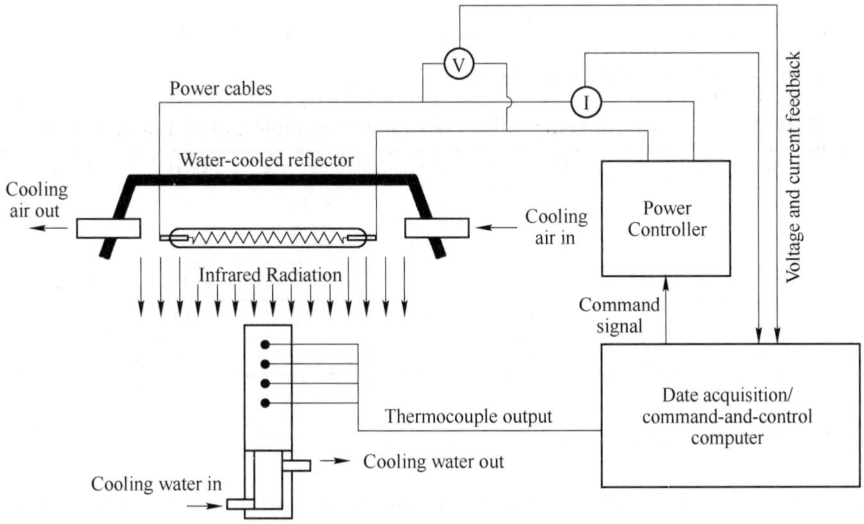

Fig. 2 Schematic illustration of the infrared emitter

2.2 Mold flux disk preparation

The mold fluxes with different basicity were used in this paper, and their main chemical compositions after pre-melting were listed in Table1. The mold fluxes were decarburized by placing them into a programmable furnace prior to the fusion process. The fused mold flux was melted at 1723 K

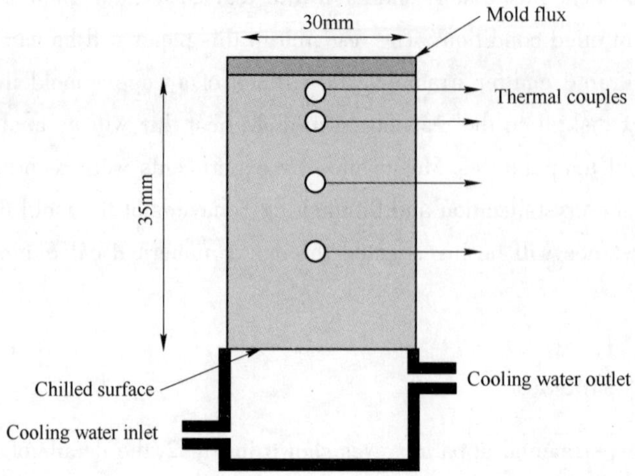

Fig. 3　Schematic figure of copper substrate used as the radiation target

(1500 ℃) in an alumina crucible placed on top of the aluminum crucible in an induction furnace for 300s and then quenched from its molten state onto a stainless steel plate at room temperature to achieve a fully glass phase. A new cylindrical tube-like copper mold with the same diameter as the copper substrate was used to cast the mold flux before it solidified on the steel. The mold flux disks were then polished with the SiC sand papers down to 1200(grit size) to control its surface roughness and thickness.

The polished glassy samples with various basicities were then placed on the top of the copper mold individually for heat transfer experiments.

Table 1　The chemical compositions of commercial mold fluxes (in mass pct)

Composition	CaO	SiO_2	Al_2O_3	MgO	F	Na_2O	Li_2O	Basicity
Flux 1	33. 53	42. 03	6. 81	2. 07	5. 84	9. 18	0. 54	0. 8
Flux 2	37. 75	37. 82	6. 95	1. 86	6. 08	9. 06	0. 48	1. 0
Flux 3	39. 55	35. 98	7. 11	1. 94	5. 93	8. 98	0. 51	1. 1
Flux 4	41. 14	34. 32	7. 08	2. 10	5. 79	9. 12	0. 45	1. 2
Flux 5	44. 78	35. 22	8. 04	1. 96	3. 48	6. 02	0. 49	1. 27

2. 3　Experimental procedure

Fig. 4 (a) and 4 (b) shows the heating profile employed during the radiative and general heat transfer test, respectively. For the radiative heat transfer test, first, the copper system was pre-heated with a 500kW/m^2 thermal radiation, and then it was subjected to a constant 800kW/m^2 thermal radiation; while, for the general heat transfer test, the output thermal energy was first increased to 800kW/m^2, and then to 1400kW/m^2.

Fig. 5 shows the subsurface response temperatures under constant 800kW/m^2 thermal radiation which was incident to the bare copper mold. The thermocouples placed at 2, 5, 10, and 18mm below the irradiated surface were recorded as T_1, T_2, T_3, and T_4 respectively. The cooling water inlet

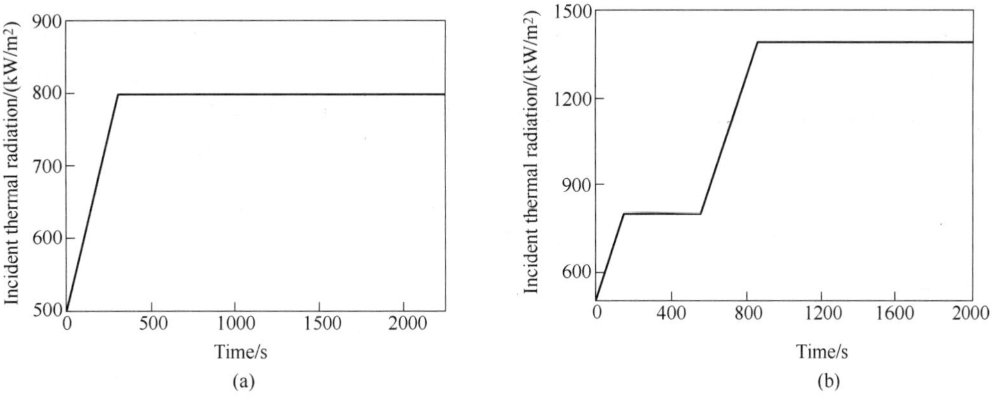

Fig. 4 The heating profile for heat transfer tests

(a) radiative heat transfer test; (b) general heat transfer test

and outlet temperatures were also recorded as T_{in} and T_{out}. The system reached steady state in 200-300 s, and the steady state heat flux was calculated by Fourier' s Law:

$$q = \frac{-1}{n}\sum_{i} k\left(\frac{dT}{dx}\right)_{i} \tag{1}$$

An example of measured heat flux histories for bare copper system was given in Fig. 6, and it could be observed that the measured heat flux was first increased linearly with the addition of the output power, and then came into a steady state in a very short time.

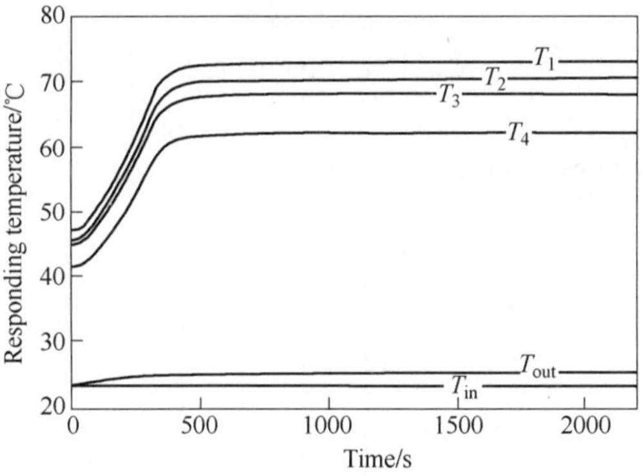

Fig. 5 The in-mold responding temperatures history for bare copper system

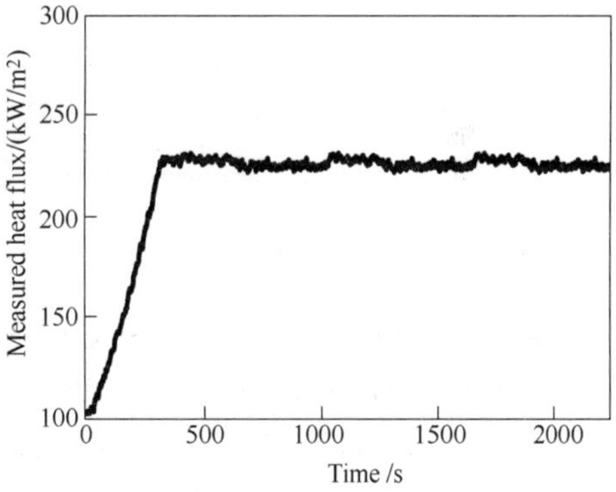

Fig. 6 The measured heat flux history for bare copper system

3 Results and discussion

3.1 Radiative heat transfer

The heat transfer occurring in the solid mold flux is constituted by conduction and radiation. In order to study the radiative heat transfer behavior and explore the relationship between crystalline or glass fraction on radiative heat transfer, the measured heat fluxes and the final cross-section views of disk of mold fluxes with difference basicity were given in Fig. 7. It could be observed that the measured heat fluxes at steady state are around 423, 391, 378, 317kW/m^2 for each individual disk. The steady state heat flux attenuates from 423kW/m^2 to 317kW/m^2 with the increase of the basicity. The thickness of crystalline layer and crystalline fraction for each disk were measured and shown in Fig. 8, where the thickness and crystalline fraction are 2. 3mm and 69. 8% respectively, when the basicity of slag is 0. 8. While these two are changed to 3. 3mm and 100%, as the basicity goes to 1. 2. Therefore, it could be concluded that the basicity of mold flux does enhance the crystallization of mold flux, which lead to a further crystallization of mold fluxes when they were subjected to same thermal radiation. Consequently, the steady state heat flux rate decreased with the addition of mold flux basicity due to the increase of crystals fraction as shown in Fig. 7, as there would be more incident radiation reflected and scattered from the crystals surface, grain boundary, and defects, such that there would be less energy absorbed and conducted to the mold.

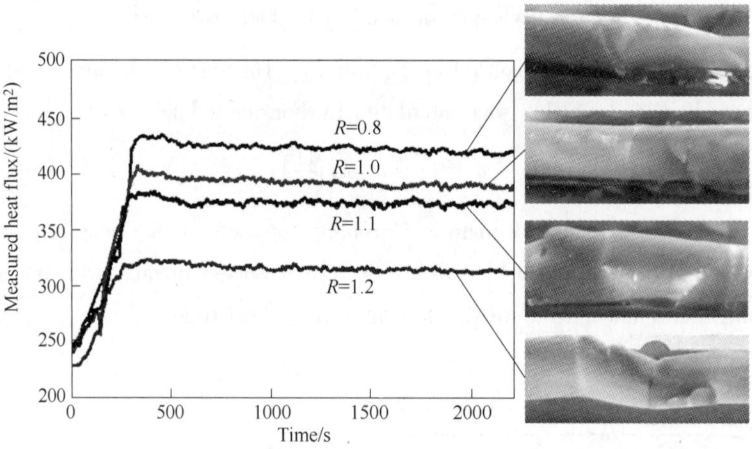

Fig. 7 The measured heat fluxes histories for different mold fluxes

3. 2 General heat transfer

The general heat transfer represents the overall heat flux across the mold flux (usually contained liquid layer, crystalline layer and glass layer) from the molten steel to mold wall through convection, conduction and radiation. In order to study the behaviors of mold fluxes crystallization, melting and crystal fraction on the general heat transfer rate, the measured heat fluxes and the final cross-section views corresponding to each flux disk were given in Fig. 9. It could be observed that the measured heat fluxes for each mold flux at first steady state (stage Ⅳ) are around 386 (Flux5), 348 (Flux1), and 295 (Flux4) kW/m^2 respec-

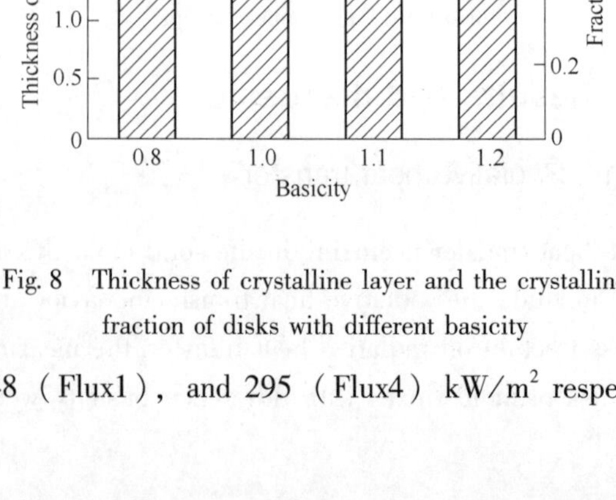

Fig. 8 Thickness of crystalline layer and the crystalline fraction of disks with different basicity

tively, where Flux5 is still glassy with a highest heat transfer rate and Flux4 is fully crystallized corresponding to a lowest heat transfer rate. Compared the steady state heat flux (stage Ⅳ) for bare copper system, 250kW/m^2, the system with mold flux would definitely enhance the radiative heat transfer as suggested in our previous study[22]. Therefore, it could be concluded that the glassy phase can absorb radiation gradually as it travels through the medium but does not scatter radiation appreciably due to the amorphous structure[23]. However, there would be more incident radiation reflected and scattered from the crystals surface, grain boundary, and defects, such that there would be less energy absorbed and conducted to the mold.

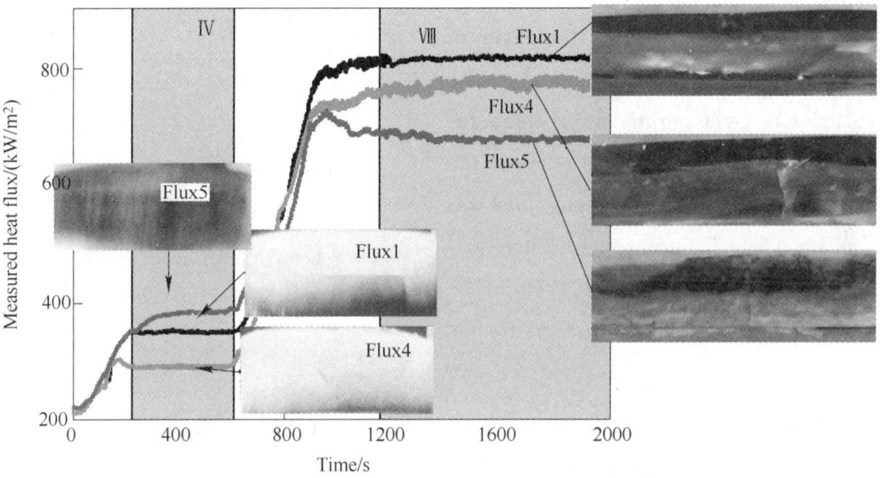

Fig. 9 The measured heat fluxes histories for different mold fluxes

At stage Ⅷ, where all the mold fluxes are finally formed a liquid layer and a solid layer(mixture of glass and crystals for Flux1 and only crystals for Flux4, Flux5) under the thermal heat flux of 1.4MW/m^2 that is similar to the real caster, the measured steady state heat fluxes are around 819kW/m^2 for Flux1, 777kW/m^2 for Flux4 and 676kW/m^2 for Flux5, respectively. The images of the three samples after the experiments were shown in the Fig. 9, and it was found that the structure of mold fluxes with the different layers has an important effect on overall heat transfer rate. As shown in Fig. 9, the bottom surface of Flux1 is keeping glassy, while Flux4 and Flux5 are completely crystallized, such that their surfaces would become rougher than that of Flux1, and it leads to a larger interfacial thermal resistance for Flux4 and Flux5. As for Flux4 that with a thicker liquid layer and a lower thermal interfacial resistance, its responding heat flux is higher than Flux5. Therefore, the enhanced molten layer of mold flux would increase the total heat transfer rate.

3.3 Interfacial thermal resistant

A numerical calculation was conducted to study the effect of mold flux basicity on the interfacial thermal resistance between the copper mold and mold flux after the radiative heat transfer test in section 3. 1. Here, it was assumed that (1) heat is transferred in one direction from the mold fluxes to the copper mold; (2) the total heat flux is consisted of radiative and conductive heat flux; (3) there is no interaction between the radiation and conduction.

Fig. 10 shows a schematic temperatures gradient across the mold flux, where T_s represents the top layer of the solid flux temperature, $T_{g/c}$ stands for interfacial temperature between the layer of glassy and crystalline that was determined as the onset crystallization (glass transform) temperature, $T_{s/a}$ is the interface temperature between the bottom surface of solid flux and air gap that was calculated as Eq. (2), T_m represents the top surface temperature of copper mold that could be calculated by the in-mold temperature gradient.

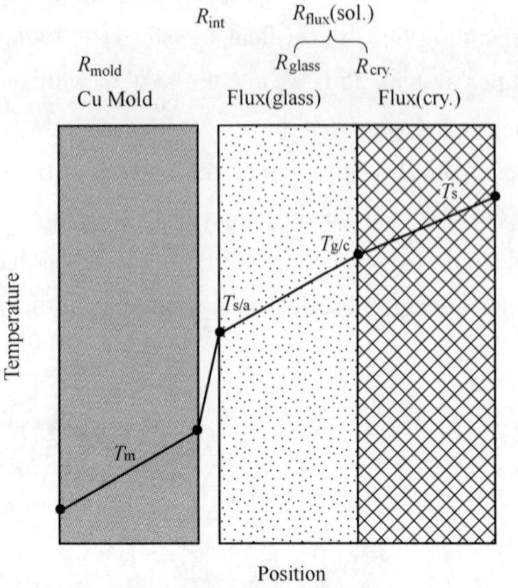

Fig. 10 Schematic temperature distribution across mold flux film consisted of crystalline and glassy layers

$$T_{s/a} = T_m + R_{int} q_{obs} \tag{2}$$

Therefore, the conductive heat flux across the crystalline and glassy slag layer($q_{conduction}$ (crystalline) and $q_{conduction}$ (glass)) were given by Eqs. (3) - (4).

$$q_{conduction}(\text{crystalline}) = K_{crystalline} \frac{T_s - T_{g/c}}{d_{crystalline}} \tag{3}$$

$$q_{conduction}(\text{glass}) = K_{glass} \frac{T_{g/c} - T_{s/a}}{d_{glass}} \tag{4}$$

where, $K_{crystalline}$ and K_{glass} are the thermal conductivities of the crystalline and glassy mold flux, $d_{crystalline}$ and d_{glass} are the thickness of the crystalline and glass layer. The thermal conductivities, $K_{crystalline}$ and K_{glass} have been measured by Ozawa et al[24]. using the hot wire method, who measured the commercial mold fluxes with the basicity within 0. 8 to 1. 5, and the main chemical compositions of slags used in the measurements were similar to the ones used in this article. The values were reported as 1. 0-1. 2W/(m · K) for glassy flux film and 1. 6-1. 8W/(m · K) for crystalline layer. Radiative heat flux across the crystalline and glassy slag layer ($q_{radiation}$ (crystalline) and $q_{radiation}$ (glass)) were expressed by the following equations (5) - (6), which has also been employed by other researchers[6,25].

$$q_{radiaiton}(\text{crystalline}) = \frac{n^2 \sigma}{0.75\alpha_{crystalline} d_{crystalline} + \varepsilon_{crystalline}^{-1} + \varepsilon_{glass}^{-1} - 1}(T_s^4 - T_{g/c}^4) \tag{5}$$

$$q_{radiaiton}(\text{glass}) = \frac{n^2 \sigma}{0.75\alpha_{glass} d_{glass} + \varepsilon_{crystalline}^{-1} + \varepsilon_{mold}^{-1} - 1}(T_{g/c}^4 - T_{s/a}^4) \tag{6}$$

where, n is the refractive index that is referred to be 1. 6; σ, the Stefan-Boltzmann constant, is

$5.6705 \times 10^{-8} W/(m^2 \cdot K^4)$; ε represents the emissivity: 0.92 for glass, 0.7 for crystalline mold flux and 0.4 for copper mold individually[26]; and α is the absorption coefficient of solid mold fluxes: 400 m^{-1} for glass and 4500 m^{-1} for crystal[27].

Consequently, the total heat fluxes in the crystalline and glassy layer (q_{tot} (crystalline) and q_{tot} (glass)) can be expressed by Eqs. (7) - (8), respectively.

$$q_{tot}(\text{crystalline}) = q_{conduction}(\text{crystalline}) + q_{radiation}(\text{crystalline}) \tag{7}$$

$$q_{tot}(\text{glass}) = q_{conduction}(\text{glass}) + q_{radiation}(\text{glass}) \tag{8}$$

For the steady state conditions,

$$q_{tot}(\text{crystalline}) = q_{tot}(\text{glass}) \tag{9}$$

Therefore, the interfacial thermal resistance, R_{int}, could be computed through above equations as the flow chart shown in Fig. 11, where the parameters used for the calculation were shown in Table 2 [28].

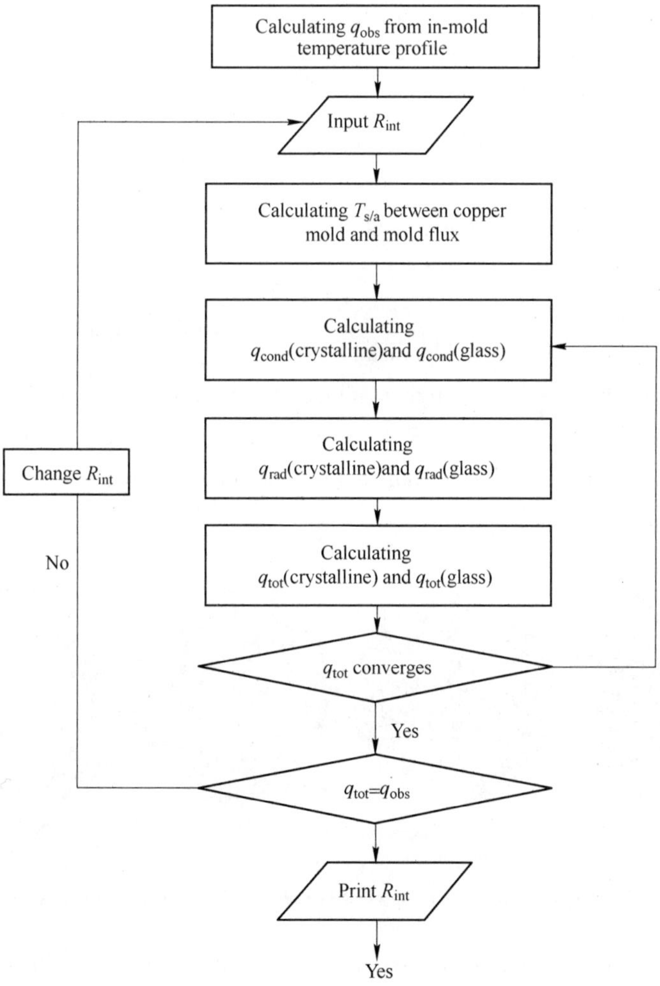

Fig. 11 The flow chart for calculating R_{int}

The values of R_{int} were then calculated and shown in Fig. 14.

Table 2 Parameters for interfacial thermal resistance(R_{int}) calculations[28]

Parameter	T_s/K(℃)	$T_{g/c}$K(℃)	T_m/K(℃)	$D_{crystalline}$/mm	D_{glassy}/mm
Flux1(R = 0. 8)	1148(875)	1103(830)	376. 2(103. 2)	2. 30	1. 00
Flux2(R = 1. 0)	1225(952)	1044(771)	374. 6(101. 6)	2. 78	0. 52
Flux3(R = 1. 1)	1313(1040)	1003(730)	373(100)	3. 02	0. 28
Flux4(R = 1. 2)	1437(1164)	951(678)	364. 1(91. 1)	3. 30	0

As shown in Fig. 12, the steady state R_{int} increases from 9. 2 to 14. 6 $\times 10^{-4}$ and then jumps to 25. 8 $\times 10^{-4}$ $m^2 \cdot K/W$, with the increase of basicity, which indicated that the mold flux crystallization does enhance the interfacial thermal resistance between copper mold and solid flux. The thicker the crystalline layer, the larger the R_{int} would be. The result was consistent with other researchers' observation[15,29,30], and the jump of R_{int} may be due to the complete crystallization of the slag disk when the basicity of slag changes to 1. 2.

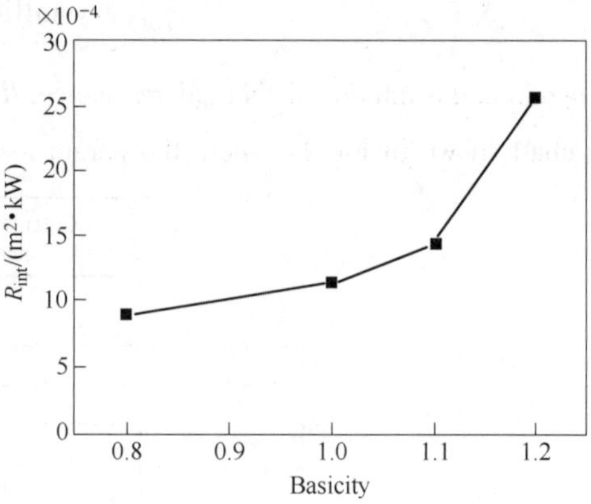

Fig. 12 Calculated interfacial thermal resistances for mold fluxes with various basicities

Fig. 13 shows the bottom views of mold disks with various basicities. There is no apparent wrinkles at the surface for the slags of R = 0. 8, R = 1. 0 and R = 1. 1. However, the surface of R = 1. 2 disk turns to be rough, and many ripples appear at the bottom surface due to the fully crystallization. This roughest surface may cause the jump of R_{int} based on Tsutsumi' s research[30].

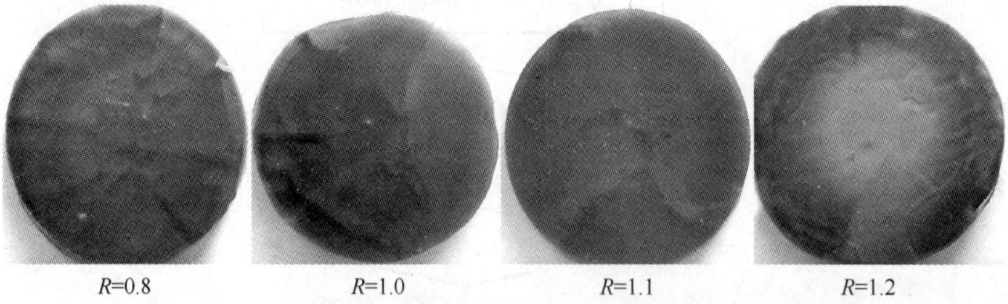

Fig. 13 The bottom surface views of the slag disks with different basicity

Fig. 14 gives the ratio of interfacial resistance, R_{int}, to the total thermal resistance R_{tot}, where R_{tot} was determined through Eq. (10) .

$$R_{tot} = \frac{(T_s - T_m)}{q_{tot}} = R_{slag} + R_{int} \quad (10)$$

As shown in Fig. 14, the ratio varies from 0. 501 to 0. 732 when the basicity of mold fluxes increases from 0. 8 to 1. 2, which suggested that the R_{int} is the dominant factor that affects the heat transfer between strand and copper mold. This result was consistent with Cho's report that the ratio of R_{int} to total thermal resistance was ca. 50%-60% for different mold fluxes[25].

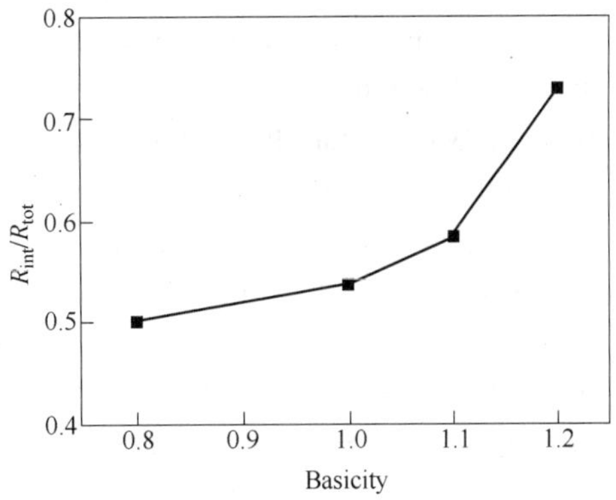

Fig. 14 The ratio of interfacial thermal resistances to total thermal resistances for different mold fluxes

4 Conclusion

Experiments were conducted to study the heat transfer behavior, including radiative heat transfer, general heat transfer, as well as interfacial thermal resistance through using Inferred Emitter Technique(IET). Some important conclusions were summarized as follows:

(1) The measured heat flux passing through the copper mold decreases with the increase of mold flux basicity. The steady state heat transfer rate changed from 413kW/m^2 to 317kW/m^2, when the basicity was increased from 0. 8 to 1. 2 during the radiative heat transfer test. Which is due to the basicity enhances the mold flux crystallization, as the solid mold fluxes with a higher basicity would be further crystallized when they were subjected to same thermal radiation, and resulted in a larger radiation reduction.

(2) The melting of the mold slag would enhance the overall heat transfer rate as the exothermic curve shown in the general heat transfer test. Compared Flux4 and Flux5, the Flux4 with a lower solidification temperature would result in a thicker liquid layer, and its overall heat transfer rate is higher than that of Flux5, even their solid layer were all fully crystallized.

(3) The study of interfacial thermal resistance between the copper mold and mold flux indicated that the interfacial thermal resistance became larger when the basicity increased, as the further crystallization of mold flux would lead to a more mold flux contraction and resulted in a rougher bottom surface, which gave rise to the enlargement of interfacial thermal resistance. The ratio of interfacial thermal resistance to the total thermal resistance showed that the interfacial thermal resistance played dominant role in the heat transfer in the mold.

References

[1] Wanlin Wang. The heat transfer phenomenon across mold flux to copper mold in continuous casting[D]. Pittsburgh: Carnegie Mellon University, 2007.

[2] Mills K C, Fox A B, Li Z, et al. Performance and properties of mould fluxes[J]. Ironmaking Steelmaking., 2005, 32(1):26-34.

[3] Meng Y, Thomas B G. Simulation of microstructure and behavior of interfacial mold slag layers in continuous

casting of steel[J]. ISIJ Int., 2006, 46(5):660-669.

[4] Wang W, Cramb A W. The observation of mold flux crystallization on radiative heat transfer[J]. ISIJ Int., 2005, 45(12):1864-1870.

[5] Zhang Z, Wen G, Tang P, et al. The influence of Al_2O_3/SiO_2 ratio on the viscosity of mold fluxes[J]. ISIJ Int., 2008, 48(6):739-746.

[6] Nakada H, Suza M, Seko Y, et al. Mechanism of Heat Transfer Reduction by Crystallization of Mold Flux for Continuous Casting[J]. ISIJ Int., 2008, 48(4):446-453.

[7] Jenkins M S. In Continuous Casting, Initial Solidification and strand surface quality of peritectic steels[C]. ISS-AIME, Warrendale, PA, 1997: 239-244.

[8] Cho J W, Emi T, Shibata H, Suzuki M. Heat transfer across mold flux film in mold during initial solidification in continuous casting of steel[J]. ISIJ Int., 1998, 38(3):268-275.

[9] Mills K C, Fox A B. The role of mold fluxes in continuous casting-so simple yet so complex[J]. ISIJ Int., 2003, 43(10):1479-1486.

[10] Hanao M, Kawanoto M. Film in the Mold of High Speed Continuous Casting[J]. ISIJ Int., 2008, 48(2): 180-185.

[11] Matsuda H, Saruhashi K, Abu J, et al. Effect of thermal properties of mold powder on surface quality of continuously cast slab[J]. CAMP-ISIJ, 1992, 5(1):207-213.

[12] Zhou L, Wang W, Ma F, et al. A kinetic study of the effect of basicity on the mold fluxes crystallization [J]. Met. Mat. Transc. B, 2012, 43B(2):354-362.

[13] Ryu H G, Zhang Z T, Cho J W, et al. Crystallization behaviors of slags through a heat flux simulator[J]. ISIJ Int., 2010, 50(8):1142-1150.

[14] Yin H B, Yao M. Analysis of the nonuniform slag film mold friction, and the new cracking criterion for round billet continuous casting[J]. Met. Mat. Transc. B, 2005, 36(6):857-864.

[15] Yamauchi A, Sorimachi K, Sakuraya T et al. Heat transfer between mold and strand through mold flux film in continuous casting of steel[J]. ISIJ Int., 1993, 33(1):140-147.

[16] Susa M, Kushimoto A, Toyota H, et al. Effects of both crystallization and iron oxides on the radiative heat transfer in mould fluxes[J]. ISIJ Int., 2009, 49(11):1722-1729.

[17] Shibata H, Kondo K, Suzuki M, et al. Thermal resistance between solidifying steel shell and continuous casting mold with intervening flux film[J]. ISIJ Int., 1996, 36, Supplement: S179-182.

[18] Cho J W, Emi T, Shibata H, et al. Thermal resistance at the interface between mold flux film and mold for continuous casting of steels[J]. ISIJ Int., 1998, 38(5):440-446.

[19] Wen G, Sridhar S, Tang P, et al. Development of fluoride-free mold powders for peritectic steel slab casting[J]. ISIJ Int., 2007, 47(8):1117-1125.

[20] Wang W, Blazek K, Cramb A. A study of the crystallization behavior of a new mold flux used in the casting of transformation induced plasticity steels[J]. Met. Mat. Transc. B, 2008, 39(1):66-74.

[21] Wang W, Gu K, Zhou L, et al. Radiative heat transfer behavior of mold fluxes for casting low and medium carbon steels[J]. ISIJ Int., 2011, 51(11):1838-1845.

[22] Wang W, Cramb A. The effect of the transition metal oxide content of a mold flux on the radiation heat transfer rates[J]. Steel Res. Int., 2008, 79(4):271-277.

[23] Wang W, Zhou L, Gu K. Effect of mold flux melting and crystal fraction dissolution on radiative heat transfer in continuous casting[J]. Met. Mater. Int., 2010, 16(6):913-920.

[24] Ozawa S, Susa M, Goto T, et al. Lattice and radiation conductivities for mould fluxes from the perspective of degree of crystallinity[J]. ISIJ Int., 2006, 46(3):413-419.

[25] J. W. Cho, H. Shibata , T. Emi, et al. Heat transfer across mold flux film in mold during initial solidification in continuous casting of steel[J]. ISIJ Int. , 1998, 38(8) ,pp. 834-842.

[26] Y. Shiraishi. Handbook of physo-chemical properties at high temperature[M] ,ISIJ, Tokyo, 1988: Ch10.

[27] W. Wang, A. W. Cramb. The effect of in-situ dynamic mold flux crystallization on radiative heat transfer [J]. AIST Transact. , 2008, 5(1):155-160.

[28] Kezhuan Gu, Wanlin Wang, lejun Zhou, et al. The effect of basicity on the radiative heat transfer and interfacial thermal resistance in continuous casting[J]. Met. Mat. Transc. B, 2012, 43(4):937-945.

[29] K. Watanade, M. Suzuki, K. Murakami, et al. The effect of crystallization of mold powder on the heat transfer in continuous casting mold[J]. Tetsu-to-Hagane, 1997, 83(2):115-120.

[30] K. Tsutumi, T. Nagasaka, M. Hino. Surface roughness of solidified mold flux in continuous casting process [J]. ISIJ Int. , 1999, 39(11):1150-1159.

无氟环保型保护渣的开发及应用

张　晨　蔡得祥

（宝山钢铁股份有限公司，上海 201999）

摘　要：保护渣中的氟对人体和环境均有危害，作为绿色生产的倡导者，宝钢开发了低碳钢和超低碳钢用环保型保护渣。无氟渣最大的问题是渣膜热阻低，导致结晶器导热能力偏高，这在一定程度上影响了拉速的提高。利用热流模拟装置，通过合理控制渣中晶体的析出和凝固温度，成功开发出无氟保护渣并实现工业应用。此外，本文还介绍了使用中出现的一些其他问题。结果表明，超低碳钢使用无氟渣后，由于熔渣表面张力的提高，保护渣引起的夹渣缺陷得到了降低。传统铝镇静低碳钢使用含硼渣后对钢水的增硼量小于 1. 3ppm。

关键词：保护渣；无氟；连铸；低碳钢；超低碳钢

Application of Environment Friendly Fluorine-free Mold Powder

Zhang Chen　Cai Dexiang

(Baoshan Iron & Steel Co., Ltd., Shanghai 201999)

Abstract: Fluorine in mold powder is harmful to human health and environment, as the advocates of the green production, Baosteel developed two kinds of environment friendly mold powder for low carbon steel and ultra-low carbon steel. The biggest problem of fluorine-free flux film is small heat resistance, the heat transfer intensity of mold is too large, which to some extent affected the increase of casting speed. With the heat flow simulation equipment, by controlling precipitation of crystal in flux and solidification temperature reasonablely, fluorine-free mold powders were successfully developed, and realized the industrial application. Besides above, another problems met in application also state in this paper. The production results show that, using fluorine-free mold powder, the slag inclusion caused by mold powder in ultra-low carbon steel also decreased because of higher surface tension of flux. Boron increment in molten steel is less than 1. 3ppm for conventional aluminium killed low carbon steel.

Keywords: mold powder; fluorine-free; continuous casting; low carbon steel; ultra-low carbon steel

1　引言

保护渣是炼钢生产中极其重要的辅助材料之一，它对连铸工艺的顺行以及铸坯表面和皮下质量都有着重要的影响。保护渣是一种多组元硅酸盐材料，氟化物作为一种有效且廉价的助熔剂，不但能显著降低保护渣的黏度，而且是控制熔渣析晶性的关键组元，因此是保护渣的重要组成，其加入量通常在5% ~9%。众所周知，氟对环境和人体的危害较大，是常见的大气及水污染物，侵入人体后会在牙齿和骨骼中沉积，引发骨质疾病，危害程度远远超过二氧化硫，因此从 20 世纪 90 年代起浦项就已经开始尝试保护渣的无氟化[1]，随后日本和国内以重庆大学为首的各高校也开始陆续开展环保型保护渣的研究[2-6]。随着近些年国家出台一系列环境法律法规以及企业对环境经营、绿色生产的日益重视，必将加快无氟环保型保护渣工业化应用的步伐。宝钢从 2003 年起就开始着手保护渣中的氟对大气、连铸二冷循环水、设备腐蚀等方面的调查工作，并于 2009 年在大方坯连铸产线首次实现了无氟保护渣的工业化应用[7]，从使用效果来看，保护渣的无氟化还是非常具有现实意义的。2011 年宝钢以低碳钢、超低碳钢为试验钢种，启动了无氟环保型板坯连铸保护渣的工业化应用进程，经过两年多的优化改进，最终取得了成功。

2 试验过程及方法

2.1 保护渣设计思路

保护渣的设计与对应钢种的性能紧密相关，对碳钢而言，由于超低碳钢（$C < 0.005\%$）在连铸过程坯壳与铜板间产生的气隙量要远高于低碳钢（$0.01\% < C < 0.08\%$），如图 1 所示。因此，超低碳钢保护渣更易流入气隙中，性能设计时超低碳钢用保护渣比低碳钢用保护渣黏度更高，熔点也偏高，这也是开发无氟渣的性能设计思路。氟在保护渣中充当降低黏度和生成枪晶石（$3CaO \cdot 2SiO_2 \cdot CaF_2$）控制一冷传热两大重要功能。根据国内外文献的报道，普遍认为以 B_2O_3、Li_2O、Na_2O 等助熔剂可在一定程度上替代氟降低黏度、熔点的功能，其中 B_2O_3 无论从成本上还是助熔效果上看都是氟的最佳替代物。对于低碳钢来说，由于所需的黏度较低，且铸坯的表面裂纹敏感性不是很强，连铸过程以持续稳定的高拉速为主，要求保护渣的析晶倾向性要低，以保证高拉速条件下初生坯壳出结晶器时具有足够的厚度。因此以 B_2O_3 替代 F 是最佳可行的方案。但超低碳钢主要用来生产汽车板、硅钢等冷轧薄板钢，对夹渣缺陷的控制很严格，希望尽可能减少保护渣卷入引发的夹渣缺陷。为此，采用提高熔渣表面张力的思路是缓解这一矛盾的主要手段之一。众所周知，表面张力与熔体中正离子的静电势有关，静电势越大，表面张力越大。而 B_2O_3 和氟化物都是降低熔渣表面张力的组元，而 MnO、Al_2O_3、MgO、CaO/SiO_2 是提高表面张力的有利因子，因此，超低碳钢用保护渣采用无氟与高表面张力相结合的设计思路。

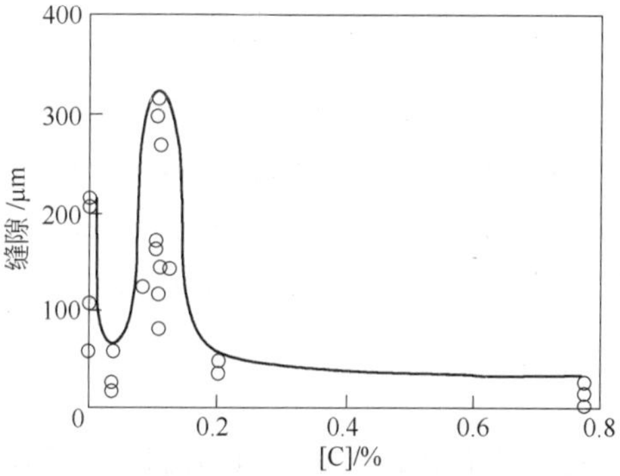

图 1　坯壳与铜板缝隙与碳含量的对应关系

Fig. 1　Relationship of carbon and gap between shell and mold copper

2.2 试验条件

低碳钢与超低碳钢成分范围如表 1 所示。试验铸机为一机两流，断面尺寸为 1930mm ×250mm，拉速为 1.2 ~ 1.4m/min，试验时一流用传统含氟渣，一流用无氟试验渣。表 2 为保护渣的主要化学成分及物理性能。

表 1　试验钢种化学成分

Table 1　Chemical composition of test steel grades　　(wt%)

钢　种	C	Si	Mn	P	S	Al_s	N
低碳钢	0.02 ~ 0.04	≤0.05	0.10 ~ 0.50	≤250	≤200	0.02 ~ 0.05	≤30
超低碳钢	≤0.003	≤0.03	0.05 ~ 0.30	≤200	≤150	0.02 ~ 0.05	≤30

表 2　保护渣的化学成分及物理性能

Table 2　Chemical components and physical properties of mold powder

保护渣类型		化学成分/%					碱度	表面张力	熔点/℃	1300℃黏度
		MgO	MnO	Al_2O_3	F	B_2O_3	CaO/SiO_2	/(mN/m)		/Pa · s
低碳钢用渣	A	2.0	—	4.9	8.2	—	0.90	395	1020	0.19
	B	2.7	4.5	5.9	—	4.0	1.03	450	1004	0.20
	C	6.5	5.0	4.8	—	6.0	1.08	458	1024	0.17
超低碳钢用渣	D	4.0	—	4.0	6.0	—	0.95	410	1190	0.40
	E	5	10	10	—	—	1.2	512	1160	0.30

2.3　保护渣传热测定装置及方法

控制结晶器一冷传热是连铸保护渣的主要功能之一，实验室通过图 2 所示方法进行测定，将保护渣制成 ϕ30mm、厚 4mm 的渣片，置于水冷铜模上端，在大功率红外灯管的加热下将温度升到 1300℃并恒定，以此模拟渣膜在结晶器铜板与钢水初生坯壳间的温度场。水冷铜模内镶有热电偶，可根据热电偶温度，按以下公式计算通过渣膜的热流：

$$q = k\frac{\Delta T}{d} \tag{1}$$

式中，q 为热流，W/m^2；k 为铜的传热系数，取 381W/(m · K)；ΔT 为两个测温点的温度差，K；d 为两个测温点的间距，m。

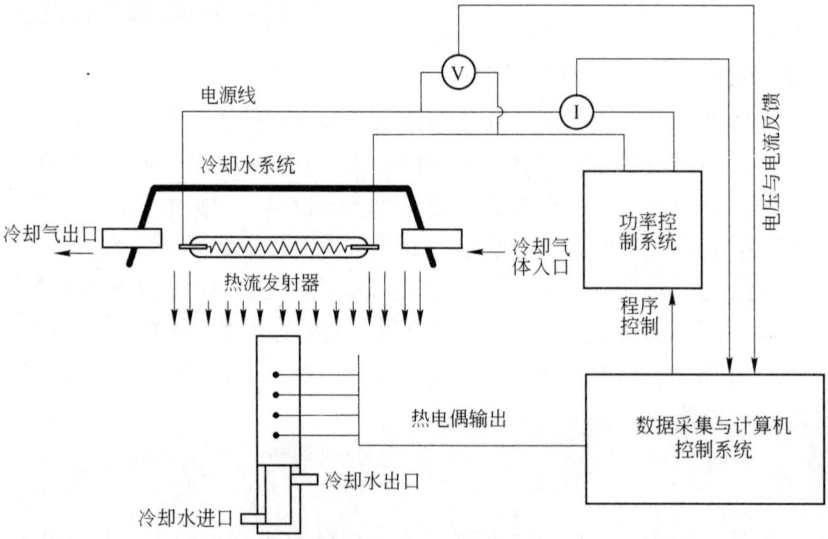

图 2　渣膜传热测定装置示意图

Fig. 2　Sketch of flux film heat transfer simulator

3 结果与讨论

3.1 无氟保护渣存在的问题

无氟保护渣的工业试验最先从低碳钢开始的。A 渣是传统含氟保护渣，B 渣是最先研制出来的一种无氟环保型保护渣，该试验渣的设计思路就是熔点、黏度指标向传统含氟渣看齐，经过6炉连浇试验，结果总体良好，试验渣的单耗、熔渣层厚度等现场使用要求与原渣保持一致，铸坯表面质量合格，全部实现热送，从后道工序反馈的结果是，两流铸坯的夹渣封锁率也保持在相同的水平。但在试验过程中也发现了该无氟试验渣存在的不足，即在连铸过程中表现为结晶器铜板的综合传热系数偏高，结果如图3所示。

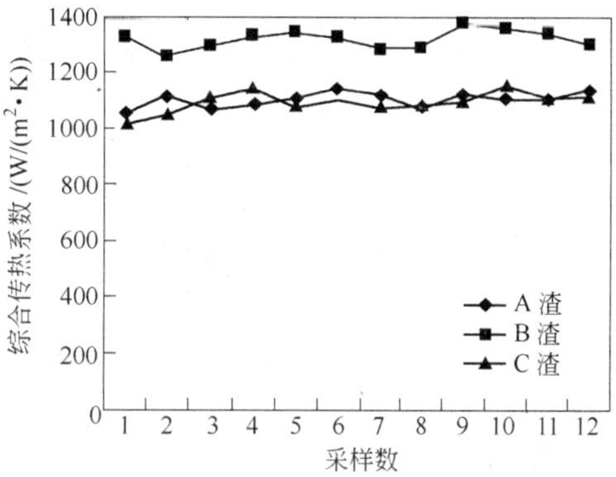

图3 保护渣综合传热系数比较

Fig. 3 Integrated heat transfer coefficient of different mold powder

可见在1.4m/min 的拉速下，传统保护渣 A 的正常综合传热系数在 1000～1100W/(m^2·K)，而无氟试验渣 B 的数据已经达到了 1300W/(m^2·K)左右，最高值接近 1400W/(m^2·K)。根据生产经验，宝钢该铸机的综合传热系数上限就在 1400W/(m^2·K)，超过该值，认为结晶器散热能力过强，会导致结晶器铜板与钢水初生坯壳间的固膜渣偏薄，坯壳与铜板直接接触的几率加大，由此易引发黏结漏钢的风险。由于结晶器铜板的综合传热系数与铸机拉速成正比[8]，因此，B 渣可用的最高拉速只能是 1.4m/min。而宝钢低碳钢的正常工作拉速在 1.6m/min，显然 B 渣是无法适用的。虽然超低碳钢用无氟渣没有添加 B_2O_3，但试用结果表明也存在综合传热系数偏高 200～300W/(m^2·K)的情况。

3.2 无氟保护渣的改进及性能分析

根据保护渣的设计思路，低碳钢由于纵裂敏感性并不强，因此含氟保护渣具有良好的玻璃特性，以保证结晶器具有较高的散热能力，从而实现高拉速作业。为了再现 A、B 渣的真实析晶规律，实验室利用渣膜传热模拟装置对这两种渣进行了测定，热流值如图4所示，曲线平衡段为1300℃下渣膜的热流值，A 渣在 400kW/m^2 左右，B 渣在 450kW/m^2 左右，实验室测试结果也表明 B 渣的热阻的确低于 A 渣。测试后急冷下来的渣膜形貌见图5，虽然原始渣膜保持为完全玻璃态(图5(a))，但测试结束后的渣样靠近铜模一侧呈晶体形貌，这对应结晶器铜板与坯壳缝隙中的固渣膜；另一侧因靠近热源，呈玻璃态形貌，即对应液渣膜。通过比较发现，虽然 A 渣和 B 渣的熔点相差并不大，但两者的固渣膜却相差很大，A 渣平均在 1.5mm(图5(b))，而 B 渣仅为 0.3mm(图5(c))。通过黏度-温度曲线测定，A 渣的凝固温度为1035℃，B 渣只有955℃。众所周知，氟在保护渣中的主要作用是降低黏度，其降熔点的能力并不强；而 B_2O_3 的熔点只有450℃，它的主要功能是降熔点，通过低熔点实现低黏度，这就决定了熔点相差不大的两种渣在凝固温度上差别却很大。

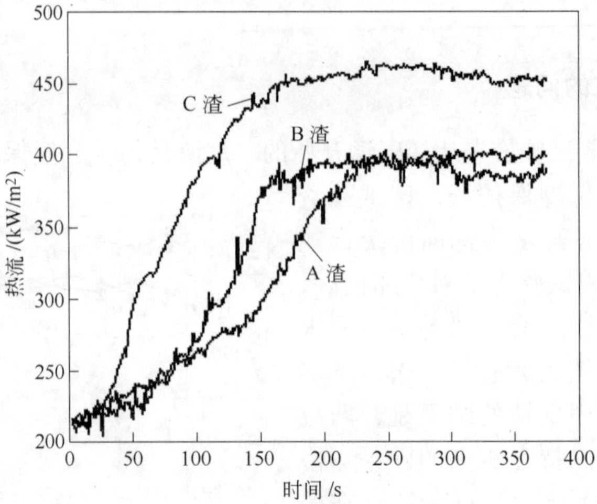

图 4　保护渣热流值比较

Fig. 4　Heat flow of samples

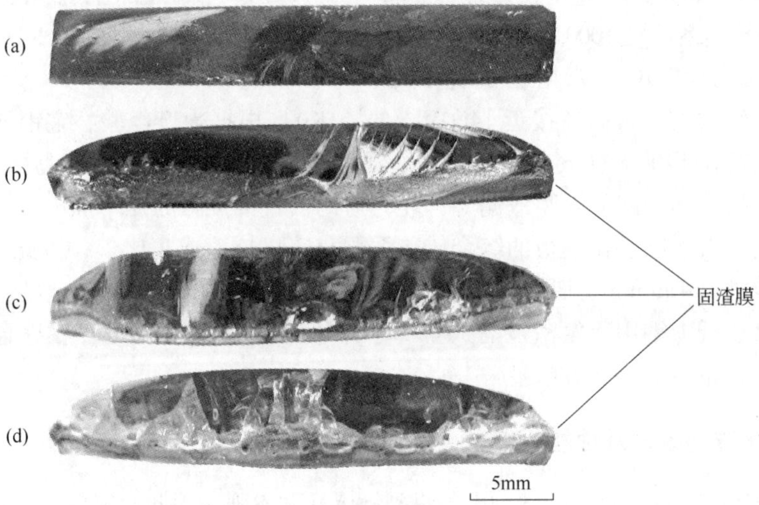

图 5　渣膜形貌

（a）测试前的原始渣膜；（b）测试后的 A 渣膜；（c）测试后的 B 渣膜；（d）测试后的 C 渣膜

Fig. 5　Feature of samples before test （a） and after test of A （b）, B （c） and C （d）

为了弥补无氟渣的这一不足，适当提高渣膜的热阻，只能从加强熔渣的析晶性角度来改善，从而提出了 C 渣的设计方案，具体成分及性能如表 2 所示。经实验室渣膜热流模拟装置测定，其热流值与 A 渣已经十分接近，如图 3 所示。急冷下来的渣膜结构如图 5（d）所示，由于凝固温度比 B 渣提高了 50℃，析晶倾向性也有所提高，因此 C 渣的固渣膜比 B 渣有了显著的增加，平均达到了 1.0mm 以上。现场试验结果也证实了 C 渣的综合传热系数的确降到了传统 A 渣的水平，如图 3 所示。由于熔点、黏度与 A 渣依旧相差不大，因此 C 渣单耗仍保持了原有的水平。X 射线衍射分析表明，传统含氟渣的主要矿相是枪晶石，此外还有少量的钠铝硅酸盐(图6(a))，而无氟环保型C渣矿相比较复杂，除了钠铝硅酸盐外，还有镁硅钙石和硼硅酸钙(图6(b))。

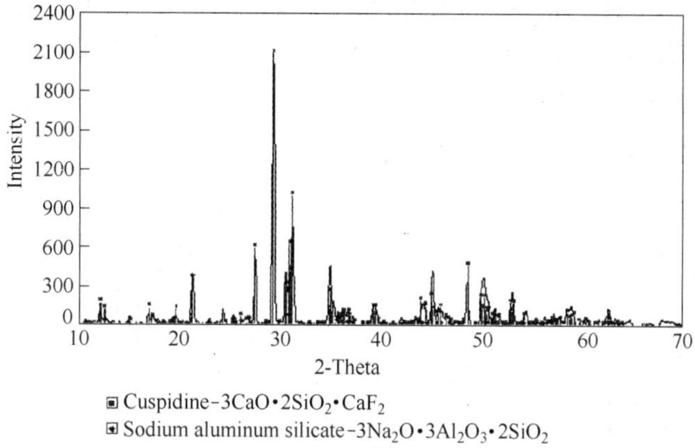

(a)

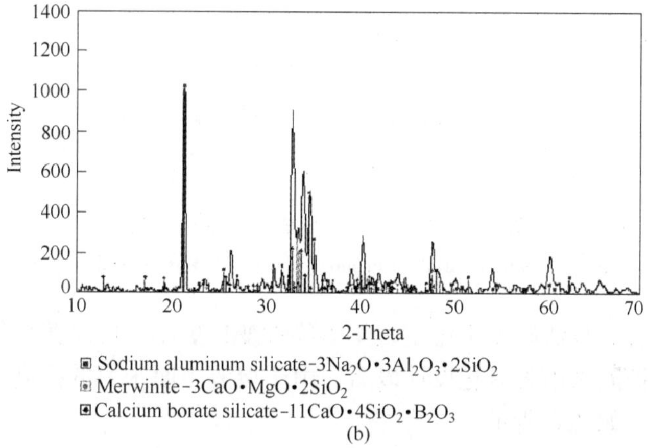

(b)

图6 含氟渣（a）与无氟渣（b）的X射线衍射分析

Fig. 6 X-ray diffraction analysis of sample A（a）and B（b）

3.3 保护渣与钢种成分的相互影响

如表1所示，低碳、超低碳钢中的酸溶铝含量通常在0.02%～0.05%左右，铝是一种强还原剂元素，与保护渣中以SiO_2为主的高氧势氧化物会发生置换反应。而无氟渣中的B_2O_3、MnO也是一种氧势较高的氧化物，具体的反应式如下：

$$4[Al] + 3(SiO_2) = 3[Si] + 2(Al_2O_3) \tag{2}$$

$$2[Al] + (B_2O_3) = 2[B] + (Al_2O_3) \tag{3}$$

$$2[Al] + 3(MnO) = 3[Mn] + (Al_2O_3) \tag{4}$$

对结晶器内的熔渣取样分析，结果也印证了这两种无氟保护渣与钢水之间的上述反应，如图7所示。SiO_2被还原，导致熔渣碱度都有不同程度的升高，A渣主要被还原的组分只有SiO_2，碱度增加了0.05。由于B_2O_3的氧势略高于SiO_2，因此C渣中SiO_2被还原的量略低于A渣，碱度仅增加了0.01。另外，上述反应还造成熔渣中Al_2O_3量的增加，其中

熔渣样 Al_2O_3 的分析值还包括吸附的 Al_2O_3 夹杂。Al_2O_3 的增加会引起黏度的增高，无氟渣中 B_2O_3 的减少也会导致黏度上升，因此，总体上看，C 渣的黏度变化比 A 渣要高些。对于无氟渣而言，B_2O_3 被还原会造成钢中增硼，分析结果表明，C 渣减少了 0.7%，具体值会因钢水中的酸溶铝多少而变化。单耗按 0.4kg/t 计，保护渣每减少 1% B_2O_3，假定全部进入钢水中，增硼量为 1.3ppm，可见对钢水的污染微乎其微。对超低碳钢来说，渣中不含 B_2O_3，且 MnO 的氧势明显高于 SiO_2，无氟 E 渣以反应（4）为主。

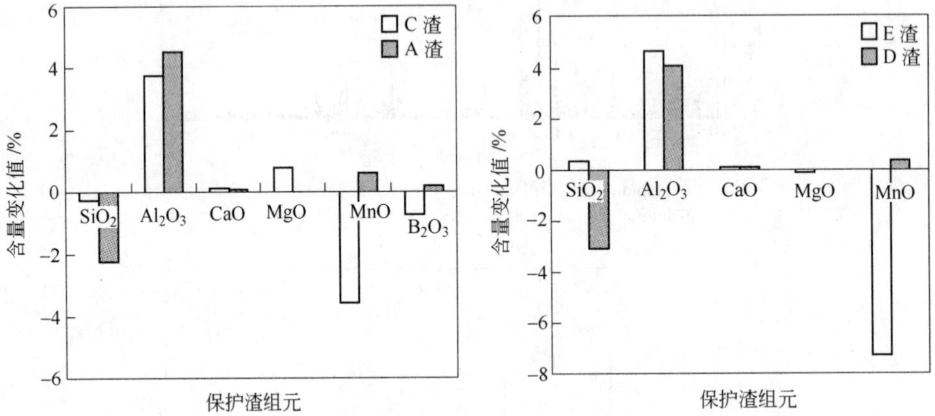

图 7　保护渣使用前后成分的变化情况

Fig. 7　Content variation of mold powders before and after use

与传统 D 渣相比，E 渣碱度更稳定，熔渣物性变化更小。后序铸坯轧制质量统计结果表明，超低碳钢保护渣采用无氟化设计以后，由于熔渣表面张力的提高，对夹渣缺陷的改善还是比较明显的，如图 8 所示。

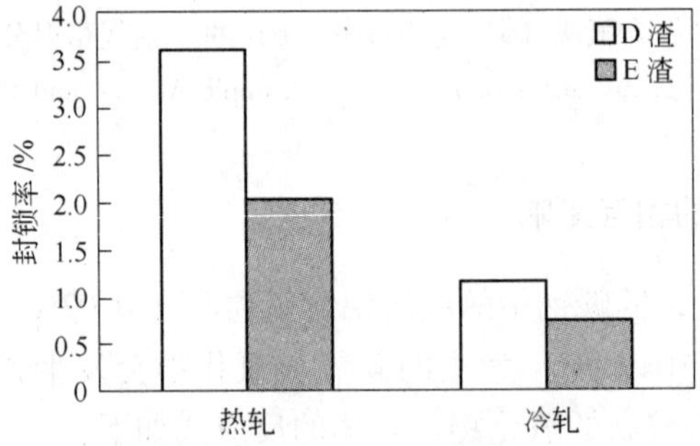

图 8　超低碳钢铸坯热轧和冷轧工序对夹渣的封锁情况

Fig. 8　Sliver detection rate of ULC in rolling

4　结论

氟在保护渣中的析晶能力十分重要，因此保护渣无氟化以后遇到的最大问题就是传热能力增强。以 B_2O_3 为主取代传统保护渣中的 F 是开发无氟环保型保护渣可行的方案，适用于低碳钢连铸工艺。但 B_2O_3 熔点过低，玻璃化效果明显，造成结晶器传热能力过强，使铸机只能维持较低的拉速。通过调节熔渣的析晶性，进一步提高凝固温度，可以改善这一不足。为了减少超低碳钢的夹渣缺陷，保护渣采用无氟无硼的设计思路，经实践检验，的确起到了减少夹渣缺陷的作用。

参 考 文 献

[1] Chang S H. Development of New Mold Fluxes at Pohang Works[C]. Conference on Continuous Casting of Steel in Developing Countries. Beijing, 1993: 832-836.

[2] Morita A , Omoto T , Ueta S. Development of Fluorine Free Mold Powder for Small Size Molds[J]. Shinagawa Technical Report , 2001, 44: 21-26.

[3] 茅洪祥, 胡汉涛, 马国军. 连铸保护渣对环境的氟污染及其对策[J]. 武汉冶金科技大学, 炼钢, 1999, 15(3):41-45.

[4] 文光华, 唐萍, 李书成. 无氟板坯连铸结晶器保护渣的研究[J]. 钢铁, 2005, 40(7):29-32.

[5] 王谦, 王平, 何生平, 等. 保护渣对连铸二冷水中氟含量的影响[J],北科大学报, 2006, 28(11): 1019-1022.

[6] 邱斌, 袁守谦, 宋美娟, 等. 无氟板坯连铸保护渣的实验研究[J]. 铸造技术, 2009, 30(6): 800-803.

[7] Zhang C, Cai D. Harm of Fluorine in Mold Powder, Journal of Iron and Steel Research International, 2010, 17(S2):91-97.

[8] 张晨, 汪铖强, 蔡得祥, 等. 连铸结晶器综合传热系数的定量分析[J]. 钢铁研究学报, 2000, 12(2):21-24.

无取向硅钢 C、S 、N 等微量元素的作用与控制研究

李 明　程 林　陈凌峰　龚 坚　胡志远

（首钢股份公司迁安钢铁公司，迁安 064400）

摘　要：本研究摸索了一定的 Si、Al 水平下，C、N、S 等微量元素对无取向硅钢磁性能的影响。目前较高磁性能硅钢片对应的 C、S、N 控制水平达到 0.002% 以下。结合实际工艺生产经验，总结分析了较高磁性能无取向硅钢所需超低 C、超低 S、超低 N 的冶炼工艺和关键控制参数。

关键词：无取向硅钢；微量元素；磁性能；冶炼工艺

The Influence and Control Method of C，S，N for the Magnetic Properties of Non-oriented Silicon Steel

Li Ming　Cheng Lin　Chen Lingfeng　Gong Jian　Hu Zhiyuan

（Shougang Qian'an Iron & Steel Company，Qian' an 064400）

Abstract：This study explored the influence of C，S，N and other residual elements for the magnetic properties of non-oriented silicon steel with special level of Si，Als. Base on the industrial production of Shougang and obtained the smelting process the key parameters for ultra low sulfur，ultra low carbon and ultra low Nitrogen which the high grade non oriented silicon steel needs.

Keywords：non-oriented silicon steel；residual elements；magnetic properties；smelting process

1　引言

无取向硅钢的磁性能主要取决于铁素体的晶粒尺寸、晶体织构及钢中夹杂物[1]。工艺生产中织构的变化一般不大，铁素体中的晶粒尺寸和夹杂物成为影响磁性能的主要因素，尤其是钢中的夹杂物，不仅影响和抑制晶粒长大，还会致使晶格畸变，阻碍磁畴运动，进而劣化无取向硅钢的磁性能[2]。因此，生产过程希望尽可能降低 C、S、N、Ti 等有害元素含量，或采用钙处理等方法，去除钢种的夹杂物，或促进夹杂物聚合、上浮、去除。笔者结合工业化生产的实际经验，探讨了 Si、Al 在一定水平下的无取向硅钢微量元素对磁性能影响以及工艺控制应用。

2　C、S、N 等微量元素对钢种性能及内部质量的影响

2.1　C 元素对钢种性能的影响

电工钢在高温下碳和氮的固溶度高，从高温较快冷却时多余的碳、氮等原子来不及析

出而形成过饱和的固溶体；铁芯在长期运转时，温度升高，过饱和的碳、氮等原子就以弥散第二相质点析出；第二相粒子的析出会抑制铁素体畴壁运动，导致劣化率 $P_{15/50}$ 增加，从而导致电工钢性能磁下降[3]，这就是硅钢的磁时效。同时碳会增加磁滞损失，降低磁感应强度。

如图 1 所示 Si 含量为 0.30% 的无取向硅钢铁损劣化程度随 C 含量的变化[4,5]。如图所示，当 C 含量为 45ppm 时，时效 1000h 后，铁损增加 20%，而当 C 含量小于 20ppm 时，时效 1000 h 以上，铁损基本无显著变化。图 2 示出了不同 C 含量下铁损的增加趋势。

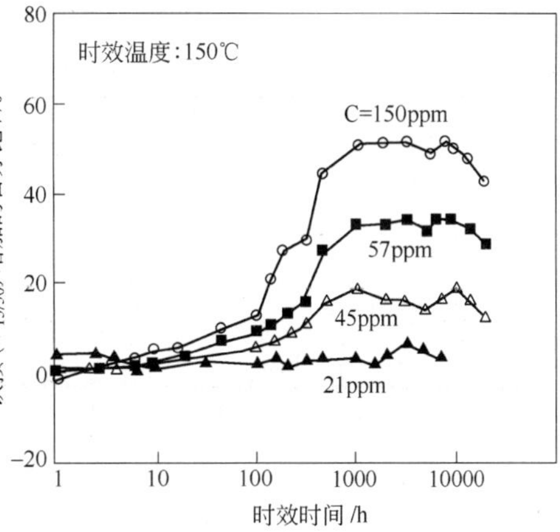

图 1 不同 C 含量钢种铁损增加与时效

Fig. 1 Iron losses increased with aging among steels of different carbon content

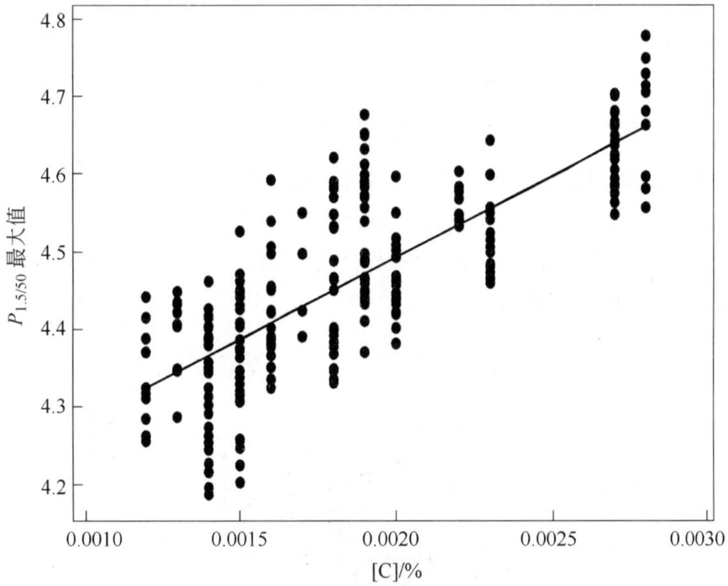

图 2 不同 C 含量钢种铁损的增加趋势

Fig. 2 The increase trend of iron losses among steels of different carbon contents

2.2 S 元素对钢种性能的影响

S 在硅钢中对磁性的有害影响与基质中存在 MnS 的微细夹杂及晶界上存在自由硫有关[6]。因为硫与锰形成细小 MnS，可强烈阻碍成品退火时的晶粒长大。图 3 是相同的铸坯加热、热轧和退火工艺下，不同 S 含量钢种的晶粒尺寸对比。

表1　晶粒尺寸对比

Table 1　Comparison of grain size

Si/Mn 成分	S 成分	晶粒度级别/级	平均截距/μm	检验倍数
1.0%/0.25%	0.0015	6.6	40.2	100 倍
	0.0055	7.0	31.32	

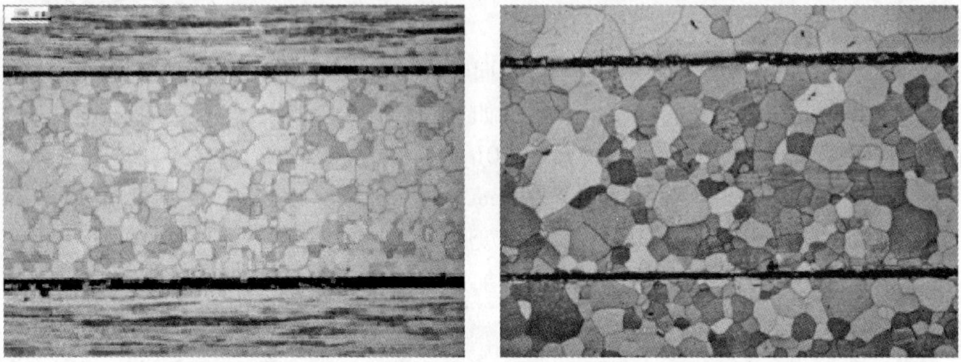

[S]=15ppm 的晶粒度　　[S]=55ppm 的晶粒度

图3　不同 S 含量对应的晶粒度

Fig. 3　Grain size corresponding with different sulfur contents

铸坯加热、热轧和常化工艺的一个重要目的就是防止析出细小 MnS 质点，或者使已存在的 MnS 粗化。在任意 Mn 量下，P_{15}都会随着 S 的增高显著增大。

图4 Si 含量1.0%、Mn 含量0.25%的无取向硅钢，S 含量从10ppm 到60ppm，每增加10ppm 的 S，铁损会增加0.07W/kg。

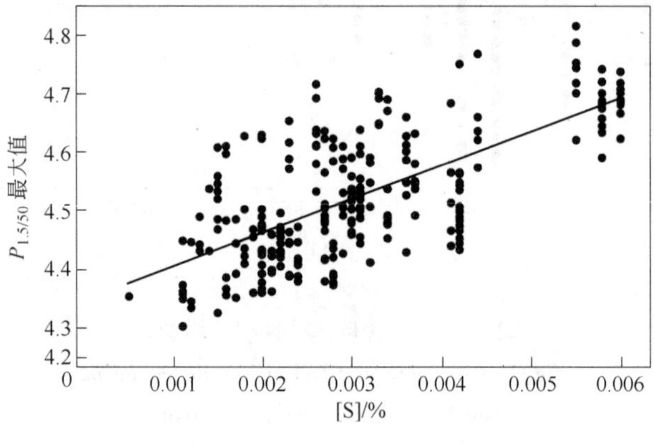

图4　不同 S 含量对应铁损增加的关系

Fig. 4　The increase trend of iron losses corresponding with different sulfur contents

2.3　N 元素对钢种性能的影响

氮对无取向硅钢的磁性有害，是通过生成有害的 AlN 沉淀来发生影响的，而 AlN 夹杂在冶炼过程形态是逐步发生变化的，图5是在精炼过程及浇注过程利用提桶试样进行夹杂物分析的结果：

在精炼—中包过程，夹杂物以 AlN 为主，其中有部分 AlN 与 MgS 形成复合夹杂；夹杂物平均尺寸为 0.68μm；在浇注过程及铸坯中，夹杂物以 AlN + Al_2O_3 为主，还有部分 MgO、MgS 夹杂；其形貌为不规则形状，平均尺寸为 0.87μm。

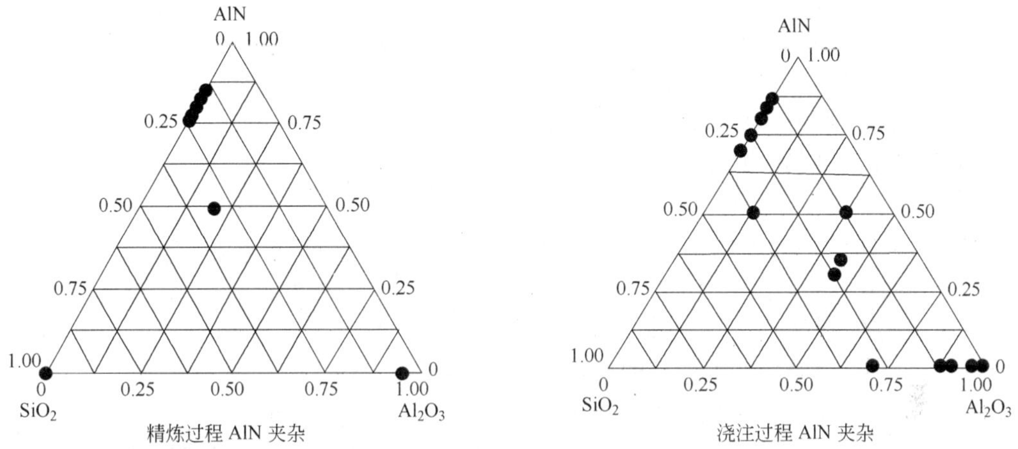

图 5 AlN 夹杂物组分及形态在冶炼过程中的变化

Fig. 5 Changes in composition and morphology of AlN inclusions during melting process

氮含量增高时，易形成细小 AlN 质点抑制晶粒长大，图 6 列出了氮含量对磁性能的影响：当氮含量从 35ppm 降至 15ppm 时，其铁损与导磁率都可大大改善，平均每降低 10ppm 时，铁损可降低 0.1W/kg，N 含量不大于 0.0015% 时，P_{15} 明显降低。

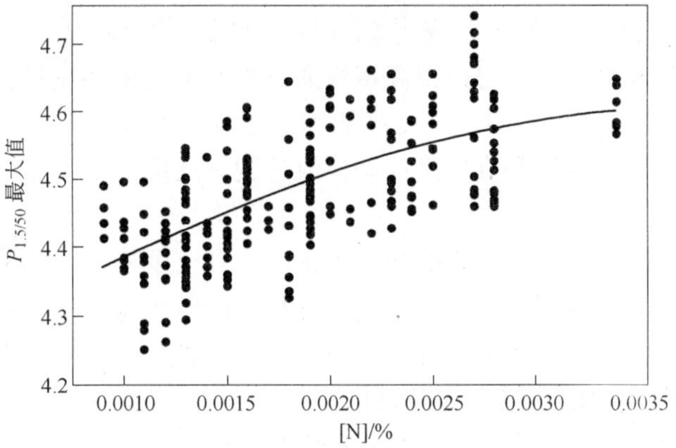

图 6 不同 N 含量对应铁损增加的关系

Fig. 6 The increase trend of iron losses corresponding with different nitrogen contents

3 C、S、N 等微量元素的控制应用

3.1 C 元素的控制

超低碳控制主要通过 RH 真空脱碳来实现，达到≤20ppm 的水平。RH 真空脱碳是利

用气泡泵原理使钢液在真空室和钢包之间产生循环流动，在真空条件下，利用压力对化学平衡的影响，通过钢水中的氧在真空室中进行脱碳，其化学反应式如下：

碳氧反应： $$[C] + [O] = (CO)_g \quad (1)$$

根据质量-反应平衡常数定律： $$k_{CO} = \frac{P_{CO}/P^{\ominus}}{f_C[\%C] \cdot f_O[\%O]} \quad (2)$$

由此可见，降低了 RH 真空室的压力，就相当于降低了真空室内气相 CO 的分压，随着 CO 分压的降低，将会促进脱碳反应的进行。即真空度越高，钢水中的碳含量越低。1600℃时的不同压力下的 C-O 平衡曲线如图 7[7] 所示。

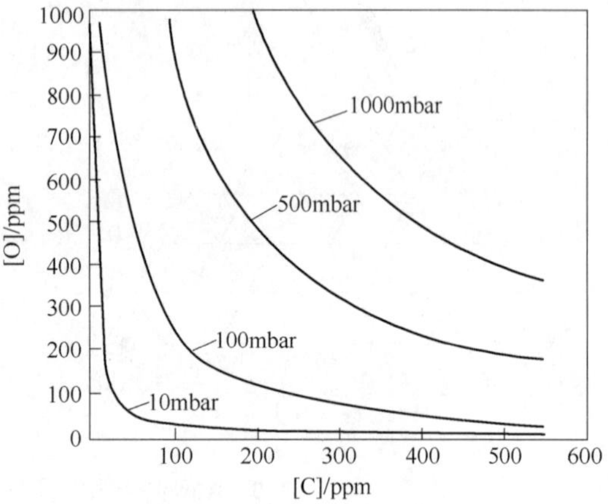

图 7　1600℃时不同真空压力下的 C-O 平衡曲线

Fig. 7　Equilibrium curves of C-O under different vacuum pressures at 1600℃

控制无取向硅钢的超低 C 水平主要从以下几个方面：

（1）良好的到站碳、氧条件。由 C-O 反应可知，［C］、［O］发生反应的质量比为 12∶16 = 3∶4。但在实际操作中受诸多因素影响与理论值偏差较大。一般认为，钢水中应保证 200ppm 的富余氧，可实现较好的脱碳效果，即最佳的到站［C］含量范围为 250 ~ 350ppm，最佳的氧含量范围为 500 ~ 700ppm。

（2）真空度和提升流量等真空参数的优化。在脱碳初期脱碳速度较快，随着脱碳的进行，钢水中碳含量不断降低，在钢水碳含量低于 30 ppm 时，钢水中碳的扩散成为 C-O 反应的限制性环节，降低了脱碳反应速率。增大循环氩气的流量和真空度，可以提高钢液通过真空室的循环流量，增大真空室内钢液的体积传质系数，提高［C］、［O］浓度高的钢液进入真空室的频率，促进脱碳反应的进行。因此，优化循环氩气流量和真空度控制，改善脱碳反应的动力学条件，可有效提高脱碳反应速率。

因此我们确定 RH 脱碳过程中的提升气体流量和真空度控制原则为：脱碳初期应该以不发生喷溅的情况下采用尽可能大的提升气体流量，同时控制稳定的真空度；随着脱碳的逐步进行，应逐渐增大提升气体流量并采用深真空以促进脱碳反应的进行。

（3）顶枪吹氧强制脱碳。当钢水到站碳高氧低时（［C］/［O］> 0.66）[8]，氧的传质成为脱碳反应的限制性环节，钢水中氧含量不能满足脱碳反应的需要，通过顶枪吹氧，一方面可提高钢水氧含量，满足脱碳反应需要，另一方面高压氧气流冲击真空室内钢液表面形成无数小液滴飞向气相中，同时无数小氧气泡进入钢液内部，扩大了钢液与氧气泡的接触面积，提高了氧在钢液中的传质系数，增大了表观脱碳速率常数，进而达到强制脱碳的目的。

（4）真空脱碳时间。脱碳时间越长，钢液中碳含量越低。在一定的设备条件下，当钢水中碳含量降至一定水平后，再延长脱碳时间，对钢水中碳含量的降低作用就不明显了。因此，寻求合理的脱碳结束时间，可以减少不必要的脱碳时间，缩短处理周期。因废气中

CO 含量可代表真空室内钢液脱碳反应情况，当 CO 含量低于一定值后可判定脱碳结束，进行脱氧和调合金操作。

（5）合金、废钢增碳的控制。RH 脱碳过程中因需要调整成分和温度，加入的合金或废钢均会导致钢水增碳。

因脱碳后期钢水碳含量较低（30ppm 以下），碳的扩散成为脱碳反应的限制性环节，在后期加入废钢或合金带入的增碳量难以有效脱除，因此在需加入调温废钢或合金时，应争取在脱碳前期加入。

3.2 S 元素的控制

众所周知，LF 炉造渣脱硫工艺具有较强的脱硫率，是冶炼超低硫钢的最有效的手段之一。但由于超低碳钢需要走 RH 真空脱碳工艺，故无法走 LF + RH 双联工艺，最终确定生产工艺为：KR 脱硫—转炉冶炼—RH 脱碳脱硫—板坯连铸。从 KR 脱硫、控制转炉增 S 和 RH 真空脱硫三个方面实现无取向硅钢的超低硫控制。

（1）KR 脱硫。采用铁水深脱硫工艺，即要求深脱硫后铁水终点 S≤0.0015%。实际生产中，应用 KR 搅拌脱硫方式，采用 $CaO\text{-}CaF_2$ 系脱硫剂，控制要点为：一是脱硫前尽量将高炉渣扒除，因为高炉渣中含硫量很高，同时还含有 SiO_2、Al_2O_3、TiO_2 等不利于脱硫的组分；二是根据铁水条件、搅拌头状态设定对应的脱硫剂加入量、搅拌头插入深度、搅拌速度等参数，以保证脱硫效果；三是脱硫后要将脱硫渣彻底扒除干净，并要求铁水亮面大于 95% 以上。本步操作是稳定脱硫最终效果的关键，直接影响到转炉终点出钢硫含量，因为高硫渣兑入转炉将产生回硫效应：$(CaS) + [O] = (CaO) + [S]$，硫又重新回到钢中，即使少量未扒除的脱硫渣进入转炉，也会导致转炉“回硫”，特别是在转炉冶炼超低硫钢时这种“回硫”更为明显。

（2）控制转炉增 S。通过 KR 脱硫可将铁水中 S 控制在 0.0015% 以内，若想得到成品 S≤0.0030% 甚至更低的超低硫钢，则后续增 S 量需控制在 0.0015% 以内。转炉工序为增 S 幅度最大的工序，也是控制增 S 最重要的环节，需要对入炉废钢、副原料和溅渣层含 S 量等因素严格管控。图 8 是不同的废钢种类及辅原料对增 S 的影响，说明原料控制对无取

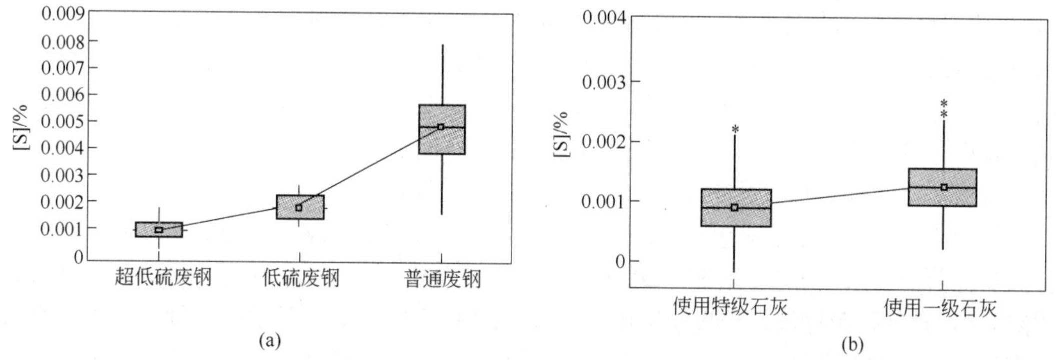

图 8 转炉增 S 的影响及控制

（a）废钢种类对转炉增 S 的影响；（b）石灰质量对转炉增 S 的影响

Fig. 8 Influence and control of sulfur increasing in converter

向硅钢实现超低 S 控制的重要性。

（3）RH 真空脱硫。RH 脱硫的方法主要有 RH 喷粉脱硫和真空室料仓投入脱硫剂。前者脱硫效果好，但喷粉设备费用高，投入大；后者脱硫效果稍差一些，但费用低。通过脱硫剂的良好配比和真空脱硫工艺优化，能够实现 40% ~50% 的脱硫率，控制成品 S 达到 15ppm 以下。在炉外精炼条件下，脱硫反应的主要途径是［S］转移到炉渣之中，主要的化学反应如下：

$$3[S] + 3CaO + 2[Al] \xlongequal{} 3CaS + Al_2O_3 \tag{3}$$

$$2[S] + 4CaO + [Si] \xlongequal{} 2CaS + Ca_2SiO_4 \tag{4}$$

经 RH 真空脱硫的典型炉次 S 变化如图 9 所示。

3.3　N 元素的控制

无取向硅钢要求成品氮 < 30ppm，高牌号无取向要求氮小于 20ppm。因此控制钢中的氮含量是无取向硅钢生产的关键工艺技术。

氮以原子的形式在钢中的溶解度服从西化特定律：氮含量与外面的氮气分压力的平方根成正比。碳与硅等元素能明显地降低氮在钢液中的溶解度，Ti、V、Nb、Cr、Mn 与氮有较强的亲和力，能形成稳定的氮化物。在一般情况下，当钢液中含氧量较高时将会降低钢液表面吸附氮的速度，氧化性钢液与还原性钢液比，氮的溶解速度低。

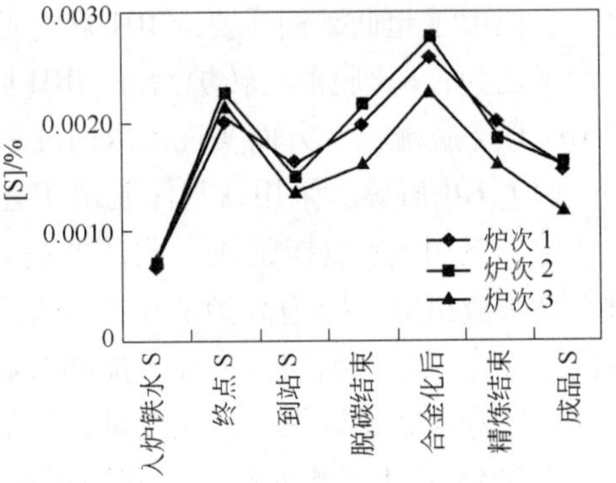

图 9　典型炉次 S 成分变化

Fig. 9　Changes in sulfur content of typical heats

目前炼钢对 N 元素的控制主要从转炉脱氮、RH 真空精炼氮控制和连铸保护浇注三个方面实现。

（1）复吹转炉脱氮。复吹转炉的脱氮机理基于两方面的原因：其一，在一次反应区元素的氧化产生了极高的温度，这使得表面活性元素氧、硫对氮的影响消失，碳氧化产生的 CO 气泡降低了界面的氮分压，同时乳化的渣相和 CO 气泡共同为脱氮反应提供了足够大的反应界面积，这使得钢液中的氮能够在界面上得以析出脱除。其二，在一次反应区以外的区域，持续的供氧使钢渣界面保持较高的氧势，富集在界面上的氧作为表面活性元素的阻碍作用并没有消失，同时乳化的炉渣和大量 CO 气泡的微真空室作用都阻碍着钢液从气相中吸氮，这两方面的原因使得转炉冶炼过程是强脱氮过程。

转炉冶炼主要控制手段包括：1）转炉复吹供气采用全程氩气模式。2）加强炉内搅拌、吹炼前期加入铁矿石，促进碳氧反应进行，形成较大量的 CO 气泡，促进氮气从界面脱除。3）合理控制枪位，开吹枪位较高，保证渣中 FeO 含量，形成熔化性较好的渣覆盖在钢液面，避免吹炼前期与空气接触吸氮；同时避免后吹和拉低碳，防止后期钢液与空气直接接触吸氮。4）保持出钢口状态，控制出钢时间 5 ~8min。出钢时间过长，增大了钢液与空气接触时间而吸氮，出钢时间过短，钢液易散流增大了钢液与空气接触面积而吸氮。

（2）RH 真空控氮。RH 真空冶炼过程脱碳期间通过碳氧反应的气泡和大流量环流氩气具有一定的脱氮效果，真空度 1mbar 时达到完全平衡的氮 12 ~ 15ppm，实际生产正常情况下转炉终点 N 一般在 12ppm 左右，如何在真空处理期间控制漏气和吸氮是更为迫切的任务。1）加强 RH 真空室的密闭性，包括热顶盖与真空室上部密封胶圈、环流管及底部浸渍管的密封、真空料仓的密封等。2）合金增氮量是 RH 过程增氮的主要来源，如图 10 所示。采用低氮的硅铁，控制合金增氮。3）RH 真空度及循环流量的优化控制，维持脱碳中期的深脱氮条件，控制真空后期增氮。

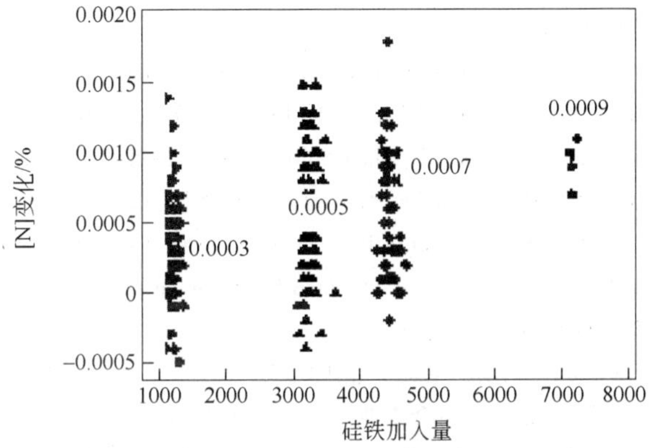

图 10　RH 合金加入量与增氮

Fig. 10　Nitrogen increasing with alloy addition in RH

（3）连铸保护浇注。连铸保护浇注主要通过吹氩气保护和保护渣、覆盖剂来控制增氮、吸氧[9]。1）吹氩保护浇注：采用浸入式水口并对接缝处进行氩气密封等措施，以防止因钢液二次氧化而吸氮。用长水口进行保护时，密封套垫的大小形状也十分重要，要保证在整个浇注过程中长水口与钢包下水口密封良好。2）中间包保护渣对钢液增氮也有影响，酸性保护渣比碱性保护渣钢液吸氮多，同时中间包钢液表面的保护渣既要有一定黏度也要有一定流动性，不能结壳。

4　结论

（1）碳会导致硅钢的磁时效，而当 C 含量小于 20ppm 时，时效 1000h 以上，铁损基本无显著变化。碳元素的控制主要通过到站碳氧条件、真空参数优化、真空脱碳时间优化、顶枪吹氧、控制合金和废钢量等措施，可实现≤20ppm 的控制目标。

（2）硫与锰形成细小 MnS 可强烈阻碍成品退火时的晶粒长大，在任意 Mn 量下，无取向硅钢 P_{15} 都会随着 S 的增高显著增大。每增加 10ppm 的 S，铁损会增加 0. 07W/kg。通过 KR 脱硫、控制转炉增 S 和 RH 真空脱硫可实现 S≤15ppm。

（3）氮对无取向硅钢的磁性有害，是通过生成有害的 AlN 沉淀来发生影响的，细小 AlN 质点抑制晶粒长大，从而影响铁损和磁感，N 含量平均每降低 10ppm 时，铁损可降低 0. 1W/kg。通过转炉脱氮、RH 真空控氮和连铸保护浇注，可实现 N 稳定可控制到 20ppm 以下。

（4）通过铁水预处理、炼钢、精炼、连铸的工艺优化，可实现高牌号无取向硅钢的C、S、N控制水平达到0.002%以下，进而保证了无取向硅钢产品$P_{1.5}\leqslant 2.2$W/kg，$B_{50}\geqslant 1.65T$的较高磁性能水平。

参考文献

[1] Matsumura K, Fukuda B. Recent Development of Non-oriented Electrical Steel Sheets[J]. IEEE Transaction on Magnetic, 1984, 20(5):1533.

[2] YashiKi H, Kaneko T. Effects of Mn and S on the Grain Grown and Texture in Cold Roled 0.5% Si Steel[J]. ISIJ International, 1990(4):325.

[3] Bae BK, Cha SY, et al. Effects of Impurities and Slab Reheating temperature on the Magnetic and Material Properties of Non-Oriented Electrical Steels[J]. CAMP-ISIJ, 1996(9):450.

[4] Oda Y, Tannka Y, Yamagami N, et al. Ultra-Low Sulfur Non-oriented Electrical Steel Sheets for Highly Efficient Motors: NKB-CORE[J]. NKK Technical Review, 2002(87):12.

[5] Nakayama T, Honjou N, Minaga T, et al. Effects of Manganese and Sulfur Contents and Slab Reheating Temperature on the Magnetic Properties of Non-Oriented Semin-processed Electrical Steel Sheet[J]. Journal of Magnetism and Magnetic Materials, 2001(234):55.

[6] 何忠治，赵宇. 电工钢[M]. 北京：冶金工业出版社，2012.

[7] 黄希祜. 钢铁冶金原理[M]. 北京：冶金工业出版社，1989.

[8] 张锦钢. IF钢生产过程中RH-TB真空脱碳效果的工艺研究[J]. 钢铁，2006.6.

[9] 蔡开科. 连铸坯质量控制[M]. 北京：冶金工业出版社，2010.

钒氮直接合金化新工艺应用实践

白瑞国 乔国平 韩春良 翁玉娟 贺保堂

（河北钢铁集团承德钢铁公司，承德 067000）

摘 要：本文介绍了低成本钒氮合金化生产 HRB400E 的工艺。使用钒渣代替钒合金增钒，并在转炉出钢和精炼工序采用廉价氮气代替氩气增氮，促进 V（CN）析出，显著提高 V 的析出强化效果，实现了高效利用钒资源。生产试验表明，采用钒渣—氮气钒氮合金化方式生产的 HRB400E 钢筋力学性能稳定，显著降低了炼钢工序成本。

关键词：钒渣；氮气；HRB400E

Production of Low Cost Vanadium-Nitrogen Alloyed HRB400E

Bai Ruiguo Qiao Guoping Han Chunliang Weng Yujuan He Baotang

(Chengde Iron and Steel Company of Hebei Iron and Steel Group, Chengde 067000)

Abstract: This paper introduces the process of low cost vanadium-nitrogen alloyed HRB400E. The use of vanadium bearing slag instead of vanadium alloys to increase vanadium. In the LD tapping and refining process using cheap nitrogen instead of argon to increase the nitrogen of steel and significantly promote the V (CN). This process improved the precipitation of V and used the vanadium resources efficiently. The production test shows that, using the method of vanadium slag-nitrogen vanadium nitrogen alloy obviously reinforced mechanical properties of the HRB400E bar, and reduced steelmaking cost significantly.

Keywords: vanadium bearing slag; nitrogen; HRB400E

1 引言

国内外从 20 世纪 60 年代初期开始钒渣合金化方面的研究工作，已取得了丰硕的成果。钒渣直接合金化省去了钒渣冶炼钒铁合金工序，具有能耗低、污染小、成本低等特点，符合工业可持续发展[1-3]。

河北钢铁集团承钢公司（以下简称承钢）具有得天独厚的钒资源优势，且钒渣合金化生产 HRB400E 钢筋工艺比较成熟，为充分发挥钢中钒的析出强化作用，需在钢中适当增加氮含量，使钢中 V/N 接近理想比值。增加钢中氮含量途径较多，其中使用氮气增加钢中氮含量是最经济的途径，本文从理论上论证了这种钒氮合金化工艺的可行性，并通过试验对这种钒氮合金化工艺进行了验证。

2 钒渣合金化及氮气增氮冶金原理分析

2.1 钒渣合金化原理

据文献［4］可知 Si、Al 还原 V_2O_5 的标准吉布斯自由能如化学反应式（1）、（2）所示，在炼钢温度下均能将 V_2O_5 还原成金属钒。

$$V_2O_{5(s)} + 5/2Si_{(s)} \xlongequal{} 2V_{(s)} + 5/2SiO_{2(g)} \quad \Delta G^{\ominus} = -817.22 + 0.117T \tag{1}$$

$$V_2O_{5(s)} + 10/3Al_{(s)} \xlongequal{} 2V_{(s)} + 5/3Al_2O_{3(s)} \quad \Delta G^{\ominus} = -1364.7 + 0.223T \tag{2}$$

从以上两还原反应的自由能可知，两式均为放热反应，其中铝热反应放出热量最大。通过金属热还原，有利于物料熔化并激发反应进行，实现渣和金属分离，促进被还原出的金属钒进入钢液中，因而，在直接合金化过程中，应尽量选用金属热还原法。考虑到铝成本较大，故本工艺采用硅热还原法。

2.2 增氮冶金热力学

使用氮气增氮主要是在大气压下，采用氮气对钢水增氮是符合 Sievert 定律的。根据文献介绍[5]，氮可以原子和化合物的形式溶在钢中，冶炼过程中氮的溶解反应式、活度和平衡常数如下：

$$\frac{1}{2}N_2 \xlongequal{} [N] \tag{3}$$

$$a_{[N]} = f_{[N]}[\%N] = K_N\sqrt{\frac{p_{N_2}}{p^{\ominus}}} \tag{4}$$

$$[\%N] = \frac{K_N}{f_{[N]}}\sqrt{\frac{p_{N_2}}{p^{\ominus}}} \tag{5}$$

$$\lg K_N = -\frac{188.052}{T} - 1.248 \tag{6}$$

式中，$a_{[N]}$为钢液中氮的活度；$f_{[N]}$为钢液中氮的活度系数；［%N］为钢液中氮的质量百分比浓度；p_{N_2}为气相中氮的分压，Pa；K_N 为氮分压为 10^5Pa，温度为 1600℃ 时反应式（3）的平衡常数。

溶解氮的纯铁液为稀溶液，$K_N \approx [\%N]$，则在 1600℃ 时有：

$$\lg K_N = -\frac{188.052}{1873} - 1.248 \tag{7}$$

则 $K_N = 0.04483$。可见在炼钢温度下，钢液中氮含量远未达到平衡值，如有条件钢液可吸入更多的氮，所以钢液吸氮是自发的。

2.3 增氮冶金动力学

在炼钢过程中的吸氮为液相传质—界面化学反应混合控制。一般认为钢液吸氮为液相传质控制，为一级反应，其表达式为[6]：

$$\frac{d[\%N]}{dt} = k_1\frac{F}{V}([\%N]_e - [\%N]) \tag{8}$$

式中，$[\%N]_e$ 为与氮分压平衡的钢液中氮的质量分数,%；V 为钢液体积，m^3；F 为钢液表面积，m^2；k_1 为吸氮速率常数，m/s。

对于含氮量不高（氮含量低于氮平衡溶解度）的含氮低合金钢，可通过向钢液吹氮气代替氮化合金进行氮的合金化，控制合适的吹氮时间和氮气流量，可使钢中氮含量稳定控制在要求范围内。

3 试制工艺设计

3.1 试制工艺路线

本试验在顶底复吹转炉上试验，工艺路线为：

提钒转炉 → 炼钢转炉 → LF 精炼炉 → 八机八流方坯连铸机 → 轧制

（1）转炉炼钢采用“高拉补吹”操作，终点压枪吹炼时间必须大于 1 min，保证钢水成分和温度均匀。

（2）转炉出钢过程钢包全程吹氮，吹氮时间大于 5 min，以保证钢水成分均匀。

（3）LF 精炼炉精确控制吹氮时间，保证钢水增氮量稳定。

3.2 化学成分设计

为充分体现钒渣—氮气钒氮合金化方式效果，钒渣—氮气钒氮合金化方式钢筋化学成分控制执行钒氮合金化成分控制范围，成分控制范围要求见表 1。

表 1 钢筋化学成分控制范围

Table 1 Composition control of steel chemical

牌 号	化学成分/%					
	C	Si	Mn	P	S	V
HRB400E	≤0.25	≤0.60	≤1.60	≤0.045	≤0.045	0.025～0.060

4 试验结果及分析

4.1 成分、性能对比

承钢自 2013 年开始进行钒渣—氮气钒氮合金化替代钒氮合金化生产 HRB400E 钢筋的试验，已摸索出轧制不同规格钢筋的化学成分控制范围和生产工艺，对一段时期内两种工艺所生产的 ϕ28mm HRB400E 钢筋 V、N 含量及力学性能进行了统计，结果见表 2。

表 2 不同工艺下成分控制和性能情况

Table 2 The composition control and performance under different process conditions

合金化工艺	炉数	平均 V/%	平均 N/%	平均 R_m/MPa	平均 R_{eL}/MPa
钒氮合金	40	0.036	0.0102	478	675
钒渣—氮气	32	0.037	0.0125	473	671

从表中数据可以看出，钒渣—氮气钒氮合金化工艺钢中氮含量略高于钒氮合金化工艺，钒渣—氮气钒氮合金化工艺生产的钢筋平均屈服强度和平均抗拉强度较钒氮合金钒氮合金化工艺生产的钢筋略低。

4.2 钒的析出情况对比

两种工艺所生产的钢筋钒的析出情况见表3。

表3　钒的析出情况

Table 3　Precipitation of vanadium

合金化工艺	平均析出钒/%	平均固溶钒/%
钒氮合金	70	30
钒渣—氮气	68	32

从表中钒的析出情况看出，采用钒渣—氮气钒氮合金化工艺生产的钢筋钒的析出比例略低于钒氮合金钒氮合金化工艺生产的钢筋。

4.3 低倍情况对比

分别取钒渣—氮气钒氮合金化工艺和钒氮合金钒氮合金化工艺所生产铸坯低倍试样并进行分析，检验验证两种工艺铸坯内部质量。两种工艺铸坯低倍试样表面质量具体检验情况如图1和图2所示。

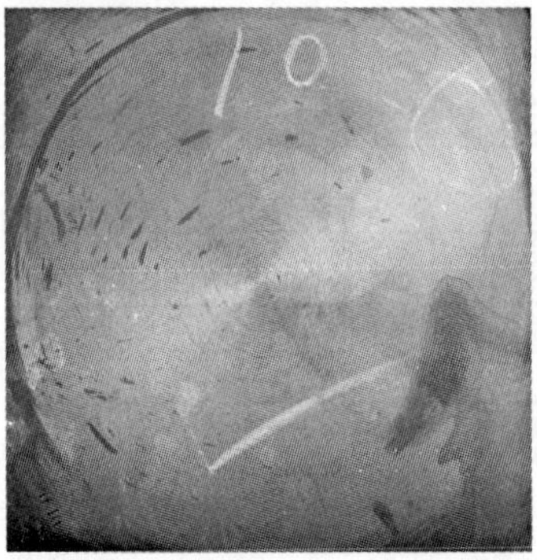

图1　钒渣—氮气钒氮合金化铸坯低倍

Fig. 1　Vanadium-nitrogen alloyed casting billet with vanadium slag-nitrogen

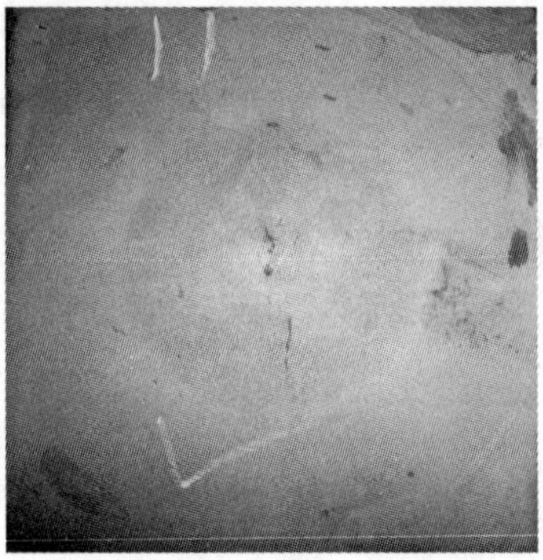

图2　钒氮合金钒氮合金化铸坯低倍

Fig. 2　Vanadium-nitrogen alloyed casting billet with vanadium nitride alloy

从图1可以看出，铸坯低倍样存在0.5级轻微裂纹，无其他缺陷，钒渣—氮气钒氮合金化工艺所生产的铸坯质量较好。从图2可以看出钒氮合金钒氮合金化工艺生产的铸坯无缺陷，铸坯质量较好。通过对图1和图2分析，可知两种工艺生产的铸坯质量相当，均符合铸坯内控质量要求。

4.4 钢的微观金相组织对比

钒渣—氮气钒氮合金化工艺生产的HRB400E钢筋的晶粒度达到8.0～9.0级，组织为

铁素体 + 珠光体组织。钒氮合金合金化生产的 HRB400E 钢筋的晶粒度一般在 8.5 ~ 9.5 级，组织为铁素体 + 珠光体组织。图 3、图 4 分别是钒渣—氮气钒氮合金化工艺和钒氮合金化工艺所生产的 HRB400E 钢筋 500 倍的金相组织照片。

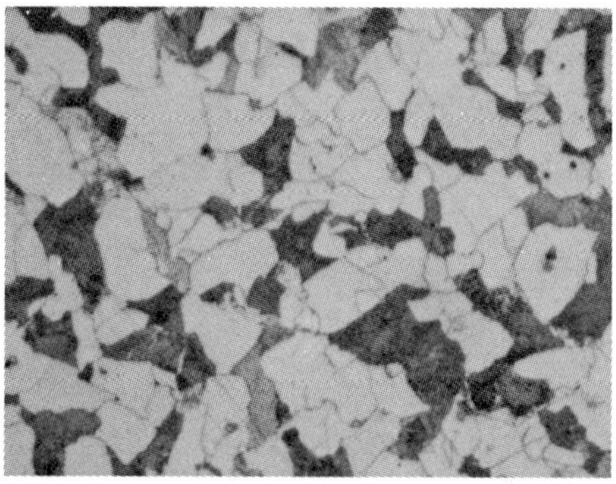

图 3 钒渣—氮气钒氮合金化钢筋金相
Fig. 3 Metallographic of vanadium-nitrogen alloyed steel with vanadium slag-nitrogen

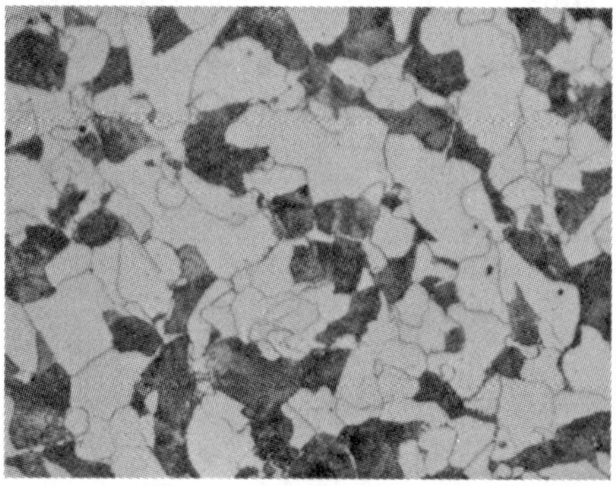

图 4 钒氮合金钒氮合金化钢筋金相
Fig. 4 Metallographic of vanadium-nitrogen alloyed steel with vanadium nitride alloy

从图 3 和图 4 可以看出钒渣—氮气钒氮合金化工艺生产钢筋的晶粒度等级较钒氮合金化工艺的略小 0.5 级，导致这种差异的主要原因是 V 是强析出强化元素，钢中 V 与 N 结合后生成 V（CN），其溶解、析出温度都比 VC 高，在轧制过程中钢中的 V（CN）在轧制过程中会因变形诱导析出，一方面阻止奥氏体晶粒长大，另一方面又能阻止或推迟奥氏体再结晶的发生，细化了奥氏体，从而可细化铁素体晶粒，钒渣—氮气钒氮合金化工艺生产的钢筋钒的析出比例略低于钒氮合金钒氮合金化工艺生产的钢筋，导致了钒渣—氮气钒氮合金化工艺生产钢筋的晶粒度等级较钒氮合金钒氮合金化工艺的略小。

5 效益分析

目前，钒氮合金市场价格 11.90 万元/t 左右，钒渣市场价格为 0.35 万元/t 左右，采用两种物料生产 HRB400E 钢筋的成本见表 4。

表 4 钒渣—氮气钒氮合金化和钒氮合金合金化成本比较

Table 4 Cost of vanadium-nitrogen alloyed steel with vanadium slag-nitrogen and with vanadium nitride alloy

钒合金种类	价格/(万元/t)	用量/(kg/t)	成本/(元/t)
钒氮合金	11.90	0.55	65.45
钒渣	0.35	8.00	28.00

由表 4 数据可知，采用钒渣—氮气钒氮合金化代替钒氮合金可降低合金成本 37.45 元/t。使用钒渣—氮气钒氮合金化工艺省去钒渣生产钒合金工序，减少钒资源流失，降低环境污染，同时氮气代替氩气，可有效降低炼钢动力介质成本，钒渣—氮气钒氮合金化工艺具有较好的经济效益和社会效益。

6 结论

（1）采用钒渣—氮气钒氮合金化代替钒氮合金钒氮合金化生产 HRB400E 钢筋是一种降低成本且实际可行的新型钒氮合金化方式。

（2）采用钒渣—氮气钒氮合金化生产的 HRB400E 钢筋的力学性能较高，下一步可对钢筋成分优化，降低 HRB400E 钢筋合金成本。

（3）采用钒渣—氮气钒氮合金化生产的 HRB400E 钢筋力学性能、低倍质量、微观金相组织与钒氮合金钒氮合金化生产的相当。

参 考 文 献

[1] 李承秀．钒渣代钒铁直接合金化的试验研究[J]．上海金属，1991，13(5)：1-5.

[2] 梁新维，刘玮．钒渣直接合金化冶炼 20MnSiV 生产新Ⅲ级钢筋[J]．钢铁钒钛，2001，22(1)：16-20.

[3] 张国富，岑永权．电弧炉/钢包钒渣直接还原合金化工艺[J]．特殊钢，1997，18(5)：42.

[4] 梁英教，车荫昌．无机化合物热力学数据手册[M]．沈阳：东北大学出版社，1993.

[5] 李刚，李京社，等．含氮不锈钢采用氮气增氮的热力学模型和实验研究[C]．朱鸿民．冶金研究(2007 年)．北京：冶金工业出版社，2007：239-241.

[6] 李士琦，高金涛，王玉刚，等．鞍钢冶炼非调质 N80 增氮工艺研究[C]．朱鸿民．冶金研究(2008 年)．北京：冶金工业出版社，2008：97-100.

低碳高硫含铋易切削钢的热塑性研究

刘海涛　陈伟庆

（北京科技大学钢铁冶金新技术国家重点实验室，北京 100083）

摘　要：本研究发现：低碳高硫含铋易切削钢的热塑性明显受铋含量影响，铋含量越高热塑性越差，其原因主要与热变形过程中奥氏体晶界偏聚的液态铋膜和铋对动态再结晶的抑制推迟有关。单独添加 Y、复合添加 B + Ce、复合添加 B + Ti 均可改善低碳高硫铋易切削钢的热塑性，由于添加的热塑性改善元素可优先于 Bi 在奥氏体晶界偏聚，抑制晶界熔融 Bi 元素偏聚，并加速动态再结晶的发生。

关键词：易切削钢；铋；热塑性；晶界偏聚；动态再结晶

Research on the Hot Ductility of Low Carbon Resulphurized Free Cutting Steel with Bismuth

Liu Haitao　Chen Weiqing

(State Key Laboratory of Advanced Metallurgy, University of Science and Technology Beijing, Beijing 100083)

Abstract: This study finds that the hot ductility of low carbon resulphurized free-cutting steel is obviously influenced by bismuth content, the higher bismuth content, the worse the hot ductility of the steel. The deterioration of the hot ductility is mainly due to the presence of the low melting point liquid bismuth films at austenite grain boundaries and the delay of the dynamic recrystallization by Bi additions. The hot ductility of the steel could be improved by microalloying with Y, B + Ce, and B + Ti, the beneficial effect of these elements on the hot ductility is mainly associated to the grain boundary segregation of Y, Ce, and B and the acceleration of dynamic recrystallization. The added elements could segregate to the austenite grain boundaries with a much faster diffusion rate than bismuth, finally the segregation of bismuth at grain boundaries is suppressed.

Keywords: free-cutting steel; bismuth; hot ductility; grain-boundary segregation; dynamic recrystallization

到目前为止，Pb-S 系易切削钢被广泛应用，其具有最为优良的可切削加工性能。然而铅有毒，Pb-S 系易切削钢的生产在将来也会被禁止[1-3]。人们研究发现铋易切削钢最有希望替代铅易切削钢，铋无毒，且具有与铅相似的物理性质，铋易切削钢中含有相对较少的铋就能达到与铅易切削钢相当的可切削性能[1-3]。

然而，钢中添加的铋是热塑性恶化元素，铋易切削钢在轧制过程中极易产生表面缺陷及开裂，很大程度上限制了铋易切削钢的发展。目前，国内外对铋易切削钢的研究主要集中在对其可切削性能方面[1]，而关于其轧制热塑性的研究则很少[2,3]。本文通过实验室冶炼所需成分的低碳高硫铋易切削钢，研究了铋含量对热塑性的影响及作用机理，并探讨了改善热塑性的方法。

1 实验方法

实验室真空感应炉中冶炼不同铋含量和添加热塑性改善元素的低碳高硫铋易切削钢，添加的热塑性改善元素有稀土 Ce、稀土 Y、元素 B、元素 Ti，各炉钢的化学成分如表 1 所示。将冶炼的铸锭在 1200℃ 保温 2h 后进行锻造，终锻温度 1050℃ 以上，最终锻造为直径 14 ~ 15mm 的钢棒，随后空冷至室温。

热塑性实验在 Gleeble-1500 模拟机上进行，将锻造钢棒加工成 ϕ10mm × 120mm 试样，Ar 保护气氛下进行高温拉伸，实验温度 850 ~ 1200℃，温度间隔 50℃，应变速率 10^{-2}/s。热历程为：首先将试样以 10℃/s 的速度升温到 1350℃ 保温 5min，然后以 3℃/s 的速度冷却到各试验温度，保温 1min 后进行拉伸，拉断后迅速淬水冷却断口，以保持实验温度下断口的微观组织形貌；随后测量计算出各断口的断面收缩率 *RA*。此外，将添加 B + Ti 后的低碳高硫钢试样以同样的热历程进行压缩实验，随后立即淬水，采用二次离子质谱 SIMS（CAMECA IMS 6F）分析试样中 B 的分布。

利用扫描电镜对各拉伸断口的纵剖微观形貌进行观察。将各断口沿中心线纵剖，磨样、抛光、浸蚀（苦味酸酒精溶液）后，分别采用扫描电镜的背散射电子模式（BES）、二次电子模式（SEI）及 EDS 能谱对各纵剖断口附近的微观组织进行观察分析。

表 1　各炉实验钢的化学成分　　(wt%)

编号	C	Si	Mn	P	S	Bi	N	O	添加元素
A0	0.06	0.11	0.92	0.057	0.32	0.00	0.0046	0.0251	—
A1	0.09	0.02	1.90	0.070	0.30	0.12	0.0054	0.0128	—
A2	0.07	0.01	1.25	0.050	0.31	0.17	0.0042	0.0228	—
Y1	0.08	0.03	1.42	0.057	0.30	0.16	0.0056	0.0107	0.0064Y
BC1	0.08	0.02	1.62	0.054	0.32	0.10	0.0046	0.0160	0.0055B + 0.017Ce
BT1	0.07	0.03	1.52	0.052	0.34	0.10	0.0047	0.0149	0.0051B + 0.012Ti

2 实验结果

2.1 铋含量对热塑性的影响

图 1 为所冶炼的不同铋含量炉次钢的热塑性对比曲线。可以看出，铋含量对低碳高硫铋易切削钢的热塑性有显著影响，A1、A2 钢比不含铋的 A0 钢在 1200 ~ 850℃ 范围内的热塑性均有明显降低，尤其是含铋 0.17% 的 A2 钢在 1100℃ 以下温度时热塑性急剧降低。

在 1100 ~ 1200℃ 温度范围内，A1、A2 钢均具有较好的热塑性，断面收缩率都在 70% 以上。在 1100 ~ 950℃ 范围内，含铋钢的热塑性明显受钢中铋含量的影响，铋含量越高热塑性越差。在 900 ~ 850℃ 范围内，不同铋含量的钢样热塑性均很差，尤其在 900℃ 时，不同铋含量钢的热塑性曲线均出现了低谷。

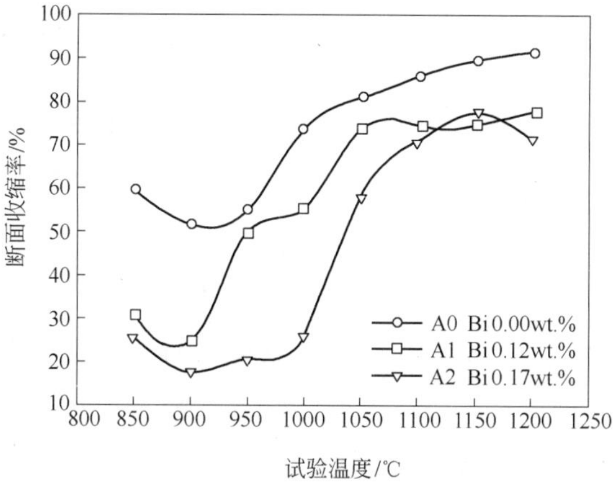

图 1 不同铋含量钢的热塑性对比

2.2 热塑性的改善

由图 2 可以看出，单独添加 Y、复合添加 B + Ce、复合添加 B + Ti 时均能改善低碳高硫铋易切削钢的热塑性，它们的在实验温度范围内的热塑性均优于含铋 0.17% 的 A2 钢。

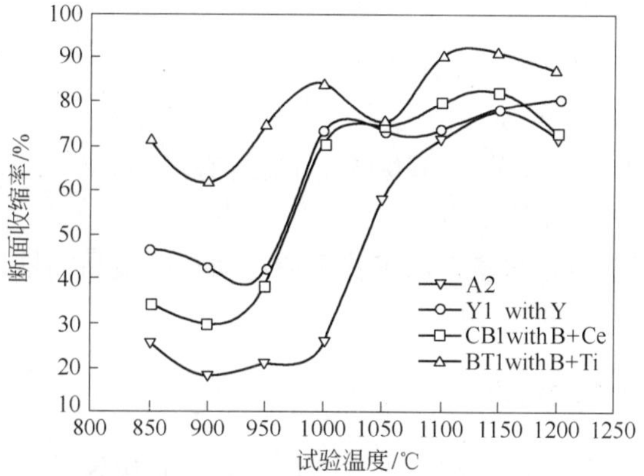

图 2 添加热塑性改善元素钢与 A2 钢的热塑性对比

低碳高硫铋易切削钢 A1、A2 中未添加热塑性改善元素时，仅在 1050 ~ 1200℃ 时的热塑性较为优良，说明其仅适合在不低于 1050℃ 的高温温度区进行轧制。低碳高硫铋易切削钢中单独添加 Y、复合添加 B + Ce、复合添加 B + Ti 后，在 1000℃ 及以上实验温度范围内的热塑性均较优良，断面收缩率均在 70% 以上，添加热塑性改善元素后使低碳高硫铋易切削钢的高温塑性区得到了扩大。

3 机理分析与讨论

3.1 铋危害热塑性的机理

纵剖 A1、A2 钢样的高温拉伸淬水断口，采用扫描电镜 SEI 和 BES 模式观察分析其组织形貌。结果发现：A1、A2 钢热塑性差的断口均存在有沿晶的开裂纹(图 3(a))，且均在开裂的晶界上发现了铋膜的偏聚(图 3(b))，铋含量越高铋膜偏聚越多，奥氏体晶界上偏聚的铋膜是造成高温区间沿晶脆性断裂的主要原因。高温形变温度下，奥氏体晶界偏聚的铋膜以液态形式存在（铋熔点 271.3℃），具有液态金属脆化的作用（LEM），从而显著降低晶界强度，导致高温拉伸时沿奥氏体晶界开裂脆断，从而恶化热塑性[4]。

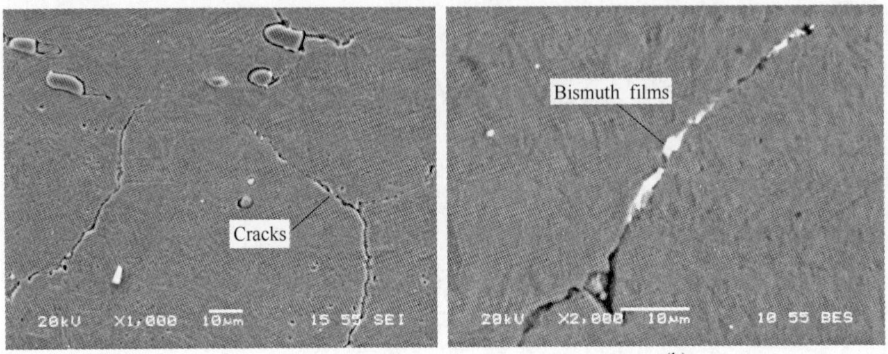

(a)　　(b)

图 3　断口附近纵剖后的 SEM 微观组织

（a）沿晶开裂纹形貌；（b）晶界铋的偏聚

Mintz 和 Mohamed 等人指出动态再结晶对钢获得良好的热塑性非常重要，而高硫钢热塑性的提高仅仅在更高温度动态再结晶开始时才能获得[5,6]。通过观察本实验 A0、A1、A2 钢样拉伸应力—应变曲线的波动情况及其热塑性曲线可知，A0、A1、A2 钢动态再结晶的开始温度分别为 1000℃、1050℃、1100℃，高温时随铋含量增加，钢的动态再结晶温度升高，即可推迟钢动态再结晶的发生。

因此，偏聚在奥氏体晶界的铋膜及铋的添加对动态再结晶的推迟作用，是导致低碳高硫铋易切削钢高温脆性断裂的主要原因。

3.2　添加元素改善热塑性的机理

纵剖 Y1、BC1、BT1 钢样的高温拉伸淬水断口，扫描电镜 SEI 和 BES 模式下观察分析其观组织形貌。结果发现：低碳高硫铋易切削钢中单独添加 Y、复合添加 B + Ce、复合添加 B + Ti 均可抑制奥氏体晶界 Bi 的偏聚，改善热塑性，1000℃及以上温度断口未观察到奥氏体晶界铋膜的存在。它们改善低碳高硫铋易切削钢的机理分析如下：

稀土是常用的热塑性改善元素，其具有细化奥氏体晶粒、净化和强化晶界的作用。文献报道[7]，钢中同时存在稀土和杂质元素时，稀土可优先偏聚于晶界，起到净化和强化晶界的作用，降低奥氏体晶界 Bi 的偏聚浓度，抑制奥氏体晶粒长大，并促使动态再结晶的发生。

已有许多研究证实和指出[8-10]，B 可提高钢的高温热塑性，主要与 B 元素的晶界偏聚有关。复合添加 B + Ti 的低碳高硫铋易切削钢中 B 元素主要分布于奥氏体晶界，在奥氏体晶界发生了偏聚（见图 4 中 SIMS 的检测结果）。钢中 B 原子具有大的晶界结合能，且 B 在低碳钢中高温时扩散速率约为 $10^{-10}m^2/s$，而其他金属元素在 Fe 中的扩散速率则约为

$10^{-15}m^2/s$，远低于 B 元素的扩散速率[11]；故高温下，钢中 B 能够以更快的速度优先于 Bi 在奥氏体晶界偏聚，从而可以抑制奥氏体晶界熔融 Bi 元素的偏聚，并增加晶界间的结合力[10,11]；此外，在高温降温或形变过程中，偏聚于奥氏体晶界的 B，可占据晶界形变诱导的空位，阻止晶界微裂纹的形成和发展，使钢的热塑性得到提高[8-10]。同时，只有当 B 以固溶形式存在时才能够有效发挥其作用[8-10]，即 B 抑制晶界铋偏聚引起的热轧时晶界脆化的情况是固溶 B 的作用。钢中同时存在有 B 和 Ti 时，则 Ti 可增加钢中有效固溶 B 的含量[12]，避免钢中 B 与 N 结合而生成对热塑性有害的 BN 析出相，从而增加钢中对热塑性有利的固溶 B。

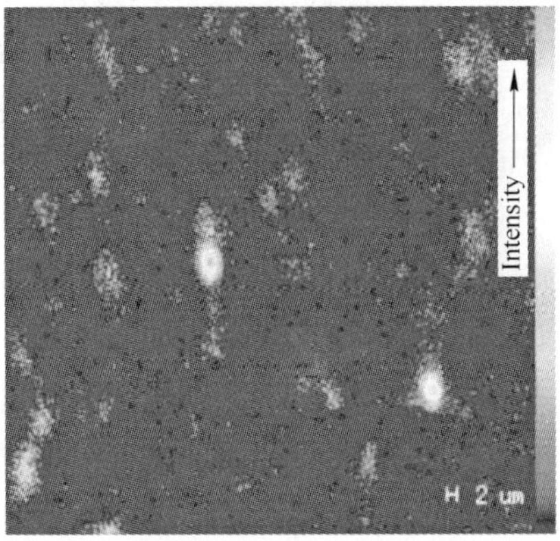

图 4　钢中 ^{11}B 分布的 SIMS 图像（$^{11}B^{16}O_2^-$）

此外，通过分析观察 Y1、BC1、BT1 钢的拉伸应力—应变曲线可知，单独添加 Y、复合添加 B + Ce、复合添加 B + Ti 均可促使低碳高硫铋易切削钢动态再结晶的发生，使动态再结晶的开始温度降低，从而改善了钢在较低温度下的热塑性，扩大了低碳高硫铋易切削钢的热塑性温度区间。图 5 为 A1、BT1 钢的拉伸应力—应变曲线对比，可以看出：复合添加 B + Ti 可促使低碳高硫铋易切削钢动态再结晶的发生，使动态再结晶的开始温度提前 50℃。动态再结晶对高硫钢热塑性的提高是非常重要的，动态再结晶过程中，晶界发生迁移移动，晶界的移动可使其远离空洞，并阻止晶界空洞的合并长大[5-10]。

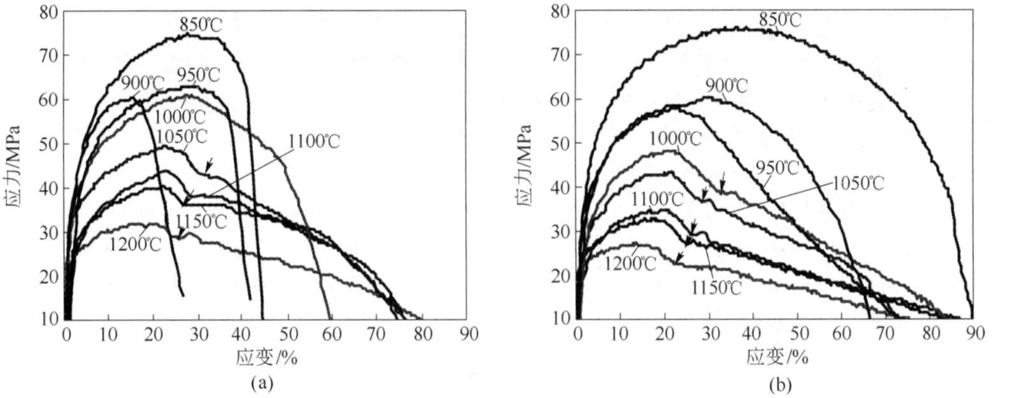

图 5　实验钢的高温拉伸应力—应变曲线

（a）A1 钢；（b）BT1 钢

（箭头表示动态再结晶开始）

4　结论

（1）低碳高硫铋易切削钢的热塑性主要受铋含量的影响，铋含量越高热塑性越差，主要与热变形过程中奥氏体晶界偏聚的液态铋膜和铋对动态再结晶的抑制推迟作用有关。

（2）单独添加 Y、复合添加 B + Ce、复合添加 B + Ti 均能改善低碳高硫铋易切削钢的热塑性，使低碳高硫铋易切削钢在1000℃及以上实验温度范围内的热塑性得到提高，断面收缩率均在70%以上，高温塑性区得到扩大。

（3）本研究条件下改善低碳高硫铋易切削钢热塑性的机理主要为：添加的热塑性改善元素可优先于Bi在奥氏体晶界偏聚，抑制晶界熔融Bi元素偏聚，并促进了钢动态再结晶的发生，降低了钢的动态再结晶温度，从而改善了钢在较低温度下的热塑性，扩大了低碳高硫铋易切削钢的热塑性温度区间。

参考文献

[1] Reynolds Philip, Block Volker, Essel Ingo. Alternatives to lead as a machinability enhancer in free cutting steels. Steel Research International, 2007, 178(12):908-914.

[2] Y. Kim, H. Kim, S. Y. Shin, et al. Cracking phenomenon occurring in Bi-S-based free-machining steel wire rods during hot rolling. Metallurgical and Materials Transactions A, 2011, 42A: 3095-3105.

[3] S. K. Cho. Effect of hot rolling and bismuth content on the hot ductility in free machining steel with bismuth and manganese sulfide. Journal of the Korean Institute of Metals and Materials, 1996, 34(7):822-829.

[4] Bernssmann G, Bleymehl M, Ehl R, et al. The making of free cutting steels with additions of lead, bismuth, tellurium, selenium and tin. Stahl Eisen, 2001, 121(2):87.

[5] Mintz B, Abushosha R, Jonas J J. Influence of Dynamic Recrystallisation on the Tensile Ductility of Steels in the temperature Range 700 to 1150°C[J]. ISIJ International, 1992, 32(2):241-249.

[6] Cowley A, Mintz B. Relative importance of the transformation temperatures and sulphur content on the hot ductility of steels[J]. Materials science and technology, 2004, 20(11):1431-1439.

[7] Waudby P E. Rare earth additions to steel[J]. International Materials Reviews, 1978, 23(2):74-98.

[8] Cho K C, Mun D J, Koo Y M, et al. Effect of niobium and titanium addition on the hot ductility of boron containing steel[J]. Materials Science and Engineering A, 2011, 528(10):3556-3561.

[9] Cho K C, Mun D J, Kang M H, et al. Effect of thermal cycle and nitrogen content on the hot ductility of boron-bearing steel[J]. ISIJ International, 2010, 50(6):839-846.

[10] Song S H, Guo A M, Shen D D, et al. Effect of boron on the hot ductility of 2.25Cr1Mo steel[J]. Materials Science and Engineering A, 2003, 360(1):96-100.

[11] Cho K C, Mun D J, Kim J Y, et al. Effect of boron precipitation behavior on the hot ductility of boron containing steel[J]. Metallurgical and Materials Transactions A, 2010, 41(6):1421-1428.

[12] Yamamoto K, Susuki H G, Oono Y, et al. Formation mechanism and prevention method of facial cracks of continuously cast steel slabs containing boron[J]. Tetsu-to-Hagané, 1987, 73(1):115-122.

结晶器冶金学与凝固基础理论

连铸二次冷却的研究进展、现状与将来

杜辰伟　李聿军　张家泉

（北京科技大学冶金与生态工程学院，北京 100083）

摘　要： 连铸二次冷却不仅决定了初生坯壳出结晶器之后的传热与凝固，且大大影响铸坯凝固过程中的相变及二次相的析出，这些都对铸坯内部质量及表面质量有极其重要的影响，甚至会影响后续热装或冷装以及轧制工艺。在回顾二冷控制由人工经验到目前以目标温度和有效拉速控制法为主的综合控制法的基础上，总结了二冷冶金准则的制定，二冷控制方法演进过程、控制要点，以及国内外代表性的动态二冷控制模型。提出未来的动态二冷控制模型，应通过分析不同钢种的凝固特性，制定其相应冷却工艺及后续冷却历程，并结合其冷却或再加热过程中相变与二次相析出行为制定进加热炉前的送坯工艺。

关键词： 连铸；二次冷却；冶金准则；动态控制

1　引言

连续浇注的钢水在结晶器里快速冷却形成一个较薄且有足够强度的坯壳，在随后的二冷区内继续完成钢液从固态到液态的转变。这期间会经历多种复杂的物理化学变化：既要发生凝固过程中的传热、流动、传质、溶质分配，组织转变以及合金元素的碳氮化物的析出，又要受到热和机械的变形。因而诸多铸坯质量与二冷区内的冷却息息相关，如铸坯的内部质量（中间裂纹，中心裂纹）、表面质量（微合金钢的表面横裂纹与角部横裂纹）、凝固组织、相变与二次相析出行为、铸坯鼓肚（高温蠕变）等。控制铸坯在二冷区内合理的均匀冷却成为保证铸坯质量的重要环节。连铸二次冷却的控制由最初的凭借人工经验控制发展到最近的基于铸坯温度场在线模拟的动态二冷控制，很好的控制了实际生产中非稳态浇注情况下的铸坯表面温度波动，保证了其不同浇注状况下（如头尾坯、换中间包等）的铸坯质量。本文回顾了国内外众多冶金工作者对连铸二冷冶金准则的制定、二次冷却控制的研究历程，对现有动态二冷控制模型进行了总结，并提出了未来二冷控制的研究方向。

2　二冷冶金准则

关于二冷区的冶金准则，目前国内普遍采用的是：铸坯沿拉坯方向上，冷却速度≤200℃/m；各冷却区出口回温≤100℃/m；矫直点温度≥900℃[1]。1977 年 J. K. Brimacombe[2] 做了对连铸坯裂纹成因的全面总结，其指出众多铸坯内部缺陷的形成（如中间裂纹、中心线裂纹）都与不良的二次冷却有关。也有学者指出，不良的二次冷却

也会加剧中心偏析的产生[3]。

为防止铸坯在二冷区冷却时产生表面或内部缺陷，早期的冶金学者分别从不同角度提出了二冷区的冶金准则[4]。

（1）二冷区铸坯冷却和回温产生的热应力是否导致内裂纹或中间裂纹为判据。

1976 年，Brimacombe[4] 指出，连铸机二冷区设计应满足以下两个方面：即减少内裂纹和保持较高的凝固速率。由此提出了二冷区回温不能超过 100℃的准则。其依据是：H. Vom Ende 和 G. Vogt[10] 在讨论设计弧形结晶器连铸机时指出，矫直变形应不超过0.3% ~0.5%，有时即使超过 0.2% 也会出现裂纹。而内裂的倾向也与碳含量有关，碳含量在 0.17% ~0.24%之间或高于 0.6%，更容易发生内裂纹。G. Van Drunen 和 Brimacombe 等人[11] 在随后研究了内裂（或热撕裂 hot-tear）的形成，认为其在凝固组织的柱状晶区容易产生而在等轴晶区不易发生。并详细解释了二冷区内过度回温导致铸坯内裂纹的形成过程。在二冷区的末端或相邻冷却区的交汇处，铸坯表面产生回温，回温大小主要取决于铸机二冷区的设计及喷嘴布置。回温导致表面已凝固坯壳的膨胀，表面坯壳的温度比内部低，强度比凝固前沿大。回温膨胀在凝固前沿处产生了双轴拉伸应变，当此应变超过钢在高温下的临界应变值时，在凝固前沿的低塑性区（枝晶间的钢液残留）便产生了热撕裂。当然，关于内裂纹的形成还跟其他因素（如铸机设备等）有关，Halliday[12] 也做了相关说明。研究结果表明，对于含碳量 0.4% 的普碳钢，高温区（1340℃）进行塑性变形断裂的临界应变（以伸长率表示）为 0.2% ~0.3%。因此，Brimacombe 基于上述观点提出若按照一般钢种的这种特性，钢的高温热膨胀大概为 0.2%/100℃，为避免内裂纹，建议回温不超过 100℃，保险起见则不超过 50℃。之后关于铸机设计及二冷控制的研究多基于此准则。

此后，比利时的 A. Palmaers[5] 对连铸坯的机械应力和热应力进行了计算。通过与实验对比，确定拉伸应变 0.2% 作为不产生内裂纹的临界应变，并提出了将应变判据转换为冷却判据的观点。分析认为，在二冷区末端出现热应力的情况下，确定产生的最大变形和表面温度回升与坯壳厚度之比之间的严格关系。这个比值以“热应力系数”表示。随后，确定了三种代表性钢种（含硫 ≤0.015% 钢、含碳 0.1% ~0.2% 钢、含硫 0.025% 钢）的热应力系数与最大拉伸变形（临界拉伸应变 0.2%）的关系分别为 80℃/cm、45℃/cm 和 30℃/cm，如图 1 所示。例如：临界热应力系数为 80℃/cm，如果坯壳厚度为 3cm，则不产生内裂纹可允许的回温为 240℃。这是铸坯纵向（垂直于拉坯方向）不同坯壳厚度所受的回温与热应力的关系。以此作为设计连铸二冷区回温的准则，更为合理。

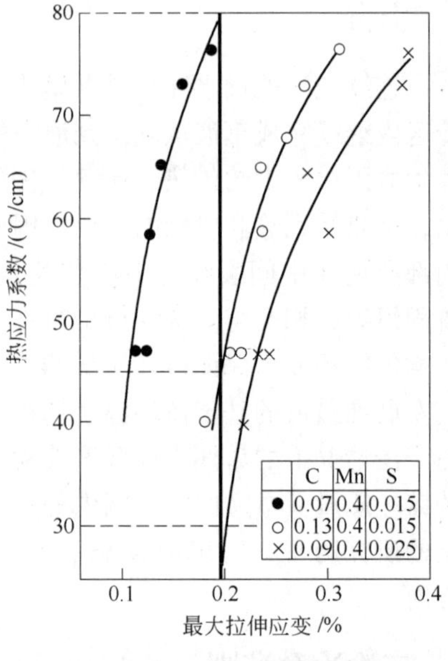

图 1　三种钢最大拉伸应变与热应力系数的关系

早期的连铸机二冷区布置的非常短，因此二冷区的出口处会有一个很大的回温。而现在的连铸机设计时都会加长二冷区，且划分为多个冷却区，避免了出口处过大的回温，故一般均能满足此二冷准则。同时，早期的铸机设计都是单点矫直，为了防止矫直裂纹，采用全凝固矫直，而现代铸机通过增加半径和优化辊列布置，均可实现带液芯矫直。多点矫直或连续矫直的设计也大大减小了矫直应变，发生内裂纹的概率也随之降低。

（2）碳氮化物的析出行为对角部横裂纹的影响。

T. Nozaki[7]针对过包晶钢（0.18% C，0.039% Al），观察对比了不同冷却制度下 AlN 的析出行为以及对铸坯角横裂的影响，得到了 AlN 析出与冷速之间的关系。分析得出：二冷区上部（刚出结晶器）冷速过大或持续的温度波动导致的回温，都加剧了 AlN 在奥氏体晶界的析出，降低了钢基体的塑性。随后提出了二冷控制措施：1）二冷区上部冷速严格控制在 100℃/m 以内，热流密度控制在 70000kcal/(m^2 · h)以内；2）二冷区中后段冷速控制在 10～20℃/m 左右，热流密度在 30000～50000kcal/(m^2 · h)左右。以此为依据，通过优化各个冷却区的水量，减少每个区出口的回温，不但大大减少了角部横裂纹，同时也促进了坯壳的均匀生长，还减少了纵裂纹的出现频率。

（3）针对微合金钢表面横裂纹及角部横裂纹的新型二冷工艺。

通过钢的高温力学性能曲线可知其在凝固时要经历三个脆性区，对于微合金钢或低合金高强钢，合金元素（尤其是 Nb）的添加扩大了脆性区范围。为避免在第三脆性区（通常 600～900℃）发生矫直裂纹，常见的解决方法就是使铸坯在通过矫直区时避开脆性温度区间（一般使表面温度≥900℃）。然而，由于连铸过程铸坯表面温度横向分布不均匀，且角部为二维传热冷却，很容易造成角部温度过冷，往往很难避开脆性温区[13]，这也是表面横裂纹频繁发生在角部的原因。为了彻底解决微合金钢连铸板坯的表面横裂纹问题，早在 20 世纪 70 年代 Schmidt[14]就尝试采用加强二次冷却使表层组织发生 $\gamma \rightarrow \alpha \rightarrow \gamma$ 转变来细化奥氏体、铁素体组织。在此基础上，Kato[15]和 Walmag[19]等均提出一种新型二次冷却工艺。该工艺的具体原理是，铸坯出结晶器后进行强冷，其目的是消除奥氏体晶界析出的膜状铁素体。在此之后，铸坯表面通过内部潜热释放，经过自回温而重新奥氏体化，冷却过程中的铁素体（晶界或晶内）都会溶解，但先前于铁素体中析出的碳氮化物却并不会回溶。在随后的再次冷却中（缓冷），铁素体会优先在前面析出的碳氮化物颗粒上形核，在奥氏体晶内均匀的析出，即在较慢的冷速下铁素体也不会以膜状析出，从而提高了表层铸坯的塑性，避免了在矫直时产生裂纹。

3 二冷控制方法

几十年间，连铸二冷配水经历了静态配水模式和动态配水模式，静态配水主要有人工配水、比例控制法和参数控制法，动态配水模式主要有实测表面温度反馈控制、人工智能控制法、基于有效拉速法和目标表面温度等综合控制法。随着控制方法的优化与自动化水平的提高，铸坯质量也进一步提高。

3.1 人工配水

人工配水方法一般是由工艺员设计水表，即，按不同的钢种、不同的断面及不同拉速、按一定的冷却强度确定二冷各段的冷却水分配比例（一般连铸工艺要求上部水量应比下部水量大），计算好每段的水量值，填于表中。配水操作工根据实际拉速，迅速调整各阀门的开度（或使用电动阀门远距离操作）使供水流量达到配水表上的要求。然后再用肉眼目测或用红外辐射测量计测量二次冷却区出口铸坯的表面温度，适当调整水量，使铸坯表面温度控制在1000℃左右，达到水量控制的目的。这是早期因技术条件与自动化条件落后所采用的方法，由于其受人为因素影响，特别是拉速变化时水量控制的滞后现象，难以保证铸坯的质量。

3.2 比例控制

比例控制即二冷水量按与拉速成一定比例的控制，实际上与人工控制的计算方法类似，仅是用 PLC 或计算机的指令来控制水阀门的开度，使实际水流量接近设定值，此时流量计会将流量信号反馈到 PLC，经过 PLC 对信号的处理与比较，然后再调整阀门开度，使水量精确地控制到设定值上。

比例法是方坯连铸机使用最广泛的控制方法，它的数学模型通常表示为：

$$Q = av_c + b \tag{1}$$

式中，Q 为二冷总水量，L/min；v_c 为拉坯速度；a，b 为系数。

相应的，各二冷区水量为：

$$Q_i = a_i v_c + b_i \tag{2}$$

人工配水和比例控制配水方法受操作水平、人为等外界干扰因素的影响很大，使得铸坯的质量难以保证。

3.3 参数控制法

此法由日本学者 Inazaki 等人[21]提出。这种控制方法的思路是制定出适合于所需浇注钢种的目标表面温度曲线，由此找出要使铸坯（若干控制点）表面实际温度符合目标温度时各冷却段水量的控制参数 A、B、C，建立符合 $Q = Av^2 + Bv + C$ 的一元二次方程式的数学模型。同时将 A、B、C 这些参数储存于智能仪表（PLC）或计算机内，浇注时选取对应钢种的控制参数，然后根据拉速自动配置各回路冷却水量。

这种控制方式中水量随拉速的变化是二次曲线的变化趋势，优于比例控制。在实际应用中，如果其他干扰因素较小的话，铸坯温度分布可控制在对应钢种的目标表面温度附近，有利于改善铸坯质量。但这种控制为静态控制，对生产条件变化的应变能力较差，只能适用于拉速相对稳定的情况。

3.4 实测表面温度反馈动态控制

一种将实测温度数据作为控制参数的方法，在每个二冷段安装高温计测试铸坯表面温度，计算机采集温度计的数据，并根据目标表面温度与实测铸坯表面温度的差值来调节控制水量，但二冷区温度高水雾大，铸坯表面有冷却水形成的水膜和氧化铁皮，周围又有二冷水汽化后形成的雾状蒸汽，影响着铸坯表面温度测量的准确度，这种方法由于在线铸坯表面温度监控较难实现而在应用上受到限制。

3.5 人工智能控制法

随着社会对钢材品种与质量要求的提高，基于人工智能的优化控制方法凭借其自身对处理复杂系统非线性问题的优势，在连铸二冷领域也引起了学者的研究与重视。这种方法依靠人工智能技术的方法，如神经网络[22]、遗传算法[25]、模糊控制[28]、群智能算法[30]与基于改进粒子群算法[31]等技术来实现并与传热模型相结合，能够及时作出响应，适应工艺上的复杂性、不确定性和系统的非线性。这些算法以实测生产数据为建立前提，一定程度上可以避免传热模型因参数设置对计算精度的影响，但也属于经验模型，需要大量的生产数据为支撑，因而对新生产线、新产品的工艺并不能很好的适用。

3.6 基于多模型综合控制法

近二十年来，随着冶金自动化技术的不断进步，逐步形成了以有效拉速法[32]和目标表面温度控制[33]为核心，辅助以中间包有效过热前馈配水[35]、表面回温反馈配水[36]，并考虑季节性二冷水温变化[37]的多模型综合控制法[36]。

该方法利用计算机通过有限差分法求解传热微分方程，考虑钢种、浇注温度、铸坯断面尺寸、拉速、结晶器传热等因素，将铸坯划分为等距离的切片，利用在线的拉速和浇铸铸坯长度动态计算铸坯从弯月面到各冷却区中心的平均停留时间，换算得到各二冷区的等效拉速，然后根据设定的基础水量，每隔一段时间计算铸坯的表面温度，并与预先设定的目标表面温度相比较得到差值，用差值结果调整各段冷却水量，使铸坯的表面温度与目标温度相一致。并且根据中间包过热度，各冷却区出口的回温的实时性变化，动态微调各区水量，达到了很好的效果，目前被广泛采用。

4 数值计算与动态二冷控制模型

连铸凝固传热数学模型是求解铸坯温度场的核心，同时也是动态热跟踪模型乃至动态轻压下模型的基础。关于连铸传热微分方程，Hills[38]于 1965 年最早尝试用解析法来进行求解，随后用简单的传热系数描述了结晶器与铸坯间的传热[39]。J. W. Vonaidson[40]建立了小方坯的一维传热模型，其创立的“切片法”的思想一直沿用至今，成为了数值求解铸坯温度场的基础。1967 年，Mizikar[41]用有限差分法首次实现了板坯凝固传热一维模型的数值求解，将连铸传热领域带入了计算机求解的新时代。其通过分析而做出的（包括：采用等效比热法处理凝固潜热问题，通过放大钢液热传导系数处理凝固前沿钢液流动对传热的影响等）众多合理简化，成为现代动态二冷控制模型的核心。1976 年，Brimacombe[4]推导了方坯连铸二维模型，讨论了不同工艺参数对连铸坯质量的影响。随后，Brimacombe[42]课题组又建立了三维计算模型，不仅考虑板坯厚度方向上的传热，而且考虑宽度方向上的温度不均匀和拉坯方向上的传热。此后，由于采用计算机进行数值求解技术日益成熟，加之生产中通常关心的一些重要信息，如坯壳厚度、凝固分率、液芯长度等，均可由铸坯温度场计算结果加以初步确定，因此，很长一段时间内铸坯温度场的分析就成为连铸凝固过程模拟的主要内容。对于二冷凝固过程数学模型的求解方法包括有限差分法[43]、有限元法[44]、有限体积法[45]和边界元法[46]等。有限差分法以其在求解中的实用性、简易性和广泛性等优势，普遍应用于实际生产中。

动态二冷在线的控制模型的开发，经过了由最初的人工经验控制法到基于拉速控制的比例参数控制法，再到以目标表面温度控制为核心的综合控制模型。考虑钢种、断面、过热度、拉速等浇注工艺参数变化的工况，能有效适应开浇、正常浇注、出尾坯与停浇过程的切换，控制精度与响应精度也在日臻完善。同时，在动态二冷模型的核心——动态热跟踪模型的基础上研制的动态轻压下模型，能有效跟踪铸坯的凝固分率，实时捕捉压下区间进行软压下，对控制铸坯内部质量尤其是中心偏析与疏松、缩孔起到了良好的效果。

国外具有代表性的动态二冷控制模型如 Siemens-VAI 的 Dynacs 系统[47]、Danieli 的 LPC 系统[48]、芬兰 Rautaruukki 公司开发的 Dyncool 系统[49]、Beckermann 课题组的 DYSCOS 系统[51]和 Thomas 课题组的 CONONLINE 系统[52]。国内方面，相关设计院与高等院校的冶金工作者也分别针对方坯、板坯和圆坯甚至异型坯[53]进行了动态二冷模型的开发，代表性的模型有张家泉❶、朱苗勇、陈登福、张炯明等各自课题组的动态二冷控制模型。

目前已建立的铸坯温度场计算模型包括从一维到三维的模型，三维模型多应用于二冷离线铸坯凝固传热计算，板坯和圆坯温度场模型多采用一维计算模型，方坯和异型坯温度场模型都是二维非稳态传热模型，采用运动坐标系的二维切片法，即用传热边界条件的时间函数法来模拟拉坯过程的冷却条件；并认为与拉速相比，可以忽略拉坯方向的传热；同时计算时根据几何对称性，计算域通常取铸坯 1/4 截面。这些模型基本能满足普通钢种的生产需要，有效控制非稳态浇注时表面温度波动 30℃以内，有效控制冷却速度与回温大小，避免二冷过程中的中间裂纹等相关缺陷。奥钢联最新开发的三维在线控制系统 Dynacs-3D[54]可以很好的控制凝固液芯形状，代表了动态二冷模型的最高水平，如图 2 所示。

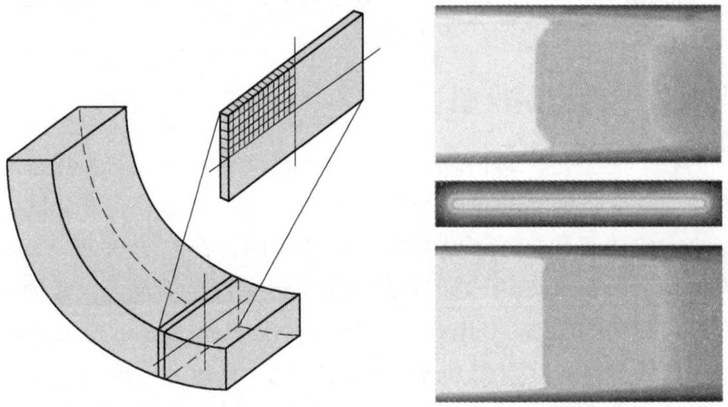

(a)　　(b)

图 2　Dynacs-3D 在线动态二冷模型的模拟结果

5　未来趋势

对于当前的动态二冷控制模型，只要针对特定钢种的热物性参数设置相对准确，再辅助以对现场铸坯的二冷区传热系数进行实测，经与离线模型对比修正之后，铸坯表面温度

---

❶ 国家软件著作权，连铸过程动态热跟踪与动态二冷配水控制软件 V1.0，国家版权局，2006SR04632；国家软件著作权，板坯连铸动态轻压下在线控制模型软件 V1.0，国家版权局，2006SR05187；国家软件著作权，大方坯连铸动态轻压下在线控制模型软件 V1.0，国家版权局，2006SR04634；国家软件著作权，大圆坯连铸二冷动态在线控制软件系统 V1.0，国家版权局，2009SRBJ2375；国家软件著作权，连铸异形坯动态二冷配水系统 V1.0，国家版权局，2010SRBJ2769。

的波动以及相关的表面质量及内部质量便可控制到令人满意的效果。

但是，众所周知，钢在凝固时溶质元素偏析会造成凝固前沿的溶质元素富集，从而导致前沿部分液固相线的降低。尤其是固相线的降低造成了凝固终点的后移，使得动态热跟踪模型不能准确的跟踪铸坯中心的凝固进程，导致在凝固末端实施的动态轻压下和电磁搅拌未有效改善中心偏析等质量缺陷。Bernhard 等人研究结果表明（如图 3 所示），采用不同的微观偏析模型得到的固相线所计算的凝固终点的位置有很大差异。故如何更加准确的计算溶质元素微观偏析之后的固相线成为未来动态二冷控制模型的研究重点，这将直接影响末端轻压下及电磁搅拌的实施效果。

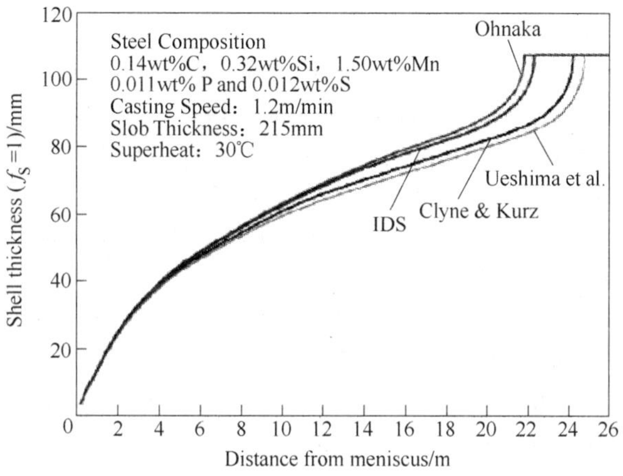

图 3　二冷模型采用不同微观偏析模型得到的固相线所计算的凝固终点

同时对于连铸一些特殊钢种时（例如在组织转变和析出物方面有特殊行为的微合金钢），现有模型并未考虑冷却强度对铸坯的固态组织转变与二次相析出的影响。而这恰恰是目前微合金钢实际生产中产生表面（或角部）横裂纹的内在原因。因此，未来的动态二冷控制模型应是具备组织转变与析出相预报功能，向更为智能化的方向发展。为了保证后续加工质量，甚至要考虑三冷区（这里定义为：铸坯出二冷区之后的空冷）对后续加热轧制质量的影响。因为铸坯进加热炉之前，是直接热装热送，还是经堆垛缓冷后冷装，期间所经历的热历程，对铸坯的相变与析出有很大影响。进而影响到加热炉里的析出物的溶解行为，相变与晶粒变化，从而对热轧质量产生重要影响。这就需要针对特定钢种在凝固冷却过程中的组织转变以及碳氮化物的析出行为有更为深入的了解，针对不同钢种制定相应的送装制度，彻底打破铸轧界限，促进铸轧热历程研究一体化的衔接。

6　结论

本文得出的主要结论如下：

（1）总结了二冷冶金准则的制定依据；

（2）回顾了二次冷却由人工控制到以有效拉速法和目标表面温度法为核心的现代先进控制方法的发展历程；

（3）总结了凝固传热数值模拟以及其在二冷控制模型中的应用，总结了国内外现有的动态二冷控制系统及应用现状；

（4）提出了两个未来动态二冷控制模型的研究方向，即更加准确的考虑微观偏析导致的固相线下降对凝固进程的影响；针对特定钢种（如微合金钢）的裂纹敏感性，开发具有组织转变及析出相预报功能的动态二冷模型。

参 考 文 献

[1] 蔡开科．连续铸钢[M]．北京：冶金工业出版社，1990.

[2] Brimacombe J K, Sorimachi K. Crack formation in the continuous casting of steel[J]. Metallurgical transactions B, 1977, 8(2):489-505.

[3] Grosskurth N, Hater M, Klages R, et al. Experience of Two Years Operation of a Curved Plant for Continuous Casting of Plate, Hot-Strip and Cold Strip[J]. Stahl und Eisen, 1974, 94(15):673-681.

[4] Brimacombe J K. Design of continuous casting machines based on a heat-flow analysis: state-of-the-art review [J]. Canadian Metallurgical Quarterly, 1976, 15(2):163-175.

[5] Palmaers A, Etienne A, Mignon J. Calculation of the Mechanical and Thermal Stresses in Continuously Cast Strands[J]. Stahl und Eisen, 1979, 99(19):1039-1050.

[6] Etienne A, Palmaers A. Secondary Cooling and Product Quality in Continuous Casting[C]. Solidification and Casting of Metals, Proc. Conf., Sheffield, England, July 1977, 1979: 295-299.

[7] Nozaki T, Matsuno J, Murata K, et al. A secondary cooling pattern for preventing surface cracks of continuous casting slab[J]. Trans. Iron Steel Inst. Jpn., 1978, 18(6):330-338.

[8] Birat J P, Larrecq M, Le Bon A, et al. Control of secondary cooling in continuous casting of plate grades [J]. IRSID, ACI, 1981, 83.

[9] Larrecq M, Birat J P, Saguez C, et al. Optimization of Casting and Cooling Conditions on Steel Continuous Casters. Implementation of Optimal Strategies on Slab and Bloom Casters[C]. 3rd Process Technology Conference. 1982: 273-282.

[10] VomEnde H, Vogt G. Comparison of the influence of straight and curved mould continuous-casting machines on product quality[J]. J. Iron Steel Inst., 1972, 210(12):889-894.

[11] Vandrunen G, Brimacombe J K, Weinberg F. Internal cracks in strand-cast billets[J]. Ironmaking Steelmaking, 1975, 2(2):125-133.

[12] Halliday I M D. Comment on Internal Cracks in Strand-Cast Billets' [J]. Ironmaking and Steelmaking, 1975, 2(2):147.

[13] Ma F J, Wen G H, Tang P, et al. In situ observation and investigation of effect of cooling rate on slab surface microstructure evolution in microalloyed steel[J]. Ironmaking & Steelmaking, 2010, 37(3):211-218.

[14] Schmidt L, Josefsson A. On the Formation and Avoidance of Transverse Cracks in Continuously Cast Slabs from Curved Mould machines[J]. Scandinavian Journal of Metallurgy, 1974, 3: 193-199.

[15] Kato T, Ito Y, Kawamoto M, et al. Prevention of slab surface transverse cracking by microstructure control [J]. ISIJ international, 2003, 43(11):1742-1750.

[16] Ito Y, Kato T, Yamanaka A, et al. Improvement of hot ductility in continuously cast strand by ferrite precipitation control[J]. Tetsu-to-Hagane (Journal of the Iron and Steel Institute of Japan), 2003, 89(10): 1023-1030.

[17] Kato T, Yamanaka A, Watanabe T. Prevention of transverse cracking in microalloyed continuously cast slabs by microstructure control [C]. Iron and Steel Society, AIME, Steelmaking Conference Proceed-

ings. 1997, 80: 345-349.

[18] Baba N, Ohta K, Ito Y, et al. Prevention of slab surface transverse cracking at Kashima n° 2 caster with Surface Structure Control (SSC) cooling[J]. Revue de Métallurgie, 2006, 103(04):174-179.

[19] Walmag G, Schmitz A, Marique C. A new secondary cooling concept for avoiding surface cracks during casting of peritectic and micro-alloyed steels[C]. 4th Europ. Continuous Casting Conf. 2002: 14-16.

[20] Walmag G, Smith A W, Mcdonald M I, et al. New secondary cooling patterns for peritectic and microalloyed steel[J]. EUR, 2005(21445):1-229.

[21] INAZAKI K, TAKAHASHI M, CHIDA Y, et al. Computer control system for CC-DR process[J]. Transactions of the Iron and Steel Institute of Japan, 1984, 24(1):75-79.

[22] Santos C A, Spim Jr J A, Ierardi M C F, et al. The use of artificial intelligence technique for the optimisation of process parameters used in the continuous casting of steel[J]. Applied Mathematical Modelling, 2002, 26(11):1077-1092.

[23] 孙韶元，李世平．连铸二冷控制的智能化方法[J]．北京科技大学学报，1997，19(2):188-191.

[24] 陈志凌，张国贤，韩传基．连铸二次冷却智能优化控制的研究[J]．钢铁，2006，41(9):40-43.

[25] Miettinen K. Using interactive multiobjective optimization in continuous casting of steel[J]. Materials and Manufacturing Processes, 2007, 22(5):585-593.

[26] 郑忠，占贤辉，罗小刚．基于遗传算法的板坯连铸二冷配水优化方法[J]．重庆大学学报：自然科学版，2008，31(12):1365-1370.

[27] Chakraborti N, Gupta R S P, Tiwari T K. Optimisation of continuous casting process using genetic algorithms: studies of spray and radiation cooling regions[J]. Ironmaking & Steelmaking, 2003, 30(4): 273-278.

[28] Camisani-Calzolari F R, Craig I K, Pistorius P C. Quality prediction in continuous casting of stainless steel slabs[J]. Journal of The South African Institute of Mining and Metallurgy, 2003, 103(10):651-665.

[29] 刘文红，王彪，马交成，等．基于模糊自适应 PID 的连铸二冷控制系统设计与仿真[J]．东北大学学报：自然科学版，2008，28(12):1693-1696.

[30] Zhang X. Secondary Cooling Parameters Optimization in Continuous Casting Process Based on Ant Colony System Algorithm[C]. Intelligent Networks and Intelligent Systems (ICINIS), 2010 3rd International Conference on. IEEE, 2010: 434-437.

[31] 王兆峰．板坯连铸二次冷却过程仿真及工艺优化[D]．大连理工大学，2013.

[32] 窦志超，张晓峰，尹佳，等．基于有效拉速和有效过热度的连铸二冷控制模型[J]．北京科技大学学报，2012，33(11):1349-1353.

[33] Han Z, Chen D, Feng K, et al. Development and Application of Dynamic Soft-reduction Control Model to Slab Continuous Casting Process[J]. ISIJ International, 2010, 50(11):1637-1643.

[34] Chang Y H, Liu K, Zhang J Q. Development and application of dynamic secondary cooling and dynamic soft reduction control for slab castings[C]. Proc. 7th European Continuous Casting Conf., Düsseldorf, Germany, (2011).

[35] Ma J, Xie Z, Jia G. Applying of real-time heat transfer and solidification model on the dynamic control system of billet continuous casting[J]. ISIJ International, 2008, 48(12):1722-1727.

[36] 常运合．连铸工艺过程控制模型研究与应用[D]．北京科技大学，2012.

[37] Zhang J, Chen D, Wang S, et al. Compensation control model of superheat and cooling water temperature for secondary cooling of continuous casting[J]. Steel Research International, 2011, 82(3):213-221.

[38] Hills A W D. Simplified theoretical treatment for the transfer of heat in continuous casting machine molds [J]. Journal of the Iron and Steel Institute, 1965, 203: 18-26.

[39] Hills A W D. Generalized Integral-Profile Method for the Analysis of Unidirectional Heat Flow During Solidification[J]. Trans Met Soc AIME, 1969, 245(7):1471-1479.

[40] Vonaidson. J. W. Computer Simulation of Heat Transfer in Continuous Billets Casting[J]. Electric Furnace Proceedings, 1966; 24: 780-790.

[41] Mizikar E A. Mathematical heat transfer model for solidification of continuously cast steel slabs[J]. Trans Met Soc AIME, 1967, 239(11):1747-1758.

[42] Lait J E, Brimacombe J K, Weinberg F. Mathematical modelling of heat flow in the continuous casting of steel[J]. Ironmaking & Steelmaking, 1974, 1(2):90-97.

[43] Radovic Z, Lalovic M. Numerical simulation of steel ingot solidification process[J]. Journal of Materials Processing Technology, 2005, 160(2):156-159.

[44] Natarajan T T, El-Kaddah N. Finite element analysis of electromagnetic and fluid flow phenomena in rotary electromagnetic stirring of steel[J]. Applied Mathematical Modelling, 2004, 28(1):47-61.

[45] El Ganaoui M, Lamazouade A, Bontoux P, et al. Computational solution for fluid flow under solid/liquid phase change conditions[J]. Computers & fluids, 2002, 31(4):539-556.

[46] Cholewa R, Nowak A J, Wrobel L C. Application of BEM and sensitivity analysis to the solution of the governing diffusion-convection equation for a continuous casting process[J]. Engineering analysis with boundary elements, 2004, 28(4):389-403.

[47] Mörwald K, Dittenberger K, Ives K D. Dynacs® cooling system: features and operational results[J]. Ironmaking & Steelmaking, 1998, 25(4):323-327.

[48] Sgro A, Rinaldi M, Accardo G. A New Benchmark Special Steel Casting: New Twin-Strand Vertical Caster at POSCO Specialty Steel, Korea [C]. Proc. 8th European Continuous Casting Conf., Graz, Austria, 2014.

[49] M. Jauhola, E. Kivela, J. Konttinen, et al. Louhenkilpi: Proc. 6th International Rolling Conference, Dusseldorf, Germany, 1994, vol. 1, pp. 196-200.

[50] Parfenov E P, Smirnov A A, Koshkin A V, et al. Dynamic secondary cooling system for a continuous caster [J]. Metallurgist, 1999, 43(11):510-513.

[51] Hardin R A, Liu K, Beckermann C, et al. A transient simulation and dynamic spray cooling control model for continuous steel casting[J]. Metallurgical and materials transactions B, 2003, 34(3):297-306.

[52] Petrus B, Zheng K, Zhou X, et al. Real-time, model-based spray-cooling control system for steel continuous casting[J]. Metallurgical and materials transactions B, 2011, 42(1):87-103.

[53] 常运合，张家泉，等. 基于有限元法异型坯动态二冷控制模型开发与应用[J]. 北京科技大学学报，2011，33(4):418-422.

[54] Ramstorfer F, Dittenberger K, Hauser K, et al. Dynacs 3D-The new dimension in secondary cooling for slab casters[C]. Proc. 7th European Continuous Casting Conf., Düsseldorf, Germany, 2011.

Refining Mechanism of the Electric Current Pulse on the Solidification Structure of Pure Aluminum Ⅱ

Liao Xiliang[1,2] Zhai Qijie[1] Luo Jun[3] Song Changjiang[1] Gong Yongyong[1]

(1. School of Materials Science and Engineering, Shanghai University, Shanghai 200072;
2. School of Mechanical Engineering, Shandong University, Jinan 250061;
3. Institute of Physics, Chinese Academy of Sciences, Beijing 100080)

Abstract: In our recent publication, the refining mechanism of electric current pulse(ECP) on solidification structure of metal has been proposed by detail experiments. In this paper, we extend our research on the refining mechanism of ECP to strict theoretical analysis. According to our investigation, the increase of the nucleation rate is ascribed to the electromagnetic pushing force which causes the nucleus to break off from the mold wall and dissociate into the melt. The electromagnetic pushing force and velocity of nuclei in the melt have been described based on the theory of electrodynamics. It is found that the electromagnetic pushing force increases with the pulse current density and frequency increasing while decreases with the pulse width increasing when the metal and mold is fixed. The motion of the nucleus is changed from the initial accelerating to proximately uniform motion. The horizontal velocity is proportional to the square of the nucleus' radius but inversely proportional to the radius of the cylindrical-shaped sample. With the increase of the pulse current density and the decrease of the pulse width, the solidification structure of pure aluminum transforms from coarse columnar crystals to fine globular crystals, and the shape of the equiaxed crystal region changes from convexity to concavity.

Keywords: electric current pulse; solidification structure; refining mechanism

1 Introduction

Magnetic field, ultrasonic wave and electric current have been applied to control the solidification of metal as environment-friendly and advanced methods. In particularly, nowadays the effect of electric current pulse on the solidification of metal has been focused widely by many researches. Many significant results have been achieved in recent years, especially the refinement of solidification structure of metal, such as mid-low temperature alloys[1-4], pure metals[5,6] and high temperature alloys[7,8]. However, the refining mechanism is no clear yet duo to the absence of experiments examination and theories. Mainly, there are two dominating viewpoints about the refining mechanism. One is that the pulse magnetic pressure induced by ECP has made the dendrites in the molten metal break and fracture[3,9], leading to the grain refinement. The other is that the enhanced nucleation rate is ascribed to the inoculation effect of ECP[10,11].

According to our latest investigation[12], the multiplication of the crystal nucleus and the grain refinement are ascribed to the abscission and drift of the crystal nuclei on the mould wall in the liquid by imposing of ECP. In this paper, the refining mechanism of ECP will be further investigated based on the electrodynamics, and the main factors influencing the solidification structure refinement will be discussed.

2 Experimental apparatus and procedure

Fig. 1 shows our experimental apparatus, which consists of an electric current pulse generator with a capability of 1500 μF and a temperature measurement system with a cooling-curve plotter. The frequency of the pulse power ranges from 100Hz to 1000Hz, and the electric voltage does from 12. 5V to 3000V.

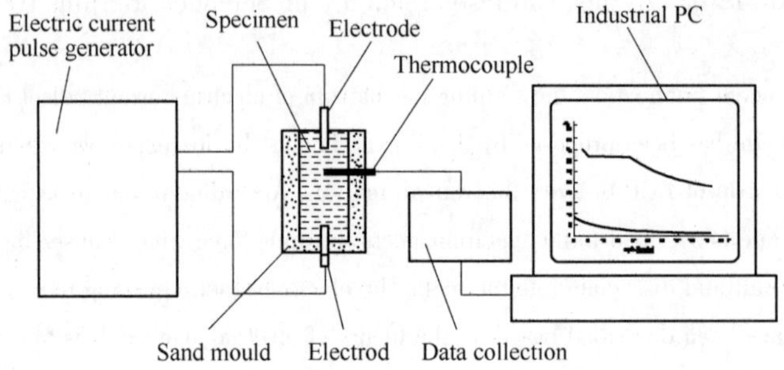

Fig. 1 Schematic sketch of the experimental setup

The materials used here was pure Al (99. 97%) . It was melted in an electric resistance furnace and heated to 1113K. After holding at 1113K for 30 minutes, the molten metal was poured simultaneously into two sand moulds. After pouring, one specimen was treated with ECP and the other without ECP. Both specimens have a size of ϕ40mm × 160mm. A 50mm piece as the test sample was cut from the bottom of the solidified specimen and sectioned along the center line, and then it was polished for metallographic examination. The etching reagent revealing the macrostructure of sample was a mixture of 3 nitric acid: 3 hydrofluoric acid: 9 hydrochloric acid: 5 water.

3 Results

According to our recent experimental investigation[12], the refining mechanism of ECP on the solidification structure of pure aluminum is that a large number of nuclei break off from mould wall by EPC. It lead to the multiplication of the crystal nucleus, which has been proved by applying ECP on different stages of solidification, putting the wire net in different positions of the mould, as well as preheating mould to different temperatures. However, the interesting experimental results as shown in Fig. 2 have been found by further study. On one hand, the crystal grain is refined gradually with the current density of ECP increasing. On the other hand, the boundary shape between equiaxed crystals and columnar crystals changes from convexity to concavity (the white line shown in Fig. 2) .

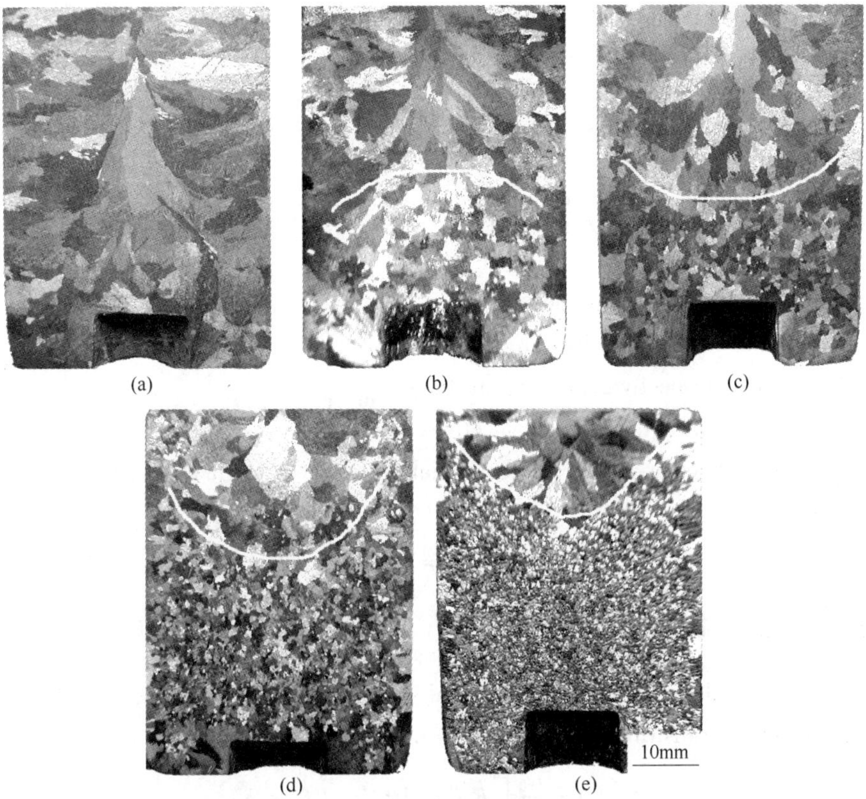

Fig. 2 Effect of the current density of ECP on the grain size and region shape of equiaxed crystals
(a) $0A/cm^2$; (b) $79.5A/cm^2$; (c) $159.2A/cm^2$; (d) $238.7A/cm^2$; (e) $318.3A/cm^2$

4 Discussion

Based on above experimental results, it is concluded that the nucleus firstly comes into being on the mould wall after the molten metal was poured into the mould. When the pulse magnetic field is applied, Lorentz force is generated both in the nuclei and the melt. Due to the different conductivities of the nucleus and the melt, a force, so-called electromagnetic pushing force, is imposed on the nucleus. During nucleation, a large amount of nuclei break off from the mould wall and fall into the melt by the electromagnetic pushing force, which increases the nucleation rate. If the current density of ECP is small, only the nucleus with larger radius can break off from the mould wall but its amount is very small. With increasing current density of ECP, the radius of the nucleus on the mould wall will decrease, simultaneously the amount of nucleus breaking off from the mould wall increases. Because the electromagnetic pushing force imposed on the nucleus is variable, the motion velocity and path of the nucleus are different too, which leads to the region shape of equiaxed crystals being changed.

4.1 Current distribution in melt with nuclei

The distribution of the pulse current is uniform in the melt without nuclei, but the current will be redistributed if nuclei are formed in the melt because the conductivity of nucleus is different from that of liquid metal, as shown in Fig. 3. According to the theory of electrodynamics[13], the current distribution in global nucleus and liquid metal is described as following:

$$j_s = \frac{3\sigma_s j}{\sigma_s + 2\sigma_l} \tag{1}$$

$$j_l = j + \frac{(\sigma_s - \sigma_l)a^3}{\sigma_s + 2\sigma_l}\left[\frac{3(j \cdot r)r}{r^5} - \frac{j}{r^3}\right] \tag{2}$$

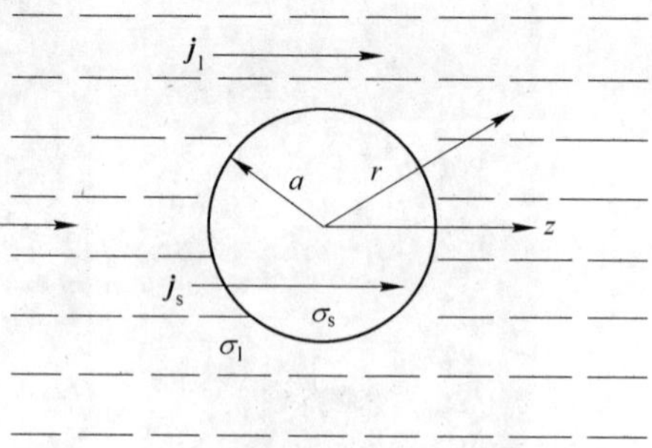

Fig. 3 Current distribution in nuclei and melt

where, j is the peak value of the pulse current density, j_s, j_l are the current density through nucleus and liquid metal respectively, σ_s, σ_l are the conductivity of nuclei and liquid metal respectively, a is the radius of nucleus, and r is the radial distance of nucleus to the axes of the sample. When $r \to \infty$,

$$j_l = j \tag{3}$$

4.2 Magnetic field generated by ECP

In our experiment, the die cavity has a cylindrical shape. As shown in Fig. 4, when ECP penetrates a cylindrical sample, the distribution of inductive magnetic field is given by electrodynamics[14]:

$$B(R) = \frac{\mu_0}{R}\int_0^R Rj(R)\,dR \qquad (R < b) \tag{4}$$

$$B(R) = \frac{\mu_0 I}{2\pi R} \qquad (R \geq b) \tag{5}$$

where, $I = \int_0^b 2\pi Rj(R)\,dR$ is the total current passed through the melt, μ_0 is the vacuum magnetic permeability. Thus, the magnetic field strength on the cylinder surface is obtained

$$B = \frac{\mu_0 I}{2\pi b} \tag{6}$$

where, b is the radius of the cylinder.

4.3 Force analysis for the nucleus on the mould wall

When the liquid metal is poured into a mould, the heterogeneous nucleation takes place firstly on the mould wall and the nucleus starts growing. The shape of the nucleus is supposed to be a spherical cap as shown in Fig. 5. Thereby, the forces exerting on the nucleus include: electromagnetic pushing force (F); stress of the melt (F_p); interface force (F_i); buoyancy and gravity of the nucleus. Since the densities of the melt and nucleus are almost the same, the buoyancy and gravity of the nucleus can be neglected.

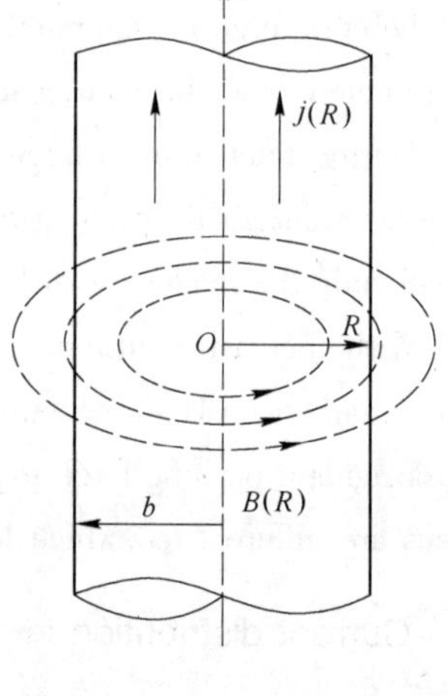

Fig. 4 Current and magnetic field distribution in cylindrical-shaped melt

The resultant forces acting on the nucleus is zero when the nucleus is in a balanced state. Thus, we get

$$F + F_i + F_p = 0 \tag{7}$$

4. 3. 1 Electromagnetic pushing force acted on nucleus

When the pulse current passes through the melt, an electromagnetic force is imposed on the melt. For a tiny area, the electromagnetic force (f_1) can be expressed as $f_1 = (\boldsymbol{j}_1 \times \boldsymbol{B}) V_1$. While a counterforce imposed on the tiny region by the surrounding melt is equal but reverse direction to f_1. In the same way, the electromagnetic force is also acted on the nucleus in the melt with the expression as $f_s = (\boldsymbol{j}_s \times \boldsymbol{B}) V_s$. The counterforce imposed on the nucleus by the surrounding liquid melt is equal to that of the tiny melt with the same shape of the nucleus, which is the electromagnetic force applied on the tiny melt. The resultant force imposed on the nucleus is defined as the electromagnetic pushing force (F). Since the direction of the pulse current is perpendicular to that of the magnetic field, the electromagnetic pushing force can be described as:

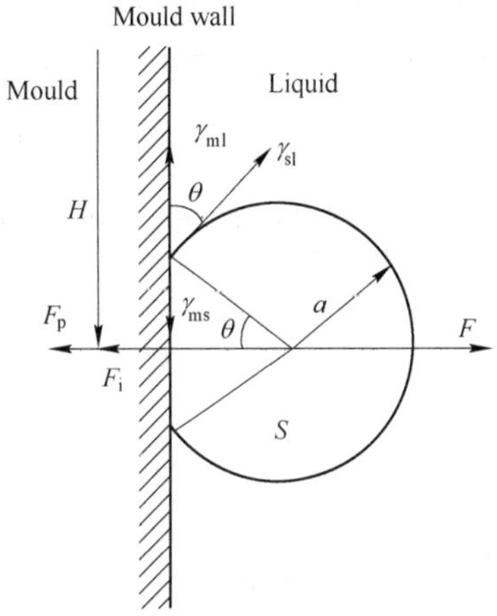

Fig. 5 Force analysis of the nucleus on mould wall under ECP

$$F = f_s - f_1 = (j_s - j_1) BV \tag{8}$$

where, B is the magnetic field generated by the pulse current and V is the volume of the nucleus. Putting Eq. (1) and Eq. (3) into Eq. (8), we obtain

$$F = \frac{2(\sigma_s - \sigma_1)}{\sigma_s + 2\sigma_1} jBV \tag{9}$$

When ECP passes through a conductor, the skin effect that the current prefers to collect at the surface of the conductor will takes place, and the skin effect is more obvious with the frequency of the pulse current increasing. Therefore, due to the skin effect, the ECP distribution in the cylindrical-shaped melt significantly changed, and the current density of the melt surface is larger than that of the interior. The skin depth on which the current density is mainly focused is described as:

$$\delta = (\pi \sigma_1 \mu f)^{-\frac{1}{2}} = \left(\frac{\pi \sigma_1 \mu}{2\tau}\right)^{-\frac{1}{2}} \tag{10}$$

where, μ is the permeability of the molten metal which approximates to the vacuum permeability, f is the wave frequency of ECP, and τ is the pulse width of ECP.

Supposing that ECP passes through only the cross-section of the skin layer, the cross-section area of the skin layer is

$$s = \pi(2b\delta - \delta^2) \tag{11}$$

Thus the average current density of the skin depth is

$$j_b = \frac{I}{\pi(2b\delta - \delta^2)} \tag{12}$$

Putting Eq. (6) and Eq. (12) into Eq. (9), the electromagnetic force acted on the nucleus on the cylindrical-shaped mould wall is

$$F = \frac{\sigma_s - \sigma_l}{\sigma_s + 2\sigma_l} \frac{\mu_0 I^2 V}{b\delta\pi^2(2b - \delta)} \tag{13}$$

The volume of the nucleus shown in Fig. 5 is

$$V = \pi a^3\left(\frac{2 + 3\cos\theta - \cos^3\theta}{3}\right) \tag{14}$$

Putting Eq. (14) into Eq. (13), we obtain

$$F = \frac{3\xi\mu_0 I^2 a^3(2 + 3\cos\theta - \cos^3\theta)}{b\delta\pi(2b - \delta)} \tag{15}$$

where, $\xi = \frac{\sigma_s - \sigma_l}{\sigma_s + 2\sigma_l}$.

Since $\sigma_s > \sigma_l$, F is larger than zero. Therefore, the direction of electromagnetic pushing force is the same as that of Lorentz force, which is along the radial direction and points to the axes of the cylinder. Hence, the nucleus moves from the mould wall to the center along the radial direction under the action of electromagnetic pushing force. From Eq. (15), the electromagnetic pushing force increases remarkably with the peak value of the pulse current increasing, which are favorable to the nucleus breaking off from the mould wall. As shown in Fig. 2, the solidification structure of pure aluminum is gradually refined with increasing density of the pulse current, especially, the region of equiaxed crystals at the bottom of sample.

Supposing $z = 2b\delta - \delta^2$, then $\frac{\partial z}{\partial \delta} = 2(b - \delta) > 0$. It is obvious that z increases monotonically with δ, indicating that the electromagnetic pushing force increases with the reduction of the skin depth. According to Eq. (10), the skin depth decreases gradually with the pulse width decreasing or wave frequency increasing. Therefore, both the decrease of pulse width and increase of wave frequency can enhance the electromagnetic pushing force, which promotes the nucleus to break off from the mould wall. Fig. 6 shows the grain size of pure aluminum varies with the pulse width. It is

Fig. 6　Effects of pulse width on the solidification structure of pure

(a) 100μs; (b) 80μs; (c) 60μs

can been found from Fig. 6 that the grain size decreases with the pulse width decreasing.

4.3.2 Interfacial force acted on the nucleus

As shown in Fig. 5, an interfacial tension exists among nucleic, mould wall and liquid metal. If γ_{ml} is defined as the interfacial tension between the mould wall and melt, γ_{sl} as the interfacial tension between the nucleus and melt, and γ_{ms} as the interfacial tension between the nucleus and mould wall, then the interfacial force acted on the nucleus F_i can be expressed as:

$$F_i = 4\pi a\gamma_{sl}(1 + \cos\theta) \tag{16}$$

4.3.3 Melt pressure acted on nucleus

Because a nucleus is the spherical cap and unsymmetrical shape as show in Fig. 5, it is forced a stress from the melt. This stress F_p is described as:

$$F_p = \pi\rho_1 gHa^2\sin^2\theta \tag{17}$$

where, ρ_l is the density of the melt, H is the distance from the center of the nucleus to the top of the sample, g is the acceleration of gravity.

4.3.4 The minimum current value to refine the solidification structure

According to the above analysis, the nucleus can break off from the mould wall and fall into the melt only if the electromagnetic pushing force F is larger than the sum of the interfacial force F_i and melt stress F_p. Therefore, when the force applied on a nucleus is balanced, the minimum current value to refine the solidification structure is obtained, *ie.* putting Eq. (15), Eq. (16) and Eq. (17) into Eq. (7)

$$I^2 = \frac{\pi^2 b\delta(2b - \delta)[4\gamma_{ls} + \rho_1 gHa(1 - \cos\theta)]}{3\xi\mu_0 a^2(2 + \cos\theta - \cos^2\theta)} \tag{18}$$

If the mould and metal is fixed, the θ value can be calculated From Eq. (18) when the I^2 reaches the minimum value. If the θ value increases, the peak value of the pulse current must increase correspondingly to make the nucleus break off from the mould wall. In order to be convenience, we define a parameter as $\beta = \dfrac{b\pi^2}{3\xi\mu_0(2 + \cos\theta - \cos^2\theta)}$. When the physical parameters of mould and metal as well as θ are constant, we obtain $I^2 = \dfrac{\beta(2b\delta - \delta^2)[4\gamma_{ls} + \rho_1 gHa(1 - \cos\theta)]}{a^2}$. Based on above equation, it is clear that the refinement of the solidification structure depends on the peak value of the pulse current when the pulse frequency and pulse width are fixed, and the grain size decreases with the peak value of pulse current increasing.

The refining effect of ECP on the solidification structure of metal relies on not only the parameters of ECP, on but also the material of mould and the physical properties of metal. So, the refining effects on various metals are different by EPC under the same conditions.

It can be found in Fig. 7 that the grain size decreases dramatically with the current density increasing, and then after the current density is beyond the threshold value, the grain size don' t change remarkably. Moreover, it can be found in Eq. (15) that the smaller nucleus break very difficultly off from the mould wall. According to Eq. (18), the nucleus radius a is proportional to

$1/I^2$, which is a negative exponential function. Our experimental curve shown in Fig. 7 also approximates to a negative exponential function, which agrees well with the theoretical analysis.

4.3.5 Motion of the nucleus

It is supposed that the nucleus is spherical after it breaks off from the mould wall, as shown in Fig. 8. The buoyancy F_f, gravity F_g, electromagnetic pushing force F, and viscosity resistance of melt F_r can be expressed as following:

$$F_f = \frac{4}{3}\pi a^3 \rho_l g \quad (19)$$

$$F_g = \frac{4}{3}\pi a^3 \rho_s g \quad (20)$$

$$F_r = 6\pi\eta a v \quad (21)$$

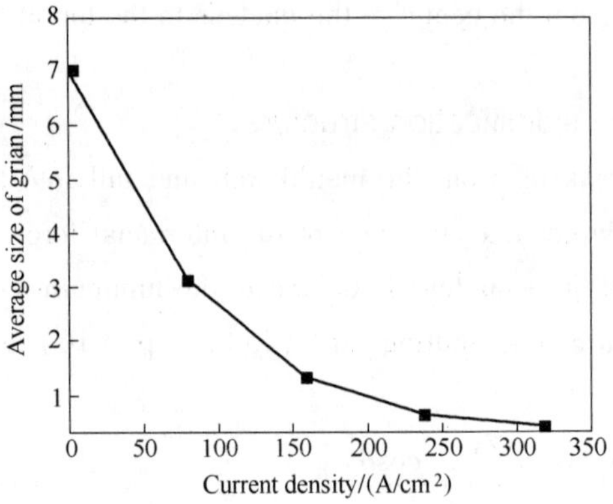

Fig. 7 Effect of pulse current on grain size

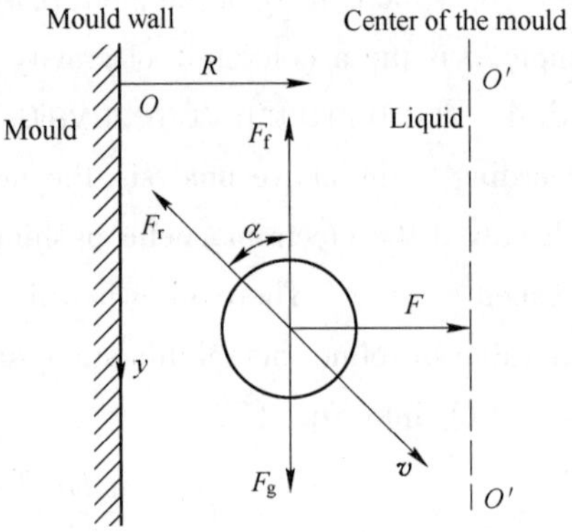

Fig. 8 Force analysis of the nucleus in melt

According to the skin effect, the current distribution in the cylindrical conductor can be described as $j(R) = j_b e^{-\frac{R}{\delta}}$, where R is the distance from the mould wall to the center of the mould. The distribution of the magnetic field is obtained according to Eq. (4)

$$B(R) = \frac{\mu_0}{R}\int_R^0 Rj(R)\,dR = \frac{\mu_0}{R}\int_R^0 R j_b e^{-\frac{R}{\delta}}\,dR = \frac{j_b\mu_0}{R}[\delta(R+\delta)e^{-\frac{R}{\delta}} - \delta^2] \quad (R < b) \quad (22)$$

The electromagnetic pushing force is obtained by Eq. (9)

$$F = \frac{8\pi\xi j_b^2 a^3}{3R} e^{-\frac{R}{\delta}}[\delta(R+\delta)e^{-\frac{R}{\delta}} - \delta^2] \quad (R < b) \quad (23)$$

where, ρ_l and ρ_s are the density of the melt and nucleus respectively, η is the viscosity of melt, j_b is the current density on the surface of the cylinder.

Supposing the origin of coordinate is located at the position of nucleus on the mould wall. The direction of R and y is shown in Fig. 8, and reasonable assumptions are as following:

(1) Neglecting the growth of the nucleus during motion;

(2) Ignoring the influence of convection on the motion of nucleus.

According to Newton' s Second Law, the movement equations of nucleus along radial and axial direction are

$$\frac{4}{3}\pi a^3 \rho_s g \frac{dv_R}{dt} + 6\pi\eta a v_R - \frac{8\pi\mu_0 \xi j_b^2 a^3}{3R} e^{-\frac{R}{\delta}} [\delta(R+\delta)e^{-\frac{R}{\delta}} - \delta^2] = 0 \tag{24}$$

$$\frac{4}{3}\pi a^3 \rho_s g \frac{dv_y}{dt} + 6\pi\eta a v_y - \frac{4}{3}\pi a^3 \Delta\rho g = 0 \tag{25}$$

where, $\Delta\rho = \rho_s - \rho_l$.

Base on the initial conditions $v_R |_{t=0} = 0$, $v_y |_{t=0} = 0$, we can solve the equation (24) and (25) and obtain:

$$v_R = \frac{4\xi\mu_0 j_b^2 a^2}{9\eta R} e^{-\frac{R}{\delta}} [\delta(R+\delta)e^{-\frac{R}{\delta}} - \delta^2](1 - e^{-\frac{9\eta}{2a^2\rho_s g}t}) \tag{26}$$

$$v_y = \frac{2a^2\Delta\rho g}{9\eta}(1 - e^{-\frac{9\eta}{2a^2\rho_s g}t}) \tag{27}$$

Differentiating v_R with respect to R:

$$\frac{\partial v_R}{\partial R} = \frac{4\xi\mu_0 j_b^2 a^2}{9\eta}(1 - e^{-\frac{9\eta}{2a^2\rho_l g}t})\left[-2e^{-\frac{2R}{\delta}} + \frac{\delta^2}{R^2}(e^{-\frac{R}{\delta}} - e^{-\frac{2R}{\delta}}) + \frac{\delta}{R}(e^{-\frac{R}{\delta}} - 2e^{-\frac{2R}{\delta}})\right] \tag{28}$$

With above equation, we can find $\frac{\partial v_R}{\partial R} < 0$. Thus, the radial velocity decreases monotonically with R increasing.

Differentiating v_R with respect to j_b:

$$\frac{\partial v_R}{\partial j_b} = \frac{8\xi\mu_0 j_b a^2}{9\eta R} e^{-\frac{R}{\delta}} [\delta(R+\delta)e^{-\frac{R}{\delta}} - \delta^2](1 - e^{-\frac{9\eta}{2a^2\rho_s g}t}) \tag{29}$$

Based on the equation (29), we find $\frac{\partial v_R}{\partial j_b} > 0$. Therefore, the radial velocity increases monotonically with the current density increasing.

Differentiating v_R with respect to t:

$$\frac{\partial v_R}{\partial t} = \frac{2\xi\mu_0 j_b^2}{R\rho_s g}[\delta(R+\delta)e^{-\frac{R}{\delta}} - \delta^2] e^{-(\frac{R}{\delta} + \frac{9\eta}{2a^2\rho_s g}t)} \tag{30}$$

Differentiating v_y with respect to t:

$$\frac{\partial v_y}{\partial t} = \frac{\Delta\rho}{\rho_s} e^{-\frac{9\eta}{2a^2\rho_s g}t} \tag{31}$$

With the initial condition $t = 0$, we get $v_{R0} = 0$ and $v_{y0} = 0$. The displacements of nucleus along R and y direction are obtained:

$$S_R = \frac{\partial v_R}{\partial t} t^2 = \frac{2\xi\mu_0 j_b^2 t^2}{R\rho_s g}[\delta(R+\delta)e^{-\frac{R}{\delta}} - \delta^2] e^{-(\frac{R}{\delta} + \frac{9\eta}{2a^2\rho_s g}t)} \tag{32}$$

$$S_y = \frac{\partial v_y}{\partial t} t^2 = \frac{t^2\Delta\rho}{\rho_s} e^{-\frac{9\eta}{2a^2\rho_s g}t} \tag{33}$$

The kinematic velocity of nucleus varies with the current density, skin depth, nucleus radius, time, and distance to the axis of cylinder. The velocity increases with the current density, skin depth, and radius of nucleus increasing, but decreases with shortening distance to the axis of cylinder and time increasing. The initial motion of the nucleus is accelerative, but its acceleration decreases gradually and finally the value of velocity approaches a constant. The nucleus moves along the track of parabola and falls at the bottom of sample.

As shown in Fig. 2, the grain size decreases and the region of equiaxed crystal increases with the current density increasing. The boundary between equiaxed crystals and columnar crystals transforms gradually from convexity to concavity. The above theoretic analysis can explain clearly this phenomenon. If the current density is smaller, the crystal grain with larger radius can break off from the mould wall, and bears the electromagnetic pushing force which will generate the larger radial velocity. Therefore, the larger crystal grain has a larger moving distance along the radial direction, and falls toward the bottom center of sample. With the current density increasing, the electromagnetic pushing force increases correspondingly, which leads to decreasing the critical radius of nucleus breaking off from the mould wall. According to Eq. (26), the radial velocity of nucleus is proportional to the square of its radius. The decrease of nucleus radius results in the sharp decrease of the radial velocity during the falling of nucleus. Hence, the distance along the radial direction is shortened and the nucleus falls on a position closer to the mould wall. On the other hand, the solidification direction of sample is from bottom to upward and form surface to center of sample, and the viscosity of melt increases gradually with the processing of solidification. Therefore, the moving distance along the radial direction becomes shorter for the top-side nuclei of sample, which leads to the nucleus falling position closer to the mould wall. Finally, the different V-shaped boundaries are formed due to the complex transverse and lengthways movement of the nuclei.

5 Conclusions

(1) The electromagnetic pushing force generated by ECP increases with the current density and frequency increasing, but decreases with the pulse width increasing. The electromagnetic pushing force makes the nucleus breaks off from the mould wall and fall into the melt, which promotes nucleation and leads to the refinement of the solidification structure of metal.

(2) The velocity of nucleus in the melt depends on the viscosity of melt, nucleus radius and ECP parameters. The motion state of nucleus changes from the initial acceleration to the approximate uniform motion. The radial velocity is proportional to the square of nucleus radius, but inversely proportional to the radius of liquid sample. Thus, the shape of the boundary between equixed and columnar crystals transforms from convex to concave.

Acknowledgements

The authors gratefully acknowledge the financial supports from the Pre-research Foundation of the National Basic Research Program (973 Program, Grant No. 2004CCA07000) and the Science and Technology Committee of Shanghai Municipality (Grant No. 04XD14008) and the National Science Foundation of China (Grant No. 50701030).

References

[1] Nakada M, Shiohara Y, Flemings MC. ISIJ Int. 1990, 30: 27.
[2] Lucien NB, Richard NG. Mater Sci, et al. 1997, 238: 176.
[3] Barnak JP, Sprecher AF, Conrad H. Scripta Metall Mater 1995, 32: 879.
[4] Gao M, He GH, Yang F, et al. Mater Sci and Eng A 2002, 337: 110.
[5] Cui H, Zong YB, Cang DQ, et al. Univ Sci Technol Bejing 2007, 14: 317.
[6] Qi JG, Wang JZ, Liu XJ, et al. Univ Sci Technol Bejing 2005, 12: 527.
[7] Vashchenko KI, Chernega DF, Vorobev SL, et al. Metallovedenie i Termicheskaya Obrabotka Metallov 1974, 3: 62.
[8] Fan JH, Chen Y, Li RX, et al. Iron & Steel Res. , Int. 2004, 11: 37.
[9] Li JM, Li SL, Li J. Scripta Metallurgica et Materialia 1994, 31: 1691.
[10] He SX, Wang J, Sun BD, et al. Nonferrous Met. soc. China, 2002, 12: 414.
[11] Wang JZ, Cang DQ, Tang Y, et al. Foundry 1999, 5: 4.
[12] Liao XL, Zhai QJ, Luo J, et al. Acta materialia, 2007, 55: 3103.
[13] Ding, M X. Electrodynamics[M]. Liaoning Education Press, 1986: 244.
[14] Yu F C, Zheng C K. Electrodinamics[M]. Peking University Press, 1992: 231.

430 不锈钢钢液流场的数值模拟研究

王省林　李志斌

（太原钢铁（集团）有限公司，太原 034207）

摘　要：利用 Fluent 软件，对实验室 $MoSi_2$ 电阻炉炼制的 430 不锈钢钢液的流动行为进行了数值模拟，建立了氧化镁坩埚内气-液-渣三相流动的数学模型，利用多相流动体积法（VOF）模拟了 430 不锈钢钢液流动行为和渣相的状态。结果表明，随着氩气流量的增加，熔池搅拌越来越剧烈。当氩气流量为 10mL/min 时，钢液流动不充分，说明此流量对钢液搅拌效果不明显；当氩气流量为 45mL/min 时，钢液流动状态最好，但此时的渣层已发生重大变形，被吹开形成较大渣眼，会削弱熔渣对钢液的精炼作用。因此实验室条件下进行 430 不锈钢钢液的精炼时氩气流量应控制在合理的范围。

关键词：430 不锈钢；流场；渣层；数值模拟

Numerical Simulation of Field of 430 Stainless Steel

Wang Shenglin　Li Zhibin

（TISCO，Taiyuan 034207）

Abstract：The field of 430 stainless steel refined by $MoSi_2$ resistance furnace in the condition of laboratory was simulated on the Fluent software. Mathematical model of argon-steel-slag in the crucible was established，VOF model was used for simulating the field of 430 stainless steel and the state of slag. The results showed that the bath stirring was more strenuous with the increasing flow rate of argon. When the flow rate of argon was 10mL/min，the flow state of steel was not fully，which showed such flow rate of argon has less effect for refining process of steel. When the flow rate of argon was 45mL/min，the field state of steel was best，but the slag layer deformed greatly simultaneous，and there was bigger hole in slag，which has negative influence on refining effect of steel. Therefore，the flow rate of argon was controlled as proper range in the refining process of 430 stainless steel in laboratory.

Keywords：430 stainless steel；field；slag layer；simulation

1　引言

430 不锈钢是一种常见的铁素体不锈钢，多用于厨房用具、建筑工业等领域[1-3]。在 430 不锈钢的精炼过程中，钢包内钢液的流动与钢液的混合、传质、反应速率、炉衬的蚀损以及最终的冶金效果等密切相关。向金属池中吹入气体使钢液产生强烈的循环流动，改善了反应动力学条件，可以强化冶炼过程，加快钢液中夹杂物的去除，在钢铁冶金生产中得到了广泛应用[4-7]。随着计算机和数值计算技术的不断发展，利用数值模拟研究冶金过程的方法逐渐发展和兴盛起来。该方法可以得到极其复杂问题的流场内各个位置上的基本物理量（如速度、压力、温度、浓度等）的分布，以及这些物理量随时间的变化情况[8]，为提高精炼效果提供一定依据。

本文利用 Fluent 软件，对实验室 $MoSi_2$ 电阻炉炼制的 430 不锈钢钢液的流动行为进行了数值模拟，研究了不同的吹氩气流量对氧化镁坩埚内钢液的流场及渣层的影响情况。

2 数学模型的建立

2.1 数学模型及网格化

实验室冶炼 430 不锈钢的氧化镁坩埚几何尺寸为：底面半径 × 高 = 60mm × 50mm，吹气管的直径为 1.4mm，钢液高度为 35mm，渣层厚度为 5 mm，吹气管所在的位置为浸入液面下 30mm。采用 Gambit 软件建立与坩埚尺寸相同的数学模型并划分网格如图 1 所示，计算区域采用四面体共划分 143010 个网格单元。

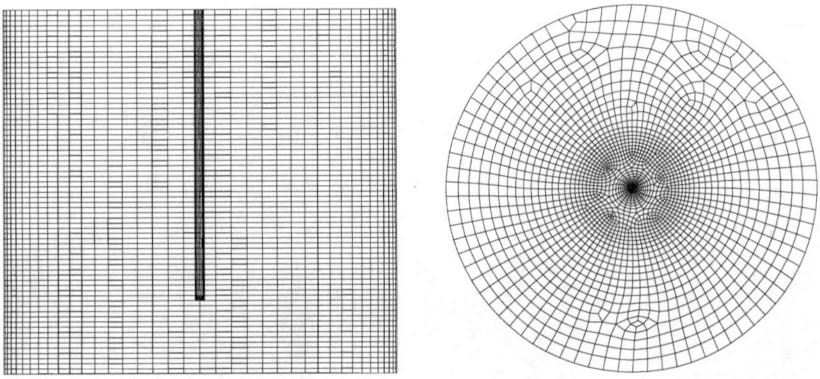

图 1 三维数学模型的网格划分

Fig. 1 Grid generation of three grid model

2.2 边界条件及数值求解

将流体视为不可压缩的均匀流体，假设流体密度和黏度为常量，不考虑传热问题，即忽略钢液中的温差。假设壁面是光滑的，为无滑移条件。自由表面处除速度外，其他所有变量的梯度为零。吹气管底部进口设为速度入口，坩埚口正中心位置设为压力出口，工作压力为 101325Pa，相对压力为 0。计算精度为 10^{-6}，计算时间步长设为 0.001s，并且每计算 100 步自动保存一次数据，直到得到稳定的流场图。采用有限控制体积法对偏微分方程组进行离散化，采用 PISO 算法对压力和速度场做耦合计算。

2.3 材料物理属性

1600℃下根据实验室冶炼的 430 不锈钢钢液的平均化学成分（C 0.037%，Mn 0.38%，Si 0.47%，Cr 16.9%，Al 0.0034%）与经验公式计算出其密度为 6091 kg/m^3。

将1600℃下钢液、熔渣[10-12]和25℃下氩气的物性参数列入表1。

表1　钢液、渣和氩气的物性参数

Table 1　Physical parameter of steel，slag and argon

材　料	钢　液	渣	氩　气
密度/(kg/m^3)	6091	2700	1.6228
比热容/(J/(kg·K))	680	1300	520.64
热导率/(W/(m·K))	34	3	0.0158
黏度/(Pa·s)	0.0055	2	2.125×10^{-5}
参考温度/K	1873	1873	298

3　结果与讨论

3.1　430不锈钢钢液流场的模拟结果

对氩气流量依次为10mL/min、25mL/min、45mL/min、65mL/min下的430不锈钢钢液流场进行了数值模拟，得到四组近稳态的流场，如图2所示。

由图2可以看出，当氩气流量为10mL/min时，钢液流动范围较小只有围绕氩气泡周

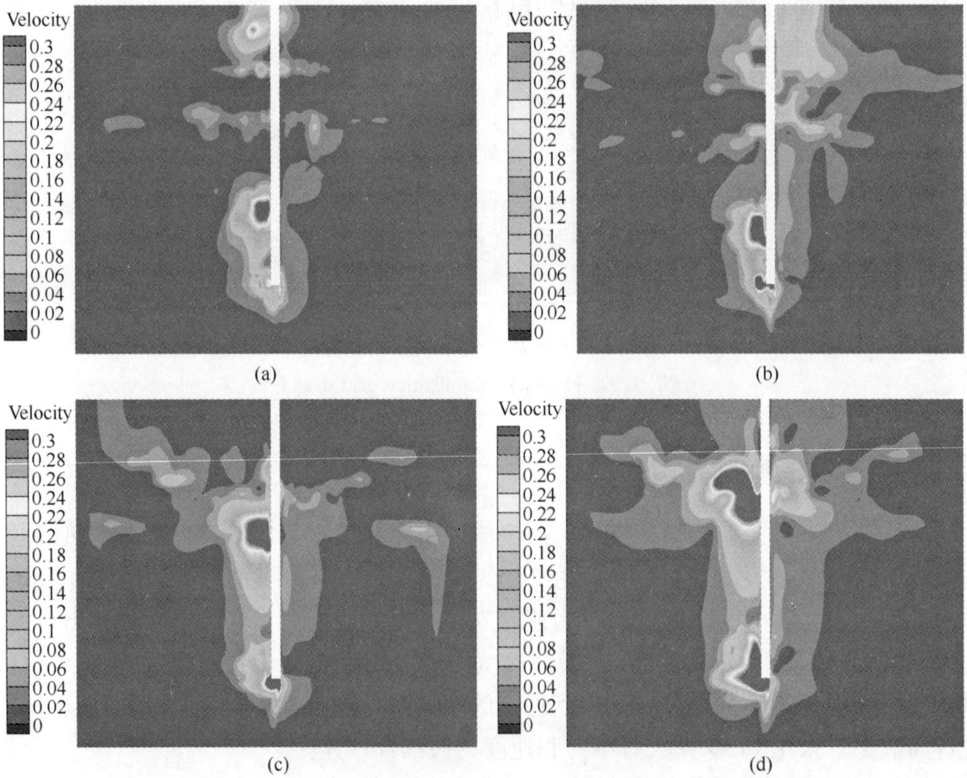

图2　不同流量下钢液的流场形态

氩气流量：(a) 10mL/min；(b) 25mL/min；(c) 45mL/min；(d) 65mL/min

Fig. 2　The field of steel in different flow rate of argon

围的一点速度，此流量下的氩气对钢液的搅拌效果很微弱。当氩气流量为 25mL/min 时，钢液在离氩气泡远一些的位置也开始有速度，当氩气流量增加到 45mL/min 时，钢液的流动范围已经扩大到较远的接近坩埚壁的位置，此时的搅拌效果比较好。而当氩气流量为 65mL/min 时，钢液局部速度较大，但钢液流动范围反倒减小，搅拌效果减弱，由此证明氩气流量不是越大越好。

3.2 渣相的模拟结果

得到钢液流场的同时也得到了四组流量下的渣相状态，渣相的横纵剖面如图 3 所示。

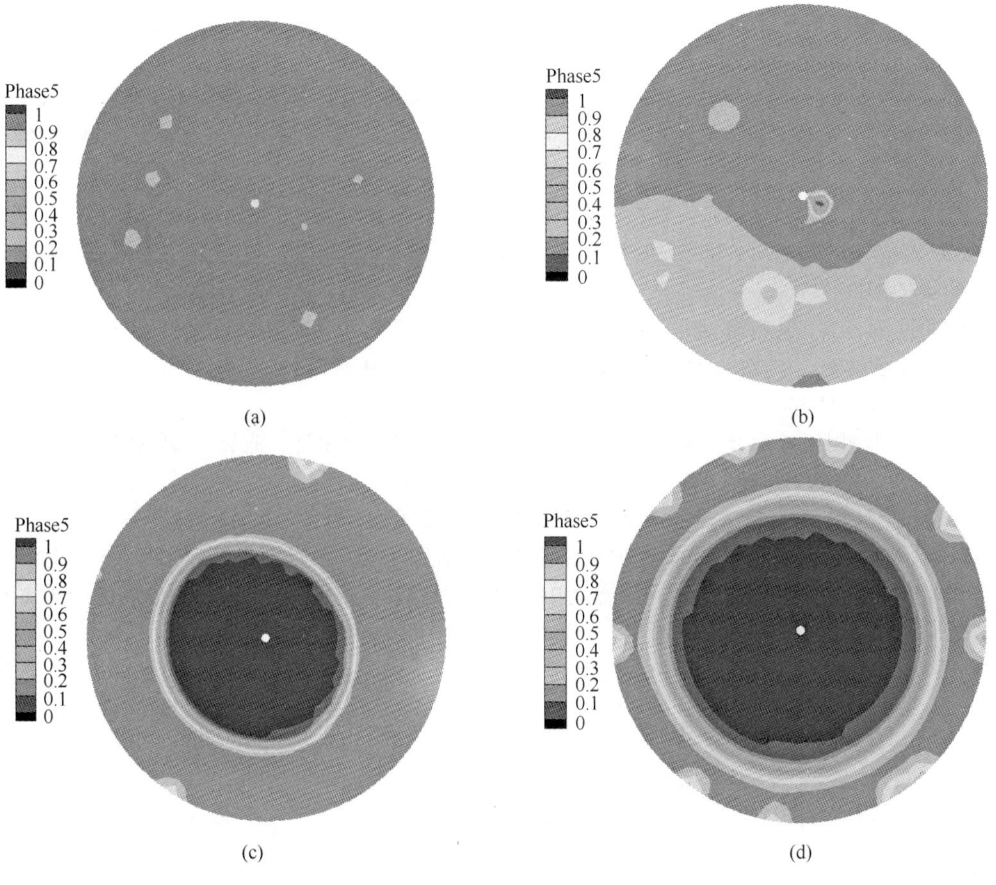

图 3　钢液与渣交界面处的渣相状态（横断面和纵断面）

氩气流量：(a) 10mL/min；(b) 25mL/min；(c) 45mL/min；(d) 65mL/min

Fig. 3　Slag phase state on the interface between steel and slag in different flow rate of argon (cross section and longitudinal section)

由图 3 可以看出，氩气流量为 10mL/min 下的渣相未发生明显的变化，渣层比较稳定，随着氩气流量增大渣层由中心位置开始变薄，出现渣眼。而当流量为 45mL/min 时，渣眼面积变得巨大，继续增大氩气流量渣眼面积也随之增大。渣眼面积太大会削弱渣对钢液的精炼效果，因此氩气流量不得超过 45mL/min。

4 结论

通过模拟得到的430不锈钢钢液的流场情况看，实验室条件下对430不锈钢精炼的过程中，控制吹氩氩气流量在25~45mL/min之间会得到较理想的搅拌效果。此流量区间渣层的状态比较稳定，不会形成大的渣眼，对钢液的精炼效果较理想。

参考文献

[1] 虞海燕，刘春明．不锈钢生产技术发展状况概述[J]．甘肃冶金，2009，31(3):72-75.

[2] 牛琳霞．我国不锈钢生产和技术发展方向[J]．钢铁研究，2007，35(6):46-49.

[3] Cha W Y, Kim D S, Lee Y D, et al. A thermodynamic study on the inclusion formation in ferritic stainless steel melt[J]. ISIJ International, 2004, 44(7):1134-1139.

[4] Okuyama G, Yamaguchi K, Takeuchi S, et al. Effect of slag composition on the kinetics of formation of Al_2O_3-MgO inclusions in aluminum killed ferritic stainless steel[J]. ISIJ International, 2000, 40(2): 121-128.

[5] 李道明．不锈钢中非金属夹杂物的危害及去除[J]．山西冶金，2008，(4):24-26，55.

[6] 娄文涛，李勇，朱苗勇．顶底复吹转炉内气液两相流行为的数值模拟[J]．过程工程学报，2011，11(6):926-932.

[7] 梁兴国，孙本良，亢淑梅．40t钢包炉吹氩操作数值模拟研究[J]．冶金能源，2007，26(3):31-33.

[8] 赵新凯，孙本良，李成威，等．数值模拟技术在钢包炉流场研究中的应用与发展[J]．中国冶金，2008，18(2):11-13.

[9] 李宝宽，顾明言，齐凤升，等．底吹钢包内气/钢液/渣三相流模型及渣层行为的研究[J]．金属学报，2008，44(10):1198-1202.

[10] 朱苗勇，杜钢，阎立懿．现代冶金学[M]．北京：冶金工业出版社，2005，156.

[11] 宋巍．喷吹还原渣中铜机理及流场数值模拟初步研究[J]．昆明：昆明理工大学，2008，54-55.

[12] 李明明，李强，李琳，等．液—液流动边界层传质系数的实验研究[J]．东北大学学报（自然科学版），2012，33(5):673-676.

大涡模拟在连铸结晶器气液两相湍流中的应用

刘中秋　李宝宽

（东北大学材料与冶金学院，沈阳 110819）

摘　要：本文发展了两种大涡模拟模型，分别研究了板坯连铸结晶器内单相钢液、氩气/钢液两相的瞬态湍流运动。并采用水模型实验测量数据检验和校正了这两种大涡模拟模型。通过对结晶器内单相钢液进行大涡模拟分析，获得了结晶器内钢液的复杂瞬态运动特征，发现了钢液的两种周期性流动特征："垂直段回流"和"弯曲段偏流"。欧拉-欧拉-大涡模拟模型成功预测了结晶器内氩气/钢液的两相瞬态流动。揭示了连铸结晶器内氩气/钢液两相瞬态非对称流动规律，发现氩气泡的行为将直接影响钢液的运动行为。二冷区弯曲段的弧形形状对流场的影响较大，偏流发生在弯曲段附近。

关键词：连铸结晶器；瞬态；大涡模拟；两相流

Application of Large Eddy Simulation in Continuous Casting Mold

Liu Zhongqiu　Li Baokuan

(Department of Materials and Metallurgy, Northeastern University, Shenyang 110819)

Abstract: Two large eddy simulation models are developed to study the transient sing-phase turbulent flow and two-phase turbulent flow in a slab continuous casting mold, respectively. Validations were done through comparison with previous experimental data of the mean velocities and the instantaneous velocities, and good qualitative and quantitative agreements are obtained. Complex transient flow characteristics in the mold were obtained by the single-phase LES model. The periodical behavior of asymmetric flow inside the liquid pool was identified and characterized into two parts: backflow in vertical section and asymmetric flow in curved section. The Euler-Euler-LES model is successfully used to describe the two-phase flow in the mold, revealing that the transient two-phase flow pattern was asymmetric, and the transport behavior of argon bubble is important to the movement behavior of liquid steel. The shape of the bending part of secondary cooling zone of the mold is important to the asymmetric flow. The asymmetric flow occurred near the bending section.

Keywords: continuous casting mold; transient; large eddy simulation; two-phase flow

1　引言

结晶器是控制钢水洁净度的最后环节，是连铸的核心部件[1]。结晶器内钢液处于强烈的非稳态湍动状态，其流动行为不仅对夹杂物的去除、保护渣的卷入影响很大；而且对初生凝固坯壳的均匀形成，防止表面裂纹有重要影响，因而人们称结晶器是连铸设备的“心脏”，它的性能对连铸机的生产能力和铸坯质量起着决定性的作用。随着工业对钢的质量要求的不断提高，深入了解连铸结晶器内钢液的非稳态湍流特征是十分必要的。

现有的板坯缺陷检测结果显示，缺陷（气泡及其附着的夹杂物）呈现非稳态、非对称分布，并具有一定的规律性[2,3]。而以往的大多数数学模型均采用 Reynolds 时均模拟，得到的连铸结晶器内流场呈现对称分布[4,5]，并不能解释板坯探伤缺陷的检测结果。而直接模拟结晶器内的流场除了计算机容量的限制外，对于具有复杂边界的问题在处理方法上还未从理论上完全解决。大涡模拟（LES）方法的基本思想是把包括脉动运动在内的湍流瞬时运动通过某种滤波方法分解成大尺度运动和小尺度运动两部分。对大尺度量通过求解微分方程直接计算出来，而过滤掉的小尺度量对大尺度运动的影响通过亚格子模型来计算。

大涡模拟[2,6-8]已成功地应用于结晶器内的单相流动计算。Thomas 等人[10]利用 LES 计算了连铸结晶器内的钢液瞬态流动行为，并与 PIV 实验结果进行了对比。发现流动是不对称的，并指出该不对称是由于两侧钢液的流动相互作用引起的。Ramos-Banderas 等[7]利用 LES 模拟了水模型结晶器中的流动情况，并将模拟结果和 DPIV 实验测量值进行了对比。提出射流核心的垂直振荡是导致流型随时间变化的根本原因。本文作者[2]利用 LES 模型对薄板坯连铸过程进行数值计算，获得了结晶器内钢液的非稳态湍流特征，包括流场的漩涡分布及大涡拟序结构的形成、发展、脱落和破碎过程，如图 1 所示。发现即使水口和结晶器在几何上完全对中，结晶器内湍流分布也是不对称的，偏流产生是必然的。

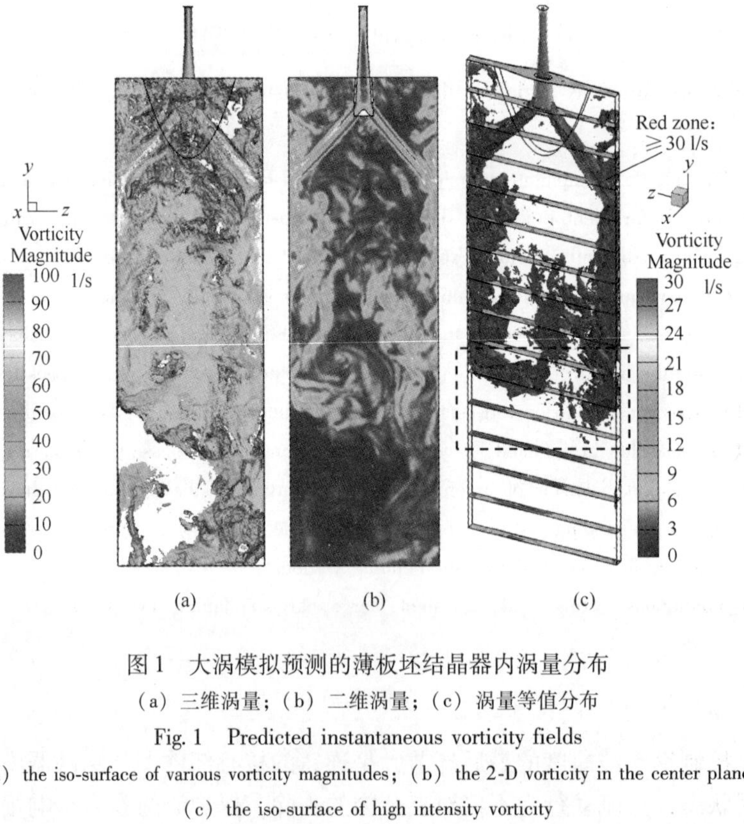

图 1　大涡模拟预测的薄板坯结晶器内涡量分布

（a）三维涡量；（b）二维涡量；（c）涡量等值分布

Fig. 1　Predicted instantaneous vorticity fields

（a）the iso-surface of various vorticity magnitudes；（b）the 2-D vorticity in the center plane；

（c）the iso-surface of high intensity vorticity

在铝镇静钢种连铸工艺中，为防止浇注水口结瘤，广泛采用吹氩技术。氩气泡能够防止浸入式水口阻塞，进入结晶器内能够搅拌钢液，均匀钢液的成分和温度，促进夹杂物上浮，改善铸坯的质量。但是吹氩也会带来负面的影响，小氩气泡和黏附在其表面的非金属夹杂物一旦被凝固坯壳捕捉，就会造成铸坯缺陷[9]。因此，研究水口吹氩工艺条件下连铸结晶器内钢液的流动行为是保证钢坯质量的前提。国内外研究者对吹氩结晶器内钢液流动和氩气的运动做了大量的研究，但绝大多数[10-12]均是采用 Reynolds 时均方法，除作者外[13]，还未发现利用大涡模拟方法研究结晶器内氩气/钢液两相流动的报道。

本文第一部分介绍由单相大涡模拟模型预测的结晶器内钢液的瞬态流场结构、偏流特征和周期性；第二部分介绍两相大涡模拟模型预测的结晶器内氩气/钢液两相的瞬态运动特征。

2 数学模型

2.1 控制方程

单相大涡模拟的控制方程较为常见，此处不再赘述，详见文献［2，8］。下面简单介绍本文发展的两相大涡模拟模型。模型中采用欧拉—欧拉双流体模型研究连铸结晶器内钢液和氩气的两相流动，k 相的运动方程如下：

$$\frac{\partial(\alpha_k\rho_k)}{\partial t} + \nabla\cdot(\alpha_k\rho_k u_k) = 0 \tag{1}$$

$$\frac{\partial(\alpha_k\rho_k u_k)}{\partial t} + \nabla\cdot(\alpha_k\rho_k u_k u_k) = -\nabla\cdot(\alpha_k\tau_k) - \alpha_k\nabla P + \alpha_k\rho_k g + M_{I,k} \tag{2}$$

式中，α_k 是 k 相（代表气相 g 或液相 l）的体积分数，ρ_k 是 k 相的密度，u_k 是 k 相的速度，τ_k 是 k 相的应力，P 为压力，g 为重力加速度。方程中 k 相的速度 u_k 定义为：

$$u_k = \tilde{u}_k + u'_k \tag{3}$$

式中，在大多数计算模型中（例如 Reynolds 时均模型），$\tilde{u}_k$ 代表平均速度，u'_k代表脉动速度，但在这些模型中，脉动相也被平均化处理。当采用大涡模拟，方程（1）、（2）被过滤函数过滤后，$\tilde{u}_k$ 和 u'_k 分别代表网格速度和亚网格速度，亚网格速度采用亚格子模型计算。

k 相方程的应力项为：

$$\tau_k = -\mu_{\text{eff},k}\left[\nabla u_k + (\nabla u_k)^T - \frac{2}{3}\delta_{ij}(\nabla\cdot u_k)\right] \tag{4}$$

式中，δ_{ij} 是 Kronecher 符号；$\mu_{\text{eff},k}$ 是有效黏性，它由三部分构成，分别是分子黏性、湍流黏性和气泡诱导黏性。液体的有效黏性表示为：

$$\mu_{\text{eff,l}} = \mu_{\text{L,l}} + \mu_{\text{T,l}} + \mu_{\text{BI,l}} \tag{5}$$

本节提出利用大涡模拟计算湍流涡黏性。因为该方法可以捕捉气相对液相造成的湍流脉动压力。大涡模拟的关键在于亚格子模型，它决定了不可解湍流尺度的作用。采用 Smagorinsky[14]模型计算湍流黏性 $\mu_{\text{T,l}}$。

$$\mu_{\text{T,l}} = \rho_l(C_S\Delta)^2\,|S| \tag{6}$$

式中，C_S 是 Smagorinsky 常数，取为 0.1；S 是求解尺度下的应变率张量；过滤尺寸 $\Delta = (\Delta_i \Delta_j \Delta_k)^{\frac{1}{3}}$，即网格的大小。

2.2　数值细节

本章以浸入式水口和板坯连铸结晶器为研究对象，三维计算模型见图 2。以往的研究计算一般是考虑结晶器或者距弯月面 2～4m 的区域，很少考虑二冷区弯曲段弧形形状的影响。为了更加准确地反映实际连铸结晶器内的流动情况，本节计算考虑了结晶器下部二冷区的垂直段和部分弯曲段，使其能够达到充分发展流动，整个计算域高度达到 6 m。数值计算过程中的几何、物性和操作参数见之前的文献［13］。

3　模型的验证

为了检验和校正本文发展的两种大涡模拟模型，根据 Thomas 等[10] 的测试结果，并依据其采用的实验装置尺寸建立模型。然后分别采用单相和两相的大涡模拟模型进行数值计算，并将其结果与实验数据进行了对比，如图 2 和图 3 所示，发现模型预测值和实验数据吻合较好。证实了本文建立的模型及模拟方法的可靠性。

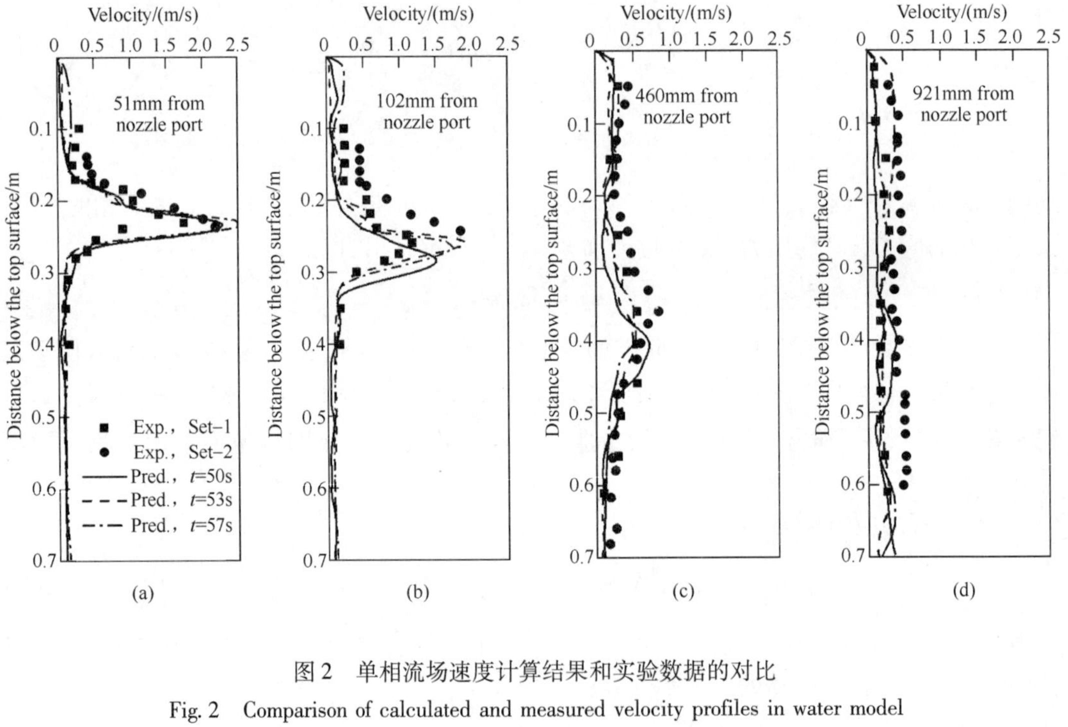

图 2　单相流场速度计算结果和实验数据的对比

Fig. 2　Comparison of calculated and measured velocity profiles in water model

4　结果及分析

4.1　单相大涡模拟

图 4 给出了在 100 s 时刻结晶器内部不同截面上的速度矢量分布。由图可知，整个结

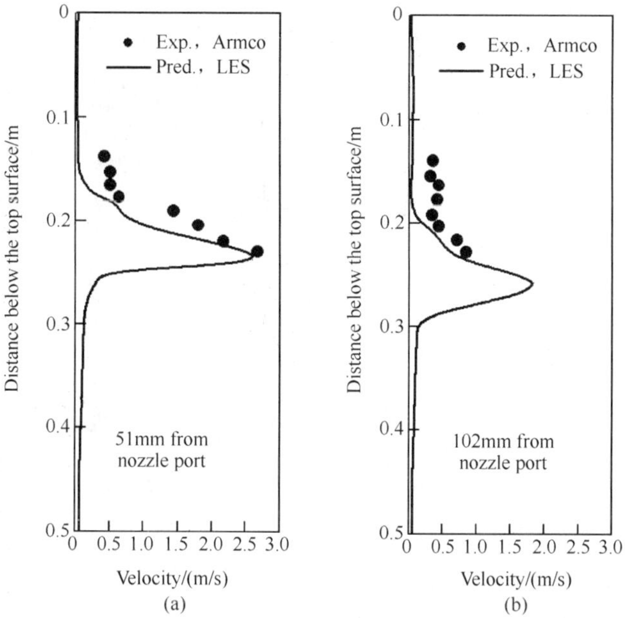

图 3　两相流场速度计算结果和实验数据的对比

Fig. 3　Comparison of calculated and measured velocity profiles in two-phase water model

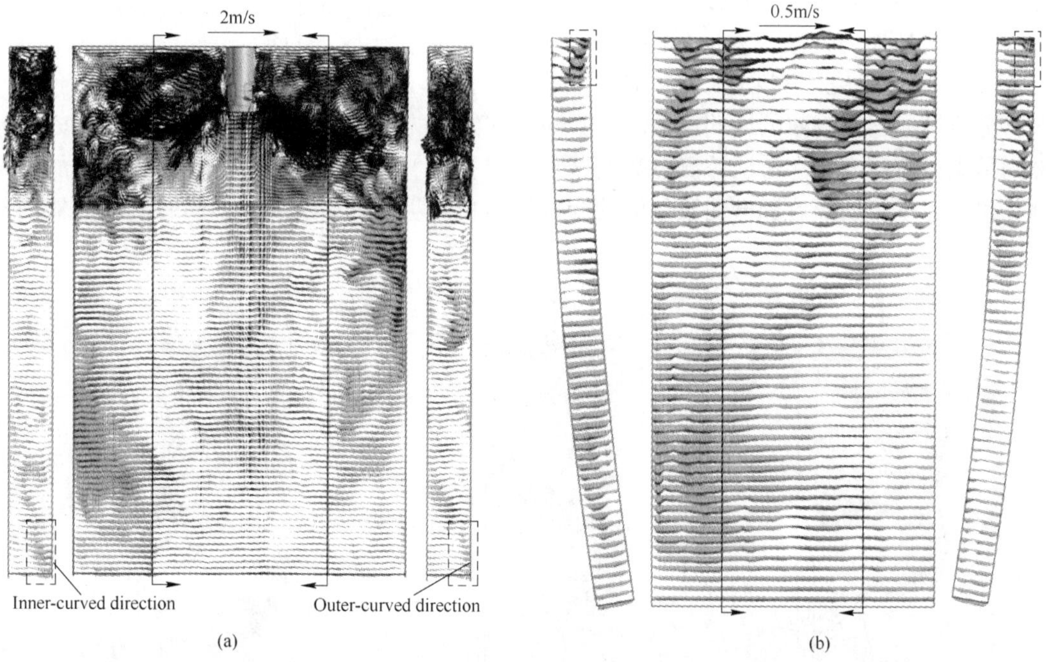

图 4　不同截面的瞬时速度矢量

（a）垂直段；（b）弯曲段

Fig. 4　Transient velocity fields obtained by mathematical simulation

（a）vertical part；（b）curved part

晶器流场在空间上呈现不对称、不均匀分布，出现明显的偏流，而且有相当多随机分布的、不同尺寸的小漩涡。大量的小涡团的存在使结晶器内的流场更加复杂。厚度方向左右两侧呈现不同方向的偏流：左侧的钢液偏向内弧段，右侧的钢液偏向外弧段，分析原因可能是因为弯曲段对流动的影响。这说明在结晶器的厚度方向同样存在偏流，而以往大家均把重点放在宽度方向，忽略了厚度方向的影响。

图 5 为不同时刻（不同次实验，相同实验条件）捕捉到的结晶器内部的非对称流型。由图可知，流股在结晶器下部（二冷区弯曲段）的分布沿结晶器中心是不对称的，在图 5（a）时刻呈现左侧回流，图 5（b）时刻呈现右侧回流。观察偏流发生的位置可以发现，偏流发生在二冷区弯曲段附近，这个结果说明二冷区弯曲段的弧形形状对结晶器内部流场的影响较大。

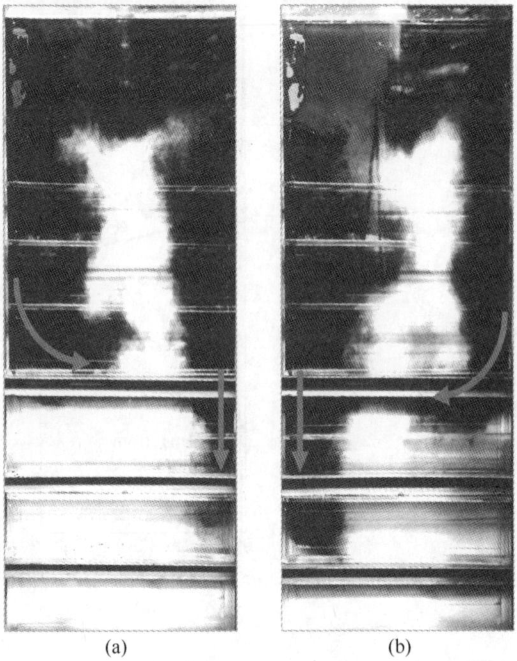

图 5　不同时刻（a，b）结晶器内部不对称流型

Fig. 5　Asymmetric flow pattern obtain from the water model experiment at different times（a and b）

关于结晶器内钢液流动的周期性，大部分学者通过研究水口射流的周期性振荡，分析结晶器内钢液的周期性流动。不同于其他人的研究，本节通过分析不同时刻结晶器内部钢液流型变化和特征监测点数据结果（见文献），分析了结晶器内钢液偏流的周期性，给出了垂直段回流和弯曲段偏流的变化特征和周期。图 6 给出了不同时刻结晶器内部

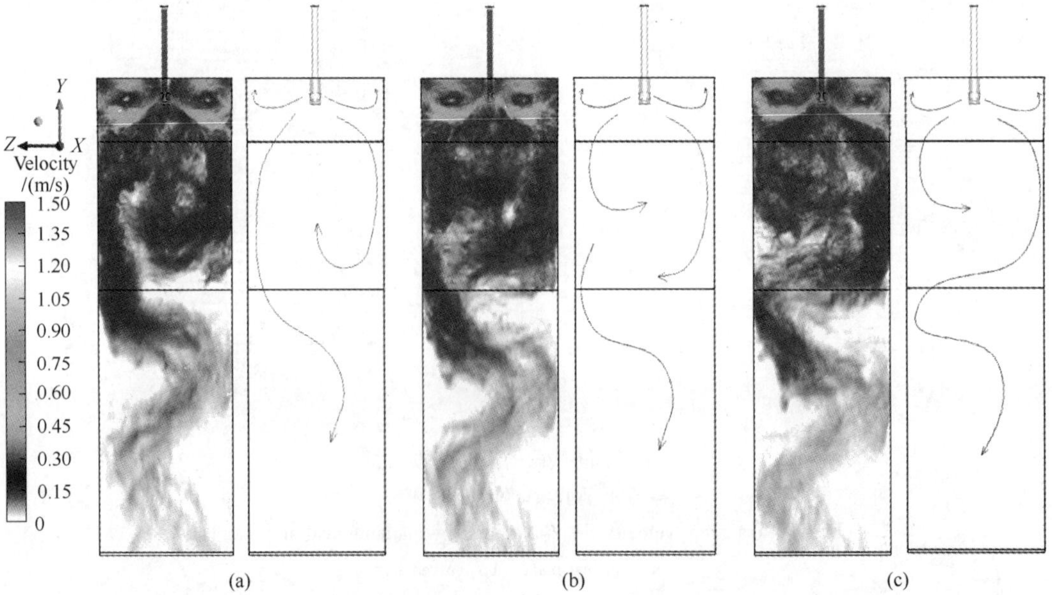

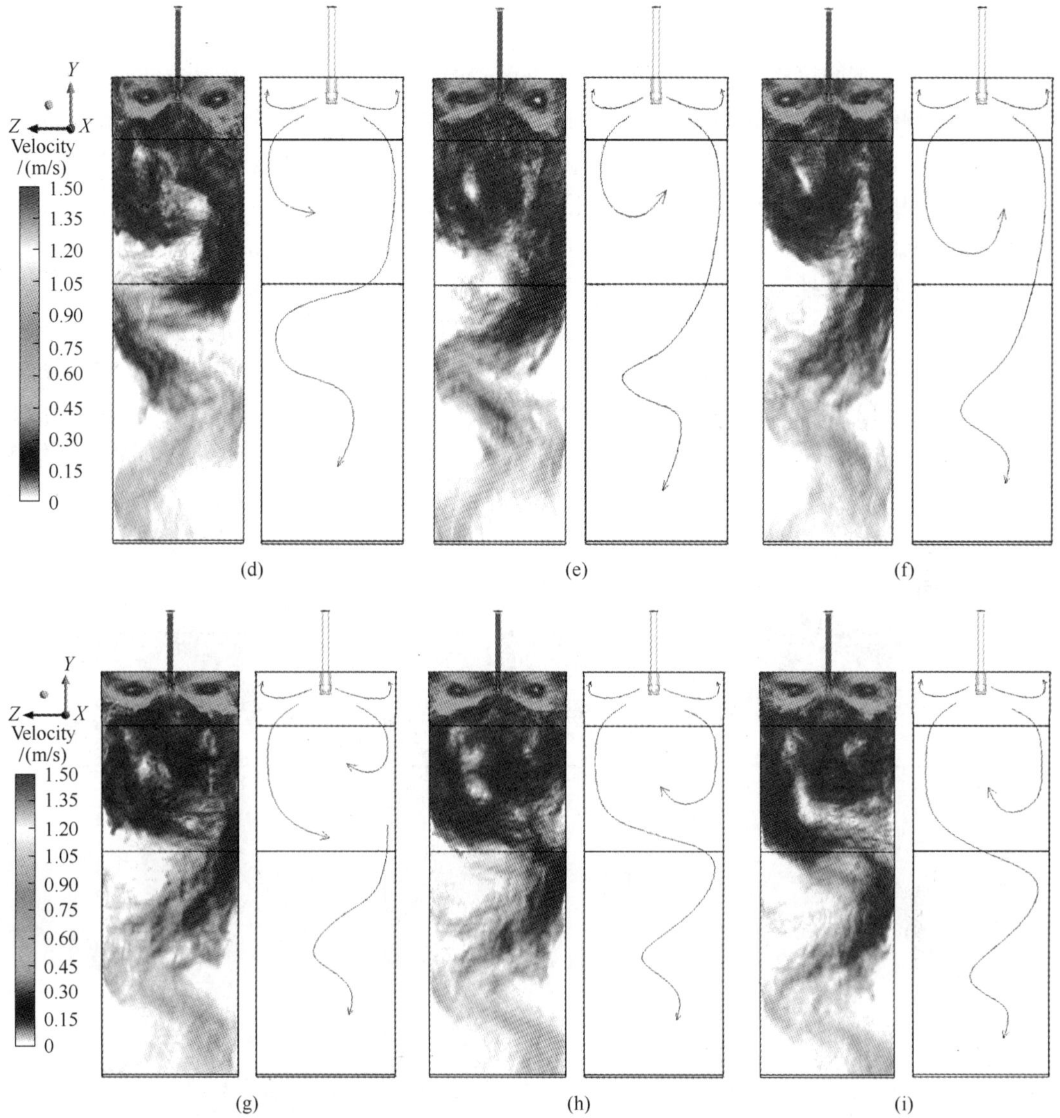

图6 不同时刻计算得到的结晶器内部流型及示意图

Fig. 6 Transient flow pattern and schematic inside the mold at an arbitrary time of (a) 120s, (b) 130s, (c) 140s, (d) 150s, (e) 170s, (f) 190s, (g) 200s, (h) 210s, and (i) 220s

流型的发展变化及其示意图。由图可知，尽管计算时将水口严格对中安放，但整个结晶器流场呈现明显的不对称性；不同时刻的流型分布对比发现，流场是时刻变化的，这充分显示了结晶器内湍流的瞬变性。垂直段回流和弯曲段偏流的变化特征可以分成四部分：(1) 二冷区垂直段的回流演化—Ⅰ，见图6(a)～(c)；(2) 二冷区弯曲段的偏流演化—Ⅰ，见图6(d)～(f)。(3) 二冷区垂直段的回流演化—Ⅱ，见图6(g)～(i)。(4) 二冷区弯曲段的偏流演化—Ⅱ，同理 (2)。受篇幅限制，详细的介绍见文献 [10]。

4.2　两相大涡模拟

图7给出了不同操作条件下结晶器内钢液的瞬时速度矢量分布。结果表明：气泡的行为将直接影响结晶器内钢液的流动行为。图7（a）和（b）为固定吹氩量、不同钢流量下的钢液流场，由图7（a）可见，当钢流量较小时，由于大部分气泡在浸入式水口附近上浮，抽引周围的钢液向上运动，再加上钢液本身的动量较小，所以造成一部分钢液直接冲击到水口附近的弯月面，形成与上回流方向相反的漩涡，钢液射流在结晶器窄面的冲击点上移，当气体的这种抽引作用很大时，会造成弯月面钢液的裸露。随着钢流量的增加，气泡平均粒径减小，气泡在结晶器宽面的分布较为均匀，且钢液本身的动量加大，所以氩气泡对钢液射流的抽引作用不太明显，如图7（b）所示。图7（c）为钢流量为626.36 L/min、吹气量为12.91 L/min条件下，结晶器内钢液的瞬时流场，与图7（b）对比可知，在钢流量一致的条件下，随着吹氩量的增加，由于越来越多的氩气泡在水口附近聚集上浮，氩气对钢液的抽引作用增大，所以使钢液在水口附近的速度增大，在窄面的冲击点上移。

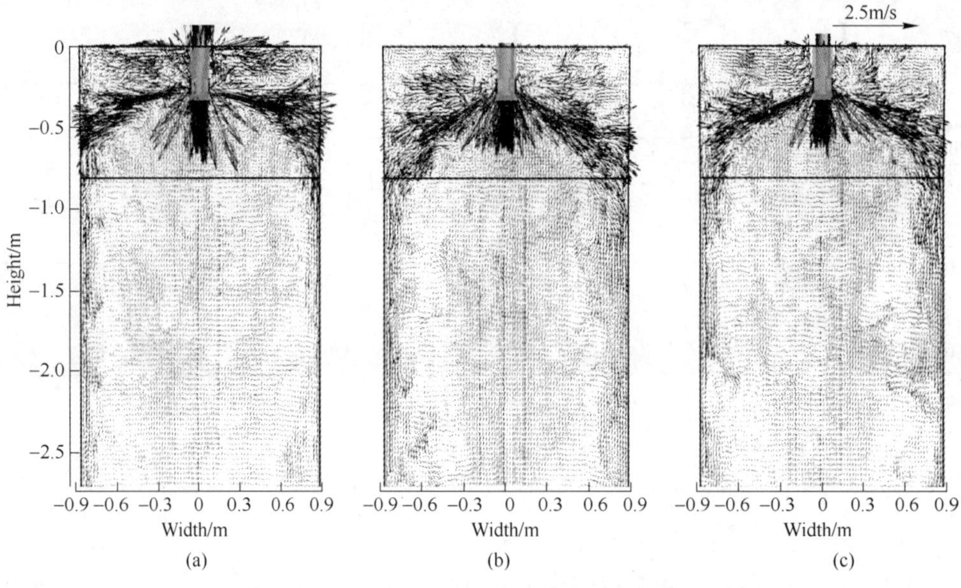

图7　钢液的瞬时速度矢量分布

Fig. 7　Molten steel instantaneous velocity vector plot in mid-plane of the mold with (a) Q_s = 313.18L/min and Q_a = 6.45L/min, (b) Q_s = 626.36L/min and Q_a = 6.45L/min and (c) Q_s = 626.36L/min and Q_a = 12.91L/min

图8（c）和（d）示出了钢液流量为626.36 L/min、吹氩量为6.45 L/min条件下，计算得到的不同时刻计算域内的钢液流型。由图可见，在95s时刻，钢液呈现右侧偏流；经过55s后，即在150s时刻，钢液又呈现左侧偏流。计算结果与水模型实验结果(图8(a)和(b))比较吻合。观察偏流发生的位置可以发现，偏流发生在二冷区弯曲段附近（水模型为弯月面下0.9m，实际模型为弯月面下2.7m)，这个结果说明二冷区弯曲段的弧形形

状对结晶器内部流场的影响较大。通过不同时刻的结晶器部内流场分析可知，结晶器内的流场不仅在空间范围上存在湍动性和不均匀性，还随时间而逐渐发展变化。不对称流场具有不稳定性，偏流是绝对的，对称是暂时的、偶然的。通过观察水模型实验和监测计算流场发现，偏流的周期性不明显。

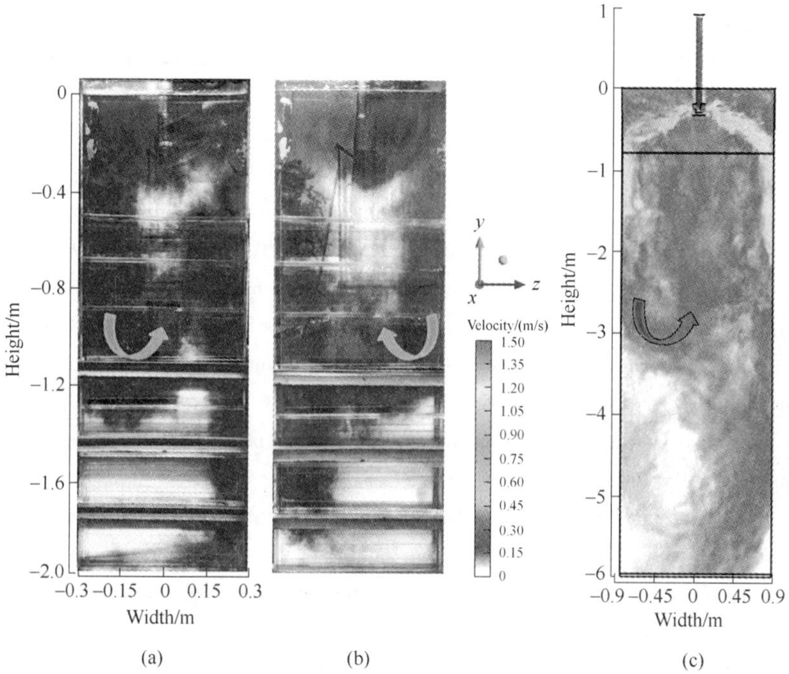

图 8 水模型实验和数值模拟得到的流体流型

Fig. 8 Flow patterns from water model experiment at (a) t1 and (b) t2 and (c) numerical calculation at 95s and (d) 150s

5 结论

（1）单相大涡模拟计算发现：结晶器内的流场不仅在空间范围上存在湍动性和不均匀性，还随时间而逐渐发展变化。不对称流场具有不稳定性，偏流是绝对的，对称是暂时的、偶然的。下回流区存在复杂的周期性不对称流动，流型的周期性变化可以分为两类："垂直段回流"和"弯曲段偏流"。弯曲段低频长时间的偏流一直存在，且方向也在变化，但周期不明显。

（2）两相大涡模拟计算发现：氩气泡的行为将直接影响结晶器内钢液的流动行为。气泡在结晶器内的运动行为主要受吹氩量和钢流量的影响。结晶器内两相不对称流场仍具有不稳定性，偏流是绝对的，对称是暂时的、偶然的，偏流的周期不明显。结晶器二冷区弯曲段的弧形形状对内部流场的影响较大，偏流发生在弯曲段附近。

致谢

感谢国家自然科学基金重大国际（地区）合作研究项目的资助，基金号：51210007。

参 考 文 献

[1] 蔡开科，程士富．连续铸钢原理与工艺[M]．北京：冶金工业出版社，1994：78.

[2] 张立峰，王新华．连铸钢中的夹杂物[J]．山东冶金，2005(2)：1-5.

[3] 李宝宽，刘中秋，齐凤升，等．薄板坯连铸结晶器非稳态湍流大涡模拟研究[J]．金属学报，2012(1)：23-32.

[4] Wang Y F，Zhang L F. Fluid flow-related transport phenomena in steel slab continuous casting strands under electromagnetic brake[J]. Metall Mater Trans B，2011(11)：1319-1350.

[5] Li B K，Fumitaka T. Numerical estimation of the effect of the magnetic field application on the motion of inclusion particles in slab continuous casting of steel[J]. ISIJ Int.，2003(6)：923-931.

[6] Yuan Q，Sivaramakrishnan S，Vanka S P，et al. Computational and experimental study of turbulent flow in a 0. 4-scale water model of a continuous steel caster[J]. Metall Mater Trans B，2004(10)：967-982.

[7] Ramos-banderas A，Sanchez-perez R，Morales R D，et al. Mathematical simulation and physical modeling of unsteady fluid flow in a water model of a slab mold[J]. Metall Mater Trans B，2004(6)：449-460.

[8] Liu Z Q，Li B K，Jiang M F. Transient asymmetric flow and bubble transport inside a slab continuous-casting mold[J]. Metall Mater Trans B，2014(2)：675-697.

[9] Iguchi M，Kasai N. Water model study of horizontal molten steel-Ar two-phase jet in a continuous casting mold[J]. Metall Mater Trans B，2000(6)：453-460.

[10] Thomas B G，Huang X，Sussman R C. Simulation of argon gas flow effects in a continuous slab caster[J]. Metall Mater Trans B，1994(8)：527-546.

[11] Zhang L F，Yang S B，Cai K K，et al. Investigation of fluid flow and steel cleanliness in the continuous casting strand[J]. Metall Mater Trans B，2007(2)：63-82.

[12] Liu Z Q，Li B K，Jiang M F，et al. Euler-Euler-Lagrangian modeling for two-phase flow and particle transport in continuous casting mold[J]. ISIJ Int.，2014(6)：1314-1323.

[13] Liu Z Q，Li B K，Jiang M F，et al. Modeling of transient two-phase flow in a continuous casting mold using Euler-Euler Large Eddy Simulation scheme[J]. ISIJ Int.，2013(3)：484-492.

[14] Smagorinsky J. General circulation experiments with the primitive equations I：The basic experiment[J]. Monthly Weather Rev.，1963(3)：99-164.

大钢锭充型过程卷渣及模底砖结构优化的研究

张超杰　包燕平　王　敏

（钢铁冶金新技术国家重点实验室，北京科技大学，北京 100083）

摘　要：本文采用数值模拟的方法研究了 19t 钢锭充型初期的流动和温度分布特征，发现充型初期从模底砖流入钢锭模内的钢液流股以较大的速度竖直向上涌至液面，易造成液面波动发生卷渣，而且锭尾充满时靠近模壁的 1/3 半径厚度范围内钢液的固相率大于 0.5，易捕捉钢液内大颗粒夹杂物。通过设计一系列不同的模底砖上口和下口直径，研究了模底砖结构对充型初期钢液面卷渣的影响，发现模底砖平均孔径越大，钢液面发生卷渣的概率越小。并且，当模底砖上口直径比下口直径大时，从模底砖下口端流入的钢液在流经模底砖的过程中流股扩张程度很小，卷渣的发生概率主要取决于下口直径。

关键词：大钢锭；充型；卷渣；数值模拟

Mould Powder Entrapment during Filling Process of Large Steel Ingot Mould and Optimization of Entrance Nozzle Structure

Zhang Chaojie　Bao Yanping　Wang Min

(State Key Laboratory of Advanced Metallurgy, University of Science and Technology Beijing, Beijing 100083)

Abstract: In this paper, the flow and temperature distribution characteristics of molten steel during early stage of filling of a 19 ton ingot mould were investigated by numerical simulation. It was found that the hot molten steel ejected from entrance nozzle top-end went upward in a high velocity during early stage of filling, which would lead to level fluctuation in molten steel and cause mould powder entrapment. The fraction solid in the area with thickness about one third of mould interior radius around interior wall is greater than 0.5 when ingot end is filled, which indicate that large inclusions nearby can be captured easily. Numerical simulations of mould filling with a series of entrance nozzles with different top diameter and bottom diameter were carried out, and the effects of entrance nozzle structure on mould powder entrapment during early stage of filling were investigated. It was found that entrance nozzle with large average interior diameter had a small probability of mould powder entrapment. Under the condition of entrance nozzle with a larger top-end interior diameter than bottom-end, the main molten steel stream expends to a very small extent during its flow via the nozzle, which means that the bottom-end interior diameter is the determining factor of mould powder entrapment.

Keywords: large steel ingot; mould filling; mould powder entrapment; numerical simulation

1　引言

大型非金属夹杂物对钢的质量有着致命的危害，然而在钢锭的浇注过程中，常常会有钢包渣、保护渣和耐火材料侵蚀物等混入钢液滞留在钢锭中成为大型夹杂物[1-5]。

在充型初期，钢锭模内液面波动大，保护渣容易被卷至钢液内被凝固层捕捉，成为外来夹杂物，即发生卷渣现象。卷渣的发生主要受充型过程中钢渣界面的波动、保护渣的熔化性能和保护渣的加入方式等影响，其中钢渣界面的波动在很大程度上取决于模底砖的结构。Robert Eriksson 等[6]通过建立 4.2t 钢锭充型过程的数学模型研究发现增大模底砖锥度可以减弱充型过程中的液面波动，从而有效的减小卷渣的概率。范鼎东等[7]通过冷态试验发现将模底砖的孔型由直筒型改为喇叭口型，可以明显降低模内钢液的喷射高度，从而减少钢锭表面和四周大型夹杂物的数量。张文等[8]使用 ProCAST 模拟了 25t 大钢锭的浇注及凝固过程，考察了模底砖孔径对钢水流场的影响，发现随着模底砖孔径的增大，钢水的出口速度将减小，导致液面凸起的高度减小，液面趋于平稳，有利于防止卷渣。喻钟义[9]针对研究发现扩张性钢锭模模底砖出口断面大，钢液进入模内流速小，与“缩颈”型模底砖比较，钢锭轧板后废品率明显降低。

前述研究主要从模底砖锥度的角度考虑其对卷渣影响，而对于模底砖上口和下口直径之间的具体关系对卷渣影响的研究还不够深入。本文采用数值模拟的方法针对模底砖上口和下口直径对 19t 钢锭充型初期尾部卷渣的影响进行了详细的研究，发现模底砖平均孔径越大，钢液面发生卷渣的概率越小。并且，当模底砖上口直径比下口直径大时，从模底砖下口端流入的钢液在流经模底砖的过程中流股扩张程度很小，卷渣的发生概率主要取决于下口直径，而非模底砖的锥度。

2 充型初期钢液的流动及温度分布特征

某钢厂 19t 大钢锭的锻造模块水口端常存在 $\phi1 \sim 5$mm 的探伤缺陷，初步分析推测该缺陷是保护渣卷入造成的大型夹杂物。因此，以下针对该锭型的充型过程进行数值模拟，分析充型初期的钢液流动和温度特征及模底砖结构对卷渣的影响。

2.1 19t 钢锭充型过程的数值模拟

假设模底砖下口横截面的钢液流速均匀，温度为浇注温度，控制方程为连续性方程、动量守恒方程、标准 k-ε 两方程、能量守恒方程和 VOF 函数。

边界条件：

（1）钢液入口流速根据钢锭实际浇注速度计算得到；

（2）壁面采用无滑移边界；

（3）钢锭与钢锭模界面之间换热系数浇钢过程为 $2000\text{W}/(\text{m}^2 \cdot \text{K})$[10]；

（4）钢锭模底和地面换热系数为 $800\text{W}/(\text{m}^2 \cdot \text{K})$。

钢锭模初始温度设为 40℃，钢种为 1.2738，钢锭和钢锭模的化学成分见表 1，19t 钢锭模和模底砖的几何模型见图 1。考虑到对称性，建立了四分之一的模型以节约计算资源。使用 MeshCAST 进行网格划分，共计 75469 个网格节点，390954 个四面体单元，在 ProCAST 平台上进行该模型的数值计算和后处理。

表 1　19t 钢锭及钢锭模成分

Table 1　Composition of 19 ton steel ingot and mould

材　料	成分/wt%							
	C	Mn	Si	P	S	Cr	Ni	Mo
钢　锭	0.35 ~ 0.4	1.3 ~ 1.6	0.2 ~ 0.4	≤0.02	≤0.02	1.8 ~ 2.1	0.9 ~ 1.2	0.15 ~ 0.25
钢锭模	3.2 ~ 3.8	0.8 ~ 1.2	—	≤0.05	≤0.05	—	—	—

2.2　充型初期的钢液特征分析

锭尾充满时钢液的流场分布如图 2 所示，热钢液以较大的速度从模底砖下口处流入钢锭模内腔后主流股仍以较大的速度竖直向上涌至液面，然后向四周分散并向下流动，在 1/2 半径范围内形成循环流。中心钢液流股的流速远大于其周围向下回流的钢液的流速，可见中心流股会对液面造成很强的冲击，使液面中心处发生强烈的波动，容易导致液面保护渣卷入钢液内部。

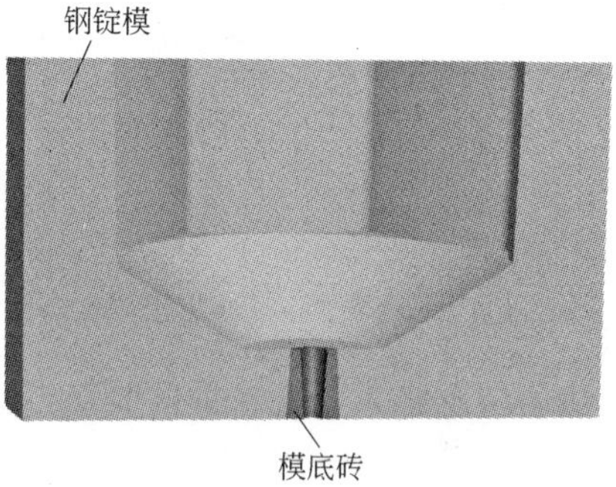

图 1　锭尾剖视图

Fig. 1　Schematic of the ingot bottom

液面的流速分布如图 3 所示，可见在 50mm 半径范围内钢液的流速在 0.2 ~ 0.8m/s，远远大于其他区域的流速。这说明了如果液面存在卷渣现象，则主要发生在中心区域。

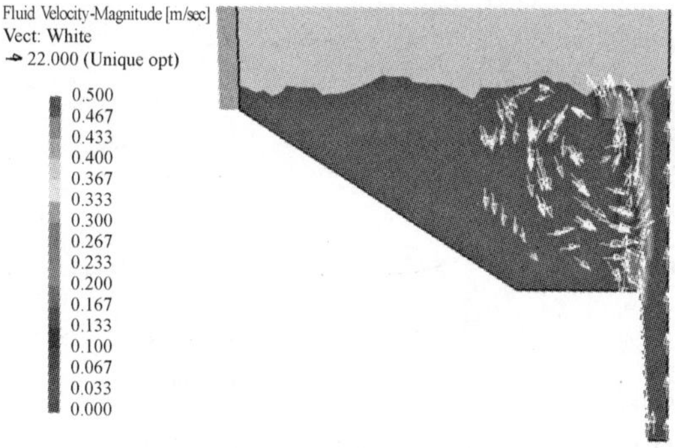

图 2　锭尾充满时钢液的流场分布

Fig. 2　Velocity distribution of molten steel when ingot bottom is filled

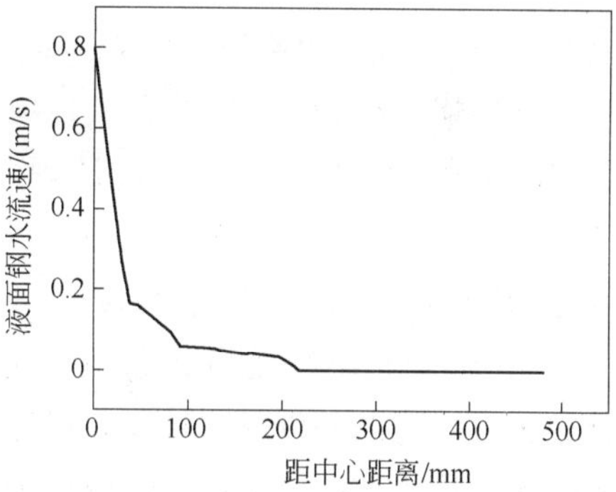

图 3　锭尾充满时的液面流速

Fig. 3　Velocity distribution in the level of molten steel when ingot bottom is filled

从图 4 可以看出，在钢锭模壁的激冷作用下，锭尾充满时靠近模壁的 1/3 半径厚度范围内钢液的固相率已经大于 0.5，而此时一旦有夹杂物进入该区域便容易被捕捉至凝固壳内，形成大颗粒夹杂物，严重影响钢锭的质量。结合图 2 所示的流场分布，可知当中心高速流股造成的液面波动达到一定程度后会导致大量保护渣卷入钢液内部，增加被凝固壳捕捉的概率。

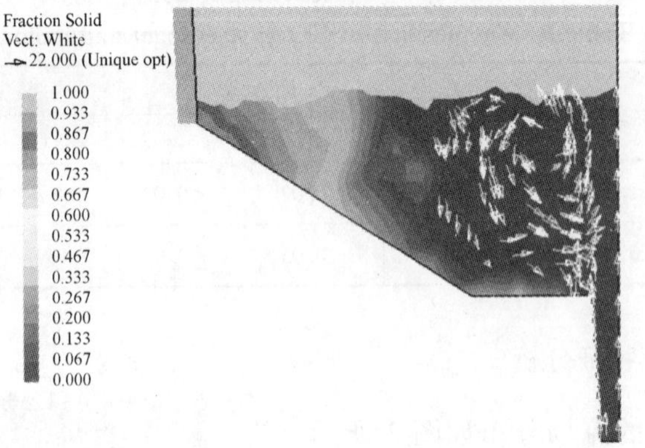

图 4　锭尾充满时钢液的温度场分布

Fig. 4　Temperature distribution of molten steel when ingot bottom is filled

Weber 数可作为描述钢液面是否发生卷渣的决定性准数，其定义为：

$$We = \frac{U^2 \rho_{\text{steel}}}{\sqrt{\mu g (\rho_{\text{steel}} - \rho_{\text{slag}})}} \tag{1}$$

式中，We 为韦伯数（Weber Number）；U 为钢、渣界面处钢液流速；μ 为钢、渣之间的界面张力，取 0.15 N/m。

多数学者[6,11,12]研究认为，12.3 可作为钢液面发生明显卷渣的临界 Weber 数，即，当 Weber 数大于 12.3 时将发生明显的卷渣现象。本文使用 Weber 数作为判定钢液发生卷渣现象的指标，图 5 为锭尾充满时的液面 Weber 数，可以看出液面中心 30 mm 半径范围内的 Weber 数大于 12.3，即，中心 30 mm 半径范围内易发生卷渣现象。在浇注速度一定的条件下，从图 2 可知钢液面的波动很大程度上取决于中心流股的流速，而中心流股的流速又取决于模底砖的结构。因此，需详细研究模底砖结构对卷渣的影响。

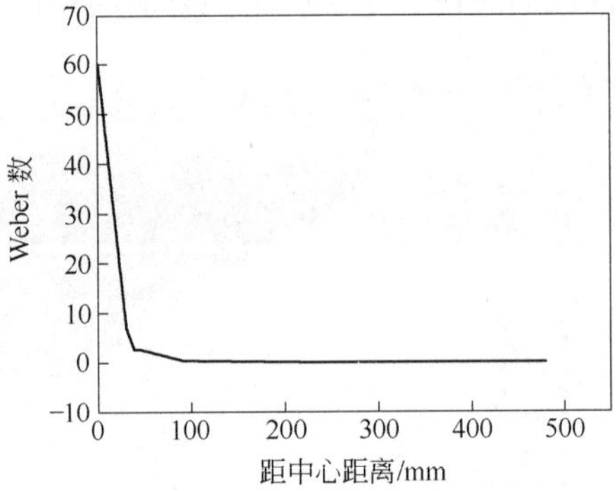

图 5　锭尾充满时的液面 Weber 数

Fig. 5　Weber number in the level of molten steel when ingot bottom is filled

3　19t 钢锭模模底砖的结构优化

3.1　模底砖结构对充型初期卷渣的影响

为研究 19t 钢锭模模底砖结构对卷渣的影响，针对该厂当前 19t 锭型分别设计了 11 种不同孔径和锥度的模底砖，分别对各方案进行了充型过程的数值模拟，并根据模拟结果计算得到锭尾充满时的钢液面 Weber 数分布，如表 2 所示。

表 2 模底砖结构及相应的锭尾充满时的液面 Weber 数

Table 2 A series of entrance nozzle structures and the corresponding Weber numbers

编 号	上口直径/mm	锥度/单面	下口直径/mm	平均 Weber 数		最大 Weber 数
				半径范围 50mm	半径范围 100mm	
0 号（原型）	70	-0.06	50	27.0	9.9	62.8
1 号	70	-0.10	35	44.7	23.3	136.6
2 号	70	0.00	70	13.4	6.5	34.8
3 号	70	0.09	100	9.7	6.3	29.8
4 号	50	-0.04	35	56.2	31.2	188.8
5 号	50	0.00	50	25.6	14.1	131.3
6 号	50	0.06	70	14.9	9.6	58.6
7 号	50	0.11	90	13.1	6.4	67.6
8 号	100	-0.14	50	24.1	13.5	77.5
9 号	100	-0.06	80	6.1	3.2	14.4
10 号	100	0.00	100	5.0	2.9	10.3
11 号	100	0.06	120	7.1	3.7	14.5

图 6 为不同模底砖平均孔径条件下的锭尾充满时钢液面中心半径 50mm、100mm 范围内的平均 Weber 数以及最大 Weber 数，可见随着模底砖平均孔径的增加，液面中心半径 50mm、100mm 范围内的平均 Weber 数以及最大 Weber 数均减小，并且其差距也减小。这说明了模底砖平均孔径越大，钢液面发生卷渣现象的概率越小。

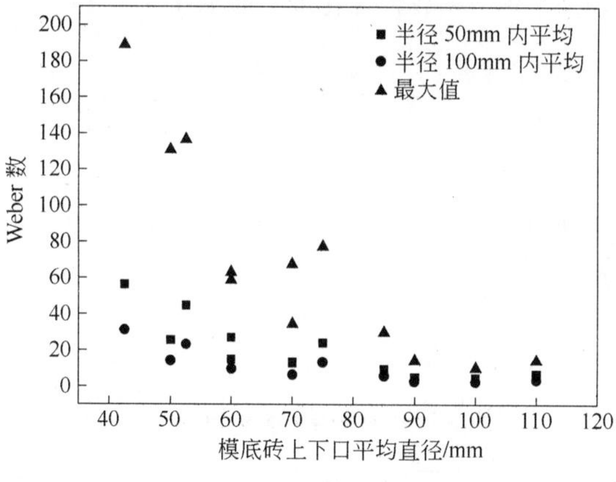

图 6 不同模底砖平均孔径的 Weber 数

Fig. 6 Weber number of different entrance nozzle average interior diameters

图 7 为不同模底砖上口和下口直径条件下的锭尾充满时钢液面中心半径 50 mm 范围内的平均 Weber 数。可以看出对于固定的上口直径，当模底砖下口直径小于上口直径时，随着下口直径的增大，Weber 数迅速降低，而当下口直径增大至大于上口直径后，Weber 数随下口直径增加而降低的非常缓慢。由于 Weber 数主要取决于钢液流股的流速，而该流速

很大程度上取决于钢液进入钢锭模时刻的流速。因此，可以认为当模底砖下口直径小于上口直径时，钢液进入钢锭模时刻的流速主要取决于模底砖下口直径，并随着下口直径的增大而迅速减小。这说明了当模底砖下口直径小于上口直径时，从模底砖下口端流入的钢液在流经模底砖的过程中流股扩张程度很小，流股受模底砖内壁和上口直径的约束不大。另外，还可以进一步推知该情况下钢液对模底砖内壁的侵蚀程度很小。

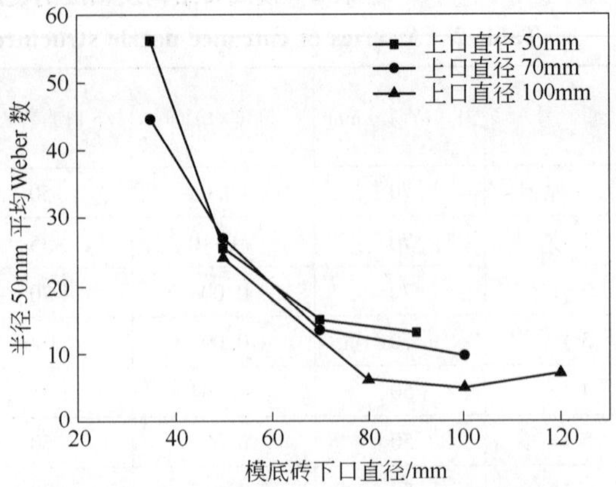

图 7　不同模底砖上口及下口直径的 Weber 数

Fig. 7　Weber number of different entrance nozzle top-end and bottom-end interior diameters

从图 7 还可以发现，对于固定的模底砖下口直径，随着上口直径的增大，液面中心半径 50 mm 范围内的平均 Weber 数减小，但当模底砖下口直径大于 80 mm 后，该平均 Weber 数基本小于 12. 3，液面不发生卷渣。

3.2　19t 钢锭模模底砖的结构优化

为解决该厂 19t 钢锭锻造模块水口端探伤缺陷的问题，根据以上分析结果将模底砖上口直径由 70mm 调整到 80mm，下口直径由 50mm 调整到 70mm 进行结构优化，并针对优化前后的模底砖进行了 19t 钢锭充型过程的数值模拟，得到优化前后锭尾充满时的钢液面 Weber 数分布，如图 8 所示。优化后的 Weber 数较优化前大幅减小，有利于防止卷渣的发生。

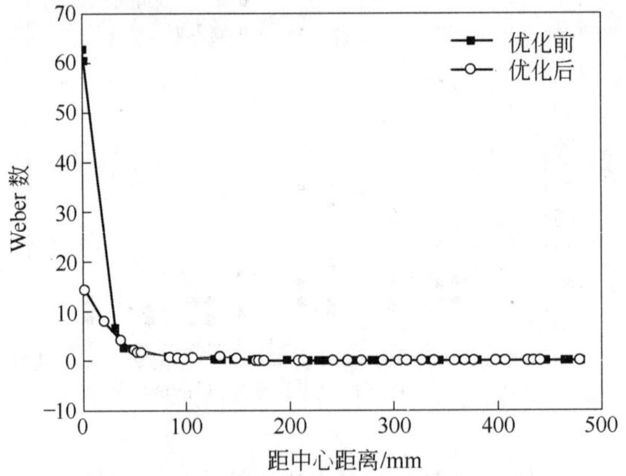

图 8　优化前后锭尾充满时的 Weber 数对比

Fig. 8　Comparison of Weber number when ingot bottom is filled before and after optimization

4　结论

（1）充型初期，由模底砖流入钢锭模内的钢液流股以较大的速度竖直向上涌至钢液面，易造成钢液面波动发生卷渣。

（2）充型初期锭尾充满时，靠近模壁的 1/3 半径厚度范围内钢液的固相率大于 0.5，凝固层推进快，易捕捉钢液内大颗粒夹杂物。

（3）模底砖平均孔径越大，钢液面发生卷渣的概率越小。并且，当模底砖上口直径比下口直径大时，从模底砖下口端流入的钢液在流经模底砖的过程中流股扩张程度很小，卷渣的发生概率主要取决于下口直径。

（4）模底砖结构优化结果：将 19t 钢锭模模底砖上口直径由 70mm 调整到 80mm，下口直径由 50mm 调整到 70mm 进行了优化，优化后的 Weber 数较优化前大幅减小，可以防止卷渣的发生。

参考文献

[1] 张学辉，蔡开科，韩郁文，等. 16MnR 钢中大型夹杂物的来源和形成[J]. 炼钢，1998(02):53-56.

[2] Cheng J, Eriksson R, Jönsson P. Determination of macroinclusions during clean steel production[J]. Ironmaking & Steelmaking, 2003, 30(1):66-72.

[3] Zhang L, Rietow B, Thomas B G, et al. Large Inclusions in Plain-carbon Steel Ingots Cast by Bottom Teeming[J]. ISIJ International, 2006, 46(5):670-679.

[4] 孙仁孝，杨卓钧，董履仁，等. 钢中大型夹杂的来源及去除途径[J]. 炼钢，1987(02):54-60.

[5] 杨锦，胡波，张炯明，等. Q420 钢中非金属夹杂物的分析[J]. 铸造技术，2011(01):43-45.

[6] Eriksson R, Jonsson L, Jonsson P G. Effect of entrance nozzle design on the fluid flow in an ingot mold during filling[J]. ISIJ International, 2004, 44(8):1358-1365.

[7] 范鼎东，史怀远，朱瑞田，等. 车轮钢大型夹杂形成机理研究[J]. 华东冶金学院学报，2000(02):113-117.

[8] 张文，钟云波，王赟，等. 模底砖孔径影响大钢锭浇注及凝固过程的数值模拟[J]. 特种铸造及有色合金，2010(09):803-806.

[9] 喻钟义. 扩张型钢锭模模底砖的设计与应用[J]. 重钢技术，1992, 35(1):40-44.

[10] Ho K, Robert P. Metal-Mold interfacial heat transfer[J]. Metallurgical Transactions B, 1985, 16(3):585-594.

[11] 萧泽强，彭一川. 喷吹钢包中渣金卷混现象的数学模化及其应用[J]. 钢铁，1989(10):17-21.

[12] Jonsson L, Jönsson P. Modeling of fluid flow conditions around the slag/metal interface in a gas-stirred ladle[J]. ISIJ International, 1996, 36(9):1127-1134.

连铸结晶器内非稳定流场与液面波动实验研究

沈厚发

（清华大学材料学院，先进成形制造教育部重点实验室，北京 100084）

摘　要：利用 1∶1 的水力学模型和波高仪模拟了薄板坯连铸结晶器内的液面波动。两种不同类型水口的实验结果均表明液面波动是非稳定的且具有一定的周期性。结晶器中心线两侧液面波动的相位差约为 1/2 个周期。当结晶器左侧液面升高时，右侧液面降低。沿着结晶器宽度方向，各测点的液面波动依顺序具有一定的相位差。当水口某一侧的波谷靠近水口时，水口另一侧的波谷远离水口。结晶器内平均液面处的波动的概率较大，而液面波动最高和最低位置处的波动概率较小。当液面波谷处于最低位置时，波动较剧烈。水口结构影响液面波动的特征参数。

关键词：薄板坯连铸；结晶器；水力学模拟；液面波动；流动非稳定性

Experimental Research on the Flow Instability and Level Fluctuation in Continous Casting Mould

Shen Houfa

(Key Laboratory for Advanced Materials Processing Technology, Ministry of Education; School of Materials Science and Engineering, Tsinghua University, Beijing 100084)

Abstract: Level fluctuation in the continuous thin slab casting mould has been studied with a real aspect ratio experimental water model and wave gauge. The results based on two different types of submerged entry nozzle (SEN) show that the level fluctuation is unsteady and periodical, and the phase difference of level fluctuation in the two sides of mould centerline is half period. The level in the right side of mould centerline drops while the level in the left side rises. The level fluctuation along the mould width has a certain phase difference in sequence. When the valley of the level wave in one side of mould centerline moves close to the SEN, the valley in another side moves away from the SEN. The probability of fluctuation near the average level wave is large and the frequency near the highest and the lowest level positions is small. The level fluctuation is much stronger when the level valley locates at the lowest position. The SEN configuration affects the characteristic parameters of level fluctuation.

Keywords: continuous thin slab casting; mould; water modeling; level fluctuation; flow instability

1　引言

液面波动引起的卷渣及其所导致的缺陷是影响铸坯质量的重要因素。随着连铸拉速的提高，结晶器液面波动加剧。研究结晶器内液面波动规律，对于提高连铸生产率以及生产洁净钢坯均具有重要意义[1,2]。

包燕平等人[3]利用宽度为1200mm的水模型研究了薄板坯连铸结晶器中的卷渣现象及其形成机理。李宝宽等人[4]利用宽度为500mm的水模型与数值计算方法研究了薄板坯连铸结晶器液面的涡流现象，并对涡流特性及其影响因素进行了研究。朱苗勇等人[5]指出液面回流引起的表面卷渣是高速连铸结晶器内卷渣的主要方式。胡皓等人[6]采用1∶1的水模型研究了板坯连铸结晶器的液面波动，结果表明波高随时间变化。此外，国内外还有很多学者采用水模拟方法研究了连铸工艺与结构参数对结晶器内流场与液面波动的影响。Gupta等人[7]发现弯月面持续波动且相对结晶器中心线并不一直对称，但是弯月面的波形是时均对称的。Miranda等人[8]在1∶3的水力学模型中研究了弯月面波动，并且发现弯月面波动具有非稳定的行为。Ramírez-López等人[9]利用水力学模型和数值模拟方法研究了板坯连铸结晶器内的流场结构，并发现弯月面的稳定性取决于结晶器内流场的结构。Bergeles等人[10]通过有限体积法模拟了弯月面的波形及其波动，并发现弯月面经过几个周期的不稳定波动能达到稳态。Takatani等人[11]通过数学模型模拟了连铸结晶器内瞬态流动，发现弯月面的波动剧烈，且某一时刻的最大速度能达到其平均值的两倍。因此，可以看出人们已发现连铸结晶器液面波动的不稳定现象。但是，有关这种不稳定性所具有特征的报道却较少。

薄板坯连铸拉速高，进一步研究结晶器内液面波动的不稳定行为与原因有利于连铸工艺与结构参数设计。本文建立1∶1的薄板坯连铸结晶器的水力学模型，探讨液面波动的变化特征。

2 实验方法

本研究不考虑实际结晶器振动的影响。根据水力学相似原理[1-6]，采用比例1∶1的模型模拟实际结晶器内的流动现象。图1为薄板坯连铸结晶器内流动水模型实验装置，包括结晶器、中间包、水口和蓄水池等。实验采用如图2所示的两种不同类型的水口，分别为阿维迪双直通型ISP水口和宝钢双侧孔新型BSP水口。结晶器宽度为1600mm，出口厚度

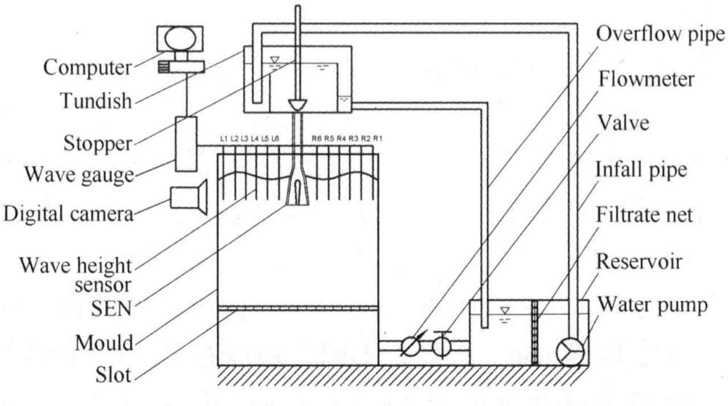

图1 薄板坯连铸结晶器流场水力学模拟实验装置

Fig. 1 Schematic of water modeling experimental setup for the fluid flow in continuous thin slab casting mould

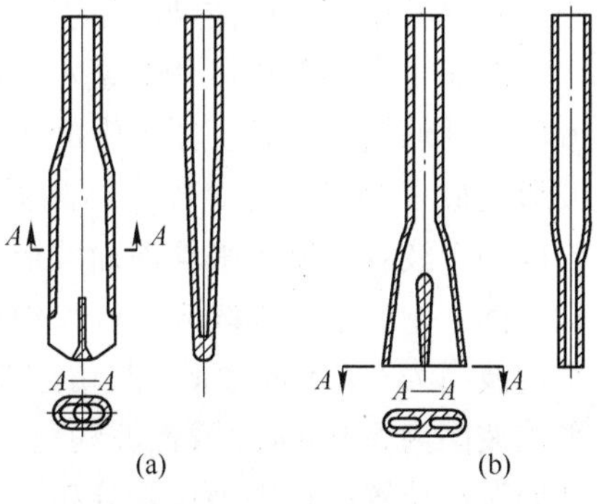

图2 ISP水口与BSP水口示意图

Fig. 2 Schematic of (a) ISP SEN and (b) BSP SEN

为70mm。为了有利于结晶器出口附近流场的充分发展，结晶器高度延长到2000mm，并且在结晶器底部设置了栅格与高为700mm的缓流槽相连。水口浸入深度（即平均液位到水口底部的距离）为255 mm。拉坯速度为6.0m/min。通过粒子示踪法及数码照相机和摄像机记录结晶器内流场。利用DJ800型多功能监测系统和12根波高传感器测量液面波动。水口两侧的波高传感器位置如图1中的符号L1～L6和R6～R1表示。传感器在水口两侧等距离分布。为了考察液面波动随时间的变化特性，信号的采集时间为系统稳定后512s，采集时间间隔为0.25s。整个实验过程中保证设备结构对称与工艺参数不变。

3　实验结果

为了研究液面波动，对图1中L1～L6和R6～R1位置的液面波动进行了研究。图3为采用ISP水口时结晶器中心线左右两侧12个测点处液面高度（$F_{L1}\sim F_{L6}$、$F_{R1}\sim F_{R6}$）随时间的变化。由于图3中测量参数的一致性与重复性，图中仅显示测量时间内360s的结果。由图可见，在测量时间内，靠近水口或结晶器窄面的测点L1、L2、L6、R1、R2和R6的波动较小，而测点L4、L5、R4和R5的波动较大，水口两侧对称位置的波动幅度基本相同。另外，由图3还可以看出，液面波动具有周期性，尤其是处于水口与结晶器窄面之间的波动周期更明显；而靠近水口或结晶器窄面的波动由于幅度较小，周期性显得不太明显。图3中测点位置L3、L4、L5、R3、R4和R5的变化周期均约为23.3s。比较图3(a)和(b)，可以看出，结晶器中心线两侧对称位置处液面波动的相位差均约为1/2个周期，即：左侧液面升高时，右侧液面降低；反之亦然。另外，沿着结晶器宽度方向，各测点的液面波动依顺序具有一定的相位差。对于BSP水口，结晶器内液面波动具有与ISP水口相似的特征，测点位置处的变化周期为28.4s。

图4(a)、(b)分别表示采用ISP和BSP型水口时结晶器中液面波形随时间的变化过程，图中时间任意截取了测量时间内100s。由图4可见，某一时刻结晶器中水口两侧的液面波形不对称，但随时间周期性变化。液面在结晶器窄面附近形成波峰，在窄面与水口之间形成波谷。液面波形的最大波峰及最大波谷在水口两侧随时间交替出现。比较图4(a)和(b)可知，使用BSP型水口的结晶器液面波形变化周期相对ISP水口的周期长，同时最大波高相对较小。从而说明，使用BSP型水口的结晶器中液面波动较平稳。显然，变化幅度较小、频率较小的液面波动不易引起卷渣。

图5为采用ISP和BSP型水口时结晶器中测定时间内的平均液面波形及其各测点位置液面波动的概率分布。图5中的粗实线表示在实际测量时间内的平均液面波形。平均液面波形类似“马鞍”形，即在结晶器的两窄面附近分别形成一个波峰，在结晶器中心线两侧形成两个波谷。图中平均液面波形上下两侧的两条细实线分别是液面波动的最高和最低位置。图5中的水平虚线表示假设液体静止时的平均液位。从图5(a)可知，使用ISP水口时平均波高为6.7 mm，液面波动范围大约是25.4 mm。从图5(b)可知，使用BSP水口时的平均波高为5.9 mm，液面波动范围大约是14.2 mm。另外，由图5还可看出，12个测点液面波动位置的概率为单峰分布。平均液面高度处的概率较大，而最高和最低波动位置的概率最小。图5中平均液面波形、最高和最低液面波动位置及各点波动的概率分布相对于结晶器中心线基本对称。另外，对比图5(a)与图3可见，波高测点L4与L5及R5与R4位于结晶器中心线两侧的液面波谷处。在这些位置，波动在最高位置处随时间的变化速度

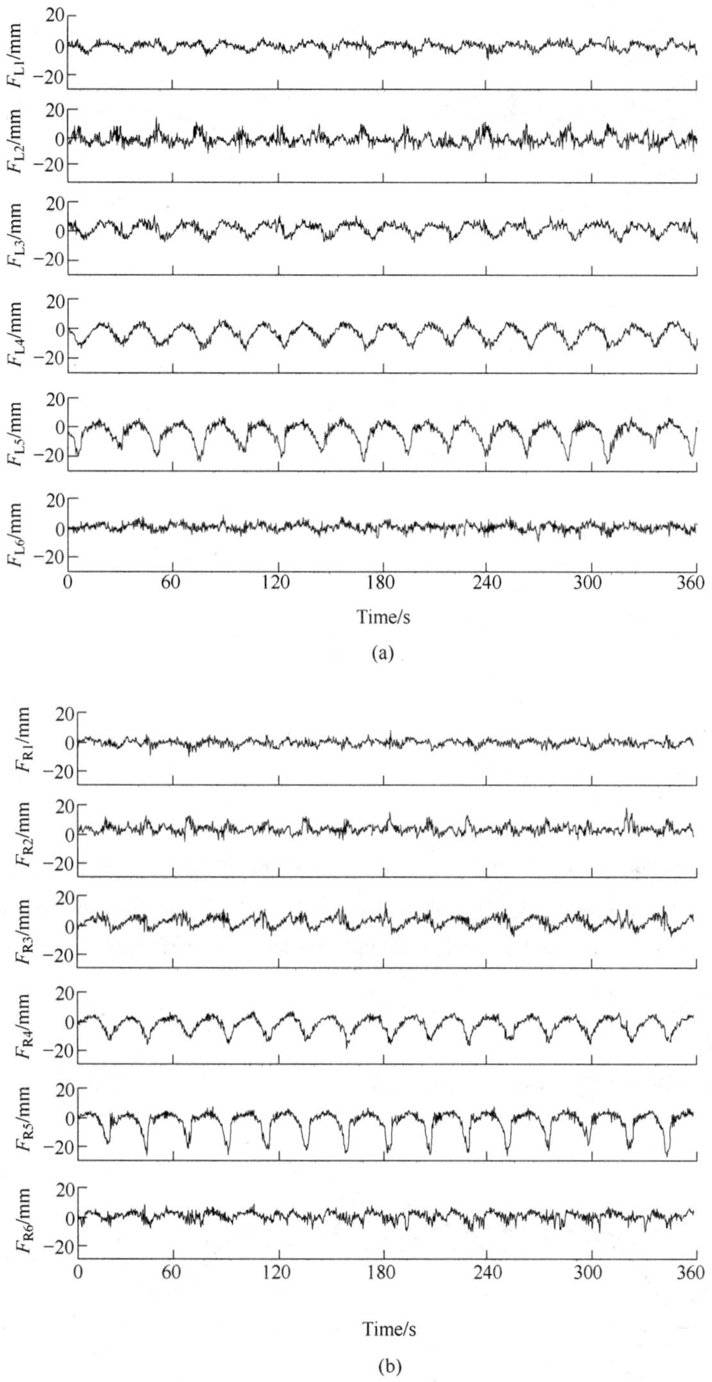

图 3　使用 ISP 水口时结晶器左右两侧液面波动（F）随时间的变化

（a）左侧；（b）右侧

Fig. 3　Variation of level fluctuation（F）

（a）in the left and（b）right side of mould centerline with ISP SEN

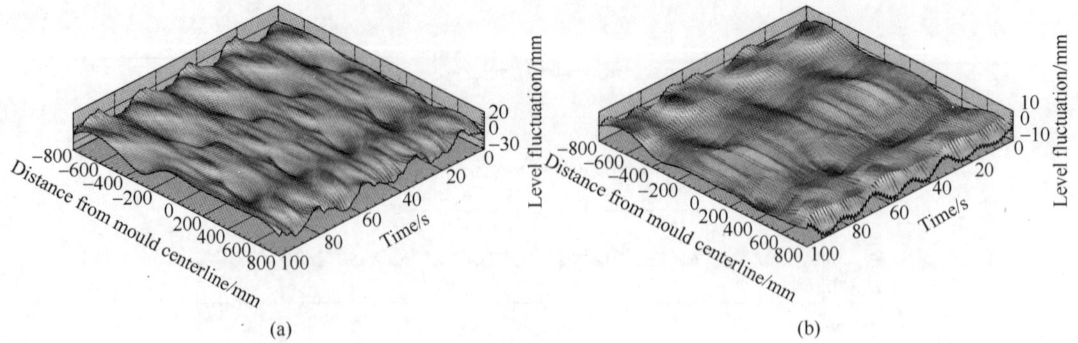

图4　使用ISP水口（a）与BSP水口（b）时液面波形随时间的变化

Fig. 4　Variation of level profile in mould with（a）ISP SEN and（b）BSP SEN

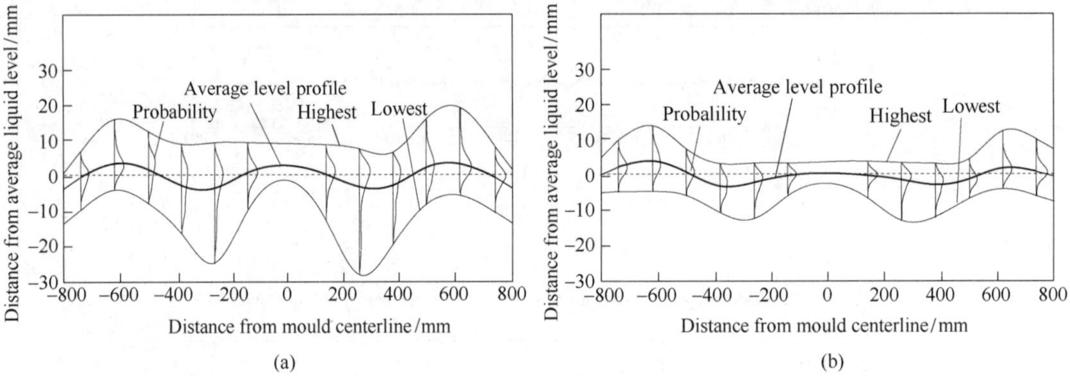

图5　使用ISP水口（a）与BSP水口（b）时结晶器内平均液面波形及波动的概率分布

Fig. 5　Average level profile along the mould broad face and the wave position probabilities with（a）ISP SEN and（b）BSP SEN

较小，而在最低位置处随时间的变化速度较大（图3）。从而说明液面波谷处于最低位置时波动速度更大。

图6为使用ISP水口和BSP水口时在某一任选周期内结晶器内的液面波形的演化过

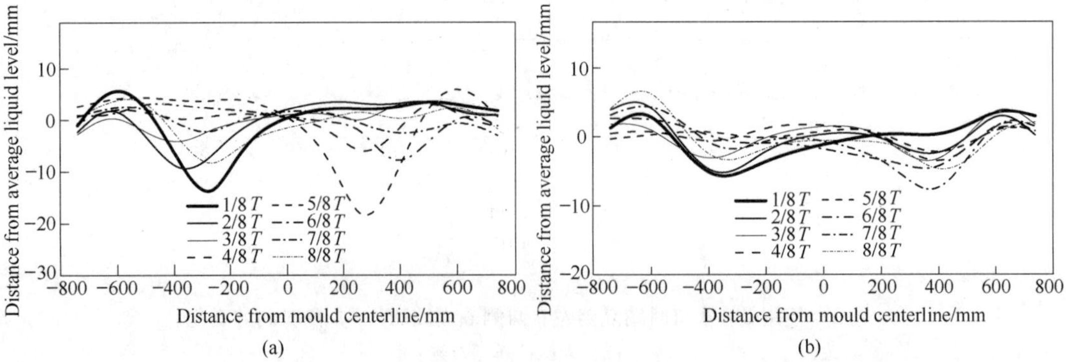

图6　使用ISP水口（a）与BSP水口（b）时一个周期内液面波形的变化

Fig. 6　Variation of level profile in one period with（a）ISP SEN and（b）BSP SEN

程。为了描述液面波形的演化，将该周期均匀分成 8 个时间段。由图可见，在 1/8 周期时，结晶器中心左侧波高最大，右侧波高最小。在 5/8 周期时，液面波形几乎是 1/8 周期时的镜像，即左侧波高最小，右侧波高最大。因此，波高的变化在结晶器中心线两侧的相位差约为 1/2 个周期。另外，最大波峰与最大波谷的位置随时间有一定的变化。从图中也可以看出，当波谷远离水口时，波谷上升，波峰下降，从而波高减小。使用 ISP 水口和 BSP 水口，液面波形具有相似的变化特征。

4 结论

利用波高仪在 1∶1 的水力学模型中研究了使用不同类型水口时薄板坯连铸结晶器内的非稳定流场及液面波动，发现液面波动对于不同水口规律相似，并得到如下结论。

（1）液面波动是周期性的非稳定。结晶器中心线两侧对称位置处液面波动的相位差为 1/2 个周期。液面波形的最大波峰及最大波谷在水口两侧随时间交替出现。当结晶器左侧液面升高时，右侧液面降低；反之亦然。沿着结晶器宽度方向，不同位置的液面波动依顺序具有一定的相位差。当水口某一侧的波谷靠近水口时，水口另一侧的波谷远离水口。

（2）某一时刻，液面波形相对结晶器中心线不对称，但是平均波形相对结晶器中心线是对称的。当结晶器中心线某一侧的波谷下降并靠近水口时，波峰相应抬高，从而波高增加。

（3）结晶器内平均液面处的波动概率较大，而液面波动的最高和最低位置处的波动概率较小。当波谷处于最低位置时，波动较剧烈。

（4）水口结构影响液面波动的特征参数，如波高、周期、波谷位置及最大波动范围等。

致谢

沈丙振博士参加了本文的研究工作，特此感谢。

参 考 文 献

[1] 孙彦辉，韦耀环，蔡开科，等．宽板坯连铸结晶器内卷渣现象试验研究[J]．钢铁，2007，42(11)：31-33，52.

[2] 李济永，张立峰，王强强．板坯连铸结晶器内流场数值模拟[J]．过程工程学报，2012，12(6)：925-932.

[3] 包燕平，朱建强，蒋伟，等．薄板坯结晶器内卷渣现象的研究[J]．北京科技大学学报，1999(6)，21：530-534.

[4] 李宝宽，李东辉．连铸结晶器内钢液涡流现象的水模型观察和数值模拟[J]．金属学报，2002，38(3)：315-320.

[5] 雷洪，朱苗勇，赫冀成．连铸结晶器内卷渣过程的数学模型[J]．金属学报，2000，36(10)：1113-1117.

[6] 胡皓，赵和明，张炯明，等．结晶器液面波动的水模型研究[J]．钢铁钒钛，2005，26(1)：10-15.

[7] Gupta D，Lahiri A K. Water-modeling study of the surface disturbances in continuous slab caster[J]. Metall Trans B，1994，25(4)：227-233.

[8] Miranda R，Barron M A，Barreto J，et al. Experimental and numerical analysis of the free surface in a water

model of a slab continuous casting mold[J]. ISIJ International, 2005, 45(11):1626-1635.

[9] Ramírez-López P, Morales R D, Súnchez-Pérez R, et al. Structure of turbulent flow in a slab mold[J]. Metall Mater Trans B, 2005, 36(6):787-800.

[10] Panaras G A, Theodorakakos A, Bergeles G. Numerical investigation of the free surface in a continuous steel casting mold model[J],Metall Mater Trans B, 1998, 29(5):1117-1126.

[11] Takatani K, Tanizawa Y, Mizukami H, et al. Mathematical model for transient fluid flow in a continuous casting mold[J],ISIJ International, 2001, 41(10):1252-1261.

304 不锈钢板坯浸入式水口结构对结晶器流场的影响

王承顺[1] 成国光[1] 李六一[1,2] 李 渔[2] 张建国[2] 钱国余[1]

（1. 北京科技大学钢铁冶金新技术国家重点实验室，北京 100083；
2. 四川西南不锈钢有限责任公司，乐山 614902）

摘 要：本研究通过数值模拟和物理模拟研究了 304 不锈钢 180mm × 1240mm 板坯连铸结晶器内钢液的流场特征。为了改善结晶器内流场均匀性和稳定性，对原型浸入式水口进行了实验研究，并提出优化水口。结果表明：使用原型浸入式水口时结晶器中心截面处流场不对称，前后两个宽面处流动过弱；最优化水口结构维持原水口凹形底部结构，但水口出口形状改为矩形，向上倾角为 5°。

关键词：水口优化；数值模拟；物理模拟；结晶器流场

1 引言

在不锈钢的连铸生产中，由于不锈钢本身的物理性能和凝固特点，往往导致连铸坯上出现严重的表面缺陷[1]。大多数研究都只关心结晶器中心截面处的流场特征[2-4]，很少有专门针对结晶器前后两个宽面处流场特征的研究，但是不锈钢板坯的表面质量缺陷以及振痕的形成与结晶器前后两个宽面处的流场特征有着紧密的联系。因此本研究以西南不锈钢公司 180mm × 1240mm 板坯连铸结晶器为研究对象和建模依据，运用数值模拟和物理模拟的手段研究了使用原工艺参数和水口结构时结晶器内钢液在中心截面处以及前后两个宽面处的流场特征，分析数值模拟和物理模拟结果并进行优化改进。通过对水口结构的优化，改善了原结晶器内中心截面处流场不对称以及前后两个宽面处的流场流动过弱的问题。

2 实验方案

2.1 水模型实验的建立

水模实验是以模型与原型之间的物理相似或几何相似为基础，用模型来模拟原型物理现象的一种模拟方法。由于钢水的流动主要受惯性力和重力控制，重力起主导作用，因此应保证原型与模型的 *Fr* 数相等。由弗鲁德准数得到模型速度和实际速度的相似比以及流量的相似比。

本次研究采用的模型比例为 1∶1，结晶器水模型的断面尺寸为 180mm × 1240mm，结晶器模型的长度定为 2500mm，均由有机玻璃制作。

2.2 实验内容

图 1 为水模型研究的实验装置示意图，实验装置主要由上位水箱、水泵、流量调节阀、空气压缩机和气体流量计等组成。实验采用的拉速为 1m/min。原型浸入式水口出口倾角为向上 15°，出口尺寸为 65mm × 45mm，底部为凹底结构。

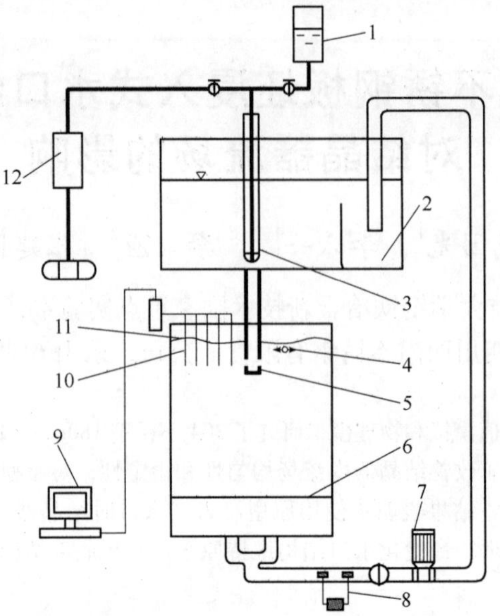

图1　水模型实验装置示意图

Fig. 1　Schematic of water model experiment

1—示踪染料；2—模拟中间包；3—塞棒；4—转子流速仪；5—浸入式水口；6—缓流槽；7—泵；8—超声波流量计；9—数据采集系统；10—波高仪；11—硅油；12—氩气装置

用 ANSYS 软件建立了相应的数学模型[5]，对本模型进行数值模拟，将实验结果和数值模拟结果进行对比验证。

3　实验结果与分析

3.1　原型浸入式水口的结晶器内流场特征

本次研究中采用的铸坯尺寸为180mm×1240mm，拉速为1m/min，原型浸入式水口插入深度为150mm，出水口形状为椭圆形，出水口倾角为向上15°，浸入式水口底部结构为凹底。

使用原型浸入式水口时结晶器的数模以及水模实验结果（图2）表明，使用原型浸入

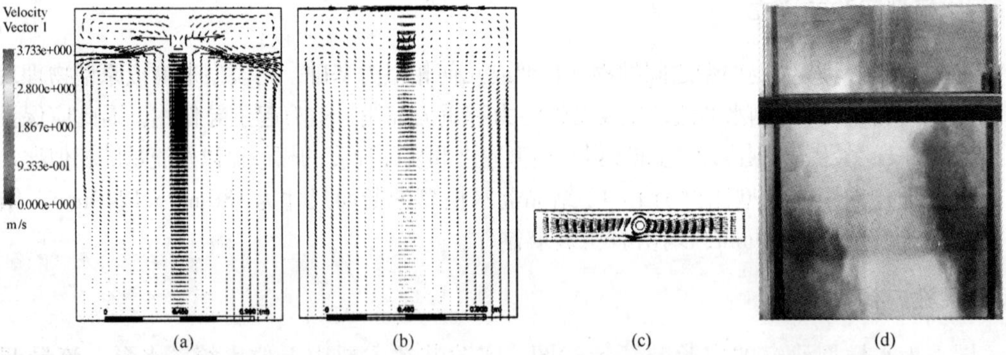

图2　原型结晶器速度矢量图((a)$Y=0$;(b)$Y=89$mm;(c)$Z=0$;(d)水模实验)

Fig. 2　Velocity vector fields of prototype mold((a)$Y=0$;(b)$Y=89$mm;(c)$Z=0$;(d)water model)

式水口时侧孔喷射出的流股撞击到结晶器窄面后，在射流的卷入和剪切作用下分成两个流股，一是向上的流股回流到达表面，一是向下的流股到达最大穿透深度后向上回流，呈现双回流形式。

使用原型浸入式水口的数值模拟结果也反映出结晶器内钢液在中心截面处流动不对称，并且结晶器前后两个宽面处的流动速度小。对水口两侧的自由表面的流速以及平均波高测试结果（图3）也反映出流场的不对称性较为严重。

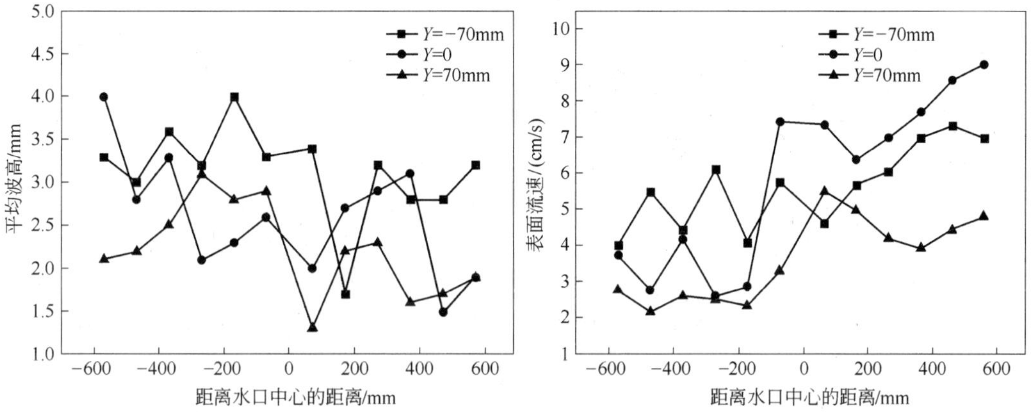

图3 原型结晶器中心截面和前后两个宽面处的平均波高以及表面流速

Fig. 3 Average wave height and surface velocity of prototype mold in center plane and front and rear face

3.2 优化前后结晶器内流场对比

在分别研究了水口底部形状、出口形状、水口倾角以及插入深度对结晶器内流场的影响规律的基础上，提出了优化水口进行对比实验，优化后水口出口倾角为向上5°，出口尺寸为60mm×55mm，底部为凹底结构。

在原型浸入式水口基础上对其出口进行扩孔得到优化水口，使得流股从水口出口射出后能量得到了释放，对应窄面处的表面流速有效降低。从优化水口的数值模拟结果（图4）可

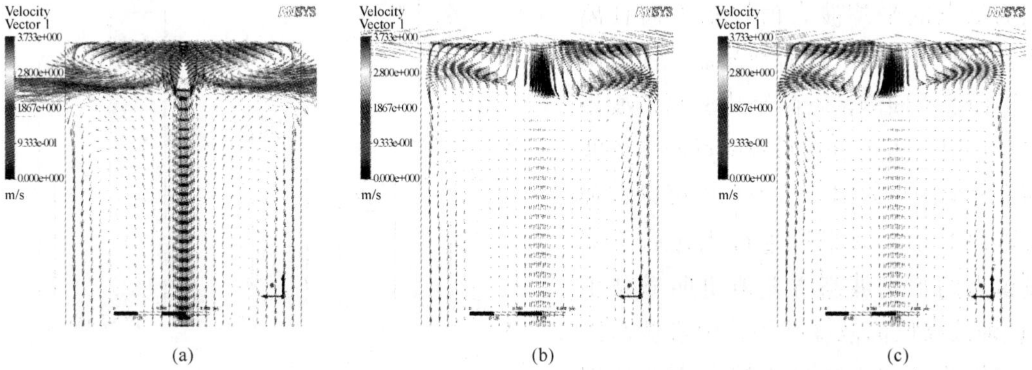

图4 优化后水口结晶器速度矢量图((a) $Y=0$;(b) $Y=89$mm;(c) $Y=-89$mm)

Fig. 4 Velocity vector fields of optimized SEN((a) $Y=0$;(b) $Y=89$mm;(c) $Y=-89$mm)

以看出水口进行优化后结晶器内流场的对称性明显变好，并且结晶器前后宽面的速度也明显增大。浸入式水口优化前后的水模实验结果对比（图 5）同样可以看出对水口进行改进后结晶器内流动的左右对称性变好。

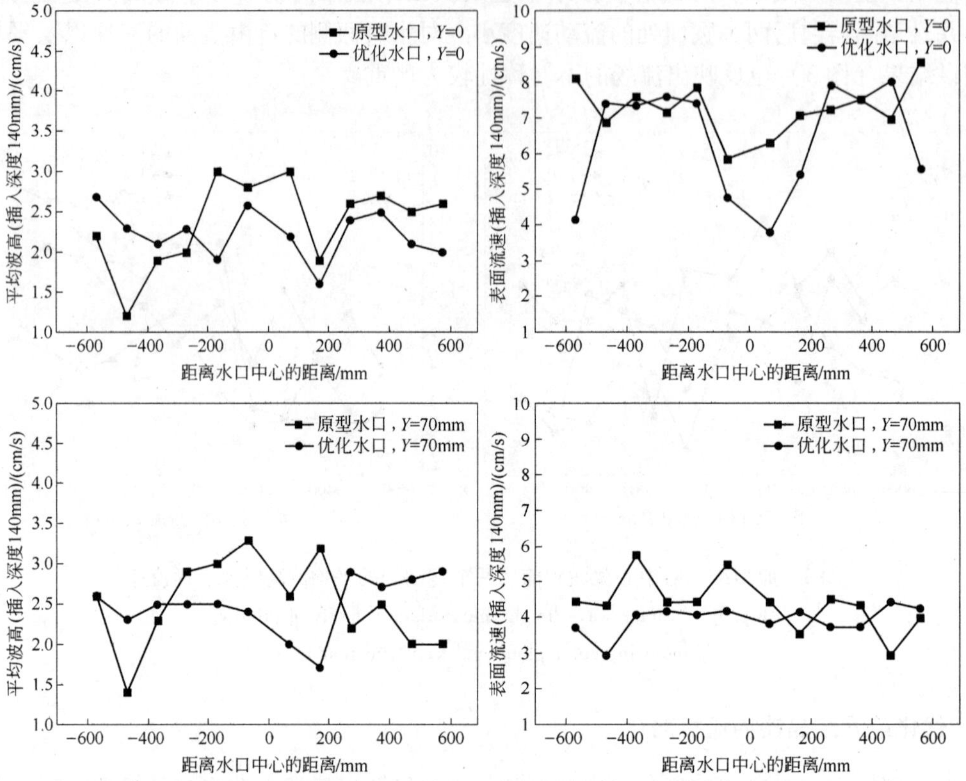

图 5　使用原型和优化水口后结晶器表面流速和平均波高

Fig. 5　Average wave height and surface velocity of different SEN

浸入式水口优化前后结晶器前后两个宽面的平均波高水模测试结果（图 5）表明，使用原型水口时结晶器前后两个宽面处不同测试点的平均波高值比较大而且离散，而使用优化水口后结晶器的前后两个宽面处不同测试点的平均波高值变小并且集中。图 6 为不同测试点的平均波高方差值的直方图，从图 6 中可以直观地看出对浸入式水口进行优化后不同测试点的平均波高方差值也明显减小（也即波高值离散度减小，中心截面以及前后两个宽面的平均波高方差分别比使用原型水口时减小了 42%、36% 和 55%）。

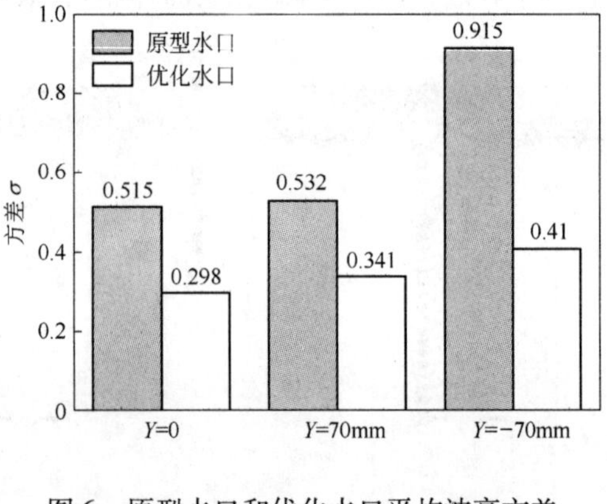

图 6　原型水口和优化水口平均波高方差

Fig. 6　Variance of average wave height for different SEN at 140mm submergence depth

4 结论

（1）使用原型水口时自由液面十分不稳定、表面流速以及上下波动均比较大，结晶器内前后、左右流场均不对称，前后宽面处流动太弱。

（2）对浸入式水口进行优化后结晶器内流场对称性明显变好，液面的上下波动明显变小，前后宽面处的流动也明显加强。

（3）180mm×1240mm 不锈钢板坯连铸结晶器较为理想的浸入式水口底部结构为凹底，出水口形状为矩形，向上倾角为5°。

参 考 文 献

[1] 杨军. 高表面质量不锈钢板坯连铸工艺研究[J]. 钢铁，2007，42(9):24.

[2] 邓南阳，金友林. 304 不锈钢板坯连铸结晶器水口结构优化的数值模拟[J]. 特殊钢，2010，31(3):10.

[3] Th. Wondrak, S. Eckert, V. Galindo, et al. Liquid metal experiments with swirling flow submerged entry nozzle[J]. Ironmaking and Steelmaking, 2012, 39(1):1.

[4] Yongfeng Chen, et al. Water Modeling of Self-Braking Submerged Entry Nozzle Used for Steel Continuous Casting Mold[J]. JOM, 2012, 64(9):1080.

关于表征连铸中间包流动的组合模型

常　胜　陈　萍　黄文信　邹宗树

（东北大学，沈阳 110819）

摘　要：鉴于目前常用于表征钢水连铸中间包流动的简单组合模型的停留时间分布（RTD）曲线与典型实测曲线的明显差别，提出了三个新的组合模型，以期更好地表征进而评价和优化中间包流动。第一个是带有等容全混槽串联的组合模型；第二个是带有非等容全混槽串联的组合模型；第三个是两个简单组合模型串联的组合模型。对注流区设有湍流控制器的中间包流动实验表征表明，三个模型都能够更好地表征中间包的流动。应用两个简单组合模型串联能够更加精确地对中间包的控流装置进行评价和优化。

关键词：钢水连铸；中间包流动；停留时间分布；组合模型

Combined Models for Characterization of Tundish Flow in Continuous Casting of Steel

Chang Sheng　Chen Ping　Huang Wenxin　Zou Zongshu

（Northeastern University，Shenyang 110819）

Abstract：In view of the clear differences in RTD（residence time distribution）curve profile between experimental measurements and the commonly used simple combined model of a CCMT（continuous complete mixing tank）and a CPFR（continuous plug flow reactor）in series with a dead volume, three new combined models are proposed to better characterize experimental RTD curves and thereby e-valuate optimize tundish flows. The first one is uniform tanks and one plug flow reactor in series with a dead volume. The second one is two nonuniform tanks and one plug flow reactor in series with a dead volume. The third one is two simple combined models in series. The application of the models to a tundish with a turbulence inhibitor in the pouring compartment shows that, all the three new models can much better represent experimental measurement than the commonly used models. The model of two simple combined model in series is useful for more precise evaluation and optimization of flow-control devices in tundish.

Keywords：steel continuous casting；tundish flow；residence time distribution；combined model

1　引言

迄今为止，钢水连铸中间包的流动几乎全部都是用“全混流与活塞流串联 + 死区”这一组合模型来表征和分析。最早将该模型用于中间包流动分析的是 Kemeny et al[1]。后来 Sahai et al[2,3] 又对模型进行了两次修正。但该模型的应用一直存在两个问题。一个是模型的停留时间分布（RTD）曲线与一般实测的曲线差别较大，即使修正后模型的曲线与一般实测的曲线也存在明显的差别。典型的情况是注流区设有湍流控制器[4,5]或漩流室[6]。这使得注流区本身就具有了全混流串联的主要特征。因此，组合模型中也应该含有全混流串联。另一个问题是，模型无法对注流区和下游明渠流形式的控流区分别给出流动信息。一般来说，希望注流区为全混流，下游控流区为活塞流。但实际有可能注流区也存在活塞流，下游控流区也存在全混流。若能够对上下游两段分别进行表征，则能够更好地对控流装置进行优化。另外，现用的组合模型对死区也是整体给出的，不能判定主要是在注流区还是在下游的控流区。因此，有必要使用更详细的流动模型来对中间包流动进行表征和分析。

针对上述问题，本文将在对中间包内流动进行分析的基础上，提出相应的组合模型的建议。为循序渐进，先简述一下现用的简单组合模型。

2 简单组合模型

1981 年，Kemeny et al.[1]首次建议用“全混流与活塞流串联 + 死区”这一简单组合模型来表征和分析连铸中间包内的流体流动。对某一实测的 RTD 曲线，其全混流体积 V_m、活塞流体积 V_p 和死区体积 V_d 分别由下式确定。

$$\frac{V_d}{V} = 1 - \bar{\theta},\frac{V_p}{V} = \theta_{min},\frac{V_m}{V} = \frac{1}{C_{peak}} \text{或} \frac{V_m}{V} = 1 - \frac{V_d}{V} - \frac{V_p}{V}$$

式中，$\bar{\theta}$、θ_{min}和 C_{peak}分别为无因次的平均停留时间、初始响应时间和峰值浓度时间；V 是反应器的总体积。根据模型，全混流的体积 V_m 可以通过示踪剂峰值浓度 C_{peak}来确定，但由于有时会出现三者之和不等于总体积，故现在一般用总体积减去活塞流和死区体积来确定。

根据模型定义应有初始响应时间等于峰值浓度时间，即 $\theta_{min} = \theta_{peak}$。但在绝大多数情况下两者并不相等，即 $\theta_{min} \neq \theta_{peak}$。为应对这一问题，Sahai et al.[2]将模型修正如下：

$$\frac{V_d}{V} = 1 - \bar{\theta},\frac{V_p}{V} = \frac{\theta_{min} + \theta_{peak}}{2},\frac{V_m}{V} = 1 - \frac{V_d}{V} - \frac{V_p}{V}$$

考虑到中间包内可能存在并不是完全滞止的缓慢流动区域，Sahai et al.[3]对模型进行了进一步的修正。定义全混流区和活塞流区之和为活体流区 V_a，流径活体流区的流体流量为 Q_a。活体流区流量与总流量之比 Q_a/Q 为 $\theta = 0 \sim 2$ 的 RTD 曲线下的面积。记 $\theta = 0 \sim 2$ 的平均停留时间为 $\bar{\theta}_C$，则反应器死区的体积按下式确定。

$$\frac{V_d}{V} = 1 - \frac{Q_a}{Q}\bar{\theta}_C$$

当活体流区流量与总流量相等时，即 $Q_a = Q$，死区体积 V_d 的计算简化为下式：

$$\frac{V_d}{V} = 1 - \bar{\theta}_C$$

3 带有等容槽列模型的组合模型

等容槽列模型的 RTD 函数[7]如下所示：

$$\left.\begin{aligned} C_N(t) &= \frac{M}{V/N}\frac{1}{(N-1)!}\left(\frac{t}{\tau}\right)^{N-1}e^{-t/\tau} \\ E(\theta) &= \frac{C_N(t)}{C_0} = \frac{C_N(t)}{M/V} = N\frac{(N\theta)^{N-1}}{(N-1)!}e^{-N\theta}, \quad \sigma_\theta^2 = \frac{1}{N} \end{aligned}\right\} \tag{1}$$

式中，N 为模型参数，即等容全混槽个数；σ_θ^2 为曲线的方差，可用来确定模型参数 N，$\tau = V/F_V$ 为反应器的空时。当 $N=1$ 和 $N=\infty$ 时，模型分别变为单一全混流和活塞流反应器。模型参数 N 也可以是非整数，此时所涉及的非整数阶乘可用伽马函数来计算。

$$\Gamma(x) = \int_0^\infty t^{x-1}e^{-t}dt, \quad \Gamma(x+1) = x\Gamma(x) = x!$$

$N=1\sim2$ 的 $E(\theta)$ 曲线如图 1 所示。由图可见，$N>1$ 的曲线可以更好地表征 $\theta_{min} \neq \theta_{peak}$ 的特征。

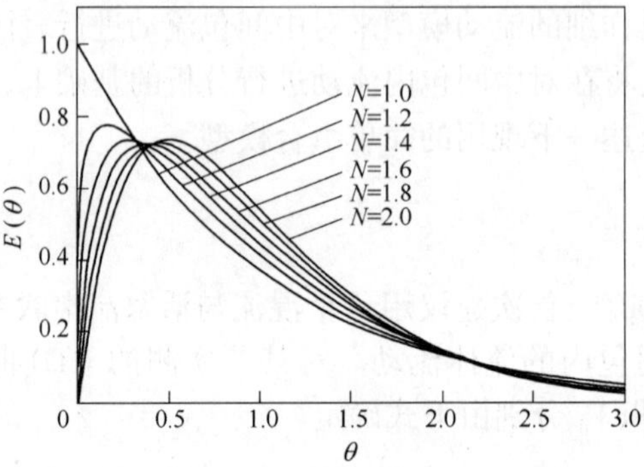

图 1　$N=1\sim2$ 的槽列模型 $E(\theta)$ 曲线

Fig. 1　$E(\theta)$ curves for the model of fractional uniform CCMTs in series

图 2 分别给出了简单的组合模型（a）和带有等容槽列模型的组合模型（b）。

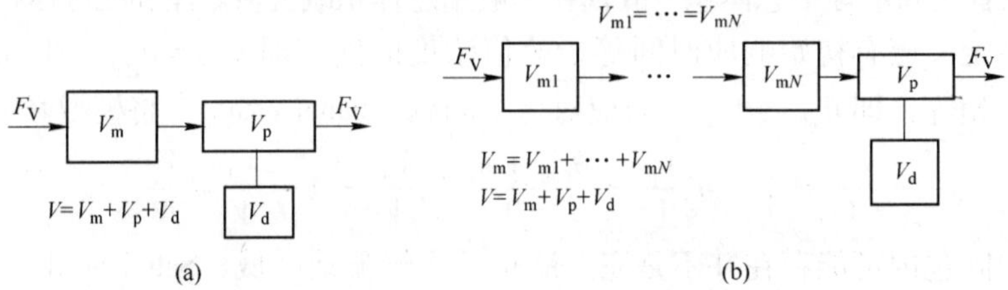

图 2　简单组合模型（a）和带有等容槽列模型的组合模型（b）

Fig. 2　Combined models with one CCMT（a）and uniform CCMTs in series（b）

简单组合模型的 $E(\theta)$ 函数[7]如式（2）所示。

$$E(\theta) = \begin{cases} 0, & 0 \leqslant \theta \leqslant \dfrac{V_p}{V} \\ \dfrac{V}{V_m}e^{-\frac{\theta-\frac{V_p}{V}}{\frac{V_m}{V}}}, & \theta \geqslant \dfrac{V_p}{V} \end{cases} \tag{2}$$

将式（1）整合到式（2）中，便可得到带有等容槽列模型的组合模型的 $E(\theta)$ 函数，如式（3）所示。

$$E(\theta) = \begin{cases} 0, & 0 \leqslant \theta \leqslant \dfrac{V_p}{V} \\ \dfrac{VN}{V_m(N-1)!}\left(\dfrac{\theta-\dfrac{V_p}{V}}{\dfrac{V_m}{NV}}\right)^{N-1} e^{-\frac{\theta-\frac{V_p}{V}}{\frac{V_m}{NV}}}, & \theta \geqslant \dfrac{V_p}{V} \end{cases} \tag{3}$$

4 带有非等容槽列模型的组合模型

两个非等容全混槽串联的槽列模型如图 3 所示。

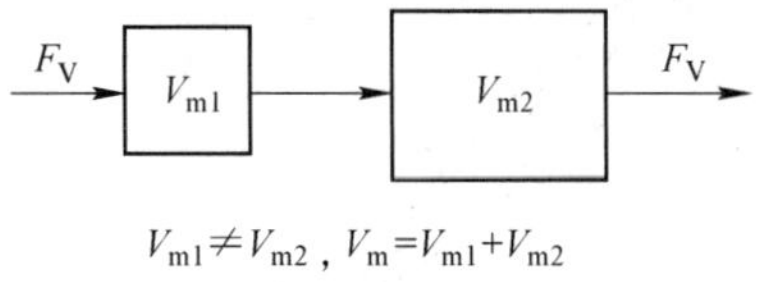

图 3 两个非等容全混槽串联

Fig. 3 Model of two nonuniform CCMTs in series

应用脉冲注入示踪剂，模型的 $E(\theta)$ 函数推导如下。第一槽的示踪剂质量守恒为：

$$-F_V C_{m1}(t) = V_{m1}\frac{dC_{m1}(t)}{dt}, \frac{dC_{m1}(t)}{dt} + \frac{1}{\tau_{m1}} C_{m1}(t) = 0 \tag{4}$$

式中，F_V 为物料的体积流量；$C_{m1}(t)$ 为 t 时刻第一槽的示踪剂浓度；$\tau_{m1} = V_{m1}/F_V$ 为第一槽的空时。记示踪剂的加入量为 M，则方程的初始条件为 $C_{m1}(0) = M/V_{m1}$，方程的解如式（5）所示。

$$C_{m1}(t) = \frac{M}{V_{m1}} e^{-t/\tau_{m1}} \tag{5}$$

对第二槽，示踪剂守恒为

$$F_V C_{m1}(t) - F_V C_{m2}(t) = V_{m2}\frac{dC_{m2}(t)}{dt}, \frac{dC_{m2}(t)}{dt} + \frac{1}{\tau_{m2}} C_{m2}(t) = \frac{1}{\tau_{m2}}\frac{M}{V_{m1}} e^{-t/\tau_{m1}} \tag{6}$$

式中，$C_{m2}(t)$ 为 t 时刻第二槽中示踪剂的浓度；$\tau_{m2} = V_{m2}/F_V$ 为第二槽的空时。方程的初始条件为 $C_{m2}(0) = 0$。方程的解如式（7）所示。

$$C_{m2}(t) = \frac{M\tau_{m1}}{V_{m1}(\tau_{m1} - \tau_{m2})}(e^{-t/\tau_{m1}} - e^{-t/\tau_{m2}}), \tau_{m1} \neq \tau_{m2} \tag{7}$$

式（7）即为反应器出口的示踪剂浓度。记总反应器的空时为 $\tau_m = \tau_{m1} + \tau_{m2} = V_m/F_V$，其无因次时间为 $\theta_m = t/\tau_m$，则由式（7）可得到反应器的 $E(\theta_m)$ 函数如式（8）所示。

$$E(\theta_m) = \frac{1}{2V_{m1}/V - 1}(e^{-\theta_m/(V_{m1}/V)} - e^{-\theta_m/(1-V_{m1}/V)}), \frac{V_{m1}}{V} \neq \frac{1}{2} \tag{8}$$

$E(\theta_m)$ 的方差如式（9）所示，可用来确定模型参数 V_{m1}。

$$\sigma_m = \int_0^\infty (\theta_m - 1)^2 E(\theta_m) d\theta_m = 2\left(\frac{V_{m1}}{V}\right)^2 - 2\frac{V_{m1}}{V} + 1 \tag{9}$$

图 4 给出了不同 V_{m1}/V 的 $E(\theta_m)$ 曲线。由图可见，$V_{m1}/V > 0$ 的曲线可以更好地表征 $\theta_{min} \neq \theta_{peak}$ 的特征。另外，相同的 V_{m1}/V 下，改变两槽的顺序对曲线没有影响。

带有两个非等容全混槽串联的组合模型如图 5 所示。

对某一实测的 $E(\theta)$ 曲线，为确定模型参数，可首先根据如下两式确定死区和活塞流的体积。

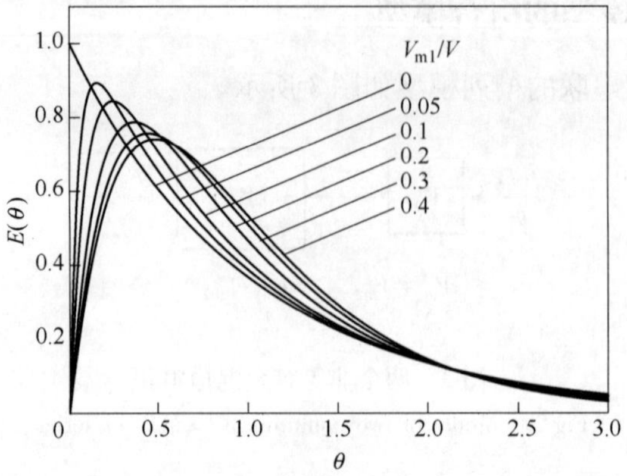

图 4　两个非等容全混槽串联的槽列模型 $E(\theta)$ 曲线

Fig. 4　$E(\theta)$ curves for the model of two nonuniform CCMTs in series

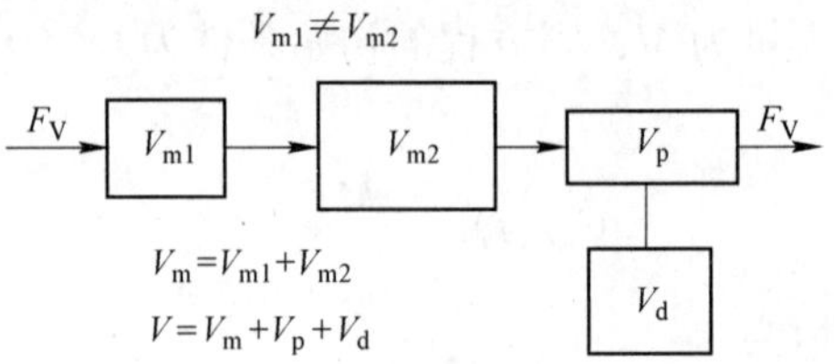

图 5　带有两个非等容全混槽串联的组合模型

Fig. 5　Combined model with two nonuniform CCMTs in series

$$\frac{V_d}{V} = 1 - \bar{\theta}, \frac{V_p}{V} = \theta_{min}$$

然后应用式（8）和式（9）来分析两个串联全混槽的体积 $V_m = V - V_d - V_p = V_{m1} + V_{m2}$。整个模型的 $E(\theta)$ 曲线可通过将式（8）或式（7）整合到式（2）中来获得，结果如下。

$$E(\theta) = \begin{cases} 0, & 0 \leqslant \theta \leqslant \dfrac{V_p}{V} \\ \dfrac{e^{-\left(\theta-\frac{V_p}{V}\right)\left(\frac{V}{V_{m2}}\right)} - e^{-\left(\theta-\frac{V_p}{V}\right)\left(\frac{V}{V_{m1}}\right)}}{\dfrac{V_{m2}-V_{m1}}{V}}, & \theta \geqslant \dfrac{V_p}{V} \end{cases} \tag{10}$$

$$E(\theta) = \begin{cases} 0, & 0 \leqslant \theta \leqslant p \\ \dfrac{1}{m(1-2a)}\left(e^{-\frac{\theta-p}{m(1-a)}} - e^{-\frac{\theta-p}{ma}}\right), & \theta \geqslant p \end{cases} \tag{11}$$

式中，$p = \dfrac{V_p}{V}, m = \dfrac{V_m}{V}, a = \dfrac{V_{m1}}{V_m} = \dfrac{V_{m1}}{mV}$。

值得注意的是，死区的体积是由 $\theta = 0 \sim \infty$ 完整的平均停留时间通过 $V_d/V = 1 - \bar{\theta}$ 来确

定的，而不是由 Sahai et al.[3]建议的 $\theta=0\sim2$ 的部分停留时间通过 $V_d/V=1-\bar{\theta}_C$ 来确定的。这是因为，如果将 $\theta\geqslant2$ 的流体视为死区流体，那么根据全混流的定义 $E(\theta)=\exp(-\theta)$，理想全混流反应器也将有高达 13.53% 的死区，而这是与全混流的定义是矛盾的。实际上，在反应器内有缓慢流动区的情况下，其对停留时间的贡献已经体现在 $\theta=0\sim\infty$ 完整的平均停留时间 $\bar{\theta}$ 中，无需再单独考虑。

5 两个简单组合模型串联的组合模型

将中间包分为注流区和下游控流区两段，且两段均用简单的组合模型来表征，则中间包则可视为两个简单组合模型串联。两个简单组合模型串联的组合模型如图 6 所示。应用脉冲注入示踪剂的刺激-响应法，可推得模型的 $E(\theta)$ 曲线如式（12）所示。

$$E(\theta)=\begin{cases}0, & 0<\theta<\dfrac{V_{p1}+V_{p2}}{V}\\[2ex] \dfrac{V}{V_{m1}-V_{m2}}\left[e^{-\frac{V}{V_{m1}}\left(\theta-\frac{V_{p1}+V_{p2}}{V}\right)}-e^{-\frac{V}{V_{m2}}\left(\theta-\frac{V_{p1}+V_{p2}}{V}\right)}\right], & \theta\geqslant\dfrac{V_{p1}+V_{p2}}{V}\end{cases} \tag{12}$$

由式（12）可见，由于模型参数过多，难以从一条实测的 RTD 曲线得到全部的模型参数。实际应用时，可同时在注流区出口和中间包出口测定示踪剂浓度，分别得到注流区和整个中间包的 $E(\theta)$ 曲线，从而分别得到注流区和整个中间包的全混流、活塞流和死区体积，进一步用后者减去前者得到下游控流区的全混流、活塞流和死区体积。

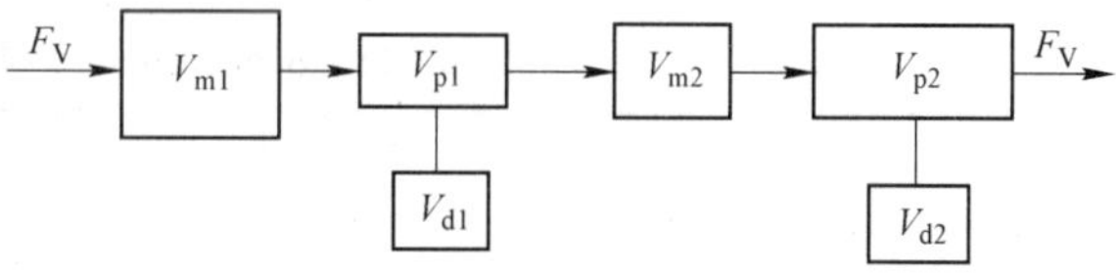

$V_m=V_{m1}+V_{m2}, V_p=V_{p1}+V_{p2}, V_d=V_{d1}+V_{d2}, V=V_m+V_p+V_d$

图 6 两个简单组合模型串联的组合模型

Fig. 6 Two simple combined models in series

6 模型应用举例

图 7 所示为作者以前研究漩流中间包时所用的一个典型的单流中间包[6]，但是将漩流室换成了湍流控制器。图 8 所示为一条典型的实测 RTD 曲线和不同组合模型的拟合结果。模型拟合得到的参数如表 1 所示。

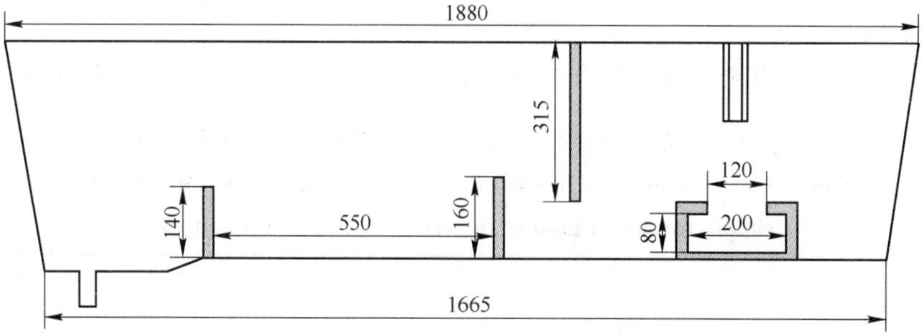

图 7 单流中间包示意图

Fig. 7 Schematic illustration of a single strand tundish

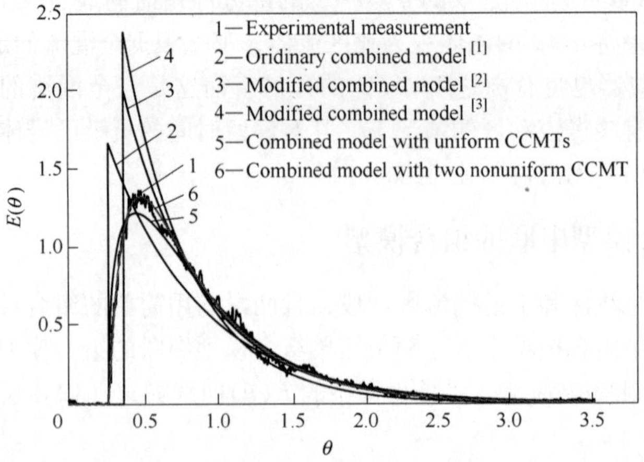

图 8　实验测定和不同模型拟合的 $E(\theta)$ 曲线

Fig. 8　$E(\theta)$ curves from a typical experimental measurement and different models

表 1　不同模型的拟合参数

Table 1　Fitted parameters of different models

Model	V_d/V	V_p/V	V_m/V	Fitting error
Ordinary combined model[1]	15.10%	25.21%	59.69%	67.28
Modified combined model[2]	15.10%	35.29%	49.61%	58.69
Modified combined model[3]	22.92%	35.29%	41.79%	95.94
Combined model with uniform CCMTs in series	15.10%	25.21%	$N=1.436$	6.04
Combined model with two nonuniform CCMTs in series	15.10%	25.21%	$V_{m1}=11.14\%$ $V_{m2}=48.55\%$	1.48

由图 8 可见，与简单的组合模型相比，带有全混槽串联的组合模型，无论是等容还是非等容，都能够更好地表征实测的 RTD 曲线。表 1 同时列出了各模型对实测曲线拟合的误差（代表性时间点曲线拟合误差的平方和），可见带有全混槽串联的组合模型的拟合误差要远小于简单组合模型的拟合误差，并且带有两个非等容全混槽串联的组合模型明显好于带有等容全混槽串联的组合模型。显然，这是由于带有全混槽串联的组合模型更符合反应器的实际情况。

用两个简单组合模型串联的组合模型来表征上述中间包流动的一个实例如表 2 所示。

表 2　用两个简单组合模型串联表征中间包的实例（体积分数/%）

Table 2　An example of tundish flow characterization by model of two simple combined models in series (Volume fraction/%)

Volume	V_m	V_p	V_d
Pouring compartment	40.0	15.5	44.5
Open channel section	48.5	38.0	13.5
Overall	46.0	31.0	23.0

由表可见，一般认为以全混流为主的注流区也存在活塞流成分，尤其是死区体积分数很大，说明湍流控制器还有很大的优化空间。对下游的控流区来说，全混流反而比活塞流体积大，控流装置也存在很大的优化空间。

7 结论

（1）与简单组合模型相比，带有全混槽串联的组合模型能够更好地表征注流区设有湍流控制器的中间包流动。

（2）与等容全混槽串联相比，带有非等容全混槽串联的组合模型能够更好地表征注流区设有湍流控制器的中间包流动。

（3）用两个简单组合模型对中间包流动进行分段表征，能够更有针对性地对中间包控流装置进行评价和优化。

参 考 文 献

[1] Kemeny F, Harris D J, McLean A, et al. Fluid flow studies in the tundish of a slab caster[C]. Proc. 2nd Process Technol. Conf. on Continuous casting of steel, Chicago, USA, February 1981: 232-245.

[2] Sahai Y, Ahuja R. Fluid-flow and mixing of melt in steelmaking tundishes[J]. Ironmaking & Steelmaking, 1986, 13(5):241-247.

[3] Sahai Y, Emi T. Melt flow characterization in continuous casting tundishes[J]. ISIJ Int., 1996, 36(6): 667-672.

[4] Kumar A, Mazumdar D, Koria S C. Modeling of fluid flow and residence time distribution in a four-strand tundish for enhancing inclusion removal[J]. ISIJ Int., 2008, 48(1):38-47.

[5] Espino-Zárate A, Morales R D, Nájera-Bastida A, et al. Fluid flow and mechanisms of momentum transfer in a six-strand tundish[J]. Metall. Mater. Trans. B, 2010, 41(5):962-975.

[6] Hou Q F, Yue Q, Wang H Y, et al. Modelling of inclusion motion and flow patterns in swirling flow tundishes with symmetrical and asymmetrical structures[J]. ISIJ Int., 2008, 48(6):787-792.

[7] Levenspiel O. Chemical Reaction Engineering, 3rd edn[M]. New York: John Wiley & Sons, 1999: 321-335.

不同拉速下结晶器水缝传热的数值模拟研究

陈登福　龙木军　谢 鑫　吕 奎　俞 晟

（重庆大学材料学院，重庆 400044）

摘　要：基于耦合传热数学模型，考虑水缝中冷却水的流动传热，以及冷却水与水缝的换热和铜板的导热，建立了结晶器铜板和水缝耦合流动与传热的三维模型，研究了不同拉速下结晶器水缝的传热行为。研究表明：结晶铜板温度在弯月面下 50mm 处达到最大值，并且以此为中心向铜板顶部和底部逐渐减小，水缝壁面温度和热流也有相似的变化趋势；水缝周向的温度是不均匀的，水缝底部和背板处的最大温差可达 70K，因此水缝周向的热流也存在明显的差异。

关键词：结晶器铜板；冷却水；耦合模型；温度场；热流密度

Mathematical Simulation on the Heat Transfer in Mould Slots at Different Casing Speed

Chen Dengfu　Long Mujun　Xie Xin　Lv Kui　Yu Sheng

(College of Materials Science and Engineering, Chongqing University, Chongqing 400044)

Abstract: A three-dimension heat transfer model coupled with the flow behavior of cooling water was established to analyze the temperature field of the copper and water slots. The results state that the highest temperature is 50 mm below meniscus, then decreases to the top and bottom copper gradually. The temperature and heat flux at the slot wall have the similar variation. Moreover, the temperature around the slot wall are non-uniform, which makes the heat flux also different.

Keywords: copper; cooling water; coupled model; temperature field; heat flux

1　引言

结晶器水缝内的冷却水将钢液的绝大部分热量带出，使钢液形成一定厚度的凝固壳[1]，保证出结晶器后坯壳能够抵抗钢水的静压力，确保连铸的顺利进行。因此结晶器水缝的传热行为至关重要。

由于结晶器内水缝尺寸较小，目前关于水缝传热的研究主要是通过数值模拟。一般均忽略冷却水，水缝壁面采用经验的强制对流换热公式[2-4]，并根据冷却水进出口温度，假设冷却水温度在高度方向保持恒定[5]或者线性变化[4]，研究水缝形状、参数[5]等对结晶器铜板传热行为的影响。这种方法可以忽略水缝内冷却水的众多网格，减少建模和计算的复杂性，但是存在一定的缺陷。因为结晶器铜板热面温度从下至上并非均匀变化[2]，所以水缝壁面的温度也并非均匀增加[3]。并且在铜板横截面上，每一个水缝壁面温度在不同位置也不一样[6]。因此，这种模型的边界条件和实际情况存在明显差异，不能很好的描述水缝的传热细节，与真实传热情况存在偏差。

结晶器铜板和水缝中的冷却水间的换热，可以采用耦合的方式进行模拟研究，即数学模型包括铜板的传热方程、冷却水的流动和传热方程，以及铜板和冷却水的换热模型。Kyung-Woo Yi[7]模拟了铜板和冷却水的耦合传热，讨论了不同铜板热面温度、冷却水流速、铜板厚度和水缝间距对铜板传热的影响。但是他的研究没有详细说明冷却水和铜板间的换热模型，并且认为铜板热面的温度为均值，也没有讨论水缝内冷却水温度分布情况。

本研究主要建立铜板和冷却水的耦合传热模型，验证模型的正确性，并对比分析不同拉速下结晶器铜板和水缝温度场分布，以及水缝周向的传热系数和热流分布。

2 数学模型的建立

2.1 基本假设

在数学模型中，忽略铜板的锥度和铜板上的螺栓孔，将水缝进出口的弧形结构简化为直线；钢液的热量只通过铜板完全被冷却水带出，忽略辐射传热；认为连铸过程结晶器铜板和冷却水为三维稳态不可压缩流动与传热行为，材料物性参数均为常数，见表1。

表1 材料的基本物性参数[8]

Table 1 The physical properties of materials[8]

物性参数	水	铜板
比热/(J/(kg·K))	4182	381
密度/(kg/m³)	998.2	8978
热导率/(W/(m·K))	0.6	387.6
黏度/(kg/(m·s))	0.001006	—

2.2 主要方程

数学模型主要包括传热方程和标准 K-ε 双方程。而传热方程包括水缝内冷却水之间的传热，冷却水和结晶器铜板之间的对流换热以及铜板的导热。其中，冷却水和铜板之间的对流换热用下式计算：

$$q = h_{\mathrm{f}}(T_{\mathrm{C}} - T_{\mathrm{P}}) \tag{1}$$

式中，h_{f} 为近壁面流体的传热系数，T_{C}，T_{P} 分别为铜板水缝壁面温度和近壁面的流体温度。

对于壁面附近的传热，FLUENT[8]有如下处理：

$$T^* \equiv \frac{(T_{\mathrm{C}} - T_{\mathrm{P}})\rho c_p C_{\mathrm{u}}^{1/4} k_P^{1/2}}{\dot{q}} = \begin{cases} Pry^* & (y^* < y_{\mathrm{T}}^*) \\ Pr_{\mathrm{t}}\left[\dfrac{1}{k}\ln(Ey^*) + P\right] & (y^* > y_{\mathrm{T}}^*) \end{cases} \tag{2}$$

其中，$P = 9.24\left[\left(\dfrac{Pr}{Pr_t}\right)^{3/4} - 1\right]\left[1 + 0.28\mathrm{e}^{-0.007Pr/Pr_{\mathrm{t}}}\right]$，$k_P$ 为 P 点的湍动能；Pr 为分子普朗克数（$\mu c_p/k_{\mathrm{f}}$）；Pr_{t} 为湍流普朗克数（壁面为1.95[9]）；y_{T}^* 为无因次热边界层厚度，为在给

定 Pr 数的条件下，所对应的黏性底层与对数律层相接的 y^*。

$$y^* = \frac{\rho C_\mu^{1/4} k_P^{1/2} y_P}{\mu} \tag{3}$$

2.3 模型参数和验证

本研究的铜板模型采用文献［2］的参数。铸坯断面 225mm × 1780mm，铜板高度 900mm，净空段 100mm，铜板平均厚度 56.8mm，热电偶距离铜板热面 18.8mm；水缝尺寸 25mm × 5mm，冷却水流速 7.8m/s，冷却水进口温度 303.15K。

铜板基本尺寸、网格（39 × 34 × 91）和边界条件如图 1 所示。由于结晶器铜板水缝的周期性分布，以一个铜板传热单元为研究对象，铜板长度 58mm；以热电偶实测温度作为传热边界条件（第一类边界条件），因此仅计算厚度 38mm 的铜板区域；水缝底端为速度入口，k 和 ε 均为 10^{-5}[10,11]，水缝顶端为 Outflow；铜板对称位置设为对称面，其他壁面设为绝热；此外，研究中水缝里的水垢厚度为 0.015mm，水垢热阻取 2.2W/(m · K)[12]。

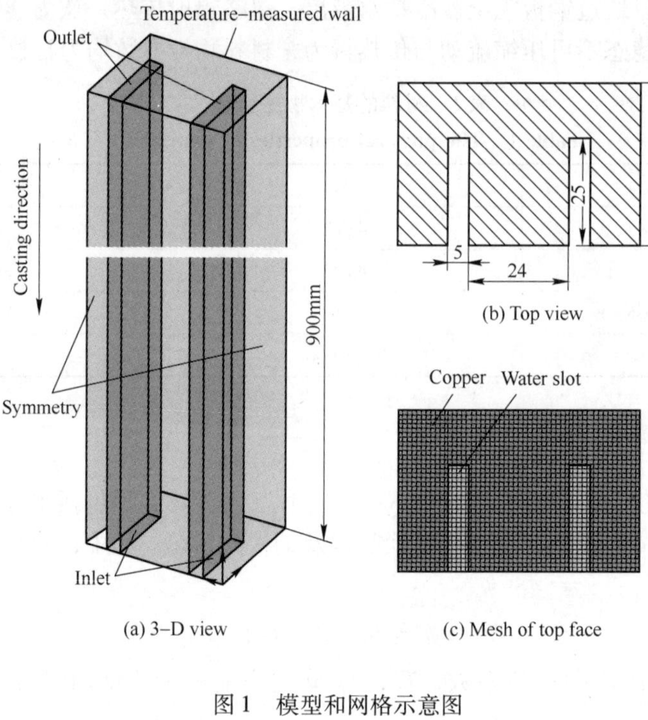

图 1　模型和网格示意图
Fig. 1　Sketch of model and mesh

图 2 为 1.07m/min 和 1.25m/min 拉速下，热电偶的实测铜板温度情况。这两个拉速下，铜板温度相差约 10K，因此可以假设在拉速 0.89m/min 时的铜板温度比 1.07m/min 拉速的铜板温度低 10K。

数学模型的验证采用文献［2］实测的冷却水进出口温差结果。计算结果表明，拉速 1.07m/min 时，出口温度 310.63K，冷却水温升 7.48K。而 Thomas[2] 计算的结果是 7.5K，实测温升为 7.1K，因此该耦合模型是正确的。模拟结果与实测结果的偏差，可能是由于

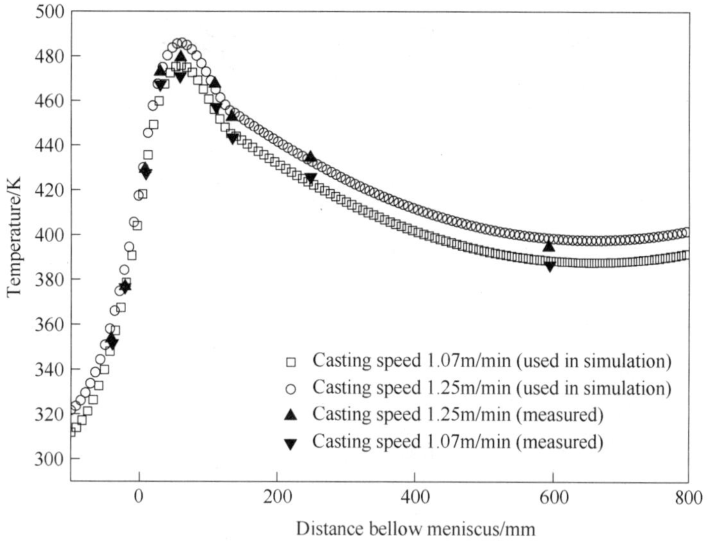

图 2 不同拉速下铜板的温度分布[2]

Fig. 2 The temperature of copper at different casting speed

模型忽略了铜板上螺栓孔，减小了热阻；以及忽略了铜板水缝进出口的弧形结构，增加了传热面积。

3 结果与分析

通过对不同拉速下结晶器铜板与水缝传热的耦合计算，可以得出随着拉速的变化(0.89m/min，1.07m/min，1.25m/min)，结晶器水缝冷却水温升分别为 6.75K，7.48K，8.22K，即拉速与冷却水温升是简单的直线关系。

图 3 为不同拉速下，铜板对称面的温度分布。可以看出拉速增加后，铜板温度明显升高；其次，由于加载的温度边界条件的影响，在弯月面下 50mm 处铜板对称面的温度最大值，约 470K；并且以此为中心，温度向四周逐渐降低，在结晶器顶部小于 310 ~ 330K，在结晶器下部小于 330 ~ 340K。

图 4 为不同拉速下，结晶器弯月面下 50mm 处铜板温度场分布情况。首先，靠近热电偶测温点铜板的温度最高（大于 450K），结晶器水缝中心温度最低（接近 310K）；并且热电偶附近的等温线基本为直线，说明在热电偶附近，铜板温度场受水缝影响较小；其次，水缝内的温度不均匀性较大，水缝顶部温度接近 400K，中心和底部温度基本在 310K；随着拉速的增加，等值线均向下移动，大于 450K 的区域增加，小于 350K 的区域减小，即铜板温度有所升高。

根据图 5 水缝壁面温度分布情况可以看出，四个特征位置的温度变化趋势与给定的铜板热面温度边界条件是一致的；在冷却水入口位置，由于热面温度有下降趋势，因此图中的温度均有约 10K 的下降；然后水缝壁面温度在弯月面下 50mm 处达到最大值，最高接近 410K；最后由于结晶器上部净空段的影响，冷却水换热急剧减小，水缝内温度趋于均匀，壁面温度迅速下降至 320K。对于不同的水缝位置，可以看出 A 处温度最低，因为离铜板

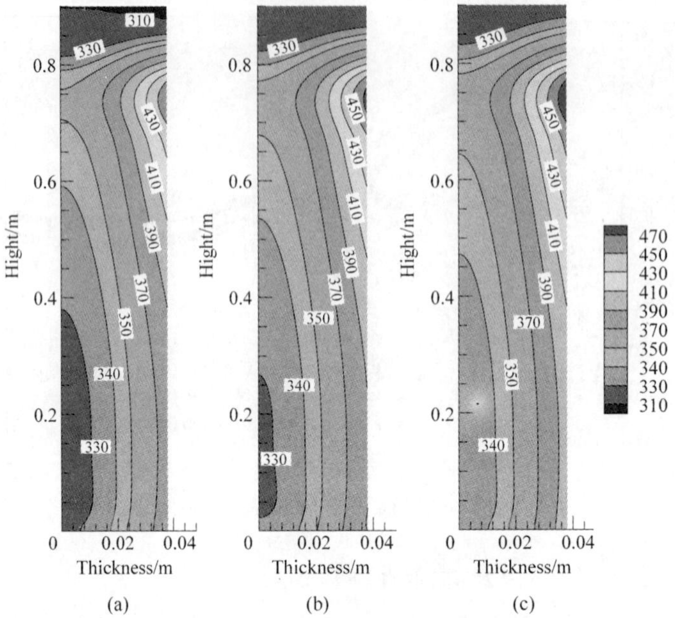

图 3　铜板对称面的温度分布

Fig. 3　The temperature field at symmety plane

（a）0.89m/min；（b）1.07m/min；（c）1.25m/min

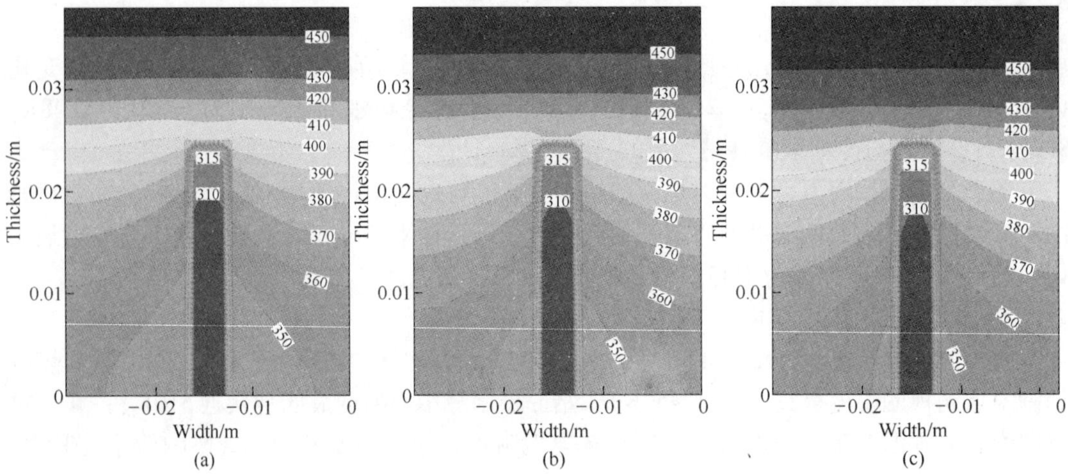

图 4　弯月面下 50mm 处铜板和水缝温度分布

Fig. 4　The temperature of copper and slot at 50 mm below meniscus

（a）0.89m/min；（b）1.07m/min；（c）1.25m/min

热面最远，而水缝壁面温度与铜板热面距离密切相关；需要注意的是，C 位置的温度比 D 位置高约 10K，这可能是因为 C 位于水缝角部，该区域冷却水的速度梯度相对 D 点更小，热量不易带走，造成温度较高，在水缝周向不同位置的温差最高可达 70K。对于不同拉速，明显看出随着拉速的增加，水缝壁面温度也随之增加。

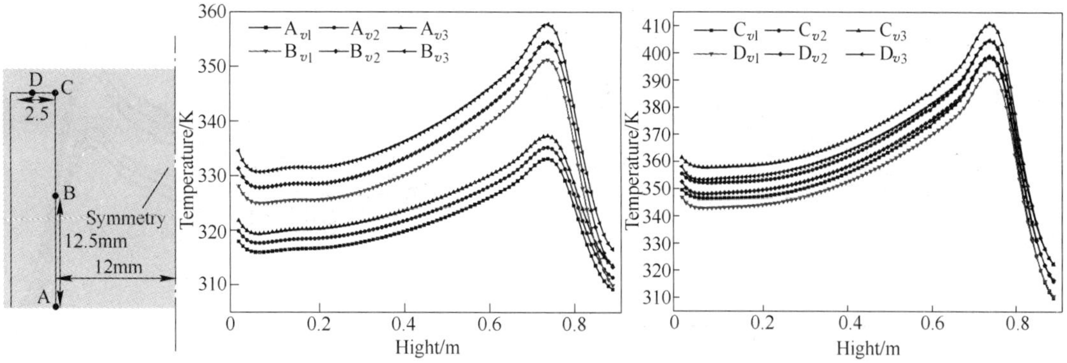

图5 结晶器水缝壁面不同位置的温度分布（v_1，v_2，v_3 分别对应拉速 0.89m/min，1.07m/min，1.25m/min）

Fig. 5 The temperature at different position of slot wall（v_1，v_2，v_3 mean casting speed of 0.89m/min，1.07m/min，1.25m/min）

根据公式1，水缝壁面的传热行为与该位置的温度差有关。图6为水缝壁面温度与距离壁面0.5mm处（即近壁面网格节点）冷却水温度的差值。可以看出，A位置的温度差最小，D位置相差最大（为43K），C位置温差比B稍大一点，所以温度梯度约为（43K/0.5mm）并且拉速增大以后，这些相应位置的温度差也有所增加。

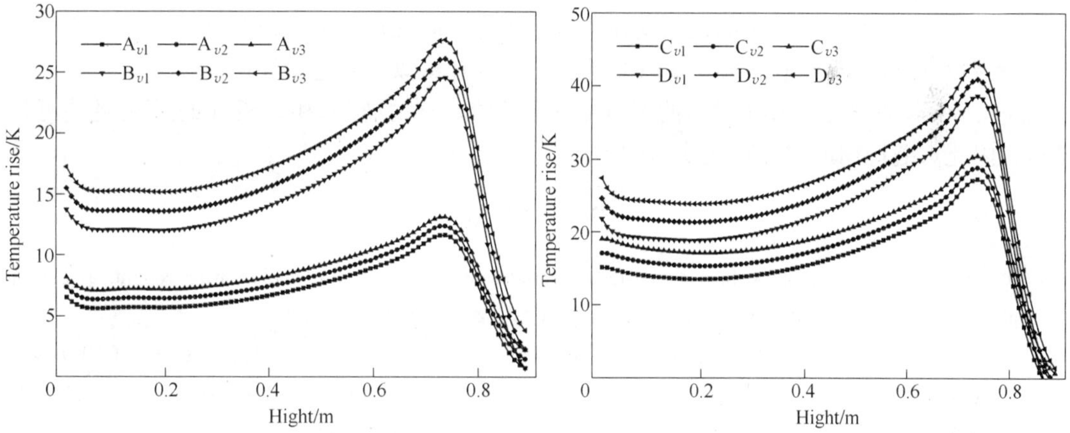

图6 结晶器水缝内不同位置的温差分布

Fig. 6 The temperature rise at different position of slot

图7为不同拉速下，水缝壁面不同位置的热流分布情况，可以看出水缝热流分布与温差密切相关。对于A点，因温差最小，传热系数接近于零，所以热流也是接近于零，而其他位置随着拉速的增加，热流有明显的增加趋势；由于D的传热系数和温差均为最大，因此其热流也是最大；此外，C位置的温差略大于B位置，所以C的热流也较大。

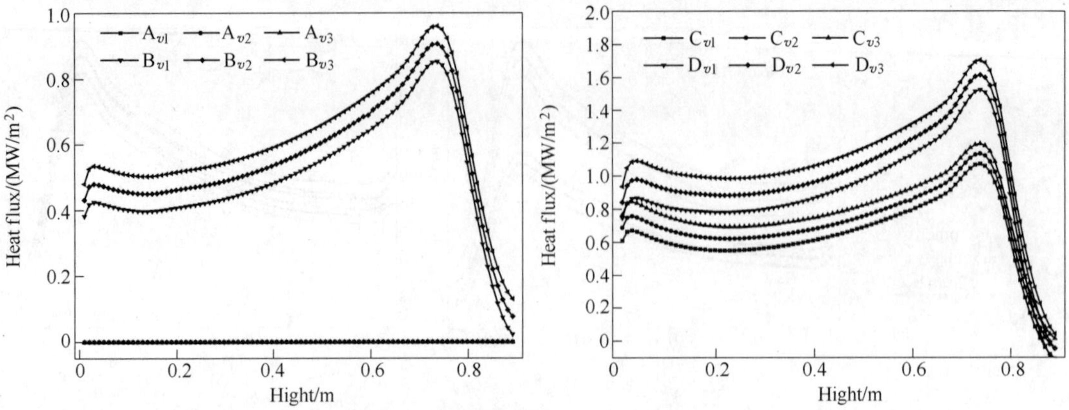

图 7　结晶器水缝壁面不同位置的热流分布

Fig. 7　The heat flux at different position of slot

4　结论

本文通过数值模拟研究，表明所建立的结晶器铜板和水缝耦合传热模型是正确的，并且对比了不同拉速下铜板和水缝的传热行为，可以得到以下结论：

（1）拉速增加以后，铜板温度、水缝壁面温度、冷却水温度以及进出口温差都会增加，并且水缝壁面附近的温度梯度和热流也明显增加；

（2）在高度方向，结晶铜板温度在弯月面下 50mm 处达到最大值，并且以此为中心向铜板顶部和底部逐渐减小，水缝壁面温度和热流也有相似的变化趋势；

（3）在水平方向，水缝周向的温度是不均匀的，水缝底部和背板处的最大温差可达 70K，因此水缝周向的热流存在明显的差异。

参 考 文 献

[1] M. Janik，Dyja. Modelling of three-dimensional temperature field inside the mould during continuous casting of steel[J]. Journal of Materials Processing Technology，2004，157：177-182.

[2] Y. A. Meng，. G. Thomas. Heat-transfer and solidification model of continuous slab casting：CON1D[J]. Metallurgical and Materials Transactions B-Process Metallurgy and Materials Processing Science，2003，34(5)：685-705.

[3] L. C. Hibbeler，et al. The Thermal Distortion of a Funnel Mold[J]. Metallurgical and Materials Transactions B-Process Metallurgy and Materials Processing Science，2012，43(5)：1156-1172.

[4] J. K. Park，et al. Thermal and mechanical behavior of copper molds during thin-slab casting（I）：Plant trial and mathematical modeling[J]. Metallurgical and Materials Transactions B-Process Metallurgy and Materials Processing Science，2002，33(3)：425-436.

[5] B. G. Thomas，et al. Optimisation of narrow face water slot design for Siderar slab casting mould[J]. Ironmaking & Steelmaking，2003，30(3)：235-239.

[6] B. Santillana，et al. Heat Transfer in Funnel-mould Casting：Effect of Plate Thickness[J]. Isij International，2008，48(10)：1380-1388.

[7] E. -y. Ko, et al. Numerical modeling and analysis of the thermal behavior of copper molds in continuous casting[J]. Metals and Materials International, 2010, 16(2):281-288.

[8] FLUENT: Lebanon: Fluent. Inc. (2006).

[9] T. Defraeye, B. Blocken, J. Carmeliet. CFD simulation of heat transfer at surfaces of bluff bodies in turbulent boundary layers: Evaluation of a forced-convective temperature wall function for mixed convection[J]. Journal of Wind Engineering and Industrial Aerodynamics, 2012, 104: 439-446.

[10] R. Chaudhary, et al. Transient Mold Fluid Flow with Well-and Mountain-Bottom Nozzles in Continuous Casting of Steel[J]. Metallurgical and Materials Transactions B-Process Metallurgy and Materials Processing Science, 2008, 39(6):870-884.

[11] J. L. Shen, et al. Influences of SEN structures on flow characters, temperature field and shell distribution in 420 mm continuous casting mould[J]. Ironmaking & Steelmaking, 2013, 40(4):263-275.

[12] 蔡开科. 连铸结晶器[M]. 北京: 冶金工业出版社, 2008: 13.

连铸坯凝固过程的集成监测及其可视化

姚　曼　王旭东　杜凤鸣　孔令伟

（大连理工大学材料科学与工程学院，大连 116024）

摘　要： 将结晶器过程监测与反问题模拟方法相结合，着力于开发连铸坯凝固过程的可视化在线监控方法。借助结晶器热电偶实时采集的铜板温度，通过建立针对实测温度的结晶器传热反问题模型，反算结晶器热流和温度分布，计算连铸坯凝固进程，获得与实际工况相符的传热和凝固状况。在此基础上，运用计算机技术将结果转化为易于理解的图形和图像，实现连铸坯凝固过程的在线可视化，为工艺优化和过程调控提供先进手段，为连铸过程的智能化监控奠定理论基础和技术支持。

关键词： 监测；可视化；铸坯凝固；反问题；连铸

Integrated Measurement and Online Visualization for Solidification Process in Slab Continuous Casting

Yao Man　Wang Xudong　Du Fengming　Kong Lingwei

（School of Materials Science and Engineering，Dalian University of Technology，Dalian 116024）

Abstract: The project focuses on developing online visualization of slab solidification in the continuous slab casting mold, through integrating online measurement with inverse problem algorithm. Based on the measured temperatures of mold which are obtained by thermocouples, an inverse problem heat transfer model of the mold is built to calculate the distributions of boundary heat flux and temperature, and then numerically simulate the process of solidification, and obtain the practical heat transfer and transient solidification progress corresponding to the technical parameters. Based on these data, the simulated results are transferred to visualized figures, which are helpful for the further analysis and control. The online monitoring of slab solidification is achieved and it provides theoretical basis and technology support for visualization and intelligentization for continuous casting process.

Keywords: measurement; visualization; solidification; inverse problem; continuous casting

1　引言

连铸从概念提出到发展成熟已走过170多年的历程[1]，如今，连铸技术的进步和创新为现代高效连铸生产提供了优越条件，连铸坯质量逐年提高，铸机生产能力稳步上升。作为铸机设计和工艺控制的重要依据，准确预报监测铸坯的凝固状态及结晶器的传热状态，对改善铸坯质量、提高生产效率具有重要意义[2]。相对于结晶器复杂过程行为的离线研究，结晶器监控更加侧重于借助先进的检测、数值计算和信息处理技术，实时检测、计算出可反映生产过程的重要参数。从在线检测的角度来讲，当前结晶器监控技术的核心是热学行为和力学行为的在线检测，其目的是能够实时了解铸坯与结晶器内的传热、摩擦和润滑状态，为实现铸坯质量的在线预测、调控提供帮助和支持。因此，高效连铸技术的进步迫切需要发展与之相适应的监控新技术，而结晶器热力状态、铸坯凝固状态在线检测技术的开发和应用则是其中的核心问题[3]。

结晶器专家系统是连铸过程在线监控的重要组成部分，国际冶金设备供应商西马克德马格（SMS-DEMAG）、西门子奥钢联（SIEMENS-VAI）和达涅利（DANIELI），竞相开发结晶器在线监控系统，如：结晶器专家系统（MoldEXPERT），结晶器传热监视系统 MTM（mould thermal monitor），以及漏钢预报系统 MBPS（mould breakout prevention）等。上述系统的共同特征是，利用安装在结晶器铜板上的热电偶实测铜板温度，预报以黏结为主的结晶器漏钢，MoldEXPERT 同时还提供了摩擦力检测功能。自 20 世纪末以来，国内鞍钢、宝钢、沙钢等企业陆续从国外引入了数十套上述装备，应用中注重消化吸收，在工艺优化、事故预报和过程顺行等方面发挥了重要作用[2]。然而，以铜板温度“热成像”和漏钢预报为主要功能的监控系统，逐渐难以满足结晶器复杂过程的监控需求，如及时传递高拉速下结晶器内传热、摩擦和润滑等细致信息，实时提供各种行为与物理场分布的“不对称”和“非均匀”、“不稳定”和“波动性”特征，以及可能由上述现象导致的表面裂纹与重大质量缺陷的评估和预测等。因此，发展与高效恒速连铸技术相适应的先进技术装备，提高针对结晶器复杂行为的理解和认识，进一步提升结晶器控制水平，仍是摆在冶金科技工作者面前的长期任务。

本文就连铸坯凝固过程监控和可视化问题，概要介绍检测原理，举例介绍其在连铸宽厚板坯和特钢板坯上的应用，阐述新方法的合理性，并对连铸在线监控进行展望。通过在结晶器内埋入热电偶来获得铜板测点温度，利用反算法不断调整热流，直到计算所得的温度与电偶实测温度吻合，进而得到结晶器的热流和温度分布，进一步计算铸坯的凝固进程。在此基础上，将结合实测的数值模拟结果转化为易于观察和感知的图形或图像，为进一步的分析和调控提供交互手段，为实现连铸坯凝固过程的可视化监测提供模型基础。

2 原理简介

2.1 传热模型

建立结晶器传热/铸坯凝固二维非稳态数值模型，做如下假设[4]：

（1）考虑到铸坯沿浇注方向的传热较弱，将其忽略；

（2）冷却水从下至上对铜板整个壁面进行冷却，冷却水无沸腾；

（3）结晶器铜板在 400℃以下时热物性参数受温度影响较小，视为常数；

（4）铜板上口和下口为绝热边界条件。

基于以上假设，将凝固传热转化为二维非稳态问题，在二维瞬态条件下，建立结晶器和铸坯的传热控制模型：

$$\rho_{\mathrm{mold}} c_{\mathrm{mold}} \frac{\partial T_{\mathrm{mold}}}{\partial \tau} = \frac{\partial}{\partial x}\left(\lambda_{\mathrm{mold}} \frac{\partial T_{\mathrm{mold}}}{\partial x}\right) + \frac{\partial}{\partial y}\left(\lambda_{\mathrm{mold}} \frac{\partial T_{\mathrm{mold}}}{\partial y}\right) \tag{1}$$

$$\rho_{\text{steel}} c_{\text{steel}} \frac{\partial T_{\text{steel}}}{\partial \tau} = \frac{\partial}{\partial x}\left(\lambda_{\text{steel}} \frac{\partial T_{\text{steel}}}{\partial x}\right) + \frac{\partial}{\partial y}\left(\lambda_{\text{steel}} \frac{\partial T_{\text{steel}}}{\partial y}\right) + Q_{\text{source}} \tag{2}$$

式中，ρ 为金属密度，kg/m^3；c 为比热容，J/(kg · K)；τ为时间，s；x，y 为结晶器和铸坯的宽度和厚度方向坐标，m；λ 为导热系数，W/(m · K)；下标 mold，steel 分别代表铜板和钢液；Q_{source}为热源项，W/m^3，采用以下方法处理：

$$Q_{\text{source}} = \rho_{\text{steel}} L \frac{\partial f_s}{\partial t} \tag{3}$$

式中，L 为凝固潜热，J/kg；f_s 为固相率；

结晶器冷面/冷却水界面热流密度的处理方法为：

$$q_c = h_w (t_m - t_w) \tag{4}$$

$$\frac{h_w D}{\lambda_w} = 0.023 \cdot \left(\frac{\rho_w u_w D}{\mu_w}\right)^{0.8} \left(\frac{C_w \mu_w}{\lambda_w}\right)^{0.4} \tag{5}$$

式中，q_c 为结晶器冷面/冷却水界面的热流密度，W/m^2；t_m，t_w 分别为结晶器冷面和冷却水的温度，K；h_w 为冷却水的对流换热系数，$\text{W/(m}^2 \cdot \text{K)}$；$\lambda_w$ 为冷却水的导热系数，W/(m · K)；D 为水槽当量直径，m；u_w 为冷却水流速，m/s；μ_w 为冷却水的黏度，Pa · s；ρ_w 为冷却水的密度，kg/m^3；C_w 为水的比热容，J/(kg · K)。

结晶器热面/铸坯界面热流密度的处理方法为：

$$-\lambda \frac{\partial T}{\partial x} = q_w,\ -\lambda \frac{\partial T}{\partial y} = q_n \tag{6}$$

式中，q_w，q_n 分别为结晶器/铸坯界面在宽面和窄面上的热流密度，W/m^2。

计算时，作为宽面和窄面热流密度边界条件的 q_w 和 q_n 未知，为欠定方程，需要根据结晶器铜板实测温度通过反问题模型计算。

2.2　反问题算法模型介绍

图 1 是结晶器内传热反问题模型计算的整体流程。模型主要包括两部分：基于实测温度的反问题传热计算（inverse heat transfer problem，IHTP）计算和基于反算热流的正问题计算（direct heat transfer problem，DHTP）。在反问题部分，在设定的初始条件和边界热流的前提下，二维传热层片沿着拉坯方向逐层计算，获得结晶器温度场。并通过比较测点的实测温度 $T_{i,j}^{M}$和计算温度 $T_{i,j}^{C}$。若收敛判据均方根 RMS(Root Mean Square)高于3℃，通过公式（7）调整边界热流 $q_{i,j}^{p}$($q_{i,j}^{p}$ 为铜板测点处的局部热流，i，j 分别表示横、纵坐标，p 表示迭代次数)，再次计算，直至满足收敛判据，获得符合实际工况的边界热流，反问题部分结束，进入正问题计算。在正问题计算部分，以反问题模型得到的热流为边界条件，利用2.1 中建立的传热模型，计算结晶器的温度场和铸坯温度场，进而考察结晶器传热和铸坯凝固行为[5]。

$$q_{i,j}^{p+1} = q_{i,j}^{p} + \Delta q_{i,j}^{p} \tag{7}$$

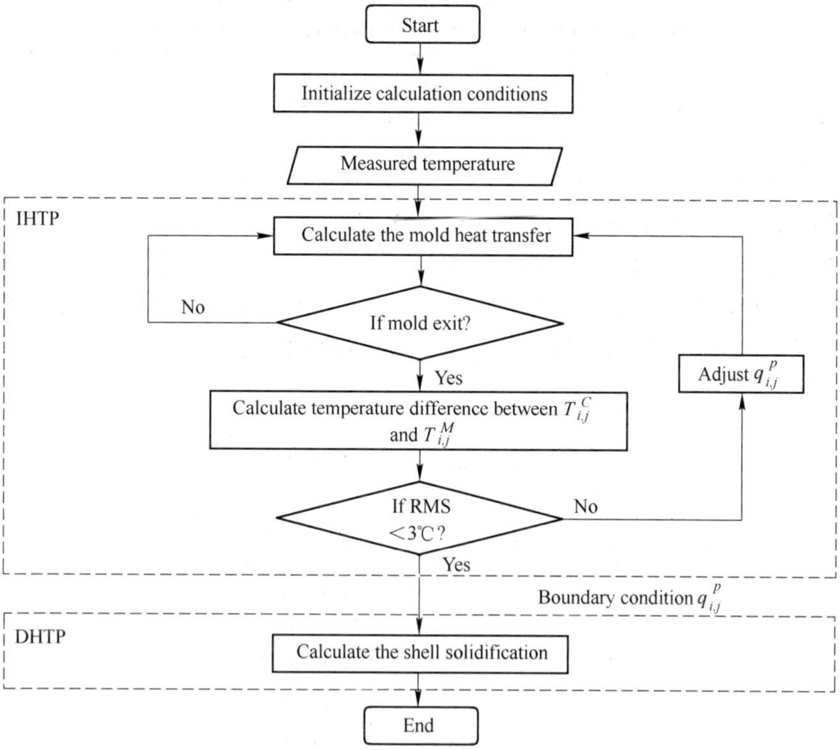

图 1　结晶器传热反问题和铸坯凝固计算流程图

Fig. 1　Program flowchart of inverse heat transfer problem and solidification calculation in mold

3　应用实例

3.1　宽厚连铸板坯的凝固行为

应用如上建立的反问题算法，对包晶钢连铸坯结晶器温度场和坯壳凝固的非均匀性进行研究。实验基于国内某钢厂弧形板坯连铸机，浇注规格为 2699mm ×320mm 的板坯，液位高度 788mm，拉速为 0. 65m/min，浇注温度为 1552. 7℃，人工加渣。出于温度检测和预报漏钢预报的需要，分别在距结晶器上口 210mm、325mm 和 445 mm 高度上埋设三行热电偶，其中宽面 19 列、窄面 1 列，如图 2 所示。热电偶温度的采集频率为 1Hz。另外，结晶器信息采集系统还对其他连铸工艺参数进行了采集，如表 1、表 2 所示。

表 1　工艺参数

Table 1　Process conditions

铸坯宽度/m	2. 699	铸坯厚度/m	0. 32
拉速/(m/min)	0. 65	弯月面高度/m	0. 118
进水温度/℃	34. 4	出水温度/℃	40. 9
浇注温度/℃	1552	过热度/℃	33

表2　结晶器平均热流及水量

Table 2　Average heat flux and cooling water flow rate

部　位	外弧宽面	右侧窄面	内弧宽面	左侧窄面
水量/(L/min)	4557	601	5193	601
热流/(MW/m^2)	0.98	1.09	0.97	1.12

图2为内弧面3排热电偶处温度计算值与实测值的对比结果。可以看出，3排热电偶温度计算值均满足收敛判据，计算误差在3℃以内，且计算值温度波动趋势与实测值一致。可以认为此时结晶器温度场计算值符合实际工况，将得到的结晶器/铸坯边界热流，输入到正问题模型中，计算结晶器内铸坯温度场，分析得到钢液凝固进程。

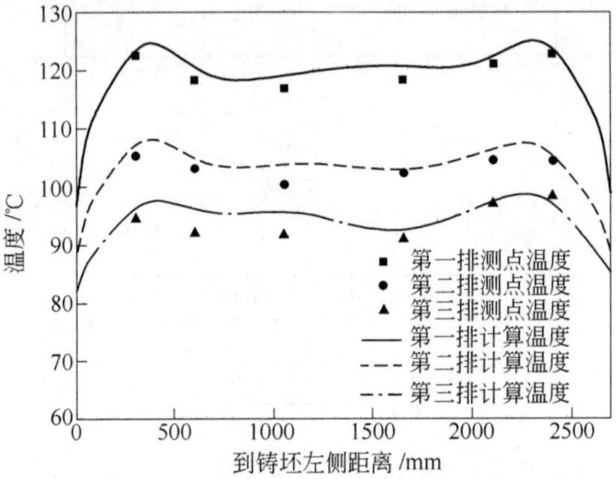

图2　热电偶处温度计算值与实测值

Fig. 2　Comparison of calculated temperatures with measured

图3所示为结晶器内部传热行为的计算结果。从结果中可以看出，由于热流分布不均匀（图3（c）），导致在结晶器和铸坯的中下部沿宽度方向的温度场呈现出明显的非均匀性，距铸坯左侧500mm处和2250mm处(图3(b))，结晶器温度有明显的上升而铸坯温度显著下降，此处铸坯温度较同一高度低50℃以上，在结晶器温度场及铸坯的凝固行为上呈现出明显的非均匀性，对于坯壳凝固及连铸生产造成一定的影响。如果同一高度铸坯厚度和温度相差较大，会形成铸坯表面裂纹等缺陷，严重时会造成漏钢事故。

3.2　特钢连铸板坯的凝固行为

常规断面的某特殊钢种连铸生产过程，相关工艺参数见表3、表4。

表3　工艺参数

Table 3　Process conditions

铸坯宽度/m	1.235	铸坯厚度/m	0.2
拉速/(m/min)	0.56	弯月面高度/m	0.1
进水温度/℃	25.3	出水温度/℃	31.5
浇注温度/℃	1428	过热度/℃	33

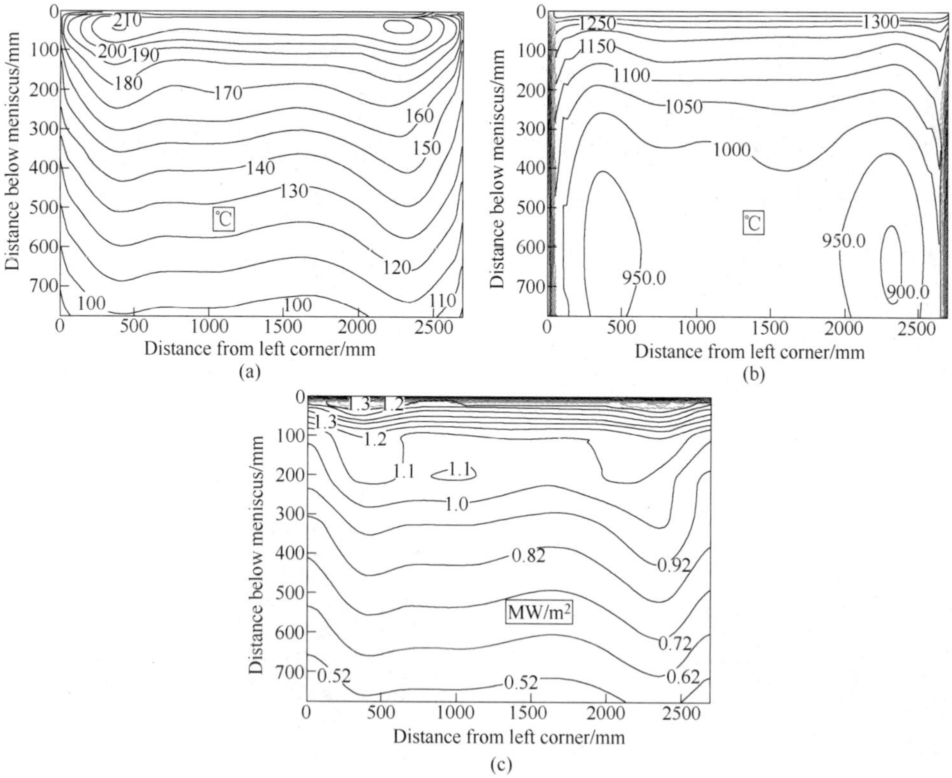

图3　结晶器内传热行为计算结果

（a）结晶器热面温度；（b）铸坯表面温度；（c）热流

Fig. 3　Thermal behavior calculated results in the mold

（a） mold hot surface temperature；（b） strand surface temperature；（c） mold/strand heat flux

表4　热流及水量

Table 4　Average heat flux and cooling water flow rate

部　位	外弧宽面	右侧窄面	内弧宽面	左侧窄面
水量/（L/min）	2254	310	2248	311
热流/（MW/m^2）	1.11	1.02	1.02	0.9

图4示出了沿结晶器高度方向坯壳厚度的分布情况。比较图4（a）和（b），外弧宽面坯壳厚度波动比内弧大，两宽面角部区域坯壳厚度较大，近角部区域坯壳较薄，容易产生缺陷。左侧及右侧窄面的坯壳分布见图4（c）和（d），趋势基本相同，而且坯壳分布比较均匀。

现场测量了漏钢时宽面坯壳及窄面坯壳的厚度，如图5所示。实测宽面坯壳厚约31mm，窄面坯壳厚约28mm，漏钢后残余在凝固坯壳上的钢水会继续凝固，因此测量出的坯壳厚度会比真实结果略厚1～2mm。坯壳厚度的实测结果还反映出以下信息：

（1）窄面坯壳厚度明显不均匀，中心薄，窄面中心有向内凹陷趋势；厚度沿窄面中心向角部过渡时明显增厚（目测大于6mm），变化显著，说明中心附近传热偏弱，考虑到当日窄面/宽面热流比值未明显超过正常范围（80%～90%），排除该因素外，一方面要注意

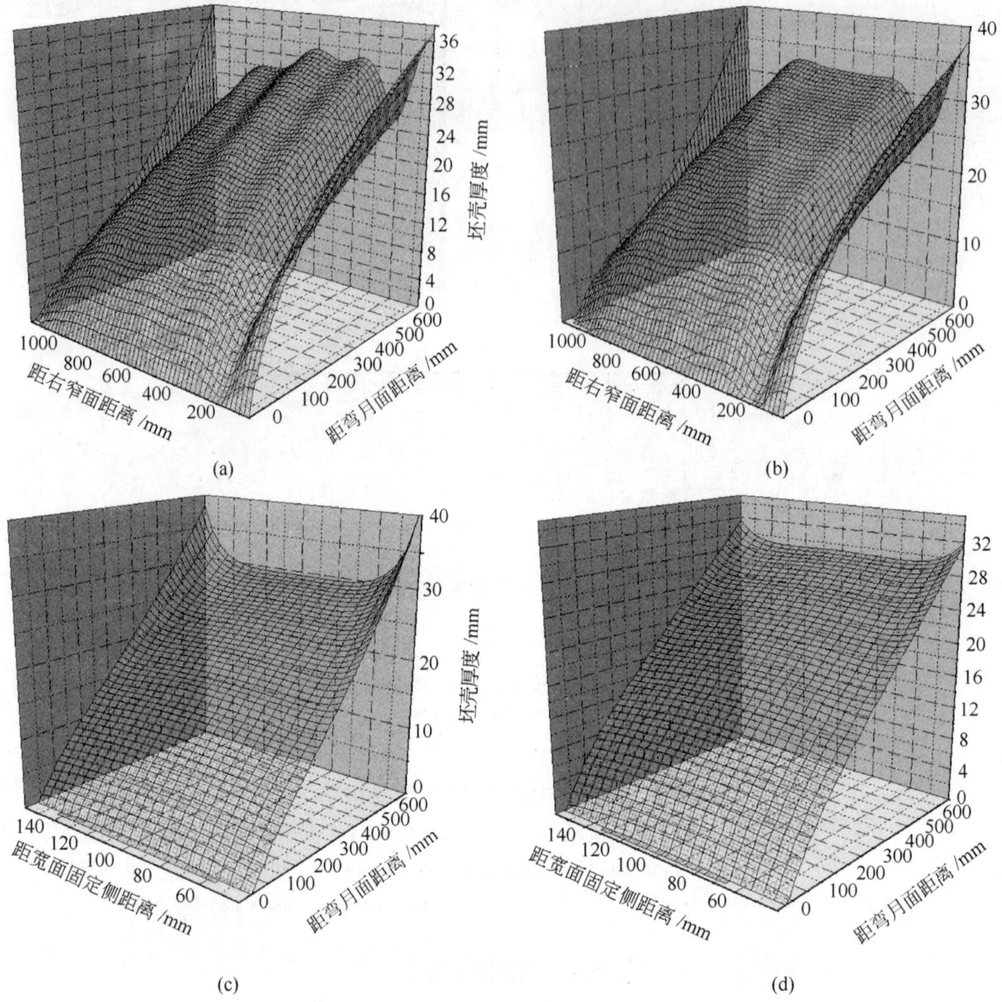

图 4　坯壳厚度沿结晶器高度方向的变化

（a）外弧宽面；（b）内弧宽面；（c）左侧窄面；（d）右侧窄面

Fig. 4　Distribution of solidified shell thickness of the slab

（a）fix face；（b）loose face；（c）left narrow face；（d）right narrow face

窄面锥度是否偏小，另一方面，因浇注断面的宽度较小，还要注意水口侧孔流股对窄面中心区域的冲刷。

（2）与窄面相比，宽面近角部的坯壳厚度相对均匀，波动小于 3mm。

（3）角部，即宽、窄面交接区域坯壳厚度过渡缓和，厚度变化不明显，未出现以往文献指出的角部凝固初期先凝收缩而致传热减慢，结晶器下口角部坯壳厚度较薄的情况。

根据计算结果，结晶器出口处宽面坯壳厚度为 31.1mm，窄面坯壳厚度约为 28.2mm，与漏钢坯壳厚度相比（宽、窄面坯壳厚度测量值分别为 31mm、28mm），计算结果可能略高于下口坯壳真实的厚度，但总体上与实测结果十分接近，宽面、窄面厚度的相对水平接近，证实了建立的反算模型是有效的。

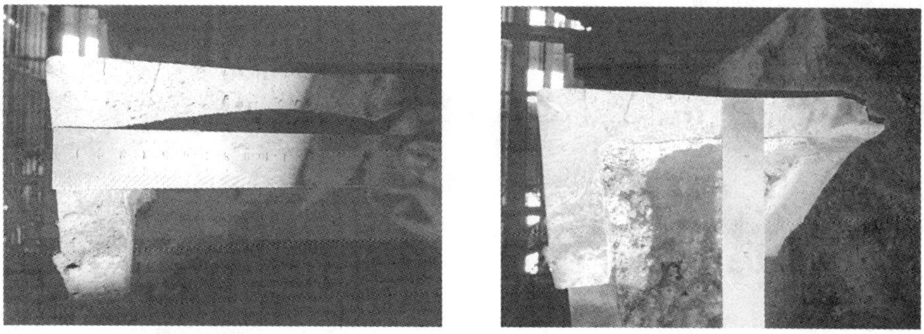

(a) (b)

图5 1235mm×200mm 断面铸坯，漏钢坯壳厚度测量

（a）宽面；（b）窄面

Fig. 5 Measurement of the sticker breakout slab shell thickness with slab size 1235mm×200mm

（a）wide face；（b）narrow face

3.3 连铸坯凝固过程可视化的在线应用

基于连铸现场结晶器温度、振动与设备、工艺参数等信号检测条件，借助信号测量、人工智能、实时计算、可视化以及信息提取等相关技术方法，建立了结晶器传热/力学行为联合监测及可视化系统。该系统集成了连铸过程可视化的最新成果。

该系统生成的图像可如实地反映结晶器过程，包括铜板温度分布、铸坯表面温度分布，以及铸坯与铜板之间热流分布及其不均匀性。为探知高温恶劣工况条件下的结晶器“黑匣”、调整和优化工艺、预防漏钢等异常，提供“可视”手段。图6 和图7 分别为连

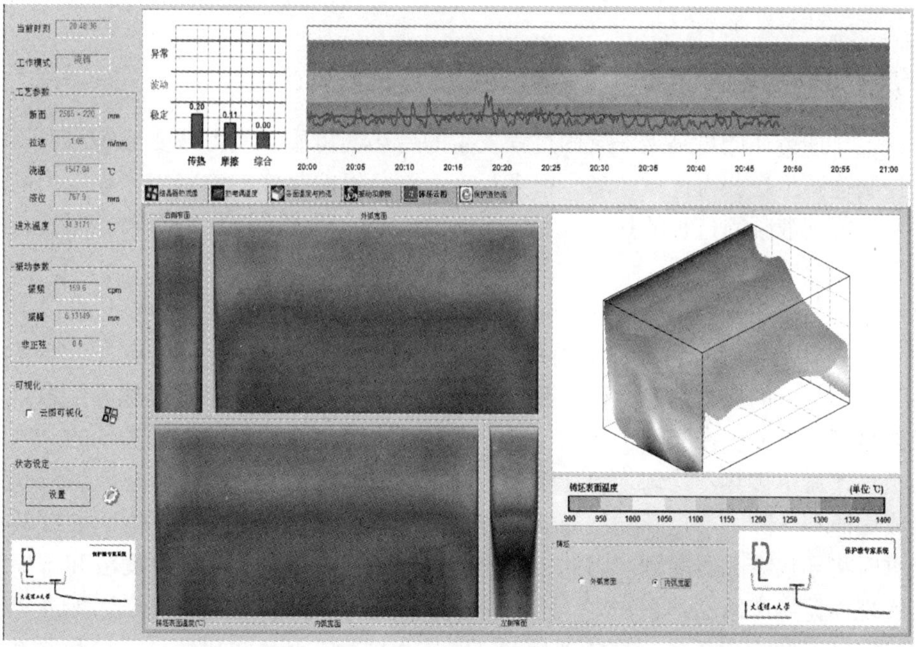

图6 结晶器内铸坯表面温度分布

Fig. 6 Temperature distribution at slab surface in the mold

铸坯和结晶器铜板温度分布云图。

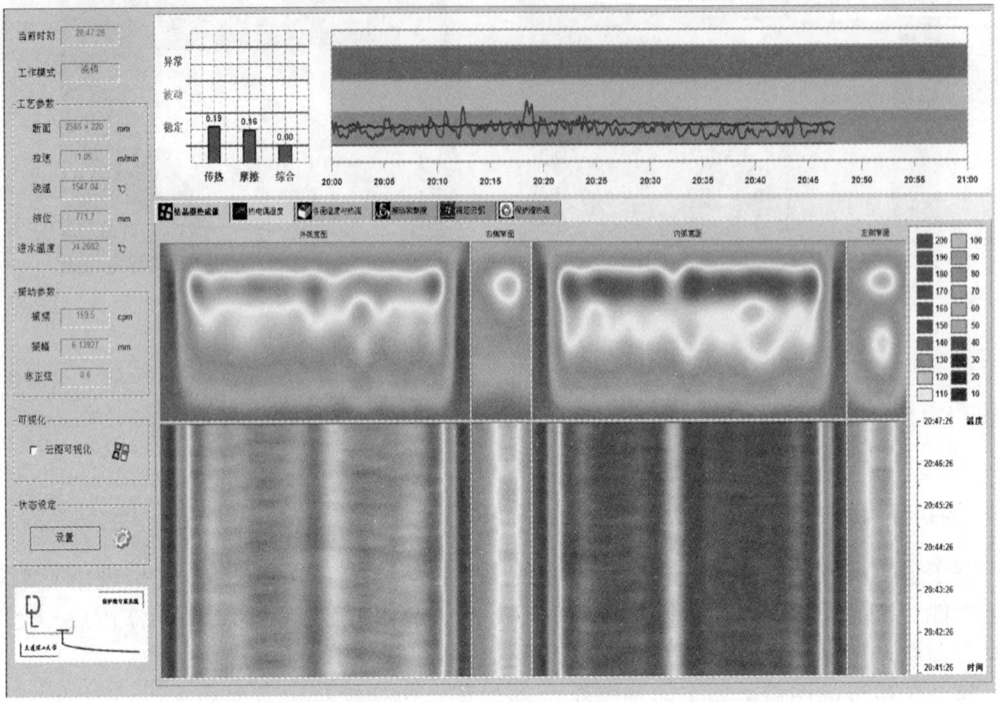

图 7　结晶器铜板温度及历史温度云图

Fig. 7　Profile of temperature distribution and evolution with time of mold copper plate

4　展望

理论上，连铸坯质量是钢液凝固过程发生的传热、传质、应力、变形等综合反映，因此，要控制连铸生产获得优质铸坯，很大程度上就是要控制好钢液凝固过程发生的热—力行为。要控制钢液凝固过程的热力行为，实时准确获取与解读反映凝固和生产状态的信息是前提条件。

总的来看，结晶器内用于表征连铸生产过程行为的热和力学信息主要包括以下三个部分：（1）结晶器的传热与铸坯的凝固行为；（2）综合反映冷却过程热应力、坯壳局部润滑摩擦等力学特点的应力信息；（3）反映总体润滑效果的瞬态结晶器摩擦力信息。本文主要涉及的是第一部分。在实际生产中，结晶器内均匀稳定的传热是很难实现的，尤其是大尺寸的板坯连铸中传热不均匀现象在所难免，不均匀的保护渣分布会导致液态渣膜过早消失而形成固渣和气隙，严重影响结晶器的传热和摩擦行为，是诱发铸坯表面裂纹的关键因素，严重时将导致结晶器漏钢。因此，实时提供结晶器内传热、凝固、润滑和摩擦等行为信息，实现连铸生产结晶器段的“可视化”，进一步扩展到二冷段，实现凝固全过程的“可视化连铸”，这对于连铸生产的把握和工艺优化极为有利，也对铸坯质量和预测，铸机设备状态的在线诊断，提高连铸机生产效率和铸坯质量具有重要意义。

以完成钢液初始凝固的结晶器段为例，实现结晶器传热、铸坯凝固和摩擦力行为联合检测的实施方案主要包括两方面内容：（1）结晶器内传热与摩擦的计算；（2）基于液压振动的结晶器摩擦力瞬态检测。图 8 概要示出“可视化连铸”系统中，“可视化结晶器”的检测、模型计算和可能的应用（功能），其中涉及的模型包括：传热反问题计算、保护渣渣膜计算、润滑摩擦力计算和空振输出力计算四个主要部分，可应用的方面：铸坯质量在线预测和控制、连铸工艺优化、保护渣选择和热态传热润滑行为评价，以及铸机设备设计和在线诊断等。通过传热反问题计算，获得结晶器/铸坯之间的边界热流，用于计算结晶器温度场和铸坯温度场的非均匀分布，以分析坯壳的凝固行为和厚度分布；通过获得的边界热流、结晶器温度场和坯壳表面温度，结合保护渣物性参数，计算保护渣的传热行为，获得保护渣热阻及不同渣层的分布状态；通过温度数据和保护渣润滑状态，可以获得二维平面内局部摩擦应力的非均匀分布，结合铸坯高温物性参数，最终用于实现预测连铸坯裂纹及其质量评价等系列功能。

在上述 3.3 中示出该平台在实时显示铸坯表面温度和结晶器传热行为的一个应用实例，分析数据特征和规律，准确识别和解读，建立与铸坯质量、工艺等的关系，是实现连铸精细化生产、铸坯质量在线预测、工艺优化等的必经之路。可以期待，以此类实时获得凝固热力信息和可视化平台为基础，根据生产需求和不断引入其他学科新技术，开发新的功能，可在满足日益增长的连铸工程需要和提升连铸技术水平方面持续发挥作用。

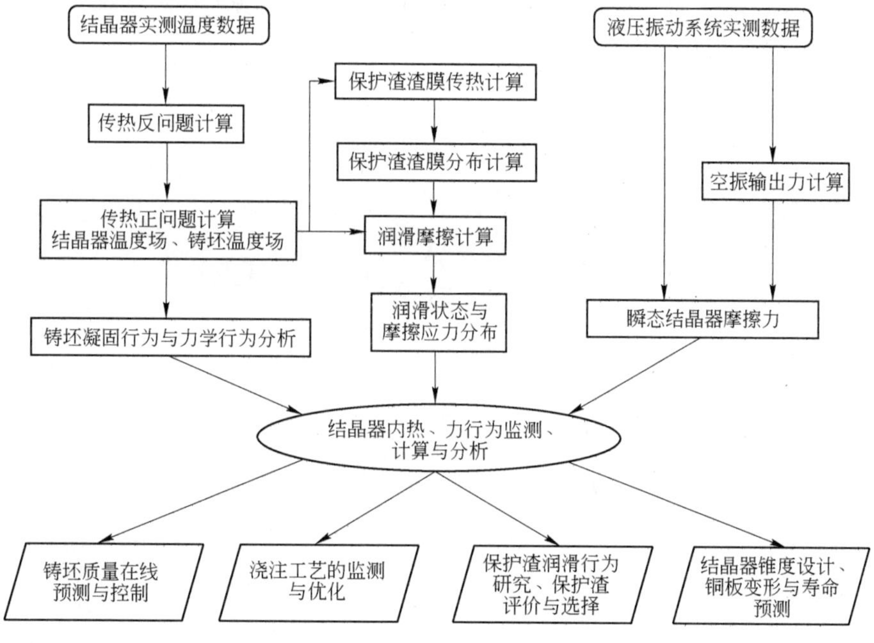

图 8 “可视化连铸”系统中，“可视化结晶器”构建图示

Fig. 8 Schematic digram of “visualizing continuous casting” system for the part of mold process

5 结语

连铸高品质钢、无缺陷铸坯的发展趋势，对连铸过程的在线监控水平提出了更高要求，高品质和高效连铸技术进步迫切需要发展与之相适应的监控装备和集成系统。本文简

要概括了连铸结晶器传热和钢液凝固监测和可视化方面的工作进展。借助结晶器热电偶实时采集的铜板温度，通过建立针对实测温度的结晶器传热反问题模型，在线获得符合实际工况的结晶器传热与连铸坯凝固行为，在此基础上运用计算机技术，实现连铸坯凝固过程的在线可视化，并列举了该项技术近期在国内钢厂的应用情况。在未来的进一步工作中，期望在已有工作的基础上，将结晶器内的传热、润滑、力学行为结合在一起，力争实现结晶器内各物理场非均匀分布的在线计算和实时可视化；开发“可视化连铸”技术系统平台，在高效恒速连铸生产、工艺优化、铸坯质量控制和预测，铸机设备状态的在线诊断，提高连铸机生产效率等方面提供先进有效手段，为连铸过程的智能化监控提供技术支持。

参 考 文 献

[1] 干勇，倪满森，余志祥．现代连续铸钢实用手册[M]．北京：冶金工业出版社，2010.

[2] 蔡开科．连铸坯质量控制[M]．北京：冶金工业出版社，2010.

[3] 王旭东．连铸结晶器热、力在线检测技术及其应用基础研究[D]．大连：大连理工大学，2008.

[4] Xudong Wang，Ling Tang，Xinyang Zang，et al. Mold transient heat transfer behavior based on measurement and inverse analysis of slab continuous casting[J]. JMPT，2012(212)：1811-1818.

[5] 王旭东，臧欣阳，杜凤鸣，等．基于实测温度的结晶器瞬态传热反问题计算方法[J]．铸造技术，2014(7)：1474.

[6] 臧欣阳．板坯连铸结晶器内传热与摩擦行为研究[D]．大连：大连理工大学，2009.

圆、方坯电磁旋流水口连铸的流场分析

李德伟　王　强　苏志坚　丸川雄净　赫冀成

（东北大学材料电磁过程研究教育部重点实验室，沈阳 110004）

摘　要：电磁旋流水口连铸技术是利用浸入式水口外可移动的电磁旋流装置产生的旋转电磁场对钢液的洛伦兹力，以非接触的方式使水口内钢液形成旋转流动，不仅可以避免水口堵塞，使旋流连铸得以应用，还可以有效地提高水口出流的均匀性和稳定性，降低结晶器内弯月面液面波动，改善结晶器内流动状态，并且可以在更大范围内对旋流水口进行优化设计，获得更好的连铸效果。

关键词：连铸；浸入式水口；旋流水口；数值模拟

Study on Electromagnetic Swirling Flow in the Submerged Entry Nozzle and Bloom/Billet Mould

Li Dewei　Wang Qiang　Su Zhijian　Marukawa Katsukiyo　He Jicheng

(Key Laboratory of Electromagnetic Processing of Materials, Ministry of Education, Shenyang 110004)

Abstract: A new technology of electromagnetic swirling flow in the submerged entry nozzle (SEN) is introduced, where a rotating electromagnetic field is set up around the SEN to induce swirling flow in it by the Lorentz force without any contact with the steel. This technology could avoid nozzle clogging, and has great effect on improving the uniformity and stability of the outlet flow. It could also reduce the meniscus fluctuation, homogenize the distributions of flow in mould. And, more effects on continuous casting process could be expected after this electromagnetic swirling process is optimized.

Keywords: continuous casting process; submerged entry nozzle; swirling flow; numerical simulation

1　引言

随着连铸技术的应用和发展，连铸坯的质量越来越受到重视[1]。最近的研究[2-4]及工业试验[5,6]表明浸入式水口钢液旋流能有效抑制水口内的偏流，并改善铸坯质量、提高连铸效率。浸入式水口电磁旋流连铸技术[7]，即在水口外侧安放可移动的电磁旋流装置，利用装置产生的旋转电磁场对钢液的洛伦兹力，以非接触的方式使水口内钢液形成旋转流动。该技术可以有效防止水口内结瘤，提高水口出流的均匀性和稳定性，降低弯月面波动，最终改善铸坯质量、提高连铸效率。

2　物理模型

图 1 为电磁旋流水口连铸工艺的示意图[8]。在结晶器上方浸入式水口外部安装可移动的电磁旋流装置（EMSFG），利用水口外的旋转电磁场对钢液的洛伦兹力，以非接触的方式使水口内钢液形成旋转流动。图 2 给出了圆形电磁旋流装置的示意图[8]。

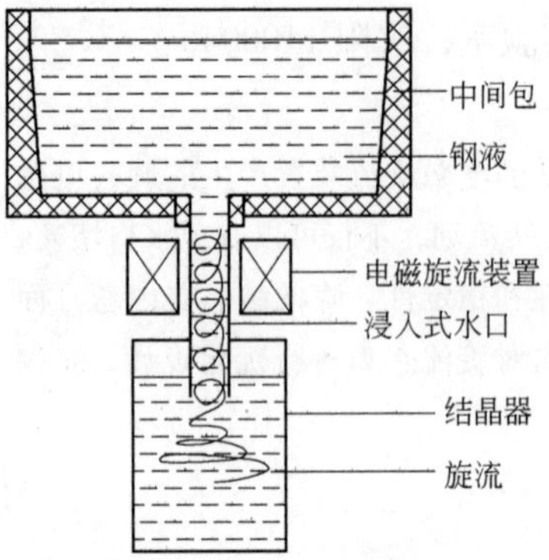

图 1　电磁旋流水口连铸工艺的示意图[8]

Fig. 1　Schematic of continuous casting process using electromagnetic swirling flow[8]

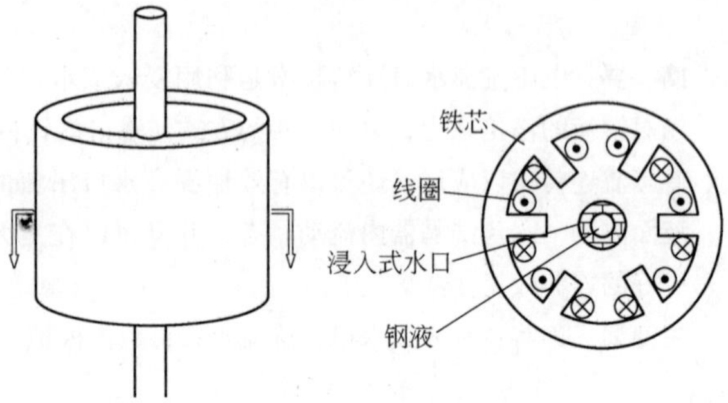

图 2　圆形电磁旋流装置结构示意图[8]

Fig. 2　Geometric model of round electromagnetic swirling flow generator（EMSFG）[8]

参照国内某钢铁公司圆坯及方坯连铸机中的浸入式水口和结晶器的实际尺寸，设定圆坯浸入式水口的几何尺寸为 550 mm（高度）×80 mm（外径）×30 mm（内径），水口渐开角度为 60°，结晶器尺寸为 700 mm（高度）×178 mm（内径），拉速为 3.4m/min。设定方坯浸入式水口几何尺寸为 650 mm（高度）×70 mm（外径）×30 mm（内径），水口渐开角度为 90°，结晶器尺寸为 700 mm（高度）×150 mm×150 mm，拉坯速度为 2.4 m/min。电磁旋流装置的线圈高度设计为 200 m，外径为 380 mm。

3　数学模型

对电磁场的计算采用有限元（FEM）分析，且对于低频电磁场问题，使用 $\boldsymbol{A}-\varphi$ 法求解磁场。其中磁矢量位 $\boldsymbol{A}$ 和标量电位 φ 的定义分别为：

$$\boldsymbol{B} = \nabla \times \boldsymbol{A} \tag{1}$$

$$\boldsymbol{E} = -\nabla \varphi - \partial \boldsymbol{B}/\partial t \tag{2}$$

式中，$\boldsymbol{E}$ 为电场强度；$\boldsymbol{B}$ 为磁感应强度；t 为时间；∇ 为哈密顿算子。

流场计算采用连续性方程和动量方程，

$$\nabla \cdot \boldsymbol{v} = 0 \tag{3}$$

$$\rho \frac{\partial \boldsymbol{v}}{\partial t} = -\nabla p + \mu_e \Delta \boldsymbol{v} + \boldsymbol{F} + \rho \boldsymbol{g} \tag{4}$$

式中，$\boldsymbol{v}$ 为流体流速；$\boldsymbol{F}$ 为洛伦兹力；ρ 为密度；μ_e 为有效黏性系数；$\boldsymbol{g}$ 为重力加速度。

由于钢液在浸入式水口和结晶器中的流动属于湍流，采用标准 k-ε 湍流模型进行计算。计算过程中经验常数给出如下：C_μ、C_1、C_2、σ_k 和 σ_ε 等分别取 0.09、1.44、1.92、

1.0 和 1.3。

磁场边界条件只需设置磁力线平行边界条件。对于流场边界条件：入口定义在浸入式水口入口处；水口壁面定义为固定壁面，采用无滑移边界条件，在近壁区，平行于壁面的分量由壁面函数确定；结晶器壁面沿拉坯方向的壁面速度为拉速，水平方向速度为 0；对于结晶器液面设为自由表面；出口处流体设为充分发展流。

4 模拟结果分析与讨论

图 3 给出了圆坯连铸时 350A 电磁旋流作用下浸入式水口 3D 流场及不同水平截面流场[9]。由图中可以发现：电磁旋流装置可以在浸入式水口内引起钢液旋流，当钢液流入电磁旋流装置时，开始明显旋转，并且随着钢液的下降，切向速度不断增大，当钢液流出电磁旋流装置以后，由于电磁力小于黏性耗散，随着钢液的下降，切向速度不断减小。在水口出口处，切向速度大约为 0.6m/s。

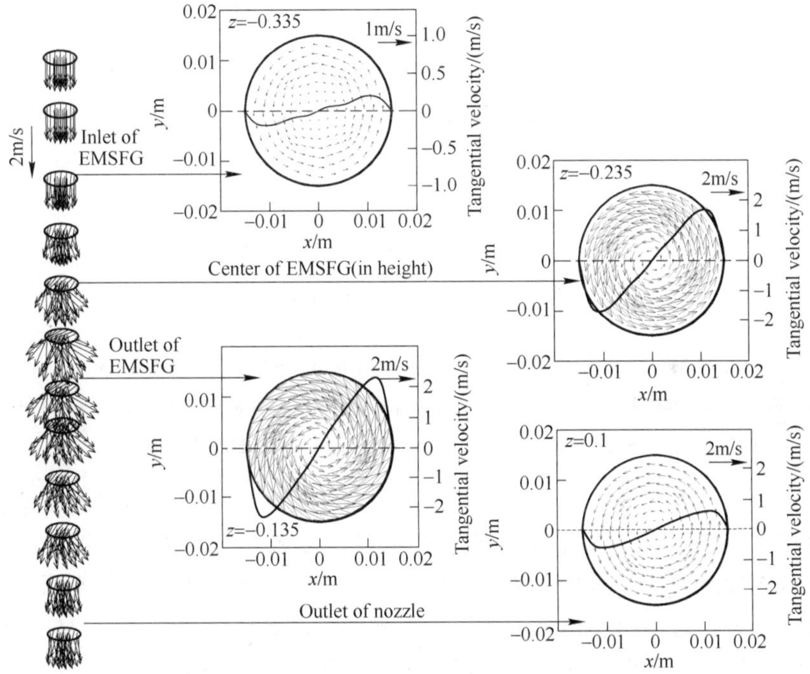

图 3 350A 电磁旋流作用下浸入式水口 3D 流场及不同水平截面流场[9]

Fig. 3 3D flow field in SEN and flow fields in different cross sections of SEN with 350A electromagnetic swirling[9]

图 4 给出了圆坯连铸时水口渐开角度为 60°，水口入口处施加 0.5m/s 水平速度后，有无电磁旋流时结晶器纵截面上流场[10]。无电磁旋流时的结果如图 4（a）所示。由于水口内偏流的影响，水口出流偏向结晶器一侧，对结晶器内流场造成非常不良的影响。

对浸入式水口内钢液施加 350A，50Hz 的电磁旋流时，其模拟结果如图 4（b）所示。与无电磁旋流时相比，水口出流不是偏向结晶器一侧，而是左右对称地流入结晶器。结晶器内流场较无旋流时均匀很多，偏流得到了有效的抑制。

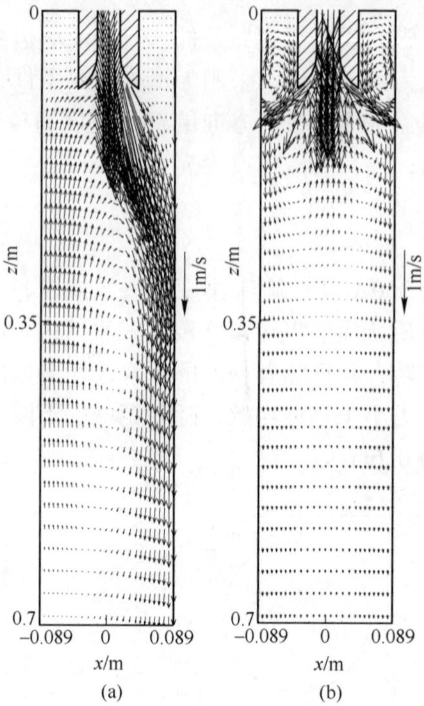

图4　水口渐开角度为60°，水口入口处施加0.5m/s水平速度后，有无电磁旋流时结晶器纵截面上流场[10]

（a）无旋流；（b）有电磁旋流

Fig. 4　With 0.5m/s horizontal velocity at the inlet of the SEN, flow and temperature fields on vertical section of mold without electromagnetic swirling flow (in divergent angle 60°, coil current intensity 350A, frequency 50Hz)[10]

图5给出了方坯有无电磁旋流时，浸入式水口和结晶器三维流场以及所示截面切向和轴向速度分布[11]。可以发现：电磁旋流装置可以在浸入式水口内引起钢液旋流，当钢液流入电磁旋流装置时，开始明显旋转，并且随着钢液的下降，切向速度不断增大，在旋流装置中心处（$z=0$）切向速度达到最大值。当钢液经过电磁旋流装置中心处以后，由于电磁力小于黏性耗散，随着钢液的下降，切向速度不断减小。在水口出口处，切向速度大约为1.5 m/s。这个切向速度会带动结晶器内钢液的旋转。水口内钢液的轴向速度分布由于旋流的作用也会发生变化，壁面附近钢液的轴向速度增大，水口中间部分钢液的轴向速度减小，受此影响，钢液在水口出口处不是集中向下冲入结晶器，而是向四周分散，钢液出流的流股也会相应变粗，水口出流的冲击深度变小。

图6给出了有无电磁旋流时，方坯结晶器纵截面流场[11]。相比于传统连铸工艺（无电磁旋流、传统直型水口），采用浸入式水口电磁旋流连铸技术并配合渐开式水口后，水口出流的冲击深度明显减少，上返流大幅增加；结晶器内流场分布更加均匀。

为了验证上述数值模拟结果的可靠性，采用物理性质与钢液相近的低熔点合金（30%Pb-20%Sn-50%Bi（质量分数），熔点90℃）进行了电磁旋流模型实验。模型实验中使用的水口尺寸为550mm × 30mm × 35mm，为传统直型水口。在实验中，控制合金的温度为

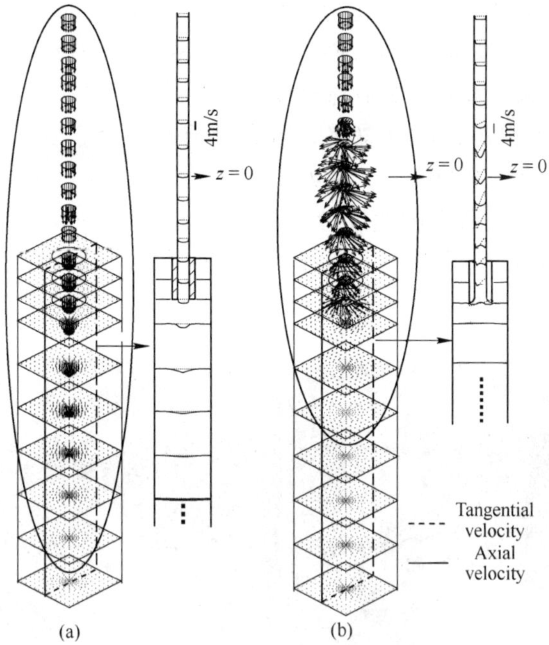

图 5 有无电磁旋流时，浸入式水口和结晶器三维流场以及所示截面切向和轴向速度分布[11]

（a）无电磁旋流传统直型水口；（b）500A，50Hz，电磁旋流，渐开式水口

Fig. 5 3D flow field in SEN and mold in different structure of SEN[11]

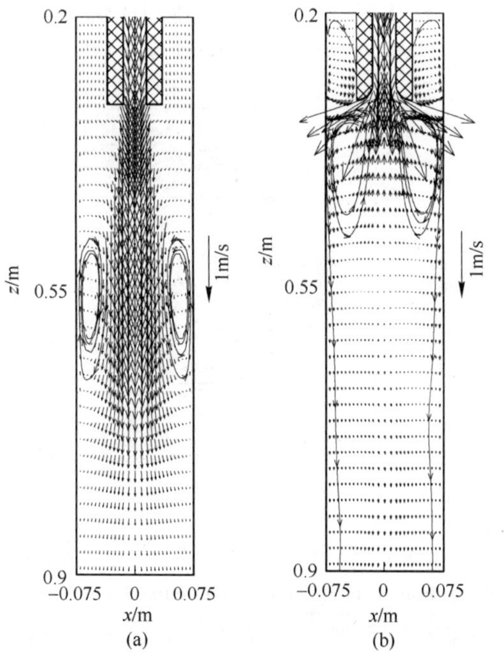

图 6 有无电磁旋流时，结晶器纵截面流场[11]

（a）无旋流；（b）有电磁旋流

Fig. 6 Flow and temperature fields in the vertical section of the mold with and without electromagnetic swirling flow[11]

120℃，控制合金在垂直方向上的流速为1.5m/s。由于设备的原因，实验采用的电流为115A，频率为36Hz。使用高速摄像仪观察水口出口的合金的流动状态，并通过测量水口出口处合金的发散角θ来换算合金的旋流速度。实验结果如图7所示[10]。无旋流时，合金在水口出口处的发散角很小，可以忽略。当有旋流时，合金在水口出口处的发散角为9.6°，换算后的旋流速度为0.26m/s。将实验参数和合金的物性参数带入我们的计算模型中，计算出水口出口处水平截面的速度分布，结果如图8所示[10]。合金在水口出口处的最大旋流速度为0.25m/s，与实验基本相符。以上实验结果和计算结果表明，本文采用的物理模型和计算方法是可靠的。

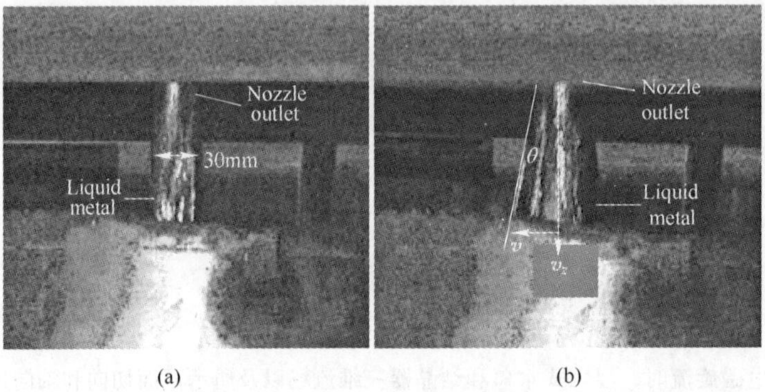

图7　水口出口处合金的流动状态照片[10]

（a）无旋流；（b）有电磁旋流，115A，36Hz

Fig. 7　Photos of the flow pattern at the nozzle outlet [10]

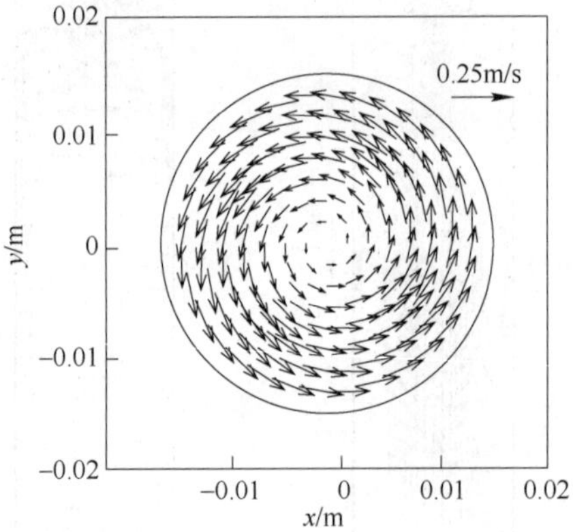

图8　在线圈电流115A，频率36Hz，水口出口处水平截面流场[10]

Fig. 8　Flow field on cross section of nozzle outlet（coil current intensity 115A，frequency 36Hz）[10]

5　结论

（1）采用浸入式水口电磁旋流连铸技术，电磁旋流装置可以有效的在浸入式水口内使钢液产生旋转流动，并且在浸入式水口出口处仍能保留一定强度的旋转流动。

（2）电磁旋流可以使水口内偏流得到有效地抑制。

（3）相比于传统连铸工艺，采用浸入式水口电磁旋流连铸技术并配合渐开式水口后，水口出流的冲击深度明显减少，上返流大幅增加；结晶器内流场分布更加均匀。

致谢

本论文由国家“111 计划”（B07015）资助。

参 考 文 献

[1] 蔡开科．连铸坯质量控制[M]．北京：冶金工业出版社，2010.

[2] Yokoya S，Takagi S，Iguchi M，et al. Swirling Effect in Immersion Nozzle on Flow and Heat Transport in Billet Continuous Casting Mold[J]. ISIJ Int.，1998，38(8):827-833.

[3] Yokoya S，Takagi S，Iguchi M，et al. Development of Swirling Flow Generator in Immersion Nozzle[J]. ISIJ Int.，2000，40(6):584-588.

[4] 苏志坚，李德伟，孙立为，等．圆坯连铸电磁旋流水口的数值模拟[J]．金属学报，2010，46(4)：479-486.

[5] Tsukaguchi Y，Hayashi H，Yokoya S，et al. Swirling Flow Submerged Entry Nozzle for Round Billet Casting [J]. Tetsu-to-Hagane，2007，93(9):575-582.

[6] Tsukaguchi Y，Nayashi H，Kurimoto H，et al. Development of Swirling Flow Submerged Entry Nozzles for Slab Casting[J]. Tetsu-to-Hagane，2009，95(1):33-42.

[7] 赫冀成，丸川雄净，苏志坚．电磁旋流水口[P]．中国，CN1768984A. 2007-02-28.

[8] 李德伟，苏志坚，丸川雄净，等．一种新的旋流连铸技术-电磁旋流水口[J]．连铸，2013，32(4)：23-26.

[9] Li D W，Su Z J，Marukawa K，et al. Simulation on the Effect of Divergent Angle of Submerged Entry Nozzle on Flow and Temperature Field in Round Billet Mold in Electromagnetic Swirling Continuous Casting Process [J]. Journal of Iron and Steel Research International，2014，21(2):159-165.

[10] 李德伟，苏志坚，陈进，等．钢圆坯连铸过程中渐开式电磁旋流水口数值模拟[J]．金属学报，2013，49(7):871-880.

[11] Li D W，Su Z J，Chen J，et al. Effects of electromagnetic swirling flow in submerged entry nozzle on square billet continuous casting of steel process[J]. ISIJ Int.，2013，53(7):1189-1196.

Effect of Mould Electromagnetic Stirring on Cleanliness of Steel Billet

Zhang Guifang[1,2] Ding He[1] Yang Yindong[2] Paul Wu[2] Alex McLean[2]

(1. Key Laboratory of Complex Iron Resources for Clean Metallurgy, Education Department of Yunnan Province, Faculty of Metallurgical and Energy Engineering, Kunming University of Science and Technology, Kunming 650093; 2. Department of Materials Science and Engineering, University of Toronto, TorontoM 5S3E4)

Abstract: The position of Electromagnetic Stirring (EMS) device installed on the copper mold takes many factors into consideration, such as: types of steel, cross section and length of the copper mold, immersion depths of submerged entry nozzle (SEN), tundish, meniscus position and associated measuring device and so on. An ideal placement of EMS will improve inclusion floatation and separation from liquid steel. However, inappropriate installation will lead to the entrapment of the slag into liquid steel, and impact the quality of cast billet. At present, a great number of researches has been carried out to study the effects of electrical current and frequency on the quality of steel billet, but few sources can be found to describe the effect of EMS device position on inclusion behaviors in the billet. In addition, the fluid flow of liquid steel under different EMS stirring conditions is not widely understood. In this paper, the authors studied the effects of various EMS locations casing around the copper mold have on liquid steel flow and inclusion behavior. The research work starts with computer simulation using ML35 steel. The result obtained is then applied in continuous casting process for validation. Both computer simulation and experimental results show that the optimum position of EMS should be placed 510mm from the top end of the copper mold when the electrical current is 300A at frequency of 3Hz.

Keywords: mould electromagnetic stirring; cleanliness of steel billets; liquid steel casting; inclusion removal

1 Introduction

Inclusions generated in steelmaking process can affect steel quality considerably [1-4]. Inclusions found in steels are mainly non-metallic compounds, such as sulphide, oxide, silicate, etc. The existence of inclusions in steel can result in a non-homogenous distribution of composition, structure and properties of steels; hence, deteriorates the mechanical properties and fatigue performance of steel products for different applications. As an effective means to control the solidification process, Electro-Magnetic Stirring (EMS) has been widely applied to the continuous casting of liquid steel for a number of years. The installation position of EMS with respect to the copper mold in the casting facility can significantly affect the quality of cast steel. An ideal installation site for the EMS depends on many factors, such as type of steel, cross section, length of the copper mold, immersion depth of submerged entry nozzle (SEN), meniscus position, and associated measuring sensors. An optimized installation position for EMS will accelerate flotation and separation of inclusions from the liquid steel. On the other hand, a non-optimized location may lead to entrapment of slag or mold flux into liquid steel, and therefore influence the quality of the cast steel product. A considerable number of research works have been carried out to study the effects of electric current and frequency of EMS on the quality of cast steels, but there are only a few studies available addressing the effects of EMS location on inclusion removal and steel cleanliness [1-13]. In this investigation, a computer simulation is carried out to study the effects of EMS location on liquid steel flow and inclusion removal. The optimum parameters obtained are then evaluated during plant trials on the continuous casting of liquid steel.

2 Methodology

2.1 Computer simulation

The relationship between metallurgical effects and stirring power is illustrated in Fig. 1 by what is commonly referred to as an "S" curve. In general, the metallurgical effects of EMS increase with increasing stirring power. In field 1, the metallurgical effect is not significant because the stirring power is too low. With increasing power input, the metallurgical effects increase rapidly, as shown in field 2. When the stirring power reaches a certain critical level, as indicated in field 3, the metallurgical effects no longer increase with increasing stirring power.

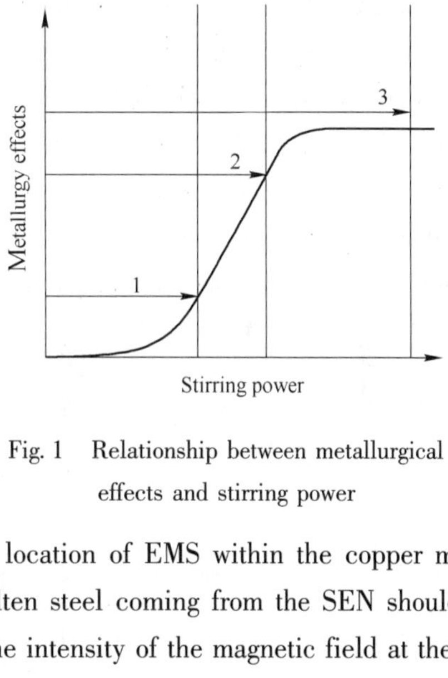

Fig. 1 Relationship between metallurgical effects and stirring power

Since it is difficult to calculate the S curve from theoretical principles, it is therefore determined based on experience. In order to establish the optimum location of EMS within the copper mold, three important factors should be considered: (1) molten steel coming from the SEN should remain at the top of the mold as long as possible; (2) the intensity of the magnetic field at the meniscus area should be as low as possible; and (3) the velocity of molten steel at the meniscus should remain high. The effects of EMS position on inclusions found in the billet was first studied by developing a mathematical simulation to provide a correlation between the magnetic field and the flow field of molten steel within the mold-EMS assembly. This was followed by a cleanliness assessment of cast steel product that was produced using the parameters obtained from the simulation results. The optimal location for EMS is initially determined based on the simulation results for the effects of installation location on the meniscus. A plant study was then conducted to confirm the simulation results. The current applied for these plant trials was 300A at a frequency of 3Hz. 130 billets of medium carbon steel were produced and samples were taken for spectral analysis to study the effects of installation location of EMS on steel cleanliness.

2.2 Effect of electromagnetic stirring on inclusion removal and steel cleanliness

Electromagnetic force will affect the distribution of non-metallic particles (inclusions) in molten metal. If the direction and the size of the current or the magnetic field are altered, the direction and the magnitude of stress on non-metallic particles will also change. This will affect the transport velocity of particles, which translates to a change in relative transport velocity between the particles and the solidification interface and this in turn will influence the distribution of inclusions in the cast product. The influence of electromagnetic force on the distribution of inclusions within the mold is shown in Fig. 2. Under various forces, the particles in the molten steel will experience two velocity components: a vertical component v_n, and a horizontal component v_x. Viscous resistance will produce force components along these two directions, and equilibrium is reached. According to the literature[5], when the solidification velocity is higher than the motorial velocity v_p, particles (represented by inclusion B in Fig. 2) will be engulfed within the solidification front.

Under the opposite conditions, (inclusion A in Fig. 2) the particles will move ahead of the front. The magnitude of v_p will be determined by the stress condition on the particles, and the change in velocity v_p will affect the distribution of particles within the solid steel. The change of stress on the particles can be achieved by applying the electromagnetic field, because the electromagnetic force can achieve much larger values than other existing forces imposed on the particles. Since the electromagnetic force can generate a transport velocity for the particles in molten steel that surpasses the critical rate for particle engulfment by the solidifying liquid, this electromagnetic force can be used to enhance the separation of potential inclusions from the molten metal.

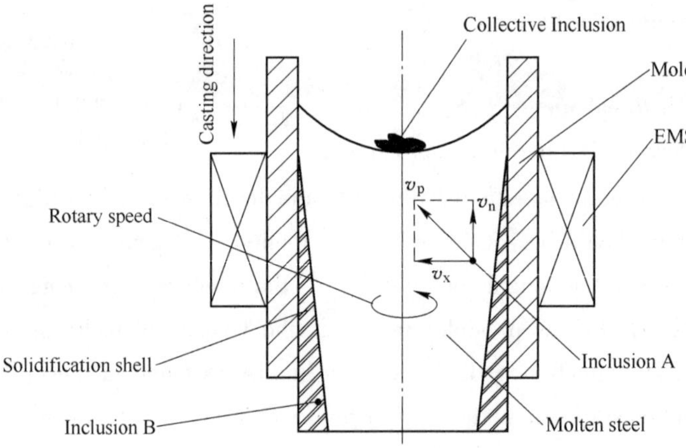

Fig. 2　Influence of electromagnetic force on the distribution of inclusions within molten steel

The rotating magnetic field associated with EMS generates a rotational motion within the molten steel. The vortex created by this rotational motion promotes the movement of inclusions away from the outer edge of the molten steel and facilitates their movement upward into the slag phase, where they are collected. Inclusions at the surface of a steel product are often caused by entrapment of slag at the meniscus region induced by meniscus vibration. By adopting a suitable location for the EMS, this meniscus vibration can be modified in order to decrease the incidence of surface defects caused by slag entrapment. Thus the removal from molten steel of non-metallic inclusions which originate as deoxidation products, reoxidation products, refractory eroded material, entrained slag, or agglomerates from nozzle clogging, can be enhanced by electromagnetic stirring and ultimately, this should generate a cleaner steel product [6-8].

2.3 Mathematics model

2.3.1 Magnetic field

Equations governing electromagnetic hydromechanics include Maxwell' s equations, Ohm' s law of motorial fluid and continuity equation. In EMS of continuous casting, assuming, (1) molten steel is incompressible conductive fluid; (2) physical parameters of molten steel such as density ρ, coefficient of viscosity ν, conductivity σ, magnetic permeability μ and so on are scalar constants; (3) magnetic permeability of molten steel and solidified shell are regarded as the vacuum' s magnetic permeability ($\mu_0 = 4\pi \times 10^{-7}$ H/m), then the equations can be described as follows. According to the theory of electromagnetic hydromechanics, under EMS the volume force F of fluid momentum equation will appear to be an electromagnetic force resulting from the effects between magnetic flux density B and the induced current J obtained by the effects between motorial molten steel and additional magnetic field. Its formulas are:

$$F = J \times B \tag{1}$$

While the induced current J follows the equations below:

$$\nabla \cdot J = 0 \tag{2}$$

$$J = \sigma(E + U \times B) \tag{3}$$

$$E = -\nabla \Phi \tag{4}$$

Combining (3) and (4) into (2), the potential Poisson equation is obtained:

$$\nabla \cdot (\sigma \nabla \Phi) = \nabla \cdot \sigma(U \times B) \tag{5}$$

where, F is the volume force; J is the induced current; B is the magnetic induction intensity, σ is the electrical conductivity; Φ is the potential; E is the field strength.

2.3.2 Flow field

Using K-ε turbulent model:

$$\nabla \cdot (\rho U) = 0 \tag{6}$$

$$\frac{\partial}{\partial t}(\rho u_i) + \nabla \cdot (\rho U u_i) = \nabla \cdot ((\mu_0 + \mu_t) \cdot \nabla u_i) + S_i \tag{7}$$

$$\frac{\partial}{\partial t}(\rho k) + \nabla \cdot (\rho u k) = \nabla \cdot ((\mu_0 + \frac{\mu_t}{\sigma_k}) \cdot \nabla k) + G - \rho\varepsilon \tag{8}$$

$$\frac{\partial}{\partial t}(\rho\varepsilon) + \nabla\cdot(\rho U\varepsilon) = \nabla\cdot\left(\left(\mu_0 + \frac{\mu_t}{\sigma_\varepsilon}\right)\cdot\nabla\varepsilon\right) + C_1 G\varepsilon/k - C_2\rho\varepsilon^2/k \tag{9}$$

where, ρ is a density of molten steel; $(\mu_0 + \mu_t) = \mu_0 + \rho C_\mu \frac{K^2}{\varepsilon}$, S_i and electromagnetic force are source term; k is the turbulent kinetic energy; ε is the dissipation rate of turbulent kinetic energy; G stands for an item of stress produced; μ_0, μ_t are the coefficient of laminar viscosity and turbulent viscosity respectively; C_1, C_2, C_μ, σ_k, σ_ε are experience constants.

2.3.3 Calculation conditions

Mathematical model is established according to EMS structure with three-phase six-pole and related parameters: cross section of continuous casting billet is 150mm × 150mm, adopting bilateral hole SEN casting, casting speed is 1.95 m/min, stirring current is 300A, stirring frequency is 3Hz, conductivity of molten steel is $7.14\times10^5\Omega\cdot m$, magnetic permeability of molten steel is $4\pi\times10^{-7}$ H/m, density of molten steel is 7000kg/m^3, coefficient of molecular viscosity is 5.6×10^{-3} kg/(m · s).

2.3.4 Solution method

Flow field under different megnetic field can be assessed based on SIMPLER algorithm, discretization calculation of electromagnetic field and flow field by the finite difference, and compilation using C + + language. Whether or not magnetic field is convergence could be judged by equation (10), generally a better convergence can be obtained after a dozen iterations.

$$R_c = \frac{\sum_{i=1}^{l}\sum_{j=1}^{m}\left|B_{i,j}^{t+\Delta t} - B_{i,j}^{t}\right|}{\sum_{i=1}^{l}\sum_{j=1}^{m}\left|B_{i,j}^{t}\right|} \tag{10}$$

2.4 Plant trials

EMS was installed below the top of the mold at 300mm and connected to an external three-phase AC source. The working frequency is adjustable; the stirring direction is clockwise; the stirring strength may be changed by adjustment of the applied current and its frequency. Basic specifications of the EMS are 4.8kW power, 300A rated current, 310V rated voltage, 2-8 Hz frequency. The trials were conducted on a continuous casting machine with five billet strands whose annual production of steel was 600,000 tons; billet section was 150mm × 150mm, experiments were conducted on nine heats of medium carbon steel. The casting machine parameters are shown in Table 1 and the casting conditions are summarized in Table 2.

Table 1 Machine parameters

Item	Unit	Parameter
Caster		Entire arc-shaped gradual straightening
Mold		Arc and pipe
Arc radius	m	9
Strand	Machine-strand	5-5

Continued 1

Item	Unit	Parameter
Strand space	mm	1200
Billet section	mm	150 × 150
Speed	m/min	0. 5-3. 5

Table 2 Casting temperature (℃) and casting speed (m/min)

No. Furnace	Platform temperature	Tundish temperature 1	Tundish temperature 2	Tundish temperature 3	Average tundish temperature	Degree of superheat	Casting speed
1	1569	1545	1540	1535	1540	29. 0	1. 95
2	1565	1540	1535	1531	1535	24. 0	1. 95
3	1570	1545	1540	1536	1540	29. 0	1. 95
4	1567	1541	1535	1529	1535	24. 0	1. 95
5	1566	1540	1535	1530	1535	24. 0	1. 95
6	1569	1545	1540	1534	1534	28. 7	1. 95
7	1567	1542	1536	1529	1536	24. 7	1. 95
8	1560	1538	1530	1525	1531	20. 0	1. 95
9	1562	1539	1533	1528	1533	22. 3	1. 95

3 Results and discussion

3. 1 Effects of EMS location on the meniscus

Fig. 3 shows that when EMS is placed at a distance of 510mm from the top of the mold, the magnetic induction intensity along the axis reaches a peak. The effects of EMS on the flow field within molten steel are shown in Fig. 4. After applying electromagnetic stirring, steel flow in the mold experiences a substantial change; rotational movement of the molten steel is formed at a location directly below the SEN. Stirring speed is greatest at the central cross section of the EMS. Stirring speed near the inner wall of the mold is 0. 8 m/s.

In order to determine the optimum installation location for EMS, simulation was performed using the following parameters d = 450mm, d = 510mm, d = 690mm, I = 300A, f = 3Hz, where d represents the distance from the top of the mold. The effects of different installation location on meniscus are discussed. Simulation results of magnetic field and meniscus vibration are shown from Fig. 5 to Fig. 7.

Simulation results show that when the distances between axial centres of EMS to the top of mold are 450mm, 510mm, and 690mm, peaks of wave crest are 3. 4mm, 2. 7mm, 2. 1mm respectively. This phenomenon suggests that the wave crest fluctuates greatly with decreasing distance between the meniscus and the EMS center. However, the maximum wave crest satisfies the production requirements for continuous casting. Nevertheless, a different location should be selected in order to obtain a better quality of billet. Based on the work mentioned above, and given that such factors as molten steel coming from the SEN should stay at the top of mold as long as possible; intensity of magnetic field in close proximity to the meniscus should be as low as possible; the velocity of molten steel close to the meniscus should remain high, placing the EMS at a distance of 510mm from top of the mold is the optimum location for improved steel cleanliness.

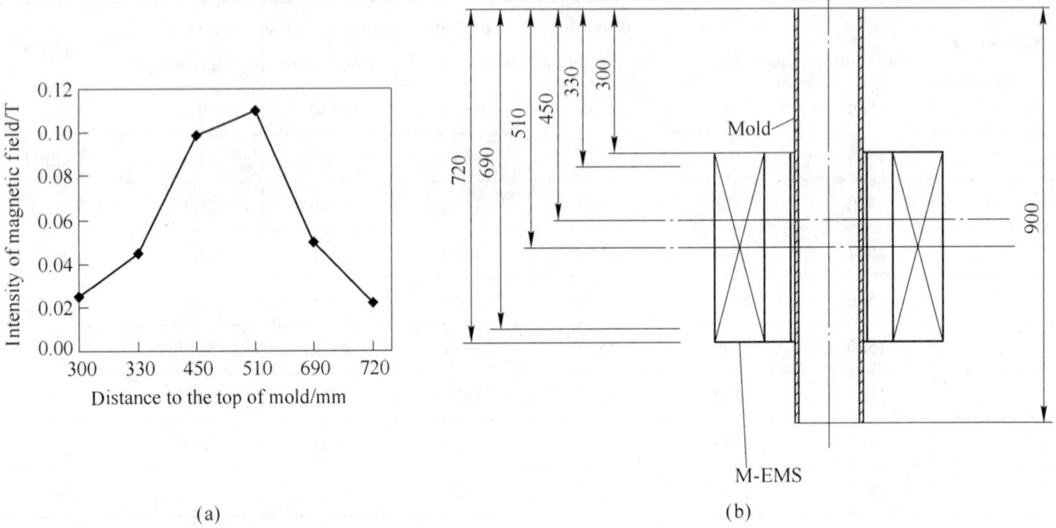

Fig. 3　Magnetic field intensity at different points along the EMS axis

(a) magnetic field strength on EMS axis; (b) measuring points magnetic field on EMS axis

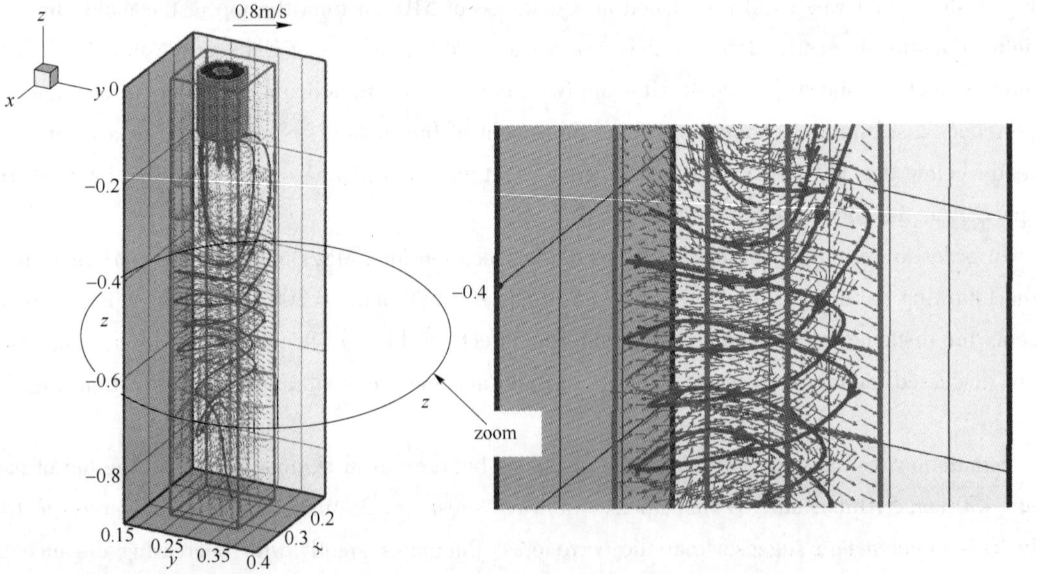

Fig. 4　3D simulation of effects of EMS on the flow field within molten steel

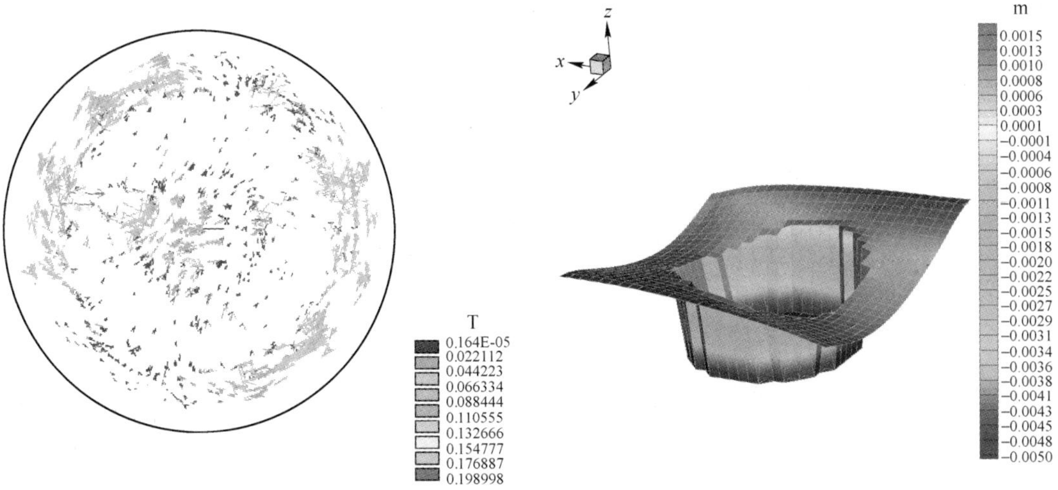

(a) (b)

Fig. 5 3D Simulation results of magnetic field and meniscus vibration at 450mm distance

(a) magnetic field cross section; (b) meniscus vibration of mold

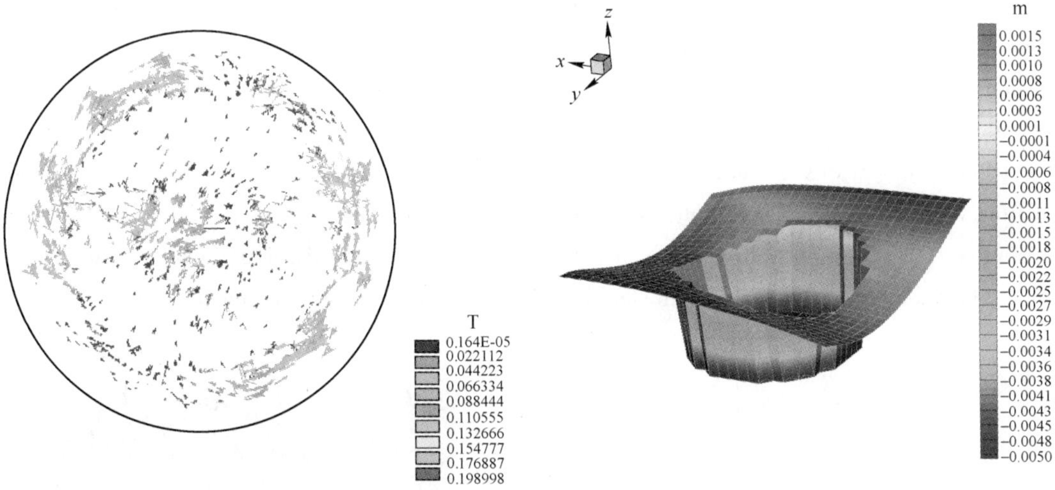

(a) (b)

Fig. 6 3D Simulation results of magnetic field and meniscus vibration at 510mm distance

(a) magnetic field cross section; (b) meniscus vibration of mold

3.2 Effects of EMS location on cleanliness

Nine samples were taken randomly along the centerline of each billet. Heat numbers related to the current investigation were 2, 5 and 8 and corresponding distances, d, between axial centers of EMS to the top of the mold were 450mm, 510mm and 690mm respectively. The EMS parameters used were 300A current at a frequency of 3Hz.

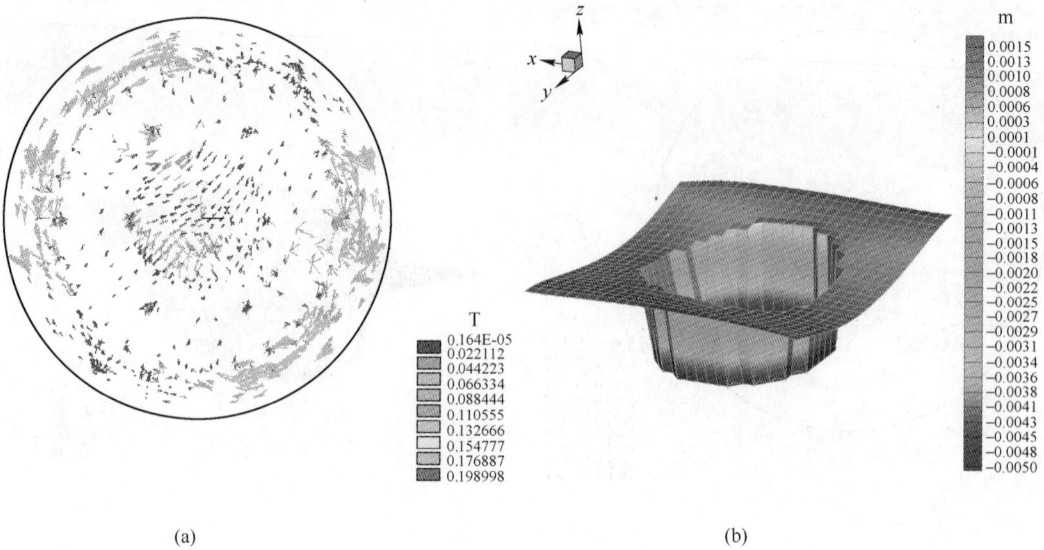

Fig. 7　3D Simulation results of magnetic field and meniscus vibration at 690mm distance

(a) magnetic field cross section; (b) meniscus vibration of mold

Experimental results for $d = 450$mm are shown in Fig. 8 and Fig. 9. Fig. 8 indicates that the inclusions found in these samples mainly consist of magnesium silicates. In Fig. 9 it was found that the calcifying effect of alumina was insufficient. Experimental results for $d = 690$mm are shown in Fig. 10 and Fig. 11. Fig. 10 confirms the presence of CaS inclusions near the outer edge of the billet from which the particular sample was taken. Fig. 11 shows calcium aluminate inclusions in the form of clusters. Experimental result for $d = 510$mm is shown in Fig. 12. Calcification of the inclusions is satisfactory, the number of clusters has decreased and the steel is much cleaner.

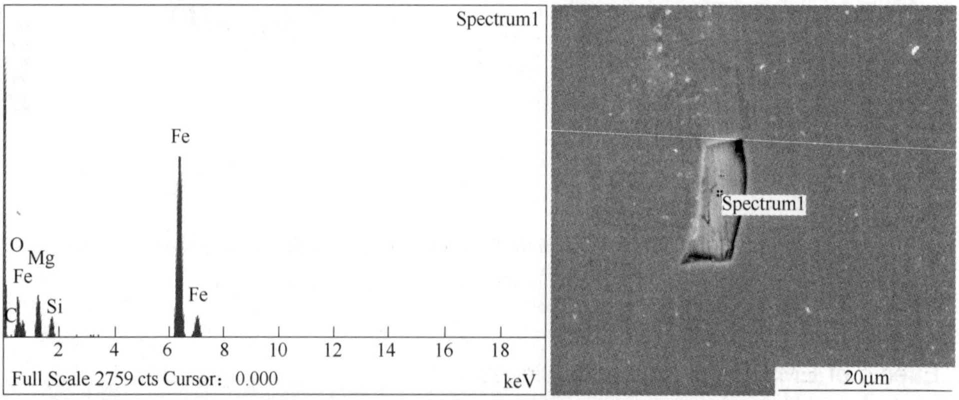

Fig. 8　Spectrum of magnesium silicate inclusions

X-ray analysis of inclusions indicates that the morphologies of inclusions were improved when using the experimental parameters of $A = 300$A, $f = 3$Hz, and $d = 510$mm. The findings from the

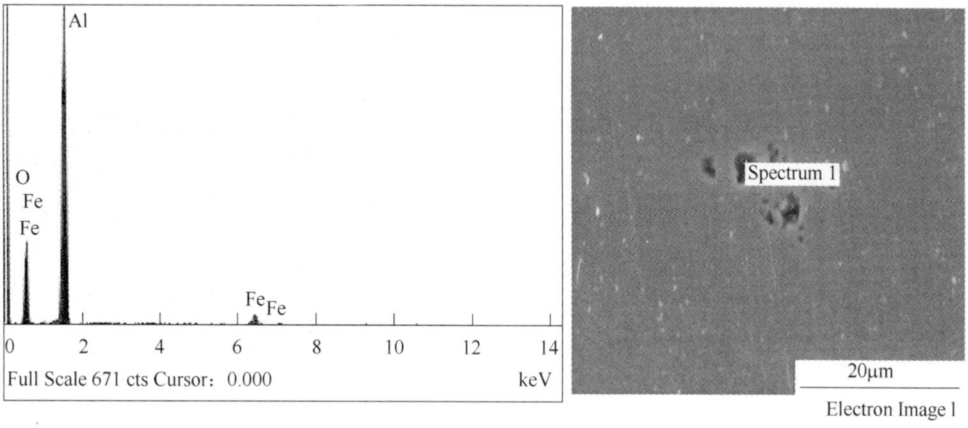

Fig. 9 Spectrum showing insufficient calcification of alumina inclusions

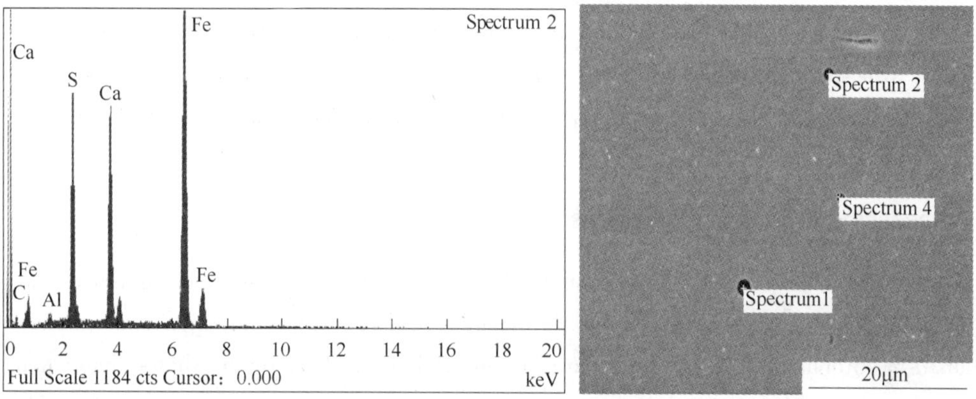

Fig. 10 Spectrum of CaS inclusion

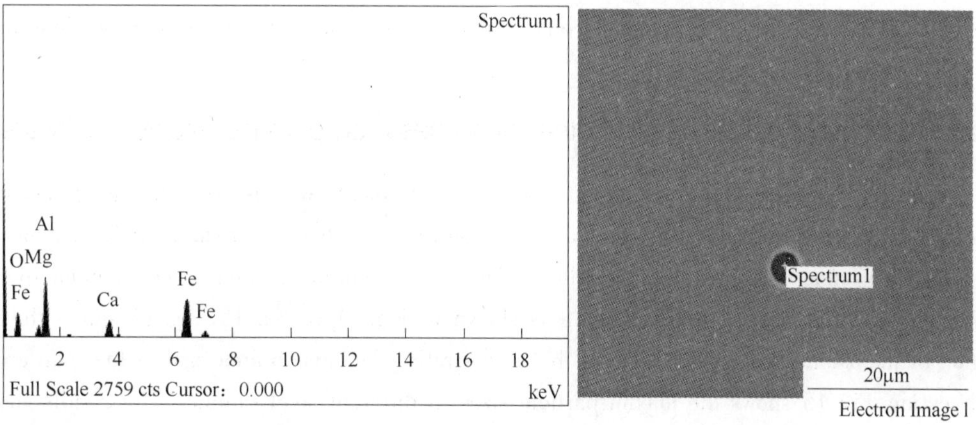

Fig. 11 Spectrum of calcium aluminate inclusion and evidence of aluminate clusters

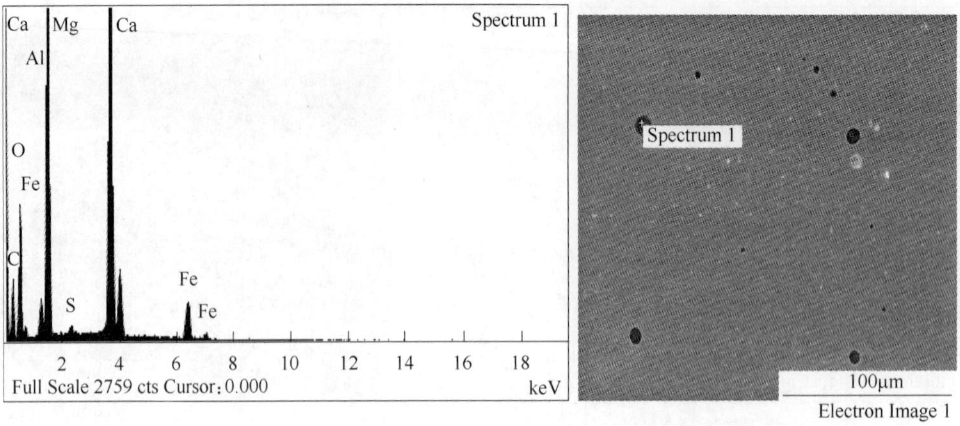

Fig. 12 Spectrum of calcium aluminate inclusion with fewer clusters

Scanning Electronic Microscopy study support the computer simulation results. These findings also suggest that a suitable EMS installation can improve inclusion morphology in the steel billet. The inclusions with spherical shape and low hardness found close to the surface of the billets, such as calcium aluminate and calcium sulphide, can improve the surface quality of steel products after rolling.

3.3 Assessment of steel cleanliness

Steel samples from billets with, heat numbers 2, 5 and 8, were polished and examined using the sulphur print method. Sulphur prints for the samples with different EMS positions, namely, d = 690mm, d = 450mm and d = 510mm, are shown in Fig. 13. This figure shows that when d = 510mm, the inclusions found in billet are fewer than those at d = 450mm and d = 690mm. This further confirms that when the installation location of EMS is at 510mm, the centrifugal force produces a vortex-type movement of molten steel that promotes inclusion aggregation in the center of the molten steel thereby allowing inclusion flotation to the top of the mold as illustrated in Fig. 4. This is associated with a reduction of inclusion content at the quarter line and centerline locations in the billets.

3.4 Quantitative assessment of steel cleanliness using image analysis software

The cleanliness of steel samples obtained from the experiments was assessed quantitatively using the pictures shown in Fig. 13 and image analysis software provided by Olympus Soft Imaging System Corp. The name of the software is called " Discover essentials", which is commercial software with a high reliability. The obtained result is shown in Fig. 14 & Fig. 15. Fig. 14 shows the area fraction of inclusions and various defects that is the ratio of inclusion area against the total area of steel section. Fig. 15 shows the maxim particle sizes in different steel samples. The results showed in both figures indicate that the steel sample cast at the EMS installation of 510 mm from the top end of the copper mold has a low area fraction rate, small particle size and high cleanliness. It

Fig. 13 Sulphur prints from billets with different M-EMS locations
(a) $d = 690$mm; (b) $d = 450$mm; (c) $d = 510$mm

should be indicated that the area fraction measured using sulphur printing pictures might give a higher value because defects shown in the pictures including inclusions and a other defects. In order to measure the area fraction of inclusions only, the SEM picture took using backscatter electrons may be better.

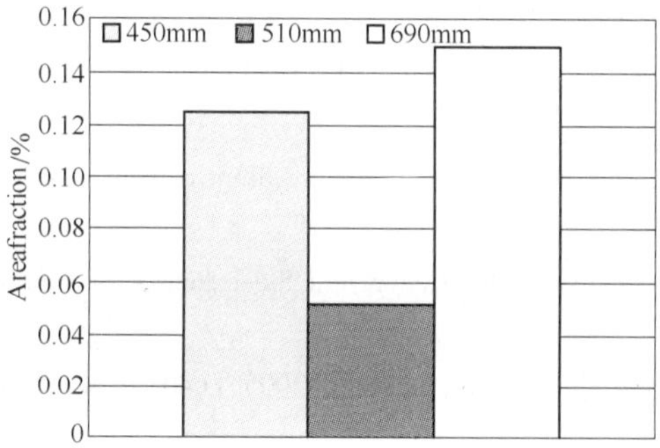

Fig. 14 Area fraction of steel samples from the billets cast using different EMS installation parameters

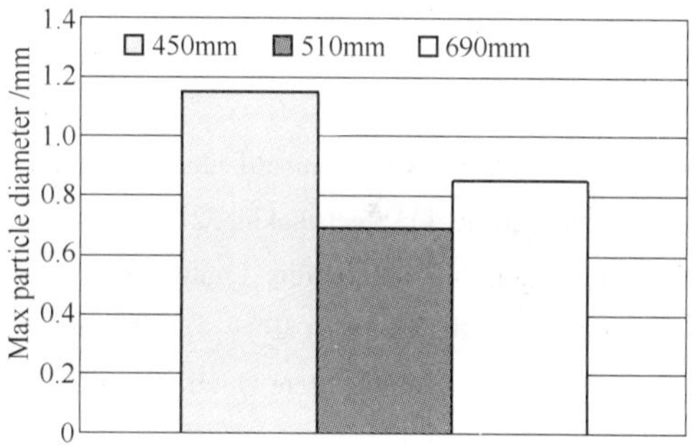

Fig. 15 Particle size of inclusions in steel billets cast using different EMS installation parameters

4 Conclusions

A computer simulation model was used to establish a relationship between magnetic field and the flow field of molten steel in order to investigate the effect of EMS installation position on steel cleanliness. The simulation result was validated with plant trials during liquid steel continuous casting. It was found that when the current was fixed at 300A and the frequency was 3Hz, placement of the EMS device at a distance of 510mm from the top of the copper mold produced an improvement in steel cleanliness compared to installation locations at 450mm and 690mm. The EMS installation location can have a considerable influence on inclusion behavior and final cleanliness of the cast steel. An optimized installation location for EMS will effectively facilitate meniscus vibration control and enhance removal of non-metallic inclusions from the molten steel.

References

[1] Brian G. Thomas, Quan Yuan, Sivaraj Sivaramakrishnan, et al. Comparison of four methods to evaluate fluid velocities in a continuous slab casting mold[J]. ISIJ Int., 2001, 41(10):1262-1271.

[2] Quan Yuan, Brian G. Thomas, S. P. Vanka. Study of transient flow and particle transport in continuous steel caster molds: Part I[J]. Fluid Flow. 2004, Met. and Mat. Trans. B, 2004, 35B(4):685-700.

[3] Quan Yuan, Sivaraj Sivaramakrishnan, S. P. Vanka, et al. Computational and experimental study of turbulent flow in a 0.4-scale water model of a continuous steel caster[J]. Met. and Mat. Trans. B, 2004, 35B(5): 967-982.

[4] Han Zhicheng. Electromagnetic metallurgy[M]. Beijing: Metallurgical Industry Press, 2001 (in Chinese).

[5] Luo Bogang. EMS Parameter Optimization of Continuous Caster[J]. Iron & Steel. 2005,10(40): 32-34, 79.

[6] Gong Zhixiang. Effect of Mould-Electromagnetic Stirring on Structure and Inclusion in 450 mm Concasting Round Billet[J]. Special steel. 2004,4(25):35-37.

[7] Hiroshi, Yamane, et al. High power in-mold electromagnetic stirrer inprovment of suface defects and inclusion control. Steelmaking conference proceedings[J]. Chicago, IL, 1997: 159-164.

[8] Li Baokuan, Zhang Yongjie, He Jicheng. Numerical prediction on the flow patterns of molten steel and trajectories of inclusions in continuous casting mold controlled by the electromagnetic field[J]. Journal of University of Science and Technology Beijing, 1995, 17: 22-25 (in Chinese).

[9] Chung S I, Yoon J K. Numerical Analysis of Effects of Electromagnetic Stirring on Solidification Phenomena in Continuous Casting[J]. Ironmaking and Steelmaking, 1996, 23(5):425.

[10] Mao Bin. Some questions on magnetic stirring of continuous casting in billet[J]. Continuous casting. 1999, (5):36-42. (in Chinese).

[11] LI Guo-zhong. Effect of mould electromagnetic stirring on carbon segregation of medium carbon continuous casting bloom[J]. Steel making. 2008,1(24): 40-43.

[12] Chen Yong. Internal Quality Control of Continuously Cast Bloom for Heavy Rail Steel. Journal of Iron and Steel Research. 2007,10(19): 16-20 (in Chinese).

[13] He Jicheng. Improving Steel Quality by Electromagnetic Field[J]. Iron and steel. 2005,1(40): 24-30.

Water Modeling Study on Inclusion Behavior in the Electromagnetic Stirring Tundish

Zhong Yunbo Wang Yun Wang Huai Wang Baojun Lei Zuosheng
Ren Weili Ren Zhongming

(Shanghai Key Laboratory of Modern Metallurgy & Material Processing,
Shanghai University, Shanghai 200072)

Abstract: Water model experiment was carried out to study the inclusion behavior in the electromagnetic stirring (EMS) tundish, also known as Centrifugal Flow (CF) one. And the effect of rotation speed, dam position and nozzle position was considered. In the experiment, intermittent sampling and weighing method was employed to measure the particle weight concentration versus time at the tundish outlet. Experiment result shows that higher inclusion removal rate can be obtained in the case of low rotation speed (below 10. 5r/min) than that without stirring, and the optimum rotation speed is about 5-6r/min. Meanwhile, a low rotation speed is also beneficial for the stable aggregation of the inclusion around the rotation center, whereas a high rotation speed has dispersion effect on the aggregated inclusions. Besides, an off-centered ladle nozzle can help to obtain higher inclusion removal rate than the centered nozzle, and meantime better centripetal accumulation of inclusions can be obtained. The result of particle size analysis shows that the strong turbulence under a high rotation speed can promote the removal of small inclusions, but the floatation of large inclusions will be interfered simultaneously. A low rotation speed is favorable for the floatation of both the small and large inclusions.

Keywords: tundish; electromagnetic stirring; water modeling; inclusion behavior

1 Introduction

During the continuous casting process, non-metallic inclusions were inevitably entrained into the molten steel. The non-metallic inclusions mainly come from sources like de-oxidation products, re-oxidation products, slag entrapment, exogenous inclusions and many chemical reactions[1]. If these inclusions can not be effectively removed, they will remain in the final products permanently. Such inclusions destroy the continuity of the metal matrix and thus seriously spoil the quality and properties of the steel products.

Tundish is the last device before the entry of the molten steel into the continuous casting mold. Inclusions suspended in the tundish will enter the mold, thereby reducing the quality of final products. The inclusion removal mechanism in a tundish is tightly related to the flow behavior of the molten steel inside the tundish. Lots of measures have been taken to improve the flow pattern, including enlarging the tundish size, changing the configuration of tundish, using flow modifiers[2-5] and injecting argon[6,7] et al.

Although these methods play a positive role in promoting the inclusion removal from molten steel, it is still insufficient with the stringent quality requirements. The demand of consumer, product quality and cost all drive us to seek for more efficient ways. The development of magneto-hydrodynamics（MHD）has brought a new light for quality improvement of the metal products. The application of electromagnetic field became a popular way to control the flow of molten steel and thus promote the inclusion floatation in the continuous casting（CC）process. Electromagnetic stirring（EMS）, electromagnetic braking（EMBr）and combined electromagnetic field has been developed in the mold section of CC process. Apart from these, electromagnetic field was also aimed to be applied in the tundish section. In 1990s, Centrifugal flow（CF）tundish has been developed by Kawasaki Steel in Japan（now as JFE Steel Corporation）. In this kind of tundish, an electromagnetic field was utilized to horizontally rotate the molten steel in a cylindrical chamber and the inclusions therein can be greatly removed by centrifugal force field. This novel refining technology was proved in the industrial tests to improve the cleanliness of cast steel. However, apart from the inspiring industrial results reported by Y. Miki [8,9], the academic research（physical modeling and numerical modeling study）about the flow character and inclusion transport in such kind of tundish is relatively rare[10].

In this study, water model experiment was carried out to investigate the inclusion behavior in the EMS tundish, considering the effect of rotation speed and the position of dam and ladle nozzle. In the water model experiment, intermittent sampling and weighing method was used to measure the particle weight concentration versus time at the tundish outlet. This method can provide the information about the transient change of particle weight concentration at the tundish outlet, as the Electric Sensing Zone（ESZ）method [11] did. And it is relatively easier to implement.

2 Physical description

A schematic view of an actual one-strand EMS tundish is shown in Fig. 1（a）. It consists of a cylindrical rotation chamber and a cuboid distribution chamber. The two chambers were connected with a narrow tunnel on the bottom of the weir. The rotating magnetic field generator is located at the periphery of the rotation chamber. The total capacity of the tundish is 18ton, the bath depth is 0.76m and the inlet flow rate of the tundish is 1.1t/min. The molten steel is poured into the tundish through the long ladle nozzle, the submerged depth of which is 0.2m. When the molten steel passes through the rotation chamber, the inclusions in the molten steel will be greatly removed due to the coalescence effect caused by the large turbulence and centripetal accumulation. Then the purified liquid steel will enter into the distribution chamber through the connecting tunnel. Residual inclusions in the liquid steel will be further removed by floating up to the top slag. The dimensions of the tundish are shown in the Fig. 1（b）.

3 Water model experiment

Water model at the scale of 1/2 satisfying the Froude similarity criterion [12] was established based on the prototype tundish system, as shown in Fig. 2. Its design is the same with common water mod-

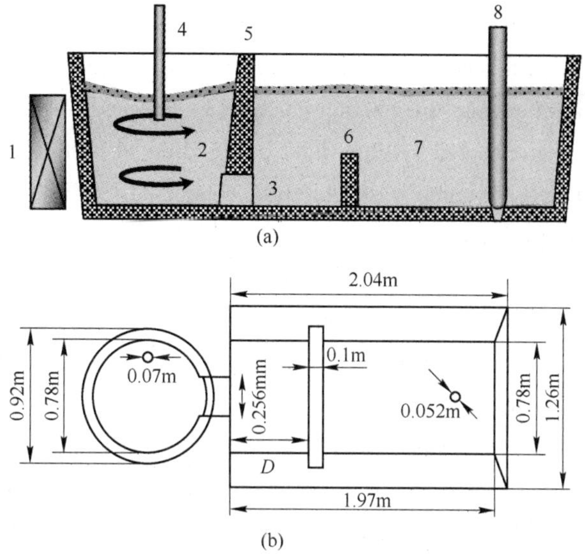

Fig. 1 Electromagnetic stirring tundish (a) schematic diagram (b) internal dimension

1—Rotating magnetic field generator; 2—Rotation chamber; 3—Connection tunnel; 4—Ladle nozzle; 5—Weir; 6—Danm; 7—Distribution chamber; 8—Stopper rod

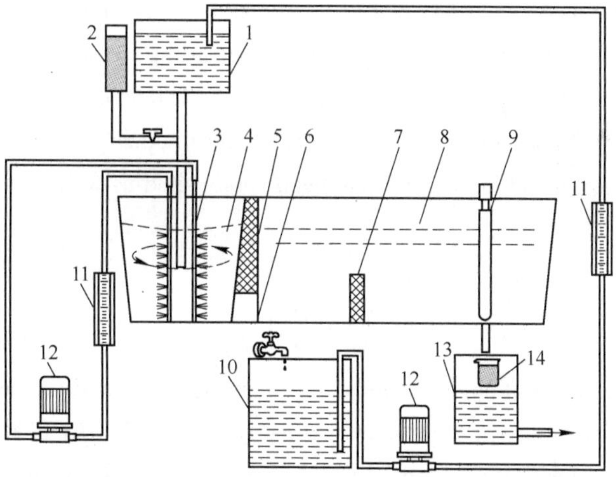

Fig. 2 Experimental setup for the study of inclusion behavior

1—Model ladle; 2—Inclusion slurry; 3—Pipeline for producing rotational flow; 4—Rotation chamber; 5—Weir; 6—Connection tunnel; 7—Dam; 8—Distribution chamber; 9—Stopper rod; 10—Supply tank; 11—Flowmeter; 12—Pump; 13—Transition container; 14—Beaker

el which consists of a perspex glass tundish and water supply system, except that additional equipment for producing the rotational flow should be introduced. In commonly method for the production of rotational flow, the liquid will always inevitably contact with the used device since the non-contact rotational flow as produced by the electromagnetic field is hard to implement due to the low conductivity of water. In order to reduce the effect of the external objects on the particle movement, the mechanical stirring method should not be adopted since the rotation of stirring blades inserted into the liquid pool will disturb the natural trajectory of particles and thus affect the statistics of particle removal rate. So in this study, two stationary tubes with many small holes evenly distributed on the sidewall were inserted into the rotation chamber and placed in the same circle close to the wall. The two tubes were connected with the inlet port and outlet port of the pump through the water pipe respectively. When the pump works, the tube connected with the inlet port of the pump will continuously absorb the water along the tangent direction. While the other tube connected with the outlet port of the pump will continuously spray the water along the tangent direction. Therefore, cycled rotational flow was generated in the rotation chamber. The rotation speed of the liquid can be modulated by changing the flow rate through the pump, the relationship between the flow rate and rotation speed is shown in the Fig. 3.

Hollow glass micro-spheres were used for simulating the inclusions in the molten steel. The morphology of these particles was observed with the microscope. Fig. 4 shows the microstructure of the particles under 200 × amplification, and these particles are shown as spherical. The size distribution of the glass micro-spheres was analyzed by the laser particle size analyzer. Fig. 5 shows the original size distribution of the particles, it can be seen that the size of the particles distributed within the range of 3-160μm. Several parameters were used to characterize the particle size: D_{50} (particles whose size are smaller than this value account for 50%) , D_{10} and D_{90} (D_{10} and D_{90} have the similar definition as D_{50}) . The median size(D_{50}) of the particles used in the current study is about 52μm, the D_{10} and D_{90} size are 25μm and 98μm respectively. According to the similarity criterion for particle simulation, the ratios of the particle velocities due to bulk flow of liquid and due to Stokes rise should be maintained the same for the model and full scale tundish [13]. As such, an inclusion size relationship for the water model simulation has been established as follow:

$$\frac{R_m^2}{R_p^2} \cdot \frac{\left(1 - \frac{\rho_m}{\rho_w}\right)}{\left(1 - \frac{\rho_p}{\rho_{st}}\right)} = \sqrt{\lambda} \tag{1}$$

where, R is the particle size(radius) , ρ is density, λ is scale factor, and the subscript m, p, w and st represent the model, prototype, water and steel respectively. The density of the hollow glass microsphere has been measured with the true density meter to be about 290kg/m^3, the density of water is 1000kg/m^3. The density of liquid stainless steel and the alumina inclusion is 6842kg/m^3 and 3500kg/m^3 respectively. So according to Eq. (1), the particle size was calculated to be about 0. 776 times to the actual inclusion size for the present 1/2 scale model.

During the experiment, 0. 04kg glass micro-spheres were introduced into the tundish in the form of slurry via the ladle nozzle, 2L liquid containing the particles at the exit was sampled with a beaker at two minute' s interval. The liquid in the beaker was then filtered with a dense mesh made by stainless steel fibre. To avoid possible loss of the particles, the filtered particles was dried together with the mesh and then weighed by a balance with a high precision of 0. 1mg. As the mesh has been pre-weighed, the weight of the filtered particles can be easily obtained. Since every sampling of liquid will need 4. 2 seconds to get, the particle weight at one moment was the average within this time. As such, the transient change of particle weight at the tundish exit can be obtained. By adopting this method, the effect of different parameters(rotation speed、dam position and nozzle position) on the particle removal was investigated. To identify the dam position, "dam spacing" which means the distance between the dam and the outlet port of the rotation chamber was defined and marked as "*D*", as shown in Fig. 1 （b） .

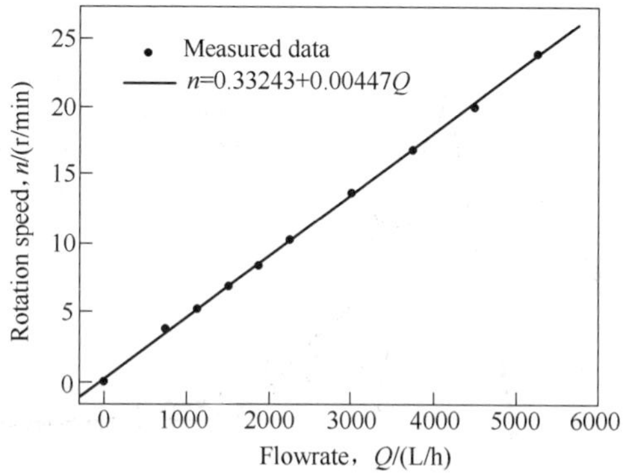

Fig. 3 Relationship between flow rate and rotation speed

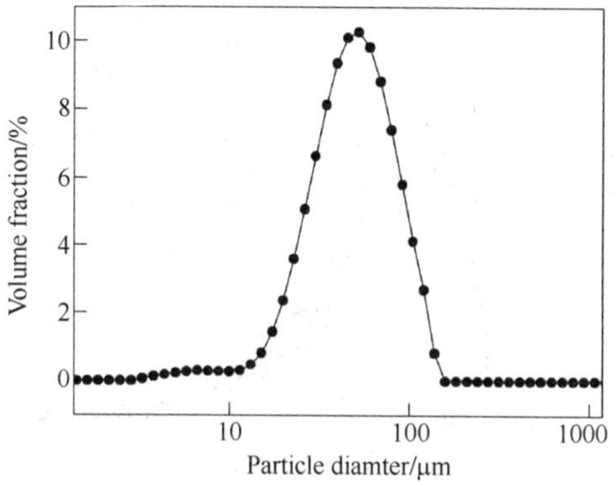

Fig. 4 Original size distribution of the glass micro-spheres

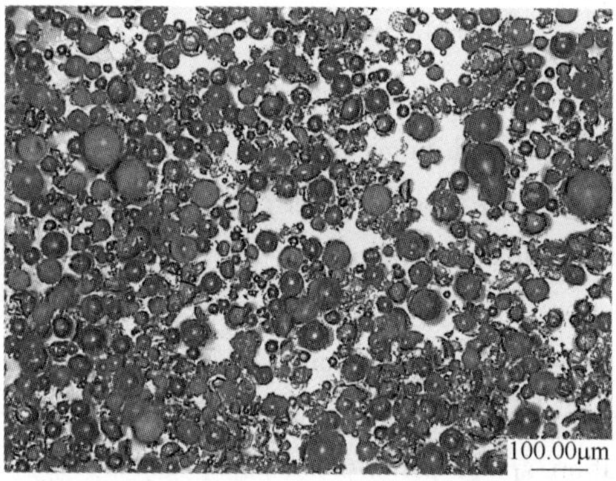

Fig. 5 Morphology of the glass micro-spheres under 200 × amplification

4 Result and discussion

4. 1 Effect of rotation speed and dam position on the inclusion removal

The effect of the rotation speed on the particle removal was investigated with the dam spacing "D" being 0. 3m and ladle nozzle being off-centered. Fig. 6 shows the time-varying particle weight at the tundish outlet under different rotation speed. For a distinct display, the case without stirring was compared with the case with rotation speed below 10. 5r/min and above 10. 5r/min respectively. The figure shows that with the increase of time, the particle weight at the tundish outlet increased firstly and then decreased, the peak value of particle weight appeared at about 4min. During the former 10 minutes, the particles have a relatively larger concentration at the tundish outlet. From the figure, it also can be seen that the rotation speed has important influence on the particle removal efficiency. Higher rotation speed is obviously not beneficial for the removal of the particles since the increased fluid velocity results in a reduced particle floatation time. Therefore, the rotation speed should not be too high.

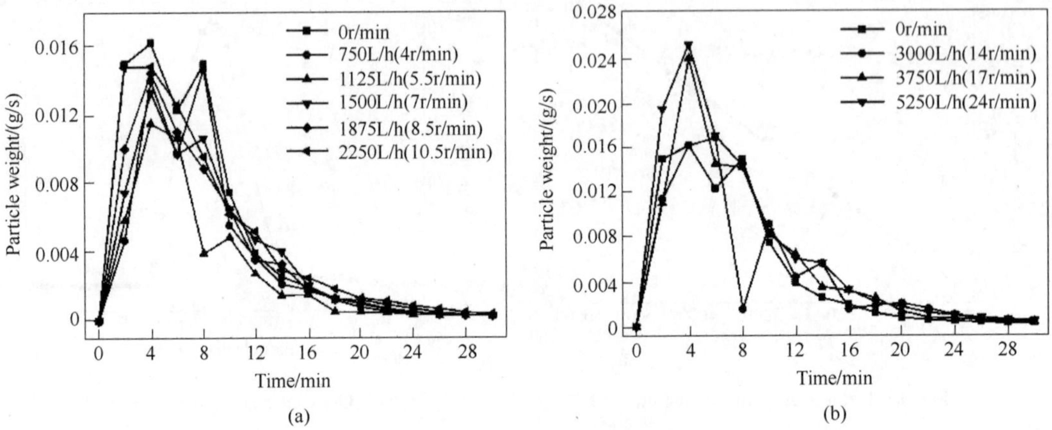

Fig. 6 Time-varying particle weight at the tundish outlet under different condition
(a) Below 10. 5r/min; (b) Above 10. 5r/min

Based on the curves shown in Fig. 6, the total weight of particles leaving the tundish within 30min can be approximately calculated. Since there are very few particles staying in the tundish after 30min and meanwhile there is almost no adhesion of the particles to the tundish wall, the particles not leaving the tundish were considered being completely floated to the surface. So the particle removal rate under different rotation speed can be obtained, as shown in Fig. 7. When the rotation speed is below 10. 5r/min, higher removal rate can be obtained than that in the case of non-stirring. While when the rotation speed exceeds 10. 5r/min, the particle removal rate turns lower than that in the case of non-stirring and shows obvious decrease tendency with the rise of rotation speed. There exists a best value of rotation speed, which is about 5-6r/min.

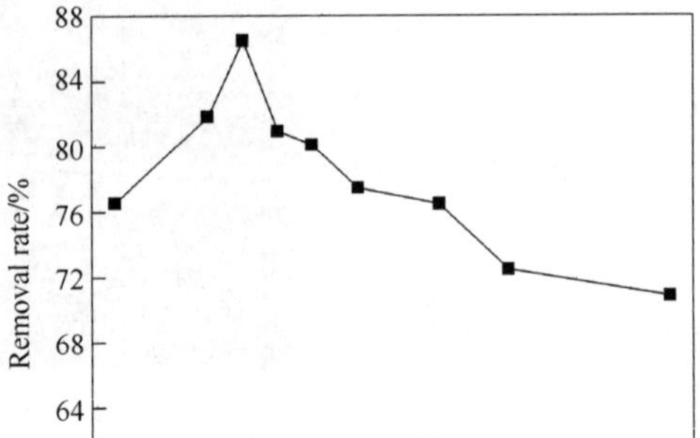

Fig. 7 Removal rate of particles under different rotation speed

Under the other dam position, the effect of rotation speed on the particle removal was also studied. The time-varying particle weight at the tundish outlet and the corresponding particle removal rate under different condition is shown in Fig. 8 and Fig. 9 respectively. From the figures, it can be seen that similar influence of the rotation speed on the particle removal is obtained under other

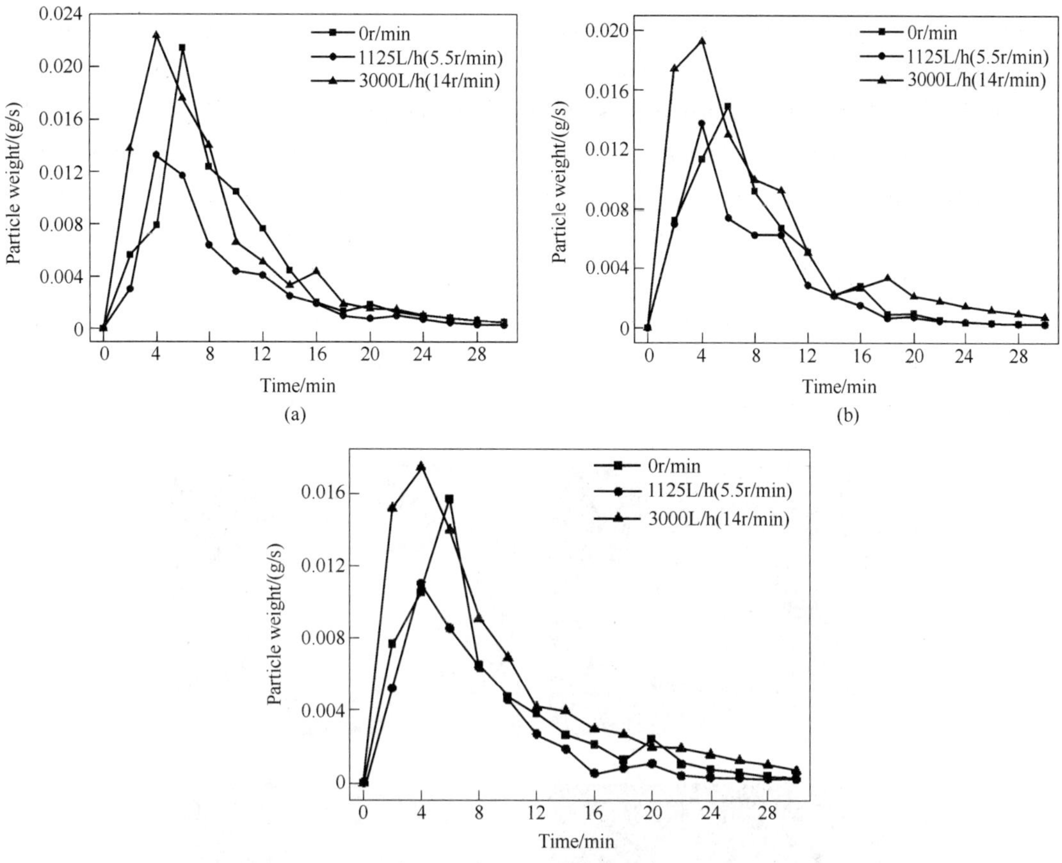

Fig. 8 Time-varying particle weight at the tundish outlet under different condition
(a) $D=0.2\text{m}$; (b) $D=0.4\text{m}$; (c) $D=0.5\text{m}$

dam position: a lower rotation speed can help to obtain a higher removal rate than that in the case of non-stirring, while a high rotation speed can't. In addition, Fig. 9 shows that the dam position has less influence on the inclusion removal efficiency than the rotation speed, and the optimum dam spacing is 0. 3m.

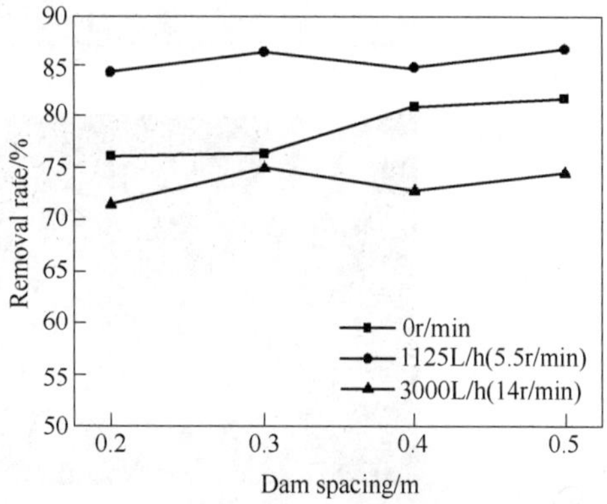

Fig. 9 Calculated particle removal rate under different dam spacing

Since the coalescence effect of the inclusions can not be considered in the experiment, the effect of the rotation speed on the particle removal can be approximately explained from the point of particle residence time. On one side, the swirling flow can prolong the flow path and thus increase the residence time. On the other side, the swirling flow will lead to a larger fluid velocity and thus reduce the residence time. When the rotation speed is high, the effect of fluid velocity is dominant and thus the decrease of residence time caused by the increased fluid velocity is larger than the increase of residence time caused by the extension of flow path. Therefore, the residence time is reduced and the particle removal rate is low. For the case of low rotation speed, the effect of flow path is dominant and thus the increment of residence time due to the extension of flow path is larger than the decrease of residence time due to the increased fluid velocity. Thus the residence time and the resulting particle removal rate are increased.

In addition, the floatation state of the particles in the tundish was also observed. Fig. 10 shows the status of particles floated to the liquid surface of rotation chamber under different rotation speed. In the case of non-stirring, there exists an exposed region around the nozzle due to the floatation of bubbles from the nozzle (in the actual production process, there is similar phenomenon that argon bubbles float around the nozzle) . While the stirring is applied, there is almost no ex-

Fig. 10　Status of particles floated to the liquid surface of rotation chamber under different rotation speed

(a)0r/min; (b)1125L/h(5.5r/min); (c)1875L/h(8.5r/min); (d)2250L/h(10.5r/min); (e)3000L/h(14r/min); (f)3750L/h(17r/min) posed region since the trajectory of the rising bubbles was changed by the rotational flow. Besides, low rotation speed is beneficial to the stable aggregation of the particles at the rotation center. While under a high rotation speed, the resulting strong turbulence will have a dispersion effect on the aggregated particles. Except that, a high rotation speed also will lead to a large fluctuation on the liquid surface of the distribution chamber. Especially on the local surface above the dam, possible exposure of liquid steel to the air will happen.

4.2 Effect of nozzle position on the inclusion removal

The accumulation effect of particles at the rotation center caused by the rotational flow contributes a lot to the removal of particles. While the position of ladle nozzle is a key factor affecting this accumulation effect, so the influence of nozzle position on the particle removal was investigated. Fig. 11 shows the change of particle concentration at the tundish outlet over the time in the case of centered and off-centered ladle nozzle, and the particle removal rate corresponding to each case was given in the upper-right corner of the figure. It can be seen from the figure that the removal rate obtained in the condition of centered nozzle is much lower than that in the condition of off-centered nozzle. Fig. 12 shows the floatation status of particles in the rotation chamber when a centered-nozzle was used. The figure shows that, there is almost no accumulation phenomenon of particles around the rotation center in the case of either non-stirring or stirring. And this is because an ascending flow was formed after the downward stream from the ladle nozzle impacted the bottom wall and this flow will affect the adhesion of particles on the surface. Meanwhile, the bubble floatation is also one reason for the exposure of liquid surface. Compared with the case of non-stirring, the region without particle adhesion is reduced when the stirring is applied due to the centripetal migration of particles, and the particles mainly distributed on an annular band. In conclusion, when the stirring is applied, centered nozzle is not beneficial for the particle removal no matter from the point of particle flotation or particle coalescence.

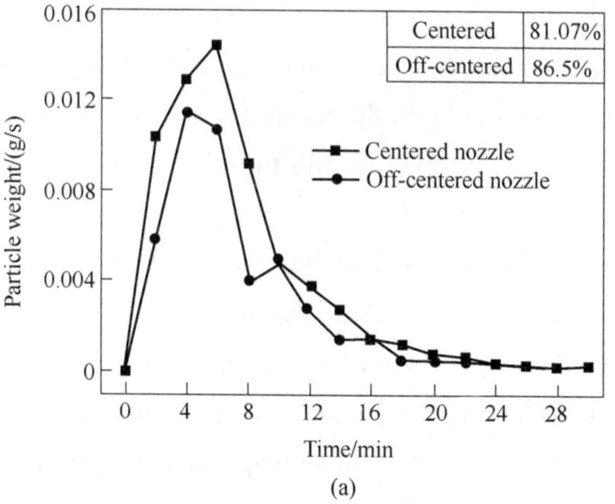

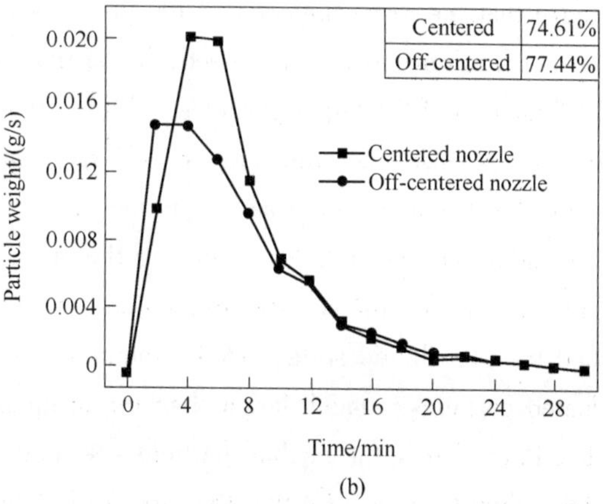

Fig. 11 Comparison of particle removal between the case of centered and off-centered ladle nozzle

(a) 1125L/h (5.5r/min); (b) 2250L/h (10.5r/min)

Fig. 12　Status of particles on the liquid surface of rotation chamber in the case of centered ladle nozzle
(a) 0r/min; (b) 2250L/h (10.5r/min)

4.3　Particle size analysis result

The particles collected at the tundish outlet within different time interval was used for the size analysis. Since the particles left the tundish after 10 minutes was very small and exiguous and not suitable for the size analysis, only the particles collected during the former 10 minutes was used for the size analysis. Fig. 13 shows the size distribution of particles collected at the tundish outlet within different time interval (with the dam spacing of 0.3m, which is the optimum dam position). The figure shows that the quantity of smaller particles at the tundish outlet increases while that of the larger ones decreased, and this is consistent with the Stokes floatation law: the smaller particles have the less capability to flotation than the larger ones. With the increase of the time, the ratio of smaller particles tends to increase and the ratio of larger inclusions tends to decrease. Fig. 14 shows the corresponding mean diameter of particles left the tundish within different time interval. It was shown that the mean diameter of the particles left the tundish is smaller than the original one. In the condition of low rotation speed, the particle mean diameter is small which represents the plentiful floatation of the larger particles. While the rotation speed is high, the mean diameter has a tendency to increase since the flotation of larger particles was disturbed by the turbulence and meanwhile the floatation time was also reduced.

In addition, the particles floated to the surface were also sampled for the size analysis. Fig. 15 and Fig. 16 show the size distribution and the corresponding characteristic size of the particles sampled from the liquid surface of the rotation chamber. The figures show that the median size of the floated particles is much larger than the original one, indicating the removal of many larger particles. Beyond this, the median particle size tends to decrease with the rotation speed increasing to a high value. It is because that the large turbulence under a higher rotation speed provides more removal chance for the smaller particles, while the floatation of large particles was reduced, and this is reflected by a low D_{10} and D_{90} value.

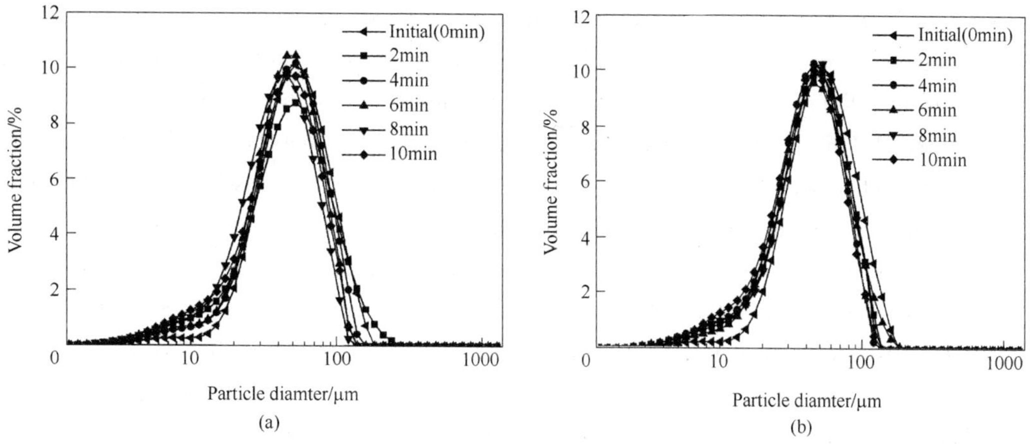

Fig. 13 Size distribution of particles left the tundish within different time interval

(a) 0r/min; (b) 10.5r/min

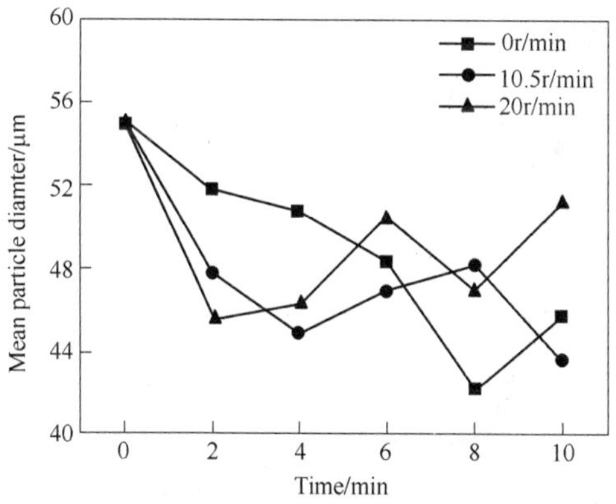

Fig. 14 Mean diameter of particles left the tundish within different time interval

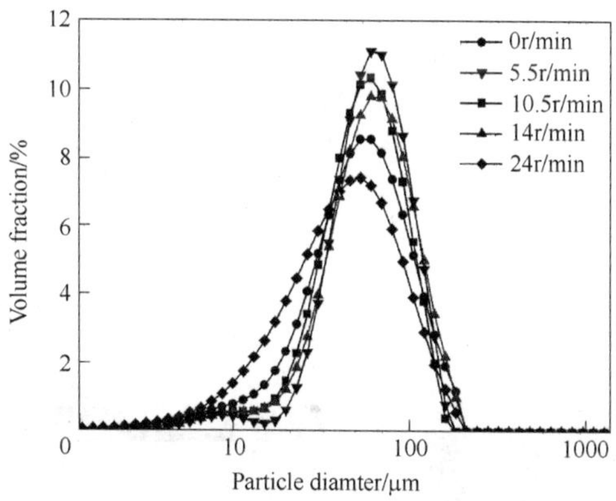

Fig. 15 Size distribution of particles floated up to the liquid surface of rotation chamber under different rotation speed

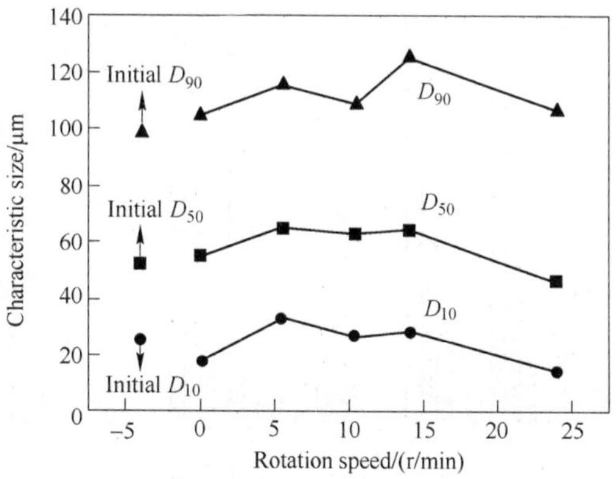

Fig. 16 Characteristic size of the particles floated to the liquid surface of rotation chamber under different rotation speed

Fig. 17 and Fig. 18 show the size distribution and the corresponding characteristic size of the particles sampled from the liquid surface of the distribution chamber. It can be seen from the figures that the quantity of smaller particles floated to the liquid surface increased when the stirring is applied, especially in the case of high rotation speed. It is because that the turbulence intensity in the distribution chamber was increased under the effect of the stirring, consequently promoting the flotation of smaller particles. But at the same time, the quantity of larger particles floated to the liquid surface shows a decrease tendency with the increase of rotation speed since the turbulence has disturbed their flotation. From the characteristic size of the particles it can be seen that when the rotation speed is low, the mean particle size is higher than the initial one. But when the rotation speed increased to a higher value, the mean particle size was decreased even below the initial value. Therefore, only under the condition of low rotation speed, both the smaller particles and larger particles can be well removed in the tundish.

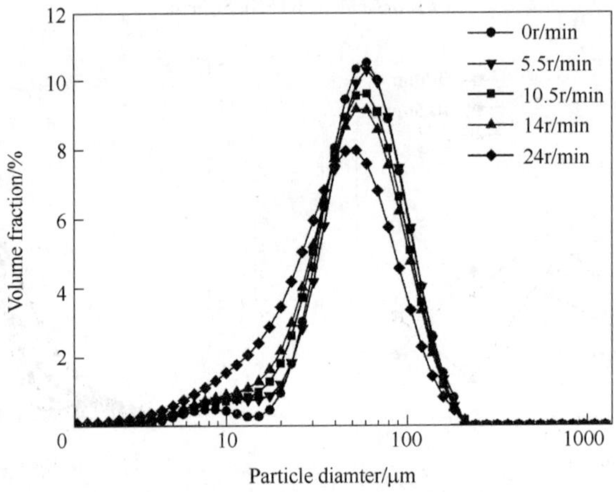

Fig. 17　Size distribution of particles floated up to the liquid surface of distribution chamber under different rotation speed

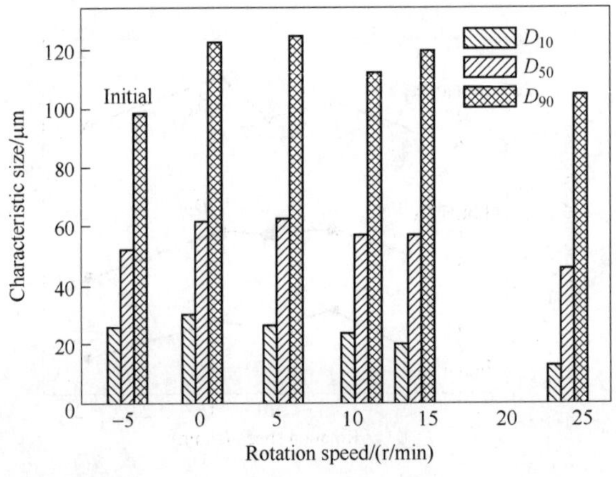

Fig. 18　Characteristic size of the particles floated to the liquid surface of distribution chamber under different rotation speed

5 Conclusions

Water model experiment has been carried out to study the inclusion behavior in the electromagnetic stirring tundish. Following results have been obtained:

(1) The particle removal rate in the case of low rotation speed(below 10. 5r/min) is higher than that in the case of non-stirring, but a high rotation speed is not beneficial for the removal of the inclusions due to the short flotation time. Therc exists an optimum rotation speed, which is about 5-6r/min. In addition, the dam position was found to have less influence on the inclusion removal than the rotation speed, the optimum dam spacing is 0. 3m.

(2) A low rotation speed is found to be beneficial for the stable aggregation of the inclusions around the rotation center, whereas a high rotation speed is found to have a disperse effect on the aggregated inclusions. In addition, a higher rotation speed will possibly result in the fluctuation and exposure of the liquid surface. So, the rotation speed should not be too high.

(3) In the presence of rotational flow, the position of ladle nozzle has an important influence on the inclusion removal. When the ladle nozzle is placed at the edge of rotation chamber, a higher inclusion removal rate than that in the case of centered nozzle can be obtained. At the same time, better centripetal accumulation of inclusions can be obtained.

(4) The result of particle size analysis shows that when the stirring is applied, the increased turbulence can promote the floatation of smaller particles not only in the rotation chamber but also in the distribution chamber, especially under a high rotation speed. But meanwhile a high rotation speed also will lead to the decrease in the removal rate of larger particles. Only under the condition of low rotation speed, both the smaller particles and larger particles can be well removed.

Acknowledgements

This research was supported by the Shanghai Scientific and Technological Committee (Project No. 065212079, Key Project No. 13JC1402500) and National natural Science foundation of China (No: 51034010, 50974085) .

References

[1] L. Zhang, B. G. Thomas. ISIJ Int. , 2003, 43: 271.
[2] M. L. Lowry, Y. Sahai. Iron Steelmaker, 1992, 19: 81.
[3] R. D. Morales, J. de J. Barreto, S. Lopez-Ramirez, et al. Metall. Mater. Trans. B, 2000, 31B: 1505.
[4] J. Madias, D. Martin, M. Ferreyra, et al. ISIJ Int. , 1999, 39: 787.
[5] J. Palafox-Ramos, J. De J. Barreto, S. Lopez-Ramirez, et al. Ironmaking Steelmaking, 2001, 28: 101.
[6] A. Ramos-Banderas, R. D. Morales, L. Garcia-Demedices, et al. ISIJ Int. , 2003, 43: 653.
[7] L. C. Zhong, L. Y. Li, B. Wang, et al. Ironmaking Steelmaking, 2008, 35: 436.
[8] Y. Miki, H. Kitaoka, N. Bessho, et al. Tetsu-to-Hagané, 1996, 82: 498.
[9] Y. Miki, H. Shibata, N. Bessho, et al. Tetsu-to-Hagané, 2000, 86: 239.
[10] F. Wang, B. K. Li , F. Tsukihashi. ISIJ Int. , 2007, 47: 568.
[11] S. Joo, R. I. L. Guthrie. Metall. Trans. , 1993, 24B: 755.
[12] D. Mazumdar, R. I. L. Guthrie. ISIJ Int. , 1999, 39 (6): 524.
[13] Y. Sahai, T. Emi. ISIJ Int. , 1996, 36: 1166.

电磁制动对 CSP 结晶器内钢液流动及传热行为的影响

张晓峰　刘　青　聂嫦平　窦　坤　王亚涛　王　雷
（北京科技大学钢铁冶金新技术国家重点实验室，北京 100083）

摘　要：本文采用数值模拟方法，建立了 1500mm × 90mm 规格的 CSP 薄板坯结晶器内钢液流动及传热数学模型，计算了不同电流强度下结晶器内磁感应强度分布，并分析了电磁制动对流股的抑制作用，当磁动势为 20000a · n 时，液面附近最大流速降低至 0.08 m/s，能有效地避免卷渣的发生，在电磁制动作用下，结晶器内钢液温度分布更均匀，有利于提高铸坯的质量。

关键词：CSP 漏斗型结晶器；电磁制动；数值模拟；流动；温度

The Influence of Electromagnetic Brake on Flow and Heat Transfer Behavior of Molten Steel in the CSP Mold

Zhang Xiaofeng　Liu Qing　Nie Changping　Dou Kun　Wang Yatao　Wang Lei
(State Key Laboratory of Advanced Metallurgy, University of Science and Technology Beijing, Beijing 100083)

Abstract: Based on numerical simulation, a mathematical model of fluid flow and heat transfer was established for a 1500mm × 90mm CSP thin slab mold. The distribution of magnetic flux intensity under different current strength in the mold was analyzed as well as the impact of electromagnetic brake (EMBr) on flow inhibition. The maximum liquid steel velocity near the meniscus drops to 0.08 m/s when the magnetomotive force is 20000 a. n, which effectively prevents the slag entrapment. Furthermore, the temperature distribution of molten steel in the mold will be more uniform with the influence of electromagnetic brake to improve slab quality.

Keywords: CSP funnel type mold; electromagnetic brake; numerical simulation; flow; temperature

1　引言

结晶器内钢液流动是一个涉及凝固及溶质传输的复杂物理化学行为，结晶器内钢液流动特性会影响铸坯质量，不合理的钢液流动将产生卷渣、铸坯表面缺陷甚至导致拉漏等问题[1,2]。对于板坯连铸生产过程，钢液由浸入式水口注入结晶器后，所产生的高速钢液射流冲击到结晶器窄面，将形成两个较为明显的回流区，向上的回流区一方面为弯月面附近的钢液和保护渣的熔化提供热量，另一方面，流速较高的流股冲击导致自由表面波动剧烈，容易产生卷渣现象。而向下的流股冲击深度和涡心高度会直接影响钢中夹杂物和气泡的上浮状况以及钢液温度的分布，从而影响了坯壳的均匀生长和生产的顺行。目前，国内外的研究学者对结晶器电磁制动的应用做了大量的研究工作[3-8]，针对 CSP 薄板坯连铸生产，为了有效地抑制结晶器内钢液注流的流速，避免产生卷渣现象，在结晶器区安装电磁制动装置，能有效减少钢液液面的波动，并且能够有效地提高结晶器内钢液温度分布的均匀性。本文针对第二代单条型电磁制动装置对 CSP 结晶器内钢液传输行为中流动及凝固传热过程的影响进行论述。

2 数学模型

2.1 模型假设

由于在结晶器内钢液是一个伴随着流动、传热、凝固及溶质再分配等多种传输现象共存的复杂过程。为了便于研究电磁制动装置对 CSP 结晶器内钢液传输行为中凝固传热过程的影响，作如下简化及假设：

（1）钢液的电磁参数均匀且各向同性，忽略感生电流产生的二次磁场；

（2）凝固坯壳向下移动速度与连铸拉坯的速度相同；

（3）忽略结晶器振动对钢液流动的影响。

2.2 磁场计算

本文运用软件 ANSYS workbench 中的静磁分析模块建立 CSP 结晶器内电磁模型，CSP 连铸生产用电磁制动装置几何模型如图 1 所示，图 2 为网格划分结果。电磁制动装置类型采用第二代单条型电磁制动（EMBr Ruler），由结晶器铜板、钢液、线圈、磁轭和铁芯五部分组成，电磁线圈通有直流电，产生垂直于拉坯方向的恒稳磁场。

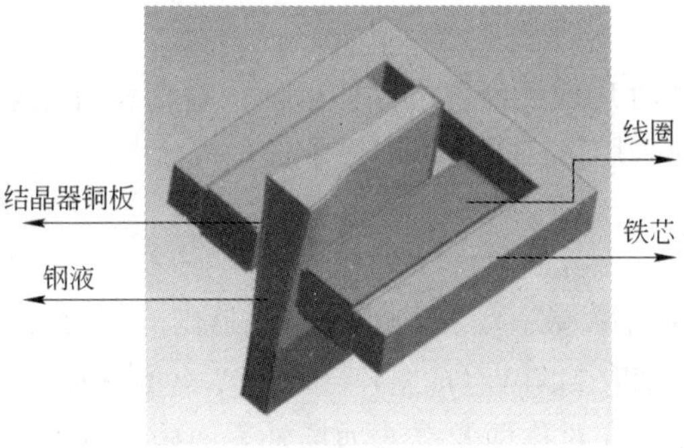

图 1 电磁制动系统装置几何模型

Fig. 1 Geometry model of EMBr system equipment

图 2 电磁制动系统装置模型网格划分

Fig. 2 The mesh of EMBr model

电磁场的基本理论由 Maxwell 方程组描述，包括安培环路定律、法拉第电磁感应定律、高斯电通定律和高斯磁通定律。磁场偏微分方程由式（1）表达：

$$\nabla^2 \boldsymbol{A} = -\mu \boldsymbol{j} \tag{1}$$

式中，$\boldsymbol{A}$ 为磁矢位，We/m；μ 为磁阻率；$\boldsymbol{j}$ 为电流密度，A/m^2。

2.3 电磁场作用下流体流动计算

依据国内某 CSP 薄板坯连铸生产工艺参数及相关尺寸数据，按照对称原则将结晶器的四分之一作为计算区域，为确保模拟钢液在出口处充分发展，以利于计算的精准性，将计算域延长至3m。电磁场作用下结晶器内钢液流动和凝固传热过程中的传热现象可由连续性方程、动量方程、湍流 k-ε 双方程和能量方程进行描述，其中铸坯凝固过程中两相区按照多孔介质模型进行了处理，具体参见文献［8，9］。动量方程中的电磁力是由电磁制动线圈产生的恒稳磁场与流动的钢液相互作用而产生的，由式（2）表达。

$$\boldsymbol{F}_{em} = \boldsymbol{j} \times \boldsymbol{B} \tag{2}$$

将 ANSYS 计算得到的磁场计算结果生成相应的格式文件，导入 FLUENT 中 MHD 模块中，进而将磁场、流场及钢液凝固传热耦合。感应电流密度通过求解电势方程得出：

$$\nabla^2\varphi = \nabla \cdot (\boldsymbol{v} \times \boldsymbol{B}) \tag{3}$$

$$\boldsymbol{j} = \sigma[-\nabla\varphi + (\boldsymbol{v} \times \boldsymbol{B})] \tag{4}$$

式中，$\boldsymbol{B}$ 为磁感应强度，T；$\boldsymbol{j}$ 为感应电流密度，A/m^2；σ 为电导率，S/m；φ 为电势，V；$\boldsymbol{v}$ 为钢液流速，m/s，$\boldsymbol{F}_{em}$为电磁力，N。

2.4 边界条件

本文建立的 CSP 结晶器内钢液流动及凝固传热耦合数学模型，所采用的边界条件如下。

（1）结晶器内钢液入口：采用速度入口，其速度根据质量守恒按拉坯速度换算得出，温度设置为浇注温度。其中，入口处湍流特性 k 与 ε 初始值通过式（5）、式（6）计算得到：

$$k = 0.01v_{inlet}^2 \tag{5}$$

$$\varepsilon = 2k^{1.5} \mid d_{nozzle} \tag{6}$$

（2）对称面：垂直于对称面的速度分量及沿对称面法向方向的各物理量的梯度为零；

（3）自由液面：结晶器弯月面处理成无剪切应力的壁面条件；

（4）出口：定义为流体充分发展出口；

（5）壁面：结晶器冷却壁面和水口壁面均处理成无滑移的固体壁面，垂直表面的速度分量和其他物理量的法向分量为零。冷却壁面采用第二类传热边界条件。

结晶器区热流密度表达式为：

$$\bar{q} = 2680 - \beta\sqrt{t_m} \tag{7}$$

式中，β 为热流密度系数，本文取355，为无量纲参数；t_m 为钢水在结晶器内的停留时间。

其他壁面：二冷区宽面和窄面的换热系数分别取1450W/(m^2 · K)和1300W/(m^2 · K)。

磁场计算中采用施加线圈匝数及电流强度，在对称面及空气远场外表面施加磁通量平行边界条件。计算主要参数见表1。

表1 模型尺寸与计算参数

Table 1 Model size and computational parameters

参 数	数 值	参 数	数 值
结晶器区域/mm	宽度1500×厚度90×高度1100	钢液黏度/(kg/(m · s))	0.0065
计算区域/mm	宽度1500×厚度90×高度3000	固相线温度/K	1777
水口形状	双侧孔	液相线温度/K	1804
水口断面尺寸/mm	150×40	液相导热系数/(W/(m · K))	27
水口浸入深度/mm	350	固相导热系数/(W/(m · K))	30
磁轭厚度	200mm	钢的比热/(J/(kg · K))	720
拉速/(m/min)	4	钢液电导率/(S/m)	7.14×10^5
钢液密度/(kg/m^3)	7020	结晶器铜板电导率/(S/m)	1.78×10^7

3 电磁场分布

运用软件 ANSYS 14.0 建立电磁制动装置下结晶器磁场分析模型，通过改变线圈电流，分析不同电流对磁场的影响，图 3 为磁动势为 10000a · n 条件下铁芯感应磁场的分布结果。

如图 3 所示，直流线圈铁芯内产生了较大的磁场，针对本文分析的电磁制动装置，可以看出，铁芯拐角处磁感应强度最大。线圈缠绕的衔铁将产生平行于结晶器横断面的磁场，作用于结晶器内钢液注流，形成的电磁力将抑制钢液流股的冲击，有效减小钢液的湍流强度，稳定结晶器内的钢液流动速度。

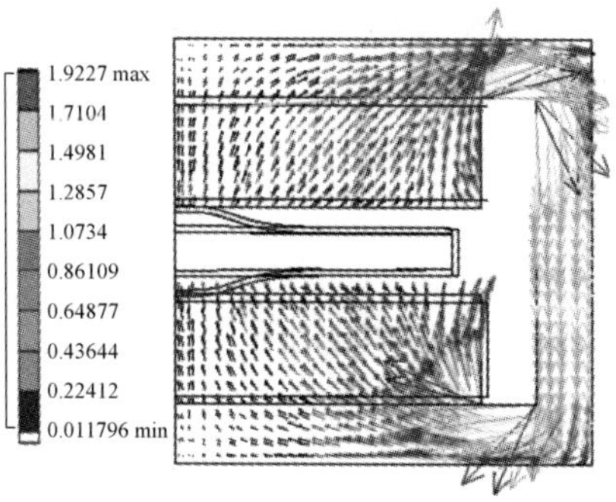

图 3　铁芯内磁场分布

Fig. 3　Magnetic field distribution in the iron core

为了验证本文研究电磁制动所产生的电磁场计算的准确性，参考文献［10］的几何尺寸建立磁场分析模型，采用 ANSYS 14.0 中 Magnetostatic 模块进行计算。文献［10］针对 70mmCSP 薄板坯电磁制动效果进行研究，其磁轭厚度为 200mm，CSP 结晶器内腔几何模型见图 4。

通过比较，磁动势为 10000a · n 时，采用 ANSYS APDL 模块计算结果与 Magnetostatic 模块计算结果基本一致，如图 5 所示，证明本文的计算方法具有可行性及可靠性。研究发现，电磁制动装置中心横截面与结晶器中心宽面的交线（*AB* 线）上磁场在结晶器中心区域趋于相等，远离结晶器中心，磁场强度有所降低，这是由于电磁制动装置中铁芯宽度与结晶器宽度基本一致，磁场强度在铁芯边缘处有所衰弱造成的。

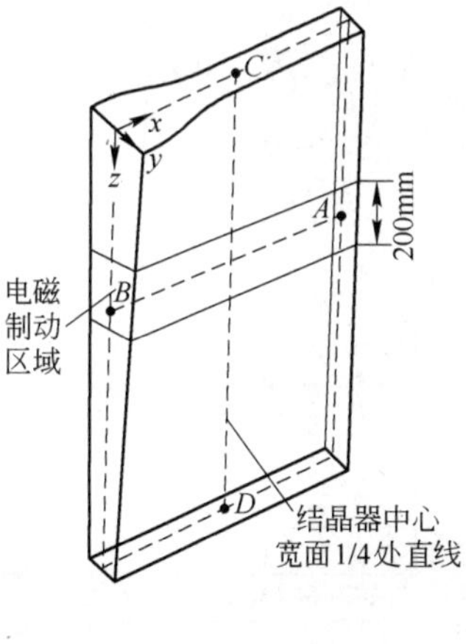

图 4　CSP 结晶器内腔及电磁制动区域示意图

Fig. 4　Schematic of CSP mold's internal shape and electromagnetic braking zone

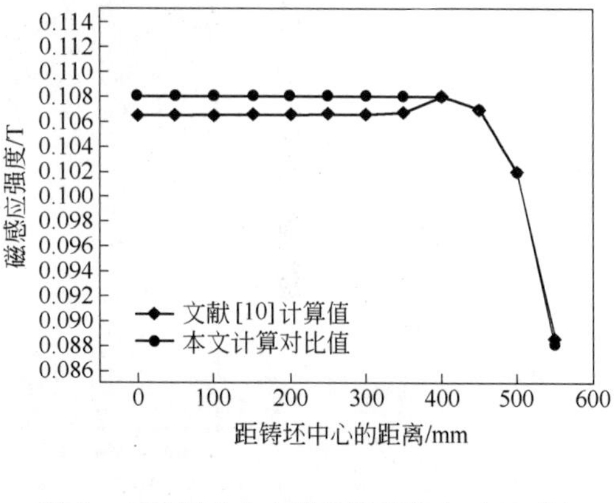

图 5　电磁制动中心磁场强度分布（*AB* 线）

Fig. 5　Magnetic field distribution in the center of electromagnetic brake (line *AB*)

针对本文研究的 90mm 厚度的 CSP 薄板坯电磁制动效果进行分析，在结晶器高度方向上，磁感应强度分布见图 6。最大磁感应强度对应电磁制动装置中心横截面上。在结晶器高度方向上，远离线圈中心的磁感应强度逐渐降低，结晶器出口及弯月面附近的磁感应强度较弱，对于直流线圈的电磁制动而言，电磁制动安装位置的改变，由于结晶器铜板及钢液对磁场影响较小，结晶器内磁感应强度仅仅在高度方向上发生了平移，而对其分布及电磁感应的强度基本没有影响。另外，在结晶器中心线上，随着电流增强，最大磁感应强度呈现线性增强。

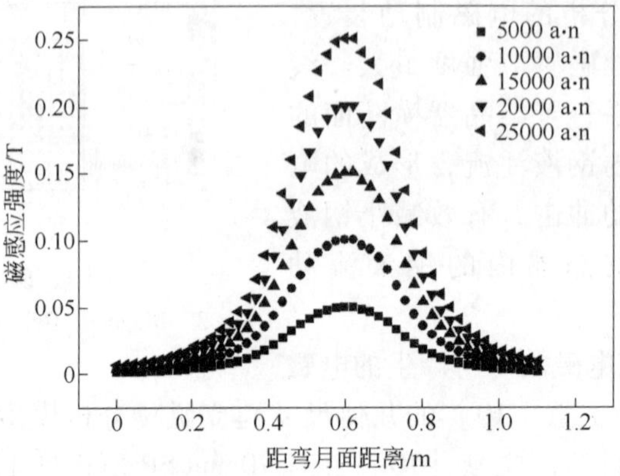

图 6　结晶器高度方向磁感应强度

Fig. 6　Magnetic induction intensity along the height direction magnetomotive force

4　电磁制动对结晶器内钢液流动的影响

结晶器内磁感应强度对钢液流动影响较大，在 CSP 薄板坯结晶器中，不同磁感应强度下的钢液流动状况如图 7 所示。

从图 7 对比结果可以看出，不安装电磁制动装置情况下，钢液流股对结晶器窄面冲击

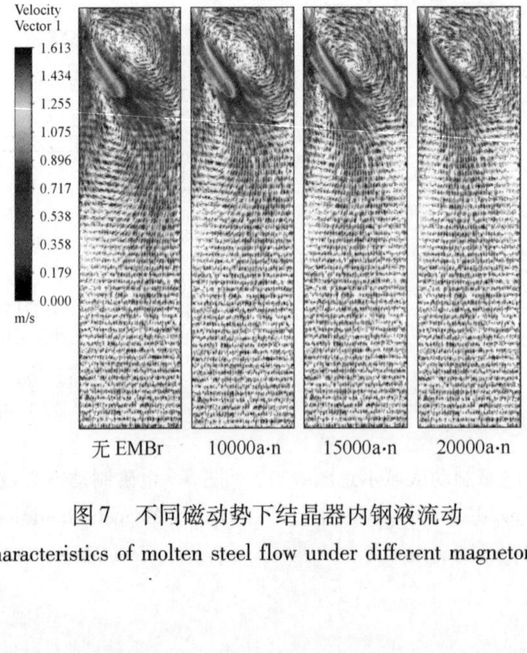

图 7　不同磁动势下结晶器内钢液流动

Fig. 7　Characteristics of molten steel flow under different magnetomotive force

较大，形成了两个较为明显的钢液回旋区。随着电流强度的增大，主流股的冲击深度明显降低，钢液流股对结晶器窄面的冲击得到了有效的抑制。特别是当电流强度增加到20000a·n时，钢液流股出结晶器水口后，流速迅速降低，结晶器内的向下回旋区基本消失，钢液流股在电磁制动的抑制作用下，流速迅速降低，显著减少了对铸坯窄面的冲击。

结晶器电磁制动的主要作用之一是通过电磁力的作用，抑制流股流速从而减弱其对弯月面的冲击，有效降低渣-金界面波动幅度。本文通过对不同电磁强度下自由液面的钢液流速进行比较分析。

图8为结晶器宽面对称面弯月面附近钢液流速分布图，从图8可以看出，自由液面附近钢液流速在距离水口0.3m左右流速较大，接近窄面或者浸入式水口，钢液流速降低。无电磁制动装置钢液最大流速为0.33m/s，过高的钢液流速在生产中往往导致卷渣现象的发生。在电磁作用下，随着磁场强度的增大，钢液流速得到了有效抑制，当磁动势为20000a·n时，自由液面附近最大流速降低至0.08m/s，有效地避免了卷渣的发生，从而提高铸坯的质量。

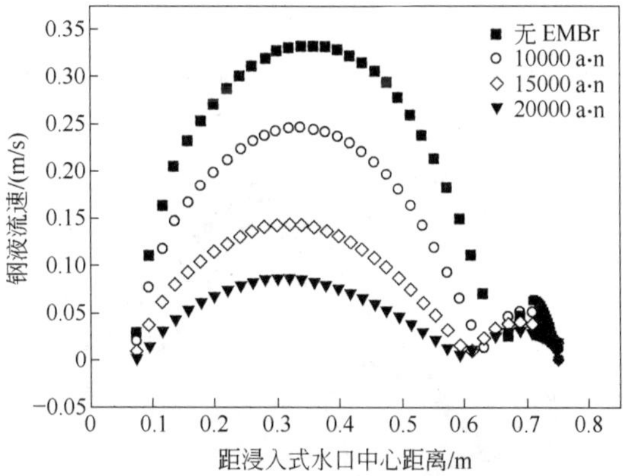

图8 自由液面附近钢液速度分布

Fig. 8 Distribution of liquid steel velocity near the free surface

5 电磁制动对钢液温度分布的影响

在电磁制动作用下，结晶器钢液流速得到了有效的抑制，同时，钢液流动特征的变化影响结晶器内钢液温度的分布，图9为不同磁感应强度下结晶器内钢液温度分布图。

随着结晶器内磁场强度的增加，有效降低了自浸入式水口内射出的钢液流股的冲击强度，钢液在水口附近的湍流强度迅速衰减，在钢液对流作用下，结晶器内钢液温度分布更加均匀。

图10为结晶器中心宽面1/4处直线沿高度方向的钢液温度分布曲线，从图中可以看出，未施加电磁制动装置时，浸入式水口上部区域钢液温度沿高度方向呈先降低后升高的趋势。结晶器内靠近冲击流股的钢液温度较高，且在流股中心温度为最大值。施加电磁制动装置后，钢液温度更趋于均匀，当磁动势为10000a·n时，温度分布趋势与未施加电磁制动相似。当磁动势为15000a·n时，温度分布最均匀，随着电磁强度的增大，提高了上

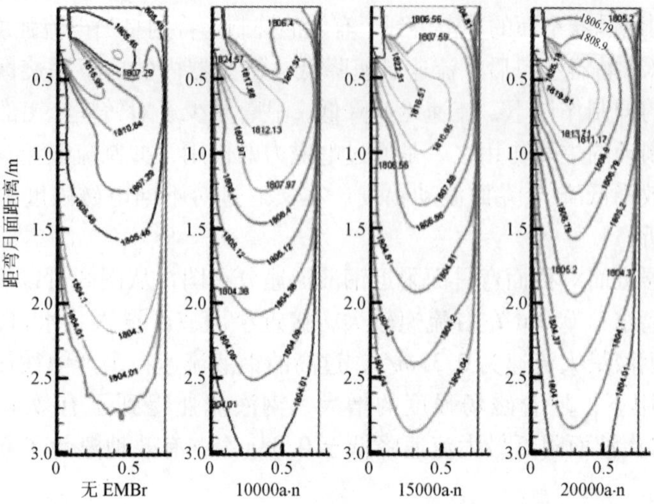

图 9　结晶器中心宽面钢液温度分布

Fig. 9　Temperature distribution of liquid steel in width of center mold

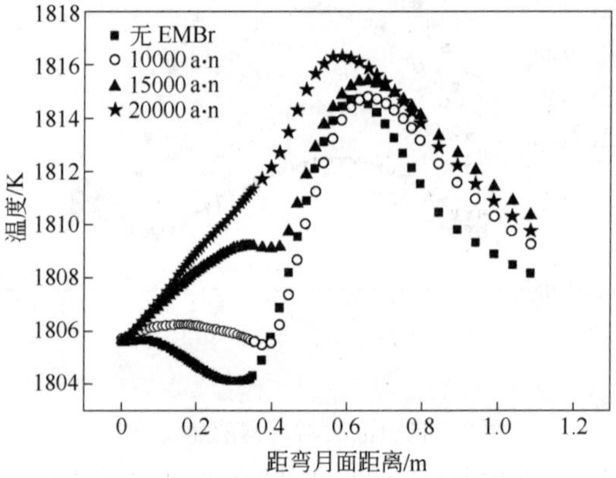

图 10　结晶器中心宽面 1/4 处钢液温度分布

Fig. 10　Temperature distribution of liquid steel in 1/4 width of center mold

回旋区整体的钢液温度，冲击流股中心温度也随磁感应强度的增加而升高。

6　结论

本文通过数值模拟手段，首先建立了结晶器内磁场分析模型，讨论了不同电流强度下结晶器内磁感应强度分布特征，随后建立了 CSP 薄板坯在电磁制动作用下钢液流动及温度模型，分析了结晶器内钢液传输现象及特征，主要结论如下：

（1）结晶器内磁感应强度随电流强度的增加而增强，在铁芯拐角处磁感应强度达到最大，结晶器中心线最大磁感应强度与电流强度呈现线性增加趋势；

（2）电磁作用对冲击流股的抑制作用明显，电磁强度越大，流股的冲击强度越弱，降低了对弯月面的冲击强度，电流强度为 20000a · n 时，液面附近最大流速降低至 0. 08

m/s，有效避免了卷渣的发生，能有效地提高铸坯的质量；

（3）电磁作用提高了结晶器内钢液温度分布的均匀性，随着电磁强度的增大，提高了上回旋区整体钢液的温度，流股中心温度也随磁感应强度的增加而升高。

参 考 文 献

[1] 陈芝会，王恩刚，雷洪，等．电磁制动下结晶器内流体流动行为的数值研究[J]. 钢铁，2008，43(8)：25-30.

[2] 倪升起，彭世恒．电磁制动条件下板坯结晶器内钢液冶金行为的数值模拟[J]. 钢铁钒钛，2011，32(4)：36-41.

[3] Kevin Cukierski，Brian G. Thomas. Flow control with local electromagnetic braking in continuous casting of steel slabs[J]. Metallurgical and Materials Transactions B，2008，39(2)：94-107.

[4] Man Y Ha，Hyun G Lee，Seung H Seong. Numerical simulation of three-dimensional flow，heat transfer，and solidification of steel in continuous casting mold with electromagnetic brake[J]. Journal of Materials Processing Technology，2003，133(3)：332-339.

[5] R Chaudhary，BG Thomas，SP Vanka. Effect of Electromagnetic Ruler Braking（EMBr）on Transient Turbulent Flow in Continuous Slab Casting using Large Eddy Simulations[J]. Metallurgical and Materials Transactions B，2012，43(3)：532-553.

[6] Miao X，Timmel K，Lucas D，et al. Effect of an Electromagnetic Brake on the Turbulent Melt Flow in a Continuous-Casting Mold[J]. Metallurgical and Materials Transactions B，2012，43(4)：954-972.

[7] Wang H D，Zhu M Y，Yu H Q. Numerical analysis of electromagnetic field and flow field in high casting speed slab continuous casting mold with traveling magnetic field[J]. Journal of Iron and Steel Research International，2010，17(9)：25-30.

[8] Tian X Y，Zou F，Li B W，et al. Numerical analysis of coupled fluid flow，heat transfer and macroscopic solidification in the thin slab funnel shape mold with a new type EMBr[J]. Metallurgical and Materials Transactions B，2010，41(1)：112-120.

[9] 张慧，赵连刚，陶红标，等．薄板坯连铸结晶器内流动传热行为的研究[J]. 钢铁，2006，41(5)：24-28.

[10] Tian X Y，Li B W，He J C. Electromagnetic brake effects on the funnel shape mold of a thin slab caster based on a new type magnet[J]. Metallurgical and Materials Transactions B，2009，40(4)：596-604.

连铸中间包内钢液流动过程的数值模拟

陈为本[1,2] 凌海涛[1] 张立峰[1]

（1. 北京科技大学冶金与生态工程学院，北京 100083；
2. 宝钢德盛不锈钢有限公司，福州 350600）

摘　要：本文通过数值模拟和现场取样研究得到：中间包内钢液的理论停留时间为1583.35s，平均停留时间为1262.1s，且存在一定的短路流，死区所占比例较大为20.29%；中间包内最低温度为1740K，低温区主要存在于挡墙外侧上表面附近，竖直方向上温度分层分布，进出口温差为9K；中间包内夹杂物主要为$MnO\text{-}SiO_2$及MnS，其中大尺寸夹杂物多含有CaO、Al_2O_3和MgO，夹杂物平均尺寸为0.93μm，其平均成分处于液相区外，夹杂物塑性有待进一步改进。

关键词：流场；温度场；钢液停留时间；夹杂物

Numerical Simulation of Flow of the Molten Steel in the Tundish

Chen Weiben[1,2] Ling Haitao[1] Zhang Lifeng[1]

（1. School of Metallurgical and Ecological Engineering，University of Science and Technology Beijing，Beijing 100083；2. Baosteel Desheng Stainless Steel Co.，Ltd.，Fuzhou 350600）

Abstract：In the study，the flow field，temperature field，the morphology and composition of inclusions were investigated using numerical simulation and sampling. It was found that the theoretical residence time and average residence time of the molten steel in the tundish were 1583.35s，1262.1s，respectively. And the fraction of dead zone was 20.29% and there was a short circuit flow. The minimum temperature in the tundish was 1740K and the low temperature zone was located in the top surface outside the weirs. Besides，the temperature decreased from the bottom to the top and the temperature difference between the inlet and the outlet was 9K. In addition，the inclusions in the tundish were mainly $MnO\text{-}SiO_2$ and MnS. And it has a certain amount of CaO，Al_2O_3 and MgO for large-size inclusions. The average size of inclusions was 0.93μm and the corresponding average composition was in the left bottom of the low melting temperature region. Finally，it was necessary to improve the deformation of inclusions.

Keywords：flow field；temperature field；residence time of molten steel；inclusions

1　引言

实际生产中，连铸中间包主要链接钢包二次精炼和结晶器内的浇注过程。其由最初的存储分配钢液的单一功能，逐渐扩展为具有不同冶金功能的精炼容器，可进行的操作如：夹杂物去除、吹气搅拌、合金化、夹杂物改性、过热度控制、温度均匀化等[1-7]。为了促进中间包内夹杂物去除、避免短路流、减小死区体积，大多数情况下，通过在中间包内设置挡墙、挡坝、湍流抑制器、挡板等控流装置，优化中间包内钢液的流动[8-20]。随着人们对冶金产品高洁净化要求显著提高，连铸中间包内浇注过程需要进行严格控制。

本文以宝钢德盛连铸中间包为研究对象，通过数值模拟和现场取样分别研究了中间包内钢液流动、温度分布、钢液停留时间、混合流、死区以及夹杂物形貌和分布等，着重了解当前连铸中间包的冶金效果。

2 数学模型的建立

2.1 中间包模型及尺寸

如图 1 所示，中间包容量为 35t，冲击区下方设置一个冲击板，控流装置为挡墙，且挡墙上各存在一个水平的圆台形开孔，开孔直径分别为 90mm，160mm，中间包下水口上方分布采用塞棒控流，实际生产中拉速为 0.9 ~ 1.1m/min，铸坯断面为 170mm × 1010mm，模型基本尺寸和参数如表 1 所示。

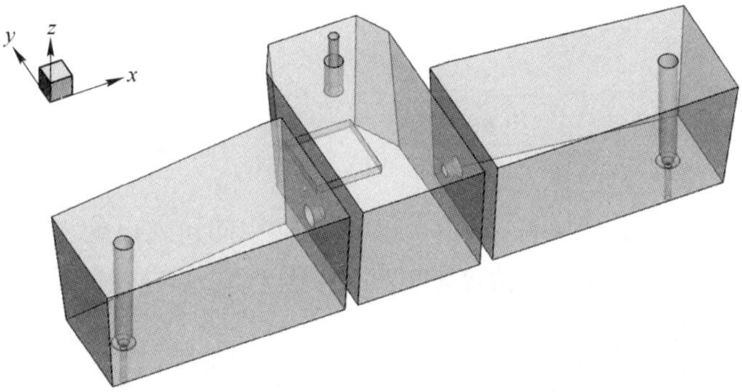

图 1 连铸中间包模型

Fig. 1 Geometry of the tundish

表 1 中间包模型基本尺寸及参数

Table 1 Dimensions and parameters of the tundish

名 称	参 数	名 称	参 数
中间包容量/t	35	中间包入口温度/K	1763
两个水口间距/mm	4200	入口速度/(m/s)	0. 648
下水口内径/mm	50	入口湍动能/(m^2/s^2)	0. 0022677
钢液深度/mm	925	入口湍动能耗散率/(m^2/s^3)	0. 01510
大包长水口内径/mm	75	上表面热通量/(kW/m^2)	15
大包长水口外径/mm	135	包底热损失/(kW/m^2)	1. 4
大包长水口浸入深度/mm	250 ~ 300	长墙热损失/(kW/m^2)	3. 2
拉速/(m/min)	0. 9 ~ 1. 1	端墙热损失/(kW/m^2)	3. 8
铸坯断面/mm	170 × 1010	挡墙热损失/(kW/m^2)	1. 75

2.2 基本模型

为了模拟中间包内钢液的流动过程，采用的方程主要有连续性方程、Navier-Stokes 动量方程、标准 κ-ε 方程、能量方程等。对应方程如下：

（1）连续性方程

$$\frac{\partial}{\partial x_i}(\rho u_i) = 0 \tag{1}$$

（2）Navier-Stokes 方程

$$\frac{\partial}{\partial x_j}(\rho u_i u_j) = \frac{\partial P}{\partial x_i} + \frac{\partial}{\partial x_j}\left[\mu_{\text{eff}}\left[\frac{\partial u_i}{\partial x_j} + \frac{\partial u_j}{\partial x_i}\right]\right] + \rho g_i \tag{2}$$

（3）标准 κ-ε 方程

$$\frac{\partial}{\partial x_i}(\rho k u_i) = \frac{\partial}{\partial x_i}\left[\frac{\mu_{\text{eff}}}{\sigma_k}\frac{\partial k}{\partial x_i}\right] + G_k - \rho\varepsilon \tag{3}$$

$$\frac{\partial}{\partial x_i}(\rho \varepsilon u_i) = \frac{\partial}{\partial x_i}\left[\frac{\mu_{\text{eff}}}{\sigma_\varepsilon}\frac{\partial \varepsilon}{\partial x_i}\right] + C_1\frac{\varepsilon}{k}\cdot G_k - C_2\rho\frac{\varepsilon^2}{k} \tag{4}$$

（4）能量方程

$$\frac{\partial(\rho u_i h)}{\partial x_i} = \frac{\partial}{\partial x_i}\left(k_{\text{eff}}\frac{\partial T}{\partial x_i}\right) \tag{5}$$

对于中间包内钢液停留时间的计算，一般采用在中间包入口处加入与钢液物性参数相同的示踪剂，同时监测出口示踪剂浓度随时间的变化。对应的示踪剂（铜）在中间包内随钢液流动的传输方程如下：

$$\frac{\partial}{\partial t}(\rho C) + \frac{\partial}{\partial x_i}(\rho u_i C) = \frac{\partial}{\partial x_i}\left[\rho D_{\text{eff}}\frac{\partial C}{\partial x_i}\right] \tag{6}$$

$$D_{\text{eff}} = D + \frac{\mu_{\text{eff}}}{\rho S_{\text{C}}} \tag{7}$$

2.3　初始条件和边界条件

对于中间包入口，将其定义为速度入口，速度大小根据拉速和铸坯断面确定；对于上表面，定义为自由液面，即 shear stress = 0；出口定义为压力出口；为了准确模拟中间包内的温度分布，入口处温度大小根据现场操作条件确定，即 $T = 1763\text{K}$，中间包各表面的散热情况如表 1 所示。

3　结果与讨论

3.1　中间包内钢液流动和温度分布

图 2 和图 3 分别显示了中间包对称面和 $Y = 205\text{mm}$ 面上钢液速度分布和流线分布。由图可知，钢液经大包长水口直冲中间包包底后分为两个流股，大部分钢液沿着包底和壁面，在挡墙圆台形开孔下方形成漩涡，剩余钢液沿着右侧壁面流向中间包上表面，形成右侧漩涡。从圆台形开孔流出的钢液，一部分直接沿着包底流向中间包出口，形成短路流；

另一部分沿水平方向和中间包窄面流向上表面，在左右两侧各形成一漩涡。当前中间包内钢液流态分布，显著不利于夹杂物的上浮去除。

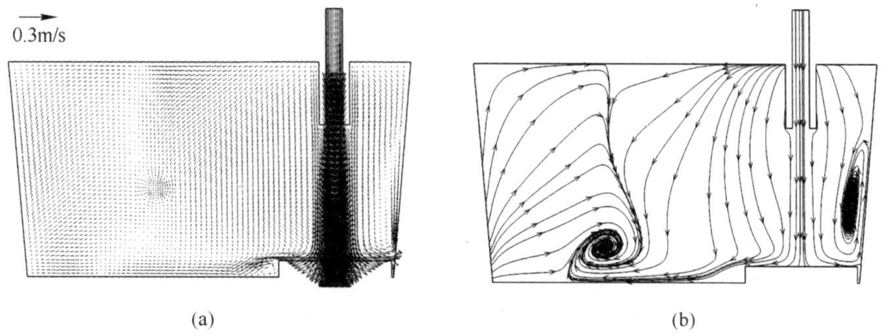

图 2 中间包对称面上钢液速度分布和流线分布

Fig. 2 Velocity distribution and streamline of the molten steel at the symmetry plane

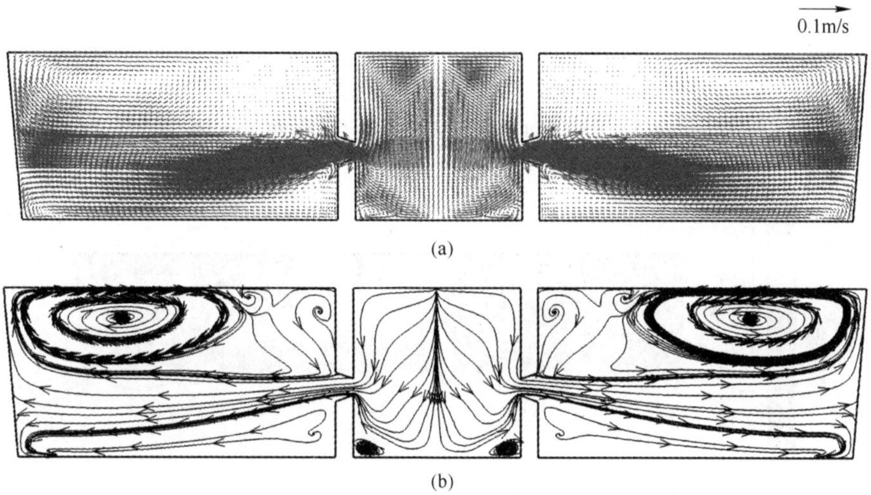

图 3 $Y = 205$mm 面上钢液速度分布和流线分布

Fig. 3 Velocity distribution and streamline of the molten steel at $Y = 205$mm

图 4 和图 5 分别显示了中间包内的温度分布。由图可知，中间包内低温区主要存在于挡墙外侧上表面附近，最低温度为 1740K，竖直方向上温度分层分布，冲击区温度显著高于挡墙两侧，普遍较挡墙两侧高 10K。同时，中间包入口温度为 1763K，最大温差为 23K，出口温度为 1754K，进出口温差为 9K。

3.2 钢液停留时间计算

由图 3 可知，钢液从大包长水口流入中间包后，部分钢液直接流向中间包出口，形成明显的短路流，从图 6 中可得到验证。经计算知，中间包内钢液的理论停留时间为 1583.35s，平均停留时间为 1262.1s，全混流所占体积为 58.84%，过渡区所占体积为 20.87%，死区所占体积为 20.29%，如表 2 所示。

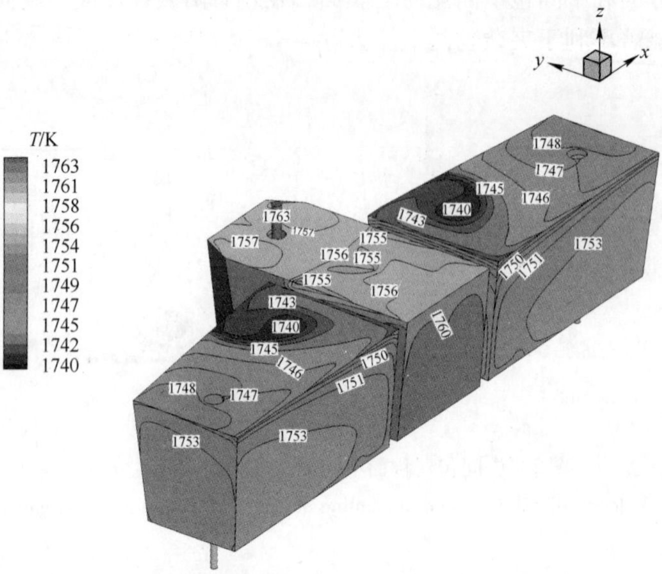

图4　整个中间包内温度分布

Fig. 4　Temperature distribution of the entire tundish

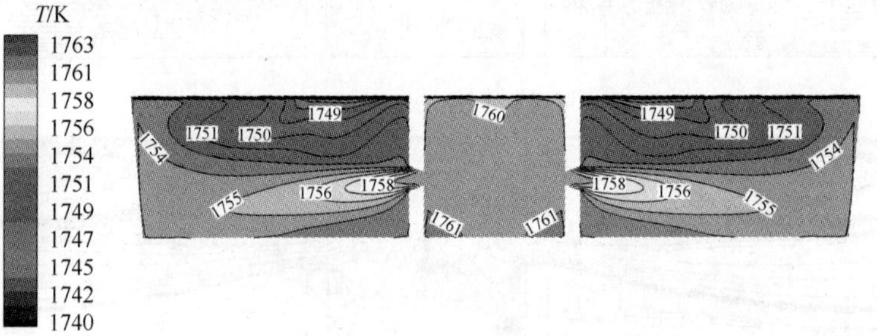

图5　中间包内 $Y = 205\text{mm}$ 平面上温度分布

Fig. 5　Temperature distribution at $Y = 205\text{mm}$

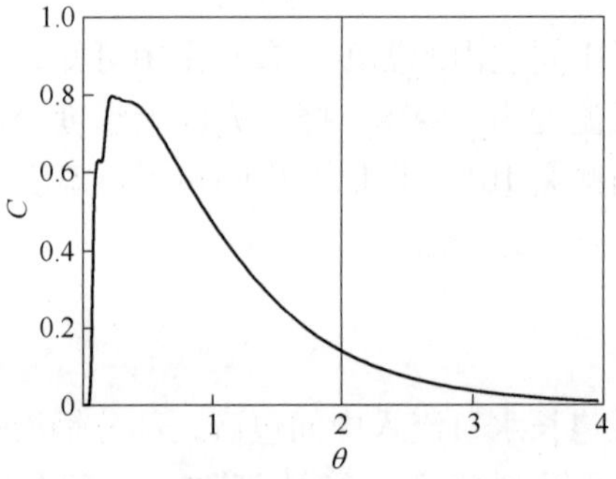

图6　中间包内钢液停留时间曲线

Fig. 6　Residence time curve of the molten steel in the tundish

表 2　中间包内 RTD 曲线计算结果

Table 2　Results of residence time curve of the molten steel in the tundish

出口	T_S/s	T_{min}/s	T_{peak}/s	T_a/s	V_t/%	V_m/%	V_d/%
左	1583.35	38	622.8	1262.09	20.87	58.84	20.29
右	1583.35	38	622.8	1262.09	20.87	58.84	20.29

3.3　中间包内夹杂物形貌和成分分布

图 7 和表 3 分别显示了中间包内夹杂物的典型形貌和对应的成分含量。夹杂物成分主要为 MnO-SiO_2 及 MnS，其中大尺寸夹杂物的成分多含有 CaO、Al_2O_3 和 MgO。根据 SiO_2-MnO-Al_2O_3 系三元相图（图 8）可以看出，夹杂物平均尺寸为 0.93μm，部分大尺寸夹杂物的成分处于液相区内，但由于 MnO-SiO_2 小尺寸夹杂物的数量较多，使得试样中夹杂物的平均成分仍处于液相区之外，夹杂物塑性有待进一步改进。

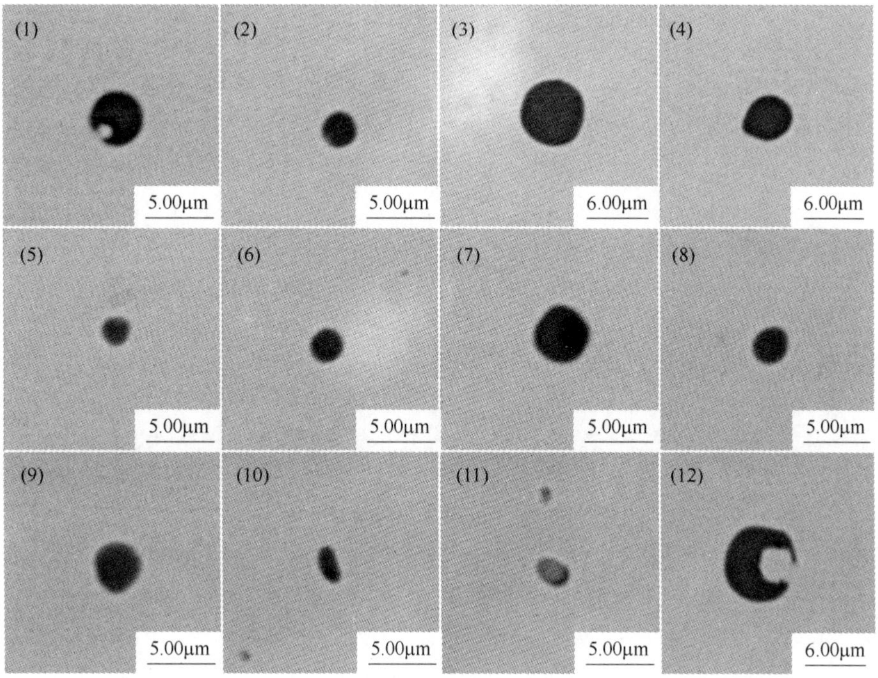

图 7　中间包内夹杂物典型形貌

Fig. 7　Typical morphology of inclusions in the tundish

表 3　中间包内夹杂物成分

Table 3　Composition of inclusions in the tundish　(%)

编　号	MgO	Al_2O_3	SiO_2	CaO	MnO	MnS	TiO_2
(1)	2.49	8.88	19.04	37.78	22.34	0.00	3.33
(2)	1.66	6.61	10.05	21.27	26.21	0.00	1.50
(3)	2.82	10.01	20.96	39.46	19.63	0.00	3.67

续表 3

编　号	MgO	Al_2O_3	SiO_2	CaO	MnO	MnS	TiO_2
(4)	2.65	9.45	19.89	36.66	22.47	0.00	3.50
(5)	0.00	4.91	0.00	9.93	15.31	2.44	1.67
(6)	1.82	7.37	10.70	21.13	19.55	1.36	2.50
(7)	1.99	6.80	12.19	27.42	20.92	0.00	2.83
(8)	1.99	8.50	10.05	19.45	20.40	0.00	3.00
(9)	1.66	5.86	12.62	21.83	16.66	0.00	2.00
(10)	0.00	2.83	8.56	12.31	23.80	2.17	1.33
(11)	0.00	0.00	0.86	0.00	15.08	59.41	0.00
(12)	3.32	10.39	17.76	37.78	19.50	0.00	4.83

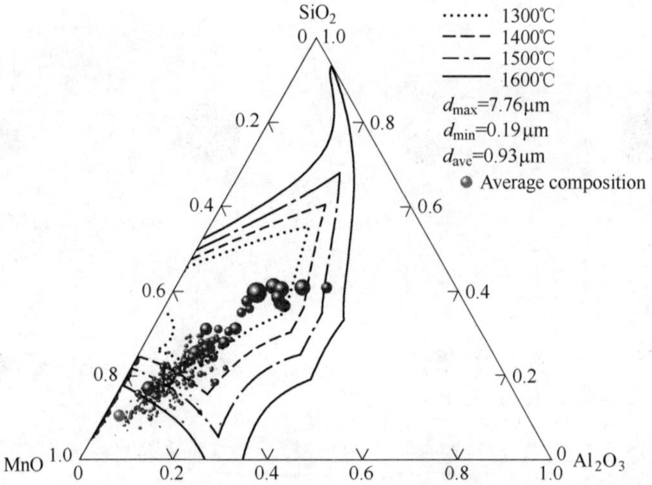

图 8　中间包内夹杂物成分分布

Fig. 8　Distribution of composition of inclusions in the tundish

4　结论

本文通过数值模拟和现场取样分别研究了两流连铸中间包内钢液流动过程和夹杂物的分布。相应结果如下：

（1）中间包内钢液的理论停留时间为 1583.35s，平均停留时间为 1262.1s，且存在一定的短路流，死区所占比例较大为 20.29%，全混流所占体积为 58.84%，过渡区所占体积为 20.87%；

（2）中间包内最低温度为 1740K，低温区主要存在于挡墙外侧上表面附近，竖直方向上温度分层分布，冲击区温度普遍较挡墙两侧高 10K，同时，进出口温差为 9K；

（3）中间包内夹杂物主要为 $MnO-SiO_2$ 及 MnS，其中大尺寸夹杂物多含有 CaO、Al_2O_3 和 MgO，夹杂物平均尺寸为 0.93μm，其平均成分处于液相区外，夹杂物塑性有待进一步改进。

致谢

本文作者感谢中国自然科学基金（资助号：51274034、51334002 和 51404019）、稀贵金属绿色回收与提取北京市重点实验室（GREM）、北京科技大学绿色冶金与冶金过程模拟仿真实验室（GPM^2）和北京科技大学高品质钢研究中心（HQSC）的资助。

参 考 文 献

[1] L. Zhong, L. Li, B. Wang, M. Jiang, L. Zhu, L. Zhang, R. Chen. Water modelling experiments of argon bubbling curtain in a slab continuous casting tundish[J]. Steel Research International, 2006, 77(2): 103-106.

[2] L. Zhong, B. Li, Y. Zhu, R. Wang, W. Wang, X. Zhang. Fluid flow in a four-strand bloom continuous casting tundish with different flow modifiers[J]. ISIJ International, 2007, 47(1):88-94.

[3] L. Zhang, J. Zhi, J. Mou, J. Cui. Effect of thermal buoyancy on fluid flow and inclusion motion in tundish without flow control devices—Part I: fluid flow[J]. Journal of Iron and Steel Research (International), 2005, 12(04):20-27.

[4] L. Zhang. Transient fluid flow phenomena in continuous casting tundishes[M]. Warrendale, PA, ETATS-UNIS: AIST, 2010: 15.

[5] L. Zhang. Effect of thermal buoyancy on fluid flow and inclusion motion in tundish without flow control devices — Part II: inclusion motion[J]. Journal of Iron and Steel Research (International), 2005, 12(05): 11-17.

[6] L. Zhang. Fluid flow, heat transfer and inclusion motion in a four-strand billet continuous casting tundish[J]. Steel Research International, 2005, 76(11):13.

[7] H. Ling, L. Zhang. Numerical simulation of the growth and removal of inclusions in the molten steel of a two-strand tundish[J]. JOM, 2013, 1-9.

[8] 朱苗勇，泽田郁夫．连铸中间包内三维湍流流动的数值模拟[J]. 金属学报，1997(11):1215-1221.

[9] 张美杰，汪厚植，黄奥，顾华志，刘定群．气幕挡墙中间包钢水流动的数值模拟[J]. 特殊钢，2006，1：30-32.

[10] 张立峰，蔡开科．连铸中间包钢水流动及夹杂物去除的研究[C]. 1999 中国钢铁年会 . 1999：7.

[11] 张立峰，蔡开科．中间包结构对钢水清洁度的影响[J]. 炼钢，1997，13(6):45-48.

[12] 王建军，周俐．中间包夹杂物运行行为的数模研究[J]. 安徽工业大学学报：自然科学版，2001，18(2):97-100.

[13] 王建军，戴朝珊，周俐，张玉柱，李正邦，萧泽强．板坯中间包钢水流动的热态水模[J]. 金属学报，1997(5):509-514.

[14] 盛东源，倪满森，邓开文，刘家奇，干勇，肖泽强．中间包内钢液流动，温度控制和夹杂物行为的数学模拟[J]. 金属学报，1996，22(7):7427-7427.

[15] S. Joo, R. I. L. Guthrie. Inclusion behavior and heat-transfer phenomena in steelmaking tundish operations: Part I. Aqueous modeling[J]. Metallurgical Transactions B, 1993, 24(5):755-765.

[16] S. Joo, J. W. Han, R. I. L. Guthrie. Inclusion behavior and heat-transfer phenomena in steelmaking tundish operations: Part II. Mathematical model for liquid steel in tundishes[J]. Metallurgical Transactions B, 1993, 24(5):767-777.

[17] S. Joo, J. W. Han, R. I. L. Guthrie. Inclusion behavior and heat-transfer phenomena in steelmaking tundish operations: part III. applications—computational approach to tundish design[J]. Metallurgical Transactions

B, 1993, 24(5):779-788.

[18] O. J. Ilegbusi, J. Szekely. Fluid flow and tracer dispersion in shallow tundishes[J]. Steel Research, 1988, 59(9):399-405.

[19] O. Ilegbusi, J. Szekely. Effect of magnetic field on flow, temperature and inclusion removal in shallow tundishes[J]. ISIJ International, 1989, 29(12):1031-1039.

[20] B. Moumtez, A. Bellaouar, K. Talbi. Numerical investigation of the fluid flow in continuous casting tundish using analysis of RTD curves[J]. Journal of Iron and Steel Research (International), 2009, 16(2): 22-29.